厦门大学经济学科**新百年**
暨经济学院成立**40**周年

40
ECONOMICS
1921 — 1982-2022

本书是国家社科基金重大项目（19ZDA060）阶段性成果

·马克思主义研究文库·

新时代中国特色社会主义财政金融理论与实践

周颖刚　刘　晔 l 著

光明日报出版社

图书在版编目（CIP）数据

新时代中国特色社会主义财政金融理论与实践 ／ 周
颖刚，刘晔著 . -- 北京：光明日报出版社，2022.6
ISBN 978 - 7 - 5194 - 6642 - 8

Ⅰ . ①新… Ⅱ . ①周…②刘… Ⅲ . ①财政—研究—
中国②金融—研究—中国 Ⅳ . ①F812②F832

中国版本图书馆 CIP 数据核字（2022）第 095641 号

新时代中国特色社会主义财政金融理论与实践
XINSHIDAI ZHONGGUO TESE SHEHUI ZHUYI CAIZHENG JINRONG
LILUN YU SHIJIAN

著　　者：周颖刚　刘　晔		
责任编辑：李月娥	责任校对：赵海霞	
封面设计：中联华文	责任印制：曹　净	

出版发行：光明日报出版社

地　　址：北京市西城区永安路 106 号，100050

电　　话：010-63169890（咨询），010-63131930（邮购）

传　　真：010-63131930

网　　址：http：// book. gmw. cn

E - mail：gmrbcbs@ gmw. cn

法律顾问：北京市兰台律师事务所龚柳方律师

印　　刷：三河市华东印刷有限公司

装　　订：三河市华东印刷有限公司

本书如有破损、缺页、装订错误，请与本社联系调换，电话：010-63131930

开　　本：170mm×240mm		
字　　数：536 千字	印　　张：28.5	
版　　次：2023 年 1 月第 1 版	印　　次：2023 年 1 月第 1 次印刷	
书　　号：ISBN 978 - 7 - 5194 - 6642 - 8		
定　　价：99.00 元		

前　言

党的十八大以来，以习近平同志为核心的党中央，面对世界百年未有之大变局，致力于实现中华民族伟大复兴的中国梦，在治国理政方面提出了一系列新理念、新思想和新战略，其中也包含着对财政金融工作的深刻洞悉和全局把握。2013年，党的十八届三中全会提出"财政是国家治理的基础和重要支柱"，而金融则是现代经济的血液和核心，它们共同在新时代国家治理现代化和经济高质量发展中起着重要的作用。

基于这样的时代背景和实践要求，本书以十八大以来党的一系列创新理论为基本遵循，汇集了本书作者近年来在财政、金融和经济理论研究和实践探索上的一部分研究成果，并将其分为新时代中国特色社会主义经济理论思考、新时代中国特色社会主义财政理论研究、新时代中国特色社会主义金融理论研究、新时代中国特色社会主义财政金融实践探索、新时代财税金融服务地方经济研究五个部分。

本书上述五部分主题均以马克思主义，尤其是当代中国的马克思主义即习近平新时代中国特色社会主义思想为指导，紧密结合中国特色社会主义进入新时代以来的时代特征和时代问题，对新时代中国特色社会主义财政金融问题进行理论探索和实践总结，在理论和实践相结合的基础上，既体现了相应的思想性、民族性、时代性和实践性，也反映了马克思主义中国化、时代化和大众化的特征。适合作为财税金融理论研究和实务工作者阅读和思考。

应该说明的是，本书是在党的十八大以来两位作者（及其合作者）在报纸期刊杂志上已发表的部分成果汇集而成，反映的是作者前期对新时代中国特色社会主义财政金融理论的若干思考。时代是思想之母、实践是理论之源，随着中国特色社会主义实践的进一步深入，我们的思考也有待进一步深化。尤其是2020年底，党的十九届五中全会首次提出"建立现代财税金融体制"。新时代中国特色社会主义市场经济体制的完善与发展，需要促进有为政府与有效市场的更好结合，特别需要建立现代财税金融体制。中国有为政府在建立现代财税金融体制中，既需要综合运用财政金融工具的积极作用，也需要密切关注财政风险和金融风险的协调防控，更需要实现货币政策和财政政策的统筹协调。因此，两位作者还将继续对此进行进一步的深入思考和探索。

本书有幸入选庆祝中国共产党建党 100 周年《马克思主义研究文库》，并得到了光明日报出版社的大力支持。在此表示衷心的感谢！本书作为两个作者（含合作者）已发表的部分成果的汇集，在部分章节中其他合作者对本书也有相应的贡献，在此一并致谢。他们是中国农业银行总行佘运九、中国建设银行（亚洲）战略发展部陈世渊、清华大学经济与管理学院陆毅、中央财经大学商学院严力群、西南财经大学中国金融研究中心程欣、暨南大学经济学院张训常，以及厦门大学经济学院雷根强、蔡熙乾、赵燕菁、蒙莉娜教授，厦门大学经济学院和王亚南经济研究院的研究生肖潇、刘航、贝泽赟、揭咏诗、孙炜婧、陈素莹、黄弘毅、夏欣郁、魏天寿、林陈聃、苏才立和黄实。他们的贡献在各章节中已有标注和体现。感谢科研助理石曜丞、禹曦平在本书写作和整理过程中的帮助。鉴于作者水平有限，书中的一些观点和建议可能不够成熟，欢迎各位专家、学者和读者给予批评指正。

周颖刚　刘晔
2021 年 7 月 26 日

目 录
CONTENTS

第一章 新时代中国特色社会主义经济理论思考 ···················· 1

第一节 中国特色社会主义政治经济学的包容性研究 ··············· 1

第二节 全面建成小康社会视角下安溪脱贫实践与理论思考 ······· 11

第三节 共同富裕与国家治理能力:闽宁对口扶贫协作的经济学思考 ····· 26

第四节 国企改革四十年:回顾与展望 ··························· 32

第五节 中国资本市场再设计:基于公平效率、富民强国的思考 ········ 37

第六节 推进三个层次的互联互通,深化改革开放和融合发展 ·········· 50

第二章 新时代中国特色社会主义财政理论研究 ···················· 56

第一节 由物到人:论新时代中国特色社会主义财政理论创新 ······· 56

第二节 现代财政制度与新时代民生福祉 ······················· 70

第三节 对新时代财政基础理论研究的若干思考 ·················· 83

第四节 基于服务国家治理现实需求的财政学科属性分析 ··········· 93

第五节 财政政策与供给侧改革 ······························· 108

第六节 中国共产党百年历程中的财政实践探索与思想理论结晶 ········ 113

第三章 新时代中国特色社会主义金融理论研究 ···················· 132

第一节 金融周期研究新进展及其对中国的现实意义 ··············· 132

第二节 从新冠肺炎疫情的防治看系统性金融风险 ················· 147

第三节　我国国债市场四十年的发展及其在中国经济改革中的作用 ······ 165

第四节　国际货币体系变局下的人民币汇率及其国际影响力 ············· 185

第五节　全球化变局下的金融开放与金融风险 ······················· 213

第六节　中国金融开放之路：个人境外投资的视角及香港的作用 ········· 220

第四章　新时代中国特色社会主义财政金融实践探索 ···················· **262**

第一节　"十四五"时期我国税制改革与税收治理展望：基于十九届五中全会
　　　　公报和十四五规划建议稿的分析 ·························· 262

第二节　十八大以来我国央地事权与支出责任划分：回顾、评价与展望 ··· 273

第三节　中国原油期货、人民币国际化与经济高质量发展 ············· 280

第四节　制造业融资占比下降的原因与金融支持制造业发展的对策 ····· 289

第五节　高房价的挤出效应与房地产市场长效机制 ··················· 292

第六节　新冠肺炎疫情：突发疫情如何影响宏观经济和金融市场？ ······· 300

第七节　构建中小企业担保基金 深化两岸经济融合发展 ··············· 324

第五章　新时代财税金融服务地方经济研究 ···························· **342**

第一节　福建省对台税收现存问题与政策建议 ······················· 342

第二节　厦门自贸区境外股权投资及离岸金融业务税收政策研究 ······· 362

第三节　创新厦门自贸区税收制度研究 ····························· 382

第四节　厦门完善政府购买公共服务机制研究 ······················· 401

第五节　厦门建立企业类国有资产管理评价体系研究 ················· 412

第六节　金砖之厦　机遇之门 ····································· 429

第七节　从金砖峰会到金砖创新基地：厦门的机遇与挑战 ············· 438

第一章

新时代中国特色社会主义经济理论思考

第一节　中国特色社会主义政治经济学的包容性研究①

中国特色社会主义政治经济学是马克思主义中国化的理论成果和创新，以马克思主义为指导，立足于中国当代伟大的社会主义市场经济改革实践，借鉴现代经济学的研究范式和研究方法，解释中国特色社会主义市场经济转型和全球化过程中的重要经济现象，发现其中特有的基本事实和关键问题，寻找其内在逻辑性与规律性，具有很强的包容性和创新性。所谓"包容性"，反映的是主体容纳、融合事物的能力和程度，经济理论的包容性所对应的特征就是对其他理论的借鉴、吸收和融合。理论的包容性触发理论的创新发展，也将引导经济社会的包容性发展。从中国改革开放以来的经济理论发展与经济建设实践也可以梳理出包容性发展的脉络和应用特征。

一、中国特色社会主义政治经济学是包容性的经济理论体系

回顾中国特色社会主义政治经济学的发展历程，从最基础的马克思主义政治经济学的理论渊源，到各个重要的理论分支的构建与发展，再到理论创新和发展的方向，都体现出了包容性的特征。

（一）马克思主义经典作家的政治经济学说产生于包容性的创造

马克思主义政治经济学说并不是空中楼阁，而是吸收和借鉴了大量的前人

---

① 本章节原由周颖刚发表在《中国经济问题》2017 年第 5 期，合作者为严力群（中央财经大学商学院）和佘运九（中国农业银行总行）。

成果。人的任何认识都来自其与周围环境的接触，马克思、恩格斯对当时资本主义生产方式及其矛盾的认识，一定是来自他们的成长和职业生涯中的所见所历，并经过深入的研究和思考后逐渐构建出自己的思维体系和理论架构。马克思对资本主义社会运动规律的分析来自马克思的哲学思维，即辩证唯物主义和历史唯物主义的支撑，而这一哲学思维的形成来自对黑格尔的辩证法和费尔巴哈唯物主义的批判性吸收。马克思在政治经济学研究中强调动态的而不是静态的分析，是随着时代、实践、科学发展而不断发展的开放的理论体系。马克思劳动价值论是在对李嘉图等西方古典经济学家的劳动价值论"缺陷"分析基础上创立发展的。亚当·斯密关于劳动分工的论述、固定资产投资在经济总量中所占的比重不断增长等理论分析在马克思的社会分工理论及"不断提高的资本有机构成"对经济的作用中做出了进一步的阐释。

（二）中国特色社会主义政治经济学在包容中发展

中国特色社会主义政治经济学在中国经济建设和改革开放的实践中不断深化，在一些重大理论基础问题如对社会主义本质的认识、社会主义初级阶段理论和社会主义市场经济理论等方面，从马克思主义创始人的著作中并不能找到原文，但又都与马克思主义政治经济学理论的逻辑起点、基本研究方法和理论原则一脉相承。从社会主义的本质看，马克思所处的历史条件，不可能对如何建设社会主义做出一个详尽的描述，但其对资本主义运行矛盾的分析则为后来者提供了思考的路径和方向，中国特色社会主义政治经济学正是产生于坚持马克思主义的前提下与自己的时代特点和具体实践的结合。关于社会主义初级阶段理论，则来自马克思主义对新社会形态产生条件的认识，来自对在中国资本主义虽有一定发展但很不充分的判断，因而需要充分利用资本主义的积极性，吸收资本主义的一切文明成果，为社会主义准备条件；市场经济是一种经济组织方式，即市场机制在经济活动中发挥着基础性乃至决定性的调节作用，事实证明社会主义市场经济提供了解放和发展生产力的巨大活力，这与马克思主义政治经济学关于生产力和生产关系相互作用的理论是完全相容的。

发展市场经济，西方国家有着几百年的历史，而中国社会主义市场经济是一项前无先例的开创性实践。因此，总结资本主义市场经济发展过程中建立起来的现代经济学，对创立中国特色社会主义市场经济理论具有重要的借鉴意义，而对现代经济学的借鉴、吸收，其所表现的对人类一切优秀文明成果包容的胸怀，是马克思主义理论与实际相结合、实事求是理论品质的反映，也证明了中国特色社会主义理论体系是一个"不断发展的开放的理论体系"。① 中国特色社会主义政治经济学理论所表现的包容性还不仅在于对西方主流经济学的借鉴和吸收，刘易斯、费景汉、舒尔茨、麦金农和肖等西方经济学家提出的"二元经济结构"、金融深化和金融排斥等理论，都对中国相关领域的理论研究和政策实施发挥了相应的作用。

中国特色社会主义市场经济与资本主义市场经济最大的区别是以公有制为主导的混合经济制度，政府对经济的干预与影响的广度与深度，以及不同的社会历史文化背景等。中国特色体现在解释社会主义市场经济转型中的重要经济现象，发现其中特有的基本事实和关键问题，寻找其内在逻辑性与规律性等。例如，如何在市场经济条件下，探索政府与市场的最优互动关系以达到稀缺资源的最优配置，探索效率与公平的最佳结合点以达到包容性增长，最终实现社会主义共同富裕，是中国特色社会主义政治经济学最有可能的重大原则性理论贡献。将极大地丰富市场经济理论与社会主义理论。一个可以借鉴的例子是科尔奈（1986）短缺经济学提出的"预算软约束"，一直用于分析国有企业或政府相关企业的行为，为中国改革中的制度变迁分析提供理论依据。②

（三）中国经济与全球经济的交融发展形成了中国特色社会主义政治经济学的丰富养分

中国经济长达三十多年的快速增长成绩，一些亚洲国家赶超发展的模式，以及部分利用西方标准理论"药方"的发展中国家所发生的经济停滞或崩溃案例，为中国特色社会主义政治经济学提供了丰富的比较研究素材和理论创新的经验教训。丹尼·罗德里克（2007）考察了"华盛顿共识"与东亚模式在提供的制度及政策清单方面的差异，从公司治理、金融系统、政企关系和公共所有权等环节对西方"标准"理论和东亚的实际状况做了概略性比较，发现存在"巨大差异"。那些坚定地按照"华盛顿共识"的标准"药方"要求重塑自身制度框架的国家和地区都几乎没有从中获得什么增长收益，而中国经济则在没有按照"华盛顿共识"标准进行改革的情况下取得了巨大成功，这构成了一个显著的"反例"。③ 对于这一现象，刘遵义、钱颖一和罗兰（1997）认为，中国实

①　胡锦涛. 高举中国特色社会主义伟大旗帜，为夺取全面建设小康社会新胜利而奋斗——在中国共产党第十七次全国代表大会上的报告［R/OL］. 新华网，2007-10-24.

②　［匈］科尔奈. 短缺经济学［M］. 张晓光，李振宁，黄卫平，译. 北京：经济科学出版社，1986：27-56.

③　［土］丹尼·罗德里克. 一种经济学多种药方［M］. 张军扩，侯永志，译. 北京：中信出版社，2016：17-23，49.

施的"双轨制"改革是一种实现"帕累托有效"的改革方式，它在边际上改进了激励，提高了资源的配置效率。① 林毅夫、蔡昉、李周（2013）认为，中国经济迅速发展的关键在于改革使中国所具有的比较优势得以发挥。② 蔡昉（2014）还认为，30多年的中国经济社会的发展是包容式的，中国的改革发展模式服从于改善民生和提高国力的目的，"并没有囿于任何先验的教条"。③ 以上的分析表明，西方主流经济学不顾各国实际情况不加差别地推行标准化政策的方式不可行。而中国吸收西方市场经济的思想，结合自身实际推行"渐进式改革"所取得的成功，进一步证明了中国特色社会主义政治经济学和经济建设实践的包容性。对上述现象的解释和理论提炼不仅能增强中国特色社会主义政治经济学的"理论自信"，更为中国经济学发出"中国声音"、倡导"中国价值"，为推动全球经济包容性发展提供了实践基础。

中国的改革开放政策使中国成为经济全球化的有力参与者和推动者。亚当·斯密认为，推动经济发展最强大的力量是劳动分工及其国际延伸。近40年来，中国通过对内改革和对外开放主动融入全球市场经济体系，经济持续快速增长，已成为全球第二大经济体和第一大货物贸易大国，分享了全球分工扩张带来的好处（罗思义，2016）。④ 2008年全球金融危机及危机后经济复苏的曲折进程，使西方主流经济理论撞到天花板，全球都在等待着理论创新（刘鹤，2013）。⑤ 2013年秋，中国提出共建"一带一路"倡议，积极推动包容性的新全球化。在过去两三百年，英国和美国主导的全球化以各种自由贸易与全球化经济理论掌握着国际话语权。作为全球化新力量的中国，不仅要借助全球化促进各国合理分工，提高生产效率，而且无法回避全球化增益的分配公平问题，这就需要中国的经济学家提炼发展兼顾公平与效率的经济理论，用于指导中国社会主义市场经济全球化实践。在这种形势下，中国全球化实践中发展的包容性经济体系和包容性发展的价值观，也必将带动中国特色社会主义政治经济学的包容性发展。

---

① LAU L J, Y QIAN, G ROLAND. Pareto-Improving Economic Reforms through Dual-Track Liberalization [J]. Economics Letters, 1997, 55 (2)：285-292.

② 林毅夫，蔡昉，李周. 中国的奇迹：发展战略与经济改革 [M]. 上海：上海人民出版社，2013：208.

③ 蔡昉. 破解中国经济发展之谜 [M]. 北京：中国社会科学出版社，2014：43.

④ [英] 罗思义. 一盘大棋？中国新命运解析 [M]. 南京：江苏凤凰文艺出版社，2016：49-53.

⑤ 刘鹤. 两次大危机的全球比较研究 [M]. 北京：中国经济出版社，2013：6-12.

二、中国特色社会主义政治经济学包容性发展的路径分析

中国特色社会主义政治经济学的包容性发展，本质上是对新形势新经济条件下在不同市场环境中发展创造的先进成果的吸纳、借鉴和融合创新，最终成为一个能够进行理论诠释、指导中国实践、具有世界价值的经济学说体系。

（一）立论起点的包容

作为立论起点的概念，一般应该具有这样三个特点：第一，是一种世界范围内普遍存在的经济行为或现象；第二，是原来的经济学理论中曾经出现过的，并具有影响力的概念，不是凭空创造的新词汇；第三，最重要的是这一概念在当前和未来仍将在经济事务中起到广泛的作用，能够作为立论推演的基础和衍生相应的政策含义。① 按照上述条件，合理的可以作为立论起点的至少可以包括如下几个概念。

首先，要辩证看待政府和市场关系。不论是社会主义市场经济，还是资本主义市场经济，都存在政府和市场两种基本的资源配置方式。

我们党和国家对政府和市场关系的认识不断深化。十一届三中全会以来，中国经济学家就开始探讨计划与市场的关系，后扩展为政府与市场的关系，党的十四大提出建立社会主义市场经济体制，十五大提出了"使市场在国家宏观调控下对资源配置起基础性作用"②，十六大、十七大和十八大进一步提出"在更大程度上发挥"③"从制度上更好发挥"④"更大程度更广范围发挥"⑤"市场基础性作用"等，强调要不断发挥政府的宏观调控作用，形成有利于科学发展的宏观调控体系。十八届三中全会明确指出，"经济体制改革是全面深化改革的

---

① 罗文东．论中国特色社会主义的理论基石［J］．陕西师范大学学报（哲学社会科学版），2012，（05）：49-54.

② 江泽民．高举邓小平理论伟大旗帜，把建设有中国特色社会主义事业全面推向二十一世纪——在中国共产党第十五次全国代表大会上的报告［R/OL］．中国共产党新闻网，2018-03-06.

③ 江泽民．全面建设小康社会，开创中国特色社会主义事业新局面——在中国共产党第十六次全国代表大会上的报告［R/OL］．外交部网站，2002-11-18.

④ 胡锦涛．高举中国特色社会主义伟大旗帜，为夺取全面建设小康社会新胜利而奋斗——在中国共产党第十七次全国代表大会上的报告［R/OL］．新华网，2007-10-24.

⑤ 胡锦涛．坚定不移沿着中国特色社会主义道路前进，为全面建成小康社会而奋斗——在中国共产党第十八次全国代表大会上的报告［R/OL］．新华网，2012-11-17.

重点，核心问题是处理好政府和市场的关系，使市场在资源配置中起决定性作用和更好发挥政府作用。"① 这实际上是进一步深化了对政府和市场之间关系的认识。在政府与市场之间关系这个经济学重要命题上，中国经济的转型与改革为中国经济学家提供了大量研究的素材与数据，这是中国特色社会主义政治经济学的一个主要内容，也是中国经济学最能够取得原创性突破理论的所在之处。

其次，效率与公平是各种经济社会制度都要追求和平衡的两大目标，更是构建社会主义市场经济包容性发展的核心问题。在生产力较为落后的改革初期，"让一部分人先富起来"，讲求效率，效果明显。党的十四大明确提到"兼顾效率与公平"②，从十四届三中全会到十六届三中全会强调"效率优先、兼顾公平"③。2006 年中央政治局专门召开会议研究解决贫富差距问题。十七大提出"合理的收入分配制度是社会公平的重要体现"④，十八大提出"初次分配和再分配都要兼顾效率与公平，再分配更加注重公平"⑤，十八届三中全会通过的《中共中央关于全面深化改革若干重大问题的决定》中指出，"坚持社会主义市场经济改革方向，以促进社会公平正义、增进人民福祉为出发点和落脚点"⑥。由此可见，中国当代伟大的社会主义市场经济改革实践是效率与公平这一经济学重要命题的立足点，也成为中国特色社会主义政治经济学的一个重要内容。中国"一带一路"倡议的理念是共同发展，目标是合作共赢，形象地说就是共同把蛋糕做大，做得更有营养，而且一起分蛋糕，让全球分到公平的份额，其实质是中国特色社会主义政治经济学在全球化方面的扩展。

最后，是关于"人的发展"概念。无论是在中国经济学理论体系中还是西方经济学理论体系中，都存在人本经济思想。促进每个人的自由发展是马克思

---

① 中共第十八届中央委员会. 中共中央关于全面深化改革若干重大问题的决定［R/OL］.新华网，2013-11-15.

② 江泽民. 加快改革开放和现代化建设步伐，夺取有中国特色社会主义事业的更大胜利——在中国共产党第十四次全国代表大会上的报告［R/OL］. 中国共产党新闻网，2018-03-06.

③ 中共第十四届中央委员会. 中共中央关于建立社会主义市场经济体制若干问题的决定［R/OL］. 人民网，2003-06-09.

④ 胡锦涛. 高举中国特色社会主义伟大旗帜，为夺取全面建设小康社会新胜利而奋斗——在中国共产党第十七次全国代表大会上的报告［R/OL］. 新华网，2007-10-24.

⑤ 胡锦涛. 坚定不移沿着中国特色社会主义道路前进，为全面建成小康社会而奋斗——在中国共产党第十八次全国代表大会上的报告［R/OL］. 新华网，2012-11-17.

⑥ 中共第十八届中央委员会. 中共中央关于全面深化改革若干重大问题的决定［R/OL］.新华网，2013-11-15.

主义的精华（常修泽，2015），① 群众观点是马克思主义唯物史观的基本观点。中国特色社会主义政治经济学理论强调"以人民为中心的发展"②，从"不断满足人民日益增长的物质文化需要"③ 到党的十九大提出"满足人民日益增长的美好生活需要"，要更好地"推动人的全面发展、社会全面进步"；④ 西方经济学也有人本经济学分支，在新技术革命的背景下，技术要更加注重"以人为本"，共同"塑造一个美好的未来"（克劳斯·施瓦布，2016）。⑤ 因此，关于"人的发展"，从技术层面上，在中西方经济理论中都能找到共同的话题，其研究方法和思路是可以相互借鉴的。中国特色社会主义政治经济学理论对"人的全面发展"的高度重视及取得的实践成效，将推动这一领域的研究深化并更加彰显其时代意义及价值。此外，关于制度、契约等的概念，也可以作为理论演绎的基础，发展并丰富中国特色社会主义政治经济学理论体系。

（二）研究范式和方法的共享

作为理论研究的方法论，无论是在经济学领域，还是其他学科的研究中，都不存在障碍。研究方法的包容性所需要关注的是如何进行适应性的借鉴和应用的问题。长期以来，辩证唯物主义和历史唯物主义被公认为是马克思经济学的哲学基础，历史和逻辑相统一的方法被认为是马克思理论的一大亮点。而西方主流经济学家发表的经济学论文中则大量运用图表、数学公式和模型，注重实证研究成为西方经济学研究的一个突出特征。

中国特色社会主义政治经济学要具有国际影响，承担起宣扬中国价值的责任，借鉴西方主流经济学的研究方法和工具，用国际公认经济学语言来诠释中国的观点就是值得重视的途径。在这方面，中国特色社会主义政治经济学研究者需要做的，除了继续发扬马克思主义经济学独特的研究分析方法之外，也要

---

① 常修泽．论人本型经济结构——对中国新阶段结构转型战略的新思考［J］．经济社会体制比较，2015（05）：16-30.

② 中共第十八届中央委员会．中共中央关于制定国民经济和社会发展第十三个五年规划的建议［R/OL］新华网，2015-11-03.

③ 江泽民．加快改革开放和现代化建设步伐，夺取有中国特色社会主义事业的更大胜利——在中国共产党第十四次全国代表大会上的报告［R/OL］．中国共产党新闻网，2018-03-06.

④ 习近平．决胜全面建成小康社会，夺取新时代中国特色社会主义伟大胜利——在中国共产党第十九次全国代表大会上的报告［R/OL］．新华网，2017-10-27.

⑤ ［德］克劳斯·施瓦布．第四次工业革命［M］．李菁，译．北京：中信出版社，2016：118.

借鉴西方经济学的合理成分,运用数理模型和实证的方法对马克思主义经济学进行创新性构建,将中国特色政治经济学的观点用国际公认的经济学语汇体系加以阐述。其中最重要的是由解释和推演发展出创新的理论,映照并指导现实,提出解决当前国内和国际经济发展中遇到的实际问题和困难的政策主张。

现代经济学的研究范式和研究方法,对经济理论的数学建模和以数据与统计分析为基础的经验研究本身并不带有任何阶级或制度属性,也没有意识形态色彩,而是国际同行通用的"语言"。习近平总书记"5·17"哲学社会科学工作座谈会讲话指出:"对现代社会科学积累的有益知识体系,运用的模型推演、数量分析等有效手段,我们也可以用,而且应该用好。"只有采用国际同行通用的"语言",才能在国际学术舞台上传播"中国故事"并掌握国际学术话语权(洪永淼,2017)。[1]

(三) 学说流派的承载

经济学说流派的繁荣是最能体现包容性的。马克思主义经济学流派化发展可以从不同的立论起点推导演化而产生不同的理论阐释路径和政策主张,通过不断的实践、交流和碰撞,各个理论派别既形成独创性的理论观点和政策措施,也有相互的交叉、融合,从而构成多样而互补的马克思主义政治经济学理论体系。这一点,西方经济学体系中众多的流派思潮可以作为借鉴。在吴易风(2005)主编的《西方经济学流派与思潮》一书中,总结归纳的专题就达到了34个。[2] 正是由于有众多的流派和政策主张,在分歧与争鸣中往往强调不同的方面,考虑了不同的角度,这些不同理论的集合往往能导致对问题更全面的、多角度的认识,也为政策工具的选择提供更多的可选项,对于整个经济理论大厦的构建和经济思想的发展都是十分有益的。著名经济学家、中国社会科学院学部委员刘国光(2017)指出:"对于西方经济学中反映社会化大生产和市场经济一般规律的理论,只要不违背社会主义原则,我们要尽量吸收、借鉴到与时俱进的马克思主义经济学理论中来。"[3]

---

① 洪永淼. 站在中国人的立场上,用现代方法研究中国问题,用国际语言讲述中国故事 [J]. 经济研究,2017,52 (05):19-21.

② 吴易风. 当代西方经济学流派与思潮 [M]. 北京:首都经济贸易大学出版社,2005:7.

③ 刘国光. 构建和发展中国特色社会主义政治经济学 [J]. 财经智库,2017,2 (03):5-23.

（四）事实数据的尊重

对事实数据的尊重，是经济学作为一门科学的基本要求，也是包容性的一个重要体现。中国发展的一个重要经验就是"摸着石头过河"，这既反映了中国的改革开放是一项前所未有的实践，也说明中国的改革开放从一开始就没有全盘照搬西方的理论。西方的经验做法，中国可以拿来试用，如中国建立经济特区的试验，对东亚经济体赶超模式的学习，通过引进外资学习国外的技术管理方式等，都体现了中国经济发展过程中对世界先进经验和知识的尊重。这种理论品质正是马克思主义经济学包容性发展的重要内容和不断取得成果的根本保障。西方经济学界曾经不时地提出过"中国崩溃论"，是较为典型的用理论来框定实际的论调，没有考虑中国经济社会的特殊环境条件。尊重事实数据意味着发展中国特色社会主义政治经济学要敞开怀抱，不仅尊重本国的实践，也要尊重他国的实践，从事实数据中进行理论归纳、分析、实证，提炼理论、创新和发展理论，对不同体系下取得的与自己认识不符的实践成果予以尊重和借鉴，这就是包容性。正如刘国光（2017）指出的，"要以马克思主义政治经济学为'源'，以中国特色社会主义政治经济学为'流'，要在继承和坚持马克思主义政治经济学的基本立场和基本观点的基础上，结合当代中国（和世界）的实际，构建和发展中国特色社会主义政治经济学。"①

三、包容性视角的理论创新和应用

中国特色社会主义政治经济学实现包容性的过程，就是理论创新和发展的过程。以理论推演理论、以事实验证理论、吸收和借鉴他国的理论加以改造为我所用，这都是理论创新发展的方式，最终的目的是达到以具有包容性的理论，共创繁荣的社会、共建美好的生活。

（一）立足于坚守中国特色社会主义政治经济学理论的主体性来实现理论的包容性创新和发展

中国特色社会主义政治经济学发展到今天的体系，是不断进行理论创新的结果。改革开放以来中国经济学关于社会主义初级阶段相关理论的突破、关于

---

① 刘国光. 构建和发展中国特色社会主义政治经济学 [J]. 财经智库，2017，2（03）：5-23.

建立社会主义市场经济理论思想的发展等理论和实践创新，既可以看到中国改革开放的实践中大量吸收借鉴了西方市场经济发展的成果，同时，中国也没有完全照搬西方开出的"药方"，这种中国特色的理论创新所遵循的一条基本经验就是把马克思主义的基本原理与中国的具体实际相结合，这种结合本身就体现了在坚持主体性基础上的理论包容。因此，坚持中国特色社会主义政治经济学理论的主体性，就是要坚持用马克思主义的立场、观点和方法，观察、分析和解决我国改革开放和社会主义经济建设实践中遇到的理论和现实问题。在坚持中国特色政治经济学理论主体性的基础上，紧密结合新的时代条件和实践要求，广泛吸收人类文明的先进成果，开展理论创新，是理论主体性得以保持并不断发展的基础，更是历史经验和教训所留给我们的事实和结论。

（二）融合创新科学的经济学研究方法和工具

马克思主义经济学并不排斥数学工具的运用，事实上，在《资本论》中对价值理论、地租理论的论述中，都涉及了简单的数学计算。当然，经济理论研究的重点并不在于是否使用了数学和计量模型，而在于理论的独创性和实践性，在于经济思想的传播和应用。就如西方经济学家对问题的研究与表述也并不都要用到数学和模型一样，马克思主义逻辑的历史的抽象分析方法仍然具有重要的、不可替代的地位，特别是马克思主义的哲学基础，其宏大的视野及辩证的、动态的观察世界的角度，有利于认识事物发展变化的本质特征，是马克思主义理论持续活力的源泉。因此，问题的关键在于对理论进行逻辑推演的基础上，中国特色社会主义政治经济学要更加注重事实与数据，用实证或案例等方法来保证理论的可验证和实践性。在经济研究史上，不乏从长尺度的历史视角，利用真实的历史数据和事实进行归纳和推演分析，创造出了影响深远的经济思想的例子。历史分析法和比较分析法作为经济学研究的重要方法，能融合事实和数据等外在的经济研究表现形式和工具，是更好地用国际公认的经济学表述发出中国声音的有效举措。

（三）注重不同理论体系的交流、比较和借鉴

理论只有在交流比较中，通过吸收和借鉴其他理论的长处来不断改进创新，才能获得更好的发展。一是中国特色社会主义政治经济学要发展不同的理论流派，并且这些理论学说要展开交流和争鸣；二是要在与西方主流经济学的比较与借鉴中创新发展，这既包括吸收西方经济学理论体系中的科学合理成分，也包括坚持自身理论体系中的科学元素和实践中得出的经验成果；三是从非经济

学领域的其他学科的最新发展成果中获得营养，如借鉴自然科学领域中最前沿的科学发现和科学规律认识，利用心理学、政治学、历史学的成果融合到经济学研究中等，都可以改进经济学的传统分析，或发展新的经济思想，提出解决经济理论和实际问题的开创性观点。

（四）在解决中国和全球经济发展现实问题和困难中推进理论的包容性创新和发展

经济理论总是在解决现实问题的努力和实践中不断前行的。2008 年国际金融危机以来，全球经济出现了一些新的特点，全球政治经济问题交织，经济复苏缓慢曲折，贸易保护主义抬头，贫富差距继续拉大、全球货币宽松和一些国家经济的失败以及"黑天鹅"事件频发等导致国际经济关系面临复杂的变化和风险，同时，互联网信息科技的发展正快速地改变人类生产生活面貌，全球政治经济结构面临巨大的调整，西方传统经济学理论在解释和解决各国国内和国际经济问题时往往面临着与现实不符或难以有效发挥作用等新的问题。从国内的态势看，经过三十多年的快速增长后，中国经济正面临经济减速、结构调整和动能转换的重要关口，一方面，中国经济仍然需要保持一个相对较高的增长速度，以应对经济转型过程中产生的复杂社会经济问题；另一方面，人口结构变化、资源环境约束及新消费时代的到来，如何在不以损害资源环境为代价的情况下保证人民的生活质量有实质性的提高、如何迎接新一轮科技革命和产业革命开启的"机会之窗"，跨越"中等收入陷阱"，对经济理论的发展既是机遇也是挑战。中国特色社会主义政治经济学立足于中国经济的实践和中国不断发展所产生的对理论的支撑和证实，面对新一轮产业革命的大潮，中国要致力于推动经济学理论的包容性创新发展，在推动解决本国经济实际问题的基础上，创造具有世界意义的中国特色的政治经济学，在国际上推行中国的解决方案，成为全球经济思想体系的贡献者。

第二节 全面建成小康社会视角下安溪
脱贫实践与理论思考[①]

安溪县位于福建省东南部，隶属泉州市，曾是全省最大的国定贫困县。改

---

① 本章节原由周颖刚发表在《中国经济问题》2020 年第 4 期，合作者是蔡熙乾（厦门大学经济学院和王亚南经济研究院）和陆毅（清华大学经济与管理学院）。

革开放以来，在党中央精神的指引下，在各级党委政府的高度重视和正确领导下，在海内外乡亲的大力支持下，安溪人民发扬"靠自己的骨头长肉"的精神，注重市场与政府的协同发力，以包容性发展与普惠性增长推动脱贫致富，实现了从贫困县摘帽到基本小康，再到全国百强县的历史性跨越。如图1-1所示，安溪县的人均GDP由1990年的0.048万元增长到2016年的3.88万元，城镇居民和农村居民的人均可支配收入也由1990年的0.102万元和0.055万元分别增长到2016年的2.725万元和1.4万元。

习近平总书记曾亲自撰写题为《必须高度重视县域经济发展》的文章，以安溪模式为例，总结了中国县域的发展经验。全面小康即将如期实现，在这个关键的时间节点，通过对安溪改革开放40年来脱贫经验的回顾和总结，不仅能为我国其他地区的脱贫攻坚工作提供有益经验，也为世界其他国家的减贫治理提供了基于县域经济的"中国方案"，具有十分重要的借鉴意义。①

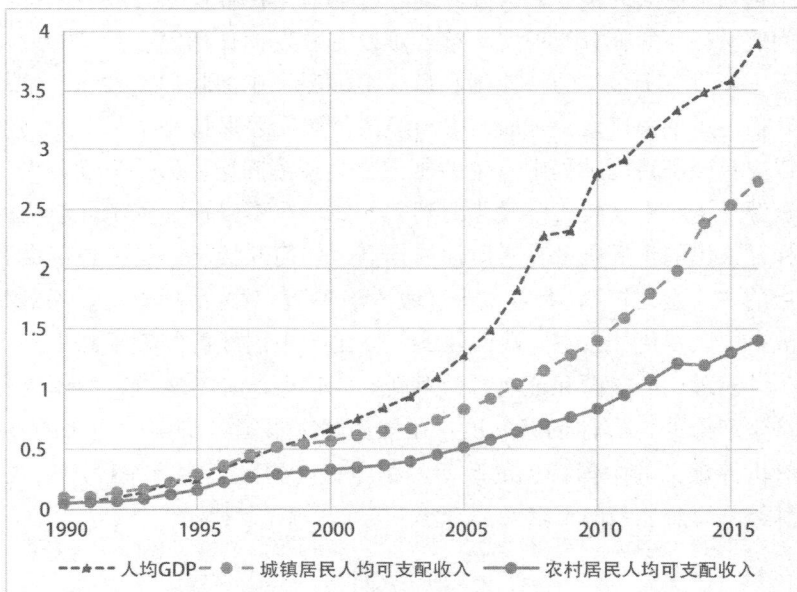

图1-1　安溪县人均GDP、城镇和农村居民人均可支配收入1990—2016（单位：万元）

---

① 习近平. 必须高度重视县域经济发展［J］. 管理世界"中国县域经济发展之路——福建安溪模式的研究与启示"，专题增刊，2000.

一、改革开放以来安溪县的减贫历程及成就

安溪县总面积 3057.28 平方千米，辖 24 个乡镇，现有人口 118 万人。安溪既是福建省的人口大县，首批沿海对外开放县，也是著名的革命老区县。同时，也是全国著名侨乡和台胞主要祖籍地，现有旅外侨、台胞 400 多万人。安溪县以茶业闻名世界，有上千年的产茶历史，是名茶"铁观音"的发源地，也是我国著名的乌龙茶主产区，享有"中国乌龙茶（名茶）之乡""世界名茶铁观音之乡""中国茶叶第一镇"等美誉。但是，由于高山阻隔、基础设施落后、交通闭塞等多因素的制约，直到改革开放初期，安溪的经济和社会发展仍十分滞后，其减贫历程可分为四个重要阶段。

（一）1978—1984 年：农村经济体制改革阶段

党的十一届三中全会以后，我国农村进行了全面而深刻的经济体制改革，多年蕴藏在农村的生产力得到了集中释放。1978—1984 年是安溪县启动农村改革的阶段。安溪县委县政府按照上级部署，领导全县干部群众解放思想，对农村经济体制进行改革。

这一时期的主要工作包括：

一是把农业放在重要的战略地位，推行家庭联产承包责任制，稳定土地承包关系，以鼓励农民更合理有效地利用土地，提高生产效益。

二是把责任制逐步推行到林牧副渔、社队企业等各业中去，扶持发展农村中的专业户和重点户，促进更多经济联合体的产生，使农村生产朝着商品化方向前进，逐步建立起以市场为导向的资源配置机制。

三是发展茶叶生产，全县茶叶生产实行家庭联产承包责任制。

总之，这一时期通过实行家庭联产承包责任制为主的农村体制改革，促进了市场化进程，广大农民的劳动积极性大为提高，农村经济有了较大提升。据统计，1984 年年底，安溪县的农业总产值为 13065 万元，与 1978 年相比提高了1.85 倍，其中茶叶产量增长了 74.5%。但是，由于安溪县境内山多地少，有千米以上高山 2934 座，耕地面积仅 38 万亩。土地贫瘠，沉积岩和变质岩约占全县面积的 2/3。加上交通通信落后，这一时期安溪的经济发展仍极为缓慢。

（二）1985—1996 年：开发式扶贫阶段

1986 年国务院成立了"贫困地区经济开发领导小组"，并明确扶贫对象和

重点是贫困县。自此，我国的减贫工作进入了有计划、有组织和大规模开发式扶贫的新时期。1985—1996年也是安溪县实行开发式扶贫的阶段。1985年，全县国民生产总值22781万元，人均287元。财政收入1428万元，人均18元。贫困人口32万人，占当时全县总人口的40.5%。1985年安溪县被定为国家级贫困县，也是全省最大的国定贫困县。1994年，全县农民人均纯收入突破国家贫困县标准，由国家贫困县改为省定贫困县。1997年，全县国内生产总值达440034万元，财政收入19501万元，农民人均纯收入2709元，在当时全省60个县（市）中，GDP居第11位，人均GDP居第47位，地方财政收入居第17位。省委、省政府宣布摘掉安溪贫困县的帽子，全县初步完成由温饱向小康的历史性跨越。

这一时期的主要工作体现在以下五方面：

一是在全县范围层层建立扶贫挂钩责任制，实施"扶贫挂钩七个层次"，通过层层挂钩，逐级落实脱贫责任。

二是大力发展农村区域经济，包括：①实施"一乡一业、一村一品"战略。因村而异，发展竹藤编制工艺品、陶瓷品、石灰、锰矿等优势产品和产业。②大力发展"三来一补"① 及创汇乡镇企业。③利用"三胞"优势，创办"三资"企业。截至1996年年底，1.3万家企业和数百家合资企业应运而生，为经济发展和摆脱贫困提供了源源不断的动力。

三是大力开展"山海协作"。习近平总书记在福建工作期间，从全局的战略高度出发，大力倡导并亲自组织"山海协作"。安溪通过与其他县市建立山海协作关系，实现优势互补，共同发展，加快了脱贫致富的步伐。

四是采取"扶贫六种办法"② 解决特困户温饱问题。

五是采用"四种方式"③ 改革扶贫资金投放方式。

六是把科技投入作为扶贫开发的关键工作来抓。在全县建立科技扶贫领导网络，通过推广应用科技成果，促进农民观念的更新，提高了广大农民的技术素质和经济开发效益。

---

① 来料、来样、来件加工、补偿贸易。

② 即①直接扶持发展生产；②依托企业，安排劳动力就业；③依托本村专业户带动，采取贫困户贷款指标入股，参与生产和分红；④聘请能人进村承包开发项目，在资金、技术和物资等方面提供优惠，从安排就业和利益到户两方面带动脱贫；⑤依靠县扶贫经济实体提供服务，通过安置就业和入股分红带动贫困户脱贫；⑥安排多子女贫困户劳务输出。

③ 即①直接扶持贫困户发展生产；②依托扶贫经济实体在承担扶贫任务的条件下承贷承还；③贫困户带资入股分红；④扶贫资金流动增值四种方式。

（三）1997—2010 年：实施整村推进的扶贫开发阶段

1994 年 3 月，国务院制定并发布了《国家八七扶贫攻坚计划》，计划用七年左右的时间解决八千万农村贫困人口的温饱问题。2000 年年底，"八七扶贫攻坚计划"的目标基本实现。2001 年 5 月《中国农村扶贫开发纲要（2001—2010）》的出台，标志着我国进入了全面实施以村为单位进行综合开发和整村推进的参与式扶贫阶段（张琦、冯丹萌，2016）[①]。1997—2010 年也是安溪县实施整村推进扶贫开发，巩固扶贫攻坚结果的阶段。

这一时期的主要工作包括：

一是继续采取县五套班子领导、县直属单位、骨干企业挂钩帮扶贫困村制度。通过深入贫困村调研，帮助贫困村理清思路，发展生产。

二是实行县直单位、乡镇和乡镇干部挂钩帮扶贫困户制度。

三是以村为单位，提出"以粮为主、以林为本、以茶脱贫、以果致富"的农业发展思路，扶持发展种植业、养殖业和配套加工业，建立开发性生产基地。

四是制定实施"十、百、千"[②] 扶贫开发工程。县脱贫办以 67 个经济欠发达村和不适应村为单位，精心组织，按照帮困到户—逐村推进—整体易地搬迁的步骤实施。

五是推行扶贫小额信贷。通过小额信贷扶持贫困户和低收入农户发展种养业或加工业，帮助贫困户增加收入。

（四）2011—2019 年：精准扶贫和精准脱贫阶段

2011 年后我国的扶贫开发进入了全面建设小康社会时期。党的十八大以来，以习近平同志为核心的党中央提出"精准扶贫、精准脱贫"的战略思想。在这一思想的指引下，安溪的脱贫工作也进入了新阶段。县委县政府出台了多项措施推进精准扶贫工作，形成"专项、行业、社会"三位一体的扶贫大格局。2016 年，全县共脱贫 4405 户 14079 人，超额完成市下达的年度脱贫任务（7700人），48 个贫困村实现脱贫摘帽。截至 2018 年年底，全县建档立卡贫困人口由 1.94 万人减少至 41 人，71 个建档立卡贫困村全部脱贫。在全面建成小康社会决胜期，安溪县努力推进"实力、大美、小康、活力"现代化安溪建设，惠民

---

① 张琦，冯丹萌．我国减贫实践探索及其理论创新：1978—2016 年［J］．改革，2016（04）：27-42.

② 每年扶持 10 个以上贫困村、100"造福工程"、1000 人以上的贫困人口。

生增福祉，全力建设高质量小康社会。

这一阶段的主要措施包括：

一是建立县乡村三级书记共抓扶贫的工作格局，继续实施领导干部挂钩帮扶机制。县委县政府对脱贫攻坚进行全面部署，做好贫困户建档立卡工作，确保按时完成各项脱贫攻坚任务。

二是启动"百企联百村帮千户"行动，开展精准培训活动，支持和发展特色生态产业，促进"一乡一业、一村一品"的形成，通过产业扶贫、就业扶贫、公益扶贫等多种途径，帮助贫困群众加快脱贫。

三是建立社会共扶机制，成立安溪县扶贫开发协会。并在全省率先成立乡镇级扶贫开发协会。

四是改善扶贫开发重点村的基础设施，包括公路、农田水利设施、学校、环保设施等。

五是增加对扶贫开发重点村的财政转移支付。

六是推进金融扶贫，包括扩大农户发展生产免抵押贷款范围，增加扶贫开发重点乡镇、重点村贷款额度等。

七是结合美丽乡村建设，推进造福工程。例如，打造集解决贫困户居住、就业、就学为一体的"幸福庭院"等。

八是推动社保兜底扶贫。对丧失劳动能力的贫困人口，实施财政兜底保障脱贫。

二、改革开放以来安溪县减贫的典型实践与经验

改革开放以来，安溪县经过多轮大规模扶贫开发，成功实现国定贫困县摘帽，并连续多年位列全国百强县行列，在这一伟大历程中涌现出许许多多典型实践和先进事例，也产生了许多创新式的发展经验，这些都为其他地区的减贫工作提供了重要的参考。总的来说，安溪的脱贫模式可以用"四个一"来概括，即一颗初心、一片茶叶、一种精神、一份乡情。

（一）一颗初心：充分发挥党的领导政治优势和中国特色社会主义制度优势

十九大报告中，习近平总书记开宗明义，强调了共产党人的初心和使

命——"为中国人民谋幸福，为中华民族谋复兴"①。改革开放以来，正是由于各级党委和政府始终把"脱贫攻坚"视作"头等大事"，不忘初心，才有了安溪 40 年来的脱贫成就。在实现脱贫致富，全面建成小康社会的过程中，始终坚持党对脱贫工作的领导，充分发挥党的领导政治优势和中国特色社会主义制度优势，为脱贫提供坚强政治保障。在安溪的脱贫历程中，各级党委发挥了总揽全局、协调各方的领导核心作用，通过层层签订脱贫攻坚责任书，逐级压实落实脱贫责任，形成扶贫开发整体合力。

1985 年安溪县被定为国家级贫困县后，省委省政府确定了安溪县 10 个贫困乡镇，5 年内不负担粮食统购和农业税。次年，省市派出扶贫工作组，进驻贫困村，深入田间地头，指导贫困村制订脱贫致富规划，开展扶贫攻坚工作。仅 1986—1990 年间，省委省政府共派出三批扶贫工作队，扶贫讲师团 267 人。市委市政府共派出五批扶贫工作队 71 人，前来协助安溪做好扶贫开发工作，为改变安溪落后面貌做出了重大贡献。省政府办公厅作为安溪县的扶贫挂钩单位，经常深入贫困乡村调查，了解村情民情，帮助制定脱贫致富规划和措施，并主动为安溪扶贫开发项目牵线搭桥。同时，中央和省市领导都对安溪的脱贫工作高度重视。

1982—1987 年期间，时任福建省省长胡平，曾 5 次深入安溪的偏远山村，通过实地走访和调查，了解安溪的贫困实情。在安溪县祥华乡白玉小学，当看到小学生在寒冷的冬天大都光着脚，衣服上全都打着补丁，其中一个孩子衣服上的补丁竟有 23 处之多时，他心情十分沉重。县领导汇报说，如此贫困，在安溪并不罕见，这使他感到极为不安与震撼。1985 年 10 月，胡平在安溪考察回去后，写了份《一个引人深思的贫穷山村》的调查报告，在全省上下引起了巨大反响。他同时又做了批示："省直各部门要把安溪县作为全省 11 个贫困县的重点予以扶持，要组织干部去调查，帮助他们发展经济、脱贫致富。"这极大地促进了省直各部门对安溪的帮扶工作。② 此外，国务院副总理田纪云，国务院副总理乔石，中央部委一些领导和省市的领导纷纷到安溪实地考察并指导脱贫工作，这些都极大地增强了全县干部群众早日摆脱贫困的信心和决心。

安溪县委县政府作为全县脱贫攻坚的总指挥，始终把脱贫工作作为党委政府的中心工作，在全县范围层层建立扶贫挂钩责任制。近年来，为了实现全面

---

① 习近平 . 决胜全面建成小康社会 夺取新时代中国特色社会主义伟大胜利——在中国共产党第十九次全国代表大会上作的报告［R/OL］. 新华网，2017-10-27.

② 陈联真 . 在那历史转折时期——胡平任福建省省长的日子里［M］. 南京：江苏人民出版社，2016：130-139.

小康，助力精准扶贫。安溪县成立了由县委书记任组长的县脱贫攻坚工作领导小组，并在各个乡镇成立脱贫攻坚工作领导小组，形成了县乡村三级书记一起抓扶贫的工作格局，通过建立挂钩帮扶责任机制，做到层层签订"军令状"，层层传导压力。同时，还建立考核督查和责任追究机制。抽调县委和县政府相关部门的人员组成7个专项督查组，进行定期或不定期的专项督查，对存在脱贫攻坚工作落实不到位的乡镇、村进行约谈，对未能按时完成年度减贫任务的乡镇给予问责。这些做法和措施，充分发挥了社会主义的政治优势和制度优势，充分发挥了基层党组织在脱贫攻坚中的战斗堡垒作用。

（二）一片茶叶：因地制宜突出特色产业，通过产业带动脱贫

安溪地处山区，人口众多，山多田少，县委、县政府根据安溪的实际情况，因地制宜，提出"以茶脱贫、以茶富民"的策略，走出了一条"内练品质，外塑品牌，文化搭台，经贸唱戏"的发展茶叶道路，并在输出茶叶的同时重视茶文化的融入与输出，把茶叶资源优势转化为市场优势。同时，通过一业带动百业，通过茶产业的不断发展带动了印刷包装、机械制造、食品加工、交通运输、仓储物流、餐饮旅馆、房地产等行业的发展，出现了"一叶飘香，百业兴旺"的良好局面。安溪茶产业的发展是政府引导、企业参与、市场化运作的成功实践。

首先，县委、县政府大力实施品牌战略，引导企业树立品牌发展意识，增强品牌竞争力，以品牌经济助推脱贫工作。改革开放以前，安溪茶叶有名无牌，1978年全县茶叶收购均价仅为3.09元/千克，茶叶质量和经济效益都较低。为了改变这一局面，历届县委、县政府先后实施了多项措施提升安溪铁观音的品质和品牌价值。例如，1996年实施的"优质、精品、名牌"发展策略，启动了10万亩铁观音基地建设和6万亩茶叶绿色食品基地建设；1998年实施的茶业发展"三步走"策略，即创品牌、拓市场，保名牌、抓质量，建市场、组集团；2000—2002年实施的茶业"2112"工程，即建20万亩无公害茶业生产基地、10万亩优质铁观音基地、10万亩绿色食品茶业基地和2万亩有机茶基地；2005年提出的"绿色、品牌、诚信、文化"发展思路；等等。特别是2000年建成的全国重点茶市——"中国茶都"，改变了之前茶业经营点"小、乱、散"的状况，形成我国首家集茶叶贸易、茶信息交流、茶文化研究、茶科技咨询、旅游休闲为一体的多功能"全国定点市场"，这不仅促进了茶产业和相关产业的繁荣，也大大提升了安溪铁观音的品牌价值。

其次，在政府的大力引导下，全县的茶叶企业也意识到品牌建设的重要性。

1990年以来，很多茶叶企业通过了ISO9000国际质量体系认证、ISO14000环境管理体系认证、QS食品质量安全市场准入制度认证等。至2017年，全县共有涉茶中国驰名商标7枚，福建省著名商标47枚，形成了安溪铁观音品牌背景下的企业品牌族群，并涌现了八马茶业、安溪铁观音集团、华祥苑茶业、中闽魏氏茶业等一批引领茶产业的龙头企业。

与此同时，在发展茶产业的同时，安溪县也注重推广茶文化，以文化带动市场。早在1988年，安溪就举办了首届"铁观音杯"全国征歌大赛，并在同年10月举办了"飘香的歌"大型演唱会，通过歌曲传播的形式，让铁观音的芳香和盛誉传遍五洲四海。此后，以安溪铁观音为主题的文艺精品创作，包括茶歌、茶戏曲、茶影视等，先后在中央电视台和各省市电视台播出，极大地提高了安溪铁观音的知名度。20世纪90年代，茶王赛步入全国各大城市并得到主流媒体的广泛报道，茶王拍卖价格节节攀升，在国内外产生了轰动效应。1994年，安溪县组织茶艺界、文化界人士，创编了一套具有安溪特色，集传统茶道和品茗艺术为一体的安溪茶艺，并组建安溪县茶艺表演队，在同年举办的第二届世界安溪乡亲联谊大会上首演，获得广泛赞誉。2005年，安溪县茶艺表演队升格为安溪县茶文化艺术团，先后到国内外的各大城市演出，不仅展示了安溪茶艺的独特文化，也进一步拓宽了国内外销售市场。2000年以来，安溪县又先后举办了中国茶都（安溪）茶文化旅游节、海峡茶文化交流会、安溪铁观音神州行等茶文化活动，全面展示了安溪铁观音的品牌形象，进一步提升了安溪铁观音的品牌影响力。2017年金砖国家领导人厦门会晤期间，安溪铁观音作为会晤用茶和茶礼赠予外国领导人。安溪的茶艺师为各国贵宾奉上铁观音，并展示安溪传统制茶技艺、闽南十八道工夫茶艺，得到了各国来宾的盛赞，充分展示了中国茶文化的独特魅力。

近年来，安溪茶产业借鉴法国葡萄酒庄园生产经营模式，通过打造茶庄园，进行产业升级。乘着"一带一路"的东风，通过与"海丝"沿线产茶国家的人员往来、产品互销、文化交流等活动，打开了通往国际市场的"茶香通道"。同时，海外市场的拓展也为乡村振兴开辟了新的天地，安溪茶产业迎来了新一轮的发展机遇。2019年安溪铁观音品牌价值高达1425.43亿元，蝉联全国茶叶类第一位。可以说，在安溪全面建成小康社会的过程中，这"一片茶叶"发挥了无可替代的作用。

（三）一种精神：靠自己的骨头长肉

贫困群众是脱贫致富的主体，打赢脱贫攻坚战，关键在于调动贫困地区干部群众的积极性主动性，在脱贫致富的过程中，要将扶贫同扶志、扶智相结合，充分调动贫困群众脱贫致富的积极性和主动性，变"要我脱贫"为"我要脱贫"。

1996年4月8日《人民日报》头版头条刊发报道安溪的文章《靠自己的骨头长肉》，"靠自己的骨头长肉"形象地刻画了安溪人民在脱贫致富的过程中不等不靠、自强不息、艰苦奋斗的内在精神。1993年开工建设的龙门隧道工程便是这一精神的生动写照。龙门隧道工程是对安溪发展影响最为深远的工程之一，它的建成大大缩短了安溪至厦门特区的距离，打开了通往全国和世界的大门。建设之时，虽得到国家交通运输部和省市部门的补助，并发行建设债券，但建设资金仍然有巨额缺口。1994年春，工程建设进入冲刺阶段，建设资金告罄。对此，县委县政府决定向全社会开展捐资筹资活动。在县五套班子领导的带头捐款下，一批批干部职工、退休职工、企业家、海外侨胞、各界人士纷纷加入捐资行列，甚至是中小学生、幼儿园儿童也纷纷捐出自己的压岁钱。祖祖辈辈渴望打开山门、脱贫致富的心声化成了一场规模空前的捐资热潮，工程建设资金缺口得到了及时解决。与此同时，全县干部群众也以极大的热情投入工程建设中，以工地为家，夜以继日地奋战在工地第一线。1995年4月，整个工程比预定工期提前一年胜利竣工，创造了安溪公路建设史上的最快速度，彻底打开了千百年来严重制约安溪发展的天然屏障，体现了安溪人民自强不息、"靠自己的骨头长肉"的奋斗精神。①

在全面建成小康社会的扶贫攻坚战中，安溪人民继续发扬"靠自己的骨头长肉"的精神，不断增强贫困群众脱贫致富的内生动力，通过凝聚全社会的力量，形成全社会参与的大扶贫格局。进行了一系列扶贫创新探索，包括：①率先在全国实现乡镇扶贫协会全覆盖。协会从项目、资金、信息、技术等各方面，因地制宜开展帮扶活动，建立起扶贫开发、稳定脱贫的长效机制。②率先在全省开展"百企联百村帮千户"行动。将146家企业、异地安溪商会、海外安溪会馆与101个帮扶村结对共建，助力乡村振兴。③率先在全国成立农民讲师团。通过遴选390名社会各界能人，常年在乡村开展技术指导和"组团扶贫·抱团发展"活动，推动农民致富和农村发展。④率先在全省启动"因病、因灾"致贫、返贫对象帮扶工程。通过设立专项帮扶资金，实现贫困户住房教育医疗兜底保障。⑤率先在全省推行公立医院先诊疗后付费模式。安溪在全县公立医疗

① 福建新闻广播·福建之声，中共福建省委党史研究和地方志编纂办公室．遍地英雄下夕烟［EB/OL］．FM1036福建新闻广播，2020-10-27.

单位全面推行"先诊疗、后付费"服务模式，减轻患者医疗负担。

（四）一份乡情：广泛动员社会各方面力量参与脱贫攻坚

在党的十九大报告中，习近平总书记强调统一战线是党的事业取得胜利的重要法宝，必须长期坚持。[①] 在脱贫攻坚中，更需发挥统一战线凝聚共识、凝聚人心、凝聚智慧、凝聚力量的独特优势，聚合社会力量参与脱贫。

安溪是著名的侨乡，百万华侨华人遍布世界各地。安溪华侨虽身居异域，仍情系桑梓，为家乡的经济建设和脱贫致富做出了巨大贡献。他们或铺路筑桥，或兴医助学，或扶危济困，或投资兴业。据统计，安溪华侨捐资兴办了270多所中小学和幼儿园，捐资办学总金额达6亿多元。他们还捐建了160多座桥梁，220多条公路，并累计捐赠兴办公益事业20多亿元，创办了安星藤器企业有限公司、安侨第一制衣厂等一大批企业，为解决就业问题，帮助家乡脱贫致富做出了重大贡献。安溪县委县政府一直高度重视统战工作，在1994年10月安溪就成功举办了第二届世界安溪乡亲联谊大会，接待了来自海内外的2000多名安溪乡亲，既促进了海内外乡亲的团结，又促进了招商引资工作。1997年举办的第三届世界安溪乡亲联谊大会，时任福建省委副书记习近平等领导应邀出席大会，为安溪促进海内外乡亲的交流与团结，推进安溪的经济社会发展起到了很大的助力作用。

近年来，安溪县在继续团结海外乡亲的同时，也积极凝聚全社会的力量参与脱贫攻坚。启动了"百企联百村帮百户"行动，发动企业、商会、海外会馆对接帮扶贫困村和贫困户。并通过公益力量帮助贫困户子女解决上学问题，成立县级和乡镇级扶贫开发协会，筹集社会资金参与扶贫。通过广泛动员社会各方面的力量，将涓涓细流汇聚成全面建成小康社会的磅礴力量。

三、改革开放40年安溪减贫经验的国际借鉴意义

从对改革开放以来安溪减贫经历的回顾，以及对其减贫实践的梳理，至少有以下两方面的经验值得总结和向国际社会推广：

（一）包容性发展与普惠性增长推动脱贫致富

2014年7月29日，习近平总书记主持召开中央政治局会议，首次提出"发

---

① 习近平. 决胜全面建成小康社会 夺取新时代中国特色社会主义伟大胜利——在中国共产党第十九次全国代表大会上作的报告 [R/OL]. 新华网，2017-10-27.

展必须是遵循经济规律的科学发展，必须是遵循自然规律的可持续发展，必须是遵循社会规律的包容性发展"。"十三五"规划要求坚持在提高发展平衡性、包容性、可持续性的基础上，实现"两个翻番"的目标。"包容性发展"这一提法第一次写入五年规划建议。① 党的十九大报告指出，增进民生福祉是发展的根本目的。必须深入开展脱贫攻坚，保证全体人民在共建共享发展中有更多获得感，不断促进人的全面发展、全体人民共同富裕。② 中国的包容性发展就是经济与社会协调发展，让发展的成果不断惠及大众，让全体人民共同参与发展进程，使全体人民在共建共享发展中有更多获得感，朝着共同富裕方向稳步前进。

安溪的脱贫历程也恰恰体现了包容性发展与普惠性增长这一发展思路。安溪在实施"以茶脱贫"的过程中，通过"安溪铁观音"这一区域公共品牌的打造、推广和保护，实现了包容性发展与普惠性增长。区域公共品牌作为一种公共品，具有非竞争性和非排他性的特征，容易导致供给不足，这时就需要政府介入（Samuelson，1954③；Buchanan，1965④；Coase，1974⑤）。同时，由于区域品牌的公共属性，可能导致"搭便车"的行为，导致伪劣产品的出现，影响品牌的声誉，最终导致"公地悲剧"（Hardin，1968⑥；Schlager、Ostrom，1992⑦）。因此，政府对区域公共品牌的保护也尤为重要。安溪县通过实施"优质、精品、名牌"，茶业发展"三步走"等策略来提升安溪铁观音的品质和品牌价值。打造全国定点市场"中国茶都"，开展中国茶都（安溪）茶文化旅游节、海峡茶文化交流会等茶文化活动，不断提升了安溪铁观音的品牌影响力，从 2015 年起，"安溪铁观音"多年蝉联全国区域品牌价值茶叶类第一名。县委县政府把"安溪铁观音"这一区域品牌建设作为政府公共服务的一部分，打造了这一区域品牌的整体形象，避免了"公共产品"供给不足的问题。

"安溪铁观音"区域公共品牌的建设对促进茶产业发展，开拓国内外市场具

① 习近平. 习近平谈治国理政：第二卷［M］. 北京：外文出版社，2017a：71-93.

② 习近平. 决胜全面建成小康社会 夺取新时代中国特色社会主义伟大胜利——在中国共产党第十九次全国代表大会上作的报告［R/OL］. 新华网，2017-10-27.

③ SAMUELSON P A. The Transfer Problem and Transport Costs，II：Analysis of Effects of Trade Impediments［J］. The Economic Journal，1954，64（254）：264-289.

④ BUCHANAN J M. An Economic Theory of Clubs［J］. Economica，1965，32（125）：1-14.

⑤ COASE R H. The Lighthouse in Economics［J］. The Journal of Law and Economics，1974，17（2）：357-376.

⑥ HARDIN G. The Tragedy of the Commons［J］. Science，1968，162：1243-1248.

⑦ SCHLAGER E，E. OSTROM. Property-Rights Regimes and Natural Resources：A Conceptual Analysis［J］. Land Economics，1992，68（03）：249-262.

有显著的推动作用，如图1-2所示，2000年"安溪铁观音"地理标志证明商标获批后，安溪的茶叶产量迅速提高。同时，县委、县政府非常重视对这一区域品牌的保护，出台了《安溪铁观音地理标注产品专用标志使用暂行规定》等一系列商标使用管理规则和文件，避免了"公地悲剧"。并引领企业打造产业集群品牌，涌现出了八马茶业、安溪铁观音集团、华祥苑茶业、中闽魏氏茶业等一大批茶叶品牌。"安溪铁观音"这一区域公共品牌在促进茶产业发展的同时，也带动了印刷包装、交通运输、仓储物流、餐饮旅馆、房地产等各行各业的发展，使全民都享受到这一区域公共品牌带来的经济效益，真正做到茶叶富民，全民共享。

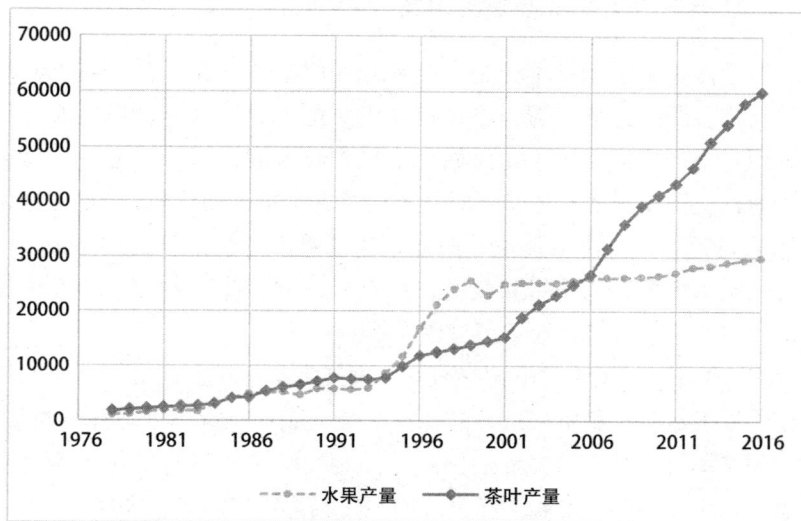

图1-2　安溪县茶叶和水果产量1978—2016年（单位：吨）

此外，基础设施建设作为另一种公共品，在通过包容性发展与普惠性增长促进脱贫的过程中也发挥了重要作用。安溪的脱贫历程也得益于对基础设施建设的大力投入。首先，打造了出境公路高速化和县乡村公路网络化的交通网。截至2017年年底，全县公路通车总里程达4937.67千米，高速公路里程达132.56千米，落地互通为全省最多的10个。其次，实施大县城发展战略，城区面积由1978年的0.8平方千米，扩大到2017年的27平方千米。这不仅拓展了可持续发展的城区空间，也提升了县城的辐射带动能力。同时，"十里诗廊"景观、凤山森林公园、"大龙湖"滨江公园等项目的建成，既提升了县城的品位，又丰富了县城的文化内涵，为全县人民提供了良好的人居环境。基础设施对脱贫工作的影响是方方面面的，不仅能促进招商引资和对外开放，还能加快市场整合，推动城乡综合发展，带动全县人民脱贫致富。同时，持续改善的城乡人居环境和建设普惠性民生工程，既是打赢脱贫攻坚战，全面建成小康社会的基本要求，也符合广大人民群众对美好生活的新期待。

基于安溪脱贫的实践，在国际减贫过程中，各地区应根据当地的资源禀赋，树立"共享发展"的理念，制定全面、综合的减贫战略，通过区域公共品牌的建设，提高发展的包容性，让发展更加均衡。同时，也应加大对普惠性公共基础设施的投入和对人居环境的改善，让全民共享发展成果。

（二）政府与市场在扶贫中协同发力

在贫困地区，由于信息不完全、外部性等因素的存在，会导致单纯的市场调节难以实现资源的优化配置，出现市场失灵的问题。这时，需要通过政府的干预，来纠正市场失灵。对于如何处理市场和政府的关系，习近平总书记在十八届中央政治局第十五次集体学习时曾提出了一个精辟的论断："在市场作用和政府作用的问题上，要讲辩证法、两点论，'看不见的手'和'看得见的手'都要用好，努力形成市场作用和政府作用有机统一、相互补充、相互协调、相互促进的格局，推动经济社会持续健康发展。"①

2015 年 10 月，习近平总书记在减贫与发展高层论坛上提出"五个一批"的脱贫措施，即发展生产脱贫一批、易地扶贫搬迁脱贫一批、生态补偿脱贫一批、发展教育脱贫一批和社会保障兜底一批，深刻反映了政府与市场在扶贫中协同发力的思想。而安溪的扶贫经验正是政府与市场协同发力的生动体现。

发展生产脱贫一批：贫困地区由于金融市场不完善，存在金融市场失灵的问题。例如，贫困地区由于基础设施回报率低，投入时间长等问题，无法获得商业性金融贷款。贫困户由于缺乏抵押物、信息不完全、交易成本高等因素，无法获得正规的金融服务。这时候就需要政府实施特定措施弥补市场失灵，通过发展生产脱贫一批。针对这一问题，安溪通过小额信贷、"银行+风险担保金+贫困户"等方式解决了贫困群众的资金难题。2017 年累计投放扶贫小额信贷6628 万元，有效地解决了贫困户贷款难的问题。

易地扶贫搬迁脱贫一批：政府主导的易地搬迁也需借助市场的力量解决搬迁户的就业问题。例如，安溪县实施的"百企联百村帮千户"行动，把企业转型升级与贫困地区产业构建结合起来，有效地解决了搬迁后的就业问题，大大提升了企业扶贫的成效。

---

① 何自力. 怎样推动有效市场和有为政府更好结合［J］. 经济日报，2022-7-13.

生态补偿脱贫一批：借助市场的力量，在落实生态补偿脱贫的同时，也能提高贫困户自身的造血能力。例如，安溪在实施大面积垦复竹林的同时，鼓励贫困户发展林下种养，推广食用菌、红米等的种植技术，把建设青山绿水的过程变为贫困户脱贫致富的过程。

发展教育脱贫一批：贫困地区由于信息闭塞和较高的交易成本，无法发挥自身的资源禀赋和竞争优势，也存在市场失灵的问题。安溪通过推广"互联网+扶贫开发"策略，通过对贫困户进行电商培训和资金扶持，以及对弘桥智谷电商产业园、茶多网电子商务创业孵化基地等平台载体的建设，使贫困群众实现资源与市场的精准对接。通过扶心扶智的电商培训，让贫困群众驶上了脱贫致富的快车道。安溪县先后被评为全国电子商务百佳县、全国电商创业最活跃县和省级农村电子商务示范县。尚卿乡灶美村原有1/10的贫困人口，发展为安溪首个淘宝村后，整村实现脱贫，年均人收入超过2万元。

社会保障兜底一批：在政府资金的主导下，通过动员广泛的社会资金参与扶贫，引入市场机制，既能形成对政府扶贫资金的有效补充，又能培养专业化的扶贫组织，提高扶贫的效率。对此，安溪成立了县扶贫开发协会，并在全省率先成立乡镇级扶贫开发协会，利用专业组织提高了扶贫资金的利用效率。

习近平总书记在党的十八届三中全会《关于〈中共中央关于全面深化改革若干重大问题的决定〉的说明》中强调，"使市场在资源配置中起决定性作用和更好发挥政府作用""经济体制改革的核心问题仍然是处理好政府和市场关系"①。因此，各国在扶贫开发中要重视市场与政府的协同发力，既要尊重市场规律，通过引入市场机制，激发市场活力，强调市场对资源配置的决定性作用。同时，也要认识到由于市场失灵等问题的存在，市场无法实现资源的最佳配置，需要通过政府的引导，让政府发挥对资源配置更好的作用。

以史为鉴可以明方向，安溪1978年以来在经济社会发展和脱贫工作中取得的辉煌成就，是改革开放以来我国经济腾飞和人民脱贫致富这一伟大历程的一个缩影。我国正处于全面建成小康社会的决胜阶段，习近平总书记在中央扶贫开发工作会议上强调："脱贫攻坚任务重的地区党委和政府要把脱贫攻坚作为'十三五'期间头等大事和第一民生工程来抓，坚持以脱贫攻坚统揽经济社会发展全局。"因此，脱贫攻坚和县域经济发展是实现全面建成小康社会的关键所在。安溪的脱贫历程正是把脱贫攻坚与县域经济发展有机结合，通过包容性发展和普惠性经济增长带动脱贫攻坚，通过脱贫攻坚推动县域经济更均衡地发展，

---

① 习近平. 习近平谈治国理政：第一卷［M］. 北京：外文出版社，2014：70-89.

这为国际减贫事业的发展提供了成功经验和宝贵财富，具有重要的参考价值。当前，新时代的画卷正徐徐展开，在以习近平同志为核心的党中央的坚强领导下，中国人民必将继续书写中华民族伟大复兴的壮丽篇章。

第三节　共同富裕与国家治理能力：闽宁对口扶贫
协作的经济学思考[①]

经济学的基本命题是经济活动中的人、企业和政府通过优化资源配置和财富分配以达到效率和公平，这是各种经济社会制度都要追求和平衡的两大目标。十八大以来，以习近平同志为核心的党中央始终坚持"全民共享、全面共享、共建共享和渐进共享"的共享的发展理念[②]，使发展成果更多、更公平惠及全体人民，在经济社会发展的基础上，朝着共同富裕的方向前进。从中国的发展现状来看，东部地区发展水平显著高于其他地区。[③] 如何进一步缩小地区之间的发展差距？以往研究总结了多种策略与经验：一是中央政府的财政政策应对中西部地区适当倾斜，中西部地区应以缩小区域差距为目标，东部地区应以效率优先[④]；二是取消中央税收返还，将其作为中央可支配财力全部用于均衡性拨款[⑤]；三是进一步完善转移支付制度，促进基本公共服务均等化发展[⑥]；四是中西部地区应加强自身建设，发挥比较优势[⑦]，增强自我造血功能。[⑧]

闽宁对口扶贫协作模式是党和国家为了缩小东西部地区发展差距，实现东西部地区协调发展，在"两个大局"[⑨] 的战略构想和推进西部大开发的统一部

---

① 本章节原由周颖刚发表在《厦大党政工作研究》2021 年第 4 期，感谢石曜丞在写作过程中的帮助。

② 颜晓峰. 共享发展丰富社会主义平等观 [EB/OL]. 人民网，2017-06-22.

③ 李实，罗楚亮，史泰丽. 概述：中国的收入不平等和贫困（2002—2007 年）[M]. 北京：人民出版社，2013：41-83.

④ 刘长全，韩磊. 中国农村发展进程及地区差距：现状、问题与思考——基于中国农村发展指数的研究 [J]. 农村经济，2016（12）：3-8.

⑤ 陈凯，张方. 生产性公共支出、空间溢出效应与区域经济差距——基于多地区动态一般均衡模型的分析 [J]. 中国人口·资源与环境，2017，27（04）：58-67.

⑥ 王小鲁，樊纲. 中国地区差距的变动趋势和影响因素 [J]. 经济研究，2004（01）：33-44.

⑦ 马拴友，于红霞. 转移支付与地区经济收敛 [J]. 经济研究，2003（03）：26-33，90.

⑧ 詹新宇. 区域经济发展战略转变与中国宏观经济波动 [J]. 中国人口·资源与环境，2014，24（09）：141-146.

⑨ 中共第十九届中央委员会. 中共中央关于制定国民经济和社会发展第十四个五年规划和二〇三五年远景目标的建议 [R/OL]. 新华网，2020-11-03.

署下做出的一项战略性决策，体现中国特色社会主义对"财富分配"和"公平"的重视。自 1996 年以来，共 11 批 180 余名福建挂职干部接续奋斗，2000 余名支教支医支农工作队员、院士专家、西部计划志愿者远赴西海固，与当地人民一起将"苦瘠甲天下"的历史翻开新的一页。正如习近平总书记视察宁夏时，提到东西部扶贫协作和对口支援"是实现先富帮后富、最终实现共同富裕目标的大举措"①，"闽宁协作是东西部扶贫协作和对口支援的一个生动例子"②。

一、"闽宁模式"为世界减贫治理提供"中国方案"

所谓"国家治理"，是指一个国家在应对其统辖范围内各种事务、挑战和危机时稳定重复的理念和举措。伴随着国家治理的生产和运作不是任意的、无序的，在某种程度上遵循路径依赖的原则。因此，我们需要从整体上来把握认识国家治理的诸种具体机制行为。③

闽宁对口扶贫协作模式是政府、企业和社会等多层次资源配置体系不断完善的缩影，是社会主义社会"共同富裕"治国理念的体现，充分展现了中国共产党强大的组织凝聚力，充分彰显了中国特色社会主义制度的巨大优越性，为世界减贫治理提供"中国方案"。

在顶层制度设计上，党中央不断根据贫困问题的实际情况建立新的制度框架与政策原则。70 余年来，中国的减贫经历了扶贫对象由普惠到特惠、扶贫方式由输血到造血、扶贫主体由单一到多元的演进。④ 1954 年，国家层面确立了"依靠集体、群众互助、生产自救、政府救济"的宏观政策方针，并基于此后续出台了《社会福利生产》《以工代赈》《移民开荒》《劳务输出》等一系列中观层面的制度政策。20 世纪 80 年代，扶贫的顶层制度设计进一步调整为"开发式扶贫+最低社会保障"，国家在扶贫工作中的重要性更加凸显。90 年代中期，我国制定了《国家八七扶贫攻坚计划（1994—2000 年）》，针对贫困区域呈现出的"集中连片"现象，开始推动东西部合作扶贫，闽宁帮扶即始于此。⑤ 2015

① 习近平. 在东西部扶贫协作座谈会上的讲话 [R/OL]. 新华网，2016-07-21.
② 习近平. 在东西部扶贫协作座谈会上的讲话 [R/OL]. 新华网，2016-07-21.
③ 周雪光. 中国国家治理及其模式：一个整体性视角 [J]. 学术月刊，2014，46（10）：5-11.
④ 蒋永穆，江玮，万腾. 中国特色减贫思想：演进主线与动力机制 [J]. 财经科学，2019（01）：52-62.
⑤ 贾海薇. 中国的贫困治理：运行机理与内核动力——基于"闽宁模式"的思考 [J]. 治理研究，2018，34（06）：42-49.

年，基于 60 多年贫困治理的经验，中央制定部署"精准扶贫"的方针，并于当年 11 月公布《关于打赢脱贫攻坚战的决定》，为"闽宁模式"赋予新的政策动能。

良好的顶层制度设计离不开中微观层面的规范化机制的配合与执行。推进治理体系和治理能力现代化的关键一环，是提升对治理的政治定位，同时逐步实现政府的发展、治理和服务职责的有机融合。党中央充分发挥社会各界、各阶层群体作为社会主义事业的建设者的积极作用，促进实现公共事务共治、公共难题共解、公共成果同享的社会治理机制，维护最广大人民的根本利益，真正提升人民群众的政治效能感，更进一步发扬社会主义民主的坚强决心，是党中央推进全面深化改革时代进程中，实现政府全面正确履责、加快建设服务型政府的重大创新。党的领导协调各方、引导各类资源投入，保证了扶贫的协同性和高效性。习近平总书记在闽工作期间，提出"优势互补、互惠互利、长期协作、共同发展"的扶贫协作指导原则，并基于此项原则，亲自指导和推动创立了闽宁扶贫协作"五项机制"，① 为推进东西部扶贫协作积累了宝贵经验。

第一，联席推进。福建、宁夏两省区联席会议制度确立之后，每年定时召开，每届会议上都会确定具体的帮扶项目和协作内容。通过联席会议，两省区建立了互派干部挂职的人事制度，出台闽商入宁的扶植激励制度，落实完善公共服务供给的惠民制度，确立公共基础设施的援建制度。② 联席会议制度的建立和长期坚持，使闽宁对口扶贫协作的路子越走越宽，群众得到的实惠越来越多。

第二，结对帮扶。1996 年确定了福建 8 个经济较强的区县与宁夏 8 个贫困县结成帮扶对子。经过 24 年的发展完善，上达地市，下及村社，横向扩展至部门，福建 30 多个县（市、区）、85 个乡镇、134 个行政村（社区），先后与宁夏 9 个贫困县（区）、105 个乡镇、129 个行政村结成帮扶对子，不断深化教育、医疗、文化等领域对口帮扶协作。东西部扶贫协作是一项系统工程，点多、面广、量大，始终坚持结对帮扶，才能使得扶贫对象更清晰、扶贫目标更明确、扶贫措施更精准、扶贫责任更具体。

第三，产业带动。结合宁夏当地基础条件和特色优势，闽宁两省区坚持以产业为基础，以市场为导向，通过共建扶贫产业园、搭建合作交流平台、组织规模化劳务输出等方式，开辟了一条企业合作、产业扶贫、项目带动的"造血

---

① 姜志刚. 开创东西部扶贫协作的"闽宁模式"［J］. 中国党政干部论坛，2020（09）：80-83.

② 韩文龙，祝顺莲. 地区间横向带动：实现共同富裕的重要途径——制度优势的体现与国家治理的现代化［J］. 西部论坛，2020，30（01）：19-30.

式"对口帮扶新思路，成功实现了援助式扶贫向开发式扶贫的转变。

第四，互学互助。闽宁协作24年来，福建省累计选派11批183名援宁挂职干部，派遣3000多名支医、支教工作团队人员和科技工作者，帮助宁夏培训教师1万多人次，宁夏也选派20批334名干部到福建挂职锻炼。两省区密切的人员交流促进了观念互通、思路互动、技术互学、作风互鉴。2020年7月，中宣部授予"闽宁对口扶贫协作援宁群体""时代楷模"称号，进一步激励了两省区干部群众"同一个事业、同一份愿望、同一种责任"的使命担当。

第五，社会参与。随着改革开放不断深入，我国社会组织快速发展，已成为社会主义现代化建设的重要力量、党的工作和群众工作的重要阵地。闽宁两省区重视发挥社会力量在对口协作中的作用，鼓励号召民间团体，爱心人士开展捐资助学、公益慈善等活动，努力打造政府、企业、社会互为支撑，专项扶贫、行业扶贫、社会扶贫的格局。中微观层面政府间系统性的合作制度，使得福建与宁夏建立了制度性伙伴关系，促进了闽宁两省区民族之间、地区之间"互惠、互信、互助"的社会资本良性聚集，展现出共产党区域行政治理能力的进步。在此过程中，地方政府间的行政网络结构得到科学与系统的培育，政府、企业、社会等多层次资源配置体系得以进一步完善与发展。

截至2020年年底，已有5600家企业（商户）入驻宁夏，年均劳务收入超过10亿元，宁夏全区80.3万建档立卡贫困人口全部脱贫，1100个贫困村全部脱贫出列，9个贫困县全部脱贫摘帽，宁夏贫困地区农民人均可支配收入达10415元。值得一提的是，2014年冬，宁夏哈纳斯集团在福建莆田投资110亿元建设国家级天然气战略贮备基地项目，福建向宁夏单向投资的传统被改写为双向互助的新态，正式开启"互惠、互利"的东西合作新篇章。① 在当前"一带一路"倡议实施中，作为海上丝绸之路重要起点之一的福建，与陆上丝绸之路途径重要省份之一的宁夏，两省区有了更多跨越时空的合作契机与空间。"优势互补、合作共赢"将成为"闽宁模式"发展的新内涵。

二、"闽宁模式"为"中国经济学"的建构提供理论依据

2019年的诺贝尔经济学奖颁发给从事全球减贫研究的三位学者，表彰其实验性方法，他们成立扶贫实验室（J-PAL），在真实世界检验各种政策的效果，

① 贾海薇. 中国的贫困治理：运行机理与内核动力——基于"闽宁模式"的思考［J］. 治理研究，2018，34（06）：42-49.

其研究对象主要是非洲和印度。而在人类减贫史上做出最大贡献的却是中国，中国贫困人口从 2012 年年底的 9899 万人，到今年年底贫困人口全部退出。这里存在两个矛盾：一是现代经济学缺乏丰富的中国样本；二是中国减贫经验缺乏系统化理论总结。闽宁对口扶贫协作模式将扶贫和扶志、扶智相结合，对放松经济人的假设，深化经济决策和行为的研究有重要的意义，为"中国经济学"的建构提供理论依据。

所谓贫困，是社会经济、政治和文化等各方面落后的总称。2019 年诺贝尔经济学奖获得者班纳吉等人深入贫困国家和地区实地调研，其研究结果表明，导致贫困的因素有很多，如贫穷者总是基于其有限的认知做出"有限理性决策"，而这种决策往往夹杂着无知与偏见，比如倾向于"把钱花在昂贵的治疗上，而不是廉价的预防上"①；贫穷者的抗风险能力和容错成本均比较低，"穷人不仅过着风险更大的生活，而且同样一场灾难，可能对他们造成更大的伤害"②。而这些困境，或多或少都可以通过接受教育而克服。教育的主要作用是促进人能力的提升和发展，唯有通过教育提升人的素质，才能阻断贫困在代际间的积累与传递，才能从根本上使人摆脱贫困。③ 因此教育在脱贫攻坚中具有基础性、根本性作用，是拔掉穷根、稳定脱贫的前提，也是实现"两不愁三保障"的底线目标。④ 作为人才储备基地，高校在教育扶贫、精神扶贫方面具有得天独厚的优势。通过"授人以渔"，更能充分激发贫困地区人民勤劳致富的内生动力。

作为第一批参加定点扶贫的教育部直属高校，厦门大学从 2012 年开始与宁夏固原市隆德县结成定点扶贫关系。坚持"隆德所需，厦大所能"的原则，从隆德当地实际出发，因地制宜制订帮扶规划和实施方案。以隆德县域为实体学院，以隆德学生、教师、医护人员、农村双带头人、干部等为对象，以厦门大学为基地，以学校人才队伍为依托，以补齐义务教育短板和提升技能人员技术为目标，通过线上线下、走出去请进来等多种方式，为隆德乡村振兴人才培养打下良好基础。截至 2020 年 5 月，全县接受培训人员 3340 人次，其中学生 220

---

① ［美］阿比吉特·班纳吉，埃斯特·迪弗洛. 贫穷的本质：我们为什么摆脱不了贫困（修订版）［M］. 景芳，译. 北京：中信出版社，2018：60.

② ［美］阿比吉特·班纳吉，埃斯特·迪弗洛. 贫穷的本质：我们为什么摆脱不了贫困（修订版）［M］. 景芳，译. 北京：中信出版社，2018：157.

③ 中共中央党史和文献研究院. 习近平扶贫论述摘编［M］. 北京：中央文献出版社，2018：133-134.

④ 张宏. 兴教扶智"斩穷根"［N］. 中国教师报，2020-12-16.

人次，教师 540 人次，医护人员 650 人次，党员干部 910 人次，农村双带头 1020 人次。通过系统、多样、长期的教育帮扶行动，当地师资匮乏的短板得到弥补，学生的学习热情和兴趣得到激发、当地困顿的教学环境得到改善，更多义务教育阶段适龄儿童能够顺利完成学业，乃至追求更高的人生理想。

十九大报告提出，要注重扶贫同扶志、扶智相结合。① 24 年来，援宁群体和宁夏干部群众铭记总书记的嘱托，久久为功，探索出一条具有典范意义的扶贫协作道路。隆德县共有残疾人 1.3 万人，占全县总人口的 7.2%，其中农村贫困重度残疾人 6198 人，远高于全区和全国水平。厦门大学通过"托养+就业+创业"模式，一是投入资金 130 多万元，建成残疾人电商创业中心、扶贫车间、民间花灯灯饰制作室等，有力保障了托养中心的正常运行；二是将托养与辅助性就业相结合，变输血为造血，实现残疾人家庭稳定增收；三是把托养和工疗相结合，提高残疾人参与社会生活的能力；四是把托养和就业相结合，通过创建电商平台，帮助残疾人在淘宝、天猫等线上销售平台销售当地土特产，激发残疾人的内生动力。

在闽宁协作模式第十批、第十一批连续挂职干部樊学双的帮助下，残疾青年辛宝同加入了隆德县残疾人电商协会，经过认真学习与钻研，他掌握了电商的基本运营和销售技巧。如今，辛宝同所创立的隆隆薯品牌，已经发展成为在厦门和成都拥有线下实体店，线上线下相结合，营业额 2000 万的商贸中心。隆德县残疾人托养、康复、工疗、就业、创业一体化的托养模式，共托养贫困残疾人 224 名，安置就业 143 名，帮助销售农特产 1000 余万元，带动 1300 多名贫困残疾人增收，被自治区残工委命名为隆德模式向全区推广，让更多的残疾人实现自尊、自立、自强的人生目标，共享全面建成小康社会的发展成果。

根据经济人假设，人总是追求自身经济利益或效用的最大化。正所谓"十年树木，百年树人"，扶智与扶志可能在当下并不能带来切实的经济效益，它们的好处要在未来 10 年、20 年，甚至 30 年才得以显现。这就要求我们在研究和实际工作中，适当放松经济人假设，在长远眼光和战略高度上，进一步提升长期人力资本的投资和积累，为如期全面建成小康社会、实现第一个百年奋斗目标，为开启全面建设社会主义现代化强国新征程、实现中华民族伟大复兴提供强有力的人才资源保障。②

---

① 习近平．决胜全面建成小康社会 夺取新时代中国特色社会主义伟大胜利——在中国共产党第十九次全国代表大会上作的报告［R/OL］．新华网，2017-10-27.
② 邢逸柳．中国特色扶贫政策对于社会管理及发展的意义［J］．法治与社会，2020（31）：89-90.

三、结语

2020 年是"十三五"规划的收官之年，我国经济社会发展取得新的历史成就。我国经济实力、综合国力和人民生活水平跃上新的台阶，三大攻坚战取得决定性成就，脱贫攻坚战成果举世瞩目，年初剩余 5575 万农村贫困人口全部脱贫、52 个贫困县全部摘帽，全面建成小康社会胜利在望，中华民族伟大复兴向前迈出一大步。党的十九届五中全会强调，实现"十四五"规划和 2035 年远景目标，必须坚持党的全面领导，充分调动一切积极因素，广泛团结一切可以团结的力量，形成推动发展的强大合力，乘势而上开启全面建设社会主义现代化国家新征程，向第二个百年奋斗目标进军。[①] 2020 年中央经济工作会议指出，要巩固拓展脱贫攻坚成果，坚决防止发生规模性返贫现象，坚持和完善东西部协作和对口支援、社会力量参与帮扶等机制。

"闽宁模式"的巨大成功，反映了我国多年以来关于贫困治理所进行的多层次系统性的制度构建，是民心支持与资源分配及治理能力相互促进的集中体现。研究中国问题，讲好中国故事，回顾、总结、梳理和扩展中国扶贫经验相关的经济学理论并非一日之功，经济学者们以高度的时代责任感交出了历史性的答卷。今日开展对于"闽宁模式"的经济学研究，是对传统西方经济学的"经济人假设"的有力回应，是对"中国之治"的补充与完善，是对中国道路的自豪宣示，对深化经济决策和行为的研究有重要的意义。同时，这既能为世界其他国家的减贫治理提供"中国方案"，还将为"中国经济学"的建构提供重要的理论依据，进而提高我国的综合国力以及国际地位，增加我国在国际社会中的话语权和表现力。

第四节　国企改革四十年：回顾与展望[②]

国有企业作为我国社会主义市场经济体制的重要支柱，该如何进行改革一直是过去 40 年各界的焦点问题。40 年来，我国国有经济经历了从国企改革到国

[①] 中共第十九届中央委员会. 中共中央关于制定国民经济和社会发展第十四个五年规划和二〇三五年远景目标的建议 [R/OL]. 新华网，2020-11-03.

[②] 本章节原由周颖刚和刘晔 2019 年 1 月 16 日发表在 FT 中文网，合作者为张训常（暨南大学经济学院）。

资改革、从政企分开到政资分开的变化，随着中国特色社会主义进入新时代，国有企业改革进入新阶段，需要新的思想、新的观点以及新的理论进行指导。

一、从国企改革到国资改革

改革开放至今的四十年中，我国国有企业改革历程主要可以划分为四个阶段。第一个阶段是1978—1991年计划体制下简政放权、减税让利的改革，重点在于调整政府与国有企业之间的生产管理权限和利益分配关系，最终使企业脱离政府的直接行政性控制，成为独立自主的商品生产经营者，从而释放国有企业的生产活力。

第二阶段是1992—2002年计划经济向市场经济转轨过程中转换经营机制和制度创新的改革。在党的十四大确立社会主义市场经济体制改革以后，国有企业改革的基本命题就是公有制、国有经济与市场经济能不能结合，如何结合？即在保持国有经济较大份额的情况下能否实现市场在资源配置中的基础性作用。该阶段国有企业改革的基本逻辑在于明晰企业财产权利和资产经营责任，通过建立企业法人制度，使国有企业成为自主经营、自负盈亏的市场经济主体。在这一阶段，所有制关系发生了较大调整，明确提出了国有企业改革的方向是建立产权清晰、权责明确、政企分开、管理科学的现代企业制度。

第三个阶段是2003—2013年市场经济体制下以管企业为主的改革。"管资产和管人、管事相结合"是这个阶段的主要特征①，虽然2003年设立了国有资产管理委员会，代表国家履行出资人职能，但在中顶层国有企业尚未进行整体改制的情况下，国资委面对的还是一个个"国有企业"，国有资产管理体制仍然主要以管企业为主。这一阶段是国有企业不断深化改革，发展壮大的时期，全国国有及国有控股企业效益得到较大提高，净利润从2003年的2023亿元增长到2013年的1.9万亿元；同时通过建立国有资本经营预算制度，结束了国有企业长期不上缴利润的状况，也为实现国有资产管理体制由以管企业为主向以管资本为主的转变提供了制度基础。

第四个阶段是从2013年十八届三中全会开始实现国有资产管理体制由以管企业为主向以管资本为主转变的改革。习近平总书记强调，完善国有资产管理

---

① 国务院. 企业国有资产监督管理暂行条例：国发〔2003〕378号［R/OL］. 中国政府网，2003-05-27.

体制，以管资本为主加强国有资产监管，改革国有资本授权经营体制。① 十九大报告指出："加快完善社会主义市场经济体制，要完善各类国有资产管理体制，改革国有资本授权经营体制。"② 由此可见，实现国有资产管理体制由以管企业为主向以管资本为主转变，是我国新时代深化国有企业改革的重要切入点。实现这一转变不仅有利于解决国有资产监管工作中存在的越位、缺位、错位等问题，而且有利于形成更加符合基本经济制度和社会主义市场经济发展要求的国有资产管理体制、现代企业制度、市场化经营机制，对国有企业改革具有巨大牵引作用。

二、从政企分开到政资分开

在过去 40 年的改革历程中，我国国有企业改革的基本思路一直是实现"政企分开"，即国有企业摆脱行政附属物地位。然而，经过这么多年的改革，政企依然未能真正分开，其主要的原因在于政资未能实现真正分离。根据《资本论》这一著作可以得到启示：企业是资本的企业，企业是否"独立"要看资本是否独立，即企业是否独立于政府要依资本而定。因此，国有企业要获得独立的法人财产权，成为社会主义市场经济主体，除产权关系要明晰界定，出资人的地位和权利要充分保证外，政府的社会管理职能与国有资产所有者的职能也要明确区分开来（政资分开），即解决国有资本的"独立性"问题。十八届三中全会以来我国国有资产管理体制从管企业为主到管资本为主的转变，也体现了我国国有企业改革的方向将更多地致力于实现政资分开。在管资本为主的资产管理体制下，如果无法解决国有资本的"独立性"问题，国有企业依然也只能是政府的行政附属物，政企也就无法真正分开。因此，为完善国有资产管理体制，以管资本为主加强国有资产监管，其着力点也应该在于实现政资分开。

然而，促进"政资分开"是否能够改善国有资本的配置效率，对这一问题的回答不仅关系到国有企业改革方向的选择，而且对于回答公有制、国有经济与市场经济的兼容性这一基本命题也具有重要的启示意义。我们通过采用中国A 股国有上市公司为研究样本，以 2007 年以来中央、各省和各地级市实施国有

---

① 中共第十八届中央委员会. 中共中央关于全面深化改革若干重大问题的决定［R/OL］.新华网，2013-11-15.

② 习近平. 决胜全面建成小康社会 夺取新时代中国特色社会主义伟大胜利——在中国共产党第十九次全国代表大会上作的报告［R/OL］. 新华网，2017-10-27.

资本经营预算制度为准自然实验的经验证据表明，建立国有资本经营预算制度能够提高国有企业60%以上的投资——投资机会敏感度，即该制度能够较大幅度地改善国有企业的投资效率，并且研究进一步表明在政府干预程度越高的地区以及对于预算软约束越强的国有企业，国有资本经营预算制度对国有企业投资效率的积极作用越明显。这在某种意义上说明了在我国双元结构的财政模式下，建立独立于公共预算之外的国有资本经营预算制度能够通过规范和约束政府的行为，促进政资分开。我们的研究结论也在一定程度上说明在社会主义市场经济体制下，通过合理的制度设计实现政资分开，能够改善国有企业资源配置效率，使其成为自主经营、自负盈亏、自我发展和自我约束的市场竞争主体，因此是佐证公有制和市场经济的兼容性的有力证据，同时也为政资分开是否应当作为国有企业改革的核心与主线，以及如何促进政资分开提供了些许证据。

然而，当前国有企业改革的进程尚未达到成熟阶段，对于如何深化国有企业改革，明确国有企业改革的基本思路无论是在制度上还是理论上，未来都有必要进行深入的探索。

三、"从资本雇佣劳动"到"劳动雇佣资本"

随着中国特色社会主义进入新时代，国有企业改革进入新阶段，对于怎样建设国有企业，建设什么样的国有企业需要新的思想、新的观点以及新的理论进行指导，尤其是国企和国资改革理论更加有必要进行重大创新。笔者认为，关于我国国有企业改革理论需要在以下三方面进行思考、创新和发展。

（一）马克思的"劳动者的个人所有制"

劳动是人（类）的本质，正如恩格斯指出的，"劳动创造了人本身"，只有通过劳动，人才能将自身有意识的生命活动与动物的生命活动区分开来。然而，生存需要的自然必然性使劳动被贬低为单纯维持人类生存的手段，即劳动的异化。社会的发展归根结底是人的发展，而这只有通过对异化劳动进行不断扬弃才有可能。在前资本主义社会，异化劳动建立在人身这种自然性联系的基础之上，只有到了资本主义社会，人身依附关系才被彻底扬弃，但劳动又被置于所有权（资本）的支配之下，表现为资本雇佣劳动，其进步意义在于突破了血缘和地缘等自然纽带的狭隘性，为劳动成为"自由的自觉活动"创造了条件。

社会主义是对异化劳动的最终扬弃，正如马克思所说的，"重新建立劳动者的个人所有制"，就是劳动归个人（劳动者）所有，既不受人身依附关系的支配，也不受所有权（资本）的雇佣。但是，传统的计划和国有经济中，劳动者人人都有所有权，又人人都不能单独占有生产资料，这实际上是将劳动对生产资料的支配权抽象出来集中于国家，因此，劳动者并不拥有真正的所有权。那么，什么模式才是正确的选择呢？从扬弃所有权（资本）对劳动的异化这一角度来看，就要将所有权购买劳动力、支付劳动力价格转变为劳动者购买所有权、支付所有权价格，即从资本雇佣劳动转变为劳动雇佣资本。

（二）"劳动雇佣资本"的新含义

21 世纪以来，新经济迅猛发展，被称为信息经济、网络经济、数字经济、分享经济或共享经济、知识经济等。尽管目前对此还缺乏一个共识性的统一概念，但不可否认的是一种新的经济形态已然形成。在新的经济形态下，Google、Facebook、阿里巴巴和京东等国内外企业都选择了"同股不同权"的双层股权结构上市，其中创始人和创业团队拥有高于其持股比例的投票权，从而具有"实际控制权"，而主要股东则更多扮演"财务出资人"的角色，享有"索取权"。这种控制权和索取权的"不平等"实际上就是"劳动雇佣资本"，更准确地说是创新劳动使用资本，或者是人力资本使用财务资本。

究其原因，以往相对稀缺的（财务）资本退化为普通的生产资料，而创始人和创业团队的创新劳动（人力资本）成为引领新兴产业发展的稀缺资源，业务模式的竞争更多的反映的是"人力资本"的竞争（郑志刚，2016）。① 更进一步地说，立足于互联网信息化平台形成的分工方式和商业模式，使所有权与使用权进一步分离，使用权获得了实质上的独立性，处在了产权安排的主导地位，产业组织也从原来的集中化的层级结构，变成了分散化的网络结构，以致形成一种新的经济形态，其核心是使用主导而非拥有主导（张弛、张曙光，2018）。②

从这个意义上，新经济实际上是劳动和资本"合作共赢"的新模式。国家发改委在《关于促进分享经济发展的指导性意见》中明确指出：分享经济作为全球新一轮科技革命和产业变革下涌现的新业态、新模式，其在现阶段主要表现为利用网络信息技术，通过互联网平台将分散资源进行优化配置，提高利用效率的新型经济形态，倡导共享利用、集约发展、灵活创新的理念，形成人人

---

① 郑志刚. 万科之争：从狭义产权保护到人力资本投资激励［EB/OL］. 财新网，2016-07-05.

② 张弛，张曙光. 新经济对经济学理论的挑战［J］. 学术月刊，2018，50（01）：78-84.

参与、人人享有的发展模式。①

（三）发展混合所有制经济的新思路

习近平总书记指出："国有资本、集体资本、非公有资本等交叉持股、相互融合的混合所有制经济，是基本经济制度的重要实现形式。"② 混合所有制改革作为国有企业改革的重要方向，怎样融合才能充分发挥国有资本的功能，增强经济社会发展活力，实现国有资本的保值增值，需要新的理论进行指导。

在以"使用而非拥有"，特别是"创新劳动使用资本"或"人力资本使用财务资本"为核心的新经济中③，不仅要有国有资本、集体资本、非公有资本等财务资本的混合，而且要更加重视创新劳动的人力资本，更加重视人力资本与财务资本的混合。因此，在国有企业混合所有制改革中，关键是国有资本谁使用、怎么用、用的效果如何，只要用得合理，用得有效，而不必刻意保持国有资本的控股地位。国有资本可选择参股一些创新企业，作为"财务出资人"的角色，享有"索取权"。同时，国有企业引进创新团队，按其人力资本入股，并赋予高于其持股比例的投票权。此外，国有资本还可牵头搭建平台企业，吸引各种财务资本和人力资本参与，共同享有发展的收益。这些都可以作为国有资本参与混合所有制改革的新思路进行探索。

第五节　中国资本市场再设计：基于公平效率、富民强国的思考④

一、引言：资本市场的问题

2015 年股市的巨幅波动以及随后陆续曝光的内幕，显示出本应为实体经济服务的资本市场，已沦为投机欺骗的场所。各种监管漏洞给了境外套利热钱提

---

① 国家发展改革委，中央网信办，工业和信息化部等．印发《关于促进分享经济发展的指导性意见》的通知：发改高技〔2017〕1245 号〔R/OL〕．发展改革委网站，2017-07-03.

② 习近平．习近平谈治国理政：第一卷〔M〕．北京：外文出版社，2014：78.

③ 张弛，张曙光．新经济对经济学理论的挑战〔J〕．学术月刊，2018，50（01）：78-84.

④ 本章节原由周颖刚发表在《财经智库》2016 年 3 月号，合作者为赵燕菁（厦门大学经济学院）。

供了方便。2015 年年末，地产巨头万科与宝能系资本关于控制权之争，也引发了对中国资本市场的各种争议。2016 年 1 月 16 日，证监会主席肖钢在全国证券期货监管工作会议上讲话称，这次股市异常波动充分反映了我国股市不成熟，不成熟的交易者、不完备的交易制度、不完善的市场体系、不适应的监管制度。① 资本市场上一系列事件，暴露出其制度设计上存在的两大深层问题：第一，难以有效配置资源，不利于实体经济；第二，社会财富向少数人转移，无助于缩小贫富。这两个问题说到底是效率与公平，世界主要资本市场都存在，但中国所处的经济发展阶段使这两个问题后果更加严重。

中国资本市场的兴起和发展是中国经济转轨和改革的产物，一开始是以其筹集资金的功能在 20 世纪 80 年代计划经济体制下和意识形态的敌意中萌芽的，而它之所以能在 20 世纪 90 年代得到政府的承认、提升并被委以重任，也应归功于其直接、简单而实用的筹集资金的功能，特别是为国有企业和国有经济筹资的功能。政府往往需要通过二级市场的火爆来逆向拉动一级市场的扩容，"为融资而维系繁荣、为繁荣而支撑交易"，导致一级市场高价圈钱、二级市场疯狂套现，两者恶性兼容、无效率的自我强化，矛盾和冲突日益尖锐。

中国资本市场的问题，也在很大程度来自对发达国家制度的仿效。历史上，美国资本市场长期以来一直有效地服务实体经济。但 1987 年 10 月 19 日股市的大崩盘，"为应对美股高达 23% 的单日跌幅，美联储采取了激进举措支撑市场，并买入了政府债券。现在回头来看，这就是后来众所周知的'格林斯潘看跌期权'的雏形，即在危机爆发后，通过大规模注入流动性"。从那以后，"美联储一直坚定不移地护卫着以金融市场为根基的美国经济"（斯蒂芬·罗奇，2015）。② 资本市场也从为实体经济服务，转变为虚拟经济服务，这导致资本家和企业家谁控制企业的问题，变得越来越尖锐。③ 在中国，"宝万之争"背后暴

---

① 肖钢."深化改革健全制度加强监管防范风险，促进资本市场长期稳定健康发展"——在 2016 年全国证券期货监管工作会议上的讲话 [R/OL].中国证券监督管理委员会网站，2016-01-16.

② ［美］斯蒂芬·罗奇.美联储犯了一个"致命的错误"［EB/OL］.华尔街见闻网，2015-12-26.

③ 布鲁金斯学会玛格丽特·布莱尔指出："股东绝不是上市公司唯一的剩余索取者或风险承担者。债权人、经理、雇员——甚至供货商、消费者和社区居民——也同样对企业进行了专业性投资。"因此，股东并非企业的唯一"所有者"，公司管理层应对"公司长远和利益相关人"负责。参考［美］玛格丽特·M.布莱尔.所有权与控制：面向 21 世纪的公司治理探索［M］.张荣刚，译.北京：中国社会科学出版社，1999：1-328.

露出来的深层问题正是金融资本和产业资本对企业经营权的争夺（蔡浩，2015）①，对国家走实体经济优先还是虚拟经济优先的方向有着路标式的意义。

美国金融学会 2014 年会长 Luigi Zingales（2015）认为"虽然一个发达经济体需要一个成熟的金融部门是毫无疑问的，但并没有理论推导或实证支持这么一个观点，即过去四十年所有金融部门的增长都有益于社会"②。皮凯蒂（2014）在《21 世纪资本论》的研究则揭示了资本在社会财富分配中的巨大作用，即资本报酬率系统性高于经济增长率，只要资本所有权的分配越不均，经济增长的好处和社会财富的分配就会越发集中在少数人手中，贫富差距就越发严重。③ 在中国，股市正在同房市、矿产和征地拆迁一起，构成了社会财富向少数人转移的四大渠道，急需加以改造。

二、制度设计

（一）制度设计原则

效率与公平是各种经济社会制度都要追求和平衡的两大目标，更是构建社会主义和谐社会的核心问题。中国资本市场作为实现资源配置和财富分配的重要制度，必然要兼顾这两方面，以达到"富民强国"的战略目标（胡汝银，2015）。④

一方面，从效率的角度，中国目前仍处于工业化阶段，实体经济是中国立足世界的核心竞争力和比较优势，这就要求我国资本市场能够有效地为实体经济配置资源。⑤ 在完成工业化之前，中国应当坚持实业立国的根本方向。如果这个判断是正确的，作为资本市场的制度改进方向，就应以"强国"为目标，走出一条实业资本优先、金融资本为实体经济服务的模式，从而在国际竞争中强

---

① 蔡浩. 万宝之争：资本为王还是实体为先［EB/OL］. 金融时报中文网，2015-12-23.

② ZINGALES L. Presidential Address：Does Finance Benefit Society？［J］. The Journal of Finance，2015，70（04）：1327-1363.

③ ［法］托马斯·皮凯蒂. 21 世纪资本论［M］. 巴曙松，译. 北京：中信出版社，2014：157-189.

④ 胡汝银. 中国资本市场发展的战略目标应是"富民强国"——在第十一届中国证券市场年会上的发言［R/OL］. 澎湃新闻网，2015-11-20.

⑤ 资源有效配置在现代经济学中指的是帕累托有效（Pareto efficiency）或帕累托最优（Pareto optimality），即在总的初始禀赋给定的情况下，不存在其他的资源配置，使得至少有一部分人变好而没有人变差。

化自身的优势，而不应当追随发达国家金融资本优先，避免过早参与发达国家具优势的金融游戏。

另一方面，公平不等于收入平均，而是使全民都有机会分享经济增长的好处。中国经济正面临着跨越中等收入陷阱，其前提条件就是必须"富民"，创造一个财富和收入接近的中产阶级。对于中国资本市场的长远发展而言，财富的分配及伴随财富而来的资本收入分配功能甚至比其融资功能更加重要。

应该指出的是，市场上不存在"中立"的自然制度。各个国家的比较优势不同，参与者禀赋不同，使得任何制度设计都不可能完全"中立"——篮球规则有利于身高，足球规则有利于速度。资本市场也是如此，制度设计首先要在不同的偏好中做出选择：企业家还是资本家？造富还是公平？

原则 1：企业家还是资本家？

《金融时报》专栏作家约翰·凯研究了波音、花旗和帝国华工（ICI）后发现，当管理层的经营目标转向股东价值时，企业很快就会陷入危机。转向股东价值导向并非因为经营者不懂"金融为实体服务"这个大道理，而是"资本为王"的市场规则使然。肖钢在 2016 年全国证券期货监管工作会议上提出："发展资本市场，必须牢固坚持服务实体经济的宗旨，着力发挥好市场配置资源和风险管理等功能，遏制过度投机，决不能'脱实向虚'，更不能'自娱自乐'。"[①] 我们认为这应当是制定资本市场规则的首要原则。

但过去一年股票市场的表现说明，如果没有制度保障，所谓的"首要原则"就是一句空话。因此，资本市场制度设计的方向应当是：①正常经营的企业，应由企业家（代表"广泛利益相关人"）而不是资本家（股东）控制企业；②产业资本利用金融资本而不是相反；③企业的利益优先于股东的利益；④鼓励战略投资者，限制短期投机者。

原则 2：造富还是公平？

宾州大学沃顿商学院的西格尔教授（Seigel，1998）把过去两百多年不同资产的表现，做了一个对比。1802 年的 1 美元，今天只值 5 分钱。1 美元黄金涨了3.12 倍。1 美元短期政府债券两百年涨了 275 倍。长期债券涨了 1600 多倍。而1 美元股票今天价值是 103 万，涨了 100 万倍！[②] 资本市场财富怎样分配财富对社会均富具有不可替代的作用。寄希望于二次分配（高遗产税、所得税、财产

---

① 肖钢. 深化改革健全制度加强监管防范风险，促进资本市场长期稳定健康发展——在2016 年全国证券期货监管工作会议上的讲话 [R/OL]. 中国证券监督管理委员会网站，2016-01-16.

② SIEGEL J J. Stocks for the Long Run [M]. New York：McGraw-Hill，1998：6.

税）转移财富来缩小贫富差距，已被发达国家的实践证明无效。

中国正处于经济高速增长阶段。这一阶段导致的资本分布不均，会成为社会贫富差距的倍增器。一旦巨额差距不断被强化并锁定，除非经历革命，否则没有可能通过市场的手段自我修复。鉴于资本市场在财富分配上的巨大效应，资本市场制度设计的一个核心原则，就是资本市场最大收益应当归于公众，而不是造就越来越多的超级富豪。

（二）评估基准

如图 1-3 所示，资本市场将实体经济的现金流折现，反映实体经济的价值。但资本市场的供求关系也可能扭曲资产价值的估算，对实体经济产生负面影响，当贴现率很低的时候，资产价格里容易形成泡沫，如果资本利得收益性大于现金流收益，资金就容易在资本市场内空转，甚至诱使资金抽离实体经济转到资本市场的炒作和投机。同时，金融衍生品对现货的价格发现和风险管理功能若有效的话，有利于金融部门转移和管理风险，有利于实体经济释放潜在的生产力，但也可能对实体经济产生负面影响。

为此，有必要设计一个基于分红和现金流（E）的股价（P）回报基准作为资本市场的"锚"，最接近这一要求的市场指标，就是市盈率（PE = P/E）[1]。如果加以适当改进，使之能够反映资产价格和实体经济收益之间比较稳定的联系，并且简单、清晰，便于监测，不易作假，就可以用区分不同股票的风险和收益。有了这样一个"锚"，就可以将市场估值重新建立在真实收益和现金流基础上，使其反映实体经济的真实表现。然后区分不同性质的股票，并制定差异化的游戏规则。

如何对市盈率加以适当改进呢？首先，可以参照诺贝尔经济学奖得主席勒（Shiller，2000）教授的周期调整市盈率（CAPE, Cyclically Adjusted Price Earnings），也就是用 10 年经通胀调整的平均盈利取代普通市盈率的过去一年盈利来计算，以平滑经济周期对估值的影响，使得估值更准确。[2] 其次，因为行业的发展前景不同，不同行业的周期调整市盈率也不一样，通常新兴行业的市盈率普

---

① 根据彭博社数据，美国股市市盈率是 18 倍，德国、瑞士是 19 倍，经济增长较快的印度，也不过 23 倍。我国股市市盈率高达 57 倍。这意味着上证指数下跌到 1000（目前的 1/3），才能达到美国的水平。正是因为股价严重偏离实体经济表现，为最近股市急剧波动提供了基础。如果股价长期如此，整个资本市场就会与实体经济脱钩，自身成为转移财富的工具。

② SHILLER R J. Irrational Exuberance [M]. Princeton：Princeton University Press，2000：7-8.

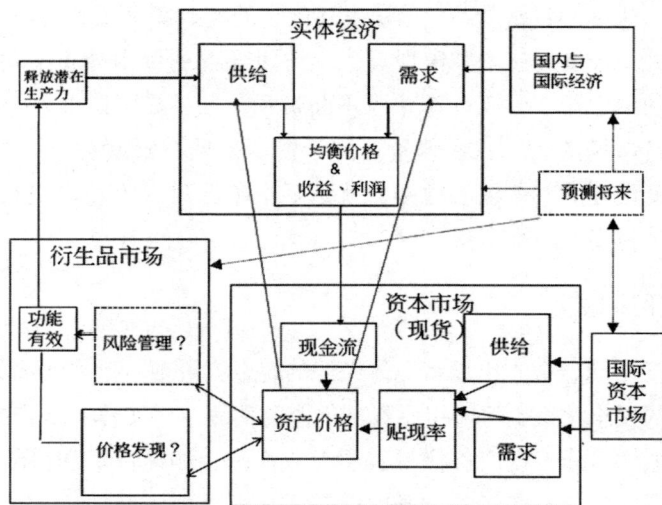

图 1-3　实体经济和资本市场的关系和互动

遍较高，成熟行业的市盈率普遍较低，因而有必要对不同行业的周期调整市盈率做进一步调整。最后，周期调整市盈率及进一步按行业调整的市盈率都是历史市盈率（historical P/E），为了更充分地考虑未来的现金流收益，应同时参照未来市盈率或预估市盈率（prospective/forward/forecast P/E），所用的每股收益预估值一般采用市场平均预估（consensus estimates），即追踪公司业绩的机构收集多位分析师的预测所得到的预估平均值或中值，但这需要规范分析师的职业素质和提高其预测准确性。

（三）公众基金

日前，北京大学基于全国 25 个省市 160 个区县的 14960 个家庭为基线样本调查的《中国民生发展报告 2015》显示，最富有 1% 的家庭占有将近 1/3 的全国财产，而底端 25% 的家庭，仅拥有财产总量的 1% 左右。① 在收入和财产不平等状况正日趋严重的背景下，股票市场不断造出巨富，不断引导社会财富向更少的富人倾斜。除非股票市场上有一个真正代表大众的投资者分享经济和股市的

---

① 李建新，任强，吴琼等 . 中国民生发展报告 2015 ［M］. 北京：北京大学出版社，2015：196.

美国的差距比中国更严重，前 10% 的富人大约占有 80% 的社会总财富，而前 1% 的富人占有 40% 的财富，前 0.1% 就是 20%，前 0.01% 仍然占有 10%。

增长，否则，资本市场放大财富差距的功能就不可能消失。为此，我们认为应该设计一个代表"大众"的机构，进入市场作为长期战略投资者。这个"公众基金"的作用远不止稳定市场，而是建立起直接向大众分配财富的渠道。

"公众基金"可以独立设立，也可以依托养老基金、社保基金、医疗保险等有个人账户、可以覆盖"全体国民"的机构。初始资本可来自垄断行业"国有"变为"民有"——将国有企业的资产直接划归养老或社保基金。国际上，养老金入市投资是一种惯例和通行模式。截至 2013 年底，21 个 OECD 国家养老金投资组合中超过 70%投资于债券和股票两个资产类别。在我国，推进养老金入市的声音一直存在，并进行过几次方案设计，但最终屡因反对的声浪太盛而偃旗息鼓，反对入市的主流意见是：老百姓对于把"保命钱"放入阴晴不定的股市并不放心。因此，资本市场的规则应当优先满足"公众基金"的安全与获利。

在这一规则下，"公众基金"应被赋予资本市场的优先权，包括一级市场的保荐上市权、优先获益权和在二级市场实施有利于战略投资者的差异化规则。应该指出的是，要有多个"公众基金"在资本市场上竞争。这些机构最好不受政府管辖，是市场上的职业经理人管理的独立机构。之所以如此，就是避免"公众基金"成为政府实现宏观经济目标的工具。对"公众基金"而言，其目标就是公众资产的保值增值。由于"公众基金"的这一属性，任何损害"公众基金"收益的市场操作，都将背负巨大的道义责任。

（四）终身保荐人

目前，各国资本市场企业上市主要是通过审批和注册两种途径。这两种办法都解决不了寻租和信息不对称。原始股成为特定资本套利的重要渠道，一级市场高价圈钱、二级市场疯狂套现。"赌"原始股升值，而不是投资企业盈利能力，"炒"各种各样的概念，而不是实体经济的现金流。审批制的效果大家已经很清楚了。实际上，注册制问题更大，特别是以散户为主的市场结构下更是如此。

1950 年以前，美国散户投资者出股比例曾高达 94%，结果是内幕泛滥，遍地老鼠仓。毫无鉴别企业能力的大量散户被欺诈掠夺，如今只剩下的散户不到5%。其余散户被迫退出，或将投资交给机构打理。2002 年美国世通公司虚构营业收入 90 亿美元，虚增总资产 110 亿美元，美国证监会对其罚款 75 亿美元，首席执行官被判 25 年监禁。这说明，美国的注册制如此"严刑峻法"，造假欺诈也没有禁绝。

中国散户与机构比例远高于美国。据中国证券登记结算公司统计数据显示，截至 2012 年 4 月，流通市值在 10 万元以下的账户比例高达 85%，而市值在 50 万元以下的账户比例更是超过 97%。一旦实行注册制，壳公司大量退市，加上过高的估值，势必导致中小散户再次失血。1995—2012 年，纽约证券交易所有 3052 家公司退市，纳斯达克有 7975 家公司退市。2003—2007 年，纽约证券交易所年均退市率 6%，约 1/2 是主动退市，纳斯达克年均退市率 8%，主动退市占近 2/3。这如果是在散户为主的中国资本市场里，早已导致严重的社会问题。这就是为什么在 2001—2007 年间，A 股上市公司总数从 2001 年的 1120 家增加到目前的 2800 家，上市公司总市值从 2001 年的 5320 亿元增加到目前的 50 万亿元，这期间没有一家退市。迄今为止，沪深两市总共仅有 100 余家公司退市，仅占上市公司总数的 3%。

因此，注册制并不是"灵丹妙药"，关键要建立终身责任制以消除寻租的空间。① 我们认为应该完善现行保荐制度，由"公众基金"充当终身保荐人。保荐人通常是指根据法律规定为公司申请上市承担推荐责任，并为上市公司上市后一段时间的信息披露行为向投资者承担担保责任的股票承销商。我们于 2003 年引进保荐人制度，作为资本市场的"第一看门人"，在保障上市证券质量、保护投资者利益方面发挥着一定作用。然而，保荐期限不长导致保荐人不能实质承担后续监督担保的职责，也存在部分保荐人"荐而不保"以及保荐过程中的严重利益输送，这些都折射出该制度本身依然存在着缺陷和弊端。如果代表全民利益的"公众基金"对所保荐的企业终身负责并享有优先收益，维持保荐人权利、义务与责任的对等平衡，并将部分原始股的"租值"归于公众，对于我国资本市场的长远发展将具有深远意义。凡经终身保荐机构评估可以上市的公司，必须把一定比例（如 30%）股份以发行价卖给终身保荐人。这部分股票相当于优先股，拥有分红、清算的优先权，但不干预企业家的经营。

（五）市场差异化

差异化是生存之道。从中国资本市场的发展战略来看，应该以实业资本为先并在国际竞争中强化自身的优势，而不应当追随发达国家金融资本优先，避免过早参与发达国家具优势的金融游戏。更具体地，应按照市场差异化的思路进行制度设计，根据上文讨论的经适当调整的市盈率高低，区分不同性质的股

① 正如《中共中央关于全面推进依法治国若干重大问题的决定》指出的，要建立重大决策终身责任追究制度及责任倒查机制，坚决消除权力设租寻租空间。

票并做差异化处理（differentiated treatment，DT），① 从而把资本引导到实体经济需要的地方。

高回报股票：市盈率低意味着投资回收时间短，回报率高。低于一定市盈率门槛的市场区段（比如，经适当调整的 PE 低于 15），为高回报市场，是"公众基金"保荐股票的发行区段。由于风险低，收益稳定，可视作介于股市和债市之间的一种融资工具。股票估值可以根据企业业绩、连续盈利记录、企业家信用等确定，但不得超过市盈率的上限，以确保可靠的盈利。同时，在股价跌过发行时 PE（不是发行价）后，保荐"公众基金"有义务入场抄底，并回购不低于保荐时股票的份额。此时"公众基金"起到类似平准基金的作用，以防股市非理性崩盘。

这一区段市场的主要功能，就是通过与现金流收入挂钩，使实体经济在市场上获得基准定价（资本化）。沈凌（2016）就提出："假设我们现在允许养老基金持有工商银行的绝对多数股权，而养老基金有需要每年提取若干资金用于养老支付，那么他就会要求工商银行转变分红政策，加大分红比例。假设工行按照80%的比例分红，那么以现在的七倍盈利率，它的股息率应该会在12%，远远高于银行存款利率。如果能够承诺十年内不改变这个分红比例，那么差不多就收回了全部的投资成本。"② 在回报率最高的区段，"公众基金"通过承担终身保荐的责任购买相当于优先股的一部分股票，拥有优先获益权。凡是低市盈率上市公司，必须保荐上市；凡垄断型企业，必须保荐上市；凡国有资本超过一定比例的，必须保荐上市。

低风险股票：市盈率在合理回报区间被设计为企业家的安全区间，也是股票市场的主体。在这一区间，所有投资者，包括机构，都是没有投票权的长期战略投资者。股东只能"用脚投票"不能"用手投票"。"公众基金"和普通股民一样根据经营者的好坏，购买或抛出不同公司股票。目的是保护企业家（如万科）的正常的盈利区间可以免受资本家（如宝能）恶意收购的威胁。保荐机构代表"散户"监管公司信息披露及经营信息，避免目前股市上散户被欺诈掠夺。为了鼓励市场在这一区段交易，低于上线门槛市盈率的股票，可以允许股息分红冲抵税前利润，股票交易免印花税、资本利得税，"公众基金"缴入大户

---

① 市场差异化并不少见，如主板、创业板、新三板等，以及对财务状况或其他状况出现异常的上市公司的股票交易进行特别处理（简称ST）。我们所提的 DT 不同于 ST，是在更高层面的一种制度设计，符合多层次资本市场的发展思路。

② 沈凌. 股灾2.0：是谁惹的祸？[EB/OL]. 金融时报中文网，2016-01-20.

可获得额外奖励等。

　　这一区段的股票是资本市场的主体，其主要功能就是为实体经济融资并"用脚投票"。不仅养老金，所有资产组合中风险厌恶的资产，都可以按照"公共基金"同样的规则在这一区间投资。在"公众基金"主导的市场，作为大股东的"公众基金"占有足够信息，散户只要跟随"基金"进出（购买"公共基金"指数），就可以获得安全回报。而那些依靠高杠杆融资在股市上投机的资本（比如宝能），则被排除市场之外。

　　高风险股票："公众基金"和随之进出的散户要在股票超过风险门槛（比如说，PE>60）之前全部抛出，以避免进入高风险市场，但"公众基金"作为终身保荐人应追究有关人员的责任。对于在高风险市场交易的股票，要提高进入门槛（比如，最低 500 万元），以限制散户进入，要有最低持股时间（比如，一年），并开征资本利得税，以防止投机性并购。为了通过重组激活企业，消化"僵尸企业"，允许资本家通过并购兼并企业，改组经营团队——股东可以用手投票。这些股票交易的印花税、利得税等税收，由财政部和该股票的保荐"公众基金"分享。

　　这一区段市场的主要功能，就是为资本盘活有残值的僵尸企业提供退市之外最后的机会。开放"恶意收购"来制衡经营不善的企业家。2013 年，在位长达 37 年的太平洋投资管理公司（Pimco）创始人格罗斯（Bill Gross）去职。一旦个人性格侵蚀公司收益，无论影响多大（哪怕是王石），都必须离开，从而确保"没有离不开的代理人"。如果公司盈利的前景非常好，希望把利润留存用于扩大再生产，也可以通过减少分红，提高市盈率。例如，微软在发展的早期也有很长一段时间不分红，结果它成了世界上首屈一指的大公司。这样的公司你如果要求它早期分红，那么就不能有后面的成就了。

　　"赌博性"股票：如果市盈率继续升高（比如，PE≥100），可以认定该股票进入"赌市"。此时的股市只是在股民间转移财富，而不创造新增财富。允许高频交易（不设持股时间），投资者必须用自有资金入市。不得通过金融机构（险资、银行）融资。同时，对每一笔交易征收高额印花税、资本利得税等。所得税收同样由财政部和"公众基金"分享。

　　这一区段市场的主要职能，就是给过剩的资金一个出路，避免外溢资本冲击实体经济。同时，一些高风险，但长远可能具有很高成长率的小公司，也可以选择在这一区间融资。这一区段市场的主要功能就是企业孵化。对于需要高估值、不产生稳定现金流的特殊市场，比如文化艺术品等，只允许有足够市场评估能力的专业公司进入，民众则通过投资专业机构，间接投资这类高风险产品。

（六）市场的角色

在新的资本市场里，"公众基金"是市场的核心，通过分红和税收，确保资本市场收益全民共享。由于"公众基金"可以获得稳定和安全的收益，因而有巨大的激励孵化企业上市。由于企业全寿命周期都与保荐"公众基金"密切相关，因此，保荐机构对企业的经营状态会密切关注并提供指导。此外，"公众基金"还可以开放散户跟进，起到类似理财机构的作用，使散户可以同证券机构具有接近的市场起点。从而保护大众资产安全，实现保值增值。

"公众基金"也是解决贫富差距的社会新实践。通常的做法主要有两个：一种就是在生产循环的前端，通过生产资料公有制（也就是"国有企业"）来实现均富的目标。这个制度虽然解决了"公平"但却损失了"效率"；第二种就是在经济循环的后端，通过高税收和转移支付，实现均富。按照皮凯蒂《21 世纪资本论》的观点，1980 年之后，美国等国家，资本收益率始终高于经济增长率。随着时间积累，税收手段根本无法抹平巨大的财富鸿沟。① 而以"涨价归公"为特征的"公众基金"制度，既不同于生产资料公有制，也不同于高税收的私有制，而是通过资本共有为工具，在整个生产循环全过程，实现社会财富的公平分配。

其他不同的角色也被重新定位。"证监会"：除了监督投资行为是否合规外，主要通过发布不同门槛的基准（上调或下调不同市场区段门槛的阈值）来管控市场的风险。企业家：目的是创造最大的利润，而不是编故事在股市上圈钱。他可以通过分红改变市盈率，从而选择留在或离开安全的市场区间，从而避开可能的恶意收购。散户：在安全的投资市场内，受到"公众基金"保护。资本家：选择最优的企业并为其融资而不是为了控制企业的经营。重组经营不善的僵死企业。

（七）转换路径及情景模拟

如何从现有的资本市场过渡到新的资本市场？可以新旧两个市场平行竞争，企业和投资人自由选择不同市场；也可以老股老办法、新股新办法，逐步过渡到新规则；外资只允许进入按照新规则运行的股票；国有企业必须在新的市场

---

① ［法］托马斯·皮凯蒂. 21 世纪资本论［M］. 巴曙松，译. 北京：中信出版社，2014：157–189.

通过"公众基金"保荐上市；企图退市的企业，回收公众股。新规则实施后，可以预见的效果是：①减少市场波动。凡是处于投资区间的股票，都会脱离2015年股市的暴涨暴落；②减少"恶意收购"。估值越低，泡沫越少的企业，越不容易被"野蛮人"敲门。想通过抄底给虚拟财富寻找现金流的渠道被关闭；③跑赢其他股市。企业不会大规模转向其他资本市场。因为美欧市场估值并不高（PE18倍、19倍），且"公众基金"托市的资本市场，风险接近债市。加上美元、欧元量化宽松和大宗货物贬值导致的贬值风险，中国股市总和回报率不会比世界主要股市更低；④不会整体暴跌。已经处于高市盈率的股票会失血，如果没有足够多低市盈率的股票入市，这部分股票会出现一次性巨贬。只要规定机构不得先于散户抛盘，下跌就是可控的。由于投资区段市场已与高市盈率区段脱钩，整体市场依然稳固；⑤良币驱赶劣币。没有现金流支撑的壳资源贬值。依靠"编故事"融资的风投要继续持有到企业产生足够上市的现金流。想走注册制市场信息不对称圈钱的企业会退出上市；⑥鼓励企业分红。正常经营企业会加大分红以避免市盈率升入高风险区段；⑦投资取代投机。依靠信息不对称和场外交易套利的券商、风投、基金、投行等机构投资者会大量离场。但因其占股市交易量不超过30%，正好由"公众基金"抄底，因此不会对股市造成颠覆性崩盘；⑧吸引风险厌恶投资者。偏好低风险的投资组合（政府储蓄、主权基金），会加大低风险投资区间股票的权重。

三、结论："社会主义"资本市场

新的资本市场有两个核心设计：第一，"公众基金"终身保荐上市和优先获益；第二，资本市场差异化处理机制。两个制度组合起来，共同服务于社会财富共享和扶持实体经济两大目标，以期兼顾公平效率、富民强国。

股市作为投资收益最高的市场，普遍被各国养老金等作为保值增值的工具。"公众基金"的设计，进一步强化了公众利益的优先地位。在这个规则下，"公众基金"会更安全、更保值。看上去的不平等，恰恰体现了社会主义制度的社会财富再分配的原则。由于每一个上市企业都对公众财富有直接的贡献，其"道德资产"会保护其经营行为得到更多公众支持和舆论保护。将上市企业通过对公众利益贡献有无、多寡加以区分，有利于制定不同的企业政策和税收政策（对非上市公司和外企更多抽税）。

市场差异化的制度设计则主要着眼于减少虚拟经济对实体经济的冲击。没有区分的市场，造成价值投资者不得不和赌徒在一个桌子上出牌。① 如何将投资者和投机者分开、将资本市场中的实体经济与虚拟经济分开？我们的设计理念类似于都江堰——将灌溉需要的"水"（资本）引入"灌区"（高回报和低风险区段）；将多出灌溉的洪水（流动性），分流到下游蓄洪区（高风险区段）和泄洪区（"赌博"区段）。切断虚拟经济在实体经济资本市场上套利的渠道。

市场的竞争，说到底，乃是制度的竞争。资本市场如同竞技比赛，如果新的资本规则不如其他的资本规则，就无法吸引高水平的运动员，就迟早会被市场所抛弃。同样，如果新的制度更合理、更少黑幕交易，就会吸引更多的玩家。毫无疑问，在市场统一性、流动性和超额回报方面，新的资本市场不如现在的资本市场。但如果这个市场对于实体经济更安全、更有利，就会吸引全球的高品质的企业加入。

肯定有人会质疑"公众基金"和市场差异化的制度设计，没有"同股同权"，有悖"公平竞争"原则。但这一制度却因为使"公众"更大地分享了资本市场收益而兼顾公平效率。同高税收转移支付相比，这一制度并不会"更不公平"。而未来国家制度的竞争，很大程度上是建立富民强国的基础上。中国是社会主义国家，就必须在发挥自己的比较优势和社会财富再分配上，拿出比资本主义更好的制度设计。

没有完美的资本市场。市场目标不同，规则也不能简单仿效。不同的规则，吸引不同特长的玩家。中国的特长是实体经济，资本市场首先必须服从实体经济的需要。虚拟经济不能超前发展，就是中国资本市场必须付出的"代价"；美国的特长是虚拟经济，资本市场需要使虚拟经济在转移全球财富的游戏中，有最大的便利和最低的成本。实体经济被虚拟经济控制、剥削，就是美国资本市场需要付出的代价。

习近平总书记（2014）在亚太峰会上指出："市场活力来自人，特别是来自企业家，来自企业家精神。"② 企业家左右资本而不被资本所左右的市场，才能不断创造并保持活力。中国与世界经济竞争，不能靠简单模仿对手。而是要创造出一个适合自己的玩法，才能立于不败。独立的资本市场才能为独立的汇率、自主的利率创造条件，才有可能把美元操纵对中国实体经济的影响减少到最小。现在虚拟经济貌似一统江湖，美国的玩法似乎致富最快。而一旦虚拟泡沫破灭，

---

① 李录. 价值投资在中国的展望——2015 年在北大光华的演讲［R/OL］. 雪球网，2015-12-03.

② 习近平. 谋求持久发展，共筑亚太梦想——在亚太经合组织工商领导人峰会开幕式上的演讲［R/OL］. 新华网，2014-11-09.

滔天流动性泛滥的大海，只有中国实体经济一个安全的方舟，资本市场的优劣就可能逆转。

第六节　推进三个层次的互联互通，深化改革开放和融合发展①

2019 年的政府工作报告明确指出，"深化两岸融合发展，持续扩大两岸经济文化交流合作"，"落实粤港澳大湾区建设规划，促进规则衔接，推动生产要素流动和人员往来便利化。"② 不论是海峡两岸，还是粤港澳大湾区，互联互通都是深化改革开放和融合发展的重要途径。在新时代，互联互通政策内涵和外延不断丰富、深化，发展、衍化成三个层次：基础设施互联互通、市场要素互联互通、公共服务和社会治理互联互通。其中，新时代互联互通政策的重点是公共服务和社会治理互联互通，它和基础设施互联互通、市场要素互联互通共同形成我国高质量发展的重要驱动力。

一、从呼吁两岸"三通"到推动"应通尽通"：互联互通内涵在深化

四十年前发表的《告台湾同胞书》呼吁两岸"三通"，即海峡两岸之间双向的直接通邮、通商与通航。在通商方面，从 1979 年开始，大陆方面即对台湾产品开放市场，并给予免税、减税等优惠待遇，两岸贸易金额从 1978 年的 0.46亿美元，增加到 2018 年逾 2262 亿美元。在通邮方面，海协会与海基会于 1993年签署协议，两岸邮政部门正式互办挂号函件业务，中国电信与台湾"中华电信"于 1996 年建立两岸直接电信业务关系。在通航方面，1997 年 4 月，福州、厦门和高雄间的海上试点直航开始运行，2003 年春节期间，为便利台商返乡过年，大陆批准台湾 6 家航空公司共 16 架次包机，从台北、高雄经停港澳至上海往返接送台商。2008 年 12 月 15 日，两岸海运直航、空运直航、直接通邮全面启动，宣告两岸"三通"时代来临。

2018 年 2 月，国台办发布《关于促进两岸经济文化交流合作的若干措施》

---

① 本章节原由周颖刚于 2019 年 3 月 29 日发表在新华财经|中国金融信息网上，合作者为陈世渊［中国建设银行（亚洲）战略发展部］。

② 李克强. 2019 年政府工作报告［R/OL］. 中国政府网，2019-03-16.

（简称 31 条惠台措施），涉及加快给予台资企业与大陆企业同等待遇的措施 12 条，及逐步为台湾同胞在大陆学习、创业、就业、生活提供与大陆同胞同等待遇的措施 19 条，这些措施秉持"两岸一家亲"理念，扩大两岸经济文化交流合作，率先同台湾同胞分享大陆发展的机遇。6 月，福建省推出 66 条实施意见，涉及扩大闽台经贸合作、支持台胞在闽实习就业创业、深化闽台文化交流、方便台胞在闽安居乐业四方面，旨在发挥福建沿海对台优势，打造两岸经济社会融合发展示范区。

站在新的历史起点，中央提出了两岸应通尽通的主张，要提升经贸合作畅通、基础设施联通、能源资源互通、行业标准共通。从呼吁两岸"三通"到推动"应通尽通"，两岸之间的互联互通的内涵在不断深化：在基础设施互联互通方面，可以率先实现金门、马祖同福建沿海地区通水、通电、通气、通桥；在市场要素互联互通，要积极推进两岸经济合作制度化，打造两岸共同市场，为发展增动力，为合作添活力，壮大中华民族经济；在公共服务和社会治理互联互通方面，要推动两岸文化教育、医疗卫生合作，社会保障和公共资源共享，支持两岸邻近或条件相当地区基本公共服务均等化、普惠化、便捷化。

二、从粤港澳经贸合作到粤港澳大湾区：互联互通的外延在扩展

改革开放之初，内地和香港之间的互联互通主要体现在香港对大陆的直接投资和专业技术帮助等方面。香港工厂大量迁移到珠江三角洲和内地其他地方，这既为内地带来了亟须的资本、管理经验和出口市场，促进了内地改革开放，香港在这个过程中也实现了产业升级和经济转型。同时，很多香港专业人士来到内地，以他们的财务、法律等专业技能助力内地改革开放。

香港"一国两制"研究中心研究总监方舟认为，帮助内地冲破僵化的计划经济思维，加快解放思想、走向开放，是改革开放初期香港对国家最大的贡献。[①] 深圳等特区的建立，实现制度创新和对接国际规则，为内地整体推进改革开放积累了难得的经验，推动了内地体制改革。现在深圳已经成长为中国市场经济思想最浓厚、创新意识最强、政府效率最高的国际性都市。

进入 90 年代，很多大陆企业开始来到香港上市，开启了内地企业海外上市

---

① 郜婕，张欢．那些年从香港引进的现代化——助力改革开放的香港智慧［N/OL］．新华网，2018-12-08.

的新时期。目前内地企业已经占据香港股票市场主导位置。1997年香港回归之后，两地互联互通进入新的时期，在"一国两制"框架，两地经贸更加密切，金融业和其他高端服务业双向往来，互联互通开始往促进两地融合方向发展。过去几年，"沪港通""深港通""基金互认安排""债券通"等，进一步打通了两地的金融市场，极大地促进了资金在两地双向流通。

我国进入高质量发展阶段，内地和香港的互联互通有了更高的要求。高质量的发展要求我国进一步提升产业结构、营商环境。香港在城市规划、社会管理、法律法规、公共服务等方面拥有世界一流经验，再次成为内地学习的对象。新时代两地互联互通的要求，更多地体现在公共服务和社会治理方面。一个比较典型的例子是香港高效、高度市场化的地铁系统的成功管理经验，已通过多种方式合作，渗透到北京、深圳等多个内地城市轨道运输中。最近几年来成立的深圳前海等自贸区，就是为了对接国际规则，先行先试，把国际先进的公共服务和社会治理经验引入内地，实现"二次改革开放"。

三、公共服务和社会治理的互联互通：新时代互联互通的重点

美国哈佛大学的波特（Michael Porter）教授的竞争优势理论认为："一国的竞争力不可能由其国土的大小和军队的强弱来决定，因为这些因素与生产率大小没有直接的关系。取而代之的是，国家应该创造一个良好的经营环境和支持性制度，以确保投入要素能够高效地使用和升级换代。"[①] 越来越多的研究也表明，制度、环境、生态、文化、教育、规划等因素日益成为解释竞争力的重要因素甚至核心因素，这些因素在海峡两岸和粤港澳的持续发展、协同发展、融合发展中也将发挥越来越重要的作用，具体而言，公共服务和社会治理的互联互通是新时代互联互通的重点。

随着两岸在经贸合作畅通、基础设施联通、能源资源互通、行业标准共通这四方面深化合作，两岸同胞在实现全面直接双向"三通"后形成的大交流、大交往、大合作局面也将进一步巩固，两岸之间的制度距离感势必也将进一步拉近。"31条惠台措施"、福建实行"66条实施意见"推出以来，成效显著；福建积极探索海峡两岸融合发展新路，建成台胞台企登陆的第一家园。为此，厦门的两会代表委员共同呼吁，"深化打造厦金共同生活圈，推动两岸文化教育、

---

① ［美］迈克尔·波特. 国家竞争优势［M］. 李明轩，邱如美，译. 北京：华夏出版社，2002：13.

医疗卫生合作，社会保障和公共资源共享，支持厦门和金门基本公共服务均等化、普惠化、便捷化，让两岸同胞共享改革开放成果。"

2019年2月推出的《粤港澳大湾区发展规划纲要》（下称《规划纲要》）明确了大湾区高质量发展的顶层设计，实现更高层次的互联互通，促进区域经济一体化融合发展。① 3月初，广东省起草了一系列配套文件，特别指出要构建与国际接轨的公共服务体系，完善便利港澳同胞在大湾区内地发展配套政策。全国两会期间，香港中联办主任王志民两会香港代表团发言，指出粤港澳大湾区建设通过基础设施"硬联通"和机制规则"软联通"，将成为区域协同发展的强劲引擎，为香港企业和市民发展提供更大舞台，为香港突破自身发展瓶颈、更好融入国家发展大局提供更大机遇。② 澳门全国政协委员黄显辉就大湾区三地立法、司法、民商事、法律资源共享等几个不同法域法律规则的衔接提出建议。③ 港区全国政协委员黄英豪强调，落实《规划纲要》要促进规则衔接，在投资与营商环境方面应对接统一，香港应积极发挥优势，为区内提供与国际接轨的规则模式。④

四、高质量发展要求提升经营环境和支持性制度等软实力

改革开放40年，粤港澳经贸一直在推进经济层面的合作与融合。中国社会科学院发布的《四大湾区影响力报告（2018）：纽约·旧金山·东京·粤港澳》显示，粤港澳大湾区的经济影响力位列四大湾区之首，近年来经济增速是其他湾区的2倍以上，体现了粤港澳大湾区硬实力。⑤

在软实力方面，也就是在经营环境和支持性制度方面，粤港澳大湾区则还有很多进步的空间。《规划纲要》指出，珠三角九市市场经济体制有待完善。粤港澳大湾区作为一个整体看，行政区划是区域一体化发展的严重障碍。粤港澳社会制度不同，法律制度不同，分属于不同关税区域。如何破除体制障碍，推

---

① 中共第十九届中央委员会，国务院. 粤港澳大湾区发展规划纲要［R/OL］. 新华网，2019-02-18.

② 王志民. 坚守"一国"之本，善用"两制"之利，加快建设粤港澳大湾区美好共同家园——在十三届全国人大二次会议香港代表团审议政府工作报告时的发言［R］. 粤港澳大湾区门户网，2019-03-08.

③ 杨喆. 全国政协委员支着粤港澳大湾区"规则衔接"［N］. 中新社，2019-03-10.

④ 杨喆. 全国政协委员支着粤港澳大湾区"规则衔接"［N］. 中新社，2019-03-10.

⑤ 中国社会科学院财经战略研究院. 四大湾区影响力报告（2018）：纽约·旧金山·东京·粤港澳［R］. NAES重大成果发布会，2019.

进三地开展更深层次的交流合作、实施更高层面的协调发展、形成更大的发展合力，提升软实力，是粤港澳大湾区高质量发展面对的一个重要问题。

以粤港澳大湾区建设的两条"主动脉"为例，自2018年香港境内高铁与中国内地高铁联网运营、港珠澳大桥正式开通后，粤港澳大湾区一体化发展在重大基础设施上已获得硬件保障。这些"硬件"都是世界一流，但在使用者体验上有不小差距，主要原因是软件方面。2019年年初，笔者到香港访问，亲身体验广深港高铁在香港西九龙车站采用"一地两检"方式办理出入境，相当方便；相比之下，港珠澳大桥"三地三检"的通关模式和两地车牌配额管理，带来了很多额外的通行成本。《规划纲要》明确指出，要创新通关模式，更好发挥广深港高速铁路、港珠澳大桥作用。①

五、公共服务和社会治理的互联互通是提升软实力的重要抓手

《规划纲要》设定发展目标，在2022年加快构建开放型经济新体制，到2035年形成以创新为主要支撑的经济体系和发展模式。时不我待！公共服务和社会治理互联互通，正是迅速提升粤港澳大湾区的经营环境和支持性制度的重要途径。实际上，《规划纲要》也多处呼吁提升公共服务和社会治理互联互通。

首先，在市场制度方面，《规划纲要》要求发挥香港、澳门的开放平台与示范作用，支持珠三角九市加快建立与国际高标准投资和贸易规则相适应的制度规则，发挥市场在资源配置中的决定性作用，减少行政干预，加强市场综合监管，形成稳定、公平、透明、可预期的一流营商环境。

其次，在法律制度方面，《规划纲要》还呼吁加强粤港澳司法交流与协作，推动建立共商、共建、共享的多元化纠纷解决机制，为粤港澳大湾区建设提供优质、高效、便捷的司法服务和保障，着力打造法治化营商环境。完善国际商事纠纷解决机制，建设国际仲裁中心，支持粤港澳仲裁及调解机构交流合作，为粤港澳经济贸易提供仲裁及调解服务。加快珠三角九市社会信用体系建设，借鉴港澳信用建设经验成果，探索依法对区域内企业联动实施信用激励和失信惩戒措施。

最后，公共服务和社会治理的互联互通，也体现在大湾区地方政府之间的有效政策沟通与合作。《规划纲要》呼吁实施区域协调发展战略，充分发挥各地

---

① 中共第十九届中央委员会，国务院．粤港澳大湾区发展规划纲要［R/OL］．新华网，2019-02-18.

区比较优势，加强政策协调和规划衔接，优化区域功能布局，推动区域城乡协调发展，不断增强发展的整体性，创新完善各领域开放合作体制机制，深化内地与港澳互利合作。①

① 中共第十九届中央委员会，国务院．粤港澳大湾区发展规划纲要［R/OL］．新华网，2019-02-18．

第二章

新时代中国特色社会主义财政理论研究

第一节　由物到人：论新时代中国特色社会主义
财政理论创新①

近年来，特别是随着十八届三中全会提出"财政是国家治理的基础和重要支柱"的著名论断以来，我国财政学界又恢复了重视财政学基础理论的中国式传统。刘尚希等（2018）从风险社会的逻辑视角出发，对财政与国家治理的关系进行了崭新分析②；李俊生（2014）分析了英美主流财政理论的缺陷并提出了"新市场财政学"③；刘晓路和郭庆旺（2016）基于思想史梳理提出了构建融合政治学、经济学和社会学的"国家治理财政学"④；王雍君和乔燕君（2017）则以集体物品为骨架，以三个财政场域为对象，力图构建财政学新知识话语体系⑤；马珺（2015）分析了财政学的两大范式及其方法论基础⑥；杨志勇（2017）提出了财政学的基本问题与中国财政学发展的着力点。⑦ 上述研究或基

---

① 本章节原由刘晔发表于《财政研究》2018 年第 8 期，原文题目为"由物到人：财政学逻辑起点转变与范式重构——论新时代中国特色社会主义财政理论创新"。

② 刘尚希，李成威，杨德威．财政与国家治理——基于不确定性与风险社会的逻辑［J］．财政研究，2018（01）：10-19.

③ 李俊生．盎格鲁—撒克逊学派财政理论的破产与科学财政理论的重建［J］．经济学动态，2014（04）：117-130.

④ 刘晓路，郭庆旺．财政学 300 年：基于国家治理视角的分析［J］．财贸经济，2016（03）：5-13.

⑤ 王雍君，乔燕君．集体物品、财政场域与财政学知识体系的新综合［J］．财政研究，2017（01）：17-27.

⑥ 马珺．财政学研究的不同范式及其方法论基础［J］．财贸经济，2015（07）：15-28.

⑦ 杨志勇．财政学的基本问题——兼论中国财政学发展的着力点［J］．财政研究，2017（12）：11-20.

于对财政思想史的再梳理，或基于对多学科财政知识的新整合，或基于对已有经典理论的再阐释，或基于对本土学术思想的新发掘，由此表明中国财政学界已不再局限于用西方公共经济学理论加中国案例来构建财政学知识体系，也不只满足于用国际通行的实证方法加中国数据来做经验研究，而凸显出面向本土重大现实需求来寻求整合创新的理论自觉。笔者认为，基于新古典主流经济学基础上的公共经济学，之所以对一些重要现实问题缺乏解释力，其根源于主流经济学"资源配置"这一物本范式。而通过构建人本范式，即以人为分析对象，以交易为分析单位，建立起制度分析框架，从而在不同学科间构建起可兼容的财政学基础理论和可通约的财政学研究范式，这是新时代下中国财政理论创新的可能取向。

一、财政学物本范式的缺陷与人本范式的重构

现有财政学理论建立在新古典主流经济学"资源配置"效率分析的基础上，基本上是其微观分析方法的应用。在笔者看来，其本质上是一种物本范式，主要表现为以"市场失灵"为逻辑起点、以"公共物品"为核心概念、以"效率标准"为研究主题，在研究方法上体现出"工程思维"。财政学学科属性并不只是经济学，但即使仅从经济学来看，不论从马克思主义基本原理还是从经济活动实践出发，经济活动始终是人有目的有意识的活动，人是经济活动的主体也是经济活动的目的。因此人而非物才应该是经济学分析的基本对象和逻辑起点。同时正如马克思所指出的"人的本质是一切社会关系的总和"，以人为分析对象时也应将其置于人与人关系的制度框架下进行分析。因此，本文拟先分析财政学物本范式的缺陷，并在人本范式下对相关问题予以重新阐释。

（一）市场失灵：财政学逻辑起点的缺陷与人本范式下的重新阐释

遍观目前的财政学或公共经济学教材[①]，其共同点都是从政府与市场关系出发，将市场失灵作为财政学的逻辑起点，并进而引出财政职能。而在市场失灵形式上，则都列举了公共物品、外部性等形式。但是，物本范式下财政学这一逻辑起点主要存在以下缺陷：①政府与市场并不是直接对立的。即使从直观意义上看把政府视为资源配置的行为主体，但市场并不是行为主体而是交易关系

---

① 比较经典的如哈维·罗森的《财政学》、大卫·海曼的《公共财政》、阿特金森和斯蒂格里茨的《公共经济学》。

的集合，市场中企业和家庭才是行为主体。市场作为交易关系的集合，其也可以承载作为需求者的政府行为主体，从而产生政府采购和政府购买服务等市场活动。近年来，李俊生教授（2017）"新市场财政学"提出的"市场平台观"也阐释了这一点。① ②仅从资源配置两分法的角度看待政府和市场关系必然面临逻辑上的困境。按财政学已有逻辑，市场失灵情况下资源转由政府配置来弥补市场失灵；但如公共选择所表明的，政府也会失灵，按此逻辑资源又只能转由市场配置来弥补政府失灵，由此无法走出循环反复的逻辑困境。③这一范式将政府视为外在于市场的资源配置主体，则无法认识政府在市场培育和制度建设中的作用。市场对资源的配置，并不是物的配置而是附着在物上的权利（产权）的配置②。而产权是由政府来界定和保护的，如没有政府就没有产权也就没有市场交易，每一笔私人物品交易契约中都包含着政府因素。因此政府本身不是外在于市场而是内在于市场的（刘晔，2006）。③ ④"市场失灵"并不能构成财政的逻辑起点，其既不是财政介入的充分条件也不是必要条件（刘晔、谢贞发，2008）。④ 仅以污染负外部性为例，其既可能通过政府征税来解决，但也可能通过上下游企业合并解决，在明确产权情况下也可能通过私人谈判解决，还可能通过环保组织等民间组织来解决。

　　笔者认为，现有财政学逻辑起点的缺陷其根源于新古典主流经济学资源配置的物本范式。这一范式以资源稀缺性及其配置效率为主题。但经济学在此存在的一个明显缺陷是，资源稀缺性既然是相对于人的欲望而言，那么分析对象根本上应该是人而不是物。由于市场本身并不是资源配置主体，只是人与人交易关系集合，所以财政学逻辑起点应回到人，回到交易这一更基础的单位。正如技术革命都是从底层技术的变革开始一样，财政学理论的创新首先也需要实现逻辑起点和分析对象"由物到人"的转换，由此可望增强理论的兼容性和解释力。从人而不是物的角度来看，政府和市场就不是截然不同的两种资源配置主体，而是人与人之间合作交易的两种制度形式。表面上看，市场交易具有平等和自愿的特征，而政府具有强制和权威的特征；但在实质上，政府的强制性产生于公共选择多数票表决的结果，而公共选择中参与投票的人也是平等和自

---

① 李俊生. 新市场财政学：旨在增强财政学解释力的新范式 [J]. 中央财经大学学报，2017（05）：3-11.

② 例如买房和租房，其区别不在于作为物的房子的区别，而在于产权的区别。

③ 刘晔. 我国公共财政理论创新与进一步发展 [J]. 当代财经，2006（05）：16-21.

④ 刘晔，谢贞发. 对公共财政逻辑起点的重新思考——市场失效的理论纷争与现实启示 [J]. 厦门大学学报（哲学社会科学版），2008（01）：10-17.

愿的。因此，市场与政府并无本源上的区别。① 事实上，政府、市场、企业和社会组织等都不过是人与人间寻求互利合作，以个人理性达到集体理性的不同组织形式而已，因此可统一以交易为单位来予以分析。笔者曾经提出，主流经济学所谓的市场失灵，应指市场交易费用在边际上大于其他组织（如政府或其他组织形式）的交易费用（刘晔，2006）。② 但这并不能成为政府干预和财政介入的必然逻辑，因为需同时与交易收益③和其他组织（如企业组织、社会组织）交易费用进行比较。由此，只有当政府交易费用＜市场及其他组织交易费用＜交易收益；或者政府交易费用＜交易收益＜市场及其他组织交易费用时，才是主流财政学所谓的"市场失灵引出政府干预"的情况。

（二）公共物品：财政学核心概念的问题与人本范式下的重新思考

公共物品是物本范式财政理论体系的核心概念，也是"市场失灵"的主要形式，并以其为核心形成了财政收支管理的整个学科体系。经济学最初发明公共物品这一概念，是为了说明市场失灵和财政职能，但由于其完全从物的自然属性即非排他性和非竞争性来定义公共物品，由此其在解释力上存在以下明显问题：①这一概念无法解释财政职能。不论是从经济学的发展④还是从各国实践来看，符合非排他性非竞争性特征的公共物品很多是由私人通过市场提供的，也有是由非营利社会组织提供的，而政府也提供了很多如基本医疗、保障房等具有排他性竞争性的私人物品。②这一概念也无法说明市场失灵。不仅仅市场也在提供公共物品，更重要的问题在于，如单纯从物的自然属性来定义，很多公共物品其产生远早于市场经济，由此根本谈不上所谓市场失灵。如国防从国家产生开始就已经存在了，而治安防卫至少与人类社会历史一样悠久。朱明熙（2005）也较早注意到了这一点。⑤ ③这一概念也无助于理解公共提供范围的变迁。例如教育、医疗、养老等在历史上都是由私人提供而不构成政府财政职能，但到了现代社会却成为政府公共提供的重要内容。如果按物的自然属性来定义，

---

① 只不过，市场交易是两两之间实行一致同意规则的交易，而政府是全体投票者间实行少数服从多数规则的交易，而这少数服从多数规则在投票前事实上也经过了全体的一致同意。

② 刘晔. 我国公共财政理论创新与进一步发展 [J]. 当代财经, 2006 (5)：16-21.

③ 以外部性为例，纠正外部性的交易收益即为将外部性内在化所增加的社会福利，其为边际社会成本和边际社会价值之间的差额总和。

④ 从最早科斯（1974），[参考 COASE R H. The Lighthouse in Economics [J]. The Journal of Law and Economics, 1974, 17 (2)：357-376] 到博弈论中公共物品提供的"斗鸡博弈"和"智猪博弈"，再到后来实验经济学和捐赠经济学对"免费搭车"的实验研究都表明了这一点。

⑤ 朱明熙. 对西方主流学派的公共物品定义的质疑 [J]. 财政研究, 2005 (12)：2-5.

上述物品都属于排他性竞争性的私人物品，而且这种属性从来就没有发生过变化。因此，其由私人提供到政府提供的转变就不能从物的自然属性来理解。

笔者认为，要解决公共物品概念的上述问题，就要从以物的自然属性来定义公共物品中摆脱出来，转向由人的社会属性来予以重新考察。物品或服务是属于公共的还是私人的，根本上不取决于其自然属性，而取决于其与人的关系。例如一辆汽车，按物的属性看是排他性的，但如由私人购买和使用则成为私家车，由单位购买和使用则成为俱乐部物品的集体车辆，由政府购买并投入公共运营则成为公交车。因此，公共物品问题应该置于社会属性中去理解，放在社会共同体共同需要中去解释。人类社会从产生伊始，人就处于与其他人的关系之中从而具有社会属性，这种社会属性映射在国防、治安、仲裁上才使相应的物品和服务具有了公共性。而随着社会关系和社会价值观的变化，教育、医疗等社会属性得以凸显从而产生了公共提供范围的扩大。

（三）工程思维：财政学研究方法的局限与人本范式下的重新复归

现有财政学的物本范式根源于新古典经济学"资源配置"主题，其直接分析对象是资源或物品，而不是作为经济活动主体的人。应该说，经济学资源配置的物本范式也是历史的产物，早在亚当·斯密古典经济学那里，人和人之间分工交易而非物的最优化才是效率的源泉。而在"边际革命"之后，新古典经济学背离了古典经济学的人本传统而把研究主题和效率标准局限于资源配置上[①]。由此使得主流经济学及其物本范式支配下的财政学日益朝数理化方向发展，热衷于建立各种最优化的数理模型，以及对理论假说进行经验实证。主流经济学及其基础上的财政学，表面上虽然也有消费者、生产者等行为主体对物进行选择以实现利益最大化。但布坎南（1992）认为，这种范式下的人只是在约束条件下进行最优化计算的机器人，只是对既定的收入、价格、偏好等一系列变量进行被动反应的机器而已，从而是典型的工程思维。[②] 更重要的是，物本范式的研究方法完全把经济活动和财政活动中更为重要的人和人之间的关系给抽象掉从而把制度因素视为既定的外生变量。

物本范式的形成，源于新古典经济学及其财政学试图摆脱价值判断，完全用自然科学研究方法来研究经济学和财政学，由此围绕变量间关系形成理论模

---

① 在经济学说史上，罗宾斯最早明确提出"经济学研究的是如何配置稀缺资源"，参见[英] 罗宾斯. 经济科学的性质和意义 [M]. 朱泱，译. 上海：商务印书馆，2000：36。

② [美] 布坎南. 民主过程中的财政 [M]. 唐寿宁，译. 上海：上海三联书店，1992：26-66.

型和实证研究，体现出较强的工程思维及其工具主义特征。但从根本上看，经济现象在本质上和自然现象是存在根本区别的，而财政活动则更是如此。在物本范式下，当前经济学和财政学研究结论越来越呈现片面化和碎片化倾向，大都把财税政策作为外生冲击而非以其为本体进行研究，因此其无法立足人本对财税问题形成系统认知，也很难对财政实践给予有力的回应和指导。要改变这种状况，就需要做到科学性和人文性兼顾，重新向财政学原有的人文传统复归，在人本范式下广泛吸收其他人文社会科学的知识成果，增强财政学理论的解释力和对实践的指导性。

（四）效率标准：财政学研究主题的偏向与人本范式下的重新综合

在稀缺性前提下，新古典主流经济学在物本范式下形成了效率这一特定标准，并体现在现有财政学上。这一范式和标准的确立，确实大大促进了经济学和公共经济学的专业化发展。但也使得现有财政学局限于效率这一单一维度的研究主题，因此必然带有相应的偏向性和局限性。仅以教育为例，从正外部性理论出发，政府只能对其外部收益进行补贴，从而无法对全民义务教育这一明显无效率的政策给予理论支持。特别是近年来随着"财政是国家治理基础和重要支柱"论断的提出，人们普遍认同，财政职能不只是反映在经济方面，而是体现在包括经济、社会和政治等各方面（刘尚希，2014），[①] 财政学也不只是经济学，而是跨越经济学、政治学、社会学、法学、公共管理学的综合性学科（高培勇，2014）。[②]

从全面深化改革的实践看，当前现实中的财政问题越来越具有综合性，如收入分配、预算制度、央地关系等，无法分清具体是经济问题、政治问题还是社会问题，而都是事关全局的综合性问题。因此，财政学要真正做到问题导向，就不能采取单维的效率标准，而必须能形成兼容其他社会科学研究主题的理论范式。但是，现有财政学的物本范式与其他人文社会科学间在范式上具有不可通约性。笔者认为，只有实现分析对象上由物到人的转变，通过制度分析才能在经济学、政治学、法学、社会学等诸学科间构建起可兼容的财政学基础理论和可通约的财政学研究范式。

---

① 刘尚希. 基于国家治理的财政改革新思维［J］. 地方财政研究，2014（01）：4-27.

② 高培勇. 论国家治理现代化框架下的财政基础理论建设［J］. 中国社会科学，2014（12）：102-122.

二、人本范式：新时代中国特色社会主义财政理论创新探源

时代是思想之母，实践是理论之源。中国财政基础理论的探索和创新，必须从新时代中国特色社会主义的时代命题和实践要求出发。根据习近平总书记在哲学社会科学工作座谈会上的讲话精神以及党的十九大报告的总体要求，新时代中国特色社会主义财政理论创新应坚持以马克思主义为指导，立足中国实践，紧扣时代主题，整合已有思想，由此作为构建人本范式的中国财政学的理论源泉。

（一）马克思人本主题与共同体思想

坚持以马克思主义为指导，是当代中国哲学社会科学区别于其他哲学社会科学的根本标志（习近平，2016），① 也是中国特色社会主义财政理论的根本立足点。通观马克思主义思想和理论体系，人民至上、以人为本是其鲜明主题和根本要义，并体现在诸如人是实践的主体和目的，人民群众是历史的创造者，实现人的自由全面发展是终极目标等观点中。因此，坚持马克思主义就是要坚持人在经济活动和财政活动中的主体地位，坚持以人为出发点构建财政学人本范式。此外，马克思对人的分析是放在人和人相互关系下进行制度分析的，并认为"人的本质……在其现实性上，它是一切社会关系的总和"②。因此，在人本范式下要坚持马克思主义制度分析方法，就要深入人和人关系的制度层面，而非资源配置的物的层面来重新认识政府及其财政。

中国财政学理论创新还应该注重对马克思共同体思想的文本发掘和思想阐释，并结合新时代特征做出新的理论创造，才能摆脱西方经济学从市场失灵来看待财政公共性及从物的自然属性来定义公共物品的缺陷。虽然马克思并没有对"共同体"给以确切的定义，共同体思想也并非马克思原创，但他在继承前人思想上对其进行扬弃形成了丰富的共同体思想。以笔者目前初步的学习和思考，马克思共同体思想至少在如下方面对中国财政理论创新具有重要的指导作用：①在马克思看来，共同体就是人们以集体方式存在的组织形式，即人都是"类存在"从而具有相应的社会属性。各种共同体从根本上说是利益共同体，这

---

① 习近平. 在哲学社会科学工作座谈会上的讲话［R/OL］. 新华网，2016-05-18.

② ［德］马克思. 马克思恩格斯全集中文第 2 版（第一卷）［M］. 中央编译局，编译. 北京：人民出版社，1995：56.

种共同利益使得从集体属性看，一些物品和服务一开始就具有公共性。②马克思认为，"随着分工发展产生了私人利益或单个家庭的利益与共同利益之间的矛盾"①，也即产生了私人领域与公共领域的分野。这对认识私人需求与公共需求具有重要指导作用。③不论是哪种形式多大范围的共同体，其实都是人在具有共同利益基础上的合作性组织。因此在笔者看来，可以人为分析对象，以交易为分析单位来进行分析。④马克思实际上论述了人类社会三种形态即三种不同类型的社会共同体，"人的依赖关系"的前资本主义社会共同体、"物的依赖关系"的资本主义社会共同体、"人的全面发展"的共产主义社会共同体。由此表明社会主义财政学要更多从物本范式走向"人本范式"，以促进人的全面发展为根本目标。⑤马克思对"虚幻的共同体"的分析，及其国家产生于市民社会的理论，是正确辩证认识财政的公共性和阶级性问题的根本；此外其对国家作为"虚幻的共同体"与"真正的共同体"之间的关系对现代国家治理具有重要启示。⑥随着经济全球化和信息技术发展，也随着环境、安全等问题的全球化，使得全球人类都成为一个利益相关的命运共同体，从而对中国的"大国财政"和全球治理提出了新的时代课题，由此也需要中国财政理论对此做出积极回应。

（二）中国实践的时代命题与时代特征

理论源于实践，在中国特色社会主义进入新时代以后，必然要求根据新时代特征来探索中国财政理论创新，由此回答"建设什么样的中国特色社会主义财政理论"这一时代命题。十九大报告指出"中国特色社会主义进入新时代"，② 这一新的历史方位意味着中国特色社会主义实践已经由单纯追求生产力提高和物质财富增长让位于追求人的全面发展。理论逻辑要和历史逻辑、实践逻辑相一致，因此要求财政学研究范式也要实现"由物到人"的根本转变。

十九大报告指出"中国特色社会主义进入新时代，我国社会主要矛盾已经转化为人民日益增长的美好生活需要和不平衡不充分的发展之间的矛盾"，由此改变了"落后生产力之间的矛盾"的旧表述。这意味着我国物质绝对匮乏的旧时代已经结束，而实现人的全面发展的新时代已经来临，如十九大报告所指出的"更好满足人民在经济、政治、文化、社会、生态等方面日益增长的需要，

---

① ［德］马克思，恩格斯．马克思恩格斯全集中文第 2 版（第三卷）［M］．中央编译局，编译．北京：人民出版社，2002：37.

② 习近平．决胜全面建成小康社会 夺取新时代中国特色社会主义伟大胜利——在中国共产党第十九次全国代表大会上作的报告［R/OL］．新华网，2017-10-27.

更好推动人的全面发展、社会全面进步"。①

十九大报告指出"必须坚持以人民为中心的发展思想，不断促进人的全面发展、全体人民共同富裕"。即要实现"发展为了人，发展依靠人，发展成果由人民共享"。② 由此要求财政需要从与人民群众切身利益关系最直接最现实的民生领域入手来构建"民生财政"，以增进民生福祉为根本目的，彰显"以人为本"的价值取向；由此也要求财政"坚持人民当家作主"的基本原则，从保障人民权利、促进民主决策和强化民主监督入手构建"民主财政"，彰显"人民至上"的价值取向。这些时代命题都为中国财政理论创新提供了实践基础。

十九大报告指出"全面深化改革总目标是完善和发展中国特色社会主义制度、推进国家治理体系和治理能力现代化"。③ 新时代我国国家治理体系涵括了经济、政治、社会、文化和生态文明建设等内容，因此是"五位一体"全面深化改革中一个复杂的系统工程，而全面深化改革不论是经济体制、政治体制还是社会体制改革，改革实质上就是人与人利益关系的重新调整，实质上就是规范人和人关系的制度的重新安排。财政作为国家治理的基础和重要支柱，由此实践要求中国财政理论创新要突破传统的财政职能，由资源配置转向制度建设。

（三）古今中外学术资源的兼容并蓄

习近平总书记（2016）指出"我们要善于融通古今中外各种资源"，"要坚持不忘本来、吸收外来、面向未来"，"要按照立足中国、借鉴国外，挖掘历史、把握当代，关怀人类、面向未来的思路，着力构建中国特色哲学社会科学"。④因此，"人本范式"的中国特色社会主义财政理论体系要在兼容并蓄、继承发展的基础上实现整合创新。

1. 本土传统学术资源的重新发掘

这方面的学术资源和理论源泉主要来自两方面，第一方面是对中国古代治国理财的财政思想尤其是民本财政思想的重新发掘。早在春秋时期，管仲就提出了"凡治国之道，必先富民"的以人为本的理财原则。通过将传统民本财政

---

① 习近平. 决胜全面建成小康社会 夺取新时代中国特色社会主义伟大胜利——在中国共产党第十九次全国代表大会上作的报告 [R/OL]. 新华网，2017-10-27.

② 习近平. 决胜全面建成小康社会 夺取新时代中国特色社会主义伟大胜利——在中国共产党第十九次全国代表大会上作的报告 [R/OL]. 新华网，2017-10-27.

③ 习近平. 决胜全面建成小康社会 夺取新时代中国特色社会主义伟大胜利——在中国共产党第十九次全国代表大会上作的报告 [R/OL]. 新华网，2017-10-27.

④ 习近平. 在哲学社会科学工作座谈会上的讲话 [R/OL]. 新华网，2016-05-18.

的思想基因与当代需求相协调，可以做出新的理论创造。另一方面是对我国计划经济时期产生的传统学术资源进行重新挖掘，吸收其合理因素并进行整合创新。特别是以何振一（1987）为代表的"社会共同需要论"从社会共同需要角度来看待财政公共性，至今仍有启示作用。① 在新时代，可在马克思共同体思想下重新挖掘"社会共同需要论"的人本内涵和制度价值。

2. 对西方经典文本的重新梳理

以公共选择论为代表的财政制度分析已经得到充分挖掘，并被现有财政理论所吸收。但其中布坎南财政立宪思想尚未完全得以充分阐释。此外，新制度经济学的产权理论、交易费用理论、制度变迁理论、企业理论，以及奥斯特罗姆的公共池塘资源理论、多中心治理理论等尚未由现有的财政学理论所充分挖掘和有效吸收。虽然这些理论提出已有较长时间，但范式重构要注重的并不是追踪前沿新文献，而要更多回到思想家们早期经典文本中并对其进行重新梳理、挖掘、阐释和为我所用。

3. 当代经济理论和方法的新进展

在经济学当代新进展中，也出现了很多以人为研究对象或进行制度经济分析的理论与方法，他们也都是针对新古典主流经济学物本范式的缺陷所提出来的，也需要将其综合在财政学的人本范式和制度分析中，如研究制度演化过程的演化经济学、研究人的真实行为的行为经济学和实验经济学、研究人的幸福和全面发展的幸福经济学、以动态演化博弈方法研究个体的行为及与群体关系的演化博弈论，等等。

4. 对人文社科其他学科的新综合

财政学不只是经济学，其他人文社会科学特别是政治学、公共管理学、法学和社会学等也从各自主题出发对财政问题进行研究，并产生了如税收政治学、预算管理学、财政宪法学、财政社会学等分支。在新古典主流经济学物本范式下，这些知识难以综合进现有财政学体系中。但随着财政学人本范式和制度分析的构建，则可兼容人文社科其他学科知识，实现财政理论的新综合。

三、由物到人：财政学人本范式的应用与扩展

以人为分析对象，以人和人关系的制度分析为基本框架，以共同体理论为

---

① 何振一. 理论财政学 [M]. 北京：中国财政经济出版社，1987：5.

依托来构建财政学人本范式具有广泛的应用基础和解释能力。在此笔者仅选择财政学最基本问题——政府与市场边界问题、现代财政制度三个构成——税收、预算、央地财政关系进行分析并得出与主流经济学不同的解释，另对当前热门的大国财政与国际治理进行人本范式的扩展分析。

（一）政府与市场边界：基于人本范式交易费用视角的分析

物本范式财政学所面临的最大尴尬就在于以公共物品、外部性为表现的市场失灵无法解释政府与市场边界，不仅政府与市场都可能提供公共物品，也都可能解决外部性，同时其他组织也可能提供公共物品和外部性。但如转入人本范式，它们都只是人与人交易的不同制度组织形式而已，从不同组织的交易费用及与交易收益的比较看，很容易做出合理解释。

1. 市场交易费用<政府及其他组织交易费用<交易收益；或市场交易费用<交易收益<政府及其他组织交易费用。此时，并不存在真实的市场失灵。即使面临公共产品、外部性等问题，但市场比政府和其他组织解决成本更低并且低于交易收益，从而市场解决是有效率的，实践中表现为由私人提供公共产品、由私人自发谈判消除外部性，而政府干预则无效率。

2. 其他组织交易费用<政府交易费用<市场交易费用<交易收益。此时，政府干预及财政介入确实比市场有效，但有其他更有效的组织替代（如企业组织、社会组织等），因此也不需要政府及财政职能。实践中表现为社会组织（如民间慈善组织）提供公共产品、社会组织（如民间环保组织）纠正外部性、企业组织合并消除外部性等。

3. 交易收益<政府及其他组织交易费用<市场交易费用；或交易收益<市场交易费用<政府及其他组织交易费用。此时，市场确实处于失效状态，但并不意味着政府干预或其他组织替代能有效，因为任何解决途径其收益都小于成本，因此不解决最有效。实践中表现为许多微不足道、无须解决的外部性，以及一些不值得提供的公共物品。

4. 政府交易费用<市场及其他组织交易费用<交易收益；或政府交易费用<交易收益<市场及其他组织交易费用。此时，政府解决比市场和其他组织成本低，且解决是值得的。实践中表现为财政提供公共产品，征税补贴消除外部性等。

（二）税收本质：基于人本范式产权视角的分析

在现有物本范式的财政学中，税收的本质被视为公共物品的价格，从而产生与私人物品市场价格相对应的公共物品的"税收价格论"。但这一税收本质观有以下缺陷：①从制度视角看，并不存在公共物品和直接意义上的公共利益。由于利益分歧事实上任何一项支出议案都不可能获得一致同意，因此功能层面的公共选择采取的是多数票规则。在多数票规则下就必然产生多数人对少数人的强制甚至可能是少数人对多数人的强制，由此带来相应的受益方和受损方。②物本范式下对公共物品是从其自然属性即非排他性来界定的，但排他性与否取决于产权界定，因此权利归属这一人与人关系比物本身处于更为基础和本源的地位。没有排他性的产权界定就无所谓私人物品也无所谓公共物品。③物本范式下严格符合非排他性和非竞争性的所谓公共物品，既可能由政府提供，也可能由私人或其他组织提供，因此其所谓的公共物品和政府税收间并不具有本质联系。

如前所分析的，资源配置在本质上不是物的配置而是附着在物上的权利（产权）的配置，应从权利这一人与人关系的制度视角来看待税收本质。在现代社会，国家处于产权界定和保护的垄断地位，由此使得国家与产权之间具有了内在联系。一方面，离开国家我们无法理解产权，如没有国家法律的界定与强制力的保护，产权就是一句空话；另一方面，离开产权，我们也无法理解国家，毕竟国家的法律和权力就是旨在社会范围内界定和实施一套权利规则。因此，税收本质上是国家界定和保护产权的价格（刘晔，2009）。①

（三）预算制度：基于人本范式立宪理论的分析

在现有物本范式的财政学中，预算被视为政府提供公共物品的资源配置的决策过程。因此，翻开国内任何一本财政学教材，对政府预算几乎都有一个相同的定义"政府预算就是政府的基本财政收支计划"。显然，从资源配置角度来定位政府预算并将其视为政府收支计划是有重大缺陷的。因为其他行为主体如家庭、企业等用钱也有财务收支计划，计划性可以反映资源配置的基本要求，但其并不能成为政府预算制度的实质内涵。政府预算与私人预算根本区别在于，政府的钱不是自己的而是来自人民。因此预算制度的实质不是计划性，而是法治性，甚至是立宪性。

税收本质上是国家界定和保护产权的价格，因此其根本上来自人民的权利（产权），而国家权力又奠基于税收这一物质基础。因此从根本上看，预算制度

① 刘晔. 对税收本质的重新思考——基于制度视角的分析［J］. 当代财经，2009（04）：32-36.

是一个宪法内容，因为它维系着人民权利和国家权力之间的契约关系。人民主权是宪法根本原则，包括产权在内的公民基本权利对政府权力构成立宪层面的约束，预算就是这一立宪约束的制度体现。因此在布坎南（2000）看来，预算制度本身就是宪法制度的内容。① 按布伦南和布坎南（2004）的构想，制度是一个立体结构，这个结构的基础是包括财政立宪在内的宪法规则，它是生成其他规则的元规则。②

（四）央地财政关系：基于人本范式共同体理论的分析

现有物本范式的财政学是从公共物品受益范围来解释政府间财政分权的，而公共物品又由非排他性和非竞争性来定义。但如前所述的，以物的自然属性定义的公共物品概念本身就存在很多缺陷，况且受益范围也很难明确划分中央地方事权。即使以作为全国性公共物品的国防为例，由于武器及兵员分布的不均匀，事实上不同地区居民也不是同等程度受保护的。此外，此论并没有提出并解决各级政府提供相应层次公共物品的激励问题。

按马克思的共同体思想，人类社会一开始就是以共同体形式组织起来的。共同利益是共同体的基础和纽带，由于共同利益相容程度和范围大小的不同，人们在社会关系中形成不同层次的共同体。因此，马克思在"自然共同体"中就分析了家庭、氏族、部落到国家等各种不同层次的共同体。由此，正如原子构成分子，分子构成有形物质，有形物质构成星球，星球构成太阳系……一样，不同层次的共同体间形成了相应的共同体结构及其利益结构。在国家产生以后，马克思认为国家是"虚幻共同体"。因此国家（包括中央政府和地方政府）事权和财权划分只是代表原来相应不同层次共同体进行利益划分，根本上是共同体层次决定政府间财政分权而不是相反。由此，政府间财政关系划分不应着眼于市场经济下政府间职能来划分，更不应着眼于市场失灵下的公共物品层次来划分。这点正如王雍君和乔燕君（2017）所言的"无论在事实上还是逻辑上，集体物品系仅仅是共同体对其成员所做的责任承诺的结果，而非市场失灵的产物"。③

---

① ［美］布坎南．民主过程中的财政［M］．唐寿宁，译．上海：上海三联书店，1992：233.

② ［澳］布伦南，［美］布坎南．宪政经济学［M］．冯克利，冯兴元，秋风等，译．北京：中国社会科学出版社，2004：中文序1.

③ 王雍君，乔燕君．集体物品、财政场域与财政学知识体系的新综合［J］．财政研究，2017（01）：17-27.

（五）大国财政与全球治理：基于人本范式共同体理论的扩展

作为世界性的大国，近年来中国"大国财政"受到越来越多的关注和研究，并从全球化进程中全球治理的角度来认识中国的大国财政构建与大国责任担当，由此也带来对财政职能的重新思考。对中国参与国际治理的很多财政支出，如对外援助、"一带一路"建设、亚投行等支出，很难从物本范式下的"市场失灵"来予以解释，也很难单纯从公共物品的非排他性非竞争性自然属性来给予解释，而亟待转入由人本范式下共同体理论的扩展即"人类命运共同体"高度来认识。

中国大国财政参与国际治理，这是在新的全球化背景下产生的，随着科技进步加快、国际分工细化，人类成员更加紧密联系在一起。各国居民在享受新全球化所带来的福利的同时，也面临着安全、环境、开放等方面的挑战和风险从而产生了共同利益和相应的共同需要，并由此对大国财政提出新的职能。因此，即使从全球性公共物品角度来解读大国财政，也应该看到其不是基于物的不变的自然属性而产生的，而是基于新全球化的时代背景和命运共同体的人类社会属性应运而生的。作为相互依存、彼此融合的利益共同体，人类命运共同体的基本特征是合作共赢，这是以人为分析对象，以交易为基本单位的人本范式的应用和扩展，体现了马克思共同体思想的时代性和创新性。

四、结语

以人为分析对象，以交易为基本单位，以共同体理论为依托，以制度分析为框架来构建人本范式的财政学，既可以解决物本范式财政理论现存的缺陷，又能以财政为本体在经济学、政治学、法学、社会学、公共管理学等其他社会科学间建立起可通约的研究范式。这既是财政理论自身发展的内在需求，也是中国特色社会主义实践的时代要求，具有广阔的发展前景和应用基础。人本范式财政学的重构，并不意味着要完全抛弃现有物本范式财政学的所有概念工具和理论体系，只是需要对其赋予相应的社会属性和制度内涵，从而实现新时代下中国财政理论的整合创新。

第二节 现代财政制度与新时代民生福祉①

十八大以来，以习近平同志为核心的党中央提出"人民对美好生活的向往，就是我们的奋斗目标"的庄严承诺（习近平，2014），② 并形成了"以人民为中心"的发展思想③。在这一发展思想指导下，我国各项民生和社会事业建设取得重大进展，人民群众的获得感显著增强。党的十九大报告在充分肯定十八大以来"极不平凡的五年"所取得的历史性成就的同时，又清醒深刻地指出面临的困难与挑战，其中包括"民生领域还有不少短板""群众在就业、教育、医疗、居住、养老等方面面临不少难题"。④ 在现代社会，这些民生领域大都属于基本公共服务范畴并由政府及其财政承担主体责任。

对于财政，十八届三中全会在《中共中央关于全面深化改革若干重大问题的决定》中曾首次提出"建设现代财政制度"这一财税体制改革的总目标，并提出了"财政是国家治理的基础和重要支柱"的著名论断（习近平，2014）。⑤ 党的十九大报告则在此基础上进一步要求"加快建立现代财政制度"（习近平，2017b），⑥ 反映了财政改革的紧迫性及其对全面深化改革的重要性。但对"什么是现代财政制度""要建立什么样的现代财政制度""为什么要建立这样的现代财政制度"以及"怎样建立这样的现代财政制度"等更具体的问题，作为高屋建瓴、总揽全局纲领性文件的十九大报告并没有予以详细说明⑦。笔者认为，这些正是需要由我国财政学界理论工作者结合十九大报告的总体精神来予以解读和阐释的。财政是国家治理的基础和重要支柱，在现代社会更是民生福祉的保障和主要依托。基于十九大报告做出"中国特色社会主义进入了新时代"的

---

① 本章节原由刘晔发于《厦门大学学报（哲学社会科学版）》2018 年第 3 期，原文题目为《加快建立以民生福祉为中心的现代财政制度》。

② 习近平. 习近平谈治国理政：第一卷［M］. 北京：外文出版社，2014：3.

③ 习近平. 习近平关于社会主义经济建设论述摘编［M］. 北京：中央文献出版社，2017a：31.

④ 习近平. 决胜全面建成小康社会，夺取新时代中国特色社会主义伟大胜利——在中国共产党第十九次全国代表大会上的报告［M］. 北京：人民出版社，2017b：9.

⑤ 习近平. 习近平谈治国理政：第一卷［M］. 北京：外文出版社，2014：80.

⑥ 习近平. 决胜全面建成小康社会，夺取新时代中国特色社会主义伟大胜利——在中国共产党第十九次全国代表大会上的报告［M］. 北京：人民出版社，2017b：34.

⑦ 十九大报告从中央地方财政关系、预算制度、税收制度改革三方面对"如何建立现代财政制度"提出总要求，但其并未具体说明这些改革是围绕什么为中心来进行的。

划时代判断及"增进民生福祉是发展的根本目的"的总体要求①，本文认为，当前需要加快建立以民生福祉为中心的现代财政制度。

一、民生导向是现代财政制度的根本特征

（一）现代财政制度

党的十八届三中全会提出"建立现代财政制度"以来，对于"什么是现代财政制度"，我国学者各自从不同方面归结出一些特征。例如，王桦宇（2014）认为，现代财政制度是社会公平和分配正义的财政制度。② 杨志勇（2014）认为，与国家现代化建设相适应，现代财政制度是民主财政和法治财政的统一体。③ 马骁和周克清（2014）认为，现代财政制度必须服务于现代社会下政府与市场、政府与社会关系的重新定位。④ 上述这些研究，都从特定角度刻画了现代财政制度的特征。但从历史的角度看，政府与市场及社会间关系问题的探讨只出现在市场经济体制下，而公平正义、民主法治的财政制度也在现代市场经济体制下才出现。遵循马克思历史唯物主义中"生产力决定论"和"经济基础决定论"的基本原理，笔者认为，现代财政制度是和现代市场经济体制相适应的财政制度。所谓现代市场经济，指的是与早期的自由市场经济相区别的，政府对市场运行起更大宏观调控作用的市场经济体制。从西方发达国家来看，其现代财政制度最初出现于 20 世纪 30 年代，以政府财政进行较大力度的收入再分配和健全社会福利为开始。十九大报告指出，我国要"使市场在资源配置中起决定性作用，更好发挥政府作用"（习近平，2017b），⑤ 因此我国要建立的也是更大程度上发挥政府作用的现代市场经济体制，只是我国的现代市场经济体制具有自身的中国特色和社会主义性质。

---

① 习近平. 决胜全面建成小康社会，夺取新时代中国特色社会主义伟大胜利——在中国共产党第十九次全国代表大会上的报告 [M]. 北京：人民出版社，2017b：23.

② 王桦宇. 论现代财政制度的法治逻辑——以面向社会公平的分配正义为中心 [J]. 法学论坛，2014，29（03）：40-49.

③ 杨志勇. 现代财政制度：基本原则与主要特征 [J]. 地方财政研究，2014（06）：4-8，14.

④ 马骁，周克清. 建立现代财政制度的逻辑起点与实现路径 [J]. 财经科学，2014（01）：98-103.

⑤ 习近平. 决胜全面建成小康社会，夺取新时代中国特色社会主义伟大胜利——在中国共产党第十九次全国代表大会上的报告 [M]. 北京：人民出版社，2017b：21.

　　张馨（1999）曾提出，不同经济体制对应着不同财政制度，市场经济体制下存在的是公共财政制度，也只有公共财政才能适应市场经济的发展。① 这一观点在国内学界产生较大影响并得到普遍接受。在笔者看来，如果说市场经济下存在的是公共财政制度，那么当市场经济发展到现代市场经济阶段，存在的则是以民生为导向的现代财政制度。可以认为，现代财政制度是特定发展阶段的公共财政，其主要特征就是以民生为导向（魏立萍、刘晔，2009）。② 在现代市场经济体制下，由于社会福利和社会保障制度的建立和日趋健全，现代财政制度与民生福利间才前所未有地建立起深度联系。一个普通百姓从摇篮到坟墓的日常生活都离不开政府提供的教育、医疗、养老、社保等各项公共服务。

（二）新时代中国最主要的民生问题

　　民生一词，最早源于《左传》"民生在勤，勤则不匮"，"事以厚生，生民之道"。显然，这里民生含义指民众的生计、生活。而孙中山在《民生主义》里则说得更为明确："民生就是人民的生活，社会的生存，国民的生计。"（孙中山，2011）③ 民生作为民众生活的含义，由于不同时代有不同时代的生活水准，因此不同时代就有不同时代特定的民生问题（刘晔，2014），④ 需要从历史和时代特征出发才能更好地把握我国新时代的民生重点。

　　十九大报告指出"经过长期努力，中国特色社会主义进入了新时代，这是我国发展新的历史方位"。⑤ 中国特色社会主义源于我国改革开放以来的实践，并经历了不同历史时期，由此民生重点在不同时期也发生着相应的变化。在改革开放之初，我国处于计划商品经济时期，百姓生活必需品还处在凭票供应的短缺状态中，因此当时民生问题主要是衣食温饱问题。在1992年党的十四大确立"社会主义市场经济体制"之时，我国人均 GDP 为 2334 元，大多数人已经解决温饱问题，当时大多数人民的民生问题主要是生活条件的改善问题，如彩电、冰箱、空调等家用电器的普及问题。而到现在，十九大报告指出近五年来

---

　　① 张馨. 公共财政论纲 [M]. 北京：经济科学出版社，1999：312-345.

　　② 魏立萍，刘晔. 民生财政：公共财政的实践深化 [J]. 财政研究，2008（12）：7-10.

　　③ 孙中山. 孙中山全集：民生主义 [M]. 中国社会科学院近代史研究所中华民国史研究室等，译. 北京：中华书局，2011：1.

　　④ 刘晔. 财政监督：构建民生财政的制度保障 [J]. 财政监督，2014（30）：43-45.

　　⑤ 习近平. 决胜全面建成小康社会，夺取新时代中国特色社会主义伟大胜利——在中国共产党第十九次全国代表大会上的报告 [M]. 北京：人民出版社，2017b：10.

"贫困发生率从百分之十点二下降到百分之四以下"（习近平，2017b），① 即对百分之九十六的国人而言，目前其民生问题已经不是衣食温饱问题。而从家用电器普及率来看，到 2016 年我国每百户拥有彩电 120.8 台、冰箱 93.5 台、洗衣机 89.9 台、空调 90.9 台、移动电话 235.4 部（中华人民共和国国家统计局，2017），② 可见对大多数中国人而言其民生问题也已经不是生活条件的改善问题。在经济学语境中，衣食温饱、家用电器都属于私人物品，改革开放以来，我国通过培育市场机制、发挥市场效率进而提高人民收入，目前除了极少数贫困人口外，绝大多数国民对这些私人物品的需求已通过市场购买得以满足，因此这些已都不构成新时代的主要民生问题。

在新时代，我国生产力水平和生活水平已大大提高，总体上已经实现小康并迈向全面小康社会，人民美好生活需求日益广泛，民生问题则主要体现为对教育、医疗、就业、社保、保障房等领域的更高层次的需求。由此，十九大报告指出"群众在就业、教育、医疗、居住、养老等方面面临不少难题"，同时"安全、环境等方面的需求日益增长"（习近平，2017b）。③ 这些领域大部分都属于公共服务领域，是市场难以有效提供而更多需要发挥政府财政职能的领域。

（三）新时代中国最基本的公共服务

上述分析业已明确我国新时代的主要民生内涵即在于教育医疗、社保养老、治安环境等领域，但尚未说明为何这些民生服务应构成政府财政职能的重点。长期以来，经济学语境中都是采用"市场失效"理论来解释这一问题，即这些民生服务都具有公共物品或外部性或规模经济等特征从而市场难以有效配置资源。但严格地看，"市场失效"难以构成公共财政逻辑起点（刘晔、谢贞发，2008）。④ 以义务教育为例，其市场失效形式为正外部性，效率只要求政府提供边际私人收益与边际社会收益间差额的补贴，但是这无法解释政府为何对所有适龄儿童免费实施义务教育。而公共管理学则立足于"公民权利"和"政府义务"角度来看待政府的财政职能（吴爱明，2012），即某项服务（如接受教育）

---

① 习近平. 决胜全面建成小康社会，夺取新时代中国特色社会主义伟大胜利——在中国共产党第十九次全国代表大会上的报告 [M]. 北京：人民出版社，2017b：5.
② 国家统计局. 中国统计年鉴 2017 [R/OL]. 国家统计局网站，2017.
③ 习近平. 决胜全面建成小康社会，夺取新时代中国特色社会主义伟大胜利——在中国共产党第十九次全国代表大会上的报告 [M]. 北京：人民出版社，2017b：9-11.
④ 刘晔，谢贞发. 对公共财政逻辑起点的重新思考——市场失效的理论纷争与现实启示 [J]. 厦门大学学报（哲学社会科学版），2008（01）：10-17.

是公民基本权利和公共需求，则政府负有为全体公民提供这一基本公共服务的义务。① 从公民权利和公共需求出发，政府基本公共服务可以分为三类：一是安全类公共服务，即保障公民基本安全需求的如国防、治安、司法等；二是经济类公共服务，即为公民生产生活需求提供条件的如水电、交通、通信等基础设施；三是社会类公共服务，即为保障公民各项发展权利的包括教育、卫生、就业、养老、社保等。

由于人的需求具有层次性，人民先满足生存权再满足发展权，因此基本公共服务的重点也具有相应的时代特征。新中国在成立初期，面对百年屈辱的苦难历史，以国防为核心的安全类公共服务成为最急迫最基本的公共服务。在计划经济体制时期，国家通过"集中资源办大事"的方式在一穷二白的基础上成功开发和拥有了两弹一星、核潜艇和洲际导弹，基本上满足了国防安全需求；历史进入改革开放后，和平和发展成为时代主题，在迫切需要发展经济、提高收入、改善生活的背景下，作为招商引资、生产生活基础条件的经济类公共服务（水、电、路等基础设施）成为最急迫最基本的公共服务。改革初期财政通过大量基础设施投资，其后则更多通过市场化融资方式，使得中国目前已经拥有世界先进的基础设施。其中一些中国独特的制度因素起了重要作用（张军等，2007）；② 而在进入新时代以后，保障和实现人的全面发展的权利（如受教育权、健康权、工作权等）成为新时代主题，因此，教育、卫生、就业、养老、社保等社会类民生服务成了最重要和最基本的公共服务。2012 年，我国在《国家基本公共服务体系"十二五"规划》中首次界定了基本公共服务范围"一般包括保障基本民生需求的教育、就业、社会保障、医疗卫生、计划生育、保障住房、文化体育等领域的公共服务"，由此构成政府及其财政职能重点。

二、为什么要加快建立以民生福祉为中心的现代财政制度

以民生为导向是现代财政制度的根本特征。在中国特色社会主义进入新时代后，教育医疗、就业社保等既是新时代中国最主要的民生问题，同时也是新时代中国政府需要提供的最基本公共服务。习近平总书记 2016 年在黑龙江调研时指出"财政等公共资金配置使用要向民生领域倾斜……针对群众最关切的就

---

① 吴爱明. 公共管理学 [M]. 武汉：武汉大学出版社，2012：208-209.

② 张军，高远，傅勇，张弘. 中国为什么拥有了良好的基础设施？ [J]. 经济研究，2007（03）：4-19.

业、教育、医疗、住房、养老、脱贫等问题发力"（习近平，2017c）。① 十九大报告提出"必须坚定不移把发展作为党执政兴国的第一要务"（习近平，2017b），②"发展是解决我国一切问题的基础和关键"（习近平，2017b），③ 而"增进民生福祉是发展的根本目的"（习近平，2017b）。④ 从十九大报告这些总体精神出发，本文认为，当前需要加快建立以民生支出为重点，以民生福祉为中心，并由此实现发展成果共享的现代财政制度，这主要基于如下原因：

（一）这是适应新时代我国社会主要矛盾转换的现实要求

十九大报告指出"中国特色社会主义进入新时代，我国社会主要矛盾已经转化为人民日益增长的美好生活需要和不平衡不充分的发展之间的矛盾"（习近平，2017b）。⑤ 这是对我国发展新的历史方位的准确定位和科学判断。我国处于社会主义初级阶段的基本国情没有变，作为世界最大发展中国家的国际地位也没有变，但是中国特色社会主义建设确实进入了新时代并使得我国社会主要矛盾发生了深刻变化。目前，我国作为世界制造业第一大国，多数主要工业品产量都位居世界首位，主要矛盾确实已经不能归结为原有的"落后生产力"。

人民美好生活需要即民生内涵具有时代特征，除极少数贫困人口还有尚未满足的衣食温饱和家用电器等私人物品的民生需求外，对绝大多数国人而言民生问题则主要体现为对教育、医疗、就业、社保、文体等领域的更高层次的需求，这些都构成新时代"人民日益增长的美好生活需要"的主要内容。如前所述，上述这些民生领域都具有公共服务和公共需求的性质，是市场做不好而人民又迫切需要的领域，因此构成政府及其财政的重要职能。进一步看，这些民生难题的存在既与我国经济社会发展尚不充分从而政府财力有限有关，更与长期以来城乡之间、区域之间、经济与社会之间、人和自然之间发展不平衡不协调有关，而这些不平衡又与财政基本公共服务不均等有密切关系。因此，我国现代财政制度建设适应新时代社会主要矛盾转换的要求，直面时代之问，抓重

---

① 习近平. 习近平谈治国理政：第二卷［M］. 北京：外文出版社，2017c：363.
② 习近平. 决胜全面建成小康社会，夺取新时代中国特色社会主义伟大胜利——在中国共产党第十九次全国代表大会上的报告［M］. 北京：人民出版社，2017b：29.
③ 习近平. 决胜全面建成小康社会，夺取新时代中国特色社会主义伟大胜利——在中国共产党第十九次全国代表大会上的报告［M］. 北京：人民出版社，2017b：21.
④ 习近平. 决胜全面建成小康社会，夺取新时代中国特色社会主义伟大胜利——在中国共产党第十九次全国代表大会上的报告［M］. 北京：人民出版社，2017b：23.
⑤ 习近平. 决胜全面建成小康社会，夺取新时代中国特色社会主义伟大胜利——在中国共产党第十九次全国代表大会上的报告［M］. 北京：人民出版社，2017b：11.

点、补短板，通过努力实现基本公共服务均等化来着力破解民生难题。

（二）这是贯彻新时代以人民为中心发展思想的根本保障

十九大报告指出"必须坚持以人民为中心的发展思想，不断促进人的全面发展、全体人民共同富裕"（习近平，2017b）。[①] 以人民为中心的发展思想和治国理念，需具体落实到政府施政措施特别是各项财政支出安排上。加快构建以民生福祉为中心的现代财政制度，坚持在发展中保障和改善民生，这是实现"发展为了人民、发展依靠人民，发展成果由人民共享"即"以人民为中心"发展思想的根本保障。由此，我国现代财政制度的构建，需要从与人民群众切身利益关系最密切的民生领域入手，以增进民生福祉为中心，从而彰显新时代人民至上、以人为本的价值取向。

十九大报告指出"保障和改善民生要抓住人民最关心最直接最现实的利益问题"（习近平，2017b）。[②] 从现阶段看，大部分普通百姓最关心最直接最现实的利益问题就是上学、看病、就业、社保、文体、治安和环境等。因此，在现代财政制度构建过程中着力保障和改善这些方面的民生需求，实际上就是在保障人民的健康权、安全权、工作权、受教育权等发展权利，由此能在促进"人的全面发展"过程中体现"发展为了人民"的发展理念。保障和改善这些方面的民生需求，实际上就是在保障和改善经济社会发展的根本动力，因为人始终是生产力中最活跃的因素，由此能在保障和提高人的价值过程中彰显"发展依靠人民"的价值理念。保障和改善这些方面的民生需求，实际上就是让改革发展成果更多地惠及全体人民，因为不论教育医疗、就业社保还是治安环境，都是覆盖全体人民的基本公共服务并具有较强的收入再分配功能，由此能在促进公平正义过程中实现"发展成果由人民共享""全体人民共同富裕"的发展目标。

（三）这是促进新时代我国国家治理现代化的基础与支柱

十九大报告指出"全面深化改革总目标是完善和发展中国特色社会主义制

---

① 习近平．决胜全面建成小康社会，夺取新时代中国特色社会主义伟大胜利——在中国共产党第十九次全国代表大会上的报告［M］．北京：人民出版社，2017b：19.

② 习近平．决胜全面建成小康社会，夺取新时代中国特色社会主义伟大胜利——在中国共产党第十九次全国代表大会上的报告［M］．北京：人民出版社，2017b：45.

度、推进国家治理体系和治理能力现代化"（习近平，2017b）。[1] 在新时代，作为"五位一体"总体布局中的一个复杂系统工程，我国国家治理体系建设涵盖了经济、政治、社会、文化和生态文明建设。正如党的十八届三中全会决议所提出的"财政是国家治理的基础与重要支柱"（习近平，2014），[2] 现代财政制度既是经济体制又是政治体制，也是社会体制的基本组成部分之一（刘晔，2013），[3] 又对作为公共物品的公共文化和生态治理承担主体责任，因此对国家治理现代化起着基础性和支撑性作用。

加快建立以民生福祉为中心的现代财政制度，推进教育医疗、就业社保、文化治安、生态环境等基本公共服务体系的均等化、法治化和现代化建设，其重要意义在于：第一，可以进一步实现政府职能合理归位，从而在正确处理政府与市场关系基础上进一步深化经济体制改革；第二，可以从老百姓最关心最直接最现实的利益环节入手，促进民主决策、民主管理和民主监督，从而发展社会主义民主政治；第三，可以从民生和社会事业领域入手，促进政府和社会的分工合作和共同治理，从而加快社会体制改革；第四，可以顺应人民群众对美好生活的向往，有力推进文化事业发展和生态文明建设。因此，加快建立以民生福祉为中心的现代财政制度将有利于建设社会主义市场经济、民主政治、和谐社会、先进文化和生态文明，从而从根本上促进新时代我国国家治理体系和治理能力的现代化。

（四）这是实现新时代"两个一百年"奋斗目标的必然选择

十九大报告提出"从全面建成小康社会到基本实现现代化，再到全面建成社会主义现代化强国，是新时代中国特色社会主义发展的战略安排"（习近平，2017b），[4] 由此明确了从现在开始到 21 世纪中叶的"两个一百年"奋斗目标并勾勒出了中华民族伟大复兴的路线图。但正如十九大报告所指出的"中华民族伟大复兴，绝不是轻轻松松、敲锣打鼓就能实现的"（习近平，2017b），[5] 从经济学的角度看，这一路线图在前进过程中首先要面临跨越"中等收入陷阱"这

---

① 习近平. 决胜全面建成小康社会，夺取新时代中国特色社会主义伟大胜利——在中国共产党第十九次全国代表大会上的报告 [M]. 北京：人民出版社，2017b：19.

② 习近平. 习近平谈治国理政：第一卷 [M]. 北京：外文出版社，2014：80.

③ 刘晔. 顶层设计与深化公共财政制度改革 [J]. 财政研究，2013（03）：32-35.

④ 习近平. 决胜全面建成小康社会，夺取新时代中国特色社会主义伟大胜利——在中国共产党第十九次全国代表大会上的报告 [M]. 北京：人民出版社，2017b：29.

⑤ 习近平. 决胜全面建成小康社会，夺取新时代中国特色社会主义伟大胜利——在中国共产党第十九次全国代表大会上的报告 [M]. 北京：人民出版社，2017b：15.

一挑战。世界银行基于全球范围内经验观察（Gill、Khars，2007），① 发现许多国家常常能迅速地达到中等收入水平，但只有少数国家能够成功跻身为高收入国家，从而提出"中等收入陷阱"这一概念。按最新公报，2017 年中国人均国民收入约 9400 美元，仍属中等偏上收入国家，与世界银行最新的人均 12736 美元高收入国家标准仍有一定距离。

从世界范围内看，"中等收入陷阱"具有普遍性的成因有两个，一是技术创新缺乏，产业升级不力（姚树洁、韩川，2015），② 在要素边际报酬递减规律作用下经济增长缺乏新动能；二是收入两极分化、贫富差距大（郑秉文，2011），③ 在边际消费倾向递减规律作用下总需求不足，由此经济增长难以持续。就我国情况看，第一个不存在大的问题，2017 年我国研发经费投入 1.75 万亿，居世界第二，其中企业投入占 78.5%，同时我国发明专利申请量和授权量已居世界首位。在创新驱动发展战略下，我国在大科技上还有举国体制的优势，如党的十九大报告所言"天宫、蛟龙、天眼、悟空、墨子、大飞机等重大科技成果相继问世"（习近平，2017b）。④ 因此，更应该重视第二个问题即收入分配问题。据统计局官方公布数据，我国 2016 年基尼系数为 0.465，仍高于 0.4 的国际警戒线。而义务教育、基本医疗、社会保障、基本养老和就业服务等民生类公共服务都具有覆盖和惠及全体人民的收入再分配性质。因此，加快建立以民生福祉为中心的现代财政制度，进一步实现基本公共服务均等化，是促进全体人民共同富裕进而成功跨越"中等收入陷阱"，实现"两个一百年"奋斗目标的必然选择。

三、如何加快建立以民生福祉为中心的现代财政制度

从近年财政经济运行情况看，我国确实出现了社会资源开始向民生领域倾斜的趋势，这主要是以下三方面叠加的结果。首先，经济保持中高速增长，每

---

① GILL I S, H J KHARAS. An East Asian Renaissance: Idea for Economic Growth [M]. Washington, D. C.: The World Bank, 2007: 3-5.

② 姚树洁，韩川. 从技术创新视角看中国如何跨越"中等收入陷阱" [J]. 西安交通大学学报（社会科学版），2015，35（05）：1-6.

③ 郑秉文. "中等收入陷阱"与中国发展道路——基于国际经验教训的视角 [J]. 中国人口科学，2011（01）：2-15，111.

④ 习近平. 决胜全面建成小康社会，夺取新时代中国特色社会主义伟大胜利——在中国共产党第十九次全国代表大会上的报告 [M]. 北京：人民出版社，2017b：3.

年增量可观。2007—2016 年，我国 GDP 年均增速为 8.3%[①]，按目前中国经济体量，一年 GDP 增量约相当于世界排名二十位国家的 GDP。其次，在国民收入分配格局中，财政占 GDP 比重上升。仅从一般公共预算支出来看，其占 GDP 比重由 2007 年的 18.7%上升到 2016 年的 25.3%[②]，政府财力的增强为资源向民生领域倾斜提供了条件。再次，在财政支出中，民生支出比重有很大上升。在此仅选择与民生关系最密切的教育、医疗卫生、社会保障与就业、保障住房来看，这四项支出总额由 2007 年的 14596 亿元上升到 2016 年的 69599 亿元，其占一般公共预算财政支出比重由 29.3%上升到 37.1%[③]。在此背景下，要加快建立以民生福祉为中心的现代财政制度，除了进一步增加财政民生支出总量以外，也要更加注重财政制度建设、优化财政民生支出结构和提高财政民生支出效率。

（一）以服务于民生福祉为中心，加快财政三大制度建设

十九大报告提出，"建立权责清晰、财力协调、区域均衡的中央和地方财政关系。建立全面规范透明、标准科学、约束有力的预算制度，全面实施绩效管理。深化税收制度改革，健全地方税体系"（习近平，2017b），[④] 由此为新时代我国现代财政制度建设和具体财税改革描绘了基本蓝图。当前应以"服务于民生福祉"为中心，加快以下这三方面的制度建设：第一，中央和地方财政关系。我国教育、医疗、社保等民生公共服务非均等化问题较为突出，这既与各地区发展不平衡从而地方财力不均衡有关，更与中央与地方政府间事权与财权、财力与责任不清晰不对称有密切关系。因此需要从明确划分中央地方事权与支出责任入手来实现"权责清晰"，进而通过加大转移支付来实现中央和地方间"财力协调"和地区间"区域均衡"，由此促进公共服务均等化的实现。第二，预算制度。建立以"民生福祉为中心"的现代财政制度，需要进一步加强"人民当家作主"的制度保障，迫切需要进一步健全民主决策和民主监督体系。由此，应加快预算制度改革，通过"建立全面规范透明、标准科学、约束有力的预算制度"来保证各项民生支出的民主决策和民主监督。此外，财政民生支出的增长能在多大程度上起到惠及全民改善民生的效果，根本上还取决于各项民生支

---

① 按国家统计局．中国统计年鉴 2017［R/OL］. 国家统计局网站，2017，以不变价格反映的 GDP 指数计算，

② 根据国家统计局．中国统计年鉴 2017［R/OL］. 国家统计局网站，2017 数据计算。

③ 根据国家统计局．中国统计年鉴 2017［R/OL］. 国家统计局网站，2017 数据计算。

④ 习近平．决胜全面建成小康社会，夺取新时代中国特色社会主义伟大胜利——在中国共产党第十九次全国代表大会上的报告［M］. 北京：人民出版社，2017b：34.

出的绩效，因此需要"全面实施绩效管理"，通过健全绩效预算管理来实现增进民生福祉。第三，税收制度。由于受益范围的原因，我国各项民生财政支出很大程度上构成地方政府的事权和支出责任。而地方税则是地方政府最直接的可支配财力，也是保障地方各项民生支出增长的最可靠的财力基础。而随着我国"全面营改增"的实施，地方政府缺乏主体税种，在提供地方性公共服务上力不从心。由此需要在"深化税制改革"中"健全地方税体系"。

（二）进一步优化财政支出结构，增加财政民生支出总量

虽然我国近年来财政民生支出有了很大增长，初步显现出财政民生化的特征，但不论和国际水平相比，还是同民生需求相比，都还存在很大差距。从国际比较看，仅选医疗、教育和社会保障三项民生财政支出占总支出比重看，2015 年美国为 61.2%，OECD 国家平均为 63.9%[1]，而我国 2016 年为 33.5%[2]。再从民生需求看，以我国当前的新型农村养老保险为例，目前大多数省份实行每人每月 55 元的基础养老金标准，这与现实养老需求相比显然有很大差距。因此，进一步加大财政民生支出总量，大力提升民生支出占财政总支出比重仍是构建现代财政制度的重点。

要提高民生支出比重，势必要求相应压缩其他项目财政支出的比重。财政支出结构可以笼统分为三类：一是维持性支出，即维持国家政权运转所需要的支出，具体包括国防支出、行政管理支出等；二是民生性支出，即直接花在百姓身上的支出，包括教育、卫生、社保、文化等；三是建设性支出，主要是基础设施建设，包括交通、水电、农业等。从这三类支出看，2016 年我国建设性支出（包括交通运输支出和农林水支出两项）占财政支出比重为 15.5%[3]，而同期 OECD 国家建设性支出（经济事务支出）平均占比 9.3%[4]。因此建议继续加大基础设施市场化融资改革，进一步降低财政建设性支出比重。而从维持性支出来看，需要进一步压缩的重点应是行政管理支出，我国行政管理支出占财政支出比重已由 2011 年 21.9% 大幅下降到 2016 年的 14.01%[5]，但从世界范围内来看仍属偏高水平，同期 OECD 国家行政管理支出占财政支出的比重大多都

---

① 根据 OECD. Government at a Glance 2017［R/OL］. OECD-iLibrary，2017：77 数据计算。
② 根据国家统计局. 中国统计年鉴 2017［R/OL］. 国家统计局网站，2017 数据计算。
③ 根据国家统计局. 中国统计年鉴 2017［R/OL］. 国家统计局网站，2017 数据计算。
④ 参见 OECD. Government at a Glance 2017［R/OL］. OECD-iLibrary，2017：77 数据。
⑤ 根据国家统计局. 中国统计年鉴 2017［R/OL］. 国家统计局网站，2017 数据计算，行政管理支出包括一般公共服务、外交和公共安全支出三项。

集中在 6%～10% 之间。建议通过进一步深化党政机构改革，有效控制并缩减行政管理支出比重，为财政民生支出比重提高创造条件。

（三）推进基本公共服务均等化，优化财政民生支出结构

与增加财政民生支出总量相比，应更加重视财政民生支出结构的优化。正如十九大报告指出的"我国社会主要矛盾已经转化为人民日益增长的美好生活需要和不平衡不充分的发展之间的矛盾"（习近平，2017b），[①] 可见"不平衡"是比"不充分"更值得重视的问题。从我国财政民生支出来看，城乡之间、区域之间公共服务不均等问题一直比较突出。仅以义务教育城乡结构为例，2014年城镇人口与农村人口比为 54：46，但在当年我国中等教育支出中，城市约为农村的 5.75 倍；而在当年我国初等教育支出中，城市约为农村的 1.63 倍，因此公共服务城市偏向的不均等问题较为严重。而从义务教育区域结构来看，2014年地方普通初中生均公共财政预算教育经费，北京是贵州的 5.42 倍，2014年地方普通小学生均公共财政预算教育经费，北京是河南的 5.25 倍[②]。而如从市县级层面来看，公共服务不均等状况还要大得多，而这根本上与各地区财力不均衡有关。

十九大报告提出"建立权责清晰、财力协调、区域均衡的中央和地方财政关系"（习近平，2017b），[③] 其中"权责清晰"是前提。因此，要推进基本公共服务均等化，首先，应进一步合理和明确划分中央和地方事权和支出责任，做到"权责清晰"且事权和支出责任相适应，其次，根据财力与事权相匹配原则，建立政府间合理的税收分配关系。由此，先实现各级政府间"财力协调"，让地方政府尤其是市县级政府能够拥有稳定且相对充足的财力；最后，要规范转移支付制度，提高一般性转移支付比重，实现地区间、城乡间财力的"区域均衡"，在优化区域间、城乡间民生支出结构基础上，促进基本公共服务均等化的实现。

---

① 习近平．决胜全面建成小康社会，夺取新时代中国特色社会主义伟大胜利——在中国共产党第十九次全国代表大会上的报告 [M]．北京：人民出版社，2017b：11.

② 根据吴国生．中国教育经费统计年鉴（2015）[M]．北京：中国统计出版社，2016：643.

③ 习近平．决胜全面建成小康社会，夺取新时代中国特色社会主义伟大胜利——在中国共产党第十九次全国代表大会上的报告 [M]．北京：人民出版社，2017b：34.

（四）以体制与机制创新为抓手，提高财政民生支出效率

十九大报告提出"增进民生福祉是发展的根本目的"，[①] 在民生财政支出增长与民生福祉增进之间还存在一个财政民生支出效率问题。"创新是引领发展的第一动力"，需要通过体制机制创新来切实提高财政民生支出效率。目前可以考虑的主要有：第一，创新财政民生支出方式，鼓励社会资本参与公共服务建设。财政在民生方面的直接支出主要"应集中在基础性、兜底性民生建设"（习近平，2017c），[②] 而对其他民生需求可以创新财政支出方式，如通过财政补贴、贴息和税式支出方式来培育社会组织、吸收社会资本参与民生类公共服务供给，由此可以使少量财政支出带动大量社会资本，从而提高财政民生支出效率。第二，创新财政民生支出模式，深化政府购买公共服务改革。即使对基础性民生服务，也可以更多采取政府购买服务而不是政府直接提供的模式。传统的"政府直接提供、直接管理"的公共服务供给模式存在效率不高、质量不优等突出问题，亟须在更多民生领域推广"政府购买服务、实施评估监管"的方式。这对保障和改善民生、提高财政民生支出效率具有重要意义。第三，创新预算管理模式，实施"全面绩效管理"。绩效预算在我国已经提出多年，虽然在实践中以项目绩效评价为主也取得一些成绩，但总体而言预算管理依然粗放，尤其是民生财政支出尚缺乏统一规范的绩效评价指标体系。随着十九大报告中明确"全面实施绩效管理"的目标，这意味着全部公共部门、全部财政资金和预算全过程都要纳入绩效管理中。由此，其为财政民生支出项目全面绩效管理，从而提高财政民生支出效率提供了良好契机。

四、结论

民生导向是现代财政制度的根本特征。教育、医疗、就业、社保、保障房等是新时代中国最重要的民生问题，也是新时代中国最基本的公共服务，由此构成政府及其财政职能重点。当前需要加快建立以民生支出为重点，以民生福祉为中心，并由此实现发展成果共享的现代财政制度，这是新时代中国特色社会主义实践的时代命题与时代要求。由此，除了进一步增加财政民生支出总量

---

① 习近平. 决胜全面建成小康社会，夺取新时代中国特色社会主义伟大胜利——在中国共产党第十九次全国代表大会上的报告 [M]. 北京：人民出版社，2017b：23.

② 习近平. 习近平谈治国理政：第二卷 [M]. 北京：外文出版社，2017c：374.

以外，也要更加注重财政制度建设、优化财政民生支出结构和提高财政民生支出效率。

第三节　对新时代财政基础理论研究的若干思考①

财政基础理论研究历来是具有鲜明的中国传统和中国特色的财政学研究内容。早在1964年召开的第一次全国财政理论讨论会上，就主要围绕财政本质等基础理论问题而展开，并确立了作为计划经济时期财政基础理论"国家分配论"的主流地位。而后在全国财政理论讨论会之外还专设了全国财政基础理论研讨会②。但在进入21世纪以后，财政基础理论讨论和研究曾经经历了一个相对低潮期，而财政学界则更多地转向财税具体问题的研究特别是实证研究③。随着2013年"财政是国家治理的基础和重要支柱"于党的十八届三中全会提出以来，我国财政学界又重新开始重视财政基础理论研究④。特别是2018年以来，中国财政学会已先后四次在廊坊、泰安、长沙和南昌举办了"新时代中国特色社会主义财政基础理论研讨会"，产生了广泛而深远的影响。

在此背景下，本文拟提出并探讨财政基础理论的几个问题，期望能够进一步达成共识并吸引更多财政学者特别是年轻的财政学者参与到财政基础理论的研究和讨论中来。这几个问题是：①有没有存在财政基础理论？②什么样的理论才能算是财政基础理论？③如何评价财政基础理论？即判断一个理论是不是好的理论的标准是什么？④新时代为什么还需要财政基础理论？⑤新时代需要什么样的财政基础理论？

---

① 本章节原由刘晔发表于《财政科学》2020年第11期，原文题目为"综合性、有思想、立本体、重实践——对新时代财政基础理论研究的若干思考"。

② 早期称为"财政基本理论"，如1980年8月由中国财政学会组织在北京举办的，以及1982年由中国社科院财贸所组织在厦大举办的，都以"全国财政基本理论座谈会"或"全国财政基本理论讨论会"命名。

③ 依笔者的考证，自2002年7月由中国财政学会组织，由中南财经政法大学在湖北黄石承办了"全国财政基础理论研讨会"后十多年的时间内，再没有举办过全国性的财政学基础理论研讨会。

④ 例如，2014年10月，中国社会科学院财经战略研究院组织全国专家在北京召开了"国家治理与财政学基础理论创新研讨会"。

一、有没有存在财政基础理论?

在我国,财政基础理论的研究从一开始就具有中国传统和特色,是基于自身国情制度和实践基础上的独立探索。20世纪50年代初在引进苏联的"货币关系论"后,只经历了短暂的几年时间,我国财政学界在基于自身实践的基础上就否定了"货币关系论"(张馨、杨志勇等,2000),① 而在马克思主义基本原理基础上基于本国实践开始了独立的理论建构过程,并确立了以"国家分配论"为主流学派的中国第一代财政基础理论②。当然,在进入21世纪以后,随着高等教育国际化步伐的加快,我国财政学教学研究重点转向学习和应用量化分析方法。在这个过程中,对接国外新进文献,将国外比较成熟的量化方法和模型来嫁接中国问题是一个较低科研失败风险的捷径(朱军,2020)。③ 因此,这一引进吸收的阶段也是我国财政基础理论研究的低潮阶段。基于对建模和实证方法的重视,我国新生代的财政学者,尤其是原来不是财政学专业背景的青年财政学者普遍没有财政基础理论的概念,由此也使得现实中有没有存在财政基础理论就成为一个首先需要讨论的问题。

毋庸讳言,在范式转变过程中我国财政学界是明显存在学术断裂带的,从而在有没有存在财政基础理论上尚存在分歧④。即传统财政学者都普遍认为存在财政基础理论,而新生代的财政学者则普遍缺乏财政基础理论的概念,或者并不认同与理解什么是财政基础理论。对年纪相对大的传统学者而言,他们曾经学习过的财政学教科书上都介绍过以"国家分配论"为代表的八大财政基础理论,除以许廷星、许毅、邓子基等为代表的国家分配论处于主流地位以外,还有社会共同需要论、价值分配论、剩余产品论等,并以此形成早期中国社会主

---

① 张馨,杨志勇,郝联峰等.当代财政与财政学主流[M].大连:东北财经大学出版社,2000:327-328.

② 因此中国财政学教学和研究历史并不像有些年轻学者(朱军,2020)所认为的,新中国成立后直到21世纪中国学术研究都是基于苏联教科书和西方20世纪50年代前教科书而进行,而是与中国经济社会发展实践一样,都是将马克思主义普遍原理、市场经济一般规律和中国建设、改革实践相结合而进行理论建构和实践探索的产物。

③ 朱军.中国财政学基础理论创新:亟待多维视角的完美融合——"科学方法、现实问题、经典文献、开放模式"四要素不可或缺[J].财政监督,2020(04):20-28.

④ 早年做学生的时候,笔者跟着老先生们学习传统理论;后来做老师的时候,笔者跟着小后生们学习现代方法。因为刚好处于学术断裂带上,所以自认为对这个问题可能看得相对更清楚些。

义财政学体系。此外，传统财政学者和中生代的财政学者①也知道在 20 世纪 90 年代经济转轨时期还产生了以张馨、高培勇、贾康等为代表的中国式公共财政理论，也属于财政基础理论，因为其基于体制转轨背景较为系统地回答了由计划经济向市场经济转轨时期中国财政改革的基本问题，由此成了中国第二代财政基础理论。

二、什么样的理论才能算是财政基础理论？

回顾前两代中国财政基础理论可以发现，作为财政基础理论，其至少需要具备这两点：首先它要能回答那个时代的财政基本问题，传统的国家分配论回答了计划经济时期的财政基本问题，它指导了那个时代的实践。经济转轨时期公共财政论也回答了转轨时期的时代问题，指导了那个时代财政改革的基本思路和方向。因此，财政基础理论最重要的一点，就是要能回答时代问题，要能够指导时代实践，这就是习近平总书记说的"时代是思想之母，实践是理论之源"。② 其次，"为学之道，必本于思"，③ 作为财政基础理论必须要有核心思想，而不是一些碎片化的结论或知识片段，需要具备一些能够支撑财政学作为一个学科主体而存在的核心思想及作为思想载体的核心概念。在计划经济时期，国家分配论基于中国实践和马克思主义基本原则，在财政本质、财政职能、财政对象、财政体系和四大平衡等方面形成较为系统的思想体系及承载这些思想的核心概念，由此在理念和操作层面对财政实践起了相应的指导作用。而在经济转轨时期，中国公共财政理论基于市场经济的共性特征和中国市场经济的个性特征，在适应中国市场经济改革的实践要求基础上，通过借鉴西方公共财政理论的一些概念体系，在政府与市场关系、财政职能、财政模式、税利关系、央地关系等方面形成了具有中国特色的财政思想或理念，并对转轨时期财政改革起到理念和思路上的指导作用。

当然，上述分析的都是中国财政基础理论的历史，那么西方有没有财政基础理论？应该说如果从西方财政学或公共经济学文献中，我们很少能搜索到题

---

① 大致 1975 年以前出生的财政学者。

② 习近平 . 在省部级主要领导干部"学习习近平总书记重要讲话精神，迎接党的十九大"专题研讨班开班式上的讲话［R/OL］. 新华网，2017-07-27.

③ 习近平 . 在哲学社会科学工作座谈会上的讲话［R/OL］. 新华网，2016-05-18.

名为财政基础理论或者财政学基础理论的表述①。但如果从我国对财政基础理论的判定标准来看，西方早期也有形成过一些财政基础理论，如市场失灵论、公共产品论、公共选择论、财政分权论，这些应该都算是西方市场经济下产生的财政基础理论，它确实也指导了西方市场经济下财政实践。这些思想理论通过一些核心概念为支撑，使得财政学能够作为一个本体而存在。那么，现在西方有没有产生财政基础理论？按笔者理解，现代西方公共经济学确实不怎么研究财政基础理论了。在学科细化以后，基本都在原有专题下进行量化研究，都是在既有的范式下做实证，至少近二三十年来西方也没有产生以核心概念为载体的财政学思想。以哈维·罗森等人的代表性《财政学》教材为例，可以发现，从第一版到第十版财政学核心概念没有太多增加，各章的专题也都不变，所增加的都是在原有框架下新研究文献所得出的实证研究结论。可以认为，通过随机实验、准实验和观察研究等方法，近年来西方财政学在实证研究方法的应用上取得很大进展，但在基础理论上并没有取得太多进展。

为什么西方财政学曾经产生过很多思想和理论，而现在尽管新的实证方法应用层出不穷，而新思想和新理论却日益鲜见呢？"时代是思想之母"，② 从技术变革带来的人类社会发展历程来看，人类经历了由农业社会到工业社会再到数字社会的变革（刘尚希等，2018）。③ 由此引发笔者思考的问题是，与产业技术所带来的工业革命相比，新一代信息技术所带来的数字革命可能是一场更为广泛更为深刻更为日新月异的社会变革④，新的经济社会现象不断推陈出新且呈日益加速态势，但是为什么却没能像工业革命时代那样在哲学社会科学领域涌现出很多新思想新理论？按笔者理解，一个重要原因是与学科分工细化有很大关系。自近代起，学科分化是社会科学发展的主要趋势⑤，在分工细化基础上固然大大提高研究效率。但是细化后各学科都建立起各自不同的主题和范式，由

---

① 以 Alan Auerbach 和 Martin Feldstein 所编辑的迄今五卷本 *Handbook of Public Economics* 为例，并没有单独一章是总结财政基础理论的，除了第一章由马斯格雷夫编写的"财政学说简史"外，其他各章都是具体专题的总结和综述。

② 习近平. 在省部级主要领导干部"学习习近平总书记重要讲话精神，迎接党的十九大"专题研讨班开班式上的讲话［R/OL］. 新华网，2017-07-27.

③ 刘尚希，李成威，杨德威. 财政与国家治理：基于不确定性与风险社会的逻辑［J］. 财政研究，2018（01）：10-19.

④ 按王谦和何晓婷（2019）的分析，由工业社会向信息数字社会的转型是一个由三维实体空间向四维虚拟空间的升维转型过程。

⑤ 虽在某些特定时期，也有学科间的整合和综合，但都是在相当细化的分支学科间产生若干交叉学科。

此使得学科间壁垒森严。各学科的学者必须在既有的学科范式下，都只能在一个套子里面做，这样思想怎么能长得大呢？都只强调在既有范式下做"边际贡献"，那又从哪里去产生原创思想呢①？更重要的是经济学家都职业化了，必须在既有范式下才能生存和得到评价。由此我们如回顾历史，工业时代产生马克思、亚当·斯密等众多思想家，按现代标准看都是跨学科的，既是经济学家，其实也是伦理学家、哲学家，他们的知识都是综合性的，由此才能对事物、对规律有个系统性的认识，也才能对时代、对实践提出的问题有个整体性的把握，在此基础上才能谈得上原创性和时代性。但当代学科细化以后，经过学科范式的切割，学者们的知识非常片段性，研究结论也都呈碎片化特征。由此，学科固然向精细化方向发展，但很难回应时代大的命题和产生原创性的思想。虽然时代日新月异，但思想却相对稀少。所以财政学基础理论要创新，首先就要重思想，而只有不在既有套路下思考才可能产生原创思想。当然，这是个必要条件而不是充分条件。另外也要对当代财政实践有指导作用，如果对实践没有相应的指导作用，那么这个基础理论也同样不能成立。

三、如何评价财政基础理论？

思想理论上能否有创新，也和学术评价密切相关。因此另一个重要问题是如何评价财政基础理论？即什么样的财政理论才能算是好的理论？这不仅关系到如何看待具有中国传统和特色的前两代财政基础理论，也关系到如何评价尚在酝酿中的新时代中国财政基础理论。而对于理论的评价，如按照当前主流经济学的评价观点大致可能有两个标准：

第一要接受经验事实的检验，如果不能用经过量化后的指标和数据来检验的理论都不能算是好的理论。如从这个标准看，中国前两代的财政基础理论即国家分配论和中国公共财政论等基础理论在总体上也没办法用数据检验，那么它们就不是好的理论吗②？笔者认为，能用经验数据检验固然好，但不能说只有

---

① 在既有范式下做研究，在前人研究文献基础上做"边际贡献"，这是库恩（2003）所言的"常规科学"。任何超出既有范式的研究，不论是否真有创新，都会被视为"自说自话"或"离经叛道"，由此在讲求"边际贡献"的既有范式下的评价就基本上封杀所有原创思想。参考［美］托马斯·库恩．科学革命的结构［M］．金吾伦，胡新和，译．北京：北京大学出版社，2003：21-22.

② 对张馨为代表的中国公共财政理论，我们也探索着做些实证，如从其"双元结构财政"所包含的"政资分开"思想对国企绩效等做了些实证。但这些都只是检验这个理论中的一些思想片段，得出一些碎片化结论，就系统化理论的整体而言还是无法用数据检验的。

经过经验实证检验的理论才是好理论，而且根本上理论也只能证伪而无法证实①。首先，并不是所有的思想和问题都能量化，而能够量化研究的问题也不一定是最重要的问题。例如，作为科斯思想的核心概念"交易费用"，其至今无法得到全面合理的量化，但谁也无法否认交易费用概念及奠基于其上的"科斯定理"的理论意义和实践价值。其次，科学研究从根本上看也应是思想创新和理论建构在前，而量化分析和实证检验在后，而不能本末倒置、前后混淆。例如，最初起于波兰尼而由格兰诺维特发展的"嵌入性"（Embeddedness）理论思想②，是新经济社会学奠基性概念。而他们在提出和发展时并没有考虑量化，在当时也无法量化。其后经过众多后继者的阐释、细化和拓展，随着计算机技术和各种量化分析工具的发展最终才由当代社会网络分析（SNA）所吸收和量化。可见，作为新理论提出者其本身不一定要考虑量化。反之，当今经济学界"无量化则不能发表"的学术氛围则在一定程度上限制了新思想和新理论的产生。

第二个主流观点就要追求国际承认，如果国际不承认就不能说是好的理论。笔者也不同意这个看法，按照马克思主义认识论，理论来源于实践，最终要能够指导实践。实践既是理论之源，也是"检验真理的唯一标准"，实践标准才是第一标准。按此标准出发，西方国家没有中国百年来由革命到建设到改革到发展的历史实践。他们没有计划经济体制的实践，也没有由计划经济向市场经济转轨的实践，更没有新时代中国特色社会主义的实践。既然都没有这样的实践，那就不能够说产生于这样实践基础上的理论需要国际来评价、来承认和来接受。"时代是思想之母，实践是理论之源。"③ 只要本土实践基础上所产生的本土理论能够反映特定时代的实践要求，能够接地气地指导本土的实践，那么它就是好的理论。

我国第一代财政基础理论"国家分配论"和第二代财政基础理论"公共财政论"，如果从当代观点来看确实相对朴素和简单，但它们毕竟都回答了各自时

---

① 此为哲学家波普尔（Karl Popper）的观点。因所有经验实证都是基于所选择的代表性样本基础上得出的结论。但现实中不可能穷尽所有样本以代表总体。即使穷尽现在的总体，也无法穷尽未来的总体。

② 波兰尼于名著《大转型》中首提嵌入这一理论思想和概念，可参见［匈］卡尔·波兰尼. 大转型：我们时代的政治与经济起源［M］. 刘阳，冯钢，译. 杭州：浙江人民出版社，2007：50. 格兰诺维特其后发展了这一思想，可参见 Granovetter, M. Economic Action and Social Structure: The Problem of Embeddedness［J］. American Journal of Sociology, 1985, 91（3）：482-510.

③ 习近平. 在省部级主要领导干部"学习习近平总书记重要讲话精神，迎接党的十九大"专题研讨班开班式上的讲话［R/OL］. 新华网，2017-07-27.

代的财政问题，指导了各自时代的财政实践。因此从实践标准出发，它们就是好的理论。反观 21 世纪很长时期以来，因为不够重视从本国实践中进行理论创新和建构，产生了大量对时代和实践并没有太多指导意义的研究成果。财税实务部门的很多职员都反映，他们在工作中产生了很多问题和困惑，想去看看财政学教科书找思路，但是看完发现没有启发和指导作用。他们甚至认为财政学教科书必须从原理上给予重写。理论研究者也不能无视财税实务工作者所反映的这些问题。

四、新时代为什么还需要财政基础理论？

21 世纪以来很长时期内，我国财政经济学界更为重视实证方法的应用，而财政基础理论的研究似乎处于可有可无的地位。但进入新时代以来，虽然主流趋势并没有根本改变，但财政基础理论重新得到重视并且发现新时代确实还需要财政基础理论。按笔者理解，可能有这四方面的原因：

首先是来自时代的呼唤和实践的需求。正如习近平总书记（2016）在哲学社会科学座谈会上所指出的"这是一个需要理论而且一定能够产生理论的时代，这是一个需要思想而且一定能够产生思想的时代"①。具体到新时代的财税改革的实践来看，自从十八届三中全会提出"财政是国家治理的基础和重要支柱"以来，国家治理本身作为跨学科的一个系统工程就需要超越经济学范式的思想和理论来支撑。全面深化改革中的一些财政问题或与财政有关的问题如预算制度、央地财政关系、收入分配等既是经济问题，又是政治问题、社会问题。所以新时代财政学迫切需要从跨学科综合性的角度重构财政基础理论以系统回答时代和实践所提出的问题。

其次是来自财政学科自身发展的需要。目前，我国财政学界普遍认识到财政学并不仅仅是经济学，而是具有多学科属性的综合学科。这样从综合学科角度来看，财政学也亟须确立自己的基础理论。如我们没有财政学自己的理论，不能确立财政自身本体地位的话，财政学科又如何能有必要性和可能性长期存在呢？由于在现有学科分类体系下，财政学都是归在应用经济学下的一个二级学科；在现有院系架构下，财政系都是属于经济学院下的一个系。但如果只是用经济学的方法来研究财政问题，财政系和财政学科确实可有可无，可以很正

---

① 习近平. 在哲学社会科学工作座谈会上的讲话 [R/OL]. 新华网，2016-05-18.

常和很合理地把财政系并入经济系①。所以为什么需要财政基础理论？因为只有通过财政基础理论的确立，财政学才能拥有自己的理论内核，才能确立财政学科的本体地位和系统性知识体系，而不仅仅是作为经济学研究的一个分支和对象。这样才能真正确立和巩固财政学科的地位。

再次是来自原有财政基础理论的不足。作为我国第二代财政基础理论的中国公共财政理论，在转轨体制过程中确实曾经产生过很重要的理论解释力，并至今仍然在理念上对财政改革产生很重要的指导作用。但由于理论渊源的原因，中国公共财政理论在借用西方公共经济学的理论逻辑和概念体系的时候缺乏相应的制度分析，由此随着实践发展，在对一些现实问题的解释力上逐渐显示出相应的不足，如将市场和政府割裂开来对立起来（刘晔，2006）、② 如市场失灵作为理论概念很难成为政府干预和财政职能的逻辑起点等（刘晔、谢贞发，2008）。③ 因此，在新时代背景下也需要在反思原有财政学基础理论不足基础上，根据实践要求和时代特点，进一步创新我国财政基础理论。

最后则来自现有经济学研究范式的局限性。目前经济学的各种实证研究方法，虽然在研究方法上具有科学性和规范性的特征，但在思想启迪性、政策参考性上存在不足。目前按计量经济学所做的实证都是把将财政改革作为外生政策冲击或者简单评价一下单项政策的某种经济效应，它回答不了实践层面立体性的问题，也很难产生思想层面创新性理论。一方面，从系统解决问题的角度来看，计量实证得出的结论对于真正要解决的问题而言只是一个片段。在计量检验和因果推断基础上，只能得出主要解释变量 X_1 对 Y 的相关关系或因果关系，但真正的问题却是如何系统地解决 Y④。因此，多元回归的计量方法只能是得出一个 X_1 对 Y 影响的线性结论。形象地看，它只是一条线，效率范式下的经济学最多也只是一个面，但是要解决的问题却是一个多维结构的立体，必须要采取综合学科的思维来解决，不可能只是简单应用经济学科某种方法的。另一方面，经济学虽然极力模仿自然科学因果推断的方法来研究经济效应。但是经济现象特别是财政现象作为人的活动，本质上和自然现象是有根本区别的。更

① 目前确实有一些院校特别是综合性大学的财政系被并入经济系。
② 刘晔. 我国公共财政理论创新与进一步发展 [J]. 当代财经，2006（05）：16-21.
③ 刘晔，谢贞发. 对公共财政逻辑起点的重新思考——市场失效的理论纷争与现实启示 [J]. 厦门大学学报（哲学社会科学版），2008（01）：10-17.
④ 如面对"财政是国家治理的基础和重要支柱"这样一个系统化的理论命题。主要解释变量和被解释变量都很难有全面合理的量化指标和相应的观察数据。实证研究只能得出诸如"财政透明度提高会增强国家财政汲取能力"这样一个线性的结论。

重要的问题则在于，经济学目前所应有的各种流行实证方法，也不是经济学自身的方法，如从相关关系中推断因果关系最初源于生物学领域赖特（Wright）对豚鼠遗传学的研究（朱迪亚·珀尔、达纳·麦肯齐，2019）。[①] 而据考证，DID 方法最初来自公共卫生学、RD 方法来自教育学、IV 方法来自生物学。因此，新时代的财政学研究如只是使用的这些流行的实证方法，虽然可能可以收获科学性的表征，但如果没有确立财政学自身的基础理论和核心概念，是很难拥有学科自身的本体地位的。同样，虽然公共经济学领域在国际上也有很多前沿研究，但研究得再前沿，也总得在财政学的一些基本问题上能先说清楚；同时研究得再前沿，也需要接地气，能直接间接地对中国财政实践起作用，否则其意义也是有限的。

五、新时代需要什么样的财政基础理论？

按上述所分析的，新时代财政基础理论总体上应具有这几个特征：

第一，"综合性"。必须鼓励跨出既有经济学科范式、打破既有学科间的边界，以财政为本体，在经济学、政治学、法学、社会学、公共管理学等各社会科学间建立起可兼容的财政学新基础理论和可通约的财政学新研究范式。以多学科的综合性思维和系统性知识，回应新时代财政实践层面的立体性问题，产生新时代财政理论层面的创新性思想。

第二，"有思想"。必须重视从思想源头和时代特征入手思考财政问题，而不是局限于从既有经济学范式出发、从现有经济学研究文献当中简单发现一个处理线性问题推断因果关系的"idea"。由此，一方面需要善于融会贯通古今中外学术思想和学术资源并为我所用，从而超越在既有范式下进行实证检验的局限性；另一方面则需要树立实践面向意识，通过把握时代新特征、发现新规律、创造新理论，从而摆脱在既有文献寻求边际贡献的常规研究。

第三，"立本体"。正如习近平总书记（2016）在哲学社会科学工作座谈会上的讲话所指出的"我们的哲学社会科学有没有中国特色，归根到底要看有没有主体性、原创性"。[②] 新时代的财政基础理论研究必须把确立中国特色社会主义财政学科的主体地位作为思想创新和理论建构的基点。要通过把握中国财政

---

① ［美］朱迪亚·珀尔，达纳·麦肯齐. 为什么——关于因果关系的新科学［M］. 江生，于华，译. 北京：中信出版社，2019：51-66.

② 习近平. 在哲学社会科学工作座谈会上的讲话［R/OL］. 新华网，2016-05-18.

实践的新时代特征，提炼出符合时代和实践要求的理论命题和核心概念，在此基础上可望为财政学科主体地位的确立提供学理支撑和理论内核。在"立本体"的基础上通过综合性的知识体系形成对财税问题的系统性认知，由此突破目前流行的将财政改革或政策作为一个外生的政策冲击来得出一些碎片化结论的做法。

第四，"重实践"。正如习近平总书记（2016）在哲学社会科学工作座谈会上的讲话所指出的"需要不断在实践和理论上进行探索、用发展着的理论指导发展着的实践"。[①] 在立足于我国财政改革实践基础上所进行的财政基础理论创新，最终还需接地气地指导新时代财税改革实践。尽管基础理论可能并不是对财政实践起直接的具体指导作用，但可以是实践理念上的一种间接指导作用。计划经济时期、转轨经济时期中国所产生的前两代财政基础理论尽管相对简单和朴素，但毕竟都曾在理念上对财政工作发挥了相应的指导作用。新时代的财政基础理论创新更没有理由做不到这一点。

近年来，我国财政学界对新时代财政基础理论做了一些新探索，这方面的探索主要立足于两方面的努力，一是基于对原有财政理论的反思和质疑，主要针对公共财政理论的原有的逻辑起点、核心概念和思维方式而展开。这些质疑或否定的很多观点已收录在中国财政学会"廊坊会议"和"泰安会议"会议纪实中并已出版；二是在此基础上，通过把握新的时代特征而进行新的理论建构探索，如已经具有相对系统理论框架的公共风险财政论（刘尚希，2018），[②] 已拥有较多前期积累的新市场财政学（李俊生、姚东旻，2018），[③] 以及还在探索过程中的国家治理财政论（刘晓路、郭庆旺，2016；[④] 吕冰洋，2018[⑤]）、人本财政论（刘晔，2018）、[⑥] 智识财政学（王雍君、乔燕君，2017）等。[⑦] 但从"综合性、有思想、立本体、重实践"标准来衡量，我国新时代财政基础理论的

① 习近平. 在哲学社会科学工作座谈会上的讲话 [R/OL]. 新华网，2016-05-18.

② 刘尚希. 公共风险论 [M]. 北京：人民出版社，2018：1-409.

③ 李俊生，姚东旻. 财政学需要什么样的理论基础？——兼评市场失灵理论的"失灵" [J]. 经济研究，2018，53（09）：20-36.

④ 刘晓路，郭庆旺. 财政学300年：基于国家治理视角的分析 [J]. 财贸经济，2016（03）：5-13.

⑤ 吕冰洋. "国家治理财政论"：从公共物品到公共秩序 [J]. 财贸经济，2018，39（06）：14-29.

⑥ 刘晔. 由物到人：财政学逻辑起点转变与范式重构——论新时代中国特色社会主义财政理论创新 [J]. 财政研究，2018（08）：40-49.

⑦ 王雍君，乔燕君. 集体物品、财政场域与财政学知识体系的新综合 [J]. 财政研究，2017（01）：17-27.

探索还有很长的路要走。

第四节　基于服务国家治理现实需求的
财政学科属性分析①

一、导言

党的十八届三中全会决议中提出"财政是国家治理的基础和重要支柱"的重要论断，同时提出"建设现代财政制度"这一财税体制改革的总目标。② 党的十九大报告进一步明确"全面深化改革总目标是完善和发展中国特色社会主义制度、推进国家治理体系和治理能力现代化"，并要求"加快建立现代财政制度"。③ 财政是国家治理的基础和重要支柱，这一提法显然将财政在全面深化改革中的地位提高到一个新的战略高度，即不能仅从政府收支的资源配置角度来看待财政职能，而是要以其为基础来实现国家治理体系和治理能力的现代化，从而夯实国家长治久安的制度基础。

十八届三中全会以来，财政与国家治理成为财政学界讨论的一个新热点，也从而引发了对财政学学科属性的重新思考。高培勇（2014）认为"财政绝不仅仅是经济范畴，……从根本上说来，财政是一个跨越经济、政治、社会、文化和生态文明等多个学科和多个领域的综合性范畴"。④ 刘尚希（2014）也认为"财政的职能作用不只是反映在经济方面，而是体现在包括经济、社会和政治等各个方面"。⑤ 李俊生（2014）在对学说史进行考察的基础上，更进一步认为，财政学产生早于经济学，是一门相对独立的具备一级学科特质的学科。⑥ 刘晓

---

① 本文原由雷根强和刘晔合作发表于《公共财政研究》2018 年第 6 期。

② 中共第十八届中央委员会. 中共中央关于全面深化改革若干重大问题的决定［R/OL］. 新华网，2013-11-15.

③ 习近平. 决胜全面建成小康社会 夺取新时代中国特色社会主义伟大胜利——在中国共产党第十九次全国代表大会上作的报告［R/OL］. 新华网，2017-10-27.

④ 高培勇. 论国家治理现代化框架下的财政基础理论建设［J］. 中国社会科学，2014（12）：102-122.

⑤ 刘尚希. 基于国家治理的财政改革新思维［J］. 地方财政研究，2014（01）：4-27.

⑥ 李俊生. 盎格鲁—撒克逊学派财政理论的破产与科学财政理论的重建［J］. 经济学动态，2014（04）：117-130.

路、郭庆旺（2016）提出，财政学研究应不限于经济学范式，而要更多引入政治学和社会学的内容与方法。① 当然，在讨论中对财政学科属性问题也有不同见解，安体富（2016）从多角度论证了财政属于经济范畴，财政学仍属于经济学。只是考虑到财政学与其他相关学科的关系，可以从其他角度如政治学、社会学、法学和管理学角度研究财政问题。②

应看到，对财政学科属性的探讨和争论并非始于今日。就财政学在西方演化发展而言，其学科属性也经历了一个变化的过程（李俊生，2014），③ 而在中国财政学界，早在20世纪60年代，"财政是属于经济基础还是上层建筑"就曾经引起过广泛讨论④，实际上就是在讨论财政学科属性是经济学还是政治学还是两者兼有。因此，今天我们重新讨论财政学科属性问题，根本上是要在新时代背景下论证财政如何更好地服务于国家治理的现实需求，如何承担"国家治理的基础和重要支柱"这一时代命题，⑤ 从而在服务中提高财政学科的站位与定位。面对这一命题，目前学界同人在财政学说史梳理方面已经做了很多卓有成效的努力，我们拟更多地从服务国家治理需求的现实层面出发来予以分析。

本文接下来的部分拟先从国家治理含义出发，讨论财政内在所有的政治、经济和社会三重属性；进而分别从服务于我国政治、经济、社会改革的现实需求层面论述财政的基础和支柱作用；最后提出对财政学科属性的结论性观点与建议。

二、国家治理的三维体系与财政内在的三重属性

（一）国家治理的含义及其三维体系

何谓治理？"治理"（governance）一词原意是主导、驾驶，但直到20世纪90年代中期，治理才真正进入公共政策分析领域⑥。目前，对于国家治理，国

① 刘晓路，郭庆旺. 财政学300年：基于国家治理视角的分析［J］. 财贸经济，2016（03）：5-13.
② 安体富. 关于财政学的学科属性与定位问题［J］. 财贸经济，2016（12）：17-27.
③ 李俊生. 盎格鲁—撒克逊学派财政理论的破产与科学财政理论的重建［J］. 经济学动态，2014（04）：117-130.
④ 邓子基. 财政是经济基础还是上层建筑［M］. 北京：中国财政经济出版社，1964：121.
⑤ 习近平. 习近平谈治国理政：第一卷［M］. 北京：外文出版社，2014：80.
⑥ ［法］让—皮埃尔·戈丹. 何谓治理［M］. 钟震宇，译. 北京：社会科学文献出版社，2010：15.

内学界最具有代表性的观点来自俞可平（2000），"治理一词的基本含义是指在一定范围内运用权威维持秩序，满足公共的需要"①，而"治理"理念之所以代替"统治"概念，两者主要区别在于政府统治权力是自上而下的，对公共事务实行单一向度的管理，而治理则是一个上下互动的管理过程，通过合作协商、确立共同目标等方式实施对公共事务的管理②。因此，治理主要强调的是政府与个人、社会组织间的合作管理。

基于上述分析，国家治理体系就是规范公共权力、公共秩序和公共事务的一系列制度安排。俞可平（2015）认为，"政府治理、市场治理和社会治理就是国家治理体系的三个最重要组成部分。国家治理体系作为一个制度体系，分别包括国家的政治体制、经济体制和社会体制。"③在财政学界，李炜光（2013）、卢洪友（2014）等学者也持有同样观点。因此，在全面深化改革的总布局中，国家治理体系由政治体制、经济体制和社会体制这三维体系所构成。国家治理体系的现代化应在把握全局的系统思维下选准突破口，即从事关全局的重点领域和关键环节入手，从其基础和重要支柱入手。刘晔（2013）认为，财政制度就是联结经济体制、政治体制和社会体制的重点领域和关键环节。深化财政制度改革，构建现代财政制度在实现国家治理体系和治理能力现代化过程中具有基础性和支撑性作用。因为，不论从财政内涵还是从财政学科来看，财政本身都具有政治、经济和社会三重属性。一般来说，经济学研究主题是资源配置及收入分配④，政治学研究主题主要是政治权力的规范和运行，社会学研究主题主要是社会秩序和社会变迁等。而具体分析财政学研究主题和财政本身运行过程，上述方面都涉及。

（二）财政的政治属性

1. 从学说史角度来看财政学政治属性

财政作为"财"与"政"的结合，本身就内涵了其政治属性，这在财政学说史上是显而易见的。刘晓路、郭庆旺（2016）在考察基础上指出，官房学时代的财政学，十分重视国家的作用，奠定了财政学的政治学基础。⑤其实，如追

---

① 俞可平．治理与善治［M］．北京：社会科学文献出版社，2000：5.
② 俞可平．治理与善治［M］．北京：社会科学文献出版社，2000：6.
③ 俞可平．论国家治理现代化［M］．北京：社会科学文献出版社，2015：15.
④ 经济学在以效率为主题时，福利经济学同时兼及了公平。
⑤ 刘晓路，郭庆旺．财政学300年：基于国家治理视角的分析［J］．财贸经济，2016（03）：5-13.

溯更早的财政思想，其更是体现出财政学的政治属性来。诸如法国让·博丹1576 年名著《国家六论》中对作为"国家神经"的国家财政问题的分析、托马斯·曼 1664 年对财政问题的分析等，"各学者的财政思想，要而言之，都是君权主义的财政思想"，那时情况，正如尹文敬所概括的"财政学为独立之科学，至近时始确定，在前不过政治学与经济学之一部"①。

而到了近现代，尽管由英美财政学者为主导将财政学"经济学化"，并形成现代主流财政理论（李俊生，2014）。② 但同期同样存在以制度分析为基础的对财政学政治属性进行研究的学派。如道尔顿（Dalton，1922）在《财政学原理》一书中开篇就指出"财政学是介于经济与政治之间的一门学科"③。公共选择学派代表人物布坎南更是认为，"财政学作为一门科学，处于严格意义上经济学和政治学的分界线上"④，通过为政治学建立与经济学相同的分析基础，以财政学为纽带将研究经济学与政治学研究联通。

从中国财政思想史来看，财政思想乃至财政学说也都一直体现着政治分析的传统。例如，孙文学主编的《中国财政思想史》指出，贯穿中国古代的财政思想，是经济和政治发展到一定阶段的产物，是当时财政活动作用于人的主观反映⑤。即使在最早的中国赋税思想中，管仲在《管子·治国》中就指出"凡治国之道，必先富民"。而中国计划经济时期，财政学界在 20 世纪 60 年代，对"财政是属于经济基础还是上层建筑"就曾经引起广泛讨论，尽管有不同观点，但对财政学的政治属性进行分析则一直是存在的。即使是当时处于主流地位的"国家分配论"也指出，财政的产生必须具备两个条件：一是剩余产品，它是财政产生的物质可能，即经济条件；二是阶级国家，它是财政产生的社会需要，即政治条件⑥。而进入市场经济以后，所产生的中国公共财政理论，也同样通过公共财政的法治性、民主性甚至宪政性，对财政的政治属性进行了分析（井明，2003；⑦ 刘晔、谢贞发，2008⑧）。

---

① 张馨. 公共财政论纲 [M]. 北京：经济科学出版社，1999：502-508.
② 李俊生. 盎格鲁—撒克逊学派财政理论的破产与科学财政理论的重建 [J]. 经济学动态，2014（04）：117-130.
③ ［英］道尔顿. 财政学原理 [M]. 周玉津，译. 台北：中正书局，1969：1.
④ ［美］布坎南. 民主过程中的财政 [M]. 唐寿宁，译. 上海：三联书店，1992：195.
⑤ 孙文学. 中国财政思想史（上）[M]. 上海：上海交通大学出版社，2008：7.
⑥ 邓子基. 国家财政理论思考 [M]. 北京：中国财政经济出版社，2000：26.
⑦ 井明. 民主财政论——公共财政本质的深层思考 [J]. 财政研究，2003（01）：20-22.
⑧ 刘晔，谢贞发. 对公共财政逻辑起点的重新思考——市场失效的理论纷争与现实启示 [J]. 厦门大学学报（哲学社会科学版），2008（01）：10-17.

2. 从财政本身运行过程来看财政的政治属性

第一，财政是国家政治的物质基础，其决策和执行过程本身就是政治过程。

按照马克思的劳动价值论，国家不参与直接生产过程，国家的政治活动是非生产性的，从而不创造价值。国家为获得实现其职能的物质资料只能凭借手中的政治权力参与价值（主要是剩余价值）的再分配。因此，依托政治权力强制无偿地参与国民收入分配，这一途径本身就带有强烈的政治性质。因此，财政是国家依据政治权力获取分配的手段，构成了国家政治的物质基础。

同样，政府财政决策和执行过程本身就是政治过程。如果说政治学主题就是政治权力，很显然，国家依据政治权力的征税过程本身就是政治过程。财政特别是预算审批和执行过程，本身就表现为国家公共选择和政治决策的过程。可以看到，国家政治权力合法性源于税收和预算的合法性，税收和预算的法治性也是政治权力规范性和有效性的最直接体现。正如艾伯特·海德认为的"预算是，并且一直都是政治组织单个最重要的决策过程"①。

第二，财政制度内嵌于一国的政治制度，并随其呈现出不同财政运行模式。

一国财政制度本身就内嵌于政治制度中。财政制度实质上是与政治权力分配相匹配的财权分配制衡体系。虽然财权从支配和调节的对象看是经济利益，但从所属的层次看却是政治权力的重要组成部分，而且是支撑整个政权体系的基石（沈玉平、叶宁，2008）。②

不同的政治制度会决定不同的财政运行模式。从社会发展历史来看，在封建专制时期，财权整体上掌握在封建帝王手中，形成了国家财政与皇室财务不分"家计财政"模式。到了资产阶级革命后，国家财权被逐步掌握在资产阶级议会手中，从而产生了"议会财政"。而随着资本主义社会普选制等民主范围的扩大，产生了"公共财政"模式。

（三）财政的经济属性

从财政学说史角度看，财政学的经济学属性毋庸置疑，所以本文仅从财政本身运行角度来看其经济属性。

---

① ［美］艾伯特·海德. 政府预算：理论、过程和政治［M］. 北京：北京大学出版社，2007：1.

② 沈玉平，叶宁. 财政体制的政治属性及相关问题研究［J］. 政治学研究，2008（02）：89-96.

1. 财政运行本身就是经济活动的组成部分

首先，经济学的主题就是资源配置的效率，而财政学实际上主要就是研究政府对稀缺资源配置的效率。根据公共经济学理论，财政的这种资源配置的微观经济职能，其目标在于弥补市场失灵。而在宏观经济上，政府购买性支出本身就是社会总需求组成部分之一，财政政策则是通过政府购买性支出、税收、赤字和公债等手段短期对社会总需求以及长期对社会总供给产生影响。

其次，从现代市场经济实际运行来看，其是有政府等公共部门和企业家庭等私人部门构成的混合经济，因此，财政活动本身就构成了经济活动的内在内容。公共部门作为买者，既出现在商品市场又出现在要素市场，其活动本身就成为市场价格机制的一个组成部分。此外，从收入方面看，政府在对商品、要素和收入循环的任何一点上征税，都会因税负转嫁而影响到价格的变动；从支出方面看，政府通过采购性支出和转移性支出，又使得收入重新回到私人手中，不但影响资源配置，而且影响收入分配。

2. 财政活动是社会经济活动正常运行的必要条件

首先，基于马克思再生产理论基础上产生的我国传统财政理论认为，财政活动是内在于社会再生产的不可分割的组成部分。根据国家分配论，财政在社会再生产生产、分配、交换、消费四个环节中居于分配环节。其调整的是分配关系，离开了以国家为主体的财政分配，社会再生产的经济活动就不能顺利进行。

其次，基于西方公共财政理论认为，由于现实中的市场不是完全竞争市场，所以往往存在以垄断、自然垄断、公共物品、外部性和不完全信息等问题而导致"市场失灵"。这些市场失灵产生相应的效率损失，市场失灵严重时甚至使得市场自身无法运行。这时，市场和社会经济活动就必须通过财政的资源配置职能来弥补市场失灵，为市场经济的正常运行创造必要条件。

(四) 财政的社会属性

1. 从学说史角度来看财政学社会属性

早期的财政学，如重商主义时期的官房学派，财政学具有鲜明的综合学科特点，同时涵括经济学、政治学、社会学等学科属性。对此，李俊生

（2014）①、刘晓路和郭庆旺（2016）② 等已经给予了很好回顾。当然，这一时期是学科专业化分工尚未形成时期，财政学本身包括社会学属性是很自然的。早期的财政学自然也必须依托于政治哲学的思想，因此如霍布斯、洛克、卢梭直至亚当·斯密等人著作中对国家对财政的分析也都包含着现在社会学的属性。但是，作为系统专门研究社会行为与社会群体的社会学，其独立学科的地位一般认为是源于 19 世纪三四十年代并以孔德（Comte）为始祖，并在其早期形成了以孔德、韦伯和马克思为代表的三大社会学传统，其中也都包含着对国家与社会、财政与社会问题的探讨。

自"边际革命"之后，特别是马歇尔《经济学原理》出版起，经济学独立学科地位不仅越来越明显，而且日益走上形式化和技术化的路径，也使主流财政学日益经济学化和数理化，并把社会制度社会结构等因素视为既定的外生变量从而抛弃了传统的社会学因素。但是从 20 世纪初开始，在葛德雪（Goldscheid）、熊彼特（Schumpeter）等人倡导和努力下，开创性地产生了"财政社会学"（Fiscal Sociology）这一新学科，从而重新赋予了财政学科社会学属性③。他们都强调财政制度对国家制度变迁和社会转型的决定性作用，并突出了财政史研究在其中的作用。据刘志广（2005）考察，特别是进入 21 世纪后，葛德雪和熊彼特倡导的财政社会学在西方学术界得以复兴，其思想价值正日益显现，特别是在分析各国及世界重大发展问题时更是如此。④

而在中国，进入 21 世纪以来，我国财政学的学科发展开始初步表现出多学科交叉融合的特征，其中也包括财政社会学的研究得以出现（刘晔、刘建徽，2012）。⑤ 如刘志广（2002⑥、2007⑦）则运用社会学和历史学的有关研究成果，在财政社会学基础上重新定义了财政体制，并以此分析了我国中央集权型财政体制及 20 世纪末的社会转型。李炜光和任晓兰（2013）在考察财政社会学源流

① 李俊生. 盎格鲁—撒克逊学派财政理论的破产与科学财政理论的重建 [J]. 经济学动态，2014（04）：117-130.

② 刘晓路，郭庆旺. 财政学 300 年：基于国家治理视角的分析 [J]. 财贸经济，2016（03）：5-13.

③ 刘志广. 财政社会学研究述评 [J]. 经济学动态，2005（05）：99-103.

④ 刘志广. 财政社会学研究述评 [J]. 经济学动态，2005（05）：99-103.

⑤ 刘晔，刘建徽. 公共化、本土化、综合化和国际化——21 世纪以来我国财政学科发展及未来展望 [J]. 经济体制改革，2012（04）：122-125.

⑥ 刘志广. 中央集权型财政体制与我国古代社会发展的停滞——对我国社会经济发展史的"财政社会学"分析 [J]. 上海行政学院学报，2002（02）：39-50.

⑦ 刘志广. 财政社会学视野下的财政制度变迁与社会经济转型——兼论 20 世纪末社会经济转型的实质及其发展趋势 [J]. 经济与管理研究，2007（02）：27-31.

基础上提出，鉴于财政社会学的宏大视角和综合概括性的研究范式。财政社会学的复兴之地或许在中国，而中国财政学发展的前途系于财政社会学。[①]

2. 从财政本身运行来看财政的社会属性

首先，财政改革是社会转型的先导和组成部分。历史上的社会变革或社会转型往往都有深刻的财政压力背景，何帆（1998）曾最早提出这一论断并将之称为"熊彼特—希克斯—诺思命题"。[②] 从我国财政经济改革来看也是如此，计划经济体制的低效率所内生的财政压力正是我国整个体制改革和社会转型的根源。伴随我国财政公共化的改革进行，开启了社会转型的进程，使得计划经济下"强国家、弱社会"的结构以及国家对社会事务包揽过度的状态发生了根本变化。

其次，财政运行与社会组织发展间存在密切联系。现代社会治理日益走向奥斯特罗姆所倡导的"多中心治理"，其中社会组织扮演着重要角色。实际上，政府及其财政、市场与私人部门、非营利社会组织间在社会治理和社会秩序上形成互补性合作伙伴关系。中国财政改革的过程，实际上就是培育社会组织规范社会秩序的过程，如财政退出一些微观管理职能、支持社会组织发展、政府向社会组织购买服务等。

最后，财政支持是社会稳定的根本保障。财政在关系民生的基本公共服务提供上起着重要且托底的作用。从中国财政运行的实际出发来看，特别是在社会转型期，财政各项民生支出对社会行为和社会预期起着关键作用，特别是对社会救助和社会保障的财政支出，是社会秩序和社会稳定的基本保障。

三、国家治理三维体系中财政的基础和支柱作用

十八届三中全会《中共中央关于全面深化改革若干重大问题的决定》（以下简称《决定》）中对经济体制改革、政治体制改革、社会体制改革都做了总体布局，是全面深化改革的纲领性文件。从国家治理这三维体系出发，由于财政具有政治、经济、社会三重属性，且在整体体制改革中居于核心地位，因此对现代国家治理起着基础和支柱作用。

---

① 李炜光，任晓兰. 财政社会学源流与我国当代财政学的发展［J］. 财政研究，2013（07）：36-39.

② 何帆. 为市场经济立宪：当代中国的财政问题［M］. 北京：今日中国出版社，1998：39.

（一）财政对经济体制改革起着基础和支柱作用

《决定》中所提到的经济体制改革内容包括坚持和完善基本经济制度、完善现代市场体系、转变政府职能、健全城乡发展一体化体制机制、构建开放型经济新体制这五方面。[①]

1. 财政与坚持和完善基本经济制度

以公有制为主体、多种所有制经济共同发展是我国的基本经济制度，其坚持和完善就在于两个"毫不动摇"，即既要毫不动摇地巩固和发展公有制经济，坚持公有制主体地位，又要毫不动摇鼓励、支持、引导非公有制经济发展，激发非公有制经济活力和创造力。财政在其中之所以能起基础和支柱作用，根本上是因为我国财政是由"公共财政"和"国有资本财政"所构成的双元财政制度。对于前者，国家扮演政权行使者身份；而对于后者，国家则扮演资本所有者身份。而坚持和完善我国基本经济制度，根本上取决于国家"政资分离"，取决于公共财政和国有资本财政间的相互独立。

在国有资本财政方面，国家可通过国有资本出资人身份推动国有企业完善现代企业制度。在健全公司法人治理结构方面，通过建立职业经理制度，促进国有资本保值增值。而在公共财政方面，国家主要通过一视同仁的公平财税政策创造公平竞争的市场环境，进一步激发非公经济发展的活力。此外，财政通过在政策上鼓励促进建立国有资本、集体资本、非公有资本等交叉持股、相互融合的混合所有制经济，是基本经济制度的重要实现形式。

2. 财政与完善现代市场体系

市场在资源配置中起决定性作用，就要建设统一开放、竞争有序的市场体系。而财政在完善现代市场体系中之所以能起基础和支柱作用，根本上看，是由于财政本身就是正确处理政府和市场关系的核心，而公共财政的逻辑起点就在于"市场失效"。特别是，作为由政府发动和主导的，却要发挥使市场在资源配置中起基础性作用的我国经济体制改革，正确处理市场和政府关系的关键在于，政府是否按市场要求来配置财政资源。如果财政能遵循弥补市场失效原则来履行其资源配置职能，将市场能做的事交给市场，而做市场不能做又需要做的事情，就从根本上理顺了政府和市场在资源配置上的职能分工和效率边界。

---

① 中共第十八届中央委员会. 中共中央关于全面深化改革若干重大问题的决定［R/OL］. 新华网，2013－11－15.

3. 财政与转变政府职能

经济体制改革的根本点在于政府应如何适应市场要求来转变自身职能，致力于更好地为市场提供公共服务。而公共财政制度改革的推进是实现这一转变的基础和支柱。其原因在于，政府履行其职能根本上都离不开相应财力支持，财政支出结构的调整就能反映甚至引导政府职能的转变。而从更深层面来看，作为与市场经济相适应的公共财政，其基本理念如"市场失效性""公共服务性""公众决定性"等为政府职能转变提供了基本原则①：

公共财政是弥补市场失效的财政，其基本理念就是，市场能做的事就应交给市场去做，政府应该做市场不能做而又需要做的事情。由此有利于实现政府职能合理归位，公共财政是为市场提供公共服务的财政，其基本理念就是，为所有市场主体一视同仁地提供基本公共服务，从而使它们公平参与市场竞争。因此，而政府职能转变的目标就是转变为公共服务型政府。公共财政是公众决定的法治性财政，其基本理念就是政府行为的法治化。通过财政法治对政府收支实施依法监督，有利于在根本上规范政府职能和政府行为，使其按市场的要求来办事和履职。

4. 财政与健全城乡发展一体化体制机制

城乡二元结构是制约城乡发展一体化的主要障碍，三农问题一直是我国基本国情。而我国的三农问题、城乡二元结构问题最初源于我国计划经济初期开始推行优先发展重工业的非均衡发展战略而内生出的城乡分割的二元经济结构（林毅夫，1999），② 这一结构性问题的形成一开始就与政府通过过度汲取农业剩余来支撑工业资本积累和城市建设的财政需要密切相关。而改革开放后很长时间内，我国在城市主导的财政制度下，继续通过农村税费等方式从农村汲取财政资源（杨斌，2005），③ 同时政府对城乡的财政支出存在着巨大的城市偏向，造成城乡间公共服务和居民收入的巨大差距（雷根强，2012）。④

因此，城乡二元结构最初源于国家财政需要，而城乡一体化体制建设的基础和支柱也在于发挥财政职能。要在构建城乡一体化税收制度从而促进城乡要

---

① 张馨. 公共财政论纲 [M]. 北京：经济科学出版社，1999：23—259.

② 林毅夫 等. 中国的奇迹：发展战略与经济改革（增订版）[M]. 上海：格致出版社、上海人民出版社，2016：23.

③ 杨斌. 返还间接税：形成城乡统一的公共财政体制的必要步骤 [J]. 税务研究，2005（06）：7-10.

④ 雷根强，蔡翔. 初次分配扭曲、财政支出城市偏向与城乡收入差距——来自中国省级面板数据的经验证据 [J]. 数量经济技术经济研究，2012，29（03）：76-89.

素充分流动的同时，侧重发挥财政支出在推进城乡基本公共服务均等化方面的作用。

5. 财政与构建开放型经济新体制

有效打通国内国际两个市场，运用国内国际两种资源，加快培育参与和引领国际经济合作竞争的新优势，这是我国新时期经济体制改革的重要内容。随着欧债危机、英国脱欧、特朗普新政等，全球化的不稳定性因素加大。因此在构建我国开放型经济新体制中需要进一步发挥财政职能，积极影响对外贸易的发展和竞争力的提升。财政在其中的基础和支柱作用主要表现在：国际税收协调是促进以"一带一路"为代表的新型对外开放体制的基础性政策工具；税收制度创新是以制度创新推进我国自由贸易区贸易、投资和金融创新发展的重要条件；出口退税管理，视调动增强我出口产品在国际市场竞争能力的主要政策支撑；财政支持的亚洲基础设施投资银行，是加快"一带一路"基础设施互联互通的支柱。

（二）财政对政治体制改革起着基础和支柱作用

《决定》中所提到的政治体制改革内容包括加强社会主义民主政治制度建设、推进法治中国建设、强化权力运行制约和监督体系。① 从这三方面看，财政也都起着基础和支柱作用。

1. 财政与加强社会主义民主政治制度建设

政治文明的根本在于民主法治，而如何实现国家权力的公众决策与监督机制则是我国政治体制改革的核心问题。从世界各国宪政实践来看，在民主政治实现过程中，现代财政制度都起了极其关键的作用。因为，现代财政制度基本特征之一，就是建立起平等协商的公共选择机制。通过这一公共选择机制，特别是通过税收法定和预算民主，实现了公民权利平等地参与国家决策并构成了对国家权力的宪政约束。

民主化是现代财政制度的本质特征，这不仅是对市场经济国家公共财政共性特征的总结，更是深化我国财政制度改革的基点。因为，公共财政制度既从深层面上关系着公民权利和国家权力间宪政基础，又在具体层面上体现出公民参与的政治过程。因此，公共财政的民主化既推动了我国人民代表大会制的与

---

① 中共第十八届中央委员会. 中共中央关于全面深化改革若干重大问题的决定 [R/OL]. 新华网，2013-11-15.

时俱进，又发展了基层民主，可望为我国政治民主化改革提供一个既有实质性影响又有现实可操作性的突破口。

2. 财政与推进法治中国建设

依法治国，建设法治政府是实现国家治理体系和治理能力现代化的必然要求。限制政府权力、保障公民权利，是法治的精髓。而财政作为政府履行其职能的必要财力支撑，按公共财政法治性要求，对政府收支实施依法监督，有利于在根本上规范政府行为。从政府收支入手，硬化预算约束和依法理财，这是推动"法治政府和服务型政府"建设的一条现实路径。财政是国家治理的基础和重要支柱，税法制度和预算制度在整个现代财政制度中居于核心地位，税收法治和预算法治对我国维护宪法权威、构建法治政府具有基础性和支柱性作用。

一方面，税收立法的合法性、税收执法的正当性、税收司法的独立性共同构成了我国依法治税的重要原则。税收作为一种文明的对价，在很大程度上乃是国家对于公民财产权的一种合法侵犯，征税权是最重要的政府权力并构成政府其他权力的基础。由此，税收法治实现了公民对政府权力和政府行为的约束；另一方面，预算关系着政府财力进而规范着政府的行为，通过预算制度的法治性，促进预算的完整、公开和透明，可以有力地强化人大和公众对政府行为的约束和监督，是建设法治政府的最基础最有效途径。

3. 财政与强化权力运行制约和监督体系

《决定》提出，"让人民监督权力，让权力在阳光下运行，是把权力关进制度笼子的根本之策"。可以说，财政的民主法治化在其中起着基础性和支柱性作用。因为从根本上看，政府权力的行使要以财政作为物质保障。在政府获得收入和安排支出过程中，公共财政作为公众参与、为公众服务的民主财政，就成为约束并监督国家权力行使的基础性制度保障。财政对政府制约和监督主要来自现代财政制度的法治性、民主性和公共性。

首先，从现代财政制度的法治性来看，财政法治性要求政府权力包括财政权力应由宪法规定来授予。由此构成对政府权力的硬性约束；其次，从现代财政制度的民主性来看，财政的收支管理和预算过程本质上就是公民通过间接民主形式对政府权力的约束和监督；最后，从现代财政制度的公共性来看，财政收支和管理都要体现公共利益。因此，构建一套完善、规范、合理的公共财政收支管理制度是有效遏制腐败的最直接途径。

（三）财政对社会体制改革起着基础和支柱作用

《决定》中所提到的社会体制改革内容包括社会事业改革创新和创新社会治

理体制这两方面。① 从这两方面看，财政也都在其中起着基础和支柱作用。

1. 财政与社会事业改革创新

《决定》中对社会事业的界定是教育、医疗、就业、社保和收入分配等。显然，这些都是与百姓生活关系最密切的民生项目。应该看到，这些民生内容都具有准公共物品性质，由此决定了财政在这些领域起着基础性和支柱性作用。更重要问题在于，这些领域的准公共性质决定了在社会事业改革创新中如何进一步理清政府、市场和社会边界，形成三者合理分工和伙伴关系，是社会事业改革创新的根本任务。其中，财政既要对基础教育、基本医疗等加大投入力度，又要在高等教育、高端医疗等领域适当退出而给市场和社会资本的介入与创新留以空间。

在义务教育、基本医疗、社保等基本公共服务方面，有赖于发挥和优化财政资源配置职能，在加大投入的同时，也要更加注重运用财政转移支付，优化支出结构，统筹城乡区域间公共服务均等化；在收入分配方面，有赖于财政发挥收入分配职能，提高所得税比重，更好地发挥个人所得税调节收入分配差距的作用。适时开征房产税和遗产税，以增强整个税制结构调节收入分配差距的功能；在就业方面，有赖于发挥财政宏观调控职能，通过政府投资努力创造就业岗位，并对劳动职业培训、劳动服务机构予以资金支持。

2. 财政与社会治理体制创新

社会治理是国家治理的重要组成部分。随着市场化改革的不断推进，一方面，市场化改革使得各种社会组织和民间团体应运而生，通过政府有效引导，有利于其发挥社会治理的重要职能。另一方面，社会各阶层利益主体多元化格局导致社会利益分化，社会矛盾不断增加，使得社会治理问题凸显。而从这两方面来看，财政在其中都能发挥基础和支柱作用。

在前一方面，需要公共财政制度改革来推进事业单位分类改革和人民团体改革，也同时要通过税收优惠和财政专项基金，促进社区组织和民间组织的发展，由此促进社会治理组织机制的创新和完善，并在社会治理机制方面形成政府和社会组织的合理分工。而在后一方面，则需增加财政对社会保障的投入来强化政府职能，保障社会成员在养老、医疗和就业方面的基本权利，也适当发挥税收调节功能，和谐处理社会矛盾，从而实现社会的安定有序。

---

① 中共第十八届中央委员会. 中共中央关于全面深化改革若干重大问题的决定［R/OL］. 新华网，2013-11-15.

四、对把财政学科设置为一级学科的建议

从国家治理的三维体系与财政内在的三重属性来看，财政无疑是国家治理的基础和重要支柱，在全面深化改革的总体战略布局中地位极其重要。同样，从财政学科历史来看，财政学从来都不只是一门单纯的经济学，财政学的研究领域（如预算、税收等）大多都介于经济学、政治学、公共管理学、法学和社会学等学科之间。因此，财政学跨学科属性是经济学所难以涵括的。

但从目前我国财政学学科设置和院系设置来看，财政学是作为应用经济学二级学科之一，财政一般是经济学院下设的一个系。在这样学科和院系设置下，财政学从人才培养到课程体系就完全局限于经济学的知识体系，相应的财政学研究也局限于经济学效率的单维视角，由此削弱了财政学科发展和人才培养在服务于我国政治经济社会全面发展，在促进国家治理体系和治理能力现代化中的地位和作用。我们认为，只有把财政学升级为一级学科，才能有效还原财政学的多学科属性，也才能更好地服务于我国全面深化改革和促进国家治理现代化的实践。

财政学一级学科构建的主要原则：①在知识体系和课程设置上，还原和体现财政学的多学科属性；②在学科对象和专业设置上，实现有效服务于我国全面深化改革和国家治理现代化的目标。因此，财政学一级学科下二级学科和专业设置应具有开放性与兼容性。一方面，在知识体系上综合经济学、管理学、政治学、法学、社会学等学科知识；另一方面，在学科方向上，除保留财政学、税收学等传统学科方向外，归并社会保障、国防经济、资产评估等已有二级学科或专业，新设国有资本管理与运营等二级学科，即进行学科组织结构的创新、融合与重构。对此，我国对财政学一级学科框架提出如下设想。

（一）将财政、税收升级为二级学科，并拓宽学科基础和课程设置

在财政学一级学科框架下，原有的财政和税收专业可以升级为二级学科。在此框架下，财政学和税收学就可以改变原有单纯经济学的知识体系和课程设置，引进政治学、管理学、法学、社会学等知识和课程体系，设置如财政经济学、财政管理学、税收政治学、税收管理学、财税法学、国际税收、国际税法、财政社会学等知识模块。由此，以财税为对象在经济学、政治学、管理学和法学间实现知识体系互补，进而在财政学一级学科上实现学科间的交叉融合，这样能充分还原财政学综合性学科属性并更好地服务于我国财税管理和国家治理。

(二) 将社会保障作为二级学科归并入财政学一级学科

按目前学科设置，社会保障是作为公共管理学一级学科下的二级学科。但就社会保障其内容而言，其更适合归并入财政学一级学科中。首先，社会保障是社会治理乃至国家治理的重要内容之一。政府不仅通过立法起着主导作用，更通过大量财政支出来予以支持整个社保体系；其次，2015 年开始实施的新预算法明确规定，我国预算体系由一般公共预算、政府性基金预算、国有资本经营预算、社会保险基金预算共同构成，目前社会保障基金已经列入财政的复式预算体系中；最后，从国际经验和发展趋势来看，社保"费改税"是必然趋势和要求，而目前许多地方社保费收取都已经委托地税局征收，因此从管理角度来说，社会保障由财税部门来统管是大势所趋。

(三) 新设国有资本管理与运营二级学科，以服务于国家治理和社会需求

建议设置"国有资本管理与运营"二级学科，以更好地服务于国家治理和社会需求。主要理由在于：一是理论基础方面。中国财政是包括国有资本财政和公共财政的双元财政。作为政权行使者，政府分配形成了公共财政；作资本所有者，政府分配形成了国有资本财政；二是现实需求。在国家治理中，国有资本管理和运营十分重要，如当前的混合所有制改革、PPP 模式等都有很大的社会需求；三是学科历史。我国国有资产管理活动是财政活动的一个重要组成内容，在早期的财政学科体系中原本包括"国有资产管理"。四是目前在我国学科和专业设置中，还没有国有经济或国有资本学科或专业，由此在财政学一级学科下设置该二级学科可以填补学科空白，可以为国有资本管理、运营和国有企业治理输送专门人才。

(四) 实现"资产评估"专业回归财政学一级学科

目前教育部本科专业目录中"资产评估"是属于工商管理类下的专业，但是我们认为其更适合回归财政学一级学科，并归并于拟新设的"国有资本管理与运营"二级学科下。首先，从专业历史渊源来看，财政学科原来包括"国有资产管理"，而资产评估专业最初就是从国有资产管理需要中发展起来的；其次，从主管部门来看，我国对资产评估的管理主要实际中是由财政部和国资委来负责管理和实施的；再次，从资产评估专业特点来看，其需要经济、工商管理、法律乃至公共管理等方面的综合性知识，并关系到国有资本运营乃至国家

治理问题，更适合归在财政学这一具有综合性特点学科下；最后，从可行性上看，目前许多学校财政学科都有资产评估师资和资产评估专业硕士点，因此具备新办资产评估本科专业的条件。

（五）争取将国防经济作为二级学科归并入财政学一级学科

按目前学科设置，国防经济是作为应用经济学一级学科下的二级学科。但就国防经济其内容而言，其更适合归并入财政学一级学科中。首先，从理论上说，国防是纯公共物品，本身就是财政学研究对象；其次，从现实上来说，国防经费基本上都来自财政支出，本身就是财政重要组成部分；最后，从目前二级学科来看，国防经济二级学科设置院校很少，在应用经济学中处境尴尬，其更适合并入财政学一级学科并获得更好发展。

第五节　财政政策与供给侧改革①

近半年以来，"供给侧"一词火热，并代表了中国政府宏观政策的新取向。供给和需求是经济学中相伴而生的一对概念，供需平衡决定了市场微观效率，而总供需平衡则决定了宏观经济稳定。实现总供需平衡及宏观稳定总体上有两种思路，一是从总需求入手，称"需求侧管理"，二是从总供给入手，称"供给侧管理"。从需求侧来看，总需求由消费、投资、政府购买和净出口组成，其是短期经济增长的决定因素。相对而言，"需求侧管理"是总量管理，其政策思路侧重于通过政府支出政策来刺激需求总量，以实现反周期的短期增长；而从供给侧来看，总供给则取决于资本、劳动力、土地等要素和技术水平，其是长期经济增长的决定因素。相对而言，"供给侧管理"更侧重于结构调整，旨在通过优化要素配置、优化经济结构，在长期中提高生产率和实现经济增长。

因此，从"需求侧"到"供给侧"，其主要转变就是两方面，一是从总量刺激转向结构调整；二是由短期政策转向中长期改革。本轮中国经济的下滑与其说是短期周期性的总量波动，不如说是经济中长期存在的结构性问题的总暴发。由此，如还是寄希望于在短期内刺激需求总量，不但其政策的边际效力日益弱化，而且将使得落后技术和过剩产能得以幸存并加大供给结构扭曲，并构成对生产率提高的抑制从而对长期经济增长形成阻碍。而要真正在供给侧发力

---

① 原文由刘晔发表于《财政监督》2016年9期。

来解决结构问题和实现长期增长，笔者认为，不论从理论渊源、中国现实还是国际经验来看，财政政策都处于核心地位，由此应通过财政政策的精准发力来适应和服务于我国的供给侧改革。

一、从理论渊源看，财政政策是供给侧改革的核心

"供给侧改革"作为一种明确系统的宏观政策思路，其在中国的提出虽然是近期的事，但是从总体思路和政策主张来看，则渊源于美国二十世纪七八十年代所产生的"供给学派"。由于长期实行扩张总需求的凯恩斯主义需求管理，美国出现了严重的"滞涨"问题，由此使得包括供给学派在内的一系列反对政府过度干预的新学派应运而生。虽然，供给学派是基于美国当时"滞涨"而提出的，这与我国基于严重产能过剩所提出的宏观环境有所不同，但其基于激发市场活力、注重供给结构优化、提高劳动生产率的总体思路则是与我国一致的，因此事实上构成我国供给侧改革的思想渊源。

在供给学派看来，长期经济增长来源于有效供给的真实扩张和生产率的持续上升。基于20世纪七八十年代美国宏观环境，供给学派认为，在商品过剩和需求不足的表象背后，是缺乏新的有效供给和由此引致的新的需求。新供给的激发则在于形成对劳动力、资本要素和技术创新的有效激励。而在这其中，财政政策特别是减税政策起着举足轻重的作用。

供给学派理论精髓和政策主张集中体现在其代表人物拉弗所提出的"拉弗曲线"。拉弗曲线表明了税率、税收和经济增长间的函数关系，政府获取同样数量的税收收入可以通过两种税率来实现，一是高税率、窄税基；二是低税率、宽税基，显然后者是能实现长期经济增长从而是政府和社会双赢的优选结果。由此，供给学派最重要的政策主张在于减税，尤其是将降低边际税率作为其政策的核心，通过减税来提高要素税后边际收益率，从而刺激储蓄、投资、劳动供给和技术创新，并在长期内提高生产率和促进经济增长。

由此可见，尽管供给学派是作为反凯恩斯主义而出现的理论学派，在其将"供给管理"取代凯恩斯的"需求管理"之后，并没有改变财政政策在实现宏观平衡和经济增长中的核心地位，只是其政策侧重通过减税来对总供给起作用，而不是凯恩斯所主张的通过政府支出对总需求起作用。

二、从中国现实看，财政政策是供给侧改革的核心

中国供给侧改革提出的实践背景与美国当年供给学派产生的实践背景有所不同，即中国尚不存在"滞涨"环境，甚至在供给侧改革提出之前已经出现一定程度持续性通缩的宏观形势。至今中国面临的主要挑战在于两方面，一是在经济步入新常态以后随着增速换挡，经济增速有较大下滑；二是长期形成的供给结构性问题突出，传统产业产能过剩问题严重，结构调整和增长方式的转变尚未实现。而后一个问题构成对前一个问题的根本制约。

表面上看，中国当今面临着总需求不足的严重形势，以致无法消化传统产业的过剩商品和产能。但从根本上看，中国当今宏观问题的症结在供给结构上，是长期以来经济增长方式转变滞后所形成的供给结构、质量和效率不能适应需求变化的问题，否则我们不能理解为何国内居民同期海外购物、海外代购和跨境电商的迅猛发展，甚至包括了奶粉、马桶等日用品。而供给结构性问题则源于长期以来政府对市场过多干预以及长期奉行"需求侧管理"的宏观政策。特别是在上一个周期中，为应对美国次贷危机所造成的外需下降，中国政府通过四万亿投资计划来扩张总需求，以政府投资决策代替市场投资决策的需求侧管理，进一步加大了供给结构扭曲，这是造成当前问题的重要原因。

从中国现实看，由需求侧转入供给侧改革，财政政策无疑仍居于核心地位。因为在此之前其他政策均未取得明显效果，如 2015 年五次降息降准的货币政策，两次实施人民币贬值的汇率政策，均未取得明显的政策效力。在流动性已经很充裕、实际利率水平很低的背景下，货币政策显然并无太大操作空间。特别是，宽松货币政策其目标也只能是扩张需求总量，而对供给结构调整显然是无法胜任的。由此，财政政策将在供给结构调整中扮演重要角色。

此外，与美国供给学派产生于成熟市场经济环境所不同的是，我国供给侧改革的实践背景仍然是不成熟的市场经济，因此政府有效的制度供给是关键（贾康等，2013）。[①] 供给侧管理精髓在于通过减少政府干预，来激发市场主体活力。财政政策之所以重要，还在于其在根本上决定了政府行为。因此通过财政改革和政策运作来规范政府行为，使政府按市场需求来实现公共物品的有效供给，这是我国供给侧改革的重要内涵。

[①] 贾康，徐林，李万寿，等．中国需要构建和发展以改革为核心的新供给经济学［J］．财政研究，2013（01）：2-15.

三、从国际经验看，财政政策是供给侧改革的核心

从各国供给管理实践的历史经验来看，财政政策在政府政策中都起着核心和主导的作用。

（一）美国的实践

20 世纪 80 年代所谓的"里根经济学"是美国供给学派的主要实践。其政策主要包括全面降低个人所得税、减免企业所得税、削减政府支出、控制货币供应量、放松政府管制等。这其中，与减税相伴随的美国税制改革反映了对产业结构的调整与提高生产率的要求。

（二）德国的实践

20 世纪 80 年代，德国在长期奉行凯恩斯主义需求管理后，出现了严重的政府债务危机和产业结构落后等问题。为应对这些问题，新上任的科尔政府提出供给侧管理政策，采取了六方面的行动。其中财政政策运作则占了五项，包括实施减税、削减社会福利，压缩政府开支；帮助企业控制劳动力、能耗等成本的增长；推进联邦资产的私有化；以财政政策推进产业结构调整升级；等等。

（三）日本的实践

20 世纪 70 年代，针对企业债务率和企业成本高企的状况，日本实施了以供给结构调整为主要内容的供给侧改革。其侧重通过财政政策的运作降低企业成本、疏解产能过剩、扶持新兴产业发展。在对企业相应减税同时，日本更注重发挥税式支出和政府专项资金对新兴产业发展和衰退产业及过剩产能退出的扶持，并专门成立"产业调整援助基金"来帮助过剩产能实现市场退出。

总之，从世界各国经验来看，都普遍通过财政政策来应对供给侧管理要求，实现供给结构改善、供给质量提高和供给效率改善。

四、适应供给侧改革，找准中国财政政策着力点的建议

随着我国"供给侧改革"的横空出世，改变着以政府增债扩支为核心的需求侧管理的传统思维。由此，笔者认为，我国财税政策在总体思路上将会出现如下变化，也只有从这些变化入手，才能找到能助力于供给侧改革的财政政策

着力点。

（一）要相应实施总体减税的财政政策

在以凯恩斯主义为代表的需求侧管理中，扩张总需求的财政政策主要是靠增加财政支出尤其是政府投资支出来实现的。而在供给侧改革中，则更需要注重发挥减税政策的调节作用，这既是世界各国普遍经验，更是中国当前降低企业成本、激发市场活力、"去库存、减杠杆"的必然选择。一方面，在以商品税为主体税制结构下，中国应利用全面营改增机会，进一步降低企业总体税负水平；另一方面，则要通过减少非税收入，如减少政府收费、基金和社保缴费等来降低企业总体负担和经营成本。

（二）注重发挥减税对供给结构的优化作用

供给侧改革主要是优化供给结构，因此要把减税重点放在对激发市场活力、调节供给结构有重要作用的领域。例如，将企业所得税优惠重点将放在高新技术、创新创意、技术研发等行业，以及对人力资本实施个人所得税的优惠。也可以通过加速折旧等税收优惠形式加快产业转型升级步伐，由此优化供给结构、提升供给质量。

（三）重视财政支出对供给结构的优化作用

一方面，要更加注重技术研发、人力资本方面的财政支出。在减税之外，财政政策应通过支出来直接作用于企业技术进步、教育培训、产业升级和结构改善。财政可通过采用财政投融资信用或贴息、担保等方式，并广泛吸收社会资金来支持和调节；另一方面，要实施促进淘汰落后产能的财政支出政策。供给侧改革要实现经济结构优化，必然要求加大对衰退行业、落后产能、僵尸企业的淘汰力度。在落后产能和衰退行业中，企业的自行退出会面临一些退出障碍。由此建议可以借鉴日本经济在财政支持下安排产业调整援助基金，以促进结构调整优化目标的实现。

（四）调整财政支出结构，优化公共物品供给结构

供给侧改革要点在于激发市场活力，减少政府干预，由此还意味着要进一步优化政府公共物品供给结构。因此需要进一步深化财政改革，推动政府简政放权，在财政支出结构上进一步降低行政支出、减少国企垄断、减少对市场的微观管制，将财政支出重点转到有利于促进技术进步、科学发展、民生保障从

而推进产业转型的方向上。

第六节　中国共产党百年历程中的财政实践探索与思想理论结晶①

今年是中国共产党百年华诞。百年来的光辉历程，是党把马克思主义普遍原理与中国实际相结合，带领中国人民实现从站起来到富起来再到强起来的伟大飞跃的历史进程。在这一过程中，党领导下的财政工作对不同时期的中国革命、建设、改革、发展都发挥了基础和支柱作用。同时，党在领导财政工作过程中也积累了丰富的实践探索经验和深刻的思想理论结晶。因此，概要梳理百年历史进程中党领导财政工作的理论和实践，破解中华民族伟大复兴历史进程中的财政密码，不论对于深化当前的"四史"学习还是对于接续未来的实践探索都具有重要的现实意义。

财政学界对百年来的中国财政史已有很多梳理，其中较为系统的有李炜光、赵云旗和叶振鹏（2013）的新民主主义革命时期财政史；② 陈光焱、叶振鹏、叶青等（2013）的中华人民共和国财政史；③ 刘尚希、傅志华（2018）对改革开放四十年财政史的研究，④ 等等。与已有研究相比，本文的特色和贡献在于：首先，本文是以党对财政工作的领导来概述和总结财政史的，并始终围绕各个时期社会主要矛盾和党的中心工作来理解财政工作的地位和作用；其次，本文并不只是单纯回顾财政史，而是同时总结各个时期党在领导财政工作实践进程中所产生的思想理论，并做到史论结合；最后，本文并不限于概括各个历史时期党领导财政工作的理论和实践，而是遵循理论逻辑、实践逻辑和历史逻辑相统一的原则，在综观百年历程基础上总结其一脉相承的逻辑脉络。

---

① 本章节原由刘晔发表于《财政研究》2021 年第 7 期。

② 李炜光，赵云旗，叶振鹏. 中国财政通史（第九卷）：新民主主义革命时期财政史[M]. 长沙：湖南人民出版社，2013：1-1233.

③ 陈光焱，叶振鹏，叶青等. 中国财政通史（第十卷）：中华人民共和国财政史[M]. 长沙：湖南人民出版社，2013：1-678.

④ 刘尚希，傅志华等. 中国改革开放的财政逻辑（1978—2018）[M]. 北京：人民出版社，2018：1-478.

一、供给型财政：新民主主义革命时期党领导财政工作的理论与实践

自 1921 年建党到 1949 年新中国成立，是中国共产党领导中国人民进行新民主主义革命的历史时期。尽管在建党之初，中国共产党也提出了自己对财政工作的纲领性设想①，但由于当时尚未掌握任何局部政权，所以实践中党所领导和管理的只是自身的党务财政收支。在新民主主义革命时期，作为依托政治权力而开展分配关系的财政收支，则始于 1927 年 10 月中国共产党开辟第一个红色政权——井冈山革命根据地，并先后经历了土地革命、抗日战争和解放战争等不同的阶段。

（一）时代和实践催生出供给型财政理论思想

"时代是思想之母，实践是理论之源"，② 任何时期财政实践的探索和理论的创新都离不开时代和实践所提出的问题。党领导下的财政工作同样如此，并且与同时期党领导下的军事、政治和经济等工作互相关联、互相促进并都共同指向那个时代所需要解决的迫切问题。而每一个时代的问题又是由那个时代的社会主要矛盾所决定的。正如毛泽东同志所指出的"帝国主义和中华民族的矛盾、封建主义和人民大众的矛盾"③ 是近代以来一直到新民主主义革命时期中国社会的主要矛盾，并由此决定了中国共产党的革命纲领和中心任务④。尤其在 1927 年以后，随着以井冈山革命根据地等为代表的红色政权的建立，就正式形成了在党的领导下，以农村革命根据地为主要依托、以武装斗争为主要形式的中国革命新道路。

在新民主主义革命时期的不同阶段，尽管党所领导的财政工作具有各自不同的特点，但是从总体上看相似性是主要的而差异性则是次要的。如何有效组织和动员根据地（解放区）财力物力来保障战争供给，这始终是革命战争时期党领导下的财政工作的首要任务。在这样的时代背景和实践基础上，中国共产

---

① 如在 1921 年党的一大纲领中曾提出"消灭资本家私有制，没收机器、土地、厂房和半成品等生产资料，归社会公有"；1922 年党的二大宣言中曾提出"废除丁漕等重税""废除厘金及一切额外税则""规定限制田租率的法律"等财政主张。

② 习近平．在省部级主要领导干部"学习习近平总书记重要讲话精神，迎接党的十九大"专题研讨班开班式上的讲话［R/OL］．新华网，2017b-07-27．

③ 毛泽东．毛泽东选集（第二卷）［M］．北京：人民出版社，1991：631．

④ 尤其体现在 1922 年中共二大正式提出了明确彻底的反帝反封建的民主革命纲领。

党形成了相应的"供给型财政"思想理论。对这一思想理论最概要的总结就是毛泽东同志所提出的"发展经济,保障供给,是我们的经济工作和财政工作的总方针"①。作为贯穿党领导的革命战争时期全过程的供给型财政理论,在统筹考虑和辩证看待军事、经济和财政关系基础上形成如下主要财政思想理论。

1. 保障战争供给的财政职能论

革命战争时期的供给型财政理论将党领导下的财政职能明确定位在保障战争供给上。这一财政职能在革命战争早期党的纲领性报告中就得以明确②,根本上看这是由新民主主义革命时期党的反帝反封建的革命纲领和以武装斗争为主要形式的革命任务所决定的,也是由当时中国最广大人民的根本利益所决定的。

2. 经济决定财政的财政观

财政职能是保障战争供给,而要实现战争保障却有赖于经济发展,由此产生了"经济决定财政"的财政观。从土地革命战争时期党中央所提出的"从发展经济来增加我们的财政收入,是我们财政政策的基本方针"③,到解放战争时期"发展生产,保障供给……仍是解决财经问题的适当方针"④,均鲜明体现出"经济决定财政"的财政观。

3. 协调人民短期利益和长远利益的财政分配观

战争作为人财物的巨大消耗战,供给型财政不可避免地在短期内加重人民负担。但党作为中国最广大人民利益的代表,需要运用财政这一调节分配关系的手段来统筹人民短期利益和长远利益。一方面,党深刻认识到短期内"人民负担虽然一时有些重,但是……打败了敌人,人民就有好日子过,这个才是革命政府的大仁政";另一方面,"仍要注意赋税的限度,使负担虽重而民不伤"⑤,即在发展经济和合理负担的基础上通过取用有度来兼顾人民的短期利益和财政的可持续性。

(二)供给型财政理论的政策安排与成功实践

在供给型财政思想理论指导下,党进行了有效的战时财政动员并取得了成

---

① 毛泽东. 毛泽东选集(第三卷)[M]. 北京:人民出版社,1991:891.

② 例如毛泽东在《全国苏维埃第二次代表大会上的报告》中就指出"苏维埃财政的目的,在于保证革命战争的给养与供给,保证苏维埃一切革命费用的支出"。

③ 毛泽东. 毛泽东选集(第一卷)[M]. 北京:人民出版社,1991:134.

④ 毛泽东. 毛泽东选集(第四卷)[M]. 北京:人民出版社,1991:1176.

⑤ 毛泽东. 毛泽东选集(第三卷)[M]. 北京:人民出版社,1991:895.

功的实践经验。

1. 财政支出向战争供给倾斜，保障了革命战争需要

从党领导武装斗争和掌握革命根据地政权开始，财政安排的原则就是"先前方，后后方；先红军，后地方"，由此在不同历史阶段始终将财力优先用于战争供给与后勤装备上。如以抗日战争时期陕甘宁边区为例，1943年直接的军务费和用于前线供给的被服费两项合计占财政总支出的63.85%，同年行政费、民政费、教育费、财务费等都仅占总支出的0.1%—0.2%间①。再如在解放战争中，1947年党中央在华北财经会议决议中明确"军费开支可占财政开支总数的85%……一切为了前线"②。总之，党领导下的财政工作从中国人民的根本利益和长远利益出发，通过集中财力保障供给，为革命战争最终胜利奠定了物质基础。

2. 在收支关系上采取以"量出为入"为主的政策方针

作为供给型财政，需要以保障战争供给最低要求来筹划收入，因此党领导下的财政工作在大部分时间里采取以"量出为入"为主的政策方针。对此，毛泽东曾指出"应当计算……在整个反'围剿'斗争中物质需要的最低限度"③。由于战时财政的性质决定了在大部分时间里"收入必须服从支出……在保证政治任务完成的原则下计划收入"④。

3. 在财政支出上执行"厉行节约、反对浪费"的政策方针

要有效保障战争供给，就需要相应压缩行政支出和其他支出。党在领导革命战争一开始就确立了节俭的财政原则，并在部队和干部中采取了最低生活标准的供给制。尤其在抗战中财政最困难时期，抗日根据地在1942—1943年间进行了三次严格的精兵简政活动，有效节约了财政支出，提高了支出效率。

4. 在财政收入上奉行"强本开源""合理负担"的政策方针

党在实践中主要采取两方面政策。一方面遵循经济决定财政的财政观，从苏区建设开始就通过各项政策来发展经济进而充裕财源，其中也包括财政经济

---

① 陕甘宁边区财政经济史编写组. 抗日战争时期陕甘宁边区财政经济史料摘编（第六编）[M]. 西安：陕西人民出版社，1981：65.

② 华北解放区财政经济史料选编编辑组. 华北解放区财政经济史料选编 [M]. 北京：中国财经出版社，1996：296.

③ 毛泽东. 毛泽东选集（第一卷）[M]. 北京：人民出版社，1991：202.

④ 陕甘宁边区财政经济史编写组. 抗日战争时期陕甘宁边区财政经济史料摘编（第六编）[M]. 西安：陕西人民出版社，1981：4.

建设支出、发行建设公债等办法来促进经济发展。尤其在"取之于民"的同时积极通过发展公营经济，在自力更生基础上实现生产自给①；另一方面要充分考量人民负担并尽可能做到税负的合理分配，即将税收负担更多地由剥削者来承担②。如从最初苏区开始，在党的领导下就实施了依阶级征收的累进土地税政策③，既实现了量能负担，也从根本上体现了财政的人民性。

5. 在财政管理上实行"统一领导"的政策方针

供给型财政理论要求实践中实行在党中央"统一领导"下集中统一管理的财政政策，才能有效保障和统筹战争供给。因此自1931年中央苏区成立开始就实行了"统一领导、分级管理"的财政管理体制，并建立起统一的预决算、会计、审计和国库制度等。而从管理机构来看，从1931年中央苏区中隶属于中央执行委员会的中央财政部，到1949年接受党中央直接领导的中央财经委员会，都在机构和职能上保障了党对战时财政的集中统一领导。

二、建设型财政：计划经济时期党领导财政工作的理论与实践

从1949年新中国成立到1952年底，由于大规模剿匪作战和抗美援朝战争等军事活动，这时期财政仍具有相当程度的战时供给型财政特征。此外党和国家也通过发展生产、统一财政来稳定物价、恢复经济。而自1953年中国实施第一个五年计划开始，一般认为中国开始了计划经济时期，这一时期持续到1978年改革开放为止。

（一）计划经济实践产生了建设型财政理论思想

从1953年中国实施第一个五年计划开始，尤其是随着1956年底"三大改造"的基本完成，我国社会主要矛盾和党的中心任务发生了深刻变化。时代和实践所提出的新问题是，如何在一个落后的农业国基础上尽快实现工业化。

---

① 其中最典型例子是抗日战争时期陕甘宁边区大生产运动，到1943年生产自给率达到79.5%。

② 例如，毛泽东在《新解放区农村工作的策略问题》中就提出"在财政政策上实行合理负担，使地主富农多出钱"。参见毛泽东．毛泽东选集（第四卷）［M］．北京：人民出版社，1991：1326.

③ 李炜光，赵云旗，叶振鹏．中国财政通史（第九卷）：新民主主义革命时期财政史［M］．长沙：湖南人民出版社，2013：61.

1956 年，党在八大决议中提出"我们国内的主要矛盾，已经是人民对于建立先进的工业国的要求同落后的农业国的现实之间的矛盾，已经是人民对于经济文化迅速发展的需要同当前经济文化不能满足人民需要的状况之间的矛盾"，同时在 1953 年一五计划提出"优先发展重工业"的基础上继续提出"必须继续坚持优先发展重工业的方针"[①]。

重工业优先发展是我国当时面临外部威胁和封锁情况下的国家战略选择，但在一穷二白的农业国基础上，很难靠市场自发实现重工业优先发展所需的资金积累（林毅夫，1999）。[②] 由此，国家选择采取计划经济模式通过资源集中配置的方式来实现。而财政最重要的职能则转变为通过国家对国民收入的分配，为工业化筹集和供应资金。在这样的时代和实践基础上，党在领导财政工作过程中形成了"建设型"财政思想理论。这一思想理论的核心在于正确处理积累和消费间的比例关系，如李先念于 1957 年所指出的"财政是对国民收入进行分配和再分配的工具……关系到国家积累和人民消费间的比例关系"[③]。而同期中国财政学术界也在马克思政治经济学和中国实践相结合的基础上产生了"国家分配论"这一财政基础理论[④]，为计划经济时期"建设型财政"理论做了学理阐释。概要看，"建设型财政"理论在计划经济和工业化实践基础上形成如下财政基本理论思想。

1. **国家分配的财政本质论**

"财政问题是一个分配问题"[⑤]，即认为财政本质上是以国家为主体的分配关系。由此，国家通过财政分配来调节和影响全社会积累和消费比例关系、农业轻工业和重工业比例关系、重点建设和一般项目间比例关系。

2. **筹集和供应资金的财政职能论**

计划经济体制下的财政一方面发挥财政收入"为高速度发展国民经济而筹集资金"的筹集资金职能，另一方面通过财政支出"在积累和消费、各部门和

① 中共第八次全国代表大会. 中国共产党第八次全国代表大会关于政治报告的决议 [R/OL]. 中国共产党新闻网，2018-03-06.

② 许廷星. 关于财政学的对象问题 [M]. 重庆：重庆人民出版社，1957：5. 其中首次较为明确地提出国家分配论财政本质观。

③ 李先念. 李先念论财政金融贸易（1950—1991）上卷 [M]. 北京：中国财政经济出版社，1992：272.

④ 参考许廷星. 关于财政学的对象问题 [M]. 重庆：重庆人民出版社，1957. 其中首次较为明确地提出国家分配论财政本质观。

⑤ 李先念. 李先念论财政金融贸易（1950—1991）上卷 [M]. 北京：中国财政经济出版社，1992：390.

各项目间分配和供应资金"的供应资金职能①,保证工业化经济计划目标的实现。

3. 积累与消费比例关系论

财政作为以国家为主体的分配关系,首先需要安排好积累和消费间的比例关系。要实现工业化特别是重工业优先发展的战略目标,必须保持较高的积累率和基本建设支出。但如果积累率过高则不仅挤占相应消费支出影响人民生活水平,也会影响国民经济综合平衡特别是容易造成农轻重间比例失衡。

4. 综合平衡论

李先念同志提出"财政上有个原则,收支平衡、略有结余"②"财政、信贷、物资三者必须平衡"③。在计划经济体制下,既要实现工业化的资金积累和重工业优先发展,又要保证国民经济有计划按比例发展,需要做好综合平衡,尤其是首先要财政收支平衡、不列赤字。

(二) 计划经济时期建设型财政理论的政策安排与实践探索

1. 形成了为工业化筹集建设资金的计划型财政收入机制

与国家集中配置资源的计划经济体制相适应,我国形成工业化筹集建设资金的计划型财政收入机制,并主要形成两条路径:一是从农业国现实出发,主要利用工农产品"剪刀差"的价格机制把农村的农业剩余转移成城市的国有企业盈利④,形成工业化资金的积累机制;二是国家财政对国有企业采取利润全额上缴、统收统支的财政模式,使得企业利润转化为财政收入。由此,在国家集中配置资源基础上统筹用于工业化建设投资及重工业优先发展。

2. 财政支出安排具有明显的生产建设型特征

为发挥财政为工业化供应资金的职能,我国财政支出呈现出明显的建设型特征。1953—1978 年,经济建设支出占我国财政总支出的比重达到了 57.9%,

---

①　《社会主义财政学》编写组. 社会主义财政学 [M]. 北京:中国财政经济出版社,1980:31.

②　李先念. 李先念论财政金融贸易 (1950—1991) 上卷 [M]. 北京:中国财政经济出版社,1992:299.

③　李先念. 李先念论财政金融贸易 (1950—1991) 上卷 [M]. 北京:中国财政经济出版社,1992:240.

④　据估计计划经济时期工农产品价格剪刀差作为隐性税赋大约有 6000 亿元,参见周其仁. 产权与制度变迁 [M]. 北京:社会科学文献出版社,2002:50.

最高年份甚至达到 70.4%，而在经济建设支出中，基本建设支出比重又达到 68%[1]。另据测算，计划经济时期对重工业的补贴率高达 37.57%（姚洋、郑东雅，2008）。[2] 由此，我国财政支出基本满足了计划经济对工业化的资金需求，对我国建成独立的、较为完整的工业体系发挥了重要作用。

3. 在"统一领导、分级管理"基础上形成了财力高度集中的财政体制

计划经济时期在中央和地方财政关系上，我国一直遵循"统一领导、分级管理"的体制安排。作为一个大国，虽然有必要赋予地方财政管理权限，但计划经济本质上作为国家集中配置资源的经济体制决定了集权型财政体制。由此在计划经济时期，虽然我国也在不同时期对地方采取一些放权政策，但总体而言还是形成中央高度集中的财政体制。高度集中、统收统支的财政体制，是与计划经济体制和国家工业化初期"集中力量办大事"相适应的。

4. 财政收支总体平衡，适应了经济建设计划性要求

为适应计划经济时期"有计划、按比例"发展国民经济的要求，在综合平衡论指导下，我国在大体上执行了收支平衡的财政政策。1953—1978 年间，我国约只有 1/3 年份出现了财政赤字，而赤字率也都不大[3]。由此适应了计划经济下国民经济综合平衡的要求。

综上所述，计划经济时期建设型财政通过财政收支及管理政策，总体上适应了我国工业化初期大规模建设资金的需求。1953—1978 年间，我国工业总产值年均增长 11.3%，其中重工业年均增长率为 13.64%。1978 年，我国工业总产值占工农业总产值的比重已经由 1949 年的 30% 提高到 72.2%，而重工业占工业总产值的比重则由 1949 年的 26.4% 提高到 56.9%[4]。在工业化和重工业优先发展基础上，同期我国国防工业和国防装备也有了较大程度的保障。

---

① 根据中国财政年鉴编委会. 中国财政年鉴 1992 [M]. 北京：中国财政杂志社，1992：898-901 数据计算而得。

② 姚洋，郑东雅. 重工业与经济发展：计划经济时代再考察 [J]. 经济研究，2008，(04)：26-40.

③ 国家统计局. 中国统计年鉴 2001 [M]. 北京：中国统计出版社，2001：245-247.

④ 国家统计局交通物资统计司. 中国工业经济统计资料（1949—1984）[M]. 北京：中国统计出版社，1985：95.

三、公共财政：改革开放和社会主义市场经济建设时期党领导财政工作的理论与实践

计划经济时期，建设型财政虽然对我国工业化起了重要作用，但通过财政进行强制高积累的模式和统收统支的体制，也相应抑制了居民消费增长和企业、地方积极性的发挥。同时，建设型财政所赖以存在的计划经济体制，在进入 20 世纪 70 年代末后愈发显得僵化。1978 年年底，以党的十一届三中全会为标志，我国进入了改革开放的新的历史时期。

（一）时代主题和改革实践催生出公共财政理论思想

党的十一届三中全会提出"据新的历史条件和实践经验……对经济管理体制和经营管理方法着手认真的改革"①，从而在实践上开启了对传统计划经济体制的渐进改革，也在思想上开始了对我国社会主要矛盾的重新认识。1981 年党的十一届六中全会提出"我国所需要解决的主要矛盾，是人民日益增长的物质文化需要同落后的社会生产之间的矛盾"，而在新的历史时期只有通过对传统计划经济进行体制改革才能有效解决这一社会主要矛盾。由此，在改革开放新实践的基础上，党对计划和市场的关系经历了一个认识逐渐深化的过程，并进而开启了财政工作的新实践和新理论。

1982 年党的十二大在总结近几年经济体制改革实践的基础上提出"贯彻计划经济为主、市场调节为辅"；1984 年党的十二届三中全会上进一步确立了"在公有制基础上的有计划的商品经济"② 的改革目标；1992 年 1 月，邓小平同志在视察南方发表重要讲话时提出"市场经济不等于资本主义，社会主义也有市场"③；1992 年 10 月，党的十四大正式宣布了建立社会主义市场经济体制的改革目标。

可见，改革开放的过程就是一个渐进市场化的过程，经济市场化伴随着财政公共化而逐步深入，实践的变化进而引发对财政理论的重新思考。早在 1982 年，针对计划经济时期建设型财政所导致的积累率过高问题，陈云就指出"从

① 中共第十一届中央委员会. 中国共产党第十一届中央委员会第三次全体会议公报 [R/OL]. 中国共产党新闻网，2018-03-06.

② 中共第十二届中央委员会. 中共中央关于经济体制改革的决定 [R/OL]. 中国政府网，2008-06-26.

③ 邓小平. 邓小平文选：第三卷 [M]. 北京：人民出版社，1993：373.

全局看，第一是吃饭，第二要建设"①；同年，邓小平也提出"不要把基本建设摊子铺的太大……战略重点，一是农业，二是能源和交通，三是教育和科学"②。由此意味着财政开始将重点转向基础性、公共性领域。财政改革实践的进展也对中国财政学术界产生了影响，尤其随着 1992 年我国明确社会主义市场经济改革目标以后，围绕着公共财政理论产生了大量的学术讨论、研究与争鸣，总体上认为与我国市场经济相适应的财政模式应是公共财政（张馨，1999）。③1998 年年底，全国财政工作会议正式提出"构建中国的公共财政基本框架"；2003 年，党的十六届三中全会则进而提出"健全公共财政体制"④；2007 年，党的十七大报告又提出了"完善公共财政体系"……正如李岚清同志所指出的"社会主义市场经济条件下的财政，与计划经济条件下的生产建设经营财政相比，最大的不同点就是公共财政"⑤。因此，在市场化改革实践基础上，党在领导财政工作过程中逐步形成了公共财政基本思想理论，其要点如下。

1. 市场失灵的财政职能论

如十四大报告最初对中国社会主义市场经济所做的概括"市场在社会主义国家宏观调控下对资源配置起基础性作用"。即要发挥市场在资源配置中基础性作用，政府主要通过宏观调控为市场竞争构建一个良好的外部环境而不过多干预企业等市场主体的微观经营。由此政府财政资源配置职能则限于"市场失灵"领域，即市场能做的让市场去做，市场做不好又需要做的才由财政来做。

2. 一视同仁的公共服务论

市场经济作为公平竞争的经济，政府要对所有市场主体一视同仁地公平对待。由此，应该一视同仁地公平征税，一视同仁地提供公共服务。正如李岚清所指出的"公共财政就是满足社会公共需要而进行的政府收支活动"⑥。

3. 非营利性的财政观

市场经济下政府应充当裁判员而不是运动员，因此财政支出应以满足公共

---

① 陈云. 陈云文选：第三卷 [M]. 北京：人民出版社，1995：309.

② 邓小平. 邓小平文选：第三卷 [M]. 北京：人民出版社，1993：143.

③ 张馨. 公共财政论纲 [M]. 北京：经济科学出版社，1999：23-481.

④ 中共第十六届中央委员会. 中共中央关于完善社会主义市场经济体制若干问题的决定 [R/OL]. 中国政府网，2008-08-13.

⑤ 李岚清. 以"三个代表"重要思想为指导逐步建立公共财政框架 [M] // 项怀诚. 以"三个代表"重要思想为指导逐步建立公共财政框架. 北京：经济科学出版社，2000：7.

⑥ 李岚清. 以"三个代表"重要思想为指导逐步建立公共财政框架 [M] // 项怀诚. 以"三个代表"重要思想为指导逐步建立公共财政框架. 北京：经济科学出版社，2000：2.

需要而不以营利为目的。正如李岚清所指出的"如果财政直接参与市场竞争，与民争利，就会使正常的市场秩序受到损害"①。

4. 合理分权的财政体制论

与计划经济国家集中配置资源不同，市场经济中公共财政作为满足公共需要的财政模式，需要在中央统一领导下合理划分中央和地方的财权和事权。由中央提供全国性公共服务，地方提供地方性公共服务。由此，1993 年十四届三中全会就提出"合理划分中央与地方事权……建立中央税收和地方税收体系"②。

（二）公共财政理论的政策安排与改革实践

从 1978 年到 2012 年，党在领导财政工作中通过改革探索，在经济市场化改革进程中形成财政公共化改革的实践探索和成功经验，并大体可以分为如下三个阶段。

1. 以财政放权让利为特征的自发改革阶段（1978—1992）

这一阶段通过打破计划经济下形成的财政"统收统支"，财政以放权让利为基本特征，来调动企业和地方积极性。由此对国有企业先后实行了企业基金制（1978 年）、利润留成制（1979 年）、利改税（1983 年）、承包制（1986 年）等改革，扩大了企业经营自主权，向培育独立的市场主体方向迈出重要步伐。1980 年起，在中央和地方财政关系上也开始打破计划经济下高度集中、统收统支的财政体制，大致形成各种不同形式的包干制，调动了地方积极性。总体上看，这一阶段随经济市场化因素的引入，我国财政制度就自发地开始朝公共化方向演变。一方面，税收日益取代国有企业利润成为财政收入主体，税收收入占预算内收入比重由 1978 年的 45.9%上升到 1992 年的94.6%；另一方面，财政经济建设支出占比大幅下降，由 1978 年的 64.1%下降到 1992 年的 40.5%③。当然，本阶段财政公共化改革具有"摸着石头过河"的自发性和探索性特征。

---

①　李岚清.以"三个代表"重要思想为指导逐步建立公共财政框架［M］//项怀诚.以"三个代表"重要思想为指导逐步建立公共财政框架.北京：经济科学出版社，2000：8.

②　中共第十四届中央委员会.中共中央关于建立社会主义市场经济体制若干问题的决定［R/OL］.人民网，2003-06-09.

③　根据中国财政年鉴编委会.中国财政年鉴 1998［M］.北京：中国财政杂志社，1998：448 数据计算。

2. 顺应市场经济改革目标的自我改革阶段 (1993—1998)

在党的十四大正式确立我国社会主义市场经济体制的改革目标后，自1993年开始我国就以适应社会主义市场经济体制为目标来进行财政制度的自我改革调整。从财政收入看，1994年的税制改革建立起了以增值税为主体的流转税体系，不同所有制企业税制的统一从根本上体现了公共财政一视同仁公平征税的原则，从财政支出看，这期间我国通过进一步增加财政公共性支出、将建设性支出集中于基础设施等，增强了财政市场失灵性和非营利性特征。尤其是这期间财政加大了对各项社会保障的支出，凸显出财政的公共服务特征。此外，1994年的分税制改革，通过划分中央地方税种、建立转移支付制度，适应了市场经济对财政适度分权的要求。

3. 明确公共财政改革目标的自觉改革阶段 (1999—2012)

随着1998年底我国明确提出"构建公共财政基本框架"，我国财政改革就自觉地以公共财政理论为指导来进行。从税收制度看，1999年起我国进行农村税费改革进而扩大到其他领域，通过清费立税，建立起以税收为主的政府收入体系，2004年开始我国启动了新一轮税制改革，通过增值税转型（2008年）、内外资企业两税合并（2009年）、营改增试点（2012年），实现了行业间、内外资企业间的税负公平，从财政支出看，这一阶段财政公共服务支出均大幅度增长，并基于城乡统筹的原则向农村延伸和覆盖，向一视同仁提供公共服务迈出重要步伐。此外，通过实施部门预算（1999年）、国库集中收付制度（2001年）、政府采购（2002年）、政府收支分类（2007年）等预算改革，财政公共性大大增强。

四、现代财政：进入新时代以来党领导财政工作的理论与实践

自2012年底党的十八大以来，我国改革开放和中国特色社会主义建设进入了新时代。这一新时代与改革开放以来三十多年的发展既一脉相承，又有很大不同，尤其是随社会主要矛盾发生了新变化而呈现出新时代的新特征。而党在领导新时代财政工作过程中也产生了新思想、新理念，从而推动了新时代财政理论的新发展和财政实践的新变化。

（一）基于新时代和新实践所产生的现代财政理论思想

十八大以来，我国经济社会发展站在了一个新的历史起点上，一方面，我

国仍处于社会主义初级阶段，仍处于进一步完善社会主义市场经济过程中，这决定了我国仍需进一步全面深化之前的市场经济体制改革。2013 年党的十八届三中全会在全面深化改革中首次提出"使市场在资源配置中起决定性作用"①，由此进一步明确了市场经济改革的目标和决心。而另一方面，虽然我国作为世界上最大发展中国家的国情没有变，但经过长期努力，我国已经改变了原来贫穷落后的面貌，社会生产力已经显著提高。同时，我国发展阶段、改革进程、社会环境、外部条件也都发生了很大变化。由此，2017 年党的十九大正式提出"中国特色社会主义进入新时代"的新的历史定位。与此相对应，党的十九大提出"我国社会主要矛盾已经转化为人民日益增长的美好生活需要和不平衡不充分的发展之间的矛盾"②。社会主要矛盾的变化意味着在新时代党的中心工作虽然仍是经济建设，但要更注重实现全面协调可持续的现代化发展。同时也要与全面深化改革的总目标相衔接，实现国家治理现代化。

基于新时代主题和新实践要求，党的十八届三中全会首次提出"建立现代财政制度"，由此"现代财政"成为新时代党领导财政工作的理论概括和思想指导。如果说公共财政是与市场经济相适应的财政制度，那么当中国社会主义市场经济进入新时代即现代市场经济以后，与之相适应的则是现代财政制度。可见，现代财政制度是与现代市场经济和现代国家治理相适应的财政制度，由此体现了其与公共财政制度间的历史继承性和时代创新性。概要看，新时代的现代财政思想理论具有以下主要观点。

1. 民生财政观

十八大伊始，以习近平总书记为核心的党中央就明确提出"人民对美好生活的向往就是我们的奋斗目标"③。而从社会主要矛盾来看，新时代"人民日益增长的美好生活需要"主要是教育、医疗、社保、养老等公共服务内容，这些民生领域公共服务的短板则与财政资源投入不平衡不充分有关。习近平总书记在黑龙江调研时就指出"财政等公共资金配置使用要向民生领域倾斜"④。由此

---

① 此前一直使用的则是"市场在资源配置中起基础性作用"的表述，参见中共第十八届中央委员会．中共中央关于全面深化改革若干重大问题的决定［R/OL］. 新华网，2013－11－15.

② 习近平．决胜全面建成小康社会 夺取新时代中国特色社会主义伟大胜利——在中国共产党第十九次全国代表大会上作的报告［R/OL］. 新华网，2017c－10－27.

③ 习近平．习近平谈治国理政：第一卷［M］. 北京：外文出版社，2014：4.

④ 习近平．习近平谈治国理政：第二卷［M］. 北京：外文出版社，2017a：363.

可见，建立以民生福祉为中心的财政制度是现代财政的本质内涵（刘晔，2018）。①

2. 国家治理财政观

十八届三中全会在提出"建立现代财政制度"目标时，也同时对财政工作做了划时代的定位"财政是国家治理的基础和重要支柱"。而"国家治理体系和治理能力现代化"又是作为全面深化改革的总目标之一而提出来的。因此，新时代赋予了财政职能更高的定位。如果说公共财政是与市场经济相适应的财政，那现代财政则不仅仅是从经济体制改革角度来定位，而必须从国家治理即包括经济、政治、社会、文化和生态文明的"五位一体"总体布局来定位，从全面深化改革的整体性、系统性和协同性来考虑财政职能。国家治理在本质上是治理公共风险（刘尚希等，2018），② 因此在国家治理财政观下，防范和化解公共风险是现代财政的重要职能（陈龙，2020）。③

3. 全面法治财政观

十九大报告提出"坚持依法治国、依法执政、依法行政共同推进"④。在国家治理体系现代化中，全面依法治国是一个核心点，而政府法治又是关键。要全面实现政府法治，把权力关进制度的笼子里，首先则需要从财政法治做起，毕竟政府的行为和权力的运用都离不开财力的支持。因此，新时代对现代财政制度提出了全面法治化的要求，具体则要从税收法治和预算法治入手来实现。

4. 新发展理念财政观

在着力破解新时代社会主要矛盾过程中，党的十八届五中全会首次提出"要坚持创新、协调、绿色、开放、共享"的五大新发展理念。由此对新时代财政改革实践提出了新的要求，也赋予了现代财政理论以新发展内涵，主要包括增强财税政策对创新驱动发展的激励作用。通过财政转移支付和公共服务均等化来促进区域协调发展；通过财税改革实现环境友好和可持续发展；建设大国财政以参与全球治理和国际公共产品供给；通过脱贫攻坚和收入再分配实现共享发展。

---

① 刘晔. 加快建立以民生福祉为中心的现代财政制度 [J]. 厦门大学学报（哲学社会科学版），2018（03）：15-22.

② 刘尚希，李成威，杨德威. 财政与国家治理：基于不确定性与风险社会的逻辑 [J]. 财政研究，2018（01）：10-19.

③ 陈龙. 国家治理"3+1"架构下的财政能力集——基于公共风险视角的分析 [J]. 财政研究，2020（11）：21-32.

④ 习近平. 习近平谈治国理政：第三卷 [M]. 北京：外文出版社，2020：18.

（二）新时代现代财政理论的政策安排与成功实践

1. 财政支出向民生领域倾斜，保障和改善民生成效显著

积极保障和改善民生是新时代现代财政制度的主基调，由此带来财政民生支出的大幅增长。以教育、医疗、社保和就业、保障性住房、环保节能、城乡社区这六项民生财政支出来看，其总金额由 2012 年的 59863 亿元增长到 2019 年的 123614 亿元，占一般公共预算总支出的比重则由 2012 年的 47.4% 上升到 2019 年的 51.8%①。尤其是这期间财政全力支持脱贫攻坚战，2013—2020 年中央财政累计安排补助地方财政专项扶贫资金 6569.73 亿元，且年均增长约 22.3%②。到 2020 年底，我国消除了绝对贫困，全面建成小康社会③。

2. 实施大规模减税降费，促进高质量发展和民生保障

进入新时代以来，为适应供给侧结构性改革和高质量发展要求，我国以新发展理念为指导实施了大规模减税降费。尤其是从 2017 年开始每年均提出明确的减税降费目标，而 2017—2020 年间各年度实际减税降费分别达到 1 万亿元、1.3 万亿元、2.3 万亿元和 2.6 万亿元，均超额完成年度目标④。从减税降费具体政策来看，均以技术创新、双创企业、小微企业、个体工商户、工薪阶层为减税重点，体现出促进高质量发展和民生保障的特点。尤其是 2020 年面对疫情冲击，减税降费主要用于保就业、保基本民生、保市场主体，体现了鲜明的民生取向。

3. 推进财政全面法治建设，有效服务国家治理

在全面依法治国战略布局下，我国财政法治建设大大增强，在预算法治和税收立法上体现得尤为突出。从预算改革来看，随着 2015 年我国新预算法的实施，我国预算首次实现了全口径审查和监督。2017 年起开始实施地方人大预算联网监督工作，实现了预算全过程实时在线监督。2018 年起实施全方位、全过程和全覆盖的全面预算绩效管理。这些改革都大大增强了预算的法治性。从税收立法来看，进入新时代以来我国已先后通过了环保税、船舶吨税、烟叶税、耕地占用税、车辆购置税、资源税、城建税、契税 8 个税种的全国人大立法并

---

① 根据国家统计局. 中国统计年鉴 2013 ［R/OL］. 国家统计局网站，2013 数据，以及国家统计局. 中国统计年鉴 2020 ［R/OL］. 国家统计局网站，2020 数据计算而得。

② 根据财政部网站专题数据计算。

③ 习近平. 在全国脱贫攻坚总结表彰大会上的讲话 ［R/OL］. 中国共产党新闻网，2021-02-25.

④ 数据来自各年度"中央和地方预算执行情况与中央和地方预算草案的报告"。

颁布实施，立法税种由 3 个增加为 11 个，税收法定程度大大提高。

4. 深化税制改革，贯彻新发展理念

以创新、协调、绿色、开放、共享发展理念为指导，我国进一步深化了新时期税制改革。如"营改增"经试点后逐步扩围，并于 2016 年 5 月最终实现全面"营改增"，由此实现了行业间税负公平，推动行业协调发展。2013 年以来我国多次调整对创新企业的企业所得税税收优惠，密集使用研发费用加计扣除等工具，促进经济创新驱动发展；通过对资源税从价计征改革（2014 年起）、新增环境保护税（2018 年）等税制改革助力于绿色发展。积极创新自由贸易区税收制度，出台海南自由贸易港税收优惠政策，推动"一带一路"沿线国家税制协调，从而促进新时代的开放发展。2019 年起改革个人所得税制，首次实现了综合与分类相结合的税制类型，并新增六项专项附加扣除，由此使得税负更加公平，有利于促进共享发展。

五、党领导财政工作：百年历程中一以贯之的逻辑脉络

回顾百年来党领导财政工作的实践探索与理论创造，可以发现，其本身就是百年党史的重要内容之一。各个历史时期所产生的"供给型财政""建设型财政""公共财政""现代财政"，既对党领导人民夺取政权、执掌政权、巩固政权，也对中国革命、建设、改革、发展起到了基础和支柱作用。尽管在不同历史时期，财政实践和理论从具体内容上看有很大差异，如党史中新中国成立前与新中国成立后、新中国史中改革开放前与改革开放后、社会主义发展史中计划经济时期与市场经济时期、改革开放史中新时代前与新时代后，但百年历程中一以贯之的逻辑脉络依然清晰可见，并对当前及未来具有重要启示意义。

（一）坚持党对财政工作的领导是百年历程中一以贯之的逻辑脉络

回顾百年历程可以发现，不论在不同历史时期财政实践经验和财政理论思想有多么大的差异，但坚持党对财政工作的领导是贯穿始终一脉相承的逻辑主线。正如李先念所指出的"我们财政工作是为实现党的总路线服务的。财政上……所有这些问题都必须在党的领导下"[①]。正是党紧紧依靠人民，在破解不同历史时期社会主要矛盾过程中形成符合人民根本利益和时代要求的中心工作，

---

① 李先念. 李先念论财政金融贸易（1950—1991）上卷 [M]. 北京：中国财政经济出版社，1992：412.

并在围绕和服务党的中心工作过程中形成相应的财政实践探索经验和财政理论思想，才支持了中华民族从站起来到富起来再到强起来的伟大飞跃的历史进程。如习近平总书记指出的"中国共产党领导是中国特色社会主义最本质的特征"①，要发挥好新时代现代财政制度对国家治理的基础和支柱作用，坚持和加强党对财政工作的领导始终是一个最重要的原则和方向。

（二）坚持人民财政的本质属性是百年历程中一以贯之的逻辑脉络

回顾百年历程可以发现，不同时期党领导财政工作的实践经验和思想理论尽管在形式上有较大差异，但坚持财政的人民性则是贯穿始终一脉相承的逻辑主线。正如周恩来同志在1954年《政府工作报告》中所指出的"我们的财政是'取之于民，用之于民'的人民财政"②。综观百年，不同历史时期所产生的"供给型财政""建设型财政""公共财政""现代财政"尽管在理论和实践具体内容上有重大区别，但从根本上看，它们都只是不同时期人民财政具体实现形式的区别而已。贯穿其始终的本质则是党依靠人民、代表人民立足于不同历史时期的中国国情、时代背景和发展阶段来实现好最广大人民根本利益的"人民财政"。因此，在第二个百年奋斗目标开启之际，坚持"以人民为中心"的财政理念来进一步增进新时代的民生福祉，仍是当前及今后党领导的财政工作的根本和重心。

（三）坚持将马克思主义中国化时代化是百年历程中一以贯之的逻辑脉络

综观百年历程可以发现，党在不同历史时期所形成的财政思想理论都是将马克思主义基本原理与中国国情和时代特征相结合的产物。"供给型财政"理论是党将马克思主义基本原理与中国革命根据地实际相结合的产物，实际上也是"农村包围城市、武装夺取政权"中国新民主主义革命理论的有机组成部分；"建设型财政"理论则是将马克思社会主义建设的基本原理、计划经济的共性特征与中国作为落后农业国实际相结合的产物，实际上也是中国社会主义革命和建设理论的重要组成部分；"公共财政"理论则是将马克思主义基本原理、市场经济一般规律与中国社会主义基本经济制度、独特的经济转轨路径实际相结合的产物，实际上也是中国特色社会主义理论的重要组成部分；"现代财政"理论

① 习近平. 习近平谈治国理政：第二卷［M］. 北京：外文出版社，2017a：18.
② 周恩来. 周恩来选集（下卷）［M］. 北京：人民出版社，1997：142.

则是将马克思主义基本原理与中国特色社会主义的时代特征相结合的产物，实际上也是马克思主义中国化最新成果即习近平新时代中国特色社会主义思想的重要组成部分。上述各不同时期的财政理论都一脉相承又与时俱进地回答了在不同时代背景和实践基础上要建立什么样的财政制度，怎样建立这样的财政制度等基本问题。

（四）坚持"实践—理论—实践"的路径是百年历程中一以贯之的逻辑脉络

回顾百年历程可以发现，党在各个不同历史时期的财政实践探索和财政理论创新，都始终遵循"实践—理论—实践"的马克思主义认识论的逻辑进路。即从时代和实践所提出的、所要解决的新问题中进行财政理论创造，进而再将财政思想理论用于指导实践并接受实践的检验。当然，各时代所提出的问题及所需要解决的问题都很多，由此各个时代所需要解决的社会主要矛盾则成为那个时代所提出的最核心问题，把握和回答这一最核心的问题则成为理论创造之源，同时将在此基础上产生的理论用于指导实践，则成为实践探索的基本遵循。综观百年，不同历史时期所产生的"供给型财政""建设型财政""公共财政""现代财政"虽然在具体内容上有很大差别，但其都是在围绕着破解各个时期社会主要矛盾的财政实践中产生的并被实践证明是有效的财政理论。因此，"实践—理论—实践"的逻辑路径始终是一以贯之的基本脉络，也由此实现了理论逻辑、实践逻辑和历史逻辑间的统一。

（五）坚持发挥财政的基础和支柱作用是百年历程中一以贯之的逻辑脉络

回顾百年历程可以发现，不同历史时期党所领导的财政工作对中国革命、建设、改革、发展都起到了基础和支柱作用。"供给型财政"通过发挥保障战争供给的财政职能，对新民主主义革命最终胜利、对党在局部执政发展到全国执政起了基础和支柱作用；"建设型财政"通过发挥为工业化筹集和供应资金的财政职能，对新中国成立初期工业化尤其是重工业优先发展、对国防工业和新生政权的巩固起了基础和支柱作用；"公共财政"通过为市场提供公共服务，从而服务改革开放和社会主义市场经济建设，对生产力发展和政权稳定起了基础和支柱作用；"现代财政"则通过服务国家治理和增进民生福祉，对增加人民生活幸福和维护国家长治久安起了基础和支柱作用。从党最初提出服务于"武装夺取政权"革命战争的"供给型财政"思想理论，到十八届三中全会提出"财政是国家治理的基础和重要支柱"的"现代财政"思想理论，综观百年历程可以发现，党历来不只是把财政看作一个单纯的经济范畴，而是将其同时看作一个关系政权建设的政治范畴，坚持发挥财政的基础和支柱作用也是百年历程中党领导财政工作一以贯之的逻辑脉络。

第三章

新时代中国特色社会主义金融理论研究

第一节　金融周期研究新进展及其对中国的现实意义[①]

一、引言

过去的 30 年见证了所有发达经济体和许多新兴市场的衰退，而这些衰退有一个共同的特点就是它们都伴随着不同程度的金融动荡，比如信贷的严重收缩资产价格的急速下跌。这些现象都引起了业界和学界关于宏观经济与金融的关系的激烈的辩论，2008 年的全球金融危机将这方面的研究推向了学术前沿（Caballero，2010[②]；Woodford，2010[③]），特别是金融周期及其与传统经济周期的关系。当前我国经济也呈现越来越明显的金融周期的特征，中国人民银行在 2017年第三季度货币政策执行报告中也首提金融周期，详解十九大提出的健全货币政策和宏观审慎政策双支柱调控框架。本文将金融周期的文献进行全面总结和评述，以期为学者和从业者提供理解金融周期的一个清晰框架，并说明其对中国的双支柱调控框架的指导意义。

[①]　本节原由周颖刚发表于《金融发展》2018 年第 2 期，合作者为刘航（厦门大学王亚南经济研究院）。

[②]　CABALLERO R J. Macroeconomics after the Crisis：Time to Deal with the Pretense-of-Knowledge Syndrome [J]. The Journal of Economic Perspectives，2010，24（04）：85-102.

[③]　WOODFORD M. Financial Intermediation and Macroeconomic Analysis [J]. The Journal of Economic Perspectives，2010，24（04）：21-44.

二、金融周期理论的演进与发展

（一）金融周期的理论渊源

20 世纪以来，关于经济波动的来源及其传播机制的争论一直不绝于耳，而货币（金融）在经济波动中扮演的角色也未曾有定论。从理论的角度看，宏观经济学观点主要有两类，一类是古典经济学理论，另一类是凯恩斯主义理论。

古典学派强调私营经济主体的优化，倡导一般均衡理论和货币数量论，其中，一般均衡理论强调自由市场的效率，认为通过商品相对价格的调整可以平衡市场供求关系，从而促进资源的有效配置；货币数量论则强调货币中性原则，即货币只影响商品的价格，而不影响实体经济的波动，主张金融自由化。20 世纪七八十年代，受到广泛关注和研究的真实商业周期模型（Real Business Cycle，RBC）便是古典经济学派极具代表性的宏观经济波动模型。由于模型假设实际变量并不受名义变量的影响，所以货币市场并没有纳入该模型的讨论中。

凯恩斯学派则认为理解经济波动不仅需要研究一般均衡的复杂性，还需要考虑市场大规模失灵的可能性，也就是说，价格黏性的存在阻碍相对价格的快速调整，从而影响市场出清，因此，货币是非中性的，货币可以影响实体经济的产出，政府可以通过调节货币政策来应对宏观经济的波动，凯恩斯学派主张政府干预。值得注意的是，凯恩斯理论所强调的货币非中性在金融的延伸就是金融周期和金融不稳定论（彭文生，2017）。[①]

尽管古典学派与凯恩斯学派在大多数时候相互对立，相互批判，但二者也有相互汲取，相互融合的过程。真实经济周期模型在双方深入探讨和相互批评的过程中，逐渐暴露出了各种各样的缺陷，于是作为回应和拓展，真实经济周期模型的分析框架（动态随机一般均衡，DSGE）逐步引入了价格黏性、非完全竞争等因素，RBC 模型由此演变成为广义经济周期理论（GBC），而 GBC 模型为后来伯南克等人提出的金融经济周期理论打下了基石。金融经济周期重点研究金融因素对实体经济活动的产生影响，尤其是对经济波动的传播和放大作用的机制原理，具体研究方法则是在 DSGE 分析框架中纳入金融摩擦、金融中介等金融市场因素。

2008 年危机过后的宏观经济治理框架中，胜利的天平略微倒向了凯恩斯学

---

①　彭文生 . 渐行渐近的金融周期［M］. 北京：中信出版集团，2017：27-52.

派，表现在各国的央行和政府在危机后都主动进行市场干预，比如，美联储在2008年末实行零利率政策（Zero Interest-Rate Policy，ZIRP），和量化宽松（Quantitative Easing），即非常规的大规模资产购买政策（Large-Scale Asset Purchases，LSAP）；欧洲央行在2010年5月推出证券市场计划（Securities Markets Programme，SMP），以及在2013年9月实行夺取货币交易计划（Outright Monetary Transactions，OMT）。正是由于这次危机的出现，古典学派主张的金融自由化受到了质疑，金融监管在各国受到加强，而金融周期作为一个新的宏观经济分析和理解的框架引起了业界和学界的广泛关注与研究。

（二）信贷周期理论的渊源与分类

经济学家对金融周期的研究最初源于对信贷周期的关注。李嘉图、凯恩斯、哈耶克、熊彼特、弗里德曼等经济学家，均在其论著中不同程度地讨论过货币和信贷周期问题（陈雨露等，2016）。① 此外，Tobin（1975）② 和 Minsky（1975）③ 均强调信贷周期对宏观经济的影响。Kindleberger（1978）④ 和 Minsky（1986）⑤ 也试图通过研究过去金融危机案例来了解信贷增长与危机之间的关系模式。在20世纪70—80年代，尽管货币中性论主导着经济学的主流思维，关于货币与信贷周期的问题研究并未完全消殆。Bernanke 和 Blinder（1988）建立了关于信贷市场均衡的宏观经济模型（CC-LM 模型）。⑥

信贷周期理论可以大致分为两种：基于金融摩擦（Financial frictions）的信贷周期理论和基于行为金融的信贷周期理论。前者强调理性人的假设，而后者认为资产价格的动态大多时候是非理性行为的推动。

基于金融摩擦的信贷周期理论认为，债务市场存在着交易摩擦，一个人举债的能力同时受到外生的（如市场融资环境）影响和内生的（如借款人净值或

---

① 陈雨露，马勇，阮卓阳. 金融周期和金融波动如何影响经济增长与金融稳定？[J]. 金融研究，2016（02）：1-22.

② TOBIN J. Keynesian Models of Recession and Depression [J]. American Economic Review，1975，65（02）：195-202.

③ MINSKY H P. John Maynard Keynes [M]. New York：Columbia University Press，1975：266-285.

④ KINDLEBERGER C P. Manias，Panics，and Crashes：A History of Financial Crises [M]. London：Macmillan，2005：165-202.

⑤ MINSKY H P. Stabilizing an Unstable Economy [M]. New Haven：Yale University Press，1986：266-285.

⑥ BERNANKE B S，A S BLINDER. Credit，Money，and Aggregate Demand [J]. American Economic Review，1988，78（02）：435-439.

抵押品价值）限制。这种摩擦会产生放大和传播效应：当经济体遭遇负面冲击时，利用高杠杆来进行投资和消费的企业和家庭发现其净值受损，抵押品价值下降，这迫使他们减少借款和未来的投资消费，从而导致需求下降，总需求的下降导致经济活动的衰弱，进一步导致净值和抵押品价值的再一次下降，形成一个衰退的恶性循环。

这一理论也遭受一定的质疑，比如，代理人在理性的条件下，如果一开始就知道如此高的杠杆率容易导致经济体的衰弱，又为什么想要承担如此高的债务呢？一些文献中的解释是杠杆的选择存在外部性：个人不能完全内化自己的借款决定对总体经济施加的影响，所以从社会计划者（Social planer）的角度来说，它们是过度借贷的。

总的来说，金融摩擦的信贷周期理论模型可以提供一个较为合理的解释，它一方面说明了为什么存在高杠杆企业、家庭和中介机构的经济体容易受到外部冲击的影响，另一方面也回答了为什么这些行为者的分散化决策可以导致高杠杆率，尽管高杠杆存在潜在危机。该理论的缺点在于没有说明信贷繁荣触发经济下滑的时间和方式，即未明确给出金融周期的自我实现机制。

基于行为金融学的信贷周期理论是建立在 Minsky（1977[①]，1982[②]）和 Kindleberger & Aliber（2005）[③] 的叙述和大量的行为金融学文献之上的。Minsky（1982）提出了金融不稳定假说，认为金融体系的失衡是由不可持续的经济扩张所驱动的，主要表现在信贷和资产价格异常快速的增长。随着经济的逐步增长，现金流、收入和资产价格上涨，投资者风险偏好增强，外部融资限制减弱（可能因为抵押品升值），促使市场参与者更加愿意去冒险。[④] 然而金融体系在良性经济条件下总是会忽视建立有效的缓冲资本和流动资金以防患于未然，如图 3-1 所示，在到达繁荣临界点（即所谓的明斯基时刻，Minsky Moment）的时候，这种失衡就可能导致危机的产生，从而进入金融周期的下行阶段。

具体而言，Minsky 认为，推动经济走向危机的关键是非政府部门债务的积累。他将借款人分为了三类：对冲借款人（Hedge borrowers）、投机借款人

---

① MINSKY H P. The Financial Instability Hypothesis: An Interpretation of Keynes and an Alternative to Standard Theory [J]. Challenge, 1977, 20 (01): 20-27.

② MINSKY H P. Can "It" Happen Again: Essays on Instability and Finance [M]. New York: M. E. Sharpe, 1982: 266-285.

③ KINDLEBERGER C P. & R. Z. Aliber Manias, Panics, and Crashes: A History of Financial Crises [M]. London: Macmillan, 2005: 165-202.

④ MINSKY H P. Can "It" Happen Again: Essays on Instability and Finance [M]. New York: M. E. Sharpe, 1982: 266-285.

（Speculative borrowers） 和庞氏借款人（Ponzi borrowers）。

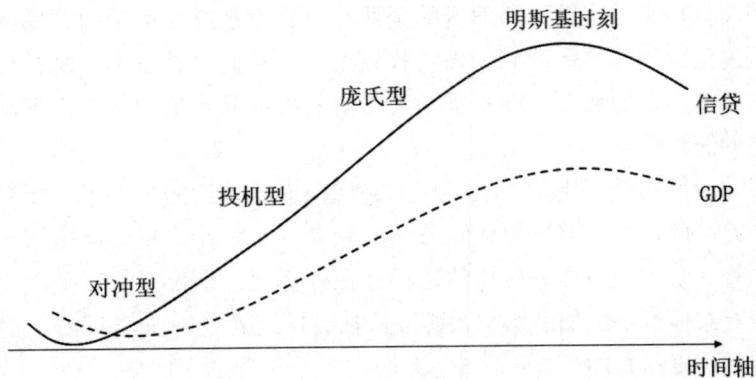

明斯基时刻

庞氏型

投机型

信贷

GDP

对冲型

时间轴

图 3-1　明斯基时刻

对冲借款人可以用当前投资产生的现金流支付债务（包括利息和本金），由该类借款人占主导地位的经济体是最稳定和安全的。投机借款人投资的现金流可以偿还到期利息，但不足以偿还本金，因此借款人必须进行债务展期或重新借入本金。在经济运行顺利的情况下，借新还旧尚能实现，而经济下滑就可能会造成债务人的困境。庞氏借款人的投资现金流既不能覆盖利息也无法偿还本金，其预期资产价值的升值足以为债务再融资，并且可以偿还利息（利息的资本化）。因此只有资产价值的升值才能保证庞氏借款人的持续性。

在金融周期的初期，对冲性融资行为占据经济体的主导位置，当现金流量超过偿还债务所需的金额时，借款人风险偏好上升，叠加房地产繁荣预期的影响，银行信贷逐渐从对冲性贷款转向投机性和庞氏贷款，此时金融体系则变得十分脆弱。如果由于资产升值的难以为继、货币政策的收紧或者一些外生冲击的力量使得资产价格下降，那么债务人会被迫出售资产，而这又会导致资产价格的进一步下跌，引发大规模的资产抛售，资产泡沫破裂和信用紧缩相随，金融衰退开始。

（三）金融周期理论的最新发展

2008 年的全球金融危机将金融周期的研究推向了学术前沿。同时，基于金融摩擦的信贷周期理论和基于行为金融的信贷周期理论也进一步深入。

Caballero（2010）认为一直以来处于宏观经济学核心的动态随机一般均衡

（DSGE）模型给出的只是一种我们渴望的答案，其与现实的联系有限；[1] 危机后更多学者投入到更加符合现实的（尽管不完善）和在当前危机下能起到重要作用的研究中，如流动性的蒸发、抵押品短缺、泡沫、危机、恐慌、卖空、风险转移、传染等；然而，这些文献大部分属于宏观经济学的边缘，而不是其核心。Woodford（2010）指出标准的宏观经济模型或者传统的"银行贷款"模型都不足以帮助我们了解最近这一次危机，由此，其建立了以市场为基础的金融中介（中介机构通过在竞争性市场上出售证券而不是仅通过吸引存款来进行融资）的宏观经济模型，将金融中介和信贷摩擦直接整合到宏观经济分析中。[2] Borio（2014）总结了过去十多年来学界对金融周期的认识，包括金融周期的核心特征，以及对金融周期准确建模需要考虑的事实因素，第一个是金融繁荣与衰退不只是时间先后的关系，而是因果关系；第二个是存在过多的债务和资本存量；第三个是要将潜在产出作为非通货膨胀产出和可持续产出进行区分。[3] Dell Ariccia 等（2012）将次级抵押贷款危机与相关贷款标准的下降联系起来，结果显示信贷增长较快的地区贷款标准下降幅度更大。[4]

　　一些文献将金融摩擦也扩展到了金融危机的研究。Bunnermeier 和 Sannikov（2014）研究有金融摩擦的经济体中的完全均衡动态，结果表明，金融摩擦的放大效应可能是高度非线性的，因而经济体对于大的外部震荡可能比对较小震荡的反应强得多，资产价格在经济下行阶段的相关性更高，证券化和衍生品合约能帮助分散外生风险，但会导致更高的内生系统风险。[5] Guerrieri 和 Lorenzoni（2017）研究信贷紧缩对异质代理（Heterogeneous agent）不完全市场模型中消费者支出的影响。在消费者借款能力出现意外的持续收紧之后，受限消费者被迫偿还债务（一个降低杠杆的过程），而不受限的消费者会增加预防性储蓄。这在短期内会压低利率和减少产出，如果零下限（Zero Lower Bound，ZLB）阻止

① CABALLERO R J. Macroeconomics after the Crisis: Time to Deal with the Pretense-of-Knowledge Syndrome [J]. The Journal of Economic Perspectives, 2010, 24 (04): 85-102.

② WOODFORD M. Financial Intermediation and Macroeconomic Analysis [J]. The Journal of Economic Perspectives, 2010, 24 (04): 21-44.

③ BORIO C. The Financial Cycle and Macroeconomics: What Have We Learnt? [J]. Journal of Banking and Finance, 2014, 45 (08): 182-198.

④ DELL' ARICCIA G, D IGAN, L LAEVEN. Credit Booms and Lending Standards: Evidence from the Subprime Mortgage Market [J]. Journal of Money, Credit and Banking, 2012, 44 (02-03): 367-384.

⑤ BRUNNERMEIER M K, Y SANNIKOV. A Macroeconomic Model with a Financial Sector [J]. The American Economic Review, 2014, 104 (02): 379-421.

利率下调，伴随着价格黏性的影响产出下降幅度会更大。[①] Hall（2011）也认为当利率的零下限（ZLB）干扰平衡过程时，冲击（需要代理人降低杠杆）导致的经济低迷将会更加深入和持久。[②] Baron 和 Xiong（2017）基于 1920—2012 年 20 个发达国家的数据研究表明，银行信贷扩张预示着银行业股指和股票市场指数崩盘风险增加。然而，尽管崩盘风险上升，银行信贷扩张预测这些指数的平均回报率却更低，而不是更高。这样的结果（风险升高而回报率降低）对以下观点提出质疑：与信贷扩张有关的金融不稳定性仅仅是由于银行违背股东意愿或者股东风险偏好提高的结果所致；相反的，这说明了需要将过度乐观和股东对崩盘风险的忽视纳入考虑。[③]

基于明斯基的金融不稳定假说和行为金融学理论的信贷周期研究也在危机后得到了更多关注，该种信贷周期理论指出投资者分析资产价格的动态并非是以完全理性的方式进行的。Greenwood 等（2016）构建了一个信贷市场情绪（Credit market sentiment）模型用于描述信贷周期，其中投资者信念的形成是基于信贷市场的历史违约情况，具体而言，在信贷繁荣（衰减）期，市场违约率很低（高），因而投资者会认为未来的违约率也很低（高）。该模型模拟了内生的信贷市场情绪与信贷市场结果之间的双向反馈机制，可以刻画信贷增长与未来收益之间的联系，以及基本面恶化而信贷市场尚未转变的"风暴前平静"的时期。[④] Bordalo 等（2016）认为信贷周期源于"诊断性期望（Diagnostic expectations）"，投资者对于未来信贷违约的预期很大程度上受到目前经济状况的过度影响：当经济基本面持续走好时，投资者会变得过于乐观，风险偏好增强，信用利差过度收窄，信贷扩张，实际经济活动持续回升；该理论的关键在于它可以导致内生的情绪（乐观或悲观）反转，在利差过度收窄之后，接下来的经济基本面可能并没有之前预期的那么好，从而传递给市场参与者一种负面的情绪，这种负面情绪又预示着利差扩大，以及由信贷供应紧缩引起的经济活动的下降，从而解释了金融周期的自我实现机制。[⑤] López-Salido 等（2017）提出信

① GUERRIERI V, G LORENZONI. Credit Crises, Precautionary Savings, and the Liquidity Trap [J]. The Quarterly Journal of Economics, 2017, 132（03）：1427–1467.

② HALL R E. The Long Slump [J]. American Economic Review, 2011, 101（02）：431–69.

③ BARON M, W XIONG. Credit Expansion and Neglected Crash Risk [J]. The Quarterly Journal of Economics, 2017, 132（02）：713–764.

④ GREENWOOD R M, S G HANSON, L J JIN. A Model of Credit Market Sentiment [R]. Harvard Business School Working Paper No. 17–015, 2016.

⑤ BORDALO P, N GENNAIOLI, A SHLEIFER. Diagnostic Expectations and Credit Cycles [R]. NBER Working Paper No. 22266, 2016.

贷市场的投资者情绪是经济波动的重要驱动因素，其使用 1929—2015 年的美国数据，证明信贷市场中存在可预见的均值回归现象，滞后两期的信贷市场情绪旺盛预示着当期外部融资结构的变化——净债券发行下降而净股权发行增加。[①]

三、金融周期的特点和度量

金融周期主要是指人们对于风险价值认知和其面临的融资约束之间的相互作用引起金融活动的周期性波动，这些相互作用可以放大经济波动，并可能导致严重的财务危机和经济混乱（Borio，2014）。[②]

（一）金融周期的特点

金融周期最核心的两个指标是银行信用和资产（特别是房地产）价格，前者代表融资条件，后者反映投资者对风险的认知和态度，两者相互影响，具有顺周期自我强化的特征，信用膨胀、资产价格上涨、信用进一步扩张，反之亦然，从而造成过度繁荣或持续紧缩。

Claessens 等（2011）的研究表明金融周期的主要特点还体现为三方面，一是金融周期衰退趋势在短期内呈现急剧下降的现象，持续 5—8 个季度，而上涨阶段持续时间长且慢。二是股票和房价周期往往比信贷周期更长、更明显。第三，随着时间的推移，周期的特征发生了变化，其中股价周期变得越来越短。[③] Claessens 还研究了各个国家金融周期的同步性，结果表明，金融周期彼此密切但并不完全相关。此外，其在研究各周期之间的一致性过程中发现，房价和信贷周期之间还存在着反馈效应，因为一个市场的破坏加剧了另一个市场的问题，这可能是因为信贷和住房融资之间的抵押限制关系及其互补性。[④]

Drehmann（2012）使用信贷/GDP 等变量去除其长期趋势部分后的波动成分用来描述金融周期，发现金融周期的频率比传统的经济周期的频率更低，且

① LÓPEZ-SALIDO D，J C STEIN，E ZAKRAJŠEK. Credit-Market Sentiment and the Business Cycle ［J］. The Quarterly Journal of Economics，2017，132（03）：1373-1426.

② BORIO C. The Financial Cycle and Macroeconomics：What Have We Learnt？［J］. Journal of Banking and Finance，2014，45（08）：182-198.

③ CLAESSENS S，M A KOSE，M E TERRONES. Financial Cycles：What？How？When？［J］. NBER International Seminar on Macroeconomics，2011，7（01）：303-344.

④ CLAESSENS S，M A KOSE，M E TERRONES. How Do Business and Financial Cycles Interact？［J］. Journal of International economics，2012，87（01）：178-190.

波幅更大。① Comin 和 Gertler（2006）使用 1948 年到 2001 年 2 季度的七种经济变量的季度数据，通过剔除数据中的长期趋势，得到频率介于 2—200 个季度的中期周期（Medium term cycles），然后使用带通滤波器（Band-pass filter）分离出不同的频率，将中期周期分成两部分：一部分定义为频率介于 2—32 个季度（经济波动的标准表示）的高频部分，另一部分为频率介于 32—200 个季度的中频部分；结果表明，GDP 波动的中频部分的重要性超过了高频部分；该文章把主要注意力放在了实际经济波动的解释上，没有将金融活动的作用纳入考虑。②

国内方面，彭文生（2017）较早全面研究金融周期，研究表明，相对于 GDP 增长衡量的经济波动周期而言，金融周期发生的频率更低，繁荣期和衰退期持续时间较长，一个金融周期可以包括多个经济周期；中、美、欧、日的金融周期呈现非同步的状态；1970 年以后，美国共经历了两轮完整的金融周期，间隔 18 年；从 2008 年开始，中国进入了金融周期的上行阶段，当前似乎已接近金融周期的顶部。③

（二）金融周期的度量

迄今为止，金融周期的界定和计量并没有统一的标准，文献中用于衡量金融周期的方法可以总结为以下三类。

1. 信贷周期的度量

在 2008 年全球金融危机之后，信贷繁荣是否会引发未来宏观经济活动风险的这一问题激发了大量关于信贷周期的理论和实证研究。这些文献大多以 Bernanke 和 Gertler（1989）④ 和 Kiyotaki 和 Moore（1997）⑤ 的研究为基础进行理论建模，认为金融市场摩擦是传播和扩大经济冲击的核心影响因素，也就是基于金融摩擦的信贷周期理论。在这一理论的驱动下，大部分实证工作集中在资产

---

① DREHMANN M, C E V BORIO, K TSATSARONIS. Characterising the Financial Cycle：Don't Lose Sight of the Medium Term！［R］. BIS Working Paper No. 380, 2012.

② COMIN D, M GERTLER. Medium-Term Business Cycles［J］. The American Economic Review, 2006, 96（03）：523-551.

③ 彭文生. 渐行渐近的金融周期［M］. 北京：中信出版集团, 2017：16-22.

④ BERNANKE B S, M GERTLER. Agency Costs, Net Worth, and Business Fluctuations［J］. American Economic Review, 1989, 79（01）：14-31.

⑤ KIYOTAKI N, J MOORE. Credit Cycles［J］. Journal of Political Economy, 1997, 105（02）：211-248.

负债表杠杆或者信贷周期方面的研究，如银行贷款的增长（Schularick、Taylor，2012；[1] Jordà 等，2013；[2] Baron、Xiong，2017[3]），而主要结论可以总结为信贷余额的快速增长预示着不远处的经济崩溃。

Aikman 等（2015）应用带通滤波器（Band-pass filter）以便专注研究特定频率范围内的周期变化，发现英国和美国的信贷与 GDP 比例本身呈现出明显的周期性格局，信贷周期与商业周期的频率和幅度存在明显不同。[4] Claessens 等（2011）[5] 和 Drehmann 等（2012）[6] 也有过类似的观察结果。另外他也强调银行贷款与国内生产总值比率的持续增长与随后的银行业危机密切相关。

国内的文献方面，陈雨露等（2016）使用私人部门信贷/GDP 偏离其长期趋势的波动部分作为度量金融周期的指标，基于全球 68 个经济体 1982—2012 年的面板数据研究了金融周期和金融波动对经济增长和金融稳定性的影响，实证表明相对于金融高涨期和衰退期，金融周期的正常阶段中经济增长率更高且金融系统更为稳定；换言之，金融系统无论过热还是过冷对经济增长和金融稳定都是不利的。[7]

2. 用单个时间序列（如信贷、资产价格）来表述金融周期

Claessens 等（2011）使用 21 个发达国家的在 1960—2007 年的季度数据，运用经典的衡量经济周期的方法（Burns 和 Mitchell，1946）来分别研究信贷，房地产和股票这三个市场存在的周期性，使用 BB 算法（Harding、Pagan，2002）定义周期性拐点。[8] Drehmann（2012）基于七个发达国家在 1960—2011

---

① SCHULARICK M, A M TAYLOR. Credit Booms Gone Bust: Monetary Policy, Leverage Cycles, and Financial Crises, 1870—2008 [J]. American Economic Review, 2012, 102 (02): 1029-1061.

② JORDÀ Ò, M SCHULARICK, A M TAYLOR. When Credit Bites Back [J]. Journal of Money, Credit and Banking, 2013, 45 (02): 3-28.

③ BARON M, W XIONG. Credit Expansion and Neglected Crash Risk [J]. The Quarterly Journal of Economics, 2017, 132 (02): 713-764.

④ AIKMAN D, A G HALDANE, B D NELSON. Curbing the Credit Cycle [J]. The Economic Journal, 2015, 125 (585): 1072-1109.

⑤ CLAESSENS S, M A KOSE, M E TERRONES. Financial Cycles: What? How? When? [J]. NBER International Seminar on Macroeconomics, 2011, 7 (01): 303-344.

⑥ DREHMANN M, C E V BORIO, K TSATSARONIS. Characterising the Financial Cycle: Don't Lose Sight of the Medium Term! [R]. BIS Working Paper No. 380, 2012.

⑦ 陈雨露，马勇，阮卓阳. 金融周期和金融波动如何影响经济增长与金融稳定？[J]. 金融研究，2016（02）：1-22.

⑧ CLAESSENS S, M A KOSE, M E TERRONES. Financial Cycles: What? How? When? [J]. NBER International Seminar on Macroeconomics, 2011, 7 (01): 303-344.

年的五个金融变量，使用两种方法来研究金融周期，一种是用带通滤波器（Band-pass filter）分离出每一个序列变量的两个周期成分，周期在5—32个季度的成分为短期周期（取其平均值代表经济周期），而周期在8—30年的成分为中期周期（取其平均值代表金融周期）；另一种方法则是传统的由Burns和Mitchell（1946）[1] 提出的拐点分析法来确定周期的峰谷时点。[2]

国内研究方面，彭文生（2017）使用国际清算银行的方法估算中国、美国、欧元区和日本的金融周期，对各国的实际信贷，信贷与GDP的比例（信贷/GDP）和实际房价指数这三列时间数据应用BP滤波分离得到周期项（波动项），取三者周期项的平均值作为度量金融周期的指数。[3]

3. 从许多不同的金融指标中抽取出它们的共同因子用于描述金融状况

这些金融指标通常包括利率、风险补偿、违约率、贷款余额、房屋价格指数、货币供应量等，此外也有学者建议在构建金融状况指数时考虑信用利差（Cúrdia、Woodford，2010；[4] Gilchrist等，2009[5]），杠杆和流动性（Adrian、Shin，2010a；[6] Geanakoplos，2010[7]），以及银行非核心负债（Shin、Shin，2011）。[8]

English等（2005）通过提取出三个国家（美国、英国、德国）金融市场数据的主成分构建金融状况指数，并用于宏观经济的预测。结果表明，主成分所捕获的金融因素能很好地预测未来的产出和投资水平。[9] Ng等（2011）认为没

---

① BURNS A F, W C MITCHELL. Measuring Business Cycles [M]. Cambridge：NBER, 1946：24-28.

② DREHMANN M, C E V BORIO, K TSATSARONIS. Characterising the Financial Cycle：Don't Lose Sight of the Medium Term! [R]. BIS Working Paper No. 380, 2012.

③ 彭文生. 渐行渐近的金融周期 [M]. 北京：中信出版集团, 2017：16-22.

④ CÚRDIA V, M WOODFORD. Credit Spreads and Monetary Policy [J]. Journal of Money, Credit and Banking, 2010, 42 (01)：3-35.

⑤ GILCHRIST S, V YANKOV, E ZAKRAJŠEK. Credit Market Shocks and Economic Fluctuations：Evidence from Corporate Bond and Stock Markets [J]. Journal of monetary Economics, 2009, 56 (04)：471-493.

⑥ ADRIAN T, H S SHIN. Liquidity and Leverage [J]. Journal of Financial Intermediation, 2010a, 19 (03)：418-437.

⑦ GEANAKOPLOS J. The Leverage Cycle [J]. NBER Macroeconomics Annual, 2010, 24 (01)：1-66.

⑧ SHIN H S, K SHIN. Procyclicality and Monetary Aggregates [R]. NBER Working Paper No. 16836, 2011.

⑨ ENGLISH W, K TSATSARONIS, E ZOLI. Assessing the Predictive Power of Measures of Financial Conditions for Macroeconomic Variables [J]. BIS Papers, 2005, (22)：228-252.

有单一的变量能够与金融周期完全契合，于是他基于中间信贷增长率，权益价格，房产价格，信用利差，商品价格，期限利差，贷款标准和贷存比的数据使用因子分析构建金融状况指数（FCI），并用其预测提前两期的产出波动情况。[①] Hatzius 等（2010）[②] 除了使用 Ng 等（2011）[③] 的指标，还增加了证券发行，货币总额，汇率以及金融系统压力严重性指标（如 VIX、TED 利差，异质性银行股价波动率，Libor-OIS 利差，银行 CDS 利差）等来构建 FCI，探讨金融状况与经济活动之间的联系；结果显示，相比于现有的指数，其构建的 FCI 与未来经济活动的联系更为紧密。

国内文献中，封思贤等（2012）使用货币供应量、利率、汇率等指标构建FCI，研究表明相对于单一金融指标而言，FCI 能更好地预测未来通胀水平。[④] 邓创（2014）选用上证指数、外汇储备、房屋销售价格实际增长率、广义货币供应量和金融机构存贷比等 13 个金融市场相关指标，使用 PCA 的方法构建金融状况指标。[⑤] 余辉和余剑（2013）在两个不同时期的金融状况指数的构建过程中发现货币供应量在最近一段时期的影响权重更大。[⑥]

四、金融周期与经济周期的关系及其政策含义

（一）金融周期与经济周期的关系

迄今为止，很多学者利用实证研究探讨了宏观经济与金融变量之间的一些基本关系。Fisher（1933）是最早提出并强调经济与金融市场间相互作用的关系

① NG T. The Predictive Content of Financial Cycle Measures for Output Fluctuations [J]. BIS Quarterly Review, 2011：53-65.

② HATZIUS J, P HOOPER, F S MISHKIN, et al. M W Watson. Financial Conditions Indexes：A Fresh Look after the Financial Crisis [R]. NBER Working Paper No. 16150, 2010.

③ NG T. The Predictive Content of Financial Cycle Measures for Output Fluctuations [J]. BIS Quarterly Review, 2011：53-65.

④ 封思贤，蒋伏心，谢启超等. 金融状况指数预测通胀趋势的机理与实证——基于中国1999—2011 年月度数据的分析 [J]. 中国工业经济, 2012（04）：18-30.

⑤ 邓创，徐曼. 中国的金融周期波动及其宏观经济效应的时变特征研究 [J]. 数量经济技术经济研究, 2014, 31（09）：75-91.

⑥ 余辉，余剑. 我国金融状况指数构建及其对货币政策传导效应的启示——基于时变参数状态空间模型的研究 [J]. 金融研究, 2013（04）：85-98.

的。① 此后有许多理论模型强调信贷和资产（房产和股票）价格变动在商业周期演变过程中对宏观经济总量的形成发挥的作用（Bernanke 等，1999；② Kiyotaki、Moore，1997③）。还有一部分文献考察了资产价格是领先、一致还是滞后于经济活动指标的问题。另一些研究，如 Reinhart 和 Rogoff（2009），研究在金融危机附近时点的实体经济和金融变量的行为。④

Claessens 等（2012）利用 44 个国家在 1960—2010 年的季度数据研究金融周期和经济周期之间的相互作用。分析表明伴随有金融混乱的经济衰退（特别是房屋和股权价格的暴跌）往往比其他衰退时间更长更深；相反的，伴随着资产价格破裂的经济复苏比较艰难，而伴随有信贷和房价快速增长的经济复苏很强；还有一点值得关注的是，金融周期往往比经济周期时间更长，波动幅度更大；新兴市场的经济和金融周期往往比发达国家更为明显。⑤ Jordà 等（2011，2013）在 Schularick 和 Taylor（2012）⑥ 研究的基础上进行了扩展，发现信贷扩张型的经济繁荣期往往更容易引发更深层次的经济衰退以及更为缓慢的经济复苏期。⑦⑧ Borio（2016）基于美国数据的实证研究发现将含有金融周期的信息纳入考虑范围，可以得到更为精确的潜在产出测度，且在实时估计上也更为稳健。⑨

Ben-Rephael 等（2016）发现在家族基金中高收益债券基金的投资净流入额

---

① FISHER I. The Debt-Deflation Theory of Great Depressions [J]. Econometrica, 1933, 1 (04): 337-357.

② BERNANKE B S, M GERTLER, S GILCHRIST. The Financial Accelerator in a Quantitative Business Cycle Framework [M] // TAYLOR J B, M WOODFORD. Handbook of Macroeconomics. Elsevier, 1999: 1342-1393.

③ KIYOTAKI N, J MOORE. Credit Cycles [J]. Journal of Political Economy, 1997, 105 (02): 211-248.

④ REINHART C M, K S ROGOFF. The Aftermath of Financial Crises [J]. American Economic Review, 2009, 99 (02): 466-72.

⑤ CLAESSENS S, M A KOSE, M E TERRONES. How Do Business and Financial Cycles Interact? [J]. Journal of International economics, 2012, 87 (01): 178-190.

⑥ SCHULARICK M, A M TAYLOR. Credit Booms Gone Bust: Monetary Policy, Leverage Cycles, and Financial Crises, 1870—2008 [J]. American Economic Review, 2012, 102 (02): 1029-1061.

⑦ JORDÀ Ò, M SCHULARICK, A M TAYLOR. Financial Crises, Credit Booms, and External Imbalances: 140 Years of Lessons [J]. IMF Economic Review, 2011, 59 (02): 340-378.

⑧ JORDÀ Ò, M SCHULARICK, A M TAYLOR. When Credit Bites Back [J]. Journal of Money, Credit and Banking, 2013, 45 (02): 3-28.

⑨ BORIO C. Rethinking Potential Output: Embedding Information about the Financial Cycle [J]. Oxford Economic Papers, 2016, 69 (03): 655-677.

是信贷周期和经济周期的领先指标，且相对于其他文献中基于信用利差建立的指标而言，该领先指标能更早地对 GDP 增长和失业率进行预测。① Drehmann（2011）研究不同变量的表现用来其设定银行反周期资本监管水平的要求。他发现信贷与 GDP 缺口是很好的资本监管预警指标，因为它反映了资本的积累量和导致银行危机的系统性漏洞的形成过程。② Drehmann（2012）发现金融周期的峰值点十分靠近金融危机的暴发时点，且伴有金融收缩的经济衰退比一般的衰退更为严重。③ Adrian 等（2010b）将货币政策变化与金融中介机构的可靠性和风险承受能力联系起来，从而探索货币周期，金融周期和商业周期之间的联系。④

国内研究方面，曹永琴等（2009）以 M1 度量金融经济周期，以工业增加值度量真实经济周期，CCC 和 DCC 方法考察二者的动态相关性。结果表明，随着中国金融自由度提高，两种周期的动态关系持续强化。真实经济周期的波动降低不代表金融的绝对稳定，从而货币政策须同时考虑金融活动和实体经济活动两个方面。⑤ 邓创（2014）研究认为金融周期是经济周期的先行指标，领先时长大约 7 个月，一个周期的持续时间为 3 年左右且存在非对称性（扩张期时长大于收缩期）。同时金融环境的变化对物价和产出都有重要的影响。⑥ 马勇等（2016）采用房地产价格、股票价格、银行利差、金融杠杆、风险溢价等八个金融指标构建金融指数。研究表明，滞后 1—3 个季度的金融周期能良好地预测经济周期，而滞后 1-4 个季度的金融周期对价格水平也有良好的预测功能。⑦

---

① BEN-REPHAEL A, J CHOI, I GOLDSTEIN. Mutual Fund Flows and Fluctuations in Credit and Business Cycles [J]. Journal of Financial Economics, 2021, 139 (01): 84-108.

② DREHMANN M, C E V BORIO, K TSATSARONIS. Anchoring Countercyclical Capital Buffers: The Role of Credit Aggregates [R]. BIS Working Paper No. 355, 2011.

③ DREHMANN M, C E V BORIO, K TSATSARONIS. Characterising the Financial Cycle: Don't Lose Sight of the Medium Term! [R]. BIS Working Paper No. 380, 2012.

④ ADRIAN T, A ESTRELLA, H S SHIN. Monetary Cycles, Financial Cycles and the Business Cycle [R]. Federal Reserve Bank of New York Staff Reports No. 421, 2010b.

⑤ 曹永琴，李泽祥. 中国金融经济周期与真实经济周期的动态关联研究 [J]. 统计研究，2009, 26 (05): 9-16.

⑥ 邓创，徐曼. 中国的金融周期波动及其宏观经济效应的时变特征研究 [J]. 数量经济技术经济研究，2014, 31 (09): 75-91.

⑦ 马勇，冯心悦，田拓. 金融周期与经济周期——基于中国的实证研究 [J]. 国际金融研究，2016 (10): 3-14.

（二）对宏观调控的政策含义

2008 年的全球经济和金融危机迫使政策制定者重新思考传统宏观经济政策的有效性，宏观政策目标框架由"通货膨胀和产出"双目标拓展到"经济增长、通货膨胀、金融稳定"的三目标，在传统货币政策的基础上引入宏观审慎政策，其主要目标是逆周期调节和防范系统性风险。如果说货币政策以 CPI 为锚熨平经济周期，那么宏观审慎政策则旨在熨平金融周期。

随着我国经济呈现越来越明显的金融经济周期的特征（张捷，2017），① 我国不断创新和完善宏观审慎政策框架。2015 年，中国人民银行将外汇流动性和跨境资金流动纳入了宏观审慎管理范畴。2016 年起，我国正式将差别准备金动态调整机制"升级"为宏观审慎评估体系（MPA），将更多金融活动和资产扩张行为纳入宏观审慎管理，实施逆周期调节。2017 年，又将表外理财纳入 MPA 广义信贷指标范围，以引导金融机构加强表外业务的风险管理；同时，形成了以因城施策差别化住房信贷政策为主要内容的住房金融宏观审慎政策框架。

党的十九大明确提出，"健全货币政策和宏观审慎政策双支柱调控框架，深化利率和汇率市场化改革。健全金融监管体系，守住不发生系统性金融风险的底线"。② 这是反思国际金融危机教训并结合我国国情而构建的新金融宏观调控体系框架。一方面要继续完善以价格型调控和传导的货币政策框架，特别是发挥利率和汇率这两个金融价格在优化资源配置中的决定性作用；另一方面，要继续完善宏观审慎政策框架，将更多金融活动、金融市场、金融机构和金融基础设施纳入宏观监管的覆盖范围，并和货币政策充分协调和配合，推进金融治理体系和治理能力的现代化。

五、结论

通过对国内外有关金融周期文献的评述，使用我们总结了金融周期研究的新发展，特别是其特点和度量、与经济周期的关系及其对宏观金融调控的政策含义。我国经济呈现越来越明显的金融经济周期的特征，因此在传统货币政策的基础上引入宏观审慎政策的中国实践也在不断创新和完善，并上升为货币政

---

① 张捷．从金融经济周期看当前经济小周期繁荣的性质与持续性［J］．财经智库，2017，2（05）：90-102，143-144．

② 习近平．决胜全面建成小康社会 夺取新时代中国特色社会主义伟大胜利——在中国共产党第十九次全国代表大会上作的报告［R/OL］．新华网，2017-10-27．

策和宏观审慎政策双支柱这一新金融宏观调控体系框架，以期更好地调控经济周期和金融周期。

第二节　从新冠肺炎疫情的防治看系统性金融风险①

系统性金融风险是中国面临的三大攻坚战之首。新冠肺炎疫情全球大流行是 21 世纪最重大的公共卫生事件，也是一个很好的进行学科交叉研究的切入点，本文结合这两个要点，来谈谈如何从新冠肺炎疫情防治的角度来理解并应对系统性金融风险问题。

一、新冠肺炎疫情防控和治理逻辑

如图 3-2 示，在"新冠肺炎病毒疫情"中有几个关键词，第一个关键词是"病毒"，第二个关键词是"肺炎"，第三个关键词是"疫情"。

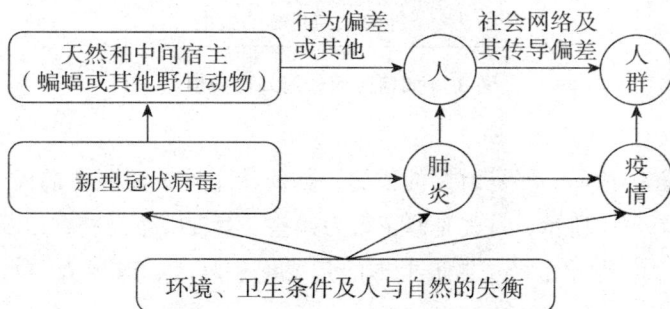

图 3-2　新冠肺炎疫情传播途径

首先，病毒可能寄生在蝙蝠一类的宿主身上，传染到人身上之后就会引发肺炎，然后通过社会网络，比如飞沫传播、人与人接触传播，扩散到人群中就形成疫情，这就是疫情暴发和传播的基本路径。对每个环节具体分析，病毒从蝙蝠传染到人这一过程中可能存在一些行为偏差，比如，喜欢吃野生动物，最终感染了病毒，这就是所谓的行为偏差。那么新冠病毒是如何进一步传播到人群当中的呢？通过社会网络，比如，通过接触，通过飞沫，甚至所谓气溶胶。

---

① 本节由周颖刚所作同名讲座整理而成，部分内容发表在《发展研究》2022 年第 7 期上

在这个社会网络传播过程中也有可能产生一些偏差，即社会传导偏差。比如人们该戴口罩的时候却不戴口罩，这就是社会传导偏差。而疫情之所以暴发，本质上还是因为环境卫生条件恶劣，以及人类与自然之间的关系失衡。

如何防治新冠病毒疫情？如图 3-3，通常有三种方法：一是隔离传播源，隔离感染病毒的患者；二是在社会网络中切断传染途径，是修正传染偏差，比如强制人们戴口罩；第三个是保护易感人群，特别是有基础病症的人和老年人，让他们尽量减少外出集会。

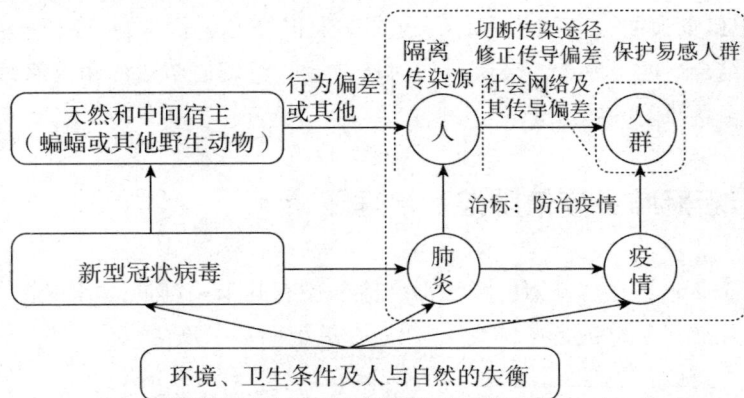

图 3-3 如何防治新冠肺炎疫情

这三个方法基本上都是治标的措施，如何治本呢？需要在前面两个环节里做文章。如图 3-4 所示，首先是修正行为偏差，禁食野生动物，以及研发疫苗，切断病毒到人的传导途径。更加根本的是要保护环境，改善人与自然的关系。治标和治本两方面要相结合。

二、系统性金融风险的相似性

根据新冠肺炎疫情的发生和防治逻辑来考察系统性金融风险，会发现这两者有很多相似的地方。先从 2008 年的金融海啸说起。

通过信用违约互换的数据，可估计出各金融机构间的信用风险传递图，如图 3-5 所示，2008 年金融海啸前那些大型金融机构，包括雷曼兄弟、高盛、花旗、摩根大通，还有房利美、房地美等公司之间存在紧密的内在联系，他们通过资金的借贷，甚至通过情绪的传播来相互联系。当时出现一个传染源，即雷曼兄弟倒闭，通过传导途径进而影响其他金融机构，最终引发 2008 年的那场金

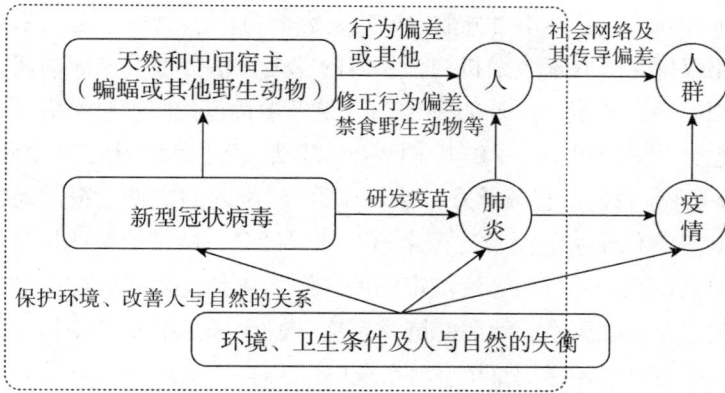

图 3-4 如何从根本上解决新冠肺炎疫情

融危机，这是出乎很多人意料的。为什么会发生那么大的金融海啸？常言道"太大而不能倒"，但其实雷曼兄弟在美国金融机构之中规模并不算最大的，只不过它跟其他金融机构之间有各种千丝万缕的联系，因此它的倒闭引发了市场上的连锁反应，许多巨型公司都被牵扯其中，这才导致了金融危机的暴发。所以上述观念需要更新，不是"太大而不能倒"，而是"联系太紧密而不能倒"。

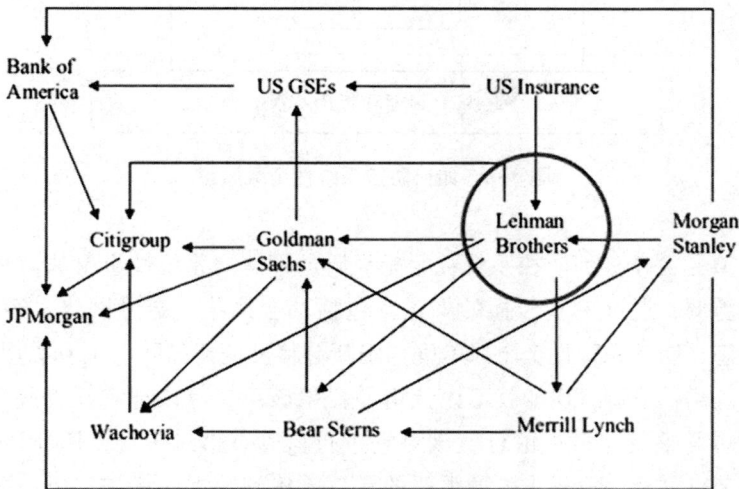

图 3-5 次贷危机中的信用风险传递图

图 3-5 展示了在雷曼兄弟倒闭之前就存在的风险溢出传播的路径，但在2008 年之前没有人关注到系统性风险的微观基础。学金融的人都知道，系统性

风险（systematic risk）是不可分散的风险，影响范围波及整个金融系统和宏观经济，而不仅仅是一两家金融机构，强调的就是无法分散。之前的研究都把系统性风险当成一个黑箱，在 2008 年之后，很多学者包括监管层在内开始进行理论反思，想打开这个黑箱，了解其中的微观基础，所以就产生了一个新的概念，叫 systemic risk，我们把它翻译为"系统风险"。国内的文件、报道通常提的是"系统性风险"，做学术的要对这两个概念加以区分。所谓的系统风险，指的是金融系统里面微观个体机构、资产市场的失败，或者是功能失调引发的链式反应，导致的广泛金融风险。所谓的链式反应，就像病毒引发了疫情，传染源即雷曼兄弟，通过网络传递到整个金融系统中。

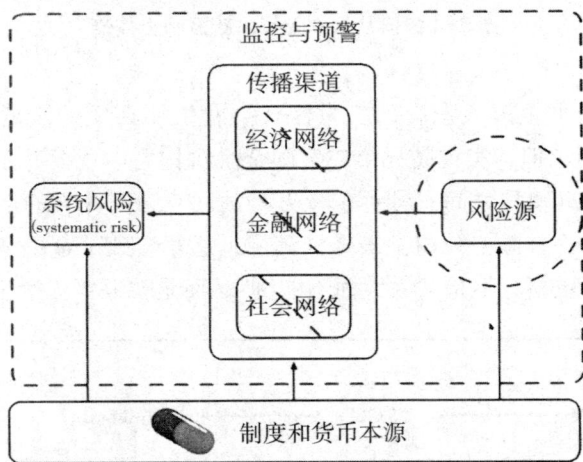

图 3-6　如何防控系统性金融风险

　　图 3-6 是关于如何防控系统性金融风险的图解。系统性金融风险里面至少有一个风险源，通过一些传播的渠道，包括社会网络、金融网络、经济网络，那么我们怎么防控系统性金融风险呢？跟新冠肺炎疫情的防治也有类似的地方。第一步，隔离传染源，比如就不该让雷曼兄弟破产，应该把它托管起来，再比如中国的包商银行，中央银行就该对它进行监管。第二步，要切断传染途径，在中间环节做文章。第三步，最重要的是，要找到治本的措施，要追溯到制度和货币因素。就像为了防治新冠肺炎疫情，要研发疫苗，改善人与自然的关系，为了防范系统性金融风险，要改进货币制度，在日常工作中，要监控和预警系统性金融风险。这是我们经济金融工作中面临的一个重要问题，是三大攻坚战的首要问题。

三、几个系统性金融风险例子

下面是几个关于系统性金融风险的例子。

（一）2015 年的"股灾"

2015 年 4 月 21 日，人民日报发表了一篇社论，讲 4000 点才是牛市的开始，[①] 股民大受鼓舞，大量涌入股市，大盘一下子涨到 5178 点。到 6 月 12 日，监管部门要清理场外配资，大盘又一路跌下来，一直跌到 3000 多点，2015 年 6 月 12 日到 7 月 9 日，上海股票指数蒸发了 20 多万亿，相当于当年 GDP 的 30%。这就是系统性金融风险的体现。更有意思的是千股涨停、千股跌停和千股停盘的现象同时出现。第一天有一千只股票，占 A 股市场的 10% 同时涨停，第二天可能就是千股跌停。千股停盘是有的股票跌停后不交易了，自动申请停盘。

2015 年的沪深两市融资交易量在 5 月左右有一个高峰。根据百度搜索指数，搜索股票的指数也在同时达到高峰。有一些平时不炒股，根本不知道怎么炒股的人，也开始入场。2020 年融资交易量又开始上升，说明又有大量的人开始借钱，同时百度搜索指数又开始上升，说明即使在 2020 年疫情严重冲击情况下，大家仍旧开始炒股。目前有一个担忧：2020 年会不会重演 2015 年的股灾，特别是从 6 月份开始，沪深两市的融资交易量开始暴涨，已经接近 2015 年的水平。百度搜索指数从今年的 6 月份以来也开始上升，也接近 2015 年的高峰。在 7 月 16 日，A 股市场包括深圳、上海蒸发了 3.5 万亿，虽然没有 2015 年的 30 万亿，但是损失也已经非常大了，相当于一天内人均亏损 2 万元。

（二）白酒股集体"跳水"

如上所述，2020 年 7 月 16 日，沪深股市遭遇"惊鸿一跌"，一个重大原因是白酒股集体"跳水"。与 2015 年的人民日报社论类似，7 月 15 日人民日报在海外版旗下的"学习小组"发表一篇文章，题目叫《变味的茅台，谁在买单》，里面有一句著名的话："酒是用来喝的，不是用来炒的，更不是用来腐的。"对比"房子是用来住的，不是用来炒的"，它加了一句"不是用来腐的"。[②] 7 月

---

① 王若宇. 4000 点才是 A 股牛市的开端［EB/OL］. 人民网，2015-04-21.
② 微信公众号"学习小组". 变味的茅台，谁在买单［EB/OL］. 人民日报海外版，2020-07-15.

16 日当天，所有白酒股，包括茅台，都集体跳水。其中，茅台跌幅达 7.9%，白酒股中比它跌的更多的还有很多，如泸州老窖、酒鬼酒，跌幅达 10%。这就是社会传导偏差，更具体地说，是相似性偏差。《人民日报》文章里提的是茅台，但是其他的白酒也跟着集体跳水，可能是因为大家觉得其他白酒跟茅台有相似的地方，所以当茅台股价下跌，引发了投资者对于白酒板块的焦虑怀疑。这就是系统性风险的体现，从茅台一个传染源，然后通过社会传导偏差，传导到白酒板块，使它们集体跳水。

　　为了不重现 2015 年的股灾，监管层吸取了 2015 年的经验和教训，可谓是操碎了心。如图 3-7 所示，2020 年 5 月份，《政府工作报告》再次重申"房子是用来住的，不是用来炒的"。[①]　由于疫情原因，货币政策宽松，大量资金闲置，人们按惯性思维，还是去炒房。现在既然政府重申了不能炒房的政策，各个城市就撤回了相关的购房放宽条款，比如杭州和东莞在 7 月 2 日就收紧了调控政策；7 月 6 日，宁波发布了楼市"十条"。政策意图是防止过多资金进入楼市，但是实体经济的回报率也低，那么资金就只能进入股市了。于是证监会采取进一步措施，防止资金进入股市。在 2015 年，场外配资金额量十分巨大，远远超过场内配资的金额，所以这次，监管层吸取了 2015 年的经验和教训，在 7 月 8

2020年5月24日·
《政府工作报告》再次重申"坚持房子是用来住的、不是用来炒的定位，因城施策，促进房地产市场平稳健康发展。"

2020年7月8日·
证监会曝光258家非法场外配资的平台名单。

2020年7月15日·
深圳出台楼市调控"新八条"推出有史以来最强楼市调控新政，限购、豪宅税、增值税统统加码。

·2020年6—7月
相关购房放宽的政策条款陆续被撤回或调整，7月2日，杭州和东莞发布了楼市收紧调控政策；7月6日，宁波市发布稳楼市"十条"新政，扩大限购范围。

·2020年7月9日
证券三大报头版发展：不乐见疯牛 以正确姿势推进股市健康繁荣。

·2020年7月16日
《人民日报》发表文章《变味的茅台，谁在买单》。

图 3-7　监管层的应对措施

---

① 习近平. 决胜全面建成小康社会 夺取新时代中国特色社会主义伟大胜利——在中国共产党第十九次全国代表大会上作的报告［R/OL］. 新华网，2017-10-27.

日曝光了 258 家非法场外配资的平台名单。7 月 9 日，证券三大报头版发声：不乐见疯牛，要以正确的姿势推进股市的健康繁荣，这也是吸取了 2015 年的教训。[①] 7 月 15 日，深圳出台了有史以来最强的楼市调控新政，从中我们可以看到，政府监管层和市场进行了一个博弈，这是风险的制度本源。

（三）瑞幸咖啡的"行为偏差"

第三个例子如图 3-8 所示，是瑞幸咖啡引发系统性风险的过程。2020 年 1 月 31 日，以做空中概股闻名的浑水研究发布了一份关于"瑞幸咖啡"股票长达 89 页的做空报告，当天瑞幸咖啡股价最高跌幅达 26%。这篇报告出来后，瑞幸咖啡先进行了辟谣，然而到了 4 月 2 日晚，瑞幸咖啡自己暴雷，据说是因为审计师不愿意在造假的报告上签字，涉嫌造假的业绩高达 22 亿，这个数字比瑞幸咖啡 2019 年一二季度的净收入加起来还要多。在图 3-8 中，瑞幸的股价如同十米高台跳水呈 90 度线，瑞幸咖啡当日换手率已经接近 50%，股价下跌了 74%。

神州优车和神州租车，被称为"神州系"公司，与瑞幸咖啡的控制人同样，

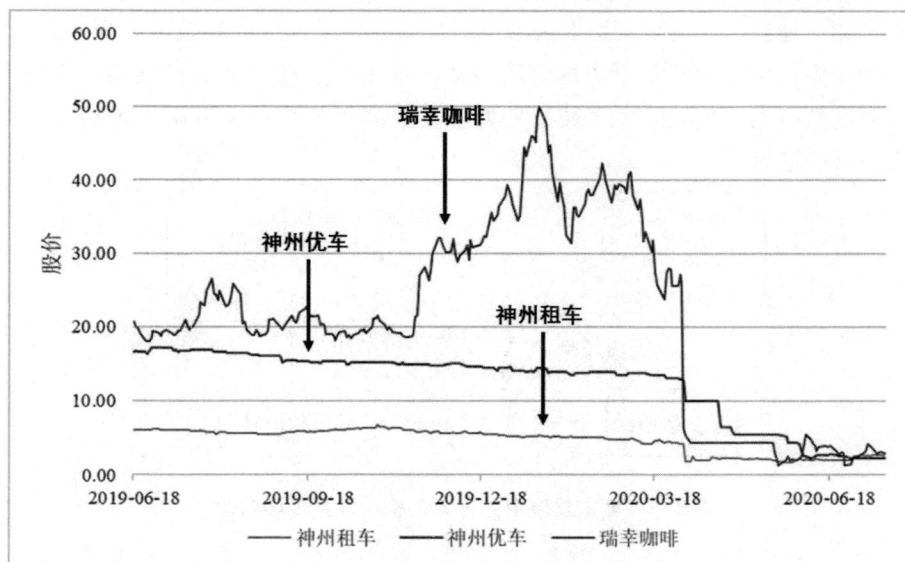

图 3-8 瑞幸咖啡的行为偏差

---

① 中国证券报评论员．当怀敬畏之心，实现股市健康繁荣 [N]．中国证券报，2020-07-09．王浩．沪指收复 3400 点关口，专家提示四方面迹象须警惕 [N]．证券日报，2020-07-09．卢丹，朱绍勇．国泰君安董事长贺青：快速上涨风险需要警惕 [N]．上海证券报，2020-07-09．

都是陆正耀。在 4 月 2 日，这两家上市公司也出现了大幅度的股价下跌。投资者可能是因为它们有同一个控制人，觉得它们之间有实实在在的联系，所以当瑞幸咖啡股价下跌了，另外两个股价也会跟着下跌，但是与此同时，跟瑞幸咖啡没有联系的其他中概股也跟着下跌。这就引出一个问题：中概股的崩盘是不是因为所谓的相似性偏差？海外投资者可能觉得其他中概股跟瑞幸咖啡有相似的地方，都会进行财务造假，基于这样的相似性偏差，之后要大量甩卖中概股，对中概股不再信任。所以这是社会传导偏差导致金融性系统风险，造成中概股崩盘的例子。

（四）烧掉 400 亿的独山县

第四个例子是贵州独山县，这是一个贫困县，但是在财政收入只有 10 亿的情况下，借了 400 亿，借来的钱又花在一些没有经济效益最后烂尾的工程上面。这个例子说明地方政府跟公司也有相似的地方，存在如公司金融里面提到的行为偏差，以及社会传导偏差。如图 3-9，时任独山县委书记是从沿海发达地区选拔来的，他就把在沿海发达地区的发展模式，包括发展高新技术，高等教育、旅游产业等，全部搬到处于边远落后地区的独山县。建立香港科技园，这是为了发展高新技术；独立的大学城，是为了发展高等教育；天下第一水司楼，则是为了吸引游客。

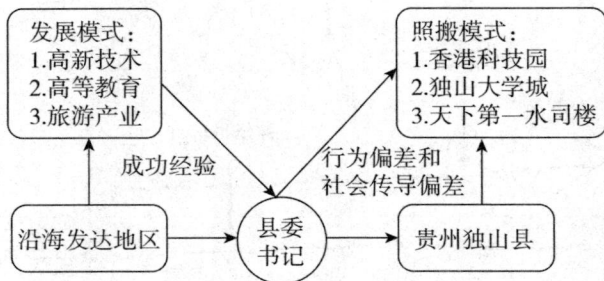

图 3-9　城市发展中的行为偏差和社会传导偏差

独山的县委书记把沿海发达地区的经验照搬照套到贫困地区，并没有因地制宜，这体现了所谓的社会传导偏差。举高债大兴土木对这个县委书记有什么好处呢？这就是所谓的政绩工程，他花了 400 亿，如果把 GDP 做上去，就能被进一步提拔。在这个案例中，这个县委书记过了几年也确实升迁了，但是因为这些工程烂尾了，他的仕途才被影响。更有意思的是，独山隔壁有一个县，也借了 100 亿，其县委书记原来是跟独山县委书记一起搭档的县长，他到任新的地方，又把这一套生搬硬套照搬过去。这个案例告诉我们，在城市发展过程中也存在行为偏差和社会传导偏差，而这使得地方债务不断累积，是系统性金融风险的一个非常重要的组成部分，甚至比那些金融公司影响还大。地方政府累积了大量系统性金融风险，其风险程度远远大于股市里。所以这里有一个说法：中国最大的资本市场，不是股市，可能是楼市，或者是地方债市场。

四、如何研究系统性金融风险？

这一节主要探讨如何研究系统性金融风险。一般金融学用到的主流的研究方法，可以分以下几种。第一种方法是理论建模。所谓理论建模，就是刻画主要经济变量的因果关系。这边有两个关键词，一个是"主要变量"，另一个是"因果关系"。经济学与统计学，或者其他学科不一样的地方在于，它特别强调因果关系。很多统计模型，包括现在的大数据、人工智能等，回归结果展示的都是相关关系，而不一定是因果关系。但是经济学里面强调的恰恰就是因果关系，理论建模把次要的问题简单化，抓住主要矛盾的因果关系。

第二种方法是实证分析，用数据来验证理论模型，或者假说的因果关系。你也可以凭借经济学思维直觉，在理论建模之前先设立一个假说，通过数据来验证因果关系是否存在，如果假说成立，便可以进一步建模。那么数据哪里来呢？有很多种方法。可以是通过大量采集得到的数据，也可以是问卷调查得来的数据，还可以是在实验室里面分析得来的数据，以及通过模拟的方式。

第三种方法是实验分析，即在实验室里或者到田野做实验，这种方法的好处是可以将因果关系处理得比较干净。具体怎么处理？通常设置一个实验组，一个对照组，给予不同的条件或者干预，则得出的不同结果，就是由于不同的条件或干预造成的，通过实验分析的方法，会较干净地得到研究者想要研究的因果关系。这种方法实际上也反过来影响实证研究。现在的实证分析里面也涉及实验组、控制组、DID、RD这类方法。

综上，金融学大致有这样三类的研究方法。接下来，我将以研究2015年股灾的两篇文章为例，来分别介绍实证分析和实验分析两种方法在经济学研究中的具体运用。

（一）实证分析

第一篇是实证分析文章（周颖刚、程欣、杨璇，2021），数据来源于国泰安，包含上海交易所A股5分钟内的数据，总共一千多只股票，其中收益率取了对数差分。文章想要研究在上海 A 股市场中，各个股票之间是怎么传染的，各个股票的价格变动怎么传导到其他股票中去。

图 3-10 展示的是 2015 年 6 月 24 日这一天的股市传导网络。图的下方，股价下跌得比较明显，波动性上升，风险较大。图的上方左边的网络看上去比较稀疏，右边的网络也是同一天的，但是比较稠密一点。为什么会有这样的差异？因为这一天内发生了千股跌停的现象，即股价下跌到一定程度之后就停在某一价位上不再交易了，没有进一步的价格数据。尽管这些股票的价格无法被观测，但是它们仍然发挥非常重要的作用，这就是在统计学中所谓"幽灵数据"的概念。我们要做的就是将这些幽灵数据复原，分析这些跌停的股票如何影响其他股票，在股市传导网络里面发挥什么样的作用。右边这张图是分析幽灵数据之后构造的股市传导网络。在这一天内，作为场内融资融券中介的某些证券公司，包括西南证券、华泰证券，东方证券作为股市传导网络的中心，影响了其他好多股票。

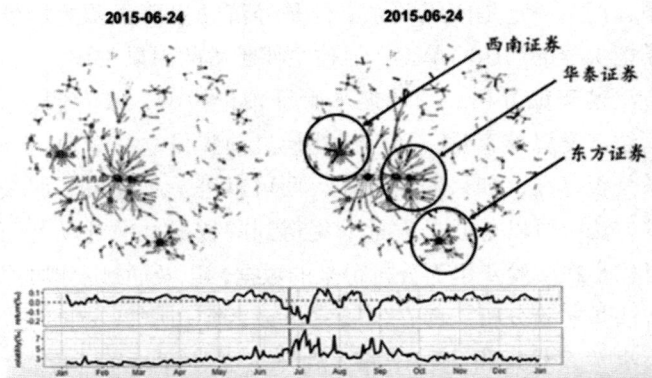

图 3-10　2015 年股市传染网络

根据这个实证分析结果，我们构造一个股市的系统风险指数，用图 3-11 中红色的这条曲线表示。从中可以看到在 3 月底、4 月，股市传染风险已经在加速。到了 6 月 12 日，监管层清理场外配资的时候，它并没有下降，虽然股价是下降的，但是股市的系统风险指数实际上在进一步上升。直在 7 月 3 日前后达到最高点。因为融资融券与加杠杆去杠杆有着非常密切的关系，我们又进一步将加杠杆和去杠杆引入融资过程，来分析它对系统风险变化的影响，并找出背后催生系统风险的影响因素。这篇文章只运用了场内融资的数据，没有场外配资的数据。前面提到，场外配资的资金量可能比场内配资的还要大，在没有办法得到该数据的情况下，该怎么办？这就引出了第二篇文章（耿森、周颖刚，

2021)，通过采用实验经济学的方法，清晰明了地处理和判断因果关系。

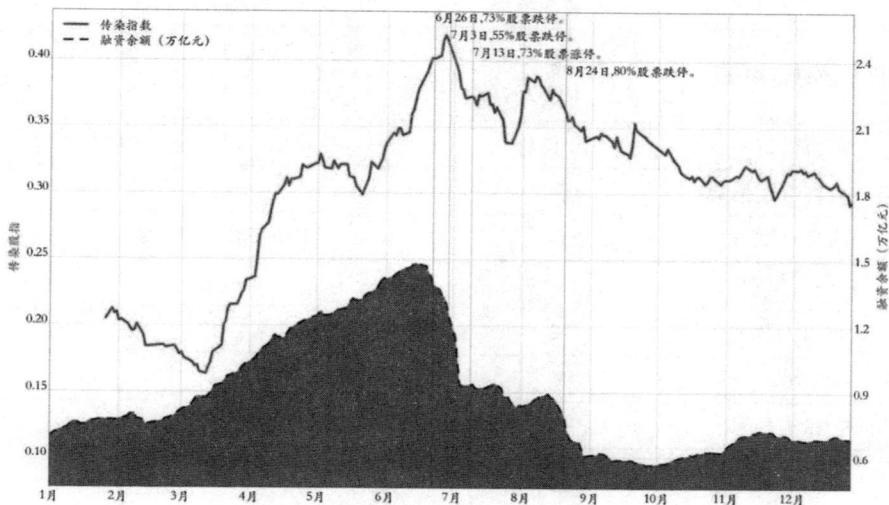

图 3-11　2015 年股市系统风险指数

（二）实验分析

为什么要做实验，因为世界太复杂，需要把控制相对次要的因素，所以要通过实验方法分成不同的场景。我们在厦门大学研修"高级金融学"的同学当中做了一个实验，总共是 336 名，分了不同的场景。表 3-1 概括了实验设计的基本框架。

我们特别关注融资交易是否是股市传导的因素，因此区分了有融资和没有融资的场景。在现实中无法判断股价是否有泡沫，但是在实验中可以人为界定资产的价格，设定股价在第一轮和第三轮的价格是 2.5，在第二轮和第四轮的价格是 7.5，如果价格超过给定的数字，就被界定为泡沫。在不可融资的场景之下，参与者只能用自己的实验币来购买资产；在可以融资的场景中，参与者可以按照给定的借贷利率向市场外部贷方借入不超过自己实验币四倍的实验币，即可使用的杠杆上升为 4 倍杠杆，这是用来模拟场外配资。借贷利率也分为两种，一个 10%，一个 5%。通过实验来观测股票价格会不会超过它的实际价值，超过的幅度有多大，在可以融资和不可以融资的场景下，没有任何区别，这就是实验经济学的思路。

表 3-1 实验设计概览

	不可融资场景	可融资场景
资产价值理论期望值	第 1、3 轮为 2.5 第 2、4 轮为 7.5	第 1、3 轮为 2.5 第 2、4 轮为 7.5
可否借贷	不可以	1—3 轮可以，第 4 轮前 200 秒可以
借贷杠杆上限倍数	无	4 倍
借贷利率	无	10% 场次或 5% 场次
每场次组别	2	2
每组人数	12	12
总场次	7	7
被试人数	168	168

　　实验结果如图 3-12 所示，下方的曲线代表资产的理论价值，上面有两条曲线，虚线代表可以融资的场景，实线代表不可融资的场景。不论是哪张图，可以融资的资产价格都是高于不可融资，换言之，融资提升了资产的泡沫程度。在可以融资和不可融资的场景下，交易价格分别是 16.79 和 11.89，从统计意义上，可融资场景的价格显著高于不可融资的场景。至于交易量，可以融资场景下交易量也会暴涨，是 156 对 107。价格波动率，风险也会随着可以融资而增

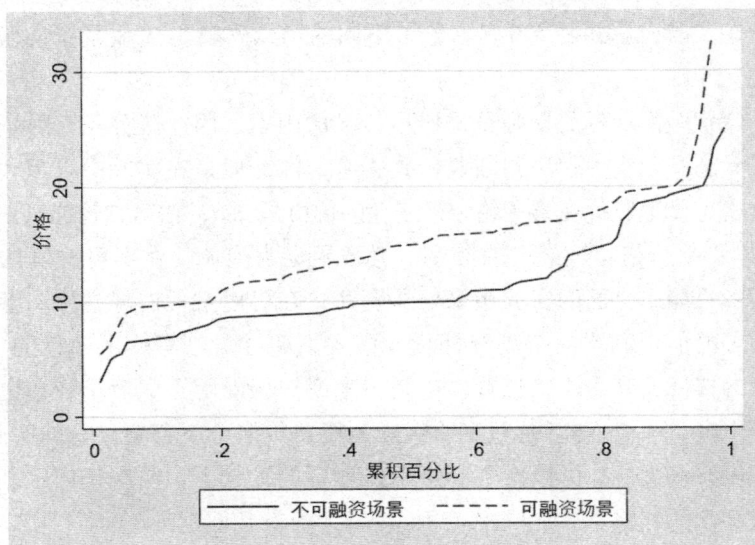

图 3-12 系统性金融风险研究中的实验结果

大，5.12 对 3.47。

以上两篇文章简单介绍了金融学如何研究系统性风险，探究其中的传导机制，以及系统性风险的微观基础。

五、系统性金融风险的制度和货币本源

接下来，我将分析系统性金融风险的本源。前面提到新冠肺炎疫情，它的本源是病毒，以及人跟自然之间的关系失衡。系统性金融风险存在着制度和货币层面的本源。货币主义大家弗里德曼曾经说过一句话："通货膨胀在任何地方都是货币现象。"正是因为货币超发导致价格上升，才引发了通货膨胀。基于此逻辑，在信用货币制度下，系统性金融风险主要是由货币因素造成的。

图 3-13 概括了金融风险的制度和货币本源。中间的两个框，分别代表实体经济和金融体系。在实体经济中，有产品的供给和需求。当他们达到均衡时产生均衡价格和均衡数量。均衡价格就是所谓的现金流，比如说租房的租金，是租户和房东达成的价格，租金就是房地产市场的现金流，并在金融体系里进行估值。金融系统根据资金供给和资金需求形成一个均衡价格，即所谓的贴现率；将未来的现金流折现成当期的现值，就得到资产价格。这就是实体经济和金融体系之间的联系。

但是这其中可能存在一个问题：资金可能会在金融体系内空转，而不一定流入实体经济，可能是因为实体经济的收益太差，或可能是因为虚拟经济存在泡沫，导致它的收益高于实体经济，这就是所谓的"脱实向虚"现象。这里有两个关键的变量，一个是现金流，一个是贴现率。贴现率受什么因素影响？一方面它受到中央银行的影响，中央银行通过货币政策，或其他量化工具来影响贴现率，比如，再贷款利率，或者再贴现利率。贴现率也有可能受国际金融体系的影响。比如，中国在 2001 年加入世界贸易组织（WTO）之后，其大量外汇盈余，就会通过外汇占款的形式使得中央银行发放基础货币，扩大货币供应，从而使贴现率下跌。在中国，地方政府也会影响金融体系，比如前面提到的贵州独山县，政府通过举债的方式，与金融体系形成了密切联系，以地方政府的信用倒逼货币的扩张。

综上，不论是人民银行、财政部还是地方政府，都会影响到金融系统。政府机构想通过金融系统最终影响实体经济，但是由于担心投入的钱只会在金融系统内部空转，所以又采取了一些直接的形式，如减税、降费，或者直接发放补贴，来影响实体经济。在这个体系中，国际的实体经济也会影响到国内的实

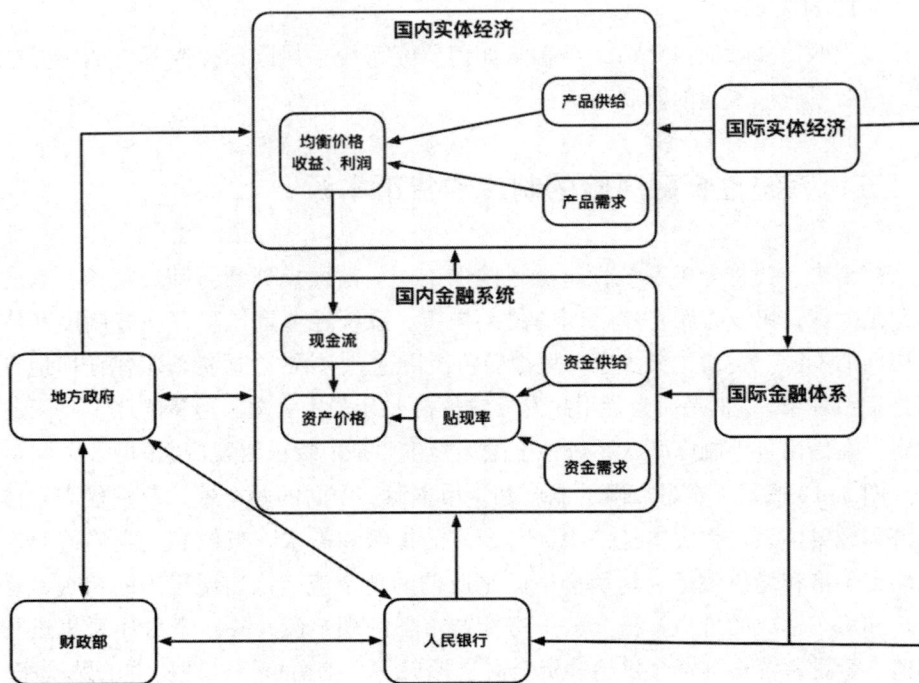

图 3-13 金融风险的制度与货币本源

体经济。

最明显的例子就是中国加入 WTO 之后，中国的贸易盈余大量扩张，中国变成了世界工厂。那么在这之中金融风险的制度和货币本源体现在哪里呢？因为钱在金融体系里空转，而并没有流入实体经济中，因此物价不会升高，即不会引发通货膨胀，反而会累积系统性金融风险。我们注意到当前现在的物价水平基本稳定，而中央对系统性金融风险的重视被提到了一个相当高的高度，被视为是治国理政金融安全的一个重要任务。总而言之，系统性金融风险的货币本源是通过人民银行或者国际金融体系倒逼货币扩张，以及通过地方政府发行地方债倒逼银行体系的风险，这是内生于整个金融制度与货币体系之中的。

在金融没有完全开放的背景下，历次全球金融危机都没有直接在中国暴发，但表现为系统性金融风险。图 3-14 反映了中国人民银行的资产结构，可以看到资产规模是不断上升的，从 2000 年以来特别是加入世贸之后，其中的外汇占款一路飙升，到了 2010 年之后则开始下降。长虚线代表对其他存款性公司的债权，就是央行对商业银行，包括国有商业银行、股份制银行，以及地方性商业银行，以及一些金融机构的债权。

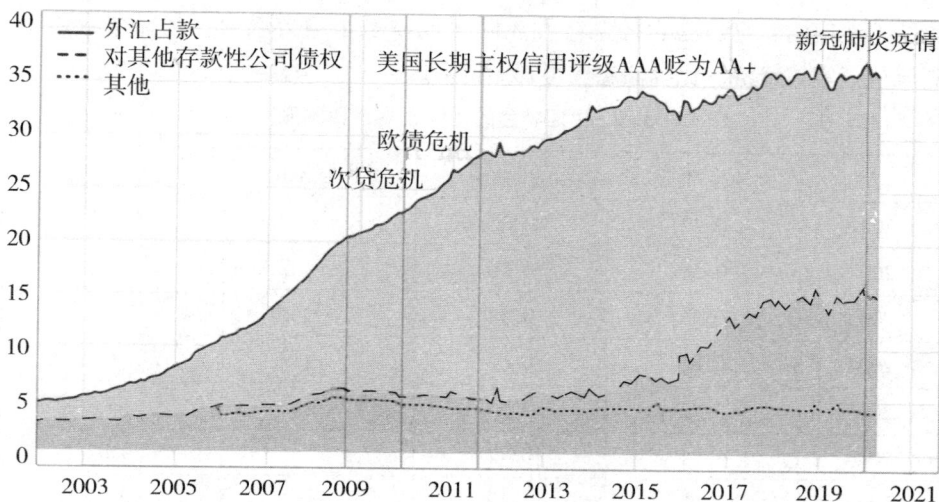

图 3-14　央行资产结构

　　那么，什么是人民币的货币锚呢？外汇占款的货币锚是美元信用，因为央行要购入美元外汇，需要增发等量的人民币，这是一个把美元换成人民币的过程，所以说外汇占款的货币锚是美元信用。而银行信用，即债权，其背后包含政府信用，地方政府以它的信用从银行获得贷款。这种存在如此之多货币锚的情况，不是央行一家能够控制的，况且央行供应的货币也并不一定能直接流入实体经济里去。这就引发了一个问题：传统的货币数量论还能否适用？所谓的传统货币数量论，就是 MV＝PY，其中 M 是货币供应量，V 是流通速率，P 是物价，Y 是商品的数量。一般假设货币的流通速率和商品数量保持不变，因此 M 上升会导致 P 上升，这是传统的货币数量论，然而它在现代的信用货币体系下，是否仍然适用？至少我们现在观察到的现象是，尽管存在大量放水，货币供应量上升非常明显，但是物价水平没有明显上升，通货膨胀率没有上升，反而是系统性金融风险不断累积。这说明货币数量论需要修正，货币理论需要创新。

　　最根本的创新体现在什么地方？在中国有一个非常有特色的现象叫土地信用。通常认为地方政府有四本账，第一本账是一般公共预算，第二本账是政府性基金预算，即卖地收入，也就是我们所说的土地出让收入，第三本账是国有资本经营预算，第四本账是社保基金预算。除此之外所谓的土地金融，不是指卖地，而是把土地拿去银行抵押，获得的贷款金额远远大于土地出让获得的资金量，如表 3-2 中的第一列所反映的，在 2015 年其金额达 11.33 万亿，远大于卖地收入。但在此之后，政府不再公布相关数据，说明土地抵押，即有中国特色的土地信用，它所隐含的系统性风险可能联系了地方政府，包括金融体系，甚至包括实体经济，比我们想象得要大得多。

表3-2　中国特色的土地收支"四本账"

	土地抵押贷款	土地出让收入	土地支出	土地税收
2001	0.49	0.13	–	–
2002	0.58	0.24	–	–
2003	0.56	0.54	–	–
2004	0.81	0.64	–	–
2005	0.92	0.55	–	–
2006	1.31	0.77	–	0.02
2007	1.62	1.19	–	0.07
2008	2.01	0.97	–	0.10
2009	2.59	1.42	–	0.14
2010	3.53	2.94	–	0.29
2011	4.8	3.35	–	0.33
2012	5.95	2.85	2.84	0.29
2013	7.76	4.12	4.06	0.41
2014	9.51	4.26	4.12	0.43
2015	11.33	3.25	3.29	0.33
2016	–	3.75	3.84	0.37

　　放眼全球，习近平总书记有一个论断：世界处于百年未有之大变局，这是在2018年中央外事工作会议上提出的，相信在今年的疫情全球大流行过后，这个论断将得到越来越多的共识。当前的全球化本质上是美元的全球化，或者说是金融的全球化。美元在布雷顿森林体系崩溃后跟黄金脱钩，从此世界进入了信用货币体系。这个信用货币体系是以美国政府的信用作为基础的，与之前以黄金作为基础的货币体系完全不同。在这个信用货币体系之下，政府的约束变得越来越松弛，特别是在2008年的次贷危机暴发之后，美国政府进一步采取了量化宽松的办法，不仅没有治本，反而大量地放水。图3-15展示了美联储近年来的资产结构。

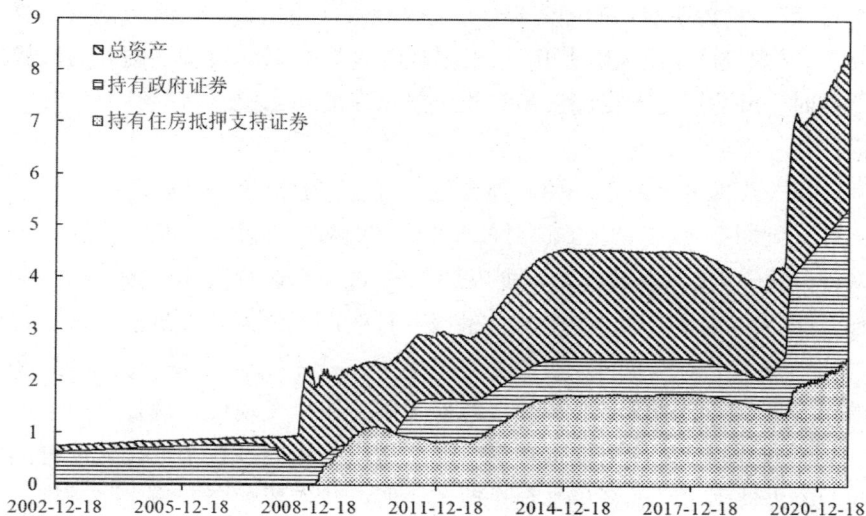

图 3-15　美联储资产结构

2008 年的次贷危机暴露出来一系列深刻问题，包括微观的货币和激励扭曲问题。这是什么意思？2008 年金融危机的起源是因为美国的低利率，美国自从 911 开始利率降到 1%，一直持续了三年。低利率催生了很多次贷，以及其他冒险（risk taking）行为。在信用货币制度下，低利率导致了政府在微观层面的激励扭曲的问题，在宏观方面则出现了系统性风险，以及财富分配不平等问题。这些问题在 2008 年金融危机之后并没有得到根本性解决，美联储反而采用量化宽松的办法，进一步刺激利率下降至 0，甚至低于原来的 1%，这进一步加剧了上面提到的那些问题。

到了 2020 年，美联储的量化宽松已经没有了底线，图 3-15 中各资产的曲线呈 90 度，与 2008 年相比有过之而无不及，这加剧了资产价格泡沫化。美国股市表现良好，实体经济却在下行。在 3 月，美国股市出现了巨大的波动，但是在量化宽松的刺激下它很快恢复了。在这种情况下，美元作为全球货币体系的基础，它的信用究竟还能持续多久？会不会酿成全球大变局？这些问题都需要研究者和决策层站在百年变局的大视野下来看待系统性金融风险的问题。

关于全球化变局下中国面临的新形势，可以从 2019 年和 2020 年的政府工作报告对比一下。2019 年提出的是"稳增长"，[①] 2020 年提的是"保增长防风险

---

① 李克强. 2019 年政府工作报告［R/OL］. 中国政府网，2019-03-16.

等多重目标"，这说明我们的经济工作重心不仅仅注重增长，同时防范风险也十分重要。"国内经济金融风险上升"，根据之前的图 3-12，可知当国外的形势也变得严峻时，风险肯定还将进一步累积。怎么在变局当中开新局？至少有以下两方面。

一方面，要推进更高水平的对外开放，稳定产业链供应。政府工作报告中反复出现关键词："要推动全方位对外开放""面对外部环境变化，要坚定不移扩大对外开放""要以开放促改革促发展"，① 这是在谈论实体经济方面。在金融方面，2020 年 4 月 1 日，中国的金融服务行业进入全面开放阶段，这是我们在变局当中的一个对应措施。在变局当中我们要坚持开放，特别是金融领域。自从改革开放以来，中国变成了一个贸易大国，但是在现代经济核心的金融领域，我们的开放幅度实际上远远滞后，无法适应实体经济在全球优化配置的要求，也没有办法通过金融开放来促进改革，所以我们要配套实施金融领域的全面开放。

另一方面，要防止"金融链"的脱钩。以前"产业链""供应链"提的很多，但是最近金融链脱钩开始得到越来越多的关注。比如，最近热议的美国会不会将香港甚至整个中国踢出 SWIFT 结算系统，这就是所谓的金融链脱钩问题。面对着这样一个百年未有之大变局，我们的对策就是要坚定不移加快金融开放，中央也决策部署并出台了很多意见，比如，2020 年 4 月 9 日，中央发布了《关于构建更加完善的要素市场化配置体制机制的意见》，里面指出"要逐步推进证券、基金行业对内对外双向开放，有序推进期货市场对外开放"等。② 6 月 18 日，在陆家嘴论坛上，刘鹤副总理也在致辞中指出："中国将坚定不移深化改革、扩大开放，加快出台和落实金融改革开放举措"。③

六、小结

在全球进入"逆全球化"或"慢全球化"的时代背景下，面对着对外开放和金融风险问题，中国的对策是加快金融开放，以更好地应对这个逆全球化的时代。我国在对外金融开放的时候肯定还将面临更多更大的挑战和风险，在全

① 李克强．2020 年政府工作报告［R/OL］．中国政府网，2020-03-12.
② 中共第十九届中央委员会，国务院．关于构建更加完善的要素市场化配置体制机制的意见［R/OL］．新华网，2020-04-09.
③ 刘鹤．在第十二届陆家嘴论坛开幕式上的致辞［EB/OL］．陆家嘴论坛网站，2020-06-18.

球化变局之下对于系统性金融风险的研究方兴未艾。

第三节　我国国债市场四十年的发展及其在中国
经济改革中的作用①

2008 年金融海啸席卷全球之际，一些发达国家的国债市场成了"避险"的天堂，对于缓冲金融危机具有非常重要的意义。因此，重视和发展我国国债市场是一项重要而紧迫的课题。

一、我国国债市场的发展与现状

我国的国家债券由财政部代表中央政府发行，由国家信用担保。我国在 20 世纪 50 年代为了筹集战后重建和恢复经济发展所需的资金，曾经发行过约 38.5 亿人民币的"人民胜利折实公债"和"国家经济建设公债"。以后相当长的时期我国由于实行量入为出的保守财政政策，没有发行国债，也没有政府债务。1981 年以来，我国在停发国家债券 20 年后开始恢复发行，到 2020 年末，累计发行 42.4 万亿元，国债余额达 20.9 万亿元，占全部债券余额的 22.3%，占GDP 的 6.91%。随着我国市场经济的发展，财政和金融在国民经济中的位置越发重要，它们相互之间的联系也更为紧密，促成了作为国债发行、流通和国债交易市场的形成和不断完善，并走向市场化，如图 3-16 所示。

（一）国债一级市场的形成和发展

国债一级市场，又称国债发行市场，是财政部将新发国债卖与国债承销机构（主要由银行，其他金融机构和证券经纪人构成）的场所。我国自 1981 年恢复停发国债以来，国债发行规模一直呈现上升态势，如表 3-3 所示。开始主要由财政部直接向企业和居民等认购人出售国债，具有一定的行政摊派性质，最初几年没有形成一级市场，也不存在国债流通的二级市场。1988 年，政府开始通过商业银行和邮政储蓄的柜台向居民销售国债；由于国务院规定政府赤字不再向央行投资，财政部开始向商业银行的金融机构发行财政债券；在 1991 年 4

---

①　本章节原由周颖刚发表在《当代财经》2013 年第 10 期上，合作者为陈世渊，原文题目为《试论我国国债市场的发展》，文中数据和内容经石曜丞帮助拓展至 2020 年。

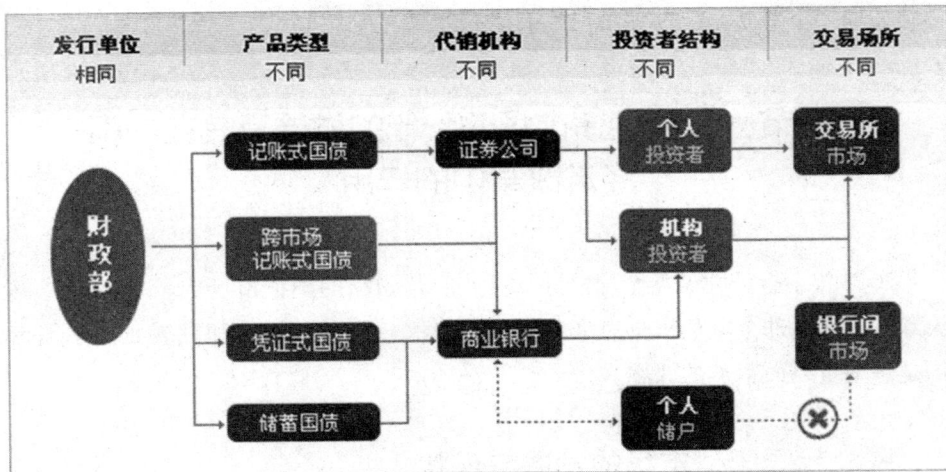

图 3-16　中国国债市场概览

月，财政部首次以承购包销方式发行国债。我国国债一级市场从这个时候开始
形成并不断发展完善。1993 年，我国建立了一级自营商制度，首批 19 家金融机
构获准成为国债一级自营商；1994 年，《中华人民共和国预算法》规定禁止财
政部向中央银行借款，使得国债成为弥补财政赤字的主要方式，当年国债发行
额出现了跳跃性增长，规模达到 1028 亿，占 GDP 的比重从 1993 年的 1.08%升
至 2.13%。同年，借助上海证券交易所的交易与结算网络系统，我国发行了半
年期和一年期的国债，并进行了无纸化发行的尝试。1995 年，我国国债发行引
入招标发行方式，通过国债一级自营商采取基数包销、余额包销的方式发行了
一年期记账式国债。我国国债市场在 1996 年有着重要的发展，通过招标方式使
得市场化程度大大提高。1998—2004 年，我国实施积极财政政策，国债发行额
进一步快速上升，七年间累计发行了长期建设国债 9100 亿元；2005 年由积极财
政政策转为稳健财政政策后，国债年度发行增长速度有所减慢，但是国债余额
仍不断增加；2007—2008 年金融危机后，政府采取的积极财政政策使得国债发
行规模进一步加大；2009—2012 年连续 4 年国债年发行规模超过 1.3 万亿元，
之后逐年升高，2020 年国债发行规模已达 7 万亿元；2015 年第四季度开始，财
政部按周滚动发行 3 个月贴现国债，国债收益率曲线 3 个月期限收益率作为人
民币短期债务工具代表利率，进入 IMF 特别提款权利率篮子，有力推动了人民
币国际化进程。

表 3-3 1981—2020 年国债发行规模、财政收入及 GDP 一览表

（单位：亿元）

年份	当年国债发行额	当年财政赤字	发行额占财政赤字比重%	当年财政收入	发行额占财政收入比重%	当年 GDP	发行额占GDP 比重%
1981	46.65	51.02	95.37	1175.79	3.97	4891.6	0.95
1982	43.83	34.59	126.71	1212.33	3.62	5323.4	0.82
1983	41.58	83.07	50.05	1366.95	3.04	5962.7	0.70
1984	42.53	43.62	97.50	1642.86	2.59	7208.1	0.59
1985	60.61	20.22	299.75	2004.82	3.02	9016.0	0.67
1986	62.51	106.53	58.68	2122.01	2.95	10275.2	0.61
1987	63.07	80.02	78.82	2199.35	2.87	12058.6	0.52
1988	132.17	161.93	81.62	2357.24	5.61	15042.8	0.88
1989	138.91	176.41	149.60	2664.9	5.21	16992.3	0.82
1990	197.24	115.14	171.30	2937.10	6.72	18667.8	1.06
1991	281.27	217.01	129.61	3149.48	8.93	21781.5	1.29
1992	460.77	228.79	201.39	3483.37	13.23	26923.5	1.71
1993	381.32	298.87	127.59	4348.95	8.77	35333.9	1.08
1994	1028.57	666.97	154.22	5218.10	19.71	48197.9	2.13
1995	1510.9	662.82	227.95	6242.20	24.20	60793.7	2.49
1996	1847.77	529.56	348.93	7407.99	24.94	71176.6	2.60
1997	2411.79	582.42	414.10	8651.14	27.88	78973.0	3.05
1998	6383.6	922.23	692.19	9875.95	64.64	84402.3	7.56
1999	4015	1743.59	230.27	11444.08	35.08	89677.1	4.48
2000	4657	2491.27	186.93	13395.23	34.77	99214.6	4.69
2001	4883.53	2516.54	194.06	16386.04	29.80	109655.2	4.45
2002	5934.4	3149.51	188.42	18903.64	31.39	120332.7	4.93
2003	6283.4	2934.70	214.11	21715.25	28.94	135822.8	4.63
2004	6924.3	2090.42	331.24	26396.47	26.23	159878.3	4.33
2005	7042.0	2280.99	308.73	31649.29	22.25	183217.4	3.84

续表

年份	当年国债发行额	当年财政赤字	发行额占财政赤字比重%	当年财政收入	发行额占财政收入比重%	当年 GDP	发行额占GDP 比重%
2006	8883.3	1662.53	534.32	38760.20	22.92	211923.5	4.19
2007	23483.44	1540.43	1524.47	51321.78	45.76	257305.6	9.13
2008	8558.21	1262.31	677.98	61330.35	13.95	300670.0	2.85
2009	16280.66	7781.63	209.23	68518.30	23.76	340506.9	4.78
2010	17778.17	6772.65	262.52	83101.51	21.39	397983	4.47
2011	15446.50	6500.00	237.64	51327.32	30.09	458217.6	3.37
2012	13562.26	8699.45	155.90	117253.52	11.57	538580.0	2.52
2013	15544.01	11002.46	141.28	129209.64	12.03	592963.2	2.62
2014	16247.35	11415.53	142.33	140370.03	11.57	643563.1	2.52
2015	19875.38	23608.54	84.19	152269.23	13.05	688858.2	2.89
2016	29456.69	28150.24	104.64	159604.97	18.46	746395.1	3.95
2017	38661.79	30492.72	126.79	172592.77	22.40	832035.9	4.65
2018	35410.97	37544.29	94.32	183359.84	19.31	919281.1	3.85
2019	40091.00	48468.29	82.72	190390.08	21.06	986515.2	4.06
2020	70173.25	37600.00	186.63	209028.24	33.57	1015986.2	6.91

　　资料来源：1980—2011 年数据引自贾康、韩晓明（2011），《国债发行 30 周年：回顾与前瞻》；[1] 2012—2020 年数据整理自中国债券信息网、中国国家统计局网站、财政部网站，以及《中国统计年鉴 2020》等。[2]

　　经过 40 年的发展，我国的国债一级市场已经基本形成，市场化程度高，国债发行方式包括招标方式（向国债一级承销商发行可上市国债）、承销方式（向商业银行和财政部所属国债经营机构等销售不上市的凭证式储蓄国债）、定向招募方式（向社会保障机构和保险公司定向出售国债）。同时，国债品种也不断多样化，包括国库券、国家重点建设债券、财政债券、特种国债、定向国债、保值国债、转换债券等，已经形成从 3 个月到 50 年的短、中、长期兼备的期限

　　①　贾康，韩晓明．国债发行 30 周年：回顾与前瞻［R］．中国金融四十人论坛，2011.
　　②　国家统计局．中国统计年鉴 2020［R/OL］．国家统计局网站，2020.

结构。

（二）国债二级市场的形成和发展

国债二级市场，又称国债流通市场，是国债承销机构或国债持有者与认购者之间交易已发行的国债的场所。我国在 1981 年恢复发行国债后的一段很长时间里，没有国债二级市场。为了便于国债的流通、转让和交易，增加国债的流动性和价值，我国从 1988 年开始在 7 个城市（其后扩大到另外 54 个大中城市）展开国库券流通试点。试点通过该地区的财政部门与银行部门设立的证券公司进行，属于场外交易。其后在 1991 年扩大了国债流动范围到全国 400 个地区的市一级以上的城市。1991 年年底，我国以柜台交易为主的二级市场开始形成。稍后建立的我国国债场内交易市场主要包括上海和深圳证券交所、武汉国债交易中心，全国证券交易自动报价中心。这样形成了以场外柜台交易和场内交易并存的国债二级市场。

随着国债现货市场的快速发展，我国在 1991 年形成了国债回购市场。国债回购是借助国债交易进行融券和融资活动，是获得短期资金的主要渠道，也为央行的公开市场操作提供了工具，对中国国债市场的发展起到了很大作用。1993 年推出了国债期货市场。国债期货可以引导国债价格，可作为市场参与者套期保值或者投机获利的工具，起到了活跃国债市场的作用。然而，由于利率没有市场化及监管不足导致 327 国债期货严重违规事件发生，促使国务院于 1995 年 5 月暂停国债期货试点至今。

1997 年 6 月，中国人民银行根据国务院指示要求所有商业银行退出证券交易所国债市场，进入新成立的场外市场——全国银行间债券市场，由商业银行、保险公司以及中央银行构成主要的机构投资者，其所持有的国债全部由中央国债登记结算公司托管。银行间债券市场成立后，大部分记账式国债和全部政策性金融债券通过全国银行间同业拆借中心的交易系统，以询价方式，自主交易，逐笔进行交易，并在中央国债登记结算公司办理债券的登记托管和结算。①

2000 年，人民银行发布《全国银行间债券市场债券交易管理办法》，对二级市场的交易行为进行了明确规定。2007 年，人民银行制定了《全国银行间债券市场做市商管理规定》，正式提出了做市商概念，并明确了做市商的必要条件和做市业务规范；2011 年，人民银行、财政部联合发布了《关于关键期限国债做市的公告》，启动关键期限国债做市，对活跃国债交易、稳定二级市场起到了

---

① 赵传新. 中国国债二级市场的发展、问题和政策建议［J］. 中国债券，2012（04）.

良好的促进作用；2012年，凭证式国债改为仅面向个人投资者发行，承销机构承购包销方式则改为代销方式；同年，储蓄国债（电子式）开始网上银行销售试点，极大提高了投资者购买国债的便利性；2016年，中国人民银行、财政部宣布建立国债做市支持机制；2017年，细化了国债做市制度，完善随买随卖操作，促进了国债市场流动性，进一步完善市场收益率曲线；2018—2020年，重庆农商行、广州农商行等几家农商行被纳入新一届储蓄国债承销团，这一调整优化了承销团结构，更好地落实中央的普惠金融政策，国债惠民利民成效显现。

综上所述，40年来，中国国债市场经历了最初的柜台交易市场、交易所市场集中交易，以及银行间债券市场崛起的三个阶段。根据中央国债登记结算有限责任公司和WIND资讯数据，2020年，银行间市场记账式国债现券成交达45.9万亿；2020年年末，国债托管余额达20.2万亿元，其中，记账式国债托管余额为19.4万亿元，储蓄国债（电子式）托管余额为7423亿元。

（三）香港人民币国债市场的发展

作为一项长期的制度安排，从2009年起，财政部开始在香港发行人民币国债，并逐步扩大发行规模。如表3-4所示，2009年、2010年分别发行了60亿元和80亿元人民币国债，2011年，发行规模增加至200亿元，此后2012年、2013年分别发行人民币国债230亿元，2014年、2015年、2016年分别发行人民币国债280亿元，2017年、2018年分别发行140亿元、100亿元，2019年、2020年分别发行150亿元人民币国债，累计发行2180亿元。期限品种日益丰富，主要有2年、3年、5年、7年和10年期等品种，2012年后还增加发行了15年、20年及30年期的长期限国债，这更好地适应了机构投资者的期限偏好，也为离岸人民币资产提供了一条相对完整的基准孳息率曲线，为海外人民币资产定价、风险管理等提供了重要的参考。同时，人民币国债的发行机制逐步完善，投资对象和交易方式也不断发展，2009年，财政部按照市场惯例，采用簿记建档方式向个人和机构投资者发行人民币国债，2010年，开始尝试通过香港债务工具中央结算系统（CMU）直接面向机构投资者发行人民币国债，2012年又按照CMU招标价格向国外中央银行发行20亿元人民币国债，此外，人民币国债在香港联交所挂牌上市交易也开始启动。在香港发行人民币国债，是中央政府支持香港巩固和提升国际金融中心地位，推动香港离岸人民币业务中心建设的有力举措。人民币国债在香港顺利发行，意味着全球投资者对中国政府治理和主权经济的认可，反映了中国经济在全球地位和影响力的提升、近年来经济基本面向好的事实以及中国经济不断加深的对外开放程度。

表 3-4   2009—2020 年在香港发行的人民币国债一览表   （单位：亿元）

期限	2 年	3 年	5 年	7 年	10 年	15 年	20 年	30 年
2009	30（R）	5（I） 20（R）	5（I）	–	–	–	–	–
2010	30（R）	20（I）	20（I）	–	10（I）	–	–	–
2011	50（R）	60（I）	50（I）	30（I）	10（I）	–	–	–
2012	55（R）	70（I） 11（F）	55（I） 6（F）	10（I） 2（F）	10（I） 1（F）	10（I）	–	–
2013	30（R）	100（I） 20（F）	40（I） 7（F）	10（I） 2（F）	10（I） 1（F）	5（I）	–	5（I）
2014	30（R）	110（I） 14（F）	70（I） 4（F）	10（I） 2（F）	30（I）	5（I）	5（I）	–
2015	20（R）	100（I） 37.5（F）	60（I） 2.5（F）	15（I）	25（I）	5（I）	10（I）	5（I）
2016	20（R）	120（I） 20（F）	75（I）	10（I）	20（I）	5（I）	5（I）	5（I）
2017	40（I） 3（F）	50（I）	40（I） 2（F）	–	5（I）	–	–	–
2018	60（I） 6（F）	–	30（I） 4（F）	–	–	–	–	–
2019	105（I） 8.62（F）	–	25（I） 1.38（F）	–	–	–	–	–
2020	110（I）	–	40（I）	–	–	–	–	–
2020	110（I）	–	40（I）	–	–	–	–	–

注：括号里的字母，"R""I""F"分别表示用于向个人零售（Individual Retail）、机构投资者（Institutional Investor），以及外国央行和地区货币管理当局（Foreign Central Bank）发售的国债金额部分。

（四）国债市场的发展模式和存在的主要问题

上面所述的改革开放以后我国国债一级和二级市场发展大概可以划分为三个阶段：第一个阶段是从 1981 年到 1987 年，我国主要采用行政摊派方式发行国债，没有形成国债一级和二级市场。第二阶段是从 1988 年到 1996 年，我国国债的一级和二级市场逐渐形成并迅速发展。国债一级市场引入一级自营商制度，国债发行由柜台交易和承购包销逐步向全面招标方式过渡。国债二级市场在 1991 年前以场外柜台交易为主场内集中交易为辅，在 1996 年后场内交易（交易所市场）开始兴起。第三个阶段是从 1997 年至今，国债全面走向市场化，国债品种和期限结构多样化，一级市场招标发行，二级市场以银行间市场为主，基本实现"发行市场化、品种多样化、券面无纸化、交易电脑化"。总体而言，中国国债市场的发展是由政府管理部门设计、制定方案，公布市场规则，银行等市场参与者跟随，是典型的政府主导型的发展模式（沈炳熙、曹媛媛，2010）。①

另一方面，国有银行等国债市场还没有形成一个统一的体系。大部分以中期国债为主，1 年、3 年、5 年、7 年和 10 年五个关键期限品种占定期、滚动发行记账式国债的 70%，而长期（10 年以上）和短期国债（1 年以内）仍很缺乏。银行间市场和交易所市场相互分割，流动性严重不足，大部分国债成为机构持有者的优质"不动产"，做市商的作用尚未很好发挥，柜台市场也没有受到重视。同时，一级市场的竞标和二级市场的交易主要来自在商业银行，特别是四大国有商业银行，过于集中，一定程度影响了国债发行和流通的市场化，不利于市场利率在国债市场的形成。此外，缺乏国债期权期货等风险规避的衍生品市场。在监管方面，人民银行负责监督银行间债券市场；证监会负责交易所债券市场；中央结算公司（中国债券的总托管人）在业务上接受人民银行和财政部监督，在资产与财务管理上受财政部监督，在人事和组织上受银（保）监会领导。这种市场分割，多头管理，降低了我国国债市场的效率，使市场无法形成统一的国债利率。

二、国债市场在中国经济改革中的地位和作用

我国国债市场的发展从一开始就和我国经济改革和发展紧密结合在一起。

---

① 沈炳熙，曹媛媛．中国债券市场：30 年改革和发展 ［M］．北京：北京大学出版社，2010：3-27

国债市场的形成和发展作为经济改革发展重要的一环，一方面是应改革开放发展的要求并为经济大局做出了不可或缺的贡献；另一方面，经济的不断发展和改革的持续深入又为促进了国债市场的不断发展和完善。

（一）国债市场是财政融资的主要场所

1981 年重启国债发行的重要意义在于对国家信用的重新确立和利用。80 年代初，国债主要作为弥补财政赤字的手段而被动发行，属于赤字型国债。从 1987 年开始，面对经济建设过程中发生的种种矛盾，政府在国债发行品种方面进行了多次尝试：1987 和 1988 年发行国家重点建设债券，以缓解国家建设资金供求矛盾，保证国家重点建设项目的资金需要；1989 年发行特种国债和保值公债。如前所示，1994 年的预算、银行协调制度改革，理顺了国债发行的机制，使得国债发行额迅速增大；1994—1998 年财政部连续 5 年发行了特种定向债券，以筹集国家经济建设资金。

在这个阶段，由于我国财政理论也逐渐由"国家分配论"过渡到"公共财政论"。财政收支管理更加积极，改变了过去无赤字的保守财政传统，开始对财政赤字实行有效管理，使得财政赤字成为一种常态。国债市场提供了国债发行、偿还和流通的场所，增加了国债对投资者的吸引力，提高了国债价值，降低了国家融资成本；国债市场也使得大规模经常性国债发行成为可能，赤字型国债和增支型国债交织在一起，增加了国家提供各种服务以及公共品的能力。①

（二）国债是国家宏观调控的重要工具

国债市场是使用财政政策和货币政策对经济进行宏观调控的重要平台。在财政政策方面，国债市场使得国家在经济下滑阶段得以在国债市场上有效大规模的融资，实行扩张性的财政政策。我国在 1998 年为了应付东南亚金融危机，保证 8% 的经济增长，果断通过国债市场增发了 1000 亿的特种国债用于基础建设。在实行积极财政政策的七年中，9100 亿元长期建设国债资金集中建设了一大批重要基础设施项目，并用于环境和生态保护、科技发展以及技术改造升级，每年直接拉动 1.5—2 个百分点的 GDP，创造 100 万—200 万个就业岗位，产生了巨大的经济效益和社会效益。

在货币政策方面，国债是中央银行公开市场操作的主要工具之一。中央银

---

① 翟钢．深化国债管理制度改革，促进中国国债市场发展［J］．中国债券，2013（09）：6–7.

行可以在国债市场买卖国债，影响社会资金成本，形成基准利率，间接调控社会生产和投资以实现国家调控目标。1996年4月，中国人民银行首次向14家商业银行买入2.9亿元国债，标志着央行的公开市场业务正式启动，我国开始通过国债市场进行宏观调控。然而，受限于我国国债规模和品种，国债还没有成为公开市场业务的主要媒介，中央银行用自主发行的央票很大程度替代了国债在公开市场业务上的功能。

（三）国债市场是推动我国经济金融改革的重要平台

首先，特种国债为我国的经济金融改革提供所需资金，实现国民经济债务大重组。第一次国民经济债务大重组是在1998年，财政部发行了2700亿元的长期特别国债，并将所筹集的资金全部用于补充国有独资商业银行的资本金，有效化解了当时国有企业的困境和银行潜在的债务危机。第二次发行特别国债实行国民经济债务大重组是在2003年，政府成立了汇金公司，推动国有商业银行上市为核心进行金融改革；2007年财政部又发行了15500亿元特别国债，用于购买约2000亿美元外汇，作为刚成立的中投公司的资本金。此外，5000亿的铁路债券，虽然以铁道部为发行和偿还主体，但是作为政府支持的债券，其发行、流动、偿还依赖于国债市场。与其类似其他国有部门的改革和发展所发行的债券（如金融债券等），同样也直接或间接依赖国债市场。

其次，国债市场，特别是银行间国债市场，是我国推行利率市场化的重要场所。利率市场化是指资金的价格，即利率的水平、传导、结构和管理由市场供求来决定。国债作为具有最高信誉度的债务，其利率可以作为其他金融产品利率定价的基础，而这也有便于中央银行通过公开市场业务在国债市场上调控国债利率，影响社会资金成本，从而对宏观经济活动进行间接调控。我国国债利率市场化的开端是1991年国债发行的市场化尝试；1997年6月，银行间债券回购利率和现券交易价格同步放开，由交易双方协商确定；1999年，财政部首次在银行间债券市场实现以利率招标的方式发行国债。银行间债券市场利率的市场化，为金融机构产品定价提供了重要参照标准，是长期利率和市场收益率曲线逐步形成的良好开端，也为货币政策间接调控体系建设奠定了市场基础。

（四）国债市场的发展有利于我国金融市场的完善和人民币国际化

国债市场的发展有利于改变单一股市的金融市场体系。我国国债市场投资者以机构投资者为主，其中特殊结算成员（包括人民银行、财政部、政策性银行、交易所、中央国债公司和中证登公司）占1/3，商业银行占1/2，保险机构、基金和证券公司占 7%—8%，个人投资者占不到 1%。国债是一种最高信用无风险的投资品，是银行和其他金融机构的主要资产之一，持有国债有助于改善资产的收益结构和风险结构，改善赢利能力和支付能力，加强其资产流动性；另外，国债也是其短期融资的主要媒介之一。对于个人投资者，持有国债是一种低风险的安全投资，可以起到最佳配置个人投资组合的作用。

同时，人民币国债"走出去"是一个"必然趋势"（孙晓霞，2012）。① 随着我国综合国力的稳步提升，人民币国际化、资本项目可兑换并最终成为储备货币已经成为不可逆转的趋势和极具挑战性的任务（Prasad、Ye，2012）。② 这要求海外人民币资金有使用或投资的产品和渠道。而人民币国债作为中央政府发行的主权债券，具有安全稳健、流动性高和定价基准的特性，能够满足国际金融市场上人民币持有者的投资需要，从而增加人民币以及人民币定价产品的吸引力，有助于人民币国际化进程。2009 年，人民币国债利用香港的区位优势迈出了第一步，经过近几年的发展，已初步形成一个人民币国债的离岸市场（参见上文）。

三、从次贷金融危机和欧债危机看国债市场的功能发挥

自 2008 年金融海啸席卷全球之际，恐慌的投资者抛售股票转而购买低风险的政府债券，一些发达国家的国债市场更成了一个"避险"的天堂。除了恐慌性需求，国债的货币性需求、政策性需求和制度性需求使得一个发达的国债市场对于缓冲金融危机具有非常重要的意义。

（一）恐慌性需求

在金融动荡、经济衰退的时候，对安全资产的恐慌性需求大量增加，安全性是投资者秉承的至上原则，他们考虑的首要问题是如何保本（return of capital）而不是资本收益（return on capital），他们对自身短期财产安全的关心会超过对政府长期财政健康的关注。而国债是中央政府为筹集财政资金而发行的一种政府债券，是以政府的税收为保证的、承诺在一定时期支付利息和到期偿还本金的债权债务凭证，具有最高的信用度，被公认为是最安全的投资工具。

---

① 孙晓霞. 稳步推进人民币国债"走出去"，积极促进香港债券市场健康繁荣发展［R］. 财政部，2012.

② PRASAD E S, L S YE. The Renminibi's Role in the Global Monetary System［R］. IZA Discussion Paper No. 6335，2012.

据统计，2009 年以来，约 1 万亿的资金涌入债券基金，目前美国、英国和德国 10 年期债券收益率在 2% 之下，处于历史最低水平，即使实际利率是负也备受追捧。Yang, Zhou 和 Wang（2009,① 2010②）进一步考察了过去 150 年间英美两国的国债市场，发现这两个发达国家的国债市场是其股票市场的双重对冲，不仅可以抵御股票市场下行的风险，而且可以很好地对冲其股票市场的波动性（不确定性）。

应该指出的是，并不是所有的国债市场都能成为"避险"的天堂。欧洲债务危机告诉我们，随着逐渐恶化的政府财政状况和其不断攀升的债务率，投资者终会发现原以为安全的资产不再安全，危机就随之而来，如希腊和葡萄牙的国债收益率飙升至 24.26% 和 10.46%。西班牙和意大利的国债收益率也在 7% 的警戒线徘徊，另据统计，2013 年第一季度从西班牙撤出的资金就达 1300 亿美元。投资者担忧当地银行的坏账，政府也可能违约并可能会脱离欧元区。值得注意的是，作为世界负债水平最高的日本，国债与 GDP 之比约 220%，比希腊的 181% 还高出许多，其信用评级在 2013 年屡遭下调，却仍未失去其作为避险债券的光环，收益率却在很长的时间内一直低于 1% 并屡创新低，境外投资者持有的日本国债升至创纪录的近 1 万亿美元，占到未到期债务的 8.5%，这显示在欧洲主权债务危机波折不断的情况下，国际投资者认为日本的国债相对安全并积极买进，相对安全的原因是绝大部分的日本国债由本国投资者持有，有万亿储蓄和外汇储备为日本偿债提供了巨大缓冲。然而，不能"一厢情愿"地期望日债的绝对安全性，IMF 警告称，市场对财政状况的担忧可能引发日债收益率突然飙涨，这可能会迅速令债务无法持续，并撼动全球经济。

（二）货币性需求

我们知道，货币一般具有价值尺度、流通手段、储藏手段和支付手段等职能。政府债券跟货币有许多相似之处，其需求不仅仅是基于回报率。对于不愿承担风险的投资者，如货币市场基金以及退休人员来说，国债适合储备积蓄；中央银行也把政府债券看成是准备金的一部分，金融市场参与者通常会把国债作为贷款的抵押品；自 2008 年金融危机后，监管机构要求银行保留更多的流动性缓冲资金，特别是政府债券。当然，国债与货币比起来至少还有债务违约的

① YANG J, Y ZHOU, Z WANG. The Stock-Bond Correlation and Macroeconomic Conditions: One and A Half Centuries of Evidence [J]. Journal of Banking and Finance, 2009 (33): 670-680.

② YANG J, Y ZHOU, Z WANG. Conditional Co-skewness between Stock and Bond Markets: Time Series Evidence [J]. Management Science, 2010, 56 (11): 2031-2049.

风险，但国债是流动性最强的资产类别，可以随时以一个合理的价格顺利变现，从流通手段、储藏手段和支付手段的角度来说，国债有类似货币的特性。Krishnamurthy 和 Vissing-Jorgensen（2012）发现当美国发行的国债数量占 GDP 的比例下降时，其货币性需求会增加，从而拉大了国债与那些同等信誉评级的企业债券之间的溢价。2008 年以来，剧增的国债能够给私人投资者和金融机构提供足够的"货币"，以满足他们对安全性和流动性的需求，从而使金融市场有效运转。① 哈佛大学教授 Stein（2012）认为如果政府不发行足够多的"类货币"（quasi-money）资产，投资者会转向其他有较高安全保证的投资目标，如有资产保证的商业票据以及回购债券等，而过分依赖这种非政府债券，则很容易引起危机。②

（三）政策性需求

国债市场是全球金融市场中最为重要、规模最大、流动性最强的组成部分之一，也是中央银行公开市场业务的主要场所。在传统利率政策接近零点、落入流动性陷阱的情况下，美、英、日等国的中央银行启动多轮"量化宽松"（Quantitative Easing，简称 QE）的非常规政策，用新发行的货币直接购买国债和其他金融资产。同时美联储又进行了"扭转操作"（operation twist），即卖出短期债券而买入长期债券，以此降低长期国债的收益率。而欧版的"量化宽松"政策则是向银行提供三年期利率为 1% 的再融资（long-term refinancing operation，简称 LTRO），希望能够增加银行体系流动性供给，并促使银行购买各国国债。

美联储等四大央行的量化宽松给全球带来了史无前例的基础货币扩张，各大中央银行的资产负债表急剧膨胀。美联储公布的数据显示，美联储资产负债表规模中，美债规模为约占六成，成了美债最大的投资者。而欧洲央行的间接量化宽松方式使欧洲的银行可以通过低息贷款购买高收益的政府债券，增加账面利润。以西班牙为例，2013 年 2 月底，银行持有的政府债券达 1420 亿欧元，占总额的 25%，而在 21 世纪的头十年里，这一比例通常在 6% 左右。不论是直接还是间接地量化宽松，都只能暂时缓解本国或地区的金融危机，却导致全球资金泛滥，货币战争的硝烟弥漫，其他特别是新兴国家不得不大量发行货币以对冲流入的美元，平衡本国货币对美元的汇率，被动地扩张资产负债表，引发

---

① KRISHNAMURTHY A，A VISSING-JORGENSE. The Aggregate Demand for Treasury Debt [J]. Journal of Political Economy，2012，120（02）：233-267.

② STEIN J C. Monetary Policy as Financial Stability Regulation [J]. Quarterly Journal of Economics，2012，127（01）：57-95.

严重通货膨胀和资产泡沫。据统计，2011 年年末，中国人民银行资产规模达
4.5 万亿美元，在人民币尚未国际化的情况下已成为全球资产第一大的央行，这
反映了中国在全球货币和金融体系中的被动地位和尴尬局面，我们有必要进一
步考虑其更深层次的制度原因。

（四）制度性需求

经历次贷危机和欧洲债务危机，美国国债为何屹立不倒？为什么中国等新
兴国家对美债的需求有增无减？一方面，除了恐慌性需求、货币性需求和政策
性需求，美国国债还有更深层次的制度性需求。"二战"后，美元成了主要的储
备货币和结算货币，美国凭借美元作为世界货币的地位和优势，强加所谓"华
盛顿共识（Washington Consensus）"，要求美元逆差国家进行结构性调整，使国
际货币体系处于扭曲和压制（repression）的状态，始终没有一个合理和稳定的
保障机制；同时，美国通过国际收支逆差输出大量的美元，获取大量廉价的资
源和商品，而贸易顺差的国家积累了大量的美元储备（表 3-5 所示），却不得不
投资于低收益的美国国债，进行预防性储蓄（precautionary savings）来实现自我
保险，以应付金融危机的不时之需。据测算，来自亚洲以及石油出口国的政府
和央行，持有大约值 7.4 万亿美元的国债。

表 3-5　拥有外汇储备的十大国家或地区

排名	国家/地区	外汇储备（亿美元）	统计日期
1	中国	32107	2021/01
2	日本	14025	2020/07
3	瑞士	8961	2020/06
4	中国台湾	5433	2021/02
5	中国香港	4916	2021/01
6	印度	4658	2020/06
7	沙特阿拉伯	4358	2020/06
8	俄罗斯	4357	2020/07
9	韩国	4165	2020/07
10	巴西	3487	2020/06

数据来源：维基百科。

正如全球最大债券基金—太平洋投资管理公司（PIMCO）首席投资官格罗

斯（Gross）所言，美国国债市场仍被投资者公认为是最干净的"脏衣服"，这说明尽管美元已不是唯一的国际储备货币和国际清算及支付手段，国际货币体系仍然由美元为主导，美国可以通过美债"绑架"他国经济，延续美国霸权。当外国政府和央行拥有的美债增加时，美元贬值可使国外债权缩水，从而减轻美国债务，向他国转嫁危机。若他国不买或减持美国国债，将会导致美元贬值，从而使其手中持有的美债价值缩水，导致本国发生货币危机。然而，这种扭曲和压制的国际货币体系没有也不可能从根本解决"特里芬难题（Triffin Dilemma）"，即其他国家必须依靠美国持续逆差，不断输出美元来增加他们的国际储备，这势必会危及美元信用从而动摇美元作为最主要国际储备资产的地位，使得国际货币体系具有内在的不稳定性并危机不断。

他山之石，可以攻玉。一个发达的国债市场所具有缓冲金融危机的功能对于我国国债市场的发展战略具有非常重要的借鉴意义。

四、我国国债市场的发展战略

（一）发行特种国债实行国民经济第三次债务大重组

我国财政状况总体安全稳健，2011 年，全国财政赤字占 GDP 的比重低于 1.8%，国债余额占 GDP 的比重为 15.27%。但地方政府的债务负担沉重，已经成为妨碍国民经济健康运行的突出问题。截至 2010 年年末，全国地方政府性债务余额 10.7 万亿元，超过了当年全国的财政收入，也就是说以举国财力来还债都填不上这个窟窿。有 78 个市级政府和 99 个县级政府的债务率超过 100%，多地政府还不上债而选择了"借新还旧"，这显然无法解决问题而只是让地方债危机延迟暴发。我国地方政府债务问题产生的根本原因在于分权制下财税体制的弊端。1994 年实行分税制后，地方政府出现财权和事权不匹配的矛盾，根据1995 年实施至今的《预算法》，地方政府不得发行地方政府债券。在这种情况下，地方融资平台应运而生，即政府设立一个公司以获得银行贷款，以投资拼政绩、再高价卖地还债，2009 年金融危机后，4 万亿的投资刺激计划使地方债的雪球越滚越大。一旦出现地方政府债务危机，银行呆账等不良贷款激增，偿债压力加重地方政府对土地财政的依赖，房地产调控政策难以为继，地方政府压缩预算开支，就业减少、经济增长放缓，地方政府和银行债务都会由中央财政最终买单。

作为解决治理地方债务的破冰之策，财政部于 2011 年 10 月允许上海市、浙江省、广东省、深圳市四省市自行组织发行政府债券试点。2011年中国的地方政府共计发行了2000亿元的债券，其中上海等四省市自行发债229亿元。虽然地方政府无法自主决定发债的规模和用途，因而与中央代为发债并无二致，但仍被视为一种过渡政策而备受瞩目。然而，2012年6月的《预算法》修正案草案却再一次重申地方政府不得举债，自主发债的"闸门"依旧紧闭。虽然决策层希望可通过统一的严格规管控制地方债风险，但是中央代发的地方政府债券由中央信用作担保，还不上有中央"兜底"，道德风险只能使地方债的危机越演越烈。

最近，曹文炼（2012）等学者提出基于过去成功的经验，发行特别国债，实行国民经济第三次债务大重组，减轻地方政府的债务负担和化解银行不良资产。[①] 如果2013年发行2万亿元的特别国债用于债务重组，那么2013年的国债发行额占财政收入比重不会超过40%，低于1998和2007这两年则分别为65%和46%，是可以承受的。同时，借此扭转地方政府对土地财政依赖的局面，通过体制改革从根本上解决地方政府财权和事权失衡问题，为地方政府提供未来可持续的新收入来源。这包括适度提高地方政府税收收入分配比例，稳步推进房产税改革，为地方政府提供可持续的新增税源。最为重要的是深化分税制改革，将目前已经在财源管理上实行的省管县和县管乡体制进一步扩展至所有行政管理上，建立与各级地方政府级次相配套的预算管理机制。

2020年年初，新冠肺炎疫情来势凶猛，疫情初期全国交通封锁、生产停滞、消费收缩，疫情短期冲击曾致使中国经济一度陷入"休克"状态。而从中期恢复看，一方面境内复产复工进度低于预期，另一方面境外疫情愈发严重，全球产业链崩溃，进而拖累国内第二、第三季度出口。疫情也给财政带来显著的增支减收冲击。在此背景下，发行特种国债、提升赤字率、增发专项债等不失为财政的突破口。

2020年7月底，抗疫特种国债发行收官，总计1万亿元，其中7000亿元通过中央政府性基金转移支付下达地方，用于地方基础设施建设和抗疫相关支出，3000亿元从中央政府性基金预算调入一般公共预算使用，列入特殊转移支付，用于补助地方疫情防控支出。特种国债抗疫相关支出方面又可细分为六个领域，分别是减免房租补贴、重点企业贷款贴息、创业担保贷款贴息、援企稳岗补贴、困难群众基本生活补助和其他抗疫相关支出。抗疫特别国债资金的下达，不仅

---

① 曹文炼. 抓住时机，实行第三次国民经济债务重组［R］. 国家发展和改革委员会国际合作中心，2012.

对基层统筹做好"六稳""六保"工作具有重要作用，也为将来的保障项目建设，促进实体经济进一步恢复和发展提供助力。

（二）进一步发挥国债市场在利率市场化进程中的作用

40 年来，中国的利率市场化遵循渐进式改革的一贯思路，先放开货币市场利率和债券市场利率，再逐步推进存、贷款利率的市场化。目前处于利率双轨制之下：银行体系中被管制的存贷款利率，和基本由市场决定的货币和债券市场利率共存（何东、王红林，2012）。[①] 2012 年 6 月 7 日，央行宣布将金融机构存款利率浮动区间的上限调整为基准利率的 1.1 倍，将金融机构贷款利率浮动区间的下限调整为基准利率的 0.8 倍，终于打破严受管制的存款利率浮动区间上限，迈出利率完全市场化的关键一步。

市场化利率体制的确立需要一条具有连续性的市场基准利率，为此，我们应该完善国债市场的价格发现功能，尽快彻底实现国债发行市场和流通市场的利率市场化，不断强化国债利率作为市场基准利率的地位，促使基准化的国债利率尽可能地贴近市场利率，并将定息国债的初始期限延长到 7 年、10 年、20 年乃至 30 年，最终形成一条完整、可靠和较为准确的国债收益率曲线，为其他债务工具利率的变动和中央银行利率的调整提供一个可靠的参考指标。

随着利率市场化改革的不断深化，利率波动幅度也将不断加大，这必然使投资者利用利率衍生品进行风险管理的需求日益增强。从历史经验来看，20 世纪 70 年代，欧美主要国家在利率市场化进程中，利率衍生品的创新层出不穷，呈现暴发性增长，在 10 年不到的时间完成了利率市场化过程。

2012 年 6 月 7 日，央行宣布扩大银行存款利率浮动区间，财政部取消了原定发行储蓄国债，至今尚未重启发行。所谓储蓄国债，是政府面向个人投资者发行、以吸收个人储蓄资金为目的，满足长期储蓄性投资需求的不可流动记名国债品种。目前我国储蓄国债票面利率在发行时就已确定，不随市场利率或者储蓄利率的变化而变化。随着利率市场化向前迈进，一度炙手可热的储蓄国债将何去何从？我们认为，未来储蓄国债应考虑发行可变利率债券，在预定的重新设置日期，票息利率根据现行的市场利率进行调整。同时在通胀明显升温之际，可考虑借鉴国际及香港的经验，择机发行通胀指数债券。所谓通胀指数债券，是指本金或利息都根据某种物价变量定期进行调整的债券产品。2011 和2012 年，香港特区政府先后发行了两批与通胀挂钩的债券，期限三年，每半年

---

① 何东，王红林. 利率双轨制与中国货币政策执行 [J]. 金融研究，2011（12）：1-18.

派发一次与最近六个月通胀挂钩的利息，首次派发的利息达 6.08%，而且在香港联交所挂牌交易的首日即跑赢通胀，反应"空前热烈"。因此，我国应适时推出通胀指数国债，既可纾缓民困，又可促进国债市场创新和零售债券市场的发展，也可为宏观经济调控和投资组合提供关于实际利率和通胀预期的隐含信息。应该指出的是，1994 年前后，财政部曾因为通胀高企而对国债进行保值补贴，这与通胀指数国债有类似之处，却引发"3·27"国债期货事件，应为前车之鉴。①

（三）继续发展国债市场、形成统一的市场体系

继续发展我国的国债市场，需要扩大国债市场规模，丰富国债品种和期限结构，在发行市场上，应主要采用招标方式，引入竞争机制，通过定期、均衡、滚动地发行短期、中期和长期国债，特别是增加 1 年期以下如 3 个月、6 个月、9 个月等短期国债的发行，使其为公开市场业务的主要媒介。为此，可按公开市场操作需要量审查确定一个短期国库券余额的上限，由财政部对滚动发行加以调控，不再逐年或逐笔报告。

在二级市场，充分发挥国债承销机构和公开市场操作的做市商作用，建立主承销商承担一定做市义务的主承做市机制，并明确做市商考核、融资融券、承销便利等相关问题，降低做市商在市场波动情况下持有做市债券的存货成本，丰富做市交易对冲操作手段，增强做市商风险化解和风险承担能力，提高国债现货市场的流动性。

逐步建立统一开放的国债市场，在统一的国债托管、清算系统的基础上，无论投资者在哪个国债市场上交易，最终是在同一系统内交割。我们可以借鉴国际经验，将银行间债券市场逐渐发展为国债场外（OTC）市场，交易所债券市场发展为国债场内市场，场内外市场交易的国债均在中央国债登记结算有限责任公司进行统一托管清算和结算。允许所有投资者均可自由出入场内外市场买卖国债，大力发展国债投资基金，使个人和小额投资者可通过间接的方式参与交易，为国债市场的发展培育稳定、理性的投资者群体。在法律和组织架构上，需要规范各个市场规章制度，完善监管体系，并由单一的法律法规和监管机构统一管理。

国债期货是在 20 世纪 70 年代美国金融市场大幅波动的背景下，为满足投

---

① HUANG H, N ZHU. The Chinese Bond Market: Historical Lessons, Present Challenges and Future Perspectives [R]. Yale ICF Working Paper No. 07-04, 2007.

资者规避利率风险的需求应运而生。发达国家的经验表明，一个功能完善的国债期货市场能够为机构提供有效的利率风险对冲工具，有助于保障市场的稳定。尽管早在 1992 年 12 月，上海证券交易所就启动了国债期货交易。但 1995 年的"3·27"事件使国债期货交易被暂停。随着利率市场化改革的不断深化，利率波动幅度也不断加大，投资者利用利率衍生品进行风险管理的需求日益增强。在这样的背景下，2013 年 9 月国债期货交易重新启动，5 年期国债期货上市交易。2015 年 3 月和 2018 年 8 月，10 年期和 2 年期国债期货也先后上市交易。

在我国，商业银行是国债现货市场的最大持有者。据统计，商业银行的记账式国债持有量占比达到 63.7%，却一直被排除在国债期货市场之外，导致国债期货市场与债券市场交易主体不匹配，配置型机构较少，重要市场主体缺位，国债期货价格难以真实有效地反映债券市场的供求关系。更重要的是，这种情况制约了商业银行通过跨市场资产配置实现风险对冲的重要功能。

业界一直呼吁推动商业银行和保险机构参与国债期货交易。自 2017 年，我国金融监管部门也开始探讨商业银行和保险机构参与国债期货交易的可行性。2020 年 2 月 21 日，证监会与财政部、人民银行、银保监会联合发布公告，终于允许符合条件的商业银行和保险机构参与中国金融期货交易所的国债期货交易。4 月 10 日，商业银行率先进入国债期货市场。这将改变长期以来我国国债期、现货市场投资者结构不匹配，从而限制投资者进行风险管理的局面，不仅能够满足金融机构日趋强烈的利率风险管理需求，增强金融机构经营的稳健性，从而提升为实体经济服务的能力，更重要的是能够丰富市场投资者结构，促进跨市场避险对冲功能的进一步完善，健全国债收益率曲线，完善国债利率的基准作用和利率传导机制。

（四）借鉴欧洲美元市场的发展经验，立足人民币国际化发展国债离岸市场

人民币国际化于中国，就好比"养儿子"，让人民币从体内出生、成长、慢慢走出去，在贸易、计价、投资、储备等领域为国际所用（李小加，2012），在利率、汇率和资本项下开放还没有完成的情况下，应发展离岸金融中心作为人民币国际化的"育儿园"，而其首选当为香港，因为这是一个"离家既近，又通达国际，且设施完善"的"育儿园"。[①] 而其他城市也在积极推动离岸人民币业

---

① 李小加."养儿子"与"育儿园"——关于人民币国际化的再思考［N］,信报,2012-01-04.

务，其中伦敦作为最大的欧洲美元市场，竞争优势与香港相得益彰，如表3-6所示。我们认为，香港和伦敦可以相互依存、相互补充，演绎人民币离岸东西方中心的"双城故事"。

表3-6 香港和伦敦作为人民币离岸中心的竞争优势比较

	香港	伦敦
结算及清算系统	离岸人民币银行所在地 离岸人民币即时支付结算系统	尚未开通人民币支付结算功能 尚须依托香港系统或境外代理
历史及政策性因素	背靠中国大陆，且有国家政策支持，列入"十二五"纲要	欧洲美元离岸市场历史悠久，英国财政部和伦敦金融城政府主导
离岸人民币流动性	至2011年年末离岸人民币存款达5885亿元，2012年达7000亿元	至2011年年末离岸人民币存款约350亿元
与中国大陆的贸易量	至2011年年末中国大陆对香港进出口商品贸易达2835亿元，香港银行体系人民币总收付金融达19144亿元，2012年跨境贸易人民币结算额为2.94万元，香港结算2.6万亿，占88.4%	至2011年年末，中国大陆对英国进出口商品贸易达586亿元，英国银行体系人民币总收付金融达9000亿元
时区覆盖范围	大部分覆盖东亚、南亚和澳洲部分覆盖中东地区	大部分覆盖欧洲、非洲和中东部分覆盖北美洲、拉丁美洲和南亚
债券、外汇和衍生市场	全球第六大外汇交易市场 亚洲第三大银行同业融资市场	全球最大外汇交易市场 全球最大跨境银行同业融资市场 全球最大场外利率衍生工具市场

从功能上看，作为"育儿园"的离岸人民币中心包括贸易结算中心、企业融资中心和投资产品中心。作为投资产品中心的基础品种，人民币国债的发行较好地发挥了市场基准作用，带动了香港人民币债券市场的发展。2009年，香港人民币债券市场的发行规模为160亿元，2010年为360亿元，2011年增加至1060亿元，达到香港债券市场年度融资总规模的1/3，2012年更高达2300亿元。今后，除了继续在香港发行人民币国债，可利用伦敦欧洲美元市场的优势

和经验，进一步拓展国债离岸市场，形成"一个轴心、两个扇面"的模式。

从资金流动来看，离岸市场主要有四种模式（He、McCauley，2012）：完全离岸（非居民→离岸中心→非居民，即资金从非居民流向离岸中心，再流向非居民），完全回流（居民→离岸中心→居民），境外贷款（居民→离岸中心→非居民），以及境内借款（非居民→离岸中心→居民）。[①] 人民币国债离岸市场的模式应该是境内借款，其需求应主要来自外国投资者和中央银行，作为他们投资组合和储备资产的重要组成部分。应该指出的是，目前人民币国债的吸引力主要是人民币的升值预期，要使其成为被广为接受和投资的金融资产和储备资产是一个长期的过程，这有赖于国际货币体系的顶层设计改革（Eichengreen，2011）、国家政策的支持和改革的深化，以及离岸市场的建设和发展。[②]

第四节　国际货币体系变局下的人民币汇率及其国际影响力[③]

随着经济全球化发展，全球货币体系格局不断发生改变，国家和地区之间的汇率联系日趋紧密，货币汇率之间相互锚定、相互影响的嬗变态势逐渐显现。2008 年以来，人民币国际化进程加速，人民币汇率变化趋势和影响受到国内外的高度关注。中国已经成为世界第二大经济体和第一大货物贸易大国，跨境贸易人民币结算的比重不断上升，人民币汇率的变动会影响到世界上其他国家的经济增长和贸易往来。伴随着数十年中国经济高速增长，中国私人财富总额与高净值家庭数量快速增长，出国旅游和消费的人数持续增多。改革开放 40 多年来，中国对外金融领域也发生了重大的角色转变，从资本净输入国转化为资本净输出国，随着中国资本项目的进一步开放，中国企业和居民的对外投资会呈现高速增长，人民币作为投资货币的需求日益强劲，其汇率变化的影响将涉及方方面面。

在此背景下，我们依托全国首个文理交叉的教育部计量经济学重点实验室

---

① HE D，R MCCAULEY. Eurodollar Banking and Currency Internationalization ［R］. BIS Working Paper，2012.

② EICHENGREEN B J. Exorbitant Privilege：The Rise and Fall of the Dollar and the Future of the International Monetary System ［M］. New York：Oxford University Press，2011：121-152.

③ 本章节原由厦门大学人民币汇率国际影响力课题组陆续发表在《金融时报》和《中国金融》上，课题组成员包括周颖刚、王艺明、程欣、贝泽赟、揭咏诗等。

（厦门大学），于 2016 年年初开始启动编制发布人民币汇率国际影响力指数，主要跟踪人民币汇率的变化对世界和亚洲主要货币汇率的影响，客观反映人民币汇率在国际上和亚洲地区的影响力。2016 年 6 月 6 日首次发布人民币汇率国际影响力指数，就受到了社会各界的广泛关注。2017 年，我们编制了基于 G20 国家的新指数，反映人民币汇率的变化对 G20 国家、发达国家、发展中国家和亚洲主要货币汇率的影响。同时，新增发布了人民币汇率对"一带一路"沿线国家货币影响力指数。

在此基础上，我们联合新华指数，充分发挥厦门大学经济学科的模型、方法及专业人才优势，和国家金融信息平台·新华财经的数据、技术、渠道及专业信息服务优势，双方在人民币汇率国际影响力指数成果基础上，共同升级发布全球汇率传导指数，包括世界主要货币汇率传导指数和"一带一路"相关货币汇率传导指数两个分指数，通过分别跟踪八种主要货币及"一带一路"相关货币间的净影响，反映不同币种"锚货币"的地位及演化趋势，基于货币汇率间相互影响的指数变化和动态网络。①

这一系列货币汇率指数是我们研究团队运用定量分析进行经济系统数据分析的典范，运用现代计量经济学方法与工具，以数据分析为基础实证研究人民币汇率在国际上和亚洲地区的影响力，也可对人民币汇改等政策实施以及英国脱欧、美国大选等重大国际事件的影响进行了定量评估，增强了经济政策建议的科学性，是建设具有中国特色、高水平的、新型经济学智库的有益尝试。

一、人民币汇率国际影响力指数与全球汇率传导指数

（一）编制人民币汇率国际影响力指数的意义

现有的人民币国际化指数通常以人民币在国际贸易结算、投资、储备的数额及在国际货币中排名作为标准来衡量其重要性，却忽略人民币汇率对其他货币的影响程度及其走势。厦门大学人民币汇率国际影响力指数让汇率市场数据说话，直接反映人民币汇率国际影响力的市场动态。汇率通常受一国经济及其政策等因素的影响，如美国宣布实施升息或量化宽松的货币政策，会立刻传导到世界各国的货币汇率上，而美国定期公布的非农就业等数据，也会马上影响

---

① 厦门大学经济学科，新华指数. 全球汇率传导指数报告（2021）[R]. 中国国际金融学会青年论坛，2021-05-14.

世界各国货币汇率。原因是美国经济对其他国家影响非常大，在国际贸易结算、投资、外汇储备中大量使用美元，而汇率市场的反应是非常快的。因此，通过考察人民币汇率变动（反映了中国经济或政策变化）对其他国家货币汇率的影响，可以衡量人民币汇率的国际影响力，而且在一定程度上也衡量了中国经济的国际影响力。

在人民币国际化进程中，有许多重大的标志性事件，如2005年7月21日央行宣布实行以市场供求为基础的参考一篮子货币进行调节有管理的浮动汇率制度，这是人民币汇率从盯住美元转向有管理的浮动汇率制度的重大改革事件。根据厦门大学人民币汇率国际影响力指数，在2005年7月21日这个时点，人民币汇率的国际影响力出现了"质变"，即人民币对其他货币的影响开始大于其他货币对人民币的影响。如果采用人民币在国际贸易结算、投资、储备的数额及在国际货币中排名作为标准来衡量其重要性，则很难把握汇改重大政策实施后人民币国际影响力产生的变化，因为国际贸易结算、投资、储备的数额不能像市场汇率一样迅速做出反应，也就难以对人民币汇改等政策进行精准的定量评估。

厦门大学人民币汇率国际影响力指数不仅很好地展示了人民币国际化进程中历次汇制改革实施后人民币国际影响力的变动，还可以用来分析十年来重大国际国内经济事件发生后人民币国际影响力的变动。例如，2008年次贷危机发生后，人民币国际影响力显著上升，说明当时中国政府的应对措施是比较适当的，增强了中国经济的世界影响力。厦门大学人民币汇率国际影响力指数的编制，不但对于我国政府制定"一带一路"和人民币国际化重大战略决策有一定参考价值，而且对于实体经济、金融部门的跨国财务管理决策也有较大参考价值。

（二）人民币汇率国际影响力指数的编制方法

厦门大学的人民币汇率国际影响力指数，开创性地采用前沿计量经济方法定量地衡量人民币汇率对世界主要货币和亚洲主要货币的影响力及其走势，分析人民币汇率每变动一个单位（一个标准差）对其他货币的净影响程度，即人民币对其他货币的影响减去其他货币对人民币的影响，从而编制出一系列人民币汇率国际影响力指数。

厦门大学经济学科发布的系列指数包括人民币汇率国际影响力总指数、人民币汇率对世界主要货币影响力指数，以及人民币汇率对亚洲主要货币影响力指数，考察在岸人民币汇率（CNY）的变动对世界主要货币（美元、欧元、日元、英镑、瑞士法郎、加元、澳元）和亚洲主要货币（港币、新加坡元、韩元、新台币、马来西亚林吉特、菲律宾比索、泰铢、印度卢比、印尼盾）的影响力，采用最新分析网络的计量经济模型进行计算，该模型拥有 17 个方程和 578 个回归系数，样本期始于欧元诞生的 1999 年初，初始样本期是 1999—2004 年，经过近 3000 次迭代估计（recursive estimation）出从 2005 年开始的人民币汇率国际影响力走势。

（三）编制全球汇率传导指数的背景与意义

自 2008 年国际金融危机以来，全球货币体系出现大的变局，不仅反映在世界主要货币在国际贸易结算、投资、储备数额及其重要性的变化，也体现在货币汇率相互锚定、相互影响的格局嬗变。国家和地区之间汇率的波动的联系日趋紧密，外国汇率波动容易在国家和地区之间跨境传染，从而对各国实体经济与资本市场造成冲击。

货币币值异常波动可能影响投资者预期，特别是在贬值情形下，由偶发重大事件触发的贬值可能引致进一步投机攻击，进而影响市场看法，导致"自我实现"的货币危机。特别是近年来受单边主义、贸易保护主义措施以及政治不确定性上升等影响，全球多种货币的汇率波动加剧。2016 年英国脱欧公投后，影响快速广泛传染，全球股市遭到重挫，欧洲避险情绪高涨。2018 年以来，中美贸易关系影响人民币汇率走势，在贸易关系紧张的关键时间段人民币均有较大幅度贬值，多国宏观经济受到冲击。2020 年的新冠肺炎疫情全球大流行加速了国际货币体系格局的变化，全球化投融资和汇率风险管理需求日趋迫切。面对近年来全球化放慢甚至逆转的趋势，中国加快金融开放，使得人民币及中国金融市场逐渐受到青睐，但同时面临不小的风险与挑战。

在此背景之下，全球汇率传导指数在"人民币汇率国际影响力指数"原有成果基础上，将原有研究只注重追踪人民币汇率变化及影响，升级转型为追踪全球多个货币之间汇率影响，主要跟踪世界八种主要货币和"一带一路"相关货币，分析一国货币汇率的扰动对其他货币的汇率波动率的传导和溢出效应，构造全球汇率传导网络，反映其"锚货币"的地位及演化趋势，通过货币汇率间动态网络影响，反映全球货币体系之变局。同时，有助于客观评价人民币国际化效果，以及国际政治经济风险对全球货币体系和人民币冲击影响，有利于监管部门和投资者及时采取措施，提前制定战略调整、政策协调和风险管理相关措施。

（四）全球汇率传导指数和网络的编制模型与方法

全球汇率传导指数和网络采用前沿计量经济方法定量地衡量世界主要八种货币［国际货币基金组织（IMF）公布的八种官方储备货币：美元、欧元、日元、英镑、人民币、瑞士法郎、加元、澳元］以及"一带一路"45 个参与国货币的汇率波动传导效应及其走势，从向量自回归模型的广义方差分解份额构成的网络中提炼出相关网络特征指标，用以分析一国货币汇率每变动一个单位（一个标准差）对其他七国货币汇率波动的净影响程度，即一国货币对其他货币的影响减去其他货币对该国货币的影响，从而编制出一系列全球汇率传导指数。采用最新分析动态网络的计量经济模型进行计算，该模型拥有 53 个方程和 4178 个回归系数，样本期始于欧元诞生的 1999 年初，初始样本期是 1999 年初至 2007 年底，经过近 4000 次迭代估计出从 2008 年初到 2021 年的全球汇率传导指数走势。

二、人民币汇率定价机制改革与人民币汇率国际影响力

（一）人民币汇率定价机制改革回顾

2005 年 7 月 21 日，中国人民银行宣布进行汇率机制改革，开始实行以市场为基础的参考一篮子货币进行调节的有管理的浮动汇率制度，人民币兑美元一次性升值 2.1%，开启了人民币汇率市场化和国际化之路。

2005 年 7 月到 2008 年 7 月，人民币汇率总体呈现单边升值走势，人民币对美元升值 21%，而中国对美国贸易顺差反而大幅增长。2008 年国际金融危机发生，许多国家货币对美元大幅贬值，而人民币兑美元汇率保持了基本稳定。

2010 年 6 月 19 日，央行决定进一步推进人民币汇率形成机制改革，增强人民币汇率弹性（也称"二次汇改"），人民币汇率开始呈现有涨有跌的双向波动。除了上述两次汇改，央行又分别在 2007 年 5 月 21 日、2012 年 4 月 16 日、2014 年 3 月 17 日三次扩大在岸人民币汇率（CNY）的波动区间。

2015 年 8 月 11 日，央行宣布调整人民币对美元汇率中间价报价机制，做市商参考上日银行间外汇市场收盘汇率，向中国外汇交易中心提供中间价报价。汇改当天人民币中间价一次性贬值超过千点，在岸人民币汇率（CNY）跟随中间价一次性贬值近 2%，对全球汇率市场产生了重要的溢出效应。2015 年 12 月 11 日，中国外汇交易中心发布"CFETS 人民币汇率指数"，指数参考了包括欧

元、澳元、墨西哥比索等 13 种与人民币直接开展交易的货币的表现，强调要加大参考一篮子货币的力度，以更好保持人民币对一篮子货币汇率基本稳定。

2016 年 2 月，在央行与 14 家报价商深入、充分沟通的基础上，明确了"上日收盘价+一篮子货币汇率变化"的现行人民币兑美元汇率中间价定价机制，提高了透明度和市场化水平。2016 年 12 月 29 日，中国外汇交易中心将"CFETS 人民币汇率指数"篮子货币数量由 13 种调整为 24 种，新增篮子货币权重累计加总 21.09%，基本涵盖我国各主要贸易伙伴币种，进一步提升了货币篮子的代表性。

2017 年 5 月 26 日，人民银行宣布引入逆周期调节因子，把"收盘价+一篮子"的中间价定价机制，转变为"收盘价+一篮子+逆周期因子"的定价机制，主要目的是适度对冲市场情绪的顺周期波动，缓解外汇市场可能存在的"羊群效应"，人民币汇率开始反弹走势。

2018 年年初，逆周期因子恢复中性，人民币汇率继续震荡升值，最高时升至 2015 年"8·11"汇改启动时的 6.3 水平附近。但受中美贸易摩擦和美元加息的交织影响，人民币兑美元汇率转入下跌通道。8 月初，央行对宏观审慎管理中的逆周期调节再度出手，多管齐下舒缓人民币贬值压力。8 月 3 日宣布将远期售汇业务的外汇风险准备金率从 0 调整为 20% 以及 8 月 24 日宣布重启逆周期因子，人民币汇率在 8 月份以来整体企稳。

2020 年 10 月 12 日，央行将远期售汇业务的外汇风险准备金率从 20% 下调为 0。10 月 27 日，部分人民币对美元中间价报价行陆续主动将"逆周期因子"淡出使用，这可能意味着未来逆周期因子要在人民币对美元中间价报价模型中逐渐被剔除，是人民币汇率市场化形成机制的进一步改革。

回顾人民币国际化进程中的汇率机制改革，特别是"8·11"汇改六周年来，人民币汇率定价机制不断修正和完善，汇率、干预、管制三个外汇政策工具的组合使用也在加强。作为宏观审慎逆周期调节工具，逆周期因子和远期售汇风险准备金率的调整，推动汇率的宽幅双向波动。

（二）几次汇改对人民币汇率国际影响的不同效应

图 3-17 绘制了从 2005 年 1 月 3 日到 2019 年 8 月 13 日在岸人民币汇率（CNY）国际影响力的走势。图中的五条指数分别是：人民币汇率国际影响力指数衡量人民币汇率对 G20 经济体货币汇率的平均净影响力；人民币汇率对发达经济体货币的影响力指数，衡量 CNY 对 7 种发达经济体货币（美元、欧元、英镑、澳元、加元、日元、韩元）的平均净影响力；人民币汇率对发展中国家货

币影响力指数衡量了 CNY 对 9 种发展中国家货币（阿根廷比索、巴西雷亚尔、印度卢比、印尼卢比、墨西哥元、俄罗斯卢布、沙特里亚尔、南非兰特、土耳其里拉）的平均净影响力；人民币汇率对亚洲国家货币影响力指数衡量 CNY 对 G20 中五个亚洲国家货币的平均净影响力；人民币汇率对金砖国家货币影响力指数衡量了 CNY 对金砖五国中其他四国货币的平均净影响力。

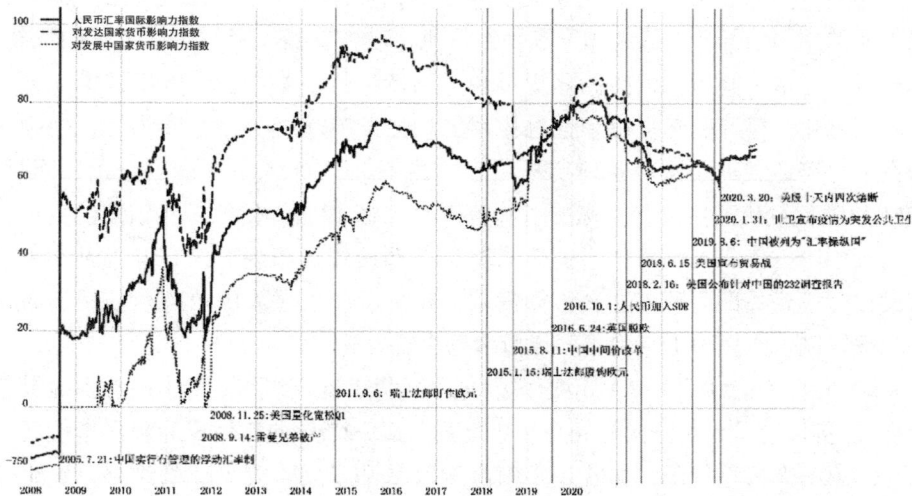

图 3-17　人民币汇率国际影响力指数走势（2005.01.03—2019.08.13）

　　从图 3-17 可以看出，人民币汇率（CNY）的变化对 G20 经济体货币及其不同组合的影响总体呈现不断上升的趋势。其中，2005 年 7 月 21 日的汇改是个标志性事件，指数值向上跳跃，由负变为正，说明人民币对其他货币的影响开始大于其他货币对人民币的影响；2010 年 6 月 19 日的"二次汇改"之后，人民币汇率的国际影响上升趋势明显。

　　与前两次汇改不同，2015 年 8 月 11 日人民币中间价改革使人民币汇率国际影响力的五个指数不同程度下跌，人民币汇率对发达经济体货币的影响力指数跌幅最大，跌幅接近 10%，这可能是因为"8·11"汇改造成人民币贬值预期骤然升温，加大资本外流的压力。2015 年 12 月，央行强调保持人民币对一篮子货币汇率基本稳定，人民币汇率的国际影响力有明显回升。2016 年以来，随着英国脱欧公投、人民币正式加入 SDR、中美贸易摩擦等一系列国内外重要事件的发生，人民币汇率的国际影响力出现波动。

三、人民币国际化、中美贸易摩擦与人民币汇率国际影响力

（一）人民币国际化进程回顾

2008 年 9 月雷曼倒闭，美元流动性枯竭，贸易融资也大规模冻结，持有大量美元的中国，开始对其他国家和地区提供流动性支持。经过金融危机的洗礼，改革以美元本位制为基础的国际货币和金融体系势在必行，中国积极推动人民币的国际化，探寻国际货币和金融体系的均衡发展模式。2009 年 7 月，中国开始在上海等地试点人民币跨境贸易结算，并于 2011 年 4 月推广到全国。同时，2011 年欧债危机严重恶化，标普下调美债的 AAA 评级，使得一些国家的央行开始购买中国国债。人民币作为贸易结算货币和投资货币的需求日益强劲，中国人民银行等相关部门顺应这一市场需求，减少了过去对人民币跨境使用不必要的行政管制，人民币汇率也更多地由市场决定。

2016 年 10 月 1 日，人民币正式纳入国际货币基金组织（IMF）特别提款权（SDR）货币篮子，跻身国际储备货币之列，以 10.9% 的比例成为仅次于美元和欧元的第三大权重货币，这既是中国金融改革和发展水到渠成的结果，也是美中欧各大国和地区合纵连横的产物。人民币的"入篮"，不仅仅标志着人民币正式地登上全球货币体系的舞台，同时倒逼我国金融市场加速开放，接收更多相关国际标准的约束，结合自身经济和金融的实际情况，加快资本账户开放步伐，不断改革货币金融制度。IMF 在针对人民币加入 SDR 货币篮子的建议报告中提及关于市场化汇率定价、外汇市场深化改革、资本项目开放以及境外人民币市场建设等诸多重要操作性建议客观上促进了人民币汇率市场化改革和金融开放的进程。

与此同时，人民币"入篮"推动中国金融市场进一步开放。继"沪港通"之后，2016 年 12 月 5 日，"深港通"正式启动，运行至今近一年，双向资金流量稳步提升。2017 年 6 月 22 日，A 股以 0.7% 的权重被纳入 MSCI，意味着约为 140 亿美元的额外基准配置。2017 年 7 月 3 日，内地与香港"债券通"开通，标志着中国债券市场国际化启程。而同一天，央行宣布允许境外评级机构开展银行间债市的信用评级业务，金融市场开放由点到面不断深化。

人民币国际化的基础设施在不断完善，中国人民银行组织建立了人民币跨境支付系统（Cross-Border Interbank Payment System，以下简称"CIPS"），截至 2020 年 8 月末，CIPS 系统共有参与者 1001 家，覆盖全球 97 个国家和地区，

其中超过 60 个国家和地区（含中国大陆和港澳台地区）处于"一带一路"沿线，为我国"债券通"和"一带一路"政策提供了电子支付平台。人民币的国际使用份额总体处于上升趋势，如图 3-18 示。其中，根据 SWITF 公布的全球货币跨境支付份额显示，人民币在全球跨境支付中的市场份额逐步上升：2017 年，人民币在全球储备货币的份额平均为 1.76%，2018 年上升至 1.84%，2019 年进一步上升至 1.93%，2020 年有所回落，降至 1.8%，是国际支付第五大活跃的货币。根据 IMF 公布的全球官方外汇储备份额显示，人民币占比显著上升，2020 年 3 月达到创新高的 2.02%，成为国际第五大储备货币，据不完全统计，目前全球已有 70 多个央行或货币当局将人民币纳入外汇储备。

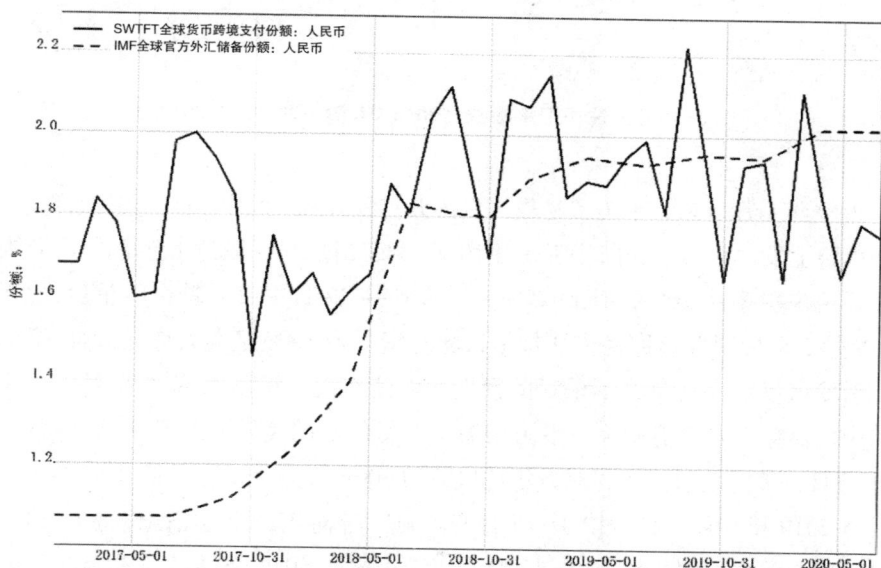

图 3-18 人民币国际使用份额

（二）中美贸易摩擦和汇率博弈下的人民币兑美元汇率

如图 3-19 所示，2018 年 6 月 15 日白宫对中美贸易发表声明，对 1102 种产品总额 500 亿美元商品征收 25% 关税，并于 7 月 6 日正式实施，从此打响中美贸易战的第一枪。中美贸易战正式开始后人民币汇率指数出现了一波快速贬值。2018 年 8 月 23 日，美方决定对 160 亿美元中国输美产品加征 25% 的关税的同时，中方也同步实施了对 160 亿美元自美进口产品加征 25% 的关税，中美贸易战升级。进一步的是，美方自 9 月 24 日起对 2000 亿美元中国输美产品加征 10%

的关税，进而还要采取其他关税升级措施。几轮的中美贸易战叠加使刚刚企稳的人民币汇率再次下跌。12月1日，中美贸易战"停火"90天的消息一出，人民币汇率开始反弹，随后趋于平稳状态。

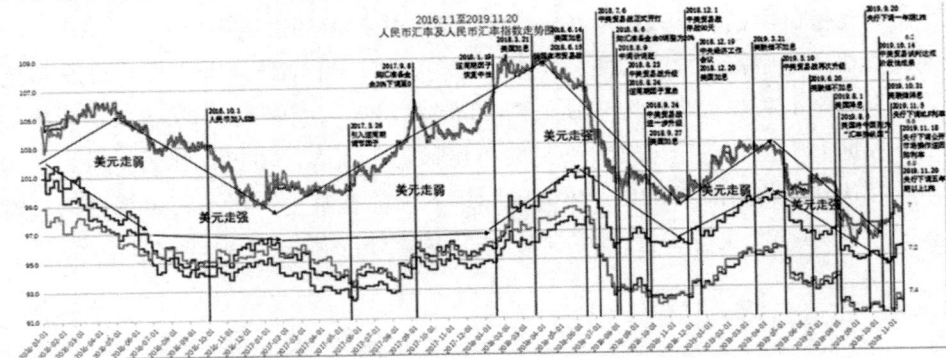

图3-19　人民币汇率指数（2016.01.01—2019.11.20）

2019年5月以来，中美贸易战火重燃并持续升级。5月6日，美国总统特朗普在推特上发文宣布，美国将于5月10日对第二批2000亿美元自华进口货物额外加征关税税率从10%提升到25%。尽管6月29日中美元首会晤重启经贸谈判，8月1日特朗普宣称将于9月1日起对华剩余3000亿美元商品加征10%关税，引发市场对谈判前景不乐观的预期，促使本次人民币汇率"破7"。8月6日，中国商务部发表消息称，中国相关企业暂停新的美国农产品采购。2019年8月15日，美国政府宣布，对自华进口的约3000亿美元商品加征10%关税，分两批自2019年9月1日、12月15日起实施。针对美方上述措施，8月23日，中国国务院关税税则委员会决定，对原产于美国的5078个税目、约750亿美元商品，加征10%、5%不等关税，分两批自2019年9月1日、12月15日起实施。同日，特朗普在推特发布美国将在10月1日将2500亿美元中国商品的现有关税从25%提高至30%，并且原定于9月1日生效的另外3000亿美元中国商品的关税将从10%升至15%。中美经贸摩擦的不断升级是影响短期人民币汇率波动的主因。

同时，美元持续走强也是人民币汇率贬值的主要原因。2018年美联储四次加息，将联邦基金利率目标区间上调到2.25%—2.50%的水平。2019年3月21日和6月20日，美联储将联邦基金利率目标区间维持不变，符合市场预期。8月1日凌晨，美联储宣布降息25个基点，将联邦基金利率目标区间下调至2.00%—2.25%，并且宣布提前结束原计划两个月后完成的缩表。这是美联储在经历 10 年加息周期后的首次降息。降息后，美元指数并没有明显变化，主要是由于市场已经充分反映美元降息的预期，而且全球已有近 30 家央行紧随美联储降息，全球货币宽松潮再度掀起。

2019 年 10 月，中美经贸高级别磋商实现了突破，取得了重大进展，10 月 14 日，中美双方达成阶段性成果，中方同意进一步开放金融市场、保障知识产权，并采购 400 亿—500 亿美元的美国农产品。美方则暂缓原定 15 日调高中国货关税的计划。12 月 13 日，中美第一阶段经贸协议文本达成一致。2020 年 1 月 15 日，中美第一阶段经贸协议签署。国际社会对于中美贸易战的乐观情绪普遍升温，人民币汇率出现回升趋势。

（三）"入篮"五年和中美贸易摩擦下的人民币汇率国际影响力

人民币"入篮"SDR 的五年，是国际格局剧烈变化的五年，是全球化秩序加速调整的五年，是我国金融加快开放和"慢全球化"激烈碰撞的五年，人民币汇率对国际主要国家货币汇率的影响力也历经起伏，如图 3-20 所示。

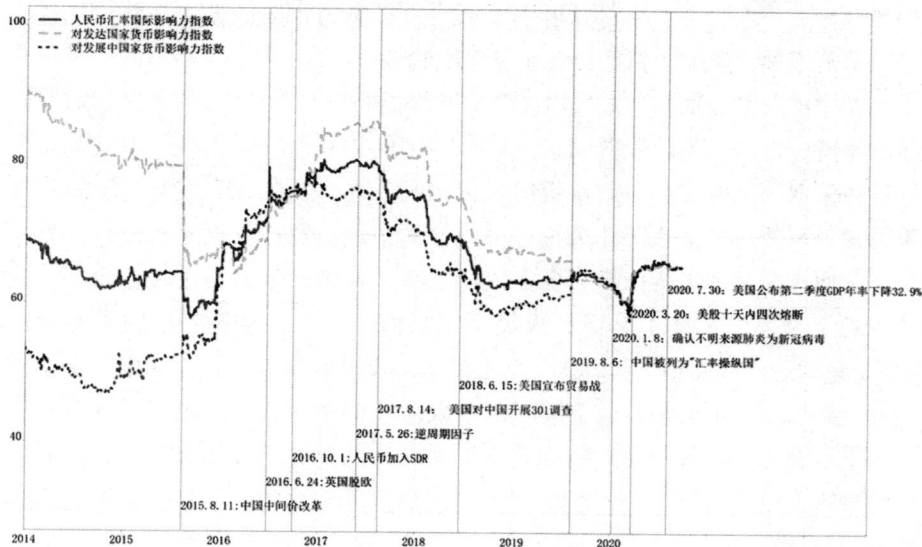

图 3-20 人民币汇率国际影响力指数（2014—2020 年）

2016 年 10 月 1 日，人民币加入 SDR 货币篮子，在国际化的道路上迈出具有里程碑意义的一步，人民币汇率国际影响力持续高涨。2017 年 5 月下旬，为了适度对冲市场情绪的顺周期波动，缓解外汇市场可能存在的"羊群效应"，人民银行在人民币中间价定价机制中引入逆周期调节因子，人民币汇率的影响力开始回落。

2017 年 8 月 14 日，美国商务部宣布对中国展开 301 调查，人民币汇率国际影响力指数持续承压，2018 年 6 月以来，中美贸易战不断升级，中国对内加快改革，对外加速开放，在此期间人民币汇率国际影响力指数保持相对稳定，其中人民币对发展中国家货币的影响力的回升有效地对冲了中美贸易摩擦对人民币国际影响力的不利影响。

如图 3-20 所示，自 2019 年以来，人民币汇率对 G20 经济体货币及其不同组合的影响总体均维持基本稳定。2019 年 5 月 10 日中美贸易战火重燃后，人民币对 G20 经济体货币及其不同组合的影响有轻微下降并保持稳定，而 2019 年 8 月，中国被美国商务部列为"汇率操纵国"后，人民币汇率国际影响力开始下降。

值得注意的是，人民币汇率对发展中国家货币影响力指数有明显上涨，人民币汇率国际影响力指数走势在此次贸易战持续升级和 2015 年"8·11"汇改有明显区别，在"8·11"汇改中，人民币汇率对发达国家货币影响力指数的下跌趋势明显大于人民币汇率对发展中国家货币影响力指数的上涨趋势，导致当时人民币汇率国际影响力指数出现明显下跌趋势。

回顾中美贸易战期间，人民币在摩擦升级的关键时间段人民币均大幅贬值，而在摩擦阶段性缓和的阶段升值，人民币汇率的国际影响力出现一些波动。美国后续或采取限制融资、限制从中国货物和服务进口、在 IMF 发起对宏观汇率政策的额外审查、加征惩罚性关税等措施打压中国，贸易摩擦不再停留在贸易战层面，而可能呈现出货币战、金融战的趋势，人民币汇率将进一步承压。我们认为稳定人民币汇率不是保持人民币不贬值，而是为避免汇率的大起大落（特别是单边趋势性贬值或升值），使之在一个合理区间波动，其下限是不引发系统性金融风险，上限是有效舒缓贸易战及可能的货币战、金融战下的市场压力。上下限合理区间管理应该成为政府汇率管理的重要手段和新方式，同时积极稳妥推进人民币国际化，不断提高人民币的国际定价能力，从而使人民币国际影响力保持稳定。

四、新冠肺炎疫情、全球金融动荡与人民币汇率国际影响力

2020 年新冠肺炎疫情的"全球大流行"，不仅是对全人类卫生健康体系的重大考验，也正给全球金融市场造成前所未有的冲击。在此背景下，一方面要有危机意识，避免人民币汇率的大起大落，特别是单边趋势性贬值或升值。另

一方面要看到危中有机，2008 年国际金融危机是人民币国际化的重要起点，而此次全球金融动荡有过之而无不及，要利用好此机遇，切实推动人民币进一步国际化，扩大其国际影响力。

（一）疫情冲击下全球汇率异常波动

如图 3-21 所示，随着疫情的暴发，人民币兑美元汇率在 2020 年 1 月 20 日开始迅速进入贬值通道。2 月 3 日，央行调降人民币兑美元中间价，在岸和离岸人民币兑美元汇率均"破七"，人民币汇率指数也有明显下降。2 月底，新冠肺炎疫情全球暴发，国外疫情的严重程度逐渐超过国内，国内疫情防控初见成效，人民币兑美元汇率止跌回升，并持续升值。

进入 3 月后，全球疫情加速蔓延，国外疫情的严重程度逐渐超过国内，大量国家经济活动陷入停摆，全球产业链面临断裂的风险，高债务杠杆国家的主权债务违约风险飙升。3 月 9 日，国际油价腰斩，大量能源企业盈利前景恶化，企业偿债能力、行业杠杆持续恶化，而以能源企业为发债主体的美国最低投资级企业债岌岌可危，美股再现"黑色星期一"，标普 500 指数开盘不久即下跌 7%，触发熔断机制，美元指数开始走强，人民币兑美元汇率再度升转贬。

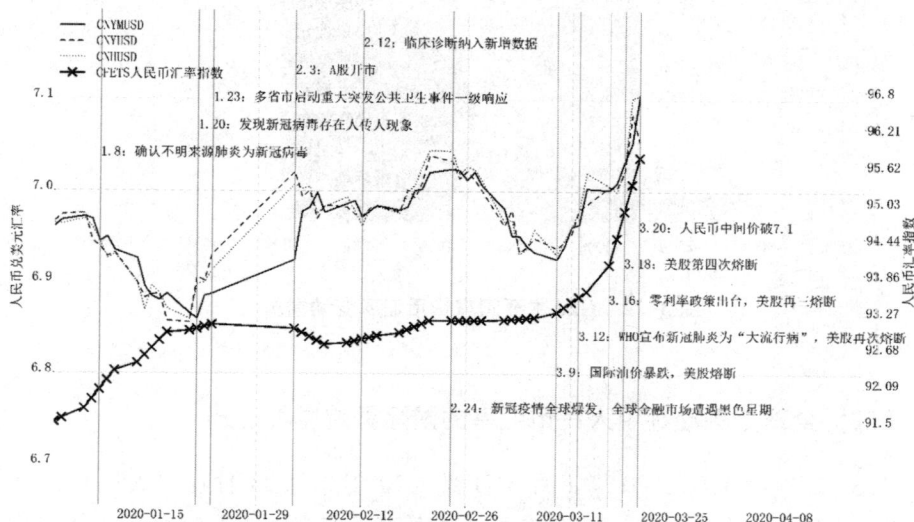

图 3-21　人民币汇率和 CFETS 人民币汇率指数

3 月 12 日，国际卫生组织宣布新冠肺炎为"全球大流行"，国际疫情恶化与国际油价暴跌相互叠加撬动了市场恐慌的多米诺骨牌，美股二次熔断，人民币兑美元汇率跌幅扩大。3月16日和18日,不管美联储货币宽松和零利率政策,美股又连续2次熔断,全球金融市场陷入流动性危机,连美国国债和黄金也大跌。而美元则大幅走强,美元指数突破103,人民币汇率再次跌入"7区间"。3月20日,人民币兑美元中间价突破7.1,创下了12年来一个新低。

在美元飙升的背景之下,人民币汇率下调在所难免,但图3-21中CFETS公布的一篮子人民币汇率指数不降反升,说明虽然人民币兑美元汇率贬值,但相对于美元之外的一篮子货币却是升值的。这点可以从图3-22看得更加清楚,在G20主要国家货币中,人民币在全球金融动荡中的表现明显优于发展中国家货币,以及欧元、英镑和加元等发达国家货币,仅次于三大国际避险货币:美元、日元和瑞士法郎。人民币汇率的相对稳定得益于中国率先控制疫情,以及货币政策提前布局。

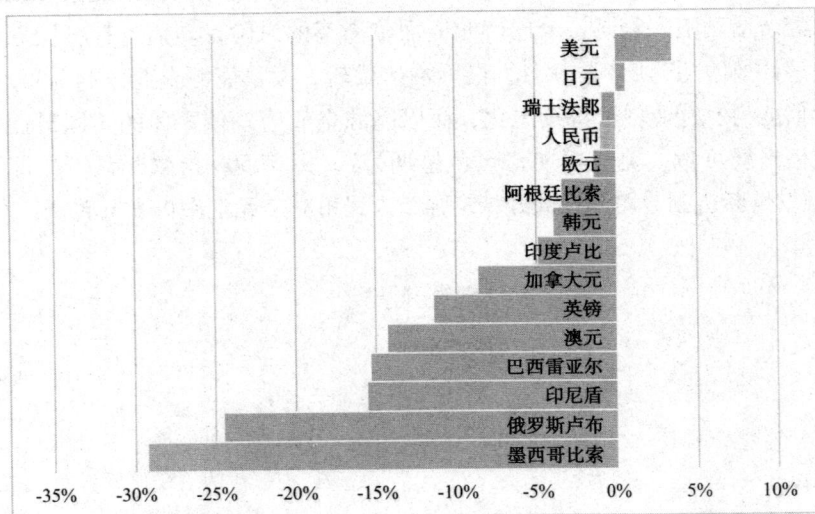

图 3-22 G20 主要国家货币汇率变动情况

(二) 全球金融动荡中人民币汇率的国际影响显著上升

图3-23绘制了从2020年1月3日到2020年3月23日在岸人民币汇率(CNY)国际影响力的走势,其经济含义是人民币汇率收益率每变化一个百分点,其他货币汇率收益率平均净变化多少个百分点。可以看出,2020年以来,随着国内疫情的发展,人民币汇率的国际影响持续走低,无论是对发达国家还是发展中国家货币的影响力都大幅下降,特别在2月3日人民币兑美元汇率均"破七",人民币汇率的国际影响力指数向下跳跃。主要原因是投资者将出于避

险的目的减持人民币及其资产，中国 A 股市场鼠年开市的千股跌停一定程度上也表现了短期的国际资本外流，随着疫情对外贸和经济增长明显的负面影响，人民币汇率国际影响力也承受巨大的压力。

自 3 月 9 日起，全球金融震荡加剧，美股接连"熔断"，美元不断飙升，虽然人民币兑美元汇率跌幅扩大，但其变化一个百分点，其他货币汇率收益率平均净变化的强度却在上升，如图 3-23 所示，人民币汇率对 G20 国家，及其中发达国家、发展中国家货币的净影响力皆跳跃上升。

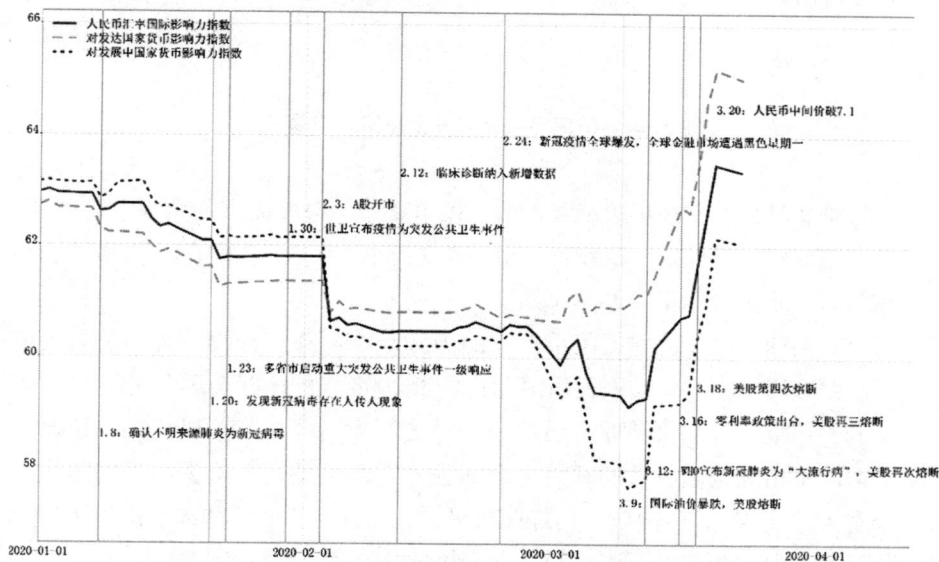

图 3-23　人民币汇率国际影响力指数走势（2020.01.01—2020.04.01）

从上面的分析可以看出，全球金融动荡下人民币汇率异常波动，跌幅扩大。美元流动性紧张导致境外投资者的面临的风险提升，在其自身风控体系的限制之下，境外投资者进行资产减持，近一个月，沪深港通北向资金连续净流出，如图 3-24 所示。

资本外流是全球金融动荡下中国股市和人民币兑美元汇率下跌的一个重要原因。2015 年 6 月股灾前夕，以及 2018 年 2 月中国股市史上剧烈的市场回调即将开始时，都出现过类似的北上资金出逃的情况，反映中国金融开放程度不断扩大以及国际金融市场联动性增强的输入型风险。而人民币过快的趋势性贬值可能会进一步引发资本外流、触发系统性金融风险等严重影响。

因此，要有危机意识，防范系统性金融风险是三年攻坚战的首要任务，政

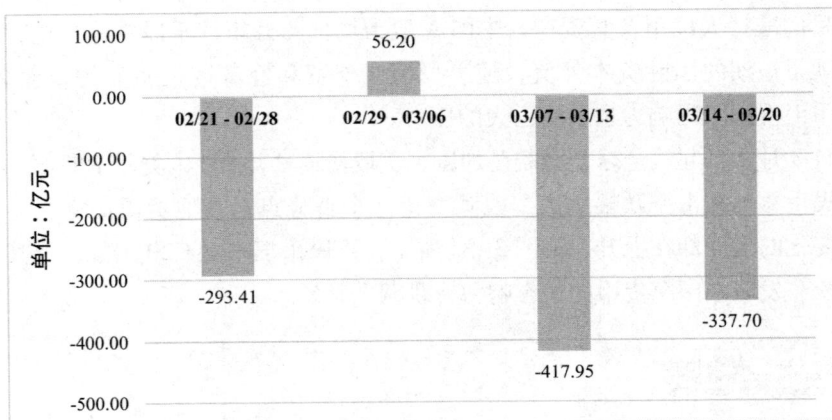

图 3-24　沪深港通北向资金净买入交易量

府和央行将及时出手干预单边趋势性的人民币贬值。中央提出要做好"稳就业、稳金融、稳外贸、稳外资、稳投资、稳预期工作"。其中,"稳金融"和"稳预期"就包括稳定人民币汇率及其预期。

同时,全球金融动荡中人民币汇率的国际影响不降反升告诉我们要看到危中有机。回顾历史,真正的人民币国际化始于 2008 年的国际金融危机、2011 年的欧债和美债危机。此次全球金融动荡有过之而无不及,改革以美元本位制为基础的国际货币和金融体系的呼声将更加强烈,这将是人民币进一步国际化的又一个重大"机遇",中国应利用好此次机遇,在现在开放的基础上进一步扩大开放的高度、深度和广度,探寻国际货币和金融体系的均衡发展模式。

一方面,积极稳妥开放中国金融市场,强化人民币金融交易功能和避险功能,切实推进人民币国际化,新冠肺炎疫情全球暴发以来,中国沪深 300 指数相比世界主要发达国家的重要股票指数跌幅相对较小,自 2 月 21 日以来累计跌幅仅 12%,如图 3-25 所示。在美股四次熔断的十天中,中国股市表现相对稳定,并没有出现明显的恐慌盘,这反映我国抗疫初显成效、金融市场预期持续向好。

金融市场的发展和表现归根结底应该依赖于实体经济。随着我国经济活动逐渐恢复,实体经济有望回归正常,给世界不仅仅提供了抗击疫情的范本,更是给世界经济提供了一个稳定的投资方向和选择。有理由期待率先恢复生产和盈利的中国企业将得到国际资本的青睐。

相比于股票等风险资产,更为稳健的中国债券或将成为避险资产的新宠。有证据显示,境外投资者已经在购买中国债券作为避险资产。数据显示,境外

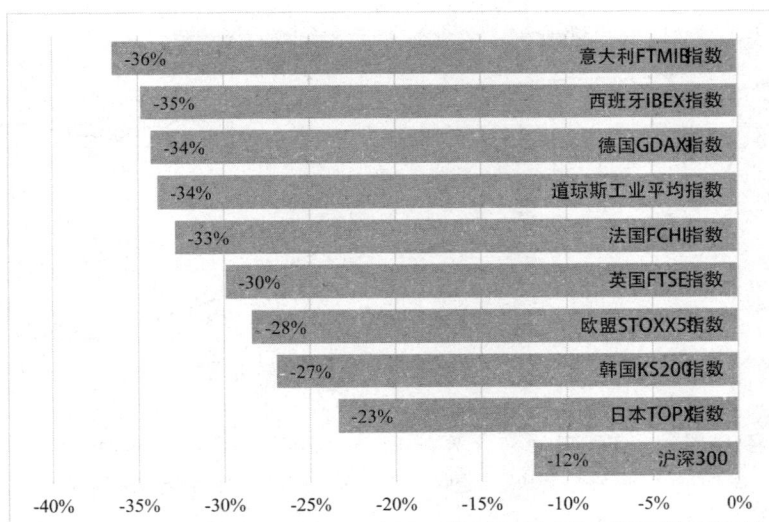

图3-25　世界主要股票指数跌幅（2020.02.21—2020.03.20）

投资者在2020年2月净买入了至少755.6亿元中国债券，创五个月来最多，核心品种为国债和政策性金融债。截至2月末总持债规模达2.28万亿元。疫情发生之后，中国国债收益率持续下行，虽由于美元流动性紧缩令部分海外投资机构暂时下调了人民币债券配置力度，债市走弱，国债收益率最近有所回升，但相比于美国国债市场，中国国债市场仍然相对稳健，如图3-26所示。考虑到2月底中国国债正式纳入摩根大通全球新兴市场政府债券指数，以及全球货币政策趋于宽松等因素，未来每月海外资金流入人民币债券的规模将达到25亿—30亿美元。

　　我们必须清醒地认识到，开放中国金融市场、强化人民币金融交易功能和避险功能伴随着输入型风险，政府以及监管部门在把握机遇的同时要加强金融监管和宏观审慎的制度性建设。

　　另一方面，组成世界反病毒统一战线，发挥中国产能优势，为疫情严重的国家供应医疗物资和生活必需品，推进人民币国际化。新冠肺炎疫情已经发展成为"大流行病"，世界疫情局面愈发严峻，口罩等医疗防护用品缺口急剧扩大，以口罩为代表的医疗物资已然成为全球紧缺的必需品。中国在抗击疫情期间充分发挥了全产业链制造业的优势，口罩产能和产量迅速提升，截至2020年2月底，中国日口罩产量已经接近1.2亿个，较1月25日提高了13倍，如图3-27所示。

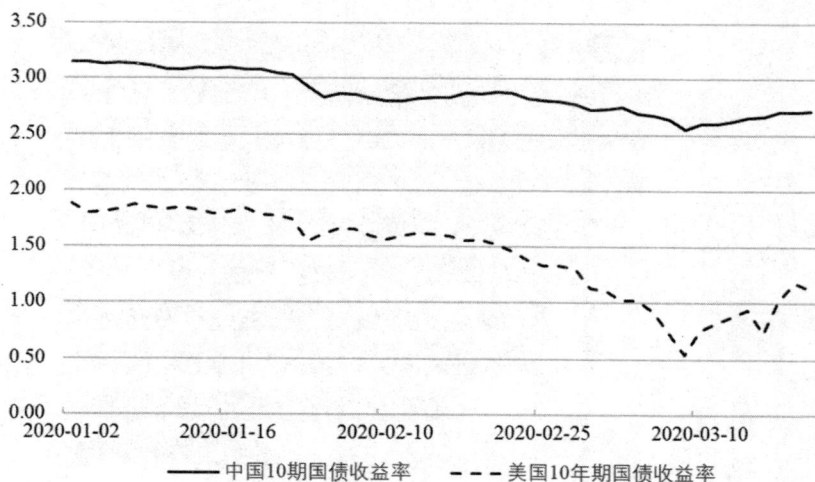

图 3-26　中美国债收益率对比

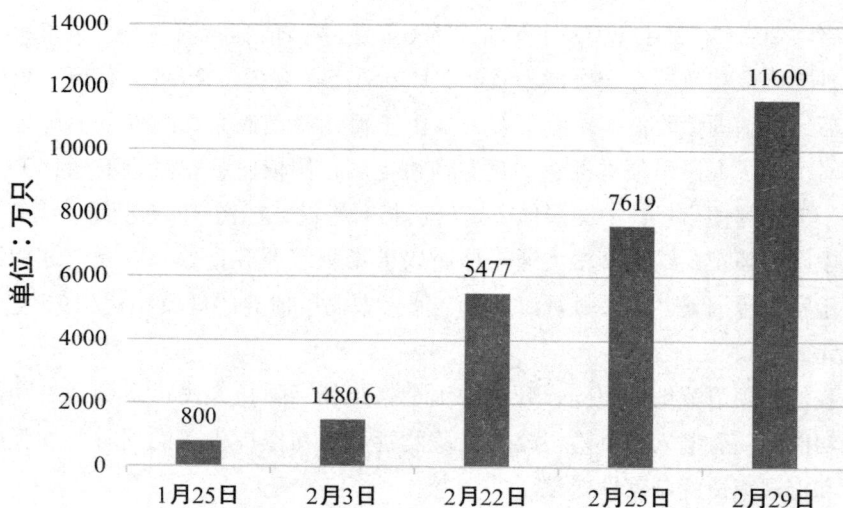

图 3-27　中国口罩产量

中国拥有完整的全产业链制造业，在疫情期间，中国可以为世界出口医疗物资和生活必需品；在后疫情期间，开足马力的"世界工厂"可以给予全球经济复工必要的支撑，此时推行以人民币计价和结算医疗物资以及其他商品的出口，如同美国在"二战"期间作为"世界制造业中心"，给予其他国家大量外债供应和物质商品出口成就美元作为世界货币一般。这样既可以缓解世界市场对交易工具的紧张需求，推动世界货币的多元化，又可以扩大人民币的使用范围，积极推动人民币国际化战略。

五、全球汇率传导指数

在人民币汇率国际影响力指数成果基础上，我们升级发布全球汇率传导指数，包括世界主要货币汇率传导指数和"一带一路"相关货币汇率传导指数两个分指数。

（一）世界主要货币汇率传导指数排行与汇率传导网络变迁

图 3-28 展示了 2021 年 1 月 1 日世界主要货币汇率传导指数的概况。美元汇率传导指数达到 6.89，同比美元汇率变动一个标准差，会引起其他 7 个货币汇率平均波动 6.89 个基点，领先其他 7 种货币。

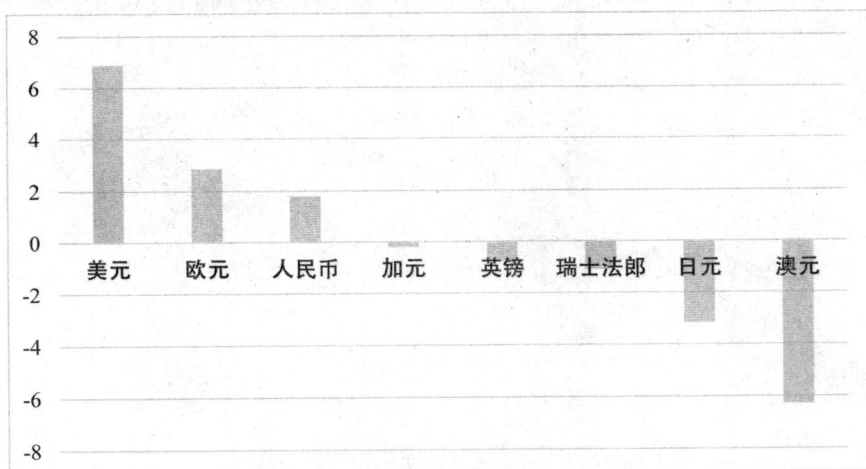

图 3-28　世界主要货币汇率传导指数（2021.01.01）

与此同时，人民币表现出较好的锚定特征，其汇率传导指数达到 1.753，较 2020 年同比增长 8.4%，在世界 8 个主要货币中排名第三。对其他货币汇率波动有正向净影响的货币只有三个，分别是美元、欧元和人民币，充分展示了人民币在世界主要货币中已经占据了较为重要的地位。

通过 2008 年 1 月 1 日至 2021 年 1 月 1 日长周期观察，世界主要货币汇率传导网络图（图 3-29）时空对比充分展示了全球货币体系时代变迁。网络图中每个圆点代表一国货币，该货币对外总影响力越大，圆点越大；连接圆点的边指向受到影响的货币，受到的影响越大，这条边越粗短，受到的影响越小，这条边越细长；与其他货币联系更紧密的货币越趋向于处于网络中心的位置。

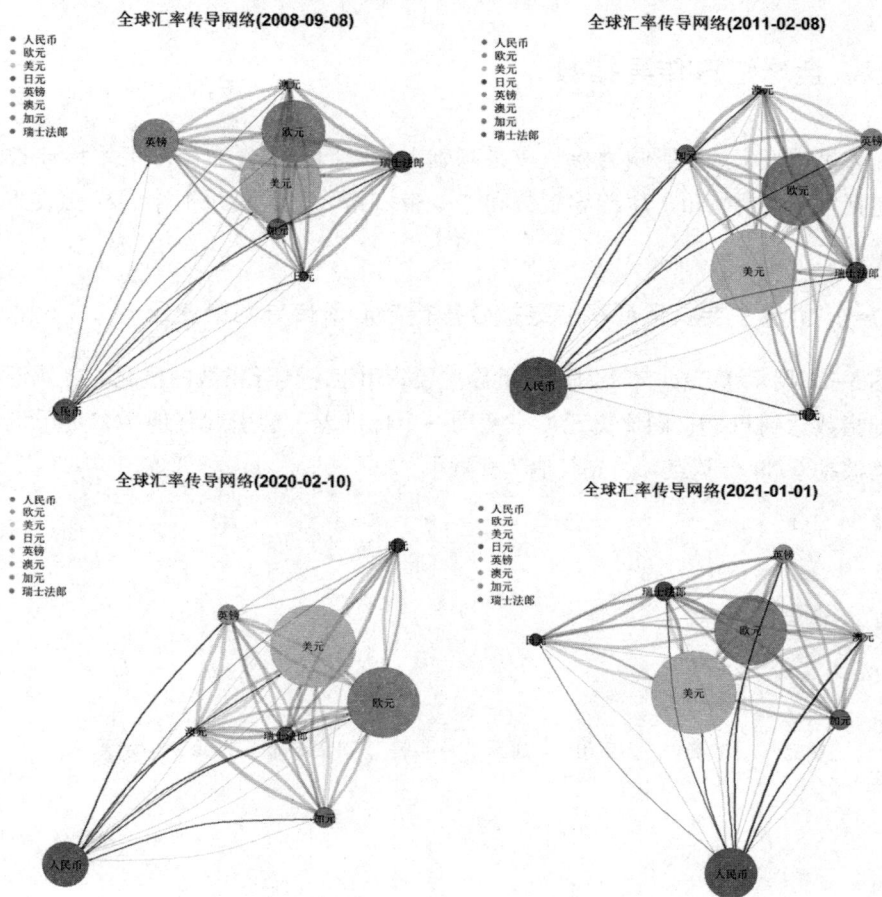

图 3-29   世界主要货币汇率传导网络

如图 3-29 所示，美元在全球最主要货币体系中保持着较大影响力，一直处于全球汇率传导网络的中心位置。2008 年，人民币在国际货币体系中的净影响处于中低水平，低于美元、欧元和英镑，略高于加元和瑞士法郎。

2011 年，人民币国际化净影响力已经显著超过英镑、加元和瑞士法郎，已经接近欧元。英国脱欧和瑞士法郎汇率制度异动，使其汇率在国际货币体系中影响显著下降，人民币和其他货币则从中受益。2018 年以来，受中美贸易关系紧张影响，人民币汇率传导指数转入下跌趋势，在汇率传导网络中的位置也逐渐边缘。2020 年初暴发的新冠肺炎疫情使人民币汇率传导指数进一步下跌，但得益于我国政府积极采取措施，遏制了新冠肺炎的蔓延，我国经济率先得到恢复，全球投资者增持人民币资产，提振了人民币的国际使用，人民币汇率传导指数止跌回升，在汇率传导网络中的位置有所增强。

（二）全球汇率传导指数分析

1. 人民币汇率传导指数分析

如图 3-30 所示，总体而言，2008 年金融危机后，人民币汇率对其他主要货币影响在波动中上升。2015 年 1 月 15 日，瑞士法郎脱钩欧元事件期间，人民币汇率传导指数跳跃上升，但从 2012 年至 2015 年间，人民币汇率影响力处于波动下行阶段。进入 2016 年，人民币汇率全球传导指数迎来新一轮上涨。年内受英国脱欧公投及人民币加入 SDR 影响，人民币对其他主要货币影响力再次步入上行通道。进入 2018 年，受中美贸易关系紧张影响，人民币汇率传导指数持续走低。2020 年初始新冠肺炎疫情使人民币汇率传导指数继续探底，但随着国内疫情形势向好、全球疫情形势日益严峻，人民币汇率影响力快速上升。

如前所示，人民币国际化的起点是 2008 年国际金融危机，另一个"机遇"是 2011 年欧债和美债危机，受此国际事件冲击和人民币国际化影响，人民币汇率传导指数在 2008—2012 年间持续走高。

国际货币格局变化对人民币汇率传导指数产生显著影响，国际货币格局变化最基本的表现为某国汇率制度的变化。特别是 2011 年 9 月 6 日瑞士法郎盯住欧元及 2015 年 1 月 15 日的瑞士法郎脱钩欧元事件期间，人民币汇率传导指数均大幅度上升，可能原因为瑞士法郎汇率制度频繁变动，使其标价资产风险大幅上升，瑞士法郎国际影响力下降或导致人民币国际影响力上升。

2015 年 8 月 11 日，中国央行宣布调整人民币对美元汇率中间价报价机制，在岸人民币汇率跟随中间价一次性贬值近 2%。随着中国央行不断吸取经验，三次推出相关政策改进人民币汇率形成机制，逐步完善了人民币中间价定价机制，提高了人民币汇率形成机制透明度和人民币汇率市场化水平，并更好地保持了人民币对一篮子货币汇率的基本稳定，人民币汇率传导指数逐渐企稳回升。

2016 年 6 月 26 日，人民币汇率传导指数在英国脱欧时显著提高，意味着这或许是人民币国际化的"新机遇"。首先，英国脱欧使英国和欧盟之间的商业投资率先受到冲击，英国和欧盟国家势必需要找寻新的经济伙伴支撑，而拥有着广袤市场深度的中国将因此受益。其次，英国的退出将对英镑产生长期和重大

图 3-30　人民币汇率传导指数

的影响，其标价资产风险将大幅上升。因此，人民币国际影响力大幅上升可能是英镑国际影响力下降造成。2016 年 10 月 1 日，人民币正式加入国际货币基金组织（IMF）特别提款权（SDR）货币篮子，对全球货币体系带来非常深远的影响，人民币汇率传导指数重新走高。

2018 年 2 月，美国商务部公布《232 调查报告》意欲挑起贸易纷争，一定程度上引起人民币汇率传导指数的下降。2018 年 6 月 15 日白宫对中美贸易发表声明，对 1102 种产品总额 500 亿美元商品征收 25% 关税，并于 7 月 6 日正式实施，之后人民币汇率指数出现了一波较快速度贬值。2019 年以来受多种因素综合影响，人民币汇率传导指数跳跃下跌。为了应对复杂多变的国际环境，我国以更加开放的姿态推进人民币国际化与金融开放。2019 年 10 月后，中美经贸高级别磋商取得重大进展，之后人民币汇率传导指数也逐步触底。

2020 年年初，人民币汇率传导指数受疫情影响显著下降。随着国外疫情日益严峻，全球金融陷入恐慌，美股发生四次熔断，在此期间，人民币汇率传导指数跳跃上升，如图 3-30 所示。究其原因，中国金融市场表现相对稳定，人民币外汇、股票等金融市场较世界主要发达国家市场跌幅较小，并没有出现明显的恐慌盘。这是对我国抗疫卓有成效、疫情持续向好的肯定。

为了应对疫情冲击，全球央行进入宽松周期，金融市场流动性充裕，市场行恐慌情绪逐步缓解，我国金融市场对外吸引力大幅提升，2020 年外资对华股权投资与债券投资规模分别为 3046 亿和 1973 亿美元，均为历史最高值。此外，2020 年外商对华直接投资规模达到 3829 亿美元，扭转了 2015 年以来外商对华投资额收窄的格局。直接投资和证券投资流入的大幅增长反映了全球投资者对我国经济复苏的信心，客观上提高了人民币在国际上的使用规模，人民币汇率传导指数也持续上升。

2020 年 11 月 15 日，东盟 10 国和中国、日本、韩国、澳大利亚、新西兰共 15 个亚太国家正式签署了《区域全面经济伙伴关系协定》（Regional Comprehensive Economic Partnership，RCEP）。2020 年 12 月 30 日，中欧全面投资协定谈判完成。这两项重要贸易协定的推进无疑将继续扩大人民币在国际贸易、国际支付和国际清算中的使用范围，人民币汇率传导指数又有明显的上升，如图 3-31 所示。

2021 年 1 月，美国新任总统拜登正式上台执政，重新联合盟友，在多个方面向中国施压，中欧关系、中澳关系迅速降温。"十四五"规划将"十三五"规划提出的"稳步推进人民币国际化"① 改为"稳慎推进人民币国际化"②。从"稳步"到"稳慎"这一字之差，体现出人民币国际化面临着机遇与挑战同步交织的复杂形势。

2. 人民币与欧洲主要货币汇率传导指数比较分析

与几种欧洲主要货币相比，人民币的影响力水平总体仍位居前列，特别是在 2009 年后超越英镑，位居第二，仅次于欧元，这样的排名也和各类货币对应的经济体的经济发展水平相吻合。

国际性大事件对全球货币影响力有着一致的影响。如图 3-31 所示，首先，2008 年金融危机后的一段时间内，几种主要货币的影响力均有不同程度的上升，说明危机期间汇率风险在国家间的传染程度有所提高。其次，在瑞士法郎宣布盯住和脱钩欧元的两个时点上，瑞士法郎的影响力均有明显的下跌，而其他几种货币影响力反而有所上升，说明频繁的汇率制度调整不利于保持本国货币对外影响力。英国脱欧事件对英镑影响力造成明显的负面冲击，而其他几种货币影响力则明显提升。最后，在新冠肺炎疫情全球蔓延期间，英镑的汇率国际影响力跳跃下降，而其他欧洲主要货币影响力表现相对稳定。

---

① 国家发展改革委．中华人民共和国国民经济和社会发展第十三个五年规划纲要 [R/OL]．新华网，2016-03-17．

② 国家发展改革委．中华人民共和国国民经济和社会发展第十四个五年规划和二〇三五年远景目标纲要 [R/OL]．新华网，2021-03-13．

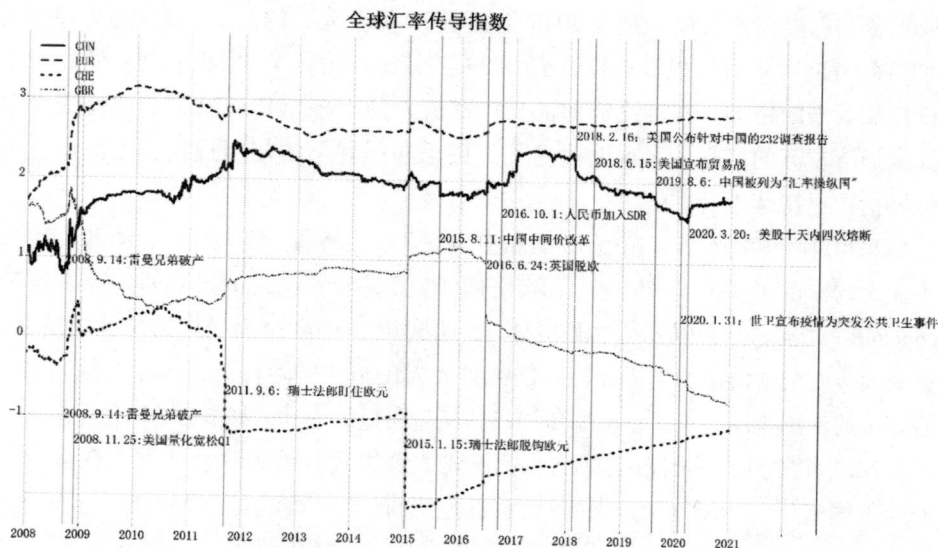

图 3-31 人民币和欧洲货币汇率传导指数

（三）"一带一路"相关货币汇率传导指数与网络

从世界主要货币汇率传导指数的分析中，人民币受中美贸易关系影响，对其他七种发达国家和地区汇率波动传导效应减弱，但对发展中国家（特别是"一带一路"沿线国家和其他国家）的货币汇率联系是否增强？人民币在"一带一路"相关货币汇率传导网络中是否逐渐占据"锚货币"的重要地位？

为了排除货币制度的影响，厦大经济学科相关课题组使用月度货币制度分类数据和国际货币基金组织的年度货币制度分类数据剔除了在样本期曾经实行固定汇率制的国家，筛选了 26 个"一带一路"沿线国家和 19 个"一带一路"其他国家，共计 45 个"一带一路"相关货币，构造"一带一路"相关货币汇率传导网络和指数。

1. "一带一路"沿线国家货币汇率传导网络

图 3-32 描绘了"一带一路"倡议提出前后，"一带一路"相关货币汇率传导网络。保持同样研究方法，网络节点为货币，圆点大小为该货币在"一带一路"相关货币汇率波动净影响，货币影响力指数越大则圆点越大；圆圈颜色代表"一带一路"沿线国家所属的区域；连接节点的边指向受到影响货币，货币影响越小，连接两个节点的边越细长，与其他货币联系更紧密的货币越趋向于

处于网络中心位置。

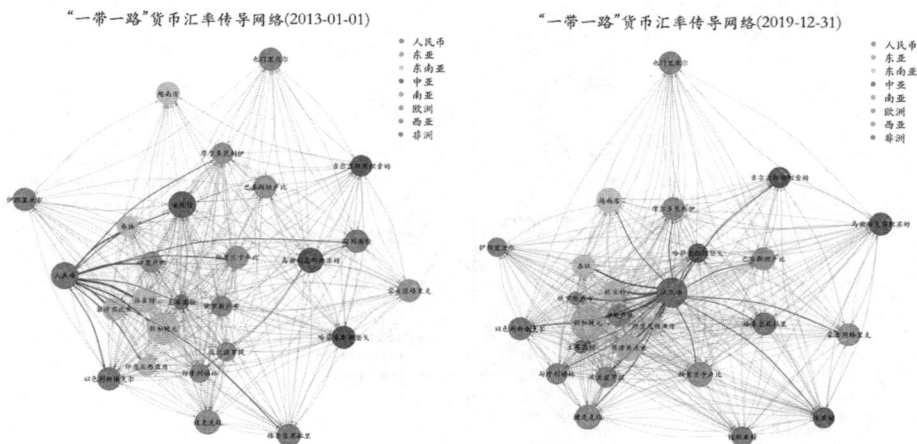

图 3-32　"一带一路"沿线国家货币汇率传导网络

如图 3-32 所示，倡议提出前，新加坡元的"一带一路"汇率传导指数最大，人民币紧随其后，但处于汇率传导网络的边缘位置，尽管新加坡的经济体量小。新加坡作为国际金融中心，使得新加坡元具备一定国际化水平。倡议提出后，人民币的影响力增大且影响的货币增多，人民币处于"一带一路"货币影响网络的中心位置。此外，从图 3-32 中还可知相邻国家货币存在聚类现象，尤其是东南亚、欧洲国家的货币一直较紧密的集聚在一起，这说明存在地缘关系的货币的相互影响较大。

2. 人民币"一带一路"汇率传导指数

图 3-33 描绘了人民币"一带一路"汇率传导指数的时间序列图，包括人民币对"一带一路"沿线国家货币传导指数和对"一带一路"其他国家货币传导指数。随着人民币国际化以及"一带一路"政策的稳步推进，人民币在"一带一路"区域的货币影响力总体呈现上升的趋势。具体来说，在 2015 年 8 月 11 日人民币汇改当天，人民币"一带一路"汇率传导指数大幅跃升。但同一时期，人民币全球汇率传导指数显示人民币对七个发达国家货币的影响力在 2015 年 8 月人民币汇改后大幅下降。

2018 年以来，相比于人民币对世界主要货币的净影响力明显下降（图 3-30），人民币"一带一路"相关货币汇率传导指数仍然保持平稳，甚至平稳回升，在中美贸易关系多变的背景下，我国坚持以开放体制应对复杂多变的国际

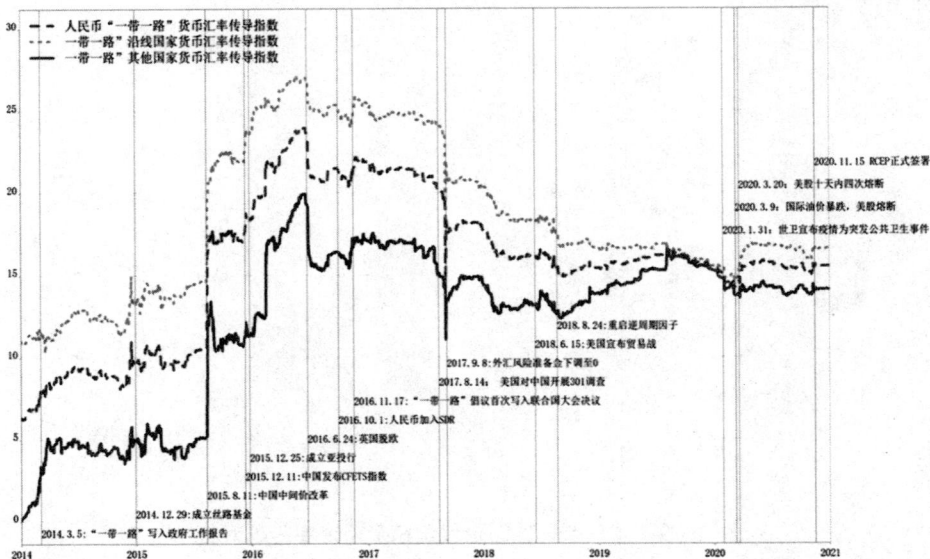

图 3-33 人民币"一带一路"货币汇率传导指数

环境，发展好"一带一路"经济走廊，将有利于应对中美贸易关系不确定性对人民币国际影响力的不利冲击。

2020 年以来，在新冠肺炎疫情全球大流行的冲击下，人民币"一带一路"货币汇率传导指数在短暂的下降后表现了较强的稳定性，特别是当国内疫情向好之后迅速回升，特别是对沿线国家货币的影响力显著增强。

2020 年，东盟已经超过美国，成为中国的第一大贸易伙伴。2020 年 11 月 15 日，东盟 10 国和中国、日本、韩国、澳大利亚、新西兰共 15 个亚太国家正式签署了 RCEP 后，人民币在"一带一路"沿线国家货币的影响力稳步上升。

六、人民币如何在百年变局中开新局？

2020 年，在新冠肺炎疫情全球大流行的冲击下，"世界正处于百年未有之大变局"。① 但无论是在以发达国家货币为主的货币体系中，还是在以"一带一路"等发展中国家为主的货币体系中，人民币汇率的国际影响力在全球金融市

① 中共第十九届中央委员会．中共中央关于制定国民经济和社会发展第十四个五年规划和二〇三五年远景目标的建议 [R/OL]．新华网，2020-11-03．

场震荡的冲击下依然保持相当的韧性。而且，截至 2020 年 7 月，全球央行已经在过去的 23 个月中第 22 个月净减持美债，总出售额近 9985 亿，这也是全球央行抛美债量的创纪录水平，全球至少 25 个央行不同程度地减持了美债。俄罗斯甚至已经着手清仓美债和美元，加大人民币、欧元、英镑和日元的外汇储备比例。美元指数持续下跌，金价已经飙升至历史新高，明确体现了各国和国际投资者对美元长期地位的担忧。这将是人民币进一步国际化的又一个重大"机遇"，中国应利用好此次机遇，在现在开放的基础上进一步扩大开放的高度、深度和广度，探寻国际货币和金融体系的均衡发展模式。同时，金融的"去中国化"已经显现，美国可能通过货币互换协议、SWIFT 和 CHIPS 系统等各种方式孤立中国、给人民币国际化带来重重"挑战"。因此，应是稳慎推进人民币国际化。

（一）人民币应遵循正确的币缘战略，坚持区域化先行，逐步推进人民币国际化

我们首先应清醒地认识到，人民币国际化的进程势必漫长而曲折。美国主导全球化的主要工具是美元，这也意味着，美国会不惜一切代价捍卫美元全球储备货币的主导地位。有学者提出币缘政治比地缘政治更重要。要与美元霸权相抗衡，就要有管理币缘政治风险的战略，可以概括表述为：制造为本，争取定价，合作周边，推进多元。百年变局下币缘新秩序主导权的博弈将更加激烈和复杂。我们应持中不过，保持在美欧两大币缘圈之间的动态平衡。

我国作为制造业大国，凭借相对完整的产业链，优良的基础设施建设以及广袤的市场，与周边众多国家保持着紧密的经贸合作。"一带一路"倡议的提出和经贸区域一体化给人民币区域化创造了肥沃的土壤。截至目前累计吸引了 138 个"一带一路"参与国和 30 个国际组织加入到"一带一路"的事业中。如前图 3-32，在新冠肺炎疫情的冲击下，人民币"一带一路"区域影响力指数在短暂的下降后表现了较强的稳定性，在国内疫情向好之后迅速回升，对沿线国家货币的影响力显著增强。

2020 年是中国—东盟自由贸易区全面建成 10 周年。2020 年 1—8 月，中国与东盟贸易总值达到 4165.5 亿美元，同比增长 3.8%，占中国外贸总值的 14.6%。东盟历史性地成为中国第一大贸易伙伴，形成了中国与东盟互为第一大贸易伙伴的良好格局。此外，《区域全面经济伙伴关系协定》（以下简称 RCEP）有望今年完成协定签署。RCEP 是由东盟 10 国发起，邀请中国、日本、韩国、澳大利亚、新西兰、印度 6 个对话伙伴国参加，旨在通过削减关税及非

关税壁垒，建立一个 16 国统一市场的自由贸易协定。协定将涵盖约全球人口的一半，国内生产总值约占全球的 32.2%，贸易额约占全球的 29.1%，达成后将成为全球涵盖人口最多、最具潜力的区域自贸协定，这又将是人民币实现区域化的重大机遇。

建议在一些金融服务发达的，具有良好的物流、贸易的基础设施，背靠沿海发达地区经济腹地的沿海城市，率先尝试境内离岸人民币业务，协同 RECP和"一带一路"倡议，在账户管理、清结算、流动性安排、相关法律和监督管理等方面充分对标国际，提供高度开放和便利化的离岸金融产品和服务。一方面为在岸体系改革提供压力测试和模范样本，为下一步金融开放特别是资本项目可兑换提供方向；另一方面在产品、服务、标准、监督管理上提升竞争力，为中国企业与区域贸易的成员国企业的进出口贸易提供在岸、离岸结算服务，并有望进一步扩大人民币在东盟、东亚以及"一带一路"参与国的区域影响力。

（二）加快数字人民币跨境支付结算试点

在数字经济时代，数字金融在人民币国际化进程中将扮演重要的角色。根据国际清算银行（BIS）2021 年 1 月所发布的数据显示，全球 66 家央行中，80% 的央行正在研究数字货币，10% 的央行即将发行本国中央银行数字货币（CBDC）。其中，数字人民币最为突出，将成为人民币国际化的重要载体。

目前的种种迹象表明，美国对中国特定行业、重点企业和关键个人进行"精准金融封锁"是大概率事件。美国极有可能对中国高科技产业、企业或个人采取定点和局部地金融打击，通过禁止相关机构接入 SWIFT 或 CHIPS 系统，来切断这类企业的跨境支付。将会极大地阻碍中国与 RCEP 成员国企业的贸易往来。

为应对美国潜在的金融封锁、消除金融体系隐患、协同推进我国金融体系的改革与开放，我国必须牢牢抓住金融技术革命这个机遇，以技术创新赋能金融体系，运用新技术将货币的计价、支付和储藏功能分开，全力实现人民币的跨境支付功能，通过人民银行发行的数字货币来解决计价问题，构建起以数字人民币为媒介和计价货币的跨境支付结算新体系，打破美国控制的跨境支付与清算体系（SWIFT 和 CHIPS 等系统）的垄断，从而抵御外部金融封锁引发的不利冲击，保障我国金融安全。

（三）把握金融开放的度，提高金融风险的监督和管理水平

2020 年 4 月 1 日，我国金融服务行业进入全面开放阶段，境外金融机构的

准入条件加速开放。4月9日发布的《中共中央国务院关于构建更加完善的要素市场化配置体制机制的意见》指出，要逐步推进证券、基金行业对内对外双向开放，有序推进期货市场对外开放，逐步放宽外资金融机构准入条件，推进境内金融机构参与国际金融市场交易。① 5月7日，央行宣布落实取消合格境外机构投资者和人民币合格境外机构投资者境内证券投资额度管理要求，对 QFII 正式实施本外币一体化管理，即允许合格境外投资者自主选择汇入资金币种和时机，大幅度简化投资收益的汇出手续。解除了外资进出中国的流程，为国际资金投资中国市场正式敞开了大门。

加快中国金融开放、强化人民币金融交易功能和投资功能，不可避免地将伴随着输入型风险，要有危机意识，在加快开放的同时完善宏观审慎管理和货币政策管理，把握资本项目开放的度，同时注重加强对跨境资金流动的监管，防范输入型的系统性金融风险，提高金融风险的监督和管理水平。以人民币汇率为例，政府和央行应及时出手干预单边趋势性的人民币升值或贬值，稳定人民币汇率及其预期，这不是保持人民币不贬值或升值，而是避免汇率的大起大落（特别是单边趋势性贬值或升值），使之在一个合理区间波动，其下限是不引发系统性金融风险，上限是有效舒缓对外经济和贸易的压力。

在百年变局下，金融的"去中国化"已经显现，只有在党中央的坚强领导下，坚持金融开放，才能使人民币国际化面临新的契机，人民币国际化进程才能行稳致远。

第五节　全球化变局下的金融开放与金融风险②

正如习近平总书记所指出的："世界正处于百年未有之大变局。"③ 经济金融全球化正面临着百年变局。一方面，当前的技术变革以使用数字化的知识和信息作为关键生产要素、以现代信息网络作为重要载体、以信息通信技术的有效使用推动效率提升和经济结构优化，与此相关的一系列经济活动可以归结为

---

① 中共第十九届中央委员会，国务院. 关于构建更加完善的要素市场化配置体制机制的意见［R/OL］. 新华网，2020-04-09.

② 本节是周颖刚是2020年8月28日在第9届中国财经峰会做的主题演讲，感谢贝泽赟帮助拓展了相关内容。

③ 中共第十九届中央委员会. 中共中央关于制定国民经济和社会发展第十四个五年规划和二〇三五年远景目标的建议［R/OL］. 新华网，2020-11-03.

"数字经济"。数字经济中，数据成为驱动商业模式创新和发展的核心力量，生长出互联网平台这一全新的经济组织，并带来了商业模式、组织模式、就业模式的创新，也改变金融服务的模式。另一方面，当前金融全球化的本质是美元信用货币的全球化。20世纪70年代，美元与黄金脱钩，又与石油挂钩。美国作为一方，负责生产美元，世界其他国家作为另一方，负责生产用美元交换的产品。2008年美国次贷危机的暴发并在全球范围内迅速蔓延，反映出当前国际货币体系的内在缺陷和系统性风险。美联储等央行的量化宽松加剧了资产价格泡沫和不平等，是民粹主义崛起的一大因素，使国际经贸摩擦不断和国际经贸规则博弈增多，特别是中美贸易争端表现出长期性、持久性并衍生出科技战、金融战等。

一、新冠肺炎疫情大流行加剧全球化变局

2020年新冠肺炎疫情全球大流行加剧全球化变局，特别是产业链、供应链循环严重受阻，让大家认识到经济全球化是把"双刃剑"，蕴含利益的同时也隐藏着风险。同时，新冠肺炎疫情加速了数字经济发展，近日英国和日本就先进数字标准达成协议，正在形成全球数字经济变局中美国、中国之外的"第三极"（如图3-34）。在未来数字经济的竞争博弈中，数据跨境自由流动意味着贸易互惠、市场开放、资源互补、创新共享、科研互信，也会带来商品、服务、资本、人才等所有生产要素的联盟化，非联盟的科技企业将付出数倍成本在强监管、强治理区域内来开展业务运营，并面临巨大的法律风险。

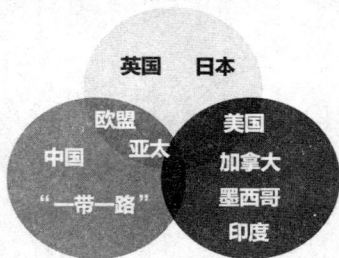

图3-34　全球数字经济变局

更为重要的是，新冠肺炎疫情全球大流行使国际金融市场异常波动，原油期货甚至出现负价格，美联储的量化宽松已经无底线（如图3-15），加剧了资产价格泡沫和不平等。近几个月来，美元汇价持续下跌、黄金价格不断飙升，

这与美国经济金融的总体状况密切相关。2020 年 8 月 27 日，美联储主席鲍威尔发表了"货币政策框架评估"的主题讲话，宣布对货币政策执行框架进行重大调整为随着时间推移能实现平均 2% 的通胀目标，这一策略意味着美联储已经搁置了之前坚持了三十多年的反通胀做法，可能酿成国际信用货币体系大变局。

二、如何在全球化变局中开新局

疫情冲击下全球化变局使世界各国面对保增长、防风险的严峻形势，也更加意识到国家经济金融安全的重要性。中国《2020 年政府工作报告》指出，"面对外部环境变化，要坚定不移扩大对外开放，稳定产业链供应链，以开放促改革促发展"。①

应该指出的是，改革开放 40 年使中国成为贸易大国，但金融作为现代经济核心的改革开放却相对滞后，在美元主导的国际货币金融体系的影响依然较小，在全球范围内配置资源和管理风险的能力也较弱。在全球化变局下，金融的"去中国化"已经显现，2020 年 3 月 31 日，美联储宣布设立海外央行回购工具，在已有的美元互换工具基础上，进一步加码向全球提供美元流动性。一个以美元为核心，明确排除人民币，联合各主要经济体的新的国际货币金融网络已呈雏形。

近来，又有讨论美国政府将通过其实际上控制的以美元计价为主的国际银行间通信协会（SWIFT）制裁中国（包括香港）的银行和金融机构，根据国际货币基金组织（IMF）的《2019 年对外部门报告》，在中国进口的美元结算比例为 92.8%，在主要国家中处于最高水平。② 如果不能通过 SWIFT 的美元结算，那么，中国的贸易活动必将受到巨大的影响。

如何在应对金融的"去中国化"呢？中国加快金融开放是大势所趋，这"快"字与"慢"全球化（slowbalisation）形成鲜明的对比，甚至构成冲突的场景不可避免地面临更多的风险与挑战。

三、中国金融开放全面加快

货币是金融的最基本要素，人民币国际化于中国金融开放是不可或缺的，

---

① 李克强. 2020 年政府工作报告［R/OL］. 中国政府网，2020-03-12.

② IMF. 2019 External Sector Report：The Dynamics of External Adjustment［R/OL］. IMF Publication，2019.

甚至是首要之义。改革开放以来，中国对外金融领域也发生了重大的角色转变，从资本净输入国转化为资本净输出国，中国企业和居民的对外投资会呈现高速增长，人民币作为贸易结算货币和投资货币的需求日益强劲。2016 年 10 月 1 日，人民币正式加入了 SDR 货币篮子，成为第三大权重货币，在国际化的道路上迈出具有里程碑意义的一步，不仅有利于提升人民币在世界范围内的使用规模和使用率，还将持续倒逼人民币继续深化改革。2018 年 3 月 26 日，我国首个以人民币计价的国际性商品期货——人民币原油期货在上海国际能源交易中心挂牌上市，这实际上是人民币国际化的重大进步，为进一步扩大金融开放创造更为有利的条件。

2018 年 4 月 11 日中国人民银行行长易纲在博鳌亚洲论坛"货币政策的正常化"分论坛上宣布了金融领域开放的六大措施并规定了政策落地的时间表。各部门积极响应，一场全方位的金融开放拉开序幕，目前，绝大部分措施已经落地，极少数尚未落地开放措施的修法程序也已到最后阶段：2018 年 6 月 28 日，发改委、商务部发布《外商投资准入特别管理措施（负面清单）（2018 年版）》，在 22 个领域对外资进行了开放；2018 年 5 月，瑞士银行对瑞银证券实现绝对控股；2018 年 11 月，安联（中国）保险获准筹建，成为我国首家外资保险控股公司，美国运通公司在我国境内发起设立合资公司，筹备银行卡清算机构的申请已经审查通过；2019 年 1 月，美国标普公司获准进入我国信用评级市场；2019 年 3 月，摩根大通获准在中国建立控股证券公司。筹备银行卡清算机构的申请已经审查通过；2019 年 3 月 15 日，十三届全国人大二次会议表决通过了《中华人民共和国外商投资法》，首次以法律的层面明确允许外商投资企业境内上市，以及公开发行债券或以其他方式拓宽融资渠道。

2019 年 3 月 24 日，在中国发展高层论坛上，中国人民银行行长易纲提出了进一步扩大金融业开放的五点考虑：坚持金融服务业开放、金融市场开放与人民币汇率形成机制改革相互配合，协调推进；全面实施准入前国民待遇加负面清单管理制度；完善金融业开放的制度规则，实现制度性、系统性开放；加快相关制度规则与国际接轨，不断完善会计、税收等配套制度；改善营商环境，进一步推动简政放权，优化行政审批，提高审批过程的透明度和审批效率；完善金融监管。在开放的同时，要重视防范金融风险，使金融监管能力与开放程度相匹配。2019 年 7 月 20 日，国务院金融稳定发展委员会办公室宣布了《关于进一步扩大金融业对外开放的有关举措》，提出了 11 条金融业对外开放措施，涉及银行、保险和证券等多个领域，反映了我国金融开放进入全面展开阶段。

中国金融开放的持续推进，使得国际社会对于人民币以及中国市场愈渐肯定和青睐，多个国际著名的金融机构已经纷纷将目光投向具有广袤前景的中国市场。2018 年 6 月，我国 A 股正式纳入 MSCI 指数，2019 年 8 月 27 日，MSCI 将中国 A 股占其指数的权重提升至 15%，完成了其之前计划的"通过三步把中国 A 股的纳入因子从 5% 增加至 20%"中的第二步；2018 年 9 月，富时罗素宣布将 A 股纳入其指数体系。2018 年，境外投资者投资中国债券市场增加近 6000 亿元，目前总量达到约 1.8 万亿元；人民币计价的中国国债和政策性银行债券将从 2019 年 4 月起被纳入彭博巴克莱全球综合指数，预计将有 1000 亿美元流入中国债券市场。

四、金融开放背景下全球资产配置乃大势所趋

自 2020 年 4 月 1 日，我国金融服务行业进入全面开放阶段，将促进资本要素在国家间的自由流动，丰富了投资者的投资标的选择，有利于资产在全球范围内的优化配置。然而，金融开放也是一把双刃剑。日趋频繁的跨境资本流动也会导致各国金融市场间的联动和共振增强，金融周期更易于在全球范围内传递，为资产配置及其风险防范提出挑战。

面对金融开放过程中的"慢全球化"寒流，境内人民币资产类别相当有限，各类资产对应的交易工具和品种也相对有限，容易受到内生或外来输入的国家风险的影响。而放眼全球，跨国家、跨资产的资产类别应有尽有，各类资产对应的交易工具和品种也极大丰富，全球资产投资组合的有效边界势必将大幅度前移，理论上能够最大程度对冲国家风险，相比于单一市场的资产配置策略，科学的全球资产配置能够更大程度地抵抗经济周期性下行，增加整体组合的稳定性。

与此同时，面对纷繁复杂的全球经济形势，全球资产配置的研究方法相比单一市场的资产配置更为复杂，要求投资者和投资机构具有很强的研究能力和投资经验。相比于长期致力于全球资产配置业务的境外金融机构，我国境内金融机构和投资者缺乏全球财富管理的经验。在金融双边开放的背景下，越来越多的境外金融机构将在我国开展全球资产配置业务，我国亟须提前布局，加大人才和资源的投入以及政策的倾斜，在金融开放和全球资产配置浪潮中抢占先机，真正向国际化全球化的金融强国迈进。

另一方面，根据建设银行和波士顿咨询公司（BCG）联合发布的 2019 年中国私人银行市场发展报告显示，截至 2018 年年底，中国个人拥有的可投资资产总额达 147 万亿元，规模达到 2012 年的两倍，且预计 2023 年将达到 243 万亿。

中国可投资资产在 600 万元以上的高净值家庭达 174 万户。由亚非银行发布的《2019 年全球财富迁移评估报告》显示，2018 年全球私人财富总额达 204 万亿美元，美国、中国分别以 60.7 万亿美元和 23.6 万亿美元位列第一、第二。过去十年，中国私人财富增长 130%，是私人财富增长最快的国家。预计未来十年中国私人财富增速将达 120%。

近年来，完成了财富积累的中国高净值人士境外资产增长迅速，离岸财富管理的需求将日益增加，在全球贸易摩擦威胁和经济发展不确定性加剧的新形势下，全球大类资产配置相较于配置于单一国家资产具有更均衡稳定的收益风险管理表现的优势得以凸显。招商银行联合贝恩公司发布的《2019 年中国私人财富报告》显示，受累于 2018 年全球经济形势恶化，2019 年中国高净值人士境外投资占其可投资资产总量的比例较 2016 年略有下降但是仍达到 17% 左右，但境外投资规模较 2016 年增长 5.8%。面对全球贸易摩擦带来的潜在不确定性，超过一半以上的高净值人士境外投资主要动因转向分散风险和对冲，其次是捕捉境外投资市场机会以及企业海外扩张等。另据建设银行和波士顿咨询公司的《2019 年中国私人银行报告》显示，在选择金融机构最看重的能力一项中，56% 的客户选择了"金融机构的资产配置能力"，而在被问及需要金融机构提供哪类投资建议时，60% 的客户选择了"大类资产的配置"。调研结果表明资产配置能力已经成为客户挑选金融机构时最看重的因素之一，落地全球资产配置策略的长期潜在客户基础已经初具规模。

四、全球化变局下的资产配置

一个比较出名的资产配置策略是美林投资时钟，这是一种将资产轮换和行业战略与经济周期联系起来的直观投资方式，投资时钟模型将经济周期分为四个阶段，具体取决于 GDP 增长相对于趋势的变化方向和通胀方向，如图 3-35。

但是，美林时钟没有考虑金融周期，也没有给出有效的房地产资产配置建议，而房地产又受金融周期的影响。因此，我们提出基于金融周期和经济周期的大类资产配置时钟，课题组主要来自厦门大学王亚南经济研究院（简称WISE），因此命名为 WISE 时钟，如图 3-36。

首先是扩张期，即经济周期、金融周期同时上行。经历了前一阶段的初步复苏以后，投资者意识到良好的经济基本面，对整体经济运行持乐观态度，此阶段信贷大幅扩张，投资活动增加，金融与经济成良性的螺旋通道上升。此阶段的经济与金融表现对股票和房地产市场而言属于重大利好，其相对于其他资

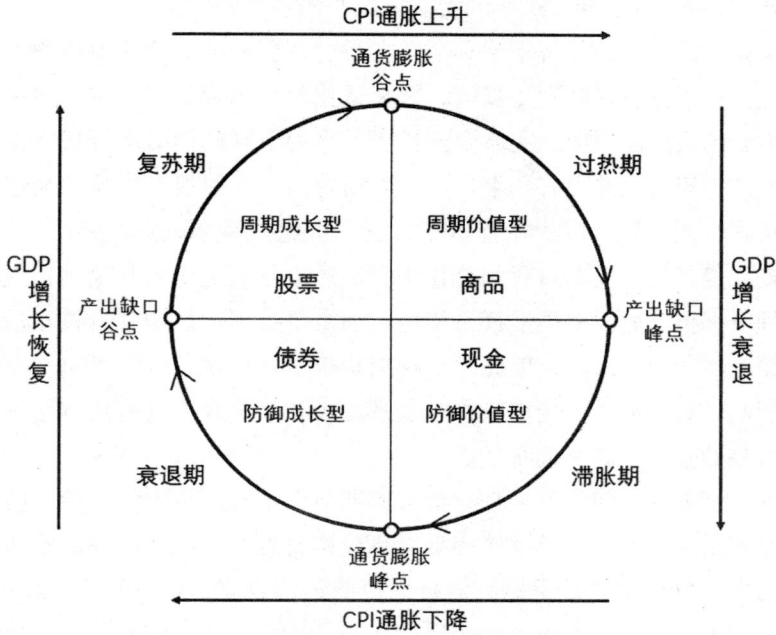

图 3-35 美林投资时钟图

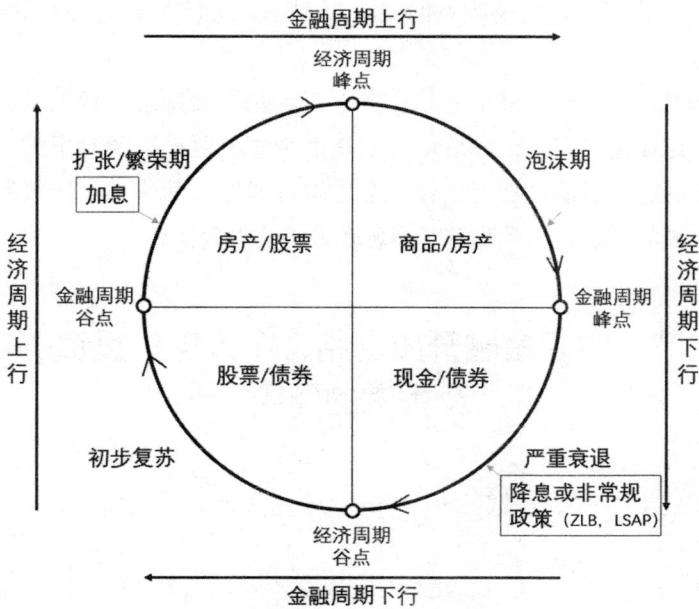

图 3-36 WISE 投资时钟图

产的收益明显更高。此时房产和股票是最好的资产。

其次是泡沫期，即经济下行、金融上行。在金融信贷的鼎力相助下，经济活动经过大幅扩张后逐渐到达顶峰，许多行业甚至出现产能过剩的情况，经济体进入漫长的去产能周期，实体企业投资回报率下降的同时融资成本上升。而此时狂热的投资行为并没有结束，资本市场转而进入回报率更高的金融资产或房地产市场（或其他资产如比特币）投资，由此拉高金融资产和房地产价格，由于房产与信贷的顺周期自我强化作用，房产市场的定价出现偏离，泡沫逐渐累积，埋下祸根。此时中央银行希望通过加息平抑不理性的金融投资活动，防范发生系统性的金融风险，但此时金融信贷依然顽固地扩张。股票受经济下滑的不利影响较大，债券市场由于加息表现不容乐观，现金持有成本增加，此阶段表现最好的是房产和大宗商品。

再次是衰退期，即经济周期、金融周期双向下行。由于前一阶段的资产价格偏离积累了大量泡沫，经济体亦难以自我调整愈合，由此出现的泡沫破裂具体表现为资产价格的急速下跌，信贷规模的急剧收缩，企业投资活动的骤降、消费需求的大幅下滑（极可能是由于个人净资产缩水导致的）等。这样伴有金融混乱的经济衰退比一般的衰退更为严重，复苏也更加的困难。央行为应对金融危机和经济衰退选择使用降息等宽松的货币政策，甚至采取非常规政策如零利率下限（ZLB）和大规模政府购买（LSAP）。此时现金是最好的保值资产，债券次之。

最后是复苏期，即经济上行、金融下行。此阶段持续的货币宽松政策对经济体起到一定作用，实体经济活动开始逐渐恢复，但投资者对于前一阶段发生的泡沫破裂和经济衰退仍心有余悸，金融投资或银行信贷仍处于收紧状态。此时是股票估值的低点，债券受益于降息政策仍然表现良好。

第六节　中国金融开放之路：个人境外投资的视角及香港的作用[①]

改革开放 40 年来，中国已成为全球一个主要的贸易大国，但在全球金融体

———

① 本节原是周颖刚于 2014 年撰写的《香港金融研究中心特别报告》第 9 期和《经济资料译丛》2018 年第 3 期，感谢与何东和陈红一富有建设性的讨论，张若梅和吴卓言提供的出色的助研工作，以及石曜丞帮助更新了部分数据和内容。

系中的影响却依然较小。随着中国资本项目的进一步开放，未来可期中国成为金融大国，其中一个表现就是中国企业和居民的对外投资会呈现非常高速的增长。个人境外投资的路径应该遵循有中国特色的资本账户渐进开放道路，在"主动、可控、渐进"的原则下，香港是中国大陆个人海外投资的首选之地。如何深刻认识个人境外投资的必然性，充分和正确利用香港这一国际金融中心引导个人资金"走出去"，探索一条中国金融大国之路已经成为一项重要而紧迫的课题。

一、个人境外投资的必然性

（一）中国私人财富持续快速增长，离岸财富管理需求日益强劲

伴随着数十年中国经济高速增长，中国私人财富总额与高净值家庭数量持续快速增长。根据建设银行和波士顿咨询公司的报告显示，截至 2018 年年底，中国可投资资产在 600 万元以上的高净值人士数量已达 167 万人，高净值个人可投资金融资产总额达 39 万亿元。预计 2023 年高净值人士数量将增长至 241 万人，形成一个可投资金融资产 82 万亿的私人银行市场，如图 3-36 所示。

近年来，完成了财富积累的中国高净值人士境外资产增长迅速，中国人海外豪宅投资纪录屡屡被刷新，向境外投资移民人数也快速增长，2011 年美国投资移民申请个案 70%为中国人。招商银行联合贝恩公司发布的《2021 年中国私人财富报告》显示，2021 年中国可投资资产超过 1 千万元的高净值人群的境外投资占其可投资资产总量的比例达 30%左右。在高净值人群家庭需求中，全球家族资产综合配置、平衡投资、资产保障、境内外子女教育，境内外资产保值和增值，代际传承安排，全球化、定制化的产品服务占据前 5 名。[2] 报告还显示，总体而言高净值人群对境外服务最大的两类要求为境内外分支的服务水平进一步强化、境外分支的承接能力加强，以及能提供一些境外目的地的优势产品、融资融券服务分别占 28%与 25%[3]。可以预见的是，离岸财富管理的需求将日益增加，根据客户差异化诉求提供的服务需提上日程，其在未来私人银行业务中的重要性也将逐步增大。

---

① 波士顿咨询公司，中国建设银行. 中国私人银行 2019 ［R/OL］. BCG 网站，2019-04-09.

② 招商银行，贝恩公司. 2021 中国私人财富报告 ［R/OL］. 招商银行网站，2021-05-17.

中国高净值个人数量

中国高净值个人可投资金融资产总额

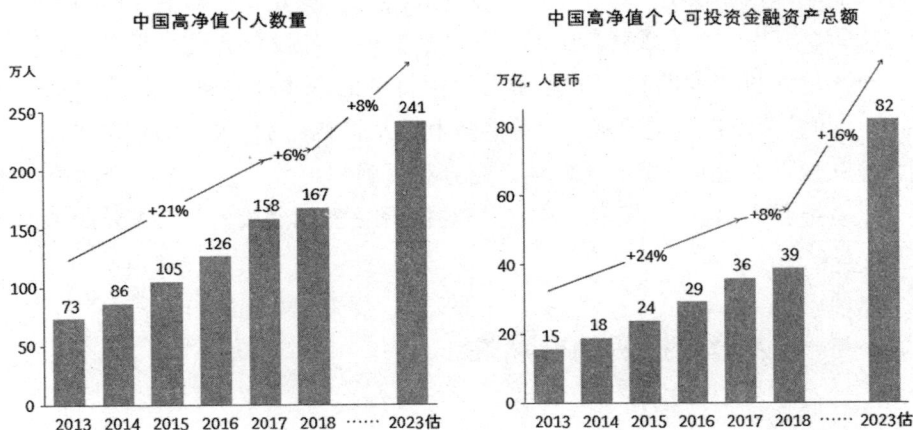

图 3-37 中国高净值个人数量与可投资金融资产总额①

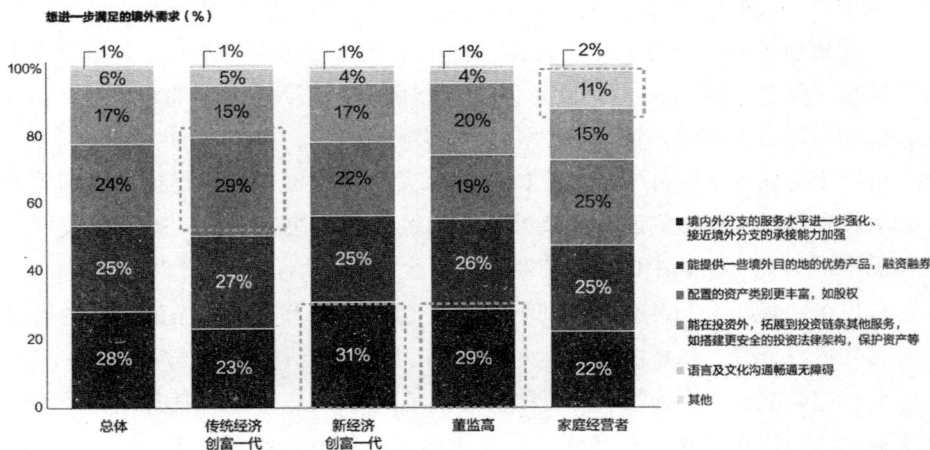

图 3-38 中国高净值人群境外服务需求②

（二）中国式的金融抑制下个人境外投资的微观理性和宏观意义

中国经济的高速增长，造就了巨大的社会财富和资本积累，外汇储备世界第一，银行储蓄世界第一，几大国有商业银行也连年占据全球银行排名前列。

---

① 招商银行，贝恩公司. 2021 中国私人财富报告［R/OL］. 招商银行网站，2021-05-17.
② 招商银行，贝恩公司. 2021 中国私人财富报告［R/OL］. 招商银行网站，2021-05-17.

然而，金融资源错配问题严重，存贷款仍受到比较严格的利率管制，居民储蓄的实际利率长期停留在"负利率"。影子银行发展迅速，"钱荒"问题备受关注。中小企业贷不到款而频现危机，庞大的"游资"又找不到投资管道而到处炒作，出现了吴英案、温州中小企业老板"跑路潮"、高利贷频现等一系列民间借贷事件，都折射出金融抑制在中国还依然严重的现实。

在中国式的金融抑制环境中，居民资产配置及投资需求难以得到满足。过去很长一段时间，基于中国经济和居民可支配收入高速增长的惯性，国内高净值人士最主要的理财诉求在于追求个人财富的快速增值。然而根据波士顿咨询公司近期的调查，高净值人士的首要理财目标已悄然转变——追求财富安全稳健和长期收益，已超过追求财富的较快增长。[1]

在监管和市场双重影响下，个人资产配置更加多元。高净值人群资产配置中，固收类及房地产投资占比进一步缩减；受资管新规影响，信托产品、非净值型供给进一步下降，资产配置占比持续紧缩。在"房住不炒"政策指导下，政府对于购房资格、限售时间等提出明确规范，降低了投资性房地产的投资价值及吸引力。与此同时，权益类资产在高净值人群资产配置中占比提升。随着标准化产品如基金接受度大幅提升，资产配置比例明显上升，其中由于资本市场向好，权益类基金占比显著。同时，高净值人群对于资产配置专业度要求提高，倾向通过基金参与资本市场投资，而非个股投资。在此基础上，高净值人群配置需求更加多元，对于私募股权、证券等其他境内投资产品的需求显著增加。[2]

一些有条件的个人投资者纷纷到境外寻找保值和增值的"替代性"投资，如在国内一、二线城市的大规模限购限贷的严厉调控下转战香港、新加坡等地的楼市，据戴德梁行数据显示，内地居民在港置业比例（包括一手及二手住宅）2010 年约 10.8%，2011 年约 19.2%，豪宅的比例更高达 35%—40%，移民政策调整[4]、首付比例增加均未能挡住内地居民赴港置业的步伐。据高力国际数据显示，目前新加坡私宅买家有近三成来自中国内地，利率低、贷款比例高，是吸引内地人赴新投资的重要因素。而据全美房地产经纪人协会（NAR）的最新报

---

① 波士顿咨询公司，中国建设银行 . 中国私人银行 2019 ［R/OL］. BCG 网站，2019-04-09.

② 招商银行，贝恩公司 . 2021 中国私人财富报告［R/OL］. 招商银行网站，2021-05-17.

③ 招商银行，贝恩公司 . 2021 中国私人财富报告［R/OL］. 招商银行网站，2021-05-17.

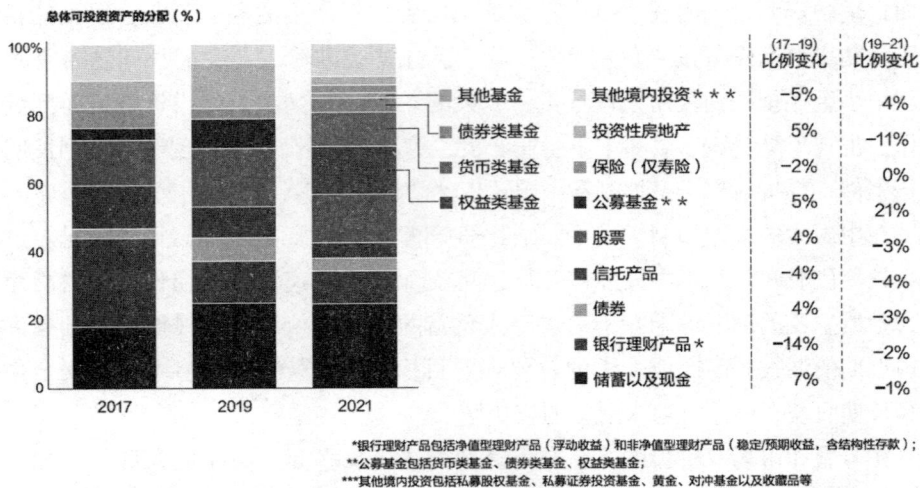

图 3-39 2017—2021 年中国高净值人群境内可投资资产配置比例①

告显示，2012 年 4 月到 2013 年 3 月的一年里，中国人在美购房总价值达 123 亿美元，占当年外国人在美购房总额的 12%，仅次于加拿大，成为美国房市的第二大外国买家。而在 2012 年 3 月底之前的一年里，中国人投入 74 亿美元，一年之间增加了近 50 亿美元，增幅高达 66%。此外，中国人在美买房的中位价格是42.5 万美元，是全美中位房价的大约一倍，比外国人在美购房中位房价 27.6 万美元也高出 5 成，并且 69% 的中国买房客是用现金一次付清。②

从宏观的角度讲，中国式的金融抑制使大量的金融资源错配至低效率的部门，成为中国经济转型的瓶颈。2013 年 6 月和 12 月出现的两次"钱荒"，虽然导火索不同，但本质并无二致，都是银行将资金过度集中在房地产、地方融资平台和高杠杆的理财产品上，借短贷长、期限错配，导致银行本身出现流动性危机，也说明目前中国经济结构急需调整和金融体系急需"动真格"改革了。有序地放开个人境外投资有利于倒逼中国金融改革开放、扭转中国金融资源错配的格局。

内地在 2007 年提出搞"港股直通车"，结果未开车便被叫停。究其原因，

---

① 房地产从 2010 年 10 月 14 日起被暂停列入"资本投资者入境计划"下的"获许投资者资产类别"。

② YUN L，J SMITH，G COROROTON. 2013 Profile of International Home Buying Activity：Purchase of U. S. Real Estate by International Clients for the Twelve Month Period Ending March 2013〔R〕. Washington，D. C. ：National Association of REALTORS，2013.

主要是时机不对，当时全球股市正处于一轮大牛市的尾声，推出"港股直通车"试点，不仅"火上加油"把港股市况推向疯狂，而且会让内地投资者去高位接盘，叫停乃明智之举。不过，"直通车"的概念一直没有消失，不断"变形"，以合格境内机构投资者（QDII）及"港股ETF"等形式在内地挂牌。但这些基金可受额度限制，选择的品种不多，业绩也不理想，使得一些投资者只能游走于"灰色地带"，将资金以其他名目汇出投资港股。港交所于2012年发布的《现货市场交易研究调查2010/2011》显示，在2010/11年度，外地投资者的交易占港股市场总成交金额的46%，其中内地投资者的交易占外地投资者交易的10%。[1] 2013年1月，被视为"港股直通车"翻版的QDII2即合格境内个人投资者计划首次出现在央行口径中。

2014年11月17日和2016年12月5日，中国资本市场双向开放列车的"沪港通"和"深港通"发车，并于2018年5月1日起将互联互通每日额度扩大4倍。这是在不改变本地制度规则与市场交易习惯的原则下，建立了一个双向的、全方位的、封闭运行的、可扩容的、风险可控的市场开放结构，其最重要的意义在于创设了一个两地机构共同营运和监管的"共同市场"，通过两地交易所和结算公司的连接，让国内的投资者、资本通过"共同市场"逐步走向世界。"沪港通""深港通"与合格境外机构投资者（QFII）、合格境内机构投资者（QDII）等的最大不同，在于以管道（即上交所和港交所）而不是产品（即额度和投资品种）为主体平台实施交易和管控，向具有一定风险承受能力的个体投资者开放，使内地和香港投资者可以通过当地证券公司或经纪商买卖规定范围内的对方交易所上市的股票。这就决定了沪港通的交易便利度、投资自由度要高过QFII、QDII。虽然"沪港通""深港通"的投资范围不涉及固定收益等其他资产种类，也无法参与IPO认购，且受到每日成交上限和海外股东上限的限制，但对于个人跨境投资仍是一项重大的突破。其宏观意义是在风险可控的前提下逐步做到金融资产价格的海内外对接，让资金流向有投资价值一方的市场，这必然对A股市场形成一定的倒逼，从而改善公司治理水平，提高投资者保护。

（三）个人海外投资是中国金融开放和战略转型的必由之路

改革开放40年来，我国对外金融领域发生了重大的角色转变，从资本净输入国转化为资本净输出国，从对外债务国转化为对外债权国。根据国家外汇管

---

[1] 香港交易所. 现货市场交易研究调查2010/2011 [R/OL]. 香港交易所网站，2012.

理局公布的《2013 年末中国国际投资头寸表》，截至 2013 年年末，我国对外金融资产 59368 亿美元，对外负债 39652 亿美元，对外金融净资产 19716 亿美元。在对外金融资产中，我国对外直接投资 6091 亿美元，证券投资 2585 亿美元，其他投资 11888 亿美元，储备资产 38804 亿美元，分别占对外金融资产的 10%、4%、20% 和 65%。① 由此可见，中国外汇资产集中在政府手中，民间外汇资金蓄水池有限。而发达国家大多"藏汇于民"，2010 年，日本、德国、英国、美国的民间外汇资产分别高达 4.99 万亿、6.91 万亿、12.78 万亿和 15.4 万亿美元。

官方债权大国带来了非常大的集中风险管理问题，应积极推动向"私人债权大国"转型。一是借鉴日本等国的经验，逐步实现从"贸易立国"战略向"投资立国"战略转变。2005 年 4 月日本内阁经济财政咨询会议通过了《21 世纪展望》，首次提出"投资立国"理念。2006 年 6 月，日本经济产业省发表《通商白皮书》，提出要顺应世界经济全球化的潮流，进一步开展全球性投资活动，提高对外资产收益率。为此，日本积极消除对外投资的各种障碍，近五年来，日本每年海外证券利息收入在 500 亿美元以上，所得收支盈余已经成为日本重要的外汇储备来源。② 二是逐步实现从"藏汇于国"到"藏汇于民"的战略转型。近年来，外汇管理部门在逐步放松对结售汇强制要求的同时，不断探索构建更有效的制度框架，这表明我国在政策上已经偏向于引导"藏汇于民"，比如，从对企业的结汇来看，企业外汇收入的留成比重逐步提高到当前的 80%，原有的强制结售汇制度已经基本上过渡到意愿结售汇制度。对个人用汇的限额也逐步提高到当前的 5 万美元。

然而，个人购汇额度仍然很有限，民间资金大多数以各种方式曲线出境，如通过个人亲戚朋友、地下金融、侨商互助、企业外贸等管道，并以相当规模长期存在着。以温州为例，2011 年，温州境外投资额 5352.7 万美元，外汇资金汇出 2139.04 万美元，人民币境外投资 176.7 万美元，对外担保 450 万美元。"潜伏"已久的个人境外投资，却面临着艰难的阳光化。由于担心资本外逃的风险，国内对资本的管制一直是宽进严出，即便地方有改革的积极性，却一直缺少顶层设计的支持。2008 年，温州在启动"民营经济创新发展综合配套改革试点"中，就将"个人境外直接投资"作为改革创新的一项重要内容予以推进。2009 年，浙江省政府批准实施该改革试点方案。2011 年 1 月 7 日，温州市政府

---

① 国家外汇管理局．2013 年末中国国际投资头寸表［R/OL］．外汇局网站，2014-04-04．
② 张茉楠．"藏汇于民"路径探索［EB/OL］．上海证券报，2011-01-07．

下发《温州市个人境外直接投资试点方案》，但由于未获国家外汇管理局批准，随后立即被叫停。直到 2011 年温州暴发民间借贷危机，有关温州金融改革再次被提上政府议事日程，将个人境外直接投资试点纳入申报的主要项目，并在 2012 年 3 月 28 日的国务院常务会议上获批，把温州作为实验室，允许民间资金境外"自由行"。

2013 年 9 月 29 日中国（上海）自由贸易试验区（以下简称"上海自贸区"）正式挂牌启动。《上海自贸试验区总体方案》提出"在风险可控前提下，可在试验区内对人民币资本项目可兑换、金融市场利率市场化、人民币跨境使用等方面创造条件进行先行先试"。[①] 2013 年 12 月 2 日，中国人民银行公布了《关于金融支持中国（上海）自由贸易试验区建设的意见》，其中包括人民币跨境使用、人民币资本项目可兑换、利率市场化、外汇管理四大领域改革，内容多达 30 项。意见中提到设立自由贸易账户，"居民自由贸易账户与境外账户、境内区外的非居民账户、非居民自由贸易账户以及其他居民自由贸易账户之间的资金可自由划转（为此服务的金融机构则相应成立分账核算单元）。"并鼓励个人跨境投资，"在区内就业并符合条件的个人可按规定开展包括证券投资在内的各类境外投资"，[②] 这将引领个人境外投资浪潮，具有十分重要的战略意义和示范作用。

2013 年 11 月，十八届三中全会通过《全面深化改革若干重大问题的决定》，描绘了金融改革开放的蓝图，不仅提出"推动资本市场双向开放，有序提高跨境资本和金融交易可兑换程度，建立健全宏观审慎管理框架下的外债和资本流动管理体系，加快实现人民币资本项目可兑换"，而且要"扩大企业及个人对外投资，确立企业及个人对外投资主体地位……允许创新方式走出去开展绿地投资、并购投资、证券投资、联合投资等"。[③]

如本章第五节所述，近年来金融开放不断加速，2020 年，国务院明确批复将择机推出合格境内个人投资者（QDII2）。明确允许个人走出去开展各种境外投资，这无疑将对向"私人债权大国"战略转型产生深远的影响，在这个过程中，中国要融入世界的金融体系，应该如同加入世界贸易组织对中国的贸易发

---

① 国务院. 国务院关于印发中国（上海）自由贸易试验区总体方案的通知：国发〔2013〕38 号［R/OL］. 中国政府网，2013-09-27.

② 中国人民银行. 中国人民银行关于金融支持中国（上海）自由贸易试验区建设的意见：银发〔2013〕244 号［R/OL］. 中国人民银行网站，2013-12-02.

③ 中共第十八届中央委员会. 中共中央关于全面深化改革若干重大问题的决定［R/OL］. 新华网，2013-11-15.

展带来深远影响一样，将助推中国成为金融大国及国际货币和金融体系的均衡发展。

二、个人境外投资的路径选择

个人海外投资是中国资本账户开放的重要组成部分，而资本账户开放过程是一个逐渐放松资本管制、允许居民和非居民持有跨净资产及从事跨净资产交易、实现货币自由兑换的过程，因此，个人境外投资的路径应该遵循有中国特色的资本账户渐进开放道路，先主动放开个人投资香港市场，充分和正确利用香港这一国际金融中心引导个人资金"走出去"。

（一）有中国特色的资本账户开放道路和影响

2003 年，中国正式提出了资本账户可兑换问题，"十一五"和"十二五"规划明确将实现人民币资本账户可兑换作为政策目标，"十八大"和十八届三中全会再次强调这一目标。近年来，我国加快资本账户开放的条件基本成熟（中国人民银行调查统计司，2012a），①开放的步伐明显加快，对此主要有两派意见：一派认为放开资本项目管制，会导致短期资本流动加剧，冲击国内金融体系，增大金融风险，因此中国应该审慎对待资本账户开放，以维护中国宏观经济与金融市场稳定；另一派则认为应加速中国资本账户开放，这是建立现代资本账户管理体系来适应中国经济规模和复杂程度的迫切需要，而资本账户的开放并不意味着放弃对短期资本流动进行管理，短期资本大幅的流入流出的风险不应该进一步开放的理据。②

笔者认为资本账户开放如同其他任何政策的推出都是有成本的，但是也要认识到它的效益，即使得资本在全球范围内自由流动和优化配置，能提高资本效益，产生最大的经济利益，极大地促进了经济的发展。而对中国这样一个大国来说，风险控制能力要比小国家强很多。从资本账户开放的国际经验来看，渐进式开放是主流模式。无论是英国、日本等发达经济体，还是巴西、印度这样的新兴经济体，在推进资本项目开放的过程中都是从本国经济特点出发制定开放重点和顺序，且保持了一定的弹性。国际货币基金组织曾结合世界各国的

---

① 中国人民银行调查统计司. 我国加快资本账户开放的条件基本成熟 [R/OL]. 中国人民银行网站，2012a-05-23.
② 袁满，由曦. 金改市场化攻坚——专访中国人民银行行长周小川 [J]. 财经，2013（36）.

发展经验和教训，提出了资本账户开放的"整体化方式"，从宏观经济政策、国内金融体系和审慎监管等多方面提出了资本账户开放的基本原则。总之，适应经济发展的需要、控制资本项下的风险、灵活调整开放顺序、加强完善管理框架是我国资本账户开放过程中的必要考虑。

中国人民银行调查统计司（2012b）曾就资本账户各子项目的开放次序提出"先流入后流出、先长期后短期、先直接后间接、先机构后个人"的一般原则，并提出了短期放松有真实贸易背景的直接投资管制、中期放松有真实贸易背景的商业信贷管制、长期先开放流入后开放流出，依次审慎开放不动产、股票及债券交易，逐步以价格型管理替代数量型管制这样三个阶段的安排。① 管涛（2013b）认为可以借鉴人民币经常项目可兑换的成功经验，采取两步走的方法，第一步是在今后几年通过巩固现有条件并创造新条件，通过取消对目前仍受到严格管制的资本交易的限制，中国可实现相对较高程度的资本账户可兑换；第二部是再过几年，中国可以宣布人民币资本账户完全可兑换，以宏观审慎措施取代剩余的资本流动管理措施。② 何东（2014）也认为应该采取"小步快走"的渐进方式，于未来十年内加快推进资本账户开放，而"先流入后流出、先长期后短期、先直接后间接、先机构后个人"的开放原则，有助把风险降至最低，以维持金融市场稳定，并可选择某一地区或行业进行相关政策的试验。③

笔者认为，应该积极探索一条"主动，可控，渐进"（Proactive, controllable, and gradualist）④ 的有中国特色的资本账户开放的道路。在开放资本账户的过程中，预期收益最大、风险相对较低的应先推行，最具风险的改革应后推行；在开放的结构上，增量与存量均应加强，但从先易后难的原则来看，可先推进增量改革，渐进推进存量改革；在开放的方向上，可先通过香港主动加快渐进开放速度，毕竟香港较容易控制风险，如果运行良好再逐步向其他国家和地区开放。

---

① 中国人民银行调查统计司. 协调推进利率、汇率改革和资本账户开放［R/OL］. 中国人民银行网站，2012b-05-23.

② 管涛. 迈向人民币资本账户完全可兑换：回顾与前景［R］. "资本流动管理：国际经验"基金组织和人民银行联合研讨会，2013b.

③ 何东. 未来可期中国成为金融大国［R］. 上海高级金融学院名家讲堂，2014-09-13.

④ 参见夏斌，陈道富. 中国金融战略2020［M］. 北京：人民出版社，2011：260-289. "主动"是"以我为主式"地不断根据市场需要，并与人民币国际化特殊要求相适应，推动资本账户的开放。"可控"是使资本账户开放过程中的风险可控，处理好与汇率、货币政策、金融监管及人民币国际化的先后次序和搭配协调。"渐进"是资本账户的开放要循序渐进，侧重开放的条件性，并吸取有关国家开放的经验和教训，尽可能注重开放内容的次序性。

随着资本账户的开放，中国的对外直接投资成倍增长。根据《2019年度中国对外直接投资统计公报》，如表3-7所示，2019年，中国对外直接投资净额为1369.1亿美元，其中，新增股权投资483.5亿美元，占35.3%；当期收益再投资606.2亿美元，占44.3%；债务工具投资279.4亿美元，占20.4%。截至2019年年底，中国2.75万家境内投资者在国（境）外共设立对外直接投资企业①4.4万家，分布在全球188个国家（地区），年末境外企业资产总额7.2万亿美元。对外直接投资累计净额达21988.8亿美元，其中，股权投资12096.7亿美元，占55%；收益再投资6866.4亿美元，占31.2%，债务工具投资3025.7亿美元，占13.8%。②

表3-7 中国对外直接投资 （单位：亿美元）

年份	流量	流量占全球份额%	存量	并购金额	新增股权	当期收益再投资	债务工具投资
2010	688.1	5.2	3172.1	297.0	206.4	240.1	241.6
2011	746.5	4.4	4247.8	272.0	313.8	244.6	188.1
2012	878.0	6.3	5319.4	434.0	311.4	224.7	341.9
2013	1078.4	7.6	6604.8	529.0	307.3	383.2	387.9
2014	1231.2	9.1	8826.4	569.0	557.3	444.0	229.9
2015	1456.7	9.9	10978.6	544.4	967.1	379.1	110.5
2016	1961.5	13.5	13573.9	1353.3	1141.3	306.6	513.6
2017	1582.9	11.1	18090.4	1196.2	679.9	696.4	206.6
2018	1430.4	14.1	19822.7	742.3	704.0	425.3	301.1
2019	1369.1	10.4	21988.8	342.8	483.5	606.2	279.4

注："流量"即为对外直接投资净额，"存量"为对外直接投资累计净额。

数据来源：整理自《2019年度中国对外直接投资统计公报》。

要预测其中个人所持有的海外资产则比较困难，笔者借鉴有关资料做一些非常粗略和保守的估计。在发达国家，如日本和美国，高净值人群的可投资资产与GDP的比例一般都在70%—100%之间。据招商银行和贝恩联合发布的

---

① 对外直接投资企业，指境内投资者直接拥有或控制10%以上股权、投票权或其他等价利益的境外企业。

② 商务部，国家统计局，国家外汇管理局. 2019年度中国对外直接投资统计公报［R/OL］. 商务部网站，2020-09-16.

《2021 中国私人财富报告》显示，2020 年，中国个人可投资资产总规模达 241 万亿元，预计到 2021 年年底，可投资资产总规模将达 268 万亿元，中国高净值人群数量将接近 300 万人，可投资资产总规模将突破 90 万亿元。[①] 若按图 3-38 中海外投资资产占总可投资资产的 14% 算，届时中国个人海外投资资产额将达到约 23.5 万亿元人民币，以 1 美元兑 6.5 元人民币的汇率算约 3.62 万亿美元。当然，随着资本账户开放，个人海外资产的比例也将上升，若以 30% 为例，则 2021 年中国个人海外投资资产额将达到约 80.4 万亿元人民币，约合 13.4 万亿美元。

中国资本账户的开放将成为未来十年重塑全球金融体系的最重大事件（Hooley，2013），[②] 对全球经济格局带来非常深远的影响。据 Ma 和 Zhou（2009）预测，由于资本账户开放以及 GDP 和贸易的快速增长，中国的总国际投资头寸（对外投资资产和负债之和）将在 2015 年达到 GDP 的 150%。[③] 而 Hooley（2013）通过"消除开放差距"（closing the opening gap）、"跟随增长"（Catch-up growth）和"本土偏好下降"（Declining home bias）三方面，预计中国的国际投资头寸（扣除官方储备）占世界 GDP 的比例将从 2012 年约 5% 增长至 2025 年的 30%。[④]

（二）香港是个人海外投资的首选

如上所述，中国正在积极探索一条"主动，可控，渐进"的有中国特色的资本账户开放的道路。在这个过程中，香港将发挥不可替代的作用。可以说，香港继改革开放前的货物转运，改革开放后的招商引资之后，将第三度再担负起推动中国资本走出去、迈向金融大国的重要角色。在中央政府眼中，香港既能汇聚国际资金，国际化经验与监管水平又远远领先国内城市，加上香港回归和"一国两制"，中央政府对香港的信任程度很高，风险相对可控，因而是一块进行中国资本账户开放和人民币国际化的理想试验田。[⑤] 用一个形象的比喻，人

---

① 招商银行，贝恩公司. 2021 中国私人财富报告 [R/OL]. 招商银行网站，2021-05-17.

② HOOLEY J. Bring Down the Great Wall? Global Implications of Capital Account Liberalization in China [J]. Bank of England Quarterly Bulletin, 2013 (04)：304-316.

③ MA G, H ZHOU. China's Evolving External Wealth and Rising Creditor Position [R]. BIS Working Papers No. 286, Bank for International Settlement, 2009.

④ HOOLEY J. Bring Down the Great Wall? Global Implications of Capital Account Liberalization in China [J]. Bank of England Quarterly Bulletin, 2013 (04)：304-316.

⑤ 李波，王佐罡，席钰. 跨境人民币业务与香港人民币市场 [R]. 香港金融研究中心特别报告第七期，2011.

民币国际化于中国，就好比"养儿子"，让人民币从体内出生、成长、慢慢走出去，在贸易、计价、投资、储备等领域为国际所用（李小加，2012），在利率、汇率和资本项下开放还没有完成的情况下，应发展离岸金融中心，而其首选当为香港，因为这是一个"离家既近，又通达国际、设施完善"的"育儿园"。①

从微观层面来看，投资者选择海外投资地点时最主要的考虑因素是地缘优势。北美和拉美地区主要选择加勒比和巴拿马作为离岸财富管理中心；西欧地区主要选择瑞士；亚太地区包括日本主要选择香港和新加坡；内地人在香港的投资则占境外资产的一半以上。按照上文的估算，到 2021 年中国个人海外投资资产额将达到 23.5 万亿—80.4 万亿元人民币，以 1 美元兑 6.5 元人民币的汇率算合 3.62 万亿—13.4 万亿美元，假设内地人在香港的投资则占境外资产的一半，则有 11.8 万亿—40.2 万亿元人民币、1.81 万亿—6.7 万亿美元投资在香港，其发展空间和潜力巨大。

中国金融业"十二五"规划明确提出要将香港建设成国际资产管理中心和人民币离岸中心，这无疑会进一步吸引内地个人赴港投资。一方面，香港的法律、会计制度完善，而且税率低、税制简单，并在金融服务业方面有深厚的专业基础和大量的专业人才，可以提供丰富的金融产品，能使香港成为一个吸引大陆人士将财富带进来并管理的地方。另一方面，人民币离岸中心的前景非常广阔，香港人民币业务于 2004 年开展至今已 10 周年，成为最具规模和效益的离岸人民币业务中心。香港的人民币 RTGS（实时支付结算系统）平均每日处理交易额于 2013 年 12 月突破 5000 亿元人民币，当中离岸市场交易约占九成。根据环球银行金融电信协会（SWIFT）的统计，香港银行的人民币收付交易量约占全球进出内地和离岸市场交易总量的七至八成。据香港金融发展局研究报告显示，香港的人民币存款占全球海外人民币存款总量的近 75%，人民币清算平台参加行超过 200 家。②

（三）香港的 SWOT 分析

SWOT 分析法是当前最实用也最流行的一种制定战略的方法，就是通过综合分析内部的优势（Strengths）和劣势（Weaknesses），以及外部环境的机遇（Opportunities）和威胁（Threats），并以此为基础制定发展战略。

---

① 李小加．"养儿子"与"育儿园"——关于人民币国际化的再思考［N］．信报，2012-01-04．

② 香港金融发展局．关于加快建设香港离岸人民币中心的建议［R/OL］．香港金融发展局网站，2013b-11-01．

香港的优势在于已有的国际金融中心地位，稳健的法律体系、独立的司法体系确保私人财产权利，自由贸易，简单低税制及私人信息保密制度，许多与国际接轨又熟悉内地的人才，又是资本等要素进出中国的最重要通路，以及逐渐确立的人民币离岸中心等。正如香港金融发展局（2013）指出的，香港的法治制度深受信赖、监管架构透明度高、资金自由流动，令投资者有信心在港投资及经营业务，且能够吸引全球顶尖金融人才和会计、法律及其他专业服务机构，拥有整个金融服务行业所需的强大支持网络。香港在过去40年来一直是通往中国的门户，如今亦成为内地筹集国际资金的首选目的地及"走出去"的跳板，香港过往的历史，使之成为东西汇聚的典范，成为经营国际业务的理想枢纽。①

香港的劣势在于与纽约、伦敦相比仍是国际性的、而非世界性的金融中心、仍以银行中心和股票中心为主的单一格局，债券、外汇及商品业务发展相对迟缓。这种单一市场格局意味着金融业的整体抗逆能力较弱，在股票市场不振之时尤为明显。同时，香港本地缺乏广阔腹地、强大的实体经济支撑和（金融）消费需求，在过去十年间主要通过股票市场协助中国企业筹资。此外，香港应从战略管理的层面加强顶层设计，积极优化金融业发展的长远规划。②

香港的机遇在于背靠大陆，不仅有潜在内地广阔腹地、强大的实体经济支撑和强劲的消费需求，而且是中国企业和个人走出去的首选路径和人民币国际化的首选"育儿园"，还有得到中国金融业"十二五"规划支持的人民币离岸中心和国际资产管理中心建设。同时香港又是面向世界的，在中国资本账户开放、迈向金融大国的过程中拥有得天独厚的市场机遇，并将发挥重大的作用。

香港面临的威胁主要是来自伦敦、新加坡、上海等国际金融中心的竞争。随着中国资本账户的开放及监管水平日渐提升，内地和香港两地金融中心的距离势必收窄，其中上海锐意于2020年前发展成为国际金融中心，并于2013年成立了中国（上海）自由贸易区。对于来自上海的竞争，香港金融管理局总裁陈德霖认为自贸区的推进将会为香港的发展带来更多的机遇。③ 由于上海自贸区将

---

① 香港金融发展局. 巩固香港作为全球主要国际金融中心的地位［R/OL］. 香港金融发展局网站，2013a-11-01.

② 在这方面，香港应吸取未能抓住时机发展高新技术产业的教训，而新加坡的高科技产业在政府的积极规划下取得了长足的进展，内地的高新技术产业也已经初具规模，使香港在这一领域的竞争力不断弱化。

③ 孙芙蓉. 持续推动香港人民币离岸中心建设——访香港金融管理局总裁陈德霖［J］. 中国金融，2013（21）：24-26.

采用负面清单方式管理，这种方式在内地并不多见，而在香港很通行，未来将与上海在银行监管等相关方面加强合作，创造互利双赢的局面。对于其他国际金融中心的竞争，关键在于如何做好顶层设计、把握机遇、扬长避短、合作互利、相得益彰。此外，香港还面临社会政治化及分化日益严重、居住环境恶化和生活成本上升等挑战（香港金融发展局，2013a），这些因素都直接威胁到香港作为国际金融中心的地位。①

三、香港在中国金融开放中的作用之顶层设计

香港作为国际金融中心，尤其是面临着在中国成为金融大国这一重大机遇和挑战，急需加强顶层设计，即应着眼于世界经济金融变化的未来格局，把握与洞察当前发展趋势与环境的基础上，从纷繁复杂的内外金融事务中，提出一个好的发展战略，用简洁的语言描绘一张蓝图，统领整个金融发展的方方面面。为此，笔者提出三个顶层设计。

（一）"金融购物天堂"是香港吸引内地个人投资的正确定位

大家都知道香港是一个"购物天堂"，绝大多数的货品没有关税，世界各地物资都运来竞销，物美价廉。然而，香港"购物天堂"的光环正在褪色，自2003年7月推出"个人游"计划（又称"自由行"），内地访港旅客人次和占比不断上升。如在2013年，访港旅客数字达5430万人次，当中75%来自内地，超过4000万，这虽然为香港带来经济效益，但对香港居民生活也造成一些负面影响，引发旅客需求管理的大讨论。在这种情况下，如何转型和升级"自由行"已经成为一项重要而紧迫的课题。

笔者认为，金融服务业这一支柱产业应该成为吸引内地"游客"资金"自由行"，使香港"购物天堂"升级的战略选择。香港应该引领中国资本"走出去"的潮流，抓住中国金融业"十二五"规划提出将香港建设成国际资产管理中心和人民币离岸中心的机遇，以金融产品为导向、以财富管理和金融服务为核心，积极打造成一个"金融购物天堂"。这涵盖银行、股市、债市、汇市、保险、信托、基金等各个金融行业，目标是背靠国家、面向世界，巩固和提升香港的国际金融中心地位，重点任务包括如何使（离岸）金融产品极大丰富、如

---

① 香港金融发展局. 巩固香港作为全球主要国际金融中心的地位［R/OL］. 香港金融发展局网站，2013a-11-01.

何达到高质量的财富管理和金融服务、如何实现有效的跨境监管和协调，以及全面而充分的金融消费者权益保护和教育等。

首先，金融购物"天堂"中应该有极大丰富、适合不同层次需求，特别是适合国内金融消费者的金融产品。

对于金融产品的分类，一般可以将金融产品根据其产品特征的复杂程度划分为两大类，如欧盟将产品分为非复杂金融工具（Non-complex Financial Instruments）和复杂金融工具两类，而新加坡则将金融产品分为特定投资产品（Specified Investment Products）和除外投资产品（Excluded Investment Products）。具体分类情况请见表3-8。

表3-8　金融产品类别

		非复杂金融工具 （Non-complex Financial Instruments）	复杂金融工具（Complex Financial Instruments）
欧盟	1	在受监管市场或欧盟承认的其他市场交易的股票	非复杂金融产品以外的产品
	2	货币市场工具	
	3	债券或其他形式的证券化债务（不包括含衍生品的债券或证券化债务）	
欧盟	4	可转让证券集合投资计划	
	5	其他非复杂金融产品，应满足以下全部条件： （1）不属于MiFID1第四条第1款第（18）项c目、附录一第C节第4至第10款所规定的种类； （2）市场参与者易于以可公开获得的市场价格（或独立于发行人的估值系统所提供或确认有效的价格）将产品处分、赎回或以其他方式变现； （3）产品不会使客户承担金额超过购买工具成本的实际或潜在负债； （4）可通过公开管道获得与产品特征有关的充分全面的信息，使零售客户能够知悉、理解并判断该产品	
		除外投资产品 （Excluded Investment Products）	特定投资产品（Specified Investment Products）

续表

		非复杂金融工具 （Non-complex Financial Instruments）	复杂金融工具（Complex Financial Instruments）
新加坡	1	股票	除外投资产品以外的其他投资产品
	2	公司权证	
	3	商业信托单位	
	4	房地产信托单位	
	5	债券（不含资产支持证券和结构化票据）	
	6	人寿保险（不含投连险）	
	7	外汇交易合同或协议（不含外汇合同衍生品和外汇杠杆交易）	
	8	法律列举的其他 EIPs	

数据来源：《证券公司投资者适当性制度指引》起草小组（2012），《对金融产品分类的两种模式》。①

从香港的情况来看，应该加强股票市场现货和衍生产品的核心竞争力，深入拓展债券、外汇、商品、定息产品和货币、信托、基金及保险等领域，扩大及深化资产类别以提供全方位、适合金融消费者的金融产品。与银行业及股票市场相比，香港的债券市场起步较晚，市场规模较小，其构成如图3-40所示。

香港的债券市场包括本地港元债券市场、在香港发行和交易的非港元债券市场和欧洲美元债券市场三大子市场，港元债券市场又可分成定息债券和浮息债券市场。发行机构主要有外汇基金（香港金融管理局）、认可机构、香港公司、多边发展银行和海外非多边发展银行发债体，法定组织和政府持有的公司以及中国境内金融机构等，发行人地域分布广泛，香港本地发行人约占50%。从债券产品来看，香港债券市场主要以外汇基金票据及债券（Exchange Fund Bills 和 Notes）为主体，并且外汇基金票据及债券计划通过不断延长债券品种的期限，为香港债券市场提供了利率的基准收益率曲线。从投资者结构来看，以机构投资者为主，包括银行、保险公司、退休基金和债券基金等，其中银行是

---

① 《证券公司投资者适当性制度指引》起草小组．对金融产品分类的两种模式 [N]．中国证券报，2012-04-12.

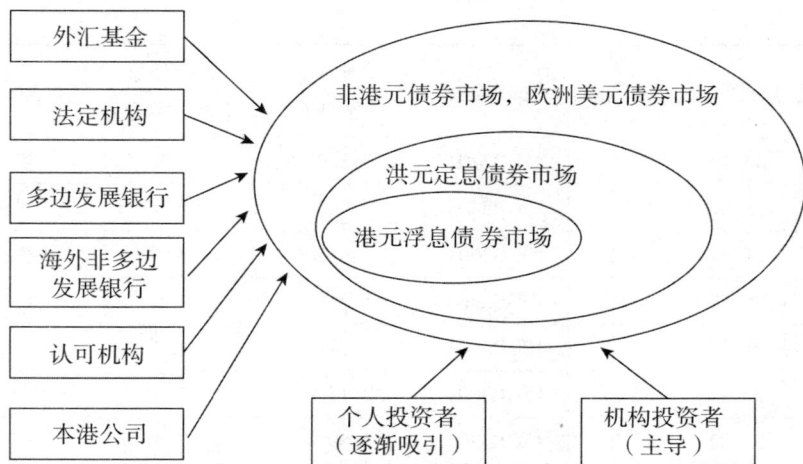

图 3-40　香港债券市场构成

外汇基金票据和债券的最积极的持有人和交易者，这与香港金融管理局实施的外汇基金债券可抵押和回购的政策密不可分。

为促进香港本地债券市场的进一步及持续发展，政府于 2009 年推出政府债券计划，以扩大非银行投资者基础，并建立具有代表性孳息率曲线，作为其他公营及私营企业发行债券定价的重要参考指标。2013 年政府债券计划的规模由 1000 亿扩大至 2000 亿港元。自 2011 年度起政府更先后四次推出通胀挂钩债券 iBond，如表 3-9 所示，在零利率的市场环境中提供保值增值的手段，深受个人投资者的欢迎，促进了香港零售债券市场的发展。

表 3-9　香港 Ibond 一览表

预期到期日		原有期限	发行编号	票面息率（年息）	未偿还额（十亿港元）	机构/零售
2021	08. 04	10 年	10GB2108	2. 46%	14. 5	机构
	12. 17	3 年	03GB2112R	浮息	2. 9	零售
2022	05. 18	5 年	05GB2205	1. 16%	9. 0	机构
	07. 29	3 年	03GB2207R	浮息	2. 9	零售
2023	01. 17	10 年	10GB2301	1. 10%	17. 8	机构
	10. 23	3 年	03GB2310	0. 51%	4. 0	机构
	11. 16	3 年	03GB2311R	浮息	15. 0	零售
	12. 22	3 年	03GB2312R	浮息	15. 0	零售

续表

预期到期日		原有期限	发行编号	票面息率（年息）	未偿还额（十亿港元）	机构/零售
2024	04.15	3 年	03GB2404	0.36%	4.0	机构
	08.07	10 年	10GB2408	2.22%	9.5	机构
2026	01.21	10 年	10GB2601	1.68%	10.9	机构
2027	06.29	10 年	10GB2706	1.25%	3.6	机构
2029	01.17	10 年	10GB2901	1.97%	4.7	
2030	07.16	15 年	15GB3007	2.13%	5.2	
2032	03.02	15 年	15GB3203	1.89%	2.4	
2034	03.07	15 年	15GB3403	2.02%	3.2	
2036	03.04	15 年	15GB3603	1.59%	1.0	

数据来源：整理自香港金融管理局网站收集。

在特区政府和私营机构的共同努力下，债券市场快速增长，如表 3-10 所示。2020 年港元未偿还债券总额 22780.13 亿港元，已增至 GDP 的 84%（1994 年香港债券市场的规模只及 GDP 的 8%）。其中，公债类别（包括外汇基金和政府债券）的港元债务市场规模为 11846.31 亿港元，约占港元债券市场总额的 52%，其中政府债券计划下的未偿还债务总额达到 1165.01 亿港元；私营机构债券市场也很活跃，非公债类别的规模达 10933.82 亿港元，占港元债券市场总额的 48%。

表3-10 未偿还港元债务工具总额（百万港元）

	(A) 外汇基金	(B) 政府	(A)+(B) 公债（按年变动）	(C) 认可机构	(D) 本地公司	(E) 多边发展银行	(F) 多边发展银行以外的境外发债体	(G) 法定机构及政府持有的公司	(C)至(G) 非公债（按年变动）	总计（按年变动）
1998	97450	0	97450	175286	10283	69402	29356	11366	295693	393143
1999	101874	0	101874（4.5%）	186036	15477	61287	54402	20117	337319（14.1%）	439192（11.7%）
2000	108602	0	108602（6.6%）	192990	13027	57062	80193	20047	363319（7.7%）	471921（7.5%）
2001	113750	0	113750（4.7%）	182682	11402	51104	98758	35873	379819（4.5%）	493568（4.6%）
2002	117476	0	117476（3.3%）	190520	16156	40834	117819	48212	413541（8.9%）	531018（7.6%）
2003	120152	0	120152（2.3%）	199295	13905	27855	139777	56441	437273（5.7%）	557426（5.0%）
2004	122579	10250	132829（10.6%）	209401	18914	24735	161816	60186	475052（8.6%）	607880（9.1%）
2005	126709	10250	136959（3.1%）	237942	28723	21535	180648	57712	526560（10.8%）	663520（9.2%）

续表

	(A) 外汇基金	(B) 政府	(A) + (B) 公债 (按年变动)	(C) 认可机构	(D) 本地公司	(E) 多边发展 银行	(F) 多边发展银行 以外的境外 发债体	(G) 法定机构及 政府持有的 公司	(C) 至 (G) 非公债 (按年变动)	总计 (按年变动)
2006	131788	7700	139488 (1.8%)	246890	47734	19555	237578	56876	608633 (15.6%)	748121 (12.8%)
2007	136646	7700	144346 (3.5%)	255491	57632	13155	234344	58476	619098 (1.7%)	763443 (2.0%)
2008	157653	5000	162653 (12.7%)	209089	57973	14253	207616	64618	553550 (-10.6%)	716202 (-6.2%)
2009	534062	7000	541062 (232.6%)	195915	62547	24348	216777	66643	566229 (2.3%)	1107291 (54.6%)
2010	653138	25500	678638 (25.4%)	218641	65445	15513	206521	60592	566712 (0.1%)	1245350 (12.5%)
2011	655413	49500	704913 (3.9%)	229416	66211	14731	194323	51034	555716 (-1.9%)	1260629 (1.2%)
2012	657384	68500	725884 (3.0%)	264696	76486	10271	186094	45159	582705 (4.9%)	1308590 (3.8%)
2013	751151	91500	842651 (16.1%)	252053	88896	10214	185790	39816	576769 (-1.0%)	1419420 (8.5%)

续表

	(A) 外汇基金	(B) 政府	(A) + (B) 公债 (按年变动)	(C) 认可机构	(D) 本地公司	(E) 多边发展银行	(F) 多边发展银行以外的境外发债体	(G) 法定机构及政府持有的公司	(C) 至 (G) 非公债 (按年变动)	总计 (按年变动)
2014	752630	98000	850630 (0.9%)	233444	96486	6101	182161	40990	559181 (-3.0%)	1409812 (-0.7%)
2015	828421	100400	928821 (9.2%)	239870	95581	5301	204114	43351	588216 (5.2%)	1517037 (7.6%)
2016	963098	102791	1065889 (14.8%)	271352	99424	10550	233342	50010	664677 (13.0%)	1730566 (14.1%)
2017	1048479	106320	1154799 (8.3%)	241071	99020	9854	243697	53647	647290 (-2.6%)	1802089 (4.1%)
2018	1062715	107368	1170083 (1.3%)	319663	113856	17917	442763	54787	948986 (46.6%)	2119069 (17.6%)
2019	1082062	100135	1182197 (1.0%)	331269	116806	21222	458466	55904	983666 (3.7%)	2165863 (2.2%)
2020	1068130	116501	1184631 (0.2%)	373066	123767	26514	488451	81584	1093382 (11.2%)	2278013 (5.2%)

数据来源：整理自香港金融管理局：《2020 年香港债券市场的概况》。①

① 香港金融管理局. 2020 年香港债券市场的概况 [R/OL]. 香港金融管理局网站，2021.

　　与此同时，债券市场发展日益多元化，人民币债券（点心债）冒起，成为推动香港债券市场发展的新力量。2014—2016 年每年在香港发行的人民币债券均为 280 亿元，创下纪录高位。为开拓伊斯兰债券市场，立法会于 2013 年通过《税务及印花税法例（另类债券计划）条例草案》及《信托法律（修订）条例草案》，而后于 2014 年 3 月通过《2014 年借款（修订）条例草案》，以便在政府债券计划下发行伊斯兰债券。2014 年 9 月 11 日香港政府成功发售首批 10 亿美元 5 年期伊斯兰债券，这是全球首批由 AAA 评级政府推出的美元伊斯兰债券，同时也标志香港伊斯兰资本市场发展的一个重要里程碑（曾俊华，2014）。①

　　最近 10 年，内地，特别是广东省的居民到香港购买金融产品的趋势越来越明显，也出现大幅波动。以保险产品为例，在 2016 年内，内地游客在港购保保费达 727 亿港元，如表 3-11 所示。据分析，由于香港保险市场已经和国际接轨，投资管道更广，投资收益也较高，因此能做到低保费、高保障，而内地保险公司目前的投资管道还很狭窄，只能靠提高保费来保障收益。两地保单保障形式没有什么差异，主要是保障范围和费率的不同，即使同一家公司的产品，在香港购买也要比内地便宜不少。2017 年以来，受外汇管制的影响，内地游客新增保费大幅下降，到 2020 年仅有 54 亿港元。但随着金融开放的加速，下跌趋势可能逆转。

表 3-11　内地游客新增保费增长及占比

时间	内地游客新增保费（亿港元）	同比（%）	个人业务总新增保费（亿港元）	占比（%）
2006	28.03	54.01	532.59	5.3
2007	52.48	87.23	806.15	6.5
2008	32.63	−37.82	604.17	5.4
2009	30	−8.06	463	6.4
2010	44	46.67%	588	7.5
2011	63	43.18%	703	9.0
2012	99	57.14%	776	12.8
2013	149	50.51%	923	16.1
2014	244	63.76%	1140	21.4

---

　　①　曾俊华. 伊斯兰债券［EB/OL］. 曾俊华的网志，2014-09-14.

续表

时间	内地游客新增保费 （亿港元）	同比（%）	个人业务总新增保费 （亿港元）	占比（%）
2015	316	29.51%	1306	24.2
2016	727	130.06%	1850	39.3
2017	508	−30.12%	1558	32.6
2018	476	−6.30%	1619	29.4
2019	434	−8.82%	1722	25.2
2020	54	−87.56%	348	15.5

数据来源：香港保险业监理处。

　　人民币离岸产品在香港"金融购物天堂"中占有重要地位，有利于内地客户规避汇率风险。截至2014年6月底，香港建立了内地以外最大的人民币资金池，包括存款证在内的人民币存款余额为1.1万亿元，较2010年6月增加约11倍。中国人民银行和香港人民币清算行中银香港于2007年签署并在2009年和2010年两次修订了《香港人民币业务清算协议》，明确了各类银行或非银行金融机构可以开立人民币账户，这为金融机构开发人民币产品、募集人民币资金和使用人民币投资奠定了基础。香港银行和非银行金融机构开始推出一些人民币计价的金融产品，包括结构性理财产品、保险储蓄、人民币存款证、可交割人民币远期（DF）、人民币保险产品等。境内外机构在香港发行人民币债券逐渐增加，至2014年5月底余额达4000多亿，市场反应积极，人民币贷款和股票类等产品也不断发展，如人民币贷款余额至2014年3月底接近1200亿元。

　　"沪港通"和"深港通"的模式可以灵活地拓展至更多的投资目标、更高的投资规模，也可以满足其他地域、市场和资产类别对跨市场、跨监管体系互联互通的要求。例如，内地与香港"债券通"2017年7月3日开通，标志着中国债券市场国际化启程。2017年7月10日香港交易所集团推出在香港交易所上市的人民币黄金期货、美元黄金期货和在伦敦金属交易所（LME）上市的美元黄金期货，两地双币三种黄金不仅可以满足业界的投资和风险管理需求，也将影响全球商品定价。而新股、股指期货也是互联互通的应有之义，有助于增强香港IPO市场的吸引力、满足两地投资者风险对冲的需求。进一步地，互联互通的框架延伸至股票、债券之外的其他产品，如基金、衍生品、商品、定息及货币等各大资产类别，把国际投资者喜欢的中国产品放进来（相当于把国际投资者"请进来"),同时装进中国投资者需要的国际产品(中国投资者"走出去"),以香港为门户,可通达世界。

除了"沪港通""深港通""债券通"这种制度性安排,香港应该大力发展"金融旅游"(周颖刚,2013a),即以购买金融产品为主题的新型旅游服务,这一概念类似于以就医、护理、康复与休养为主题的"医疗旅游",两者都具有高、专、精的特点,所不同的是香港金融业作为支柱产业,其深度和广度远胜于医疗业,不容易出现内地游客挤占港人医疗资源的问题。笔者认为,内地个人境外直投试点应该考虑加入"金融旅游"这一元素,或者以广东省作为试点,放宽个人换汇的数额,允许他们到香港购买一些金融产品。[①]

另外,金融购物"天堂"应该提供高质量的财富管理和金融服务,成为亚洲最具吸引力的国际资产管理中心。

根据招商银行《2021 中国私人财富报告》中数据显示,中国香港、美国、新加坡是 2021 年提及率最高的三个境外资产中转站和目的地。其中中国香港作为内地资本市场连接全球的纽带,其资本市场国际合作"桥头堡"作用显著,是高净值人群首选的出海中转站和目的地,如图 3-41 所示。[②]

问题:您倾向的境外资产中转站是哪里?

境外资产中转站选择提及率(2021,%)

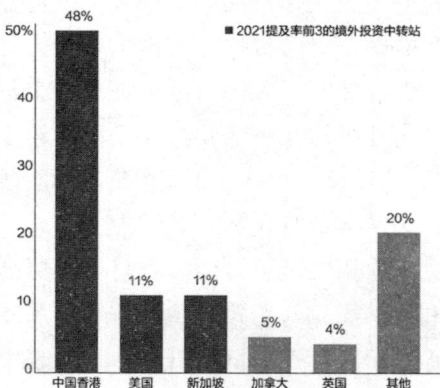

问题:您倾向的境外资产目的地是哪里?

境外资产目的地选择提及率(2021,%)

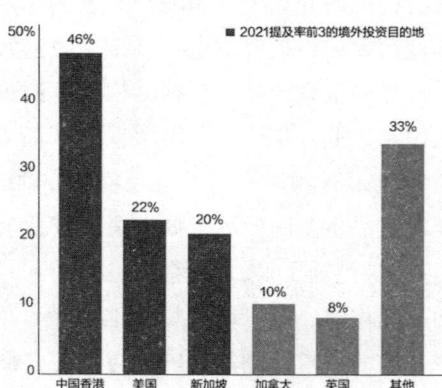

备注:其他国家包括了澳洲、新西兰,除新加坡外东南亚地区,除英国外欧盟地区,"一带一路"等地区。

图 3-41 离岸财富目的地

根据全球金融中心指数(Global Financial Centres Index)2021 年 3 月公布的

---

① 周颖刚. 宽私人银行、结合"金融旅游"机遇 [N]. 香港经济日报,2013a-03-06.
② 招商银行,贝恩公司. 2021 中国私人财富报告 [R/OL]. 招商银行网站,2021-05-17.

排名中，香港位列第四，仅次于纽约、伦敦、上海。"中国概念"将进一步向香港引入内地和海外投资者，扩大香港的市场容量和规模，使香港拥有其他金融中心无可比拟的特殊优势，这对巩固和提升香港国际金融中心地位必将发挥更重要作用。港交所总裁李小加认为未来20年香港将从内地的融资中心，转化为三个新中心：内地的全球财富管理中心、领先的离岸风险管理中心、内地的全球资产定价中心。

在税务优惠方面，较低的税率能吸引更多资产管理公司、人才和投资者。新加坡的资产管理公司所需支付的营业税率为10%，香港是16.5%。虽然在开曼群岛等地注册可以享受0%的营业税率，但如果资产管理公司在中国有大规模的实质业务，还是有机会需要缴交当地的营业税。所以为了享受较低的营业税率，部分在中国聘请前线员工并有投资业务的资产管理公司会把管理和控制权留给设立在香港或新加坡的总公司。在个人所得税方面，香港所征收的个人所得税率以累进形式计算，为2%—17%，标准税率为所有收入的15%；新加坡居民的个人所得税率也以累进形式计算，为0—20%，非居民需缴交15%，另外董事酬金，咨询费用和其他收入需缴税20%。此外，香港和新加坡没有征收资本利得税。

除了低税率外，新加坡政府为发展资产管理行业还推出了其他优惠政策，包括离岸基金制度，使由新加坡基金经理管理的离岸基金在符合一定条件下，部分收入能豁免税收。而香港在2006年也立法通过了豁免离岸基金缴付利得税条例，并提供十个课税年度的追溯期。与新加坡的离岸基金制度不同的是，香港的条例不允许基金拥有私人公司，这使不少人宁愿在新加坡而不在香港开设私募股权基金。尽管如此，香港拥有一极大优势，就是作为资金进入和离开中国的窗口，管理层和雇员从香港往返中国比较容易，香港公司在进入中国市场也有较多的优势，如透过CEPA（内地与香港关于建立更紧密经贸关系的安排）。私募股权基金和地产基金比较喜欢在香港透过首次公开招股撤资，而非在新加坡，主因是香港的股票价格利润率及市场成交额一般都比较高。

上述比较可以用表3-12来概括，从中可以看出，香港和新加坡之间的竞争相当激烈，如何推动香港成为亚洲最具吸引力的国际资产管理中心呢？香港2013年的财政预算案特别关注基金及资产管理业务，把提升香港作为"国际资产管理中心"的地位提上日程，并提议推出税务优惠，发展本地信托服务员及私人银行财务管理业务等。① 据香港金融发展局研究报告，至2012年，香港持

---

① 秦伟．香港发力"国际资产管理中心"，曾俊华财政预算案放行［N］. 21世纪经济报道，2013-02-28.

牌资产管理公司、注册机构和保险公司管理的资产共达 10640 亿美元，私人银行管理的资产则达 3460 亿美元，同时，香港是内地合格境外机构投资者（QFII）计划的最大投资者，亦是内地合格境内机构投资者（QDII）计划的最大目的地，可算是亚洲最大的资产管理中心。[1] 笔者认为，有效拓展经济腹地，包括大中华经济圈乃至东南亚诸国，特别是继续扩大 RQFII 和 QDII 的安排，加强与内地的合作，通过 CEPA 及其他先行先试计划与内地城市探讨新的发展机会，并借鉴新加坡的经验，给予资产管理业务提供进一步税务优惠政策和基金在性质及业务方面的免税资格，都有助于香港资产管理行业的进一步发展。

表 3-12 香港和新加坡在资产管理的对比分析

		香港	新加坡
市场概况	"全球金融中心指数" 资产管理方面排名	第三位	第四位
	基金管理业务资产总额（2010 年）	10 万亿港元（约 1.3 万亿美元）	1.4 万亿新加坡元（约 1.1 万亿美元）
	其中：对冲基金资产总值	632 亿美元	530 亿美元
	资金来源	境外资产占 67.6%	境外资产占 80%
	投资分布	亚太地区占八成	亚太地区超过六成
税收及其他优惠政策	资产管理公司营业税率	16.5%	10%
	个人所得税税率	累进税率 2%—17%，标准税率为所有收入的 15%	以累进形式计算，0—20%；非居民需缴交 15%；另外董事酬金、咨询费用和其他收入需缴税 20%
	资本利得税	无	无
	其他优惠政策	在 2006 年立法通过了豁免离岸基金缴付利得税条例，并提供十个课税年度的追溯期	离岸基金制度（由新加坡基金经理管理的离岸基金在符合一定条件下，部分收入能豁免税收）；在岸基金优惠政策；于 2009 年对资金不少于 5000 万新加坡元的投资推出优惠政策

---

① 香港金融发展局. 巩固香港作为全球主要国际金融中心的地位［R/OL］. 香港金融发展局网站，2013a-11-01.

续表

		香港	新加坡
市场需求		富裕人口比例高，本地居民对资产管理需求增加；资本投资者入境计划已经为香港带来超过 500 亿港元的资本；内地尚在发展中的资产管理行业以及作为资金进入和离开中国的窗口为香港提供了极大的机遇	2010 年新加坡基金局以 1448 亿美元的总资产，排名全球第 10 大退休基金。新加坡政府将部分资产分配给合格的资产管理公司管理，促进了资产管理行业发展；临近东南亚地区的富裕人口对资产管理的需求

资料来源：庄太量、黄凯儿（2012），《香港、新加坡和中国资产管理行业的发展机遇》及其他。①

香港金融发展局研究报告（2013a）指出，香港目前主要是基金的销售和分销中心，在超过 1800 个香港认可基金之中，仅有约 300 个于香港注册，而大多数基金则于欧洲或开曼群岛注册。② 为此，目前，由于《公司条例》对公司减少股本设有种种规限，因而开放式投资基金只可在香港法例下以单位信托的形式成立，而并非以公司形式成立。为扩大香港投资基金的法律框架，香港政府建议引入以公司形式成立开放式基金（公司型开放式基金）的新结构，以便能够灵活调整其股本，让投资者做出申购和赎回股份。在容许建立相对简单和灵活的开放式投资公司的同时，应缔造清晰有利的税务环境，吸引更多基金于香港注册及经营业务，将香港打造成基金注册与业务中心，提升香港在房地产信托投资基金和私募基金等方面的竞争力。此外，应推进与内地有关监管部门达成基金互相认可的协议，并容许内地与香港两地的基金可同时售予两地市场的投资者，这样不但可大量增加于香港注册的基金，亦有助改善内地的资产管理行业。

结构性产品通常被认为是投资回报与相关资产表现挂钩的合成投资产品，在财富管理市场中具有重要的地位。目前，香港财富管理市场的结构性产品可分为上市结构性产品和非上市结构性两大类：在香港交易所上市的结构性产品

---

① 庄太量，黄凯儿. 香港、新加坡和中国资产管理行业的发展机遇［R］. 香港中文大学全球经济及金融研究所研究专论第七号，2012.

② 香港金融发展局. 巩固香港作为全球主要国际金融中心的地位［R/OL］. 香港金融发展局网站，2013a-11-01.

主要有衍生权证，牛熊证，和股票挂钩票据；非上市结构性产品则分为零售产品和私人银行及机构产品，其存量规模呈衰减趋势，流量也未到 2008 的水平，如表 3-13 所示。

从资产类型上讲，香港的零售结构性产品可分为股票、利率、汇率、商品、信用、基金及混合（至少包含以上资产的两种）七大类，2008 年以前，信用类和股票类产品占据主导地位；2008 年，产品的挂钩资产涉及信用、基金、股票、利率及汇率五类，资产类型分布趋于均衡；之后，结构性产品的挂钩资产集中度提升，利率和汇率成为新一轮资产热点。① 为了提高香港作为资产管理中心的吸引力，香港交易所及金融业界应该优化零售结构性产品，扩大上市和非上市产品的发行量和品种，并做好从产品、交易及至结算的一系列服务。香港交易所在其 2013-15 战略规划中已经定出四大资产类别，即现货股票、股票衍生产品、定息产品和货币，以及商品，进行跨资产类别的横向整合，和沿着产品、交易及至结算价值链的垂直整合，以期产生最大的协同效益。

表 3-13　香港非上市结构性产品历史发行量

存量	零售产品		私人银行和机构产品	
年份	发行数量（款）	资金规模（百亿港元）	发行数量（款）	资金规模（百亿港元）
2008	418	79119	18	508
2009	309	51177	17	409
2010	381	40532	29	361
2011	279	30122	47	577
2012	223	26930	26	328
流量	零售产品		私人银行和机构产品	
年份	发行数量（款）	资金规模（百亿港元）	发行数量（款）	资金规模（百亿港元）
2008	117	15003	11	419
2009	50	4107	0	0
2010	192	5140	15	69
2011	367	7340	26	377
2012	313	6260	41	404

数据来源：SRP 网站；2012 年资料截至 11 月 30 日。

---

①　王伯英．香港财富管理市场初探之结构性产品 [J]．银行家，2013（03）：129-130.

与零售产品相比，私人银行产品是一种向高净值客户及其家庭提供个性化、专业化、高质量和私密性极强的以财富管理为核心的一篮子、高层次的金融服务，如图 3-42 所示。

随着中国的富豪人数和财富越来越庞大，很多国际知名的私人银行都想来分蛋糕，不过受国内法律政策限制还无法形成一个相对完善规范的市场。目前国内以私人银行名义开设的部门职能和国际上定义的还是有不小差别，多数私人银行选择了香港作为攻占大陆的第一线。香港也为松绑私人银行业采取了一系列行动，如修订银行的发牌条件，删除必须持有客户总存款不少于 30 亿港元、总资产不少于 40 亿港元的机构才能发牌的要求，放宽了国际金融机构来港设立私银业务的限制；不再强制私人银行实施分隔投资业务与一般银行业务[①]；以及允许私人银行可采用"投资组合为本"的方法为客户进行适合性评估，而无需按每宗交易将客户的风险承担水平与产品风险水平配对；定义私人银行的客户标准，"拥有至少 300 万美元（或者其他等值货币）的包括证券、存款及存款证类的可投资产；或至少 100 万美元（或者其他等值货币）由银行管理的可投资资产"；引入国际私人财富管理资格认证（CIWM）、成立私人财富管理公会以促进财富管理行业发展并推广划一专业标准等。据悉，在香港的国际私人银行超过 40 家，香港注册机构的其他私人银行业务达到 2.75 亿港元。

毕马威发表《聚焦香港私人银行》报告指出，员工成本偏高、合规要求提升及行业竞争加剧是香港私人银行面对的主要挑战，确实有效地解决这些问题可提高香港作为财富管理中心的吸引力。[②] 同时，香港金融发展局的研究报告指出，监管机构及业内人士应就私人财富管理客户达成统一的定义，并且制订切合业界需要的原则性指引，补足现行规则及规例，让私人银行的业务运作方式更切合高资产人士有别于一般零售客户的实际需要，例如，采用较注重客户关系的顾问模式，以符合不同的合规要求。此外，当局应就产品知识及顾问手法，为私人财富管理专业人员制订一套私人财富管理能力准则，确保从业员的专业水平。[③]

金融购物"天堂"应建立有效的监管制度、实行全面而充分的金融消费者

---

①　郭璐. 香港争当私银中心［J］. 财经国家周刊，2013（05）.

②　KPMG. Spotlight on Hong Kong's Private Banking Sector［R/OL］. KPMG Publication, 2014.

③　香港金融发展局. 巩固香港作为全球主要国际金融中心的地位［R/OL］. 香港金融发展局网站，2013a-11-01.

服务模式

家庭办公室

家庭办公室
◎超市净值客户，提供高度个性化的产品，包括财务领域
◎每位客户经理拥有的客户关系数量非常少，客户关系建立在"大家庭延伸"甚至"扩大的家庭范围关系"概念基础上
◎由家庭办公室团队服务

私人财富
◎高净值客户，提供个性化及各种综合服务
◎由资深银行家服务

私人银行

理财
◎高净值客户，提供多种产品和咨询服务
◎财务咨询和金融咨询、房地产规划
◎由私人银行经理服务

富裕客户
◎在银行网点服务
◎对打包产品提供建议
◎基于最低服务成本的模式服务

贵宾银行
（个性化服务）

1亿美元以上

1,000万美元以上

100万–1,000万美元

100万美元以下

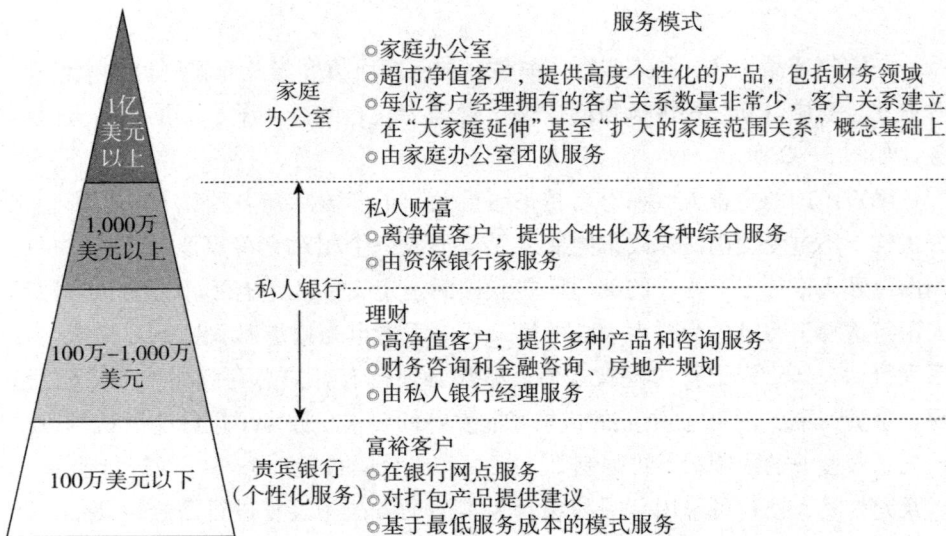

图 3-42　私人银行服务模式

权益保护和教育。金融购物天堂和国际金融中心既有区别，又有联系。金融购物天堂含有国际金融中心之意，但以往谈香港的国际金融中心地位，多侧重公司金融、金融市场投资和跨国银行业务，而金融购物天堂强调的是个人金融业务，从普通大众购买金融产品到富豪的私人银行业务，而且"中心"并不一定是"天堂"，要打造"金融购物天堂"，监管和金融消费者权益保护乃是重中之重。

纵观全球，金融危机结束后，欧美各国纷纷将消费者保护作为金融体制改革的重要方向，出台了多部重要法案，并相继设立了保护金融消费者的专门机构，强化对金融消费者的保护也成为未来金融监管的一个主要内容，如表 3-14所示。

在香港，加强金融消费者权益保护也是金融监管改革的重要内容。2010 年金管局成立了银行操守部（Banking Conduct Development）和法规部（Enforcement Department），对银行的行为和操守进行监管。银行操守部主要负责制定银行与客户交往的原则和要求，并规范银行在参与市场活动时的操守和行为。该部门也会审批银行的牌照申请以及银行董事和高级管理人员的任命批准。法规部主要跟进和调查银行不良销售和其他不当操守事宜。①

---

① 陈德霖. 香港银行业的监管模式：两条腿走路［N/OL］. 财华网，2014：2014-07-21.

　　雷曼"迷你债"事件后，香港证监会加强了对结构性产品的监管，颁布《2011年证券及期货和公司法例（结构性产品修订）条例》，此次修订明确了香港结构性产品的定义和范围，严格结构性产品的发行人制度，要求发行人、担保人、安排人及保管人权责明确、各司其职，产品托管人必须是独立的第三方，统一规范产品信息披露标准，由香港证监会和交易所网站分别披露非上市结构性产品的销售文件和上市结构性产品的上市文件，健全投资者保护制度，包括投资冷静期，投资者赔偿基金以及投资者教育中心等，通过建立发行人制度、信息披露制度和投资人保护制度的基本监管框架，致力于发展成为领先的境外财富管理市场。

表3-14　欧美各国金融消费者保护的监管

	监管改革措施
美国	2010年7月通过《华尔街改革与消费者保护法案》，并据此新增设两家机构——金融稳定监管委员会和消费者金融保护局。前者负责监测处理系统风险，后者则对提供信用卡、房贷等消费者金融产品及服务的金融机构实施监管，以保护消费者利益
英国	设立金融政策委员会（FPC）、审慎监管局（PRA）和金融行为管理局（FCA）。其中金融政策委员会（FPC）和审慎监管局（PRA）担负起宏观和微观的审慎监管职能，而金融行为管理局（FCA）则承担PRA监管职责之外的对其他金融机构的审慎监管职能、对金融消费者的保护和对金融机构商业行为的监管
欧盟	2010年9月，欧洲议会通过欧盟金融改革法案，决定采取包括建立跨国金融监管机构在内的一系列改革措施［如设立欧洲银行业监管局（EBA）、欧洲证券和市场监管局（ESMA）和欧洲保险和养老金监管局（EIOPA）］，以加强对金融消费者的保护力度

　　2011年11月，香港成立金融纠纷调解中心有限公司（Financial Dispute Resolution Center），并于2012年6月起开始运行，用于解决金融机构与金融消费者之间因金融商品或者金融服务引发的纠纷。然而，对于金融机构和金融消费者之间的不对称关系，金融纠纷调解中心对于金融机构的强制力仅体现在程序启动方面，在金融消费者提请进行处理时，金融机构必须参与程序，最终决定以仲裁形式做出，对于金融机构和金融消费者均具有终局效力，这不同于金融督察服务机制加重金融机构的义务而赋予金融消费者更多自由。而从收费标准来看，尽管制度设计整体上金融消费者负担的成本要小于金融机构，但在有些收

费方面，调解中心一视同仁，比如超出 4 个小时的标准调解时间之后。此举或许是为避免"滥诉"情形的出现，保证调解中心将精力集中在真正需要解决的纠纷方面，但此制度设计是否合理，能否实现初衷需要时间的检验。①

为了使金融消费者的权益可以得到全面而充分的保护，香港应该进一步加强金融消费者权益保护的立法和监管。如借鉴美国《多德—弗兰克华尔街改革和消费者保护法案》，通过一系列详细的规定来切实加强对金融消费者的保护，设立"香港消费者金融保护署"，赋予其监督、检查和执行权等一系列权力，专门对提供金融商品或服务的金融机构等服务实体进行监管，并建立和完善一套有效而稳健的应对机制，来及时处理雷曼"迷你债"等类似事件。同时，应该确实强化信息披露，金融产品发行人需要充分披露产品的特点和风险。而中介机构向客户推荐金融产品时，要进行有效的适合性评估，深入了解客户的背景以及他们承受风险的能力，这对于来自内地的客户尤为重要，因为他们在语言、投资知识与经验方面有很大差距，可以考虑设置金融咨询和投诉专员的职位，专门向内地客户推广金融知识及处理投诉问题。此外，香港和内地在金融消费者权益保护方面存在不少差异，如买香港保险产品必须要到香港签单，否则在大陆签单属"地下保单"，将不受法律保障，而且医疗责任认定和投资者赔偿方面两地也有很大不同，这些问题和所引起的纠纷应该通过建立一套有效的两地协调机制来解决，特别是通过"香港消费者金融保护署"和内地"一行两会"（人民银行、银保监会、证监会）的金融消费者权益保护局对接合作，来处理跨境金融消费者保护问题。

监管的另一重点是如何防止一些资本将香港看成中转站或歇脚点外逃，或者利用香港在投资方面的中介功能洗钱，使中国开放资本账户的风险相对可控，使香港成为真正的金融购物"天堂"。为此，香港 2012 年 4 月实施《打击洗钱及恐怖分子资金筹集（金融机构）条例》，意在订立条文来规定金融机构的客户尽职审查和备存记录相关事宜，以打击洗钱和恐怖融资活动。金融机构和金融机构从业人员明知而违反指明条文，最高可被判监禁 2 年及罚款 100 万港元。如出于诈骗而违反指明条文，一经定罪最高可被判监禁 7 年及罚款 100 万港元。同时，《国务院关于修改〈国际收支统计申报办法〉的决定》于 2013 年 11 月公布，并于 2014 年 1 月 1 日起施行。该《办法》新增一条规定："拥有对外金融资产、负债的中国居民个人，应当按照国家外汇管理局的规定申报其对外金融

---

① 刘如翔. 香港金融纠纷解决机制的最新发展及其启示 [EB/OL]. 国务院发展研究中心信息网，2014.

资产、负债的有关情况。"① 其中需要申报的"中国居民",不仅包括个人也包括机构。加强对本国公民个人在海外金融资产的了解,是抑制税款收入流失、防止跨国洗钱和贪腐人员外流外逃的有效手段。

(二) 香港可以成为国际金融新秩序中的"东方之珠"

经过金融危机的洗礼,全球的经济金融格局都面临着转型升级,世界经济中心明显东移,改革以美元本位制为基础的国际货币和金融体系势在必行。首先,此次金融危机的暴发并在全球范围内迅速蔓延,反映出当前国际货币体系的内在缺陷和系统性风险。其次,美联储等四大央行的量化宽松暂时缓解本国或地区的金融危机,却导致全球资金泛滥,货币战争的硝烟弥漫,其他特别是新兴国家不得不为严重的通货膨胀和资产泡沫买单。再次,处于失衡和压制的国际货币体系始终没有一个合理和稳定的保障机制,贸易顺差的国家积累了大量的美元储备,却不得不投资于低收益的美国国债,进行预防性储蓄来实现自我保险,以应付金融危机的不时之需。最后,超主权的世界货币的设想知易行难,现行美元体制的存量改革进展缓慢,以金砖国家为代表的新兴世界积极倡导和实践增量改革,探寻国际货币和金融体系的均衡发展模式,如人民币国际化的进程开始加速,金砖国家银行于 2014 年 7 月 16 日正式成立,总部设在上海。亚洲基础设施投资银行于 2014 年 10 月 24 日在北京签约成立,创始成员国包括中国、印度和新加坡等 21 个国家,法定资本为 1000 亿美元,总部设在北京。外汇储备池也被正式提到议事日程等。

香港被誉为"东方之珠",因为得天独厚的维多利亚港雄居世界东方,在世界航运版图中举足轻重,像珍珠般贵重。如今,在国际金融新秩序中,香港的战略地位和全局影响将同样重要。笔者认为,香港将成为未来全球可能出现的美元、欧元、人民币等多元储备货币体系中的"东方之珠",与纽约、伦敦等世界级金融中心相媲美、相竞争,改变只有西方亮,而东方不亮的旧格局,推动国际货币和金融体系的均衡发展。②

图 3-43 比较了 2013 年前五大离岸人民币中心,可以看出香港,新加坡和伦敦是最主要的离岸人民币市场,③ 表 3-16 进一步对三地离岸人民币业务的前

---

① 国务院. 国务院关于修改《国际收支统计申报办法》的决定:国务院令第 642 号 [R/OL]. 中国政府网, 2013-11-22.

② 周颖刚. 国金新秩序、港成新"东方之珠"[N]. 香港经济日报, 2013d-07-25.

③ 王家强. 人民币离岸金融中心的竞争与市场选择 [J]. 国际金融, 2014 (06):51-55.

景发展进行了对比分析。

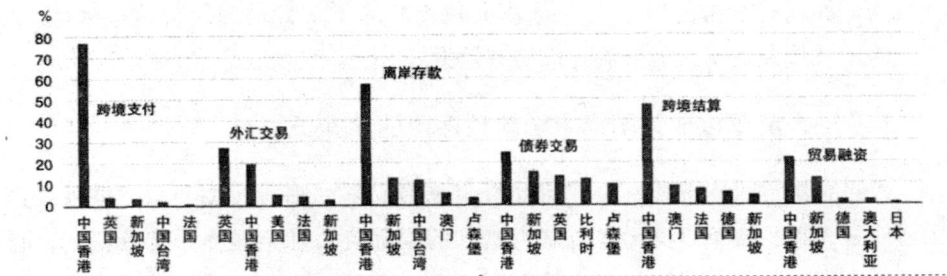

图 3-43   2013 年前五大离岸人民币中心主要人民币业务的全球份额

如表 3-15 所示,香港与伦敦在成为国际离岸金融中心上有着极其类似的形成条件和模式特点。[①] 20 世纪 60 年代,伦敦通过发展欧洲美元市场,不仅促进了本国金融与经济的发展,也没有因纽约崛起而没落,继续扮演全球金融中心的角色,还为全球金融带来了新的面貌,使得国际金融进入了新的阶段。因此,借鉴伦敦发展的欧洲美元市场的经验,有利于思考和启发香港在国际金融新秩序中所扮演的角色,并推动离岸人民币市场向深层次发展。

表 3-15   香港、新加坡和伦敦人民币离岸市场前景的对比分析

	香港	新加坡	伦敦
国际离岸金融中心模式	内外混合型	内外分离型	内外混合型
国际离岸金融中心形成方式	自然形成	人为创设	自然形成
国际离岸金融中心特点	离岸中心无严格申请程序,不设单独离岸账户,与在岸账户并账运作,资金出入无限制	离岸机构设立需经金融当局审准,离岸与在岸账户隔离,离岸交易与在岸交易分开,严禁离岸与在岸资金渗透	离岸中心无严格申请程序,不设单独离岸账户,与在岸账户并账运作,资金出入无限制

---

① 冯邦彦,覃剑. 国际金融中心圈层发展模式研究 [J]. 南方金融,2011 (04):36-41.

	香港	新加坡	伦敦
国际离岸金融中心地位	2012 年香港连续第二年蝉联世界经济论坛金融发展指数首位，也是首个位居榜首的亚洲金融中心。外汇交易额亚洲第三，次于日本和新加坡，全球排名第五	东盟的贸易中心，2013年 9 月取代日本，成为亚洲最大外汇交易中心，仅次于伦敦和纽约，比香港在外汇、债券、商品及另类投资等多个领域占优。私人银行方面，以成为"亚洲瑞士"为目标	国际上最重要的金融中心之一，全球最大的外汇交易中心，全球最大离岸美元市场，国际金融服务经验丰富，很多领域基础设施非常成熟
离岸人民币市场规模现状	交易量最大，规模最大，可提供全方位人民币业务服务，如人民币同业拆借，人民币融资，放款	有 4000 家中资企业，人民币公司业务以跨境贸易结算为主。2013 年 4 月正式成立人民币清算中心，截至 9 月人民币清算业务量达 6100 多亿元。获得 500 亿元 RQFII 额度	西半球最大的人民币离岸业务中心，国际上28% 的人民币支付行为都在英国完成（香港和中国大陆以外），超过新加坡。2012 年 12 月中国建设银行发行人民币债券，成为继香港之后第二个离岸人民币债券市场。获得 800 亿元RQFII 额度
离岸人民币市场发展背景	与内地关系独特，具有天然优势，比如内地对香港的出口、转口贸易以及两地居民广泛的日常往来；离岸人民币业务具有先发优势	背靠与中国贸易关系十分密切的东南亚，又有中文优势，具备潜在优势；与香港相比，作为主权国家，国际投资者从分散风险角度更愿意与新加坡合作	具备传统优势（如全球主要外汇交易中心，时区优势），欠缺亚洲离岸中心的先天优势，把未来希望更多寄托在与香港的传统联系上

续表

	香港	新加坡	伦敦
离岸人民币市场发展挑战	面临新加坡，伦敦及台湾等其他地区的竞争和挑战。外汇交易中心规模逊于伦敦与新加坡，不足之处可能会日益凸显	人民币跨境贸易没有沉淀足够的离岸人民币，对华贸易存在逆差，人民币的投资管道较窄等	与中国贸易往来不多，除亚洲各中心外，还面临与法兰克福、巴黎等欧洲其他金融城市的竞争（这些地方与中国贸易联系更多或金融监管环境更为宽松）

数据来源：李莉、蔡仕志（2013）《国际主要金融离岸中心人民币业务发展现状及前景》。①

伦敦美元离岸市场是全球美元交易最大的市场，每天成交量 4500 亿—5000 亿美元，比美国本土美元交易量还要高。伦敦欧洲美元市场的发展有其特定的历史原因，其优势在于不受美国法令限制，免税，不缴纳法定储备，流动性强，主要作为银行间同业短期资金批发市场，参与者多为商业银行，各国央行及政府，并形成当前国际金融市场上广泛使用的美元利率"指导性"指标，即伦敦的美元同业拆借利率（LIBOR），在很大程度上掌握全球基准利率的定价权。

伦敦欧洲美元市场发展的成功经验告诉我们，要成为国际金融新秩序中"东方之珠"，香港应该积极推动人民币国际化，力争离岸人民币和国际资产价格的定价权。2013 年 4 月，香港推出离岸人民币拆息（CNH HIBOR）定盘，这是人民币国际化进程中的一个重要里程碑，各大金融机构纷纷推出以 CNH HIBOR 为定价基准的新交易产品。例如，2013 年 5 月，中银香港完成首笔以 3 个月 CNH HIBOR 为定价基准的人民币兑美元货币互换掉期交易（Cross - Currency Swap）和一年期浮息存款证，渣打银行完成首宗为香港企业客户以 3 个月 CNH HIBOR 进行的利率掉期合约（Interest rate swap）。11 月，国家开发银行在香港发行 2 年期人民币浮息债 19 亿元，首次以 CNH HIBOR 为基准计息。

就全球基准利率的定价权而言，一直存在以 LIBOR 为代表的银行间拆借利率和美国国债收益率曲线之间的博弈。美国一直希望以美国国债收益率曲线作为全球大部分金融市场的基准利率，来逐步替代 LIBOR 的功能和作用。这两种全球基准利率的定价权一直存在博弈，金融危机以来，LIBOR 利率操纵事件层

---

① 李莉，蔡仕志. 国际主要金融离岸中心人民币业务发展现状及前景 [J]. 经济视角（下旬刊），2013（08）：82-84.

出不穷，2017 年 7 月 27 日，英国金融行为管理局（FCA）宣布，LIBOR 利率将在 2021 年底前逐步退出，并将被其他更可靠的利率指标代替。笔者（周颖刚，2013c）认为，香港在力争离岸人民拆息定价权之余，应该继续发展人民币国债离岸市场，以期在离岸人民币国债收益率的定价权上也保持领先地位。①

自 2009 年来，财政部开始在香港发行人民币国债，并逐年稳步增加，如前表 3-4 所示，2009—2020 年累计发行 2180 亿元，期限品种也日益丰富，主要有 2 年、3 年、5 年、7 年、10 年、15 年、20 年及 30 年期的国债品种，投资对象和交易方式也不断发展。丰富国债品种和期限结构，通过定期、均衡、滚动地发行短期、中期和长期国债，特别是增加 1 年期及以下等短期国债的发行，使其为公开市场业务的主要媒介。提高国债现货市场的流动性，推出国债期货交易，完善国债市场的价格发现功能，尽快形成一条完整、可靠和较为准确的国债收益率曲线，为其他债务工具利率的变动和政策利率的调整提供一个可靠的参考指标。进一步地，应依托离岸人民币拆息和离岸国债收益率等基准利率发展离岸人民币金融产品，如浮息债券及存款证有利于吸收较长期的资金，特别是在利率上升周期，改变目前离岸人民币资金池大多是较短期的存款、难以发展长期人民币贷款的困境。又如利率掉期有利于对冲利率风险，满足资产管理的需要，一年期以内的利率掉期曲线以拆息率曲线为准，其进一步的延伸则必须与国债收益率曲线相适应。②

除了继续在香港发行人民币国债，可利用伦敦欧洲美元市场的优势和经验，进一步拓展国债离岸市场，使伦敦和香港可以相互依存、相互补充，演绎人民币离岸东西方中心的"双城故事"。

2014 年 9 月 14 日，英国政府成功发行首只人民币主权债券，规模为 30 亿元人民币，期限为三年。这意味着英国成为中国之外第一个发行人民币计价国债的国家，而且这也是全球非中国发行的最大一笔人民币债券，这次发行的人民币国债受到全球买家的踊跃认购，持续 12 小时的认购共收到来自全球投资者的 85 个订单，总认购额达 58 亿元人民币，远超预定发行量。买方包括世界多国央行、银行国库及基金经理等。英国财政部称，债券发行的人民币收入将被纳入英国外汇储备，其意义和影响十分深远。9 月中旬，中英第六次财金对话期间，国家开发银行获准在伦敦发行 3 个品种的 20 亿人民币债券，分别是 3 年期固息债 6 亿元，利率为 3.35%；5 年期固息债 5 亿元，利率为 3.6%；10 年期固

---

① 周颖刚. 推人民币拆息定价、港严防操纵［N］. 香港经济日报，2013c-04-30.

② 周颖刚，陈世渊. 试论我国国债市场的发展［J］. 当代财经，2013（01）：56-66.

息债 9 亿元,利率为 4.35%。这是在伦敦发行的中国首单准主权人民币债券,进一步丰富了伦敦市场的人民币投资品种。10 月 21 日,英国政府发行的首只人民币国债在伦敦证券交易所正式挂牌交易。

从资金流动来看,离岸市场主要有四种模式(He、McCauley,2012):完全离岸(非居民→离岸中心→非居民,即资金从非居民流向离岸中心,再流向非居民)、完全回流(居民→离岸中心→居民)、境外贷款(居民→离岸中心→非居民),以及境内借款(非居民→离岸中心→居民)。① 人民币国债离岸市场的模式应该是境内借款,其需求应主要来自外国投资者和中央银行,作为他们投资组合和储备资产的重要组成部分。应该指出的是,目前人民币国债的吸引力主要是人民币的升值预期,要使其成为被广为接受和投资的金融资产和储备资产是一个长期的过程,这有赖于国际货币体系的顶层设计改革(Eichengreen,2011)、② 国家政策的支持和改革的深化,以及离岸市场的建设和发展。

同时,离岸人民币市场的发展也有利于倒逼在岸市场改革。伦敦离岸美元市场的发展促进了美元的国际化,这一事实说明离岸中心对于本币利率能发挥重要作用③。境内外市场主体的跨市场套利活动,有利于促进人民币利率和汇率形成机制更充分地反映“两种资源”和“两个市场”,推进人民币资金价格的市场化改革。④ 在这方面,香港可以与前海积极交流和密切合作,充分利用前海的区位优势和政策优势,帮助香港连接内地广阔腹地、畅通回流离岸人民币、提供强大的实体经济支撑和强劲的金融服务和财富管理需求,助推香港成为世界级金融中心(周颖刚,2013b)。⑤

另一方面,要正面看待多个离岸人民币中心的竞争。根据人民币最终将成为全球主要国际货币的大趋势,香港、伦敦和新加坡在成为人民币离岸中心的立场上也并不互相冲突。香港可继续发挥“先行者”的优势,同其他新兴的离岸人民币中心积极交流和密切合作,提升现有平台的效率,共同推动人民币国际化的进程。纵观国际金融中心发展格局,往往是全球性金融中心为龙头的圈层发展模式。香港作为最主要的人民币离岸市场,应承担人民币离岸市场中的

---

① HE D, R MCCAULEY. Eurodollar Banking and Currency Internationalization [R]. BIS Working Paper, Bank for International Settlements, 2012.

② EICHENGREEN B J. Exorbitant Privilege: The Rise and Fall of the Dollar and the Future of the International Monetary System [M]. New York: Oxford University Press, 2011: 121-152.

③ 陈介玄. 从欧洲美元到亚洲人民币——论境外金融与国际金融之整合 [R]. “第五届金融、技术与社会”学术研讨会,2010.

④ 管涛. 协调推进人民币离岸与在岸市场发展 [J]. 中国金融,2013a(17):28-29.

⑤ 周颖刚. 前海中环“前台后店”、抢占机遇 [N]. 香港经济日报,2013b-04-23.

"批发功能",成为离岸人民币的流动性聚集地、融资中心、定价中心和财富管理中心。而其他地区(如新加坡、伦敦等)的人民币离岸市场则主要担当"零售"的功能。与香港形成互动,完善全球性的服务网络。实际上,香港一直积极参与并支持其他离岸人民币市场的发展。如新加坡所有的银行也都是香港人民币业务参加行。香港金管局债务工具中央结算系统、摩根大通及欧洲清算系统发展的跨境抵押品管理安排,为欧洲利用更多国际证券进行人民币回购交易提供了支持。2013年1月,香港与伦敦成立合作小组,进一步推动两地在离岸人民币业务发展方面的合作,特别是在支付结算系统及促进人民币市场流动性等方面的联系。2013年12月,香港交易所与新加坡交易所签署了一项关于离岸人民币市场的理解备忘(MOU),将在国际监管问题和技术开发这两个关键领域上建立合作。

香港还应利用其离岸的枢纽位置促进离岸和在岸人民币利率、汇率及国际资产价格一体化,利用香港交易所收购的伦敦金属交易所增强在金融商品定价权上的核心竞争力。此外,香港应该凭借自身的特有优势协调与发达国家的金融对话,增进发展中国家金融合作,为国际金融新秩序"东方之珠"增添新的亮点。应该指出的是,香港金融发展局(2013a)所指出的香港面临社会政治化及分化、居住环境恶化和生活成本上升等的挑战也不容忽视,[①] 应该妥善地解决这些问题,才能确实有效将香港打造成新的"东方之珠"。

(三)香港积极参与"一带一路"建设,是全球化战略新格局的重要门户

国家在扩大开放的新时期提出共建"一带一路"倡议,旨在通过互联互通,实现包容性的新全球化,形象地说就是共同把蛋糕做大,做得更有营养,而且一起分蛋糕,让全球分到公平的份额。在这一宏大的全球化战略新格局中,香港将如何扮演独特的角色?

一方面,香港的国际自由港优势将在"一带一路"建设中得到强化。香港如能继续发挥在国际贸易与物流上的天然优势,仍将是连接内地与海上丝绸之路沿线国家的重要中转站。另一方面,香港的专业服务业也将在"一带一路"倡议中找到更大的"用武之地"。香港在会计、审计、商业管理、法律服务等行业聚集了大量高端的国际化人才,可以成为"一带一路"倡议中的国际营运中

---

① 香港金融发展局.巩固香港作为全球主要国际金融中心的地位〔R/OL〕.香港金融发展局网站,2013a-11-01.

心。更重要的是，进行"一带一路"建设，无论是基础设施的互联互通，还是经贸合作的不断畅通，都急需金融支持，而香港具有显著的金融比较优势，在共商共建"一带一路"投融资合作体系中，特别是让更多的国际资本通过市场化渠道投入基础设施建设将发挥不可替代的作用。香港金管局已于2016年7月成立"基建融资促进办公室"，为投资者和一带一路沿线国家的基建项目提供交流平台。同时，让香港成为国际资金投入"一带一路"市场的窗口和成立"金融领导委员会"，已经写入特区行政长官林郑月娥的政纲。

香港在21世纪海上丝绸之路建设过程中的地位尤为显著，并有望在未来持续发挥更大的指向作用。值得一提的是，在海上丝绸之路的战略发展版图中，广西因其独特的区位优势及资源优势，在其中享有战略支点的重要地位，是中国走向东盟的门户。而作为广西的近邻和长期合作伙伴，香港在2017年5月成立了驻广西联络处，标志着香港回归20年来与广西的合作成效取得新进展，深化"一带一路"框架下的桂港合作，携手开拓东南亚市场。同时，香港和澳门、广东省正在共同谋划推进国际一流湾区和世界级城市群建设，把粤港澳合作提升到更高水平，打造CEPA（《内地与香港关于建立更紧密经贸关系的安排》）升级版，努力将粤港澳大湾区建设成为更具活力的世界级经济区和"一带一路"建设重要支撑区。

同时，"一带一路"沿线65个国家中有不少伊斯兰国家，如何在这些伊斯兰经济体开展投资和融资业务，特别是如何与方兴未艾的伊斯兰金融进行融通和合作，是一个十分重要的问题。2001年美国发生"9·11"事件，不少伊斯兰国家因担心其庞大金融资产遭冻结而将资产从美国转移至伊斯兰金融机构，促成伊斯兰金融快速崛起，根据国际货币基金组织、世界银行等机构估计，伊斯兰金融机构的资产总额到2020年可能达4万亿美元。伊斯兰金融强调融资与实体经济的联系，要求不收利息、共享利润、共担风险等，这些特点使其在2008年金融危机中保持了相对稳健的运营，较好地规避了流动性风险，从而受到全世界的关注和重视。而香港可以成为中国伊斯兰金融联系人：早在2007年，香港特区政府在施政报告中就首次提到要引入伊斯兰金融及在香港发展伊斯兰债券市场。2011年10月，马来西亚政府投资旗舰Khazanah Nasional在香港成功发行了5亿元的人民币伊斯兰债券（Sukuk）。香港特区政府分别于2014年9月、2015年6月和2017年2月发售了三批10亿美元的伊斯兰债券。国务院港澳办副主任周波曾表示，作为全球三个发行伊斯兰债券的国际金融中心之一，香港在发展伊斯兰金融业务、服务"一带一路"倡议中的作用很独特。这是

"香港所长""国家所需",是香港的优势所在,也是机遇所在。①

四、结论

本文旨在从个人境外投资的视角探讨中国金融开放之路及香港在其中的作用。改革开放 40 余年,中国已成为一个全球主要的贸易大国,但在全球金融体系中的影响却依然较小。随着中国金融开放,并逐渐融入世界金融体系,中国成为金融大国未来可期。在这个过程中,中国居民的对外投资比例会呈现非常高速的增长,这不仅是因为私人财富管理和离岸投资需求日益增强,而且在中国式的金融抑制下,个人境外投资具有其微观理性和宏观意义。从战略上看,中国是一个官方债权大国,风险大而集中,应积极向"私人债权大国"转型,而"藏汇于民"并鼓励其对外投资是金融开放和战略转型的必由之路。

中国正在积极探索一条"主动,可控,渐进"的且有中国特色的资本账户开放的道路。在这个过程中,香港将发挥不可替代的作用。可以说,香港继改革开放前的货物转运、改革开放后的招商引资之后,将再次担负起推动中国资本走出去、迈向金融大国的重要角色。个人境外投资是中国资本账户开放的重要组成部分,其路径应该遵循有中国特色的资本账户渐进开放道路,先主动开放个人投资香港市场,正确和充分利用香港这一国际金融中心引导个人资金"走出去"。

对于香港在中国金融开放中的作用,笔者提出三个设想。一是香港应该引领中国资本"走出去"的潮流,选择金融这一支柱产业升级转型现有的购物天堂,以金融产品为导向,以财富管理和金融服务为核心,积极打造一个"金融购物天堂"。二是香港应该积极推动人民币国际化进程,力争离岸人民币和国际资产价格的定价权,与纽约、伦敦等世界级金融中心相媲美、相竞争,成为未来全球可能出现的美元、欧元、人民币等多元储备货币体系中的"东方之珠"。三是使香港成为连接内地与海上丝绸之路沿线国家的重要中转站,携有两广之利,并可以扮演中国伊斯兰金融的联系人,积极参与"一带一路"建设,不断拓展经济腹地和金融服务空间,在中国倡导的新全球化格局中占据重要战略地位。

---

① 季霆刚.香江漫笔:香港可成为中国伊斯兰金融联系人 [EB/OL].人民日报海外版,2016-06-15.

第四章

新时代中国特色社会主义财政金融实践探索

第一节　"十四五"时期我国税制改革与税收治理展望：
基于十九届五中全会公报和十四五规划
建议稿的分析①

导　言

　　自党的十八届三中全会提出"建立现代财政制度"以来，我国财税体制改革就预算制度、税收制度和中央地方财政关系三个领域全面深入展开。作为连接政府与市场，国家与企业和家庭的关键环节，税收制度在建立现代财政制度中处于重要而突出的地位。2017 年，党的十九大报告进一步提出"要加快建立现代财政制度"，并对税收制度改革提出了"深化税收制度改革，健全地方税体系"这一总要求。

　　"十三五"期间，随着我国主体税种的改革完善（如全面"营改增"实施和完成、个人所得税六项专项附加扣除的实施）以及绿色税种的进一步调整（如资源税从价计征、环境保护税开征等），税收制度进一步完善。"十三五"期间我国在税收政策的实施上也有新亮点，特别是在供给侧结构性改革背景下实施了大规模的减税降费政策，减税政策广泛涉及除绿色税收之外的几乎全部税种，由此增强了企业和市场活力。可以说，"十三五"期间我国税收制度的改革取得了重要的阶段性成果，主要表现在：（1）税收收入占 GDP 比重逐渐下降，直接税占税收总收入的比重则有所上升，我国税收制度的收入调节功能得

---

　　①　原文由刘晔、黄实发表于《财政监督》2021 年 2 期。

到进一步发挥；（2）减税降费和税制改革的政策推动了经济结构调整和优化，激发了市场主体活力，有利于发挥市场在配置资源中的决定性作用；（3）增值税、消费税、个人所得税、资源税等税种在税制改革上均取得重大突破，尤其是全面"营改增"的实施和完成，彻底打通了增值税链条，解决了重复征税的问题；（4）税收立法工作大步推进。迄今为止，我国已经通过船舶吨税、烟叶税、环境保护税、耕地占用税法、车辆购置税法、资源税法、城建税法、契税法八个税种的全国人大立法，以及土地增值税法的征求意见稿，税收法定程度大大增强。

通过"十三五"期间的税制改革，我国进一步形成了以流转税和所得税为双主体税种，财产税、资源税、行为和特定目的税为补充的复合税制。2020年10月党的十九届五中全会公报要求"建立现代财税金融体制"，同时十九届五中全会所审议的《中共中央关于制定国民经济和社会发展第十四个五年规划和二〇三五年远景目标的建议》（以下简称为《建议》）明确提出"完善现代税收制度，健全地方税、直接税体系，优化税制结构，适当提高直接税比重，深化税收征管制度改革"。① 由此，为"十四五"期间我国税制改革和税收治理指明了方向。

"十四五"时期，是我国由全面建设小康社会向基本实现社会主义现代化迈进的重要时期。因此正如《建议》中所指出的"我国发展仍然处于重要战略机遇期，但机遇和挑战都有新的发展变化"，尤其是在数字经济新时代和全球治理新变局下，我们需要更重视发挥税制改革和税收治理在经济社会发展中的激励引导作用，也需要根据新形势新要求来做出新的规划，由此推动经济社会实现持续稳定的高质量发展。本文拟从"十四五"期间我国经济社会发展的重要议题出发，基于十九届五中全会公报和《建议》中对税制改革和税收治理的基本要求，以此展望我国未来五年间税制改革和税收治理的基本方向和重点内容。

一、提高直接税比重，优化税制结构

《建议》指出"优化税制结构，适当提高直接税比重"。② 根据直接税和间接税的税收分类标准，商品流转税属于间接税，而财产税和所得税属于直接税。

---

① 中共第十九届中央委员会. 中共中央关于制定国民经济和社会发展第十四个五年规划和二〇三五年远景目标的建议［R/OL］. 新华网，2020-11-03.
② 中共第十九届中央委员会. 中共中央关于制定国民经济和社会发展第十四个五年规划和二〇三五年远景目标的建议［R/OL］. 新华网，2020-11-03.

　　显然，提高直接税比重是"十四五"期间我国深化税制改革的最重要内容之一。这既是优化我国税制结构的内在要求，也是我国"十四五"期间经济社会持续协调发展的根本保证，主要原因有以下四方面。

　　首先，从国际经验来看，由于所得税具有较高的税收收入弹性，因此随着一个国家人均收入水平的提高，直接税所占比重会呈上升趋势。所以，发达国家都呈现出以所得税为主体税种结构特征。而从我国当前的税制结构来看，商品税约占到了税收总收入的 60%，所得税则占比不到 30%，而财产税基本缺失。"十四五"期间是我国发展的重要战略机遇期，预计这期间我国人均 GDP 将跨入高收入国家门槛，因此逐步提高我国直接税比重，是进一步平衡和优化我国税制结构的内在要求。

　　其次，提高直接税比重也是进一步发挥税收在收入再分配上的调节作用，从而实现共享发展的必然要求（张斌，2020）。[①]《建议》要求"完善再分配机制，加大税收、社保、转移支付等调节力度和精准性，合理调节过高收入"，[②]而税收对收入的再分配功能则需要通过提高直接税比重来实现。相对商品税所具有的累退性而言，直接税尤其是所得税较好体现了量能负担的税收公平原则，从而更有利于发挥税收的收入再分配功能。

　　再次，从"十四五"期间我国宏观调控的要求来看，也需要继续提高直接税比重。《建议》指出要"完善宏观经济治理""提高逆周期调节能力，促进经济总量平衡"。[③]与间接税相比，直接税尤其是所得税具有逆周期调节的"内在稳定器"功能。特别在未来五年期间，由于受内外环境的影响，我国宏观经济所面临的不确定性增强，提高所得税比重可以较好地增强宏观调控政策及其效果的稳定性。

　　最后，从适应现代税收治理的要求来看，也需要进一步提高直接税比重。实现税收治理现代化的关键在于如何实现纳税人的广泛参与和平等参与。由于商品税易实现税负转嫁且在我国多为价内税，纳税人特别是作为自然人的纳税人不易直接感受到税收负担。而直接税作为纳税人直接承担的税种，更具有相应的税痛感，因此有利于培养和增强纳税人的纳税意识和税收遵从意识，并有利于激励纳税人参与到税收治理的全过程。

---

　　①　张斌."十四五"时期税制改革的背景分析［J］.财政科学，2020（01）：11-15，24.
　　②　中共第十九届中央委员会.中共中央关于制定国民经济和社会发展第十四个五年规划和二〇三五年远景目标的建议［R/OL］.新华网，2020-11-03.
　　③　中共第十九届中央委员会.中共中央关于制定国民经济和社会发展第十四个五年规划和二〇三五年远景目标的建议［R/OL］.新华网，2020-11-03.

由此可见，"十四五"期间我国税制改革的一个重点，即要进一步提高直接税比重，健全直接税体系，以税制结构的优化来进一步发挥税收的调节作用。由此出发，笔者认为未来有望在如下方面取得新的进展：①从个人所得税来看，进一步改革是由现有的分类综合所得税向综合所得税制转型，在这一过程中，可以考虑从适当拓宽个人所得税的税基和优化个人所得税税率结构两方面进行改革；②从财产税来看，目前财产税几乎处于缺失状态。"十四五"期间应积极推进房产税立法，并将房产税构建为地方税的主体税种，以此实现健全地方税体系和健全直接税体系的双重目的；③从社保来看，在目前社保费已由税务机构统一征收的情况下，"十四五"期间也可望通过借鉴国际经验，实现社保费改税，从而进一步提高我国直接税比重。

应注意的是，在"十三五"规划中我国曾提出六大重点税种改革。而在"十三五"期间，作为间接税的增值税、消费税、环境保护税和资源税改革都很顺利。但作为直接税的个人所得税仅在由分类所得税向分类综合所得税制转型上取得初步成效，而作为另一个直接税代表的房产税的改革则尚未实施。因此可以看到，相对于间接税改革，直接税改革存在着更多的困难：其一是由于直接税的不可转嫁特性导致的改革阻力大。与间接税的可转嫁性不同，直接税更容易引起纳税人的抵触情绪，从而导致较大的改革阻力。这一点在对个人征收房产税改革上表现得尤其突出；其二是相比于间接税而言，直接税对征收管理提出了更高的要求。直接税要求税务部门与教育、金融、医疗、房产等部门联合，对纳税人的财产、收入和支出的信息进行较为全面的掌握（陶一桃、程静，2020）。① 因此，上述两个难点在"十四五"期间如何破解，就直接关系着我国直接税改革能否顺利实现。

二、深化绿色税制改革，建设美丽中国

作为"五位一体"总体布局中的重要一环，生态文明建设不仅是关系党的宗旨使命的重大政治问题，也是关系民生福祉的重大社会问题。党的十九大报告明确指明了生态文明建设的时间表：从2020年到2035年，"生态环境根本好转，美丽中国目标基本实现"。② 从2035年到21世纪中叶，"把我国建成富强、

---

① 陶一桃，程静. 经济下行风险中的中国税制改革探索［J］. 理论探讨，2020（05）：103-109.

② 习近平. 决胜全面建成小康社会，夺取新时代中国特色社会主义伟大胜利——在中国共产党第十九次全国代表大会上的报告［R/OL］. 新华网，2017-10-27.

民主、文明、和谐、美丽的社会主义现代化强国""生态文明将全面提升"。①而美丽中国就是以生态环境质量为基本评价标准的，是生态文明建设成果的集中体现，由此需要发挥绿色税收制度的积极作用。

在"十三五"期间，我国已基本建立起支撑生态环境保护工作的相关财税框架。在生态环境保护方面支出不断增加、生态环保补贴政策不断完善的同时，绿色税收制度改革也取得突破，对打赢污染防治攻坚战起到了重大作用。绿色税制的改革措施主要有：①从 2016 年起，对铅蓄电池为代表的污染型产品开征消费税，以减少电池行业重金属污染，促进新能源电池行业发展；②2016 年我国全面推进资源税改革，对矿产资源税实行从价计征改革，并率先在河北省开展水资源税试点；③2018 年《中华人民共和国环境保护税法》（简称《环境保护税法》）正式实施，对大气污染物、水污染物、固体废物和噪声四大类污染物进行征税；④2019 年《中华人民共和国资源税法》、2020 年《中华人民共和国城市维护建设税法》正式通过全国人大立法。

在这些改革基础上，目前我国已经形成主要包括环境保护税、资源税、消费税、城市维护建设税等多税种的绿色税收体系。但我国生态环境形势仍较为严峻，资源和环境承载力仍是制约我国经济社会进一步发展的短板之一，尤其是与我国现阶段要实现高质量发展的目标和任务相比，我国生态环境保护领域仍然存在一些结构性的突出问题。《建议》指出，在未来五年内"生态文明建设实现新进步。生产生活方式绿色转型成效显著，能源资源配置更加合理、利用效率大幅提高，主要污染物排放总量持续减少，生态环境持续改善，生态安全屏障更加牢固，城乡人居环境明显改善"。② 尤其在碳排放上提出"加快推动绿色低碳发展。降低碳排放强度，支持有条件的地方率先达到碳排放峰值，制定二〇三〇年前碳排放达峰行动方案"。③

在此背景下，"十四五"期间我国仍需进一步健全绿色税收制度，以约束企业的高能耗高排放行为，鼓励并引导形成绿色低碳的发展模式，以实现经济高质量发展。对此，笔者对"十四五"期间我国绿色税制改革建议如下。

---

① 习近平．决胜全面建成小康社会，夺取新时代中国特色社会主义伟大胜利——在中国共产党第十九次全国代表大会上的报告［R/OL］．新华网，2017-10-27.

② 中共第十九届中央委员会．中共中央关于制定国民经济和社会发展第十四个五年规划和二〇三五年远景目标的建议［R/OL］．新华网，2020-11-03.

③ 中共第十九届中央委员会．中共中央关于制定国民经济和社会发展第十四个五年规划和二〇三五年远景目标的建议［R/OL］．新华网，2020-11-03.

（一）逐步提高资源环境税负水平

鉴于目前我国资源税和环境保护税税率远远低于资源保护和环境保护的社会成本，由此逐步提高环境保护税税率是必然选择。建议在未来五年内渐进式稳步地提高资源税、能源消费税和环境保护税税率。同时，我国目前能源开采和使用分别属于资源税和消费税征税范围，鉴于这两者税负偏低的现状，应循序渐进提高消费税中成品油税率和资源税中油气煤税率。

（二）增强资源环境税体系环保功能

目前在我国整个环境税体系中，绿色导向不突出不明显。建议"十四五"期间要增强消费税的环保导向，其功能定位要从目前的"引导消费方向"转向突出节能减排功能。由此建议"十四五"期间首先要进行消费税的税目调整，增设具有环保功能的税目；其次，建议扩大资源税征收范围，加快推进水资源税改革，并重新定位资源税功能，明确将其定位到"促进资源节约"上来。最后，建议将资源税全部税目都由"从量计征"改为"从价计征"，以更好地反映资源开采利用的社会成本并发挥税收调节作用（刘晔，2010）。①

（三）扩大环境税税目和税种

首先，目前《环境保护税法》虽然设置了大气、水、固体废弃物和噪声等税目，但这只是当前可检测的固定污染源，应考虑随着"十四五"期间技术标准的成熟而逐步扩大征税范围，从而新增环境保护税税目；其次，目前我国资源税征税范围太狭窄，仅包括矿产资源、非矿产资源以及部分地区的水资源税试点，建议扩大资源税征税范围，将森林、草场、湿地、林地、水资源等纳入。最后，基于碳减排的压力和碳税的优势（中国财政科学研究院课题组，2018），② 建议在"十四五"期间择机开征碳税。

三、社保费改税，促进社会保障事业发展

"十三五"期间，我国社会保障事业发展很快，为改善民生，促进社会稳定

---

① 刘晔. 资源税改革的效应分析与政策建议 [J]. 税务研究，2010（05）：88-90.

② 中国财政科学研究院课题组. 在积极推进碳交易的同时择机开征碳税 [J]. 财政研究，2018（04）：2-19.

发挥了重要作用。尤其在优化制度体系、兜底保障、扶贫攻坚等诸多方面，我国社会保障事业都取得了举世瞩目的成就与进展。如对照"十三五"规划的各项指标，我国社会保障的许多目标均顺利完成甚至超前完成，社保事业的发展也成了我国新时代实现社会治理现代化的重要组成部分。

进入新时代，随着经济形势的新变化，我国的社会保障事业也将面临新形势和新任务。首先，2020年是脱贫攻坚工作的收官之年，也是全面实现小康社会的一年。因此，在"十四五"时期，我国社会保障事业的重点可能不再是贫困人口的兜底保障问题，而转向解决覆盖全体社会成员的基本养老保险、基本医疗保险等社会保险领域。从而实现《建议》中所提出的"健全覆盖全民、统筹城乡、公平统一、可持续的多层次社会保障体系"目标;① 其次，我国已经逐渐进入老龄化社会。截至2019年，我国60岁以上人口所占比例达18.1%。而"十四五"时期我国人口老龄化进程将进一步加快，老龄化问题将更加凸显。这也对社会提出更多养老服务和医疗服务等方面的需求，这不仅将对储蓄、投资和消费结构产生影响，也对养老保险收支在财政收支中的结构产生重要影响。由此需要考虑社保税费改革，以回应《建议》中所提出的"实施积极应对人口老龄化国家战略"。②

我国现代财政制度建设本质上以增进民生福祉为根本目的（刘晔，2018a），③ 新时代财政理论和实践都应实现"由物到人"的逻辑转换（刘晔，2018b），④ 而社会保障制度建设则是新时代增进民生福祉和实现人本逻辑的重要内容。对此，《建议》中指明了未来五年我国民生保障的主要目标是"民生福祉达到新水平，实现更加充分更高质量就业，分配结构明显改善，基本公共服务均等化水平明显提高，全民受教育程度不断提升，多层次社会保障体系更加健全，卫生健康体系更加完善，脱贫攻坚成果巩固拓展，乡村振兴战略全面推进"。⑤ 因此就具体社保制度改革而言，其目标应是建立城乡统筹、制度统一、

---

① 中共第十九届中央委员会. 中共中央关于制定国民经济和社会发展第十四个五年规划和二〇三五年远景目标的建议［R/OL］. 新华网，2020-11-03.

② 中共第十九届中央委员会. 中共中央关于制定国民经济和社会发展第十四个五年规划和二〇三五年远景目标的建议［R/OL］. 新华网，2020-11-03.

③ 刘晔. 加快建立以民生福祉为中心的现代财政制度［J］. 厦门大学学报（哲学社会科学版），2018a（03）：15-22.

④ 刘晔. 由物到人：财政学逻辑起点转变与范式重构——论新时代中国特色社会主义财政理论创新［J］. 财政研究，2018b（08）：40-49.

⑤ 中共第十九届中央委员会. 中共中央关于制定国民经济和社会发展第十四个五年规划和二〇三五年远景目标的建议［R/OL］. 新华网，2020-11-03.

广泛覆盖的社保制度，并尽快实现养老保险全国统筹。

"十四五"期间我国社保制度的改革目标，实际上在要求推进养老保险全国统筹和统一征收的同时，需要积极研究和推进实施社会保险"费改税"的政策，以增加基本养老保险全国统筹制度的公平性和可持续性。对于覆盖面较大的医疗保险和养老保险，需要继续扩大其覆盖面，适当降低社会保险费率，增强参保的约束性和激励性，通过宣传引导等方式，争取实现"人群全覆盖"。社保"费改税"尤其是养老保险"费改税"的必要性主要体现在以下方面：①有利于以税法强制性扩大社保统筹的覆盖面和可持续性，也有利于以税收形式发挥收入再分配的统筹功能；②真正有利于最终实现养老保险的全国统筹。目前，我国养老保险基金存在统筹层次不高、各地缴费和支出不平衡的严重问题。养老保险"费改税"以后，政府就容易做到全国统一调配，统一管理，全国统筹和共享可望实现；③通过社保"费改税"，我国将增加一个课征于所得的直接税税种，有利于实现《建议》所要求的"优化税制结构，适当提高直接税比重"目标，① 也能更好地发挥我国税制在收入再分配和自动稳定器方面的功能；④从国际经验来看，采取社保税筹资模式是市场经济国家通行的做法；而就我国来看，自 2019 年开始全国各地社保费已都由税务机关统一征收，"十四五"期间实现费改税已具备相应的经验积累和实践基础。

四、政府分级治理与健全地方税体系

我国经济发展正在由高速增长向高质量发展转型，因此如何更好地发挥政府和市场、中央政府和地方各级政府的各自作用是新时代的一个重大问题。党的十九届五中全会提出"充分发挥市场在资源配置中的决定性作用，更好发挥政府作用，推动有效市场和有为政府更好结合。要激发各类市场主体活力，完善宏观经济治理，建立现代财税金融体制，建设高标准市场体系，加快转变政府职能"。② 所以，"十四五"期间，我国需要进一步全面深化政府间财政分权改革，以政府间分级治理来适应有效市场的形成，以公共服务提供上的政府分工协调为市场发挥决定性作用创造条件。

---

① 中共第十九届中央委员会. 中共中央关于制定国民经济和社会发展第十四个五年规划和二〇三五年远景目标的建议［R/OL］. 新华网，2020-11-03.

② 中共第十九届中央委员会. 中共中央关于制定国民经济和社会发展第十四个五年规划和二〇三五年远景目标的建议［R/OL］. 新华网，2020-11-03.

　　政府间事权和支出责任的划分是政府间财政关系的基础（阎坤和张鹏，2020）。①"十三五"期间在建立现代财政制度过程中，中央地方财政关系放在突出地位。尤其是2016年，国务院颁布了《关于推进中央与地方财政事权和支出责任划分改革的指导意见》之后，国务院相继在基本公共服务领域、医疗卫生领域、科技领域、教育领域、交通运输领域、生态环境领域、公共文化领域和自然资源领域等方面出台了中央和地方事权与支出责任划分的改革方案。各省与市县事权与支出责任划分的改革也在筹划中或已经开始逐步推进。

　　"十三五"期间，尽管中央与地方事权与支出责任划分的改革已经取得了实质性进展。但与预算制度改革、税收制度改革相比，政府间财政关系在我国现代财政制度建设的三大领域中还处于相对滞后的状态（刘晔，2017）。② 不仅中央和地方事权与支出责任还没有完全划分好，也由于共同事权太多而仍存在责任模糊之处，更重要的是相应的税权划分特别是地方税体系建设还未落实，而省以下的政府间财政关系也尚待重构。因此，"十四五"期间政府分级治理要求政府间财政关系应该加快如下领域的相应改革进程：①明确中央和地方政府事权与支出责任，健全省以下财政体制。这是《建议》中的明确要求，即进一步推进完成"十三五"期间中央地方事权和支出责任划分的未尽事宜，再进一步划分省以下政府间事权与支出责任。通过完善配套措施，实现政府间事权与支出责任划分对各级政府职能领域的全覆盖。在分税分级财政体制的基础上，积极推进财政与政府层级扁平化调整，将财政实体层级减少至"中央、省、市县"三级；加快形成各级政府事权与支出责任划分明细表，达成三级政府间事权与支出责任全覆盖；②在各级政府事权明确划分，支出责任和事权相对应的基础上，我国应优化规范转移支付结构，规范转移支付机制，提升一般性转移支付的比重，整合清理专项转移支付，完善转移支付管理方法，积极推进转移支付形式优化。其根本目的在于使地区财力和地区公共服务均等化，实现《建议》中所提出的"增强基层公共服务保障能力"③；③健全地方税体系。在"十三五"规划中就曾提出"完善地方税体系，推进房地产税立法"的要求。但迄今为止，这一规划并没有实现，反而在"十三五"期间随着全面"营改增"的实

---

　　① 阎坤，张鹏. 财税体制改革进展评价及其"十四五"取向：基于国家治理现代化的视角［J］. 改革，2020（07）：39-54.

　　② 刘晔. 十八大以来我国央地事权与支出责任划分：回顾、评价与展望［J］. 财政监督，2017（01）：23-26.

　　③ 中共第十九届中央委员会. 中共中央关于制定国民经济和社会发展第十四个五年规划和二〇三五年远景目标的建议［R/OL］. 新华网，2020-11-03.

现，我国地方税体系特别是主体税种处于缺失状态。因此，"十四五"期间我国财税改革的重点在于确立地方税主体税种，健全地方税体系。

从服务于政府分级治理来看，在全面深化现代财税体制改革的过程中，我国地方税体系建设是"十四五"期间所亟须解决的重要问题。首先，我国尚未建立明确完整的地方税体系，1994年所确立的地方税税种已经只剩下零星的一些，地方不仅缺乏主体税种，甚至都没有固定可靠的地方税收入来源，甚至使得分税制有名无实；其次，由于地方税主体税种的缺失，使得地方没有可直接支配的稳定财权，地方的财权与事权不匹配甚至连财力和事权都不匹配。"十四五"期间仍然是我国新型城镇化和民生保障的关键时期，但地方有限的财力无法满足这些方面的需求。因此，"十四五"期间我国应着力构建地方税主体税种，健全地方税体系，充实地方自有财力，促进地方税源建设。特别要考虑通过完善财产税征管制度，推动房地产税立法，合理扩大地方税法权，下放适当的税收管理权限。

五、数字经济发展与税收治理变革

数字经济是指以信息网络为载体、以信息技术为驱动、以信息数字化为主要要素构成的复杂网络。2020年5月中共中央国务院在《关于新时代加快完善社会主义市场经济体制的意见》中明确，数据与劳动、资本、土地、知识、技术、管理，同为生产要素，并且要加快发展数据要素市场。十九届五中全会在公报中也指出"要坚定不移建设制造强国、质量强国、网络强国、数字中国""加快数字化发展"。[①] 目前，我国已拥有世界上最大的电子商务市场和最广阔的数字经济的消费市场，约占据全球电商交易总额的40%。2019年，我国数字经济规模已达到35.8亿人民币，在GDP中所占比重达到36.2%，数字经济在国民经济中的重要性得到进一步凸显。我国在5G、人工智能、大数据、区块链和互联网应用等领域的创新能力不断加强，并已逐渐渗透到制造业、服务业和金融业的各个领域。由此，我国已成为数字经济发展的最重要国家之一，在数字经济的某些关键领域，甚至已经处于世界领先地位。然而，与数字经济的蓬勃发展形成鲜明对比的是，我国在数字经济的税收征管方面则显得相对滞后。

数字经济时代的到来，使得"十四五"期间我国税收治理面临全新的课题，

---

① 中共第十九届中央委员会，国务院. 关于新时代加快完善社会主义市场经济体制的意见
[R/OL]. 新华网，2020-05-18.

亟须应对以下挑战：①与传统经济相比，数字经济拓宽了销售范围，使得与交易相关的课税对象难以确定；②数字经济下的交易通常是资金流与货劳流的结合体，支付方式也不仅仅局限于货币支付和刷卡支付等较为传统的支付方式，这也使得数字经济的信息较难被纳税机关监控；③数字经济中的业务通常是多种业务的混合，而不同业务间很难进行明确的区分，由此可能使得在现行税制下其各项业务的税率难以得到准确确定（胡连强，2019）。①

　　数字经济发展不仅带来国内税收治理的变革，而且在新型对外开放格局下也对国际税收治理产生新的挑战。十九届五中全会全报中提出"要建设更高水平开放型经济新体制""推动贸易和投资自由化便利化""积极参与全球经济治理体系改革"。②"十四五"期间，我国经济社会发展可能面临更加复杂的外部环境，更多的不确定性和挑战。我国应积极适应数字经济发展的时代要求推出更具有国际视野的税收治理政策：①要重视数字经济所可能带来的税源流失风险。在数字经济时代跨国贸易由于各国的起征点和税率设置的不同，跨国企业可以利用各国税收协调机制的漏洞来进行避税。由此可能产生税基转移或税源流失的风险；②要注重数字经济发展对国家税收规则和税收征管带来的挑战。数字经济的飞速发展会改变贸易投资方式和利益分配格局，使得原有的国际税收规则难以适应；③要积极推进数字经济下国际税收协调与国际税收规则的重新制定，为了避免数字经济背景下国与国之间的新的恶性税收竞争和逃避税问题，应当积极与国际建立数字税收合作关系，形成并维护好新的国际税收环境（王宝顺，2019）。③

　　为有效应付数字经济发展对国内和国际税收治理的新挑战，"十四五"期间我国应当从以下三方面做出相应的安排：①更加重视数字经济税务理论和税务实务人才培养，积极推动数字经济税务理论和税务规则的制定和实施；②完善税收征管制度，针对数字经济中的交易无纸化、数据化的问题，积极联合交易平台和金融平台收集信息，解决数字经济纳税征管问题；③针对数字经济构建新的税收规则，对纳税地点、纳税方式、税源监控和国际征税制定新的规范。

---

　　①　胡连强，杨霆钧，张恒，李海燕. 基于数字经济的税收征管探讨［J］. 税务研究，2019（05）：119-122.

　　②　中共第十九届中央委员会. 中国共产党第十九届中央委员会第五次全体会议公报［R/OL］. 新华网，2020-10-29.

　　③　王宝顺，邱柯，张秋璇. 数字经济对国际税收征管的影响与对策——基于常设机构视角［J］. 税务研究，2019（02）：86-91.

第二节 十八大以来我国央地事权与支出责任划分：
回顾、评价与展望[①]

我国作为单一制政体下的市场经济大国，中央和地方财政关系始终是事关国家治理的全局性和战略性问题。其中，中央和地方事权与支出责任的划分又处于基础性环节的地位。所谓"事权"，是指"一级政府应承担的运用财政资金提供基本公共服务的任务和职责"；所谓"支出责任"，是指"政府履行财政事权的支出义务和保障"[②]。财政作为国家治理的基础和重要支柱，对国家治理体系和治理能力的作用是通过各级政府的事权来体现的，而事权则是通过各级政府的支出责任来履行的，各级政府的财权和财力从根本上看是为政府履行事权和承担支出责任服务的。因此，科学合理地划分中央和地方政府间事权并构建"事权和支出责任相适应的制度"是全面深化财政体制改革、实现国家治理体系和治理能力现代化的基础性环节。十八大以来，特别是十八届三中全会以来，在构建现代财政制度的一系列财税体制改革实践中，中央和地方事权和支出责任改革被放在重要地位，本文拟对此进行回顾、评价与展望。

一、回顾

党的十八大以来，在全面深化改革的总体战略布局下，我国央地事权与支出责任改革经历了前期酝酿——正式提出——规划部署的阶段性变化，这是一个由粗到细、由模糊到清晰的逐步深入的过程。

（一）前期酝酿阶段

2012 年 11 月，党的十八大报告在"全面深化经济体制改革"一款中提出"加快改革财税体制，健全中央和地方财力与事权相匹配的体制"[③]。仅从这份报告来看，此时尚未正式提出"中央和地方政府间事权和支出责任划分"，更没

---

① 原文由刘晔发表于《财政监督》2017 年 1 期。

② 国务院 . 国务院关于推进中央与地方财政事权和支出责任划分改革的指导意见：国发〔2016〕49 号〔R/OL〕. 中国政府网，2016-08-24.

③ 胡锦涛 . 坚定不移沿着中国特色社会主义道路前进，为全面建成小康社会而奋斗——在中国共产党第十八次全国代表大会上的报告〔R/OL〕. 新华网，2012-11-17.

有构建"事权和支出责任相适应的制度"的提法。更重要的是，此时还只是把中央的地方财政关系至于经济体制改革的目录中，尚未提升到政治、经济和社会体制全面改革的国家治理层面的高度来认识。但在 11 月 20 日，时任财政部部长谢旭人在对十八大报告中"健全中央和地方财力与事权相匹配的财政体制"① 进行解读中首次提出"合理界定中央与地方的事权和支出责任"，并认为"事权和支出责任清晰是财力与事权相匹配的重要前提"②。可见，"事权和支出责任划分"问题此时虽还未进入中央文件但已经出现在当时财政部领导的构想中。因此可以认为，这一阶段央地间事权和支出责任划分正处于正式提出前的前期酝酿阶段。

（二）正式提出阶段

2013 年 11 月，十八届三中全会在《关于全面深化改革若干重大问题的决定》中不仅提出了"财政是国家治理的基础和重要支柱"的重要论断，③ 而且将"建立事权与支出责任相适应的制度"作为"构建现代财政制度"三大任务之一。④

为具体细化和落实十八届三中全会提出的"构建现代财政制度，推进国家治理体系和治理能力的现代化"，⑤ 2014 年 6 月，中共中央政治局审议通过了《深化财税体制改革总体方案》。作为财税改革纲领性指导性的总体框架，该方案明确提出三方面的改革重点任务，分别是改进预算管理制度、深化税收制度改革和调整中央和地方政府间财政关系。而在"调整中央和地方关系中"，重点是"合理划分各级政府间事权与支出责任，建立事权和支出责任相适应的制度"。⑥ 方案还对适度加强中央事权和直接支出比重，减少委托事务，中央通过转移支付机制将部分事权的支出责任委托地方承担等方面提出了具体部署。可

---

① 胡锦涛．坚定不移沿着中国特色社会主义道路前进，为全面建成小康社会而奋斗——在中国共产党第十八次全国代表大会上的报告［R/OL］．新华网，2012-11-17.

② 谢旭人．谢旭人解读十八大报告：完善公共财政体系［EB/OL］．中国经济网，2012-11-20.

③ 中共第十八届中央委员会．中共中央关于全面深化改革若干重大问题的决定［R/OL］．新华网，2013-11-15.

④ 中共第十八届中央委员会．中共中央关于全面深化改革若干重大问题的决定［R/OL］．新华网，2013-11-15.

⑤ 中共第十八届中央委员会．中共中央关于全面深化改革若干重大问题的决定［R/OL］．新华网，2013-11-15.

⑥ 中共第十八届中央全面深化改革委员会．深化财税体制改革总体方案［R/OL］．新华网，2014-06-30.

以认为，"中央和地方事权与支出责任"问题至此已正式提出。

（三）规划部署阶段

在《深化财税体制改革总体方案》发布之后，财政部及各地财政厅局围绕中央和地方事权和支出责任划分问题进行大量调研，这些调研既有全面性的，也涉及单项事权与支出责任的。2015 年 11 月，在《中共中央关于制定国民经济和社会发展第十三个五年规划的建议》中，对"十三五"时期我国深化财税体制改革做了总体规划，其中要求"建立事权和支出责任相适应的制度，适度加强中央事权和支出责任""调动各方面积极性，进一步理顺中央和地方收入划分"。①

为具体推进和实施中央和地方事权与支出责任的划分，建立事权与支出责任相适应的制度，2016 年 8 月，国务院发布了《关于推进中央与地方财政事权和支出责任划分改革的指导意见》（以下简称《意见》），不仅对央地财政事权和支出责任如何划分提出了原则性的指导意见，如明确了"谁的财政事权谁承担支出责任""适度加强中央的财政事权""减少并规范中央与地方共同的财政事权"等重要原则；② 而且还对中央事权（如国防、外交、国家安全等）、地方事权（如社会治安、市政交通、农村公路、城乡社区事务等）、中央地方共同事权（教育、科研、社保等）作了明确划分。在此基础上，文件还为央地事权与支出责任改革的分步实施勾画了具体的时间表和路线图：2016 年先从国防、国家安全等领域着手，2017—2018 年深入教育、医疗、环保、交通等领域，2019—2020 年基本完成主要领域改革，形成央地事权和支出责任划分的清晰框架。

目前，央地事权和支出改革实践正沿着上述原则和路线图循序渐进地展开，并初步总结出了一些改革经验。

---

① 中共第十八届中央委员会. 中共中央关于制定国民经济和社会发展第十三个五年规划的建议 [R/OL] 新华网，2015-11-03.
② 国务院. 国务院关于推进中央与地方财政事权和支出责任划分改革的指导意见：国发〔2016〕49 号 [R/OL]. 中国政府网，2016-08-24.

二、评价

（一）央地事权与支出责任改革把握住了我国财税体制改革的关键点

从国家治理层面来看，对我国这样一个单一制政体下发展中的市场经济大国而言，如何在制度上规范和协调中央与地方权力分配是事关全局的战略性重点和难点问题。在十八大之前，我国虽然认识到中央和地方财政关系对于全局性改革的重要意义，也初步笼统地提出"财权与事权相匹配""财力与事权相匹配"等原则，但并未充分认识到事权划分先于财权划分、支出责任确定先于财力安排的重要性，也未充分认识到"事权和支出责任相适应"是"实现财力和事权相匹配"的前提和基础。① 1994 年分税制改革时，央地双方在财权即税种划分上非常明确，而在事权方面只有一个笼统和初步的划分，存在众多模糊事权和不规范不明确之处。由于事权含糊不清，相应的支出责任则很容易压给下级政府。分税制运行二十几年来，财权和财力向上集中，事权和支出责任则层层下压，地方政府特别是县乡基层政府承担了与其财力不对称的支出责任。这些问题从根本上看在于各级政府事权没有从源头上得到明确规范的界定，以及事权与支出责任不相适应。

十八大特别是十八届三中全会以来，中央深刻认识到事权划分在央地财政关系中的基础性地位，也充分认识到事权与支出责任相一致的重要性，通过以合理划分中央和地方事权和支出责任为基础，切实把握住了我国财税改革的关键点，从而标志着我国在国家治理体系和治理能力现代化上迈出了重要步伐。

（二）央地事权与支出责任改革实践还相对滞后

2013 年 11 月，党的十八届三中全会明确了现代财政制度构建的三大改革重点：预算管理制度、税收制度、事权和支出责任相适应的制度。从税制改革来看，十八届三中全会决定中"完善税制"涉及增值税、消费税、个人所得税、房产税、资源税、环境税，目前增值税、资源税改革已完成，环境税草案已提交人大代表审议，房产税改革也已在走立法程序。再从预算制度改革来看，随着 2015 年《全国人大常委会关于修改〈预算法〉的决定》的实施，现代预算制

---

① 中共第十八届中央委员会. 中共中央关于全面深化改革若干重大问题的决定 [R/OL]. 新华网，2013–11–15.

度构建已经进入实施操作阶段。目前现代预算制度改革已经深入到县一级，十八届三中全会《决定》中所提到的"权责发生制的政府综合财务报告"，各地也都已经在试编制中。因此与预算制度和税收制度改革相比，目前央地事权与支出责任改革实践还相对滞后，这几年一直处于调研和探索阶段。直到2016年8月国务院《意见》的发布，才有较明确的时间表和路线图。

央地事权与支出责任改革实践之所以相对滞后，一是由于涉及政府内部的改革和权力的重新配置，因此改革具有相对的复杂性与困难性；二是由于我国市场、社会与政府职能的边界还不明确，而政府职能本身还处在动态变化之中，这使得政府间事权明确界定更为困难；三是事权划分本身的复杂性。事权划分不仅与国家历史传统、改革路径、国家政体等诸多因素密切相关，而且许多事权一时难以清晰界定其受益范围及权利归属，需要在实践中进行长期的探索。

（三）央地事权和支出责任划分仍需通过立法来予以规范

回顾十八大以来的改革实践可以发现，央地事权与支出责任改革从酝酿—提出—部署，每一步都是通过中央决议、国务院令和财政部文件的形式来予以推动的。从我国作为单一制大国的基本国情出发，确实应以中央为主导做好顶层设计并分步实施，在改革初期更有必要通过中央政府的权威来予以统筹规划和推进改革。但从历史经验来看，行政法规固然一时管用，但在长期实践中只有通过立法形式将政府间事权划分纳入法治化轨道，才使其具有相应的规范性和稳定性。

事实上，正是由于我国政府间事权法定程度不足。实践中正如楼继伟（2014）所指出的，政府间事权和支出责任的划分、处理和变动多以行政法规形式来执行，也容易导致事权频繁上收下放。一些领域事权安排存在一定的偶然性和随意性，增加了各级政府间博弈机会与谈判成本，制度的可预期性、稳定性不足①。因此，从十八届三中全会《决定》中"完善立法、明确事权"的原则②和十八届四中全会《决定》中"推进各级政府事权规范化、法律化"的精神③出发，当我国"央地事权和支出责任"改革取得根本性进展后，应及时总结实践经验和改革成果，将其以明确化、系统化的法律形式规范起来。

---

① 楼继伟. 推进各级政府事权规范化法律化[J]. 中国财政，2014，（24）：8-10.
② 中共第十八届中央委员会. 中共中央关于全面深化改革若干重大问题的决定[R/OL]. 新华网，2013-11-15.
③ 中共第十八届中央委员会. 中共中央关于全面推进依法治国若干重大问题的决定[R/OL]. 新华网，2014-10-28.

三、展望

(一) 央地共同事权将是进一步改革的难点和重点

不论从公共物品受益范围理论出发，还是从各国实践出发，国防、外交、国家安全等基本公共服务都归为中央事权；社会治安、市政交通、社区事务等受益范围地域性强的基本公共服务都属于地方事权，这些在国务院《意见》中也已明确规定。其今后的改革总体上只是严格按照"支出责任和事权相一致"的原则，落实央地双方各自的支出责任而已。[①] 改革真正的难点在于央地共同事权，在《意见》中，教育、科研、文化、社会保险、跨省区的重大基础设施项目建设、环保等确定为中央与地方共同事权。这些方面大部分是在区域间具有外部性、信息不对称等特征，确实需要划归央地共同事权并共同承担支出责任。但如果共同事权过多，权责不清，支出责任层层下移的问题就难以彻底解决。

(二) 省以下政府间事权划分将具有探索性和差异性

目前，国务院《意见》只是从央地关系出发，重点在于理清中央与地方事权的划分、中央与地方支出责任的明确，适度加强中央事权与支出责任，而省以下各级政府间的事权、支出责任和财权财力划分则由各省参照央地改革做法，各自进行改革。显然，由于我国幅员辽阔，发展不平衡，在东部沿海和中西部地区之间甚至在同一省内各地区间经济水平和社会发展都存在巨大差距，因此决定了不同地区居民对公共服务的不同需求和偏好，也决定了各个地方政府提供各类公共服务的财力差异。所以各地区在省以下事权划分和支出责任确定上必然有一定的自主性、探索性和差异性。

此外，地方各级政府间事权的划分和支出责任的明确还会带有一定的复杂性和艰巨性。因为在此前，县乡基层财政困难就一直是我国财政体制中的一个突出问题。据笔者曾经基于福建省的调研表明，从公共预算支出中各项目分政府层级的实际支出情况来看，虽然大部分事权是由各级政府共同承担支出责任，但其中大部分支出项目的实际负担级次在市县级，其中县这一级承担了约50%的支出责任。可以预见，省以下地方政府事权和支出责任的划分也将构成今后

---

① 国务院. 国务院关于推进中央与地方财政事权和支出责任划分改革的指导意见: 国发〔2016〕49号〔R/OL〕. 中国政府网，2016-08-24.

改革的一个难点。

（三）改革经验成果将以立法形式明确予以规范

政府间"事权法定"既是国际一般经验，也是我国十八届三中全会和四中全会的既定方针。因此可以预见，随着我国央地事权划分改革的逐步深入，在基本框架得以明确的基础上，必然将通过总结改革经验，将改革成果上升为法律条文。

目前，我国现行法律体系对政府间事权和支出责任的规定还过于笼统，甚至存在一些空白和矛盾之处。从"事权法定"原则出发，今后我国立法改革可能包括这三方面：一是可能从单行法层面入手，适时修订相关法律如《中华人民共和国国防法》《中华人民共和国教育法》《中华人民共和国社会保险法》等单项法律对涉及政府间事权和支出的规定，并补充其他单项事权的法律规定；二是在基本法层面，可能会制定《政府间财政关系法》这一基本法，具体规定事权与支出责任划分的范围、内容及责权利关系等；三是将在宪法层面进一步明确中央与地方事权和支出责任划分，并尽可能体现财力与事权相匹配的基本框架，从而奠定政府间财政关系的法律基础，形成政府间事权和支出责任划分相对健全的法律体系。

（四）将与其他领域改革协调推进

中央地方间事权和支出责任改革牵涉面广、影响大，从微观视角看涉及各项公共服务领域如教育、医疗、社保等，从中观看涉及政府与市场、政府与社会、中央与地方间职能的重新定位，从宏观看涉及行政管理体制甚至政治体制改革问题。因此，这项改革显然是一项系统工程，必然也必须要和其他领域改革协同推进才能取得应有的效果。

因此，正如国务院《意见》中所指出的，"要将财政事权和支出责任划分改革与加快推进相关领域改革相结合，既通过相关领域改革为推进财政事权和支出责任划分创造条件，又将财政事权和支出责任划分改革体现和充实到各领域改革中，形成良性互动、协同推进的局面"。[①]

---

① 国务院．国务院关于推进中央与地方财政事权和支出责任划分改革的指导意见：国发〔2016〕49号［R/OL］．中国政府网，2016-08-24.

第三节　中国原油期货、人民币国际化与
经济高质量发展①

人民币原油期货于 2018 年 3 月 26 日上市，这是金融服务实体经济和进一步改革开放的必经之路。2017 年，中国首次超越美国成为全球第一大原油进口国，原油对外依存度超过 68%。而全球原油贸易定价主要按照期货市场发现的价格作为基准，在此之前中国的原油贸易只能被动接受西德克萨斯中间基原油（简称 WTI）和北海市伦特（简称 Brent）原油期货价格等为定价基准，这种"我的原油，他的定价"现状亟待改变，急需一个本土和亚洲原油期货市场为原油贸易提供定价基准和规避风险的工具。

这也是一项重大的金融改革创新，作为中国首个对境外投资者"无特殊限制"交易的金融产品，人民币原油期货推进了各个方面的改革开放，其总体运行状况良好，服务实体经济的作用显现，促进了中国经济高质量发展。同时，人民币原油期货的重点不是原油，而是人民币，这是继加入特别提款权（简称 SDR）之后人民币国际化的又一个里程碑，增强了人民币的国际影响力。

一、原油期货推进各方面的改革开放

从 1993 年 3 月起，原南京石油交易所、原上海石油交易所等相继推出石油期货合约，中国便成为亚洲最早推出原油期货的国家。但一年之后，国家对石油流通体制进行了改革，加上早期期货业发展不规范，所以，尚处于起步发展阶段的中国石油期货于 1994 年被叫停。

2012 年在全国金融工作会议上正式提出中国原油期货计划。2014 年 12 月，中国证券监督管理委员会（简称中国证监会）正式批准上海期货交易所下属国际能源交易中心开展原油期货交易。2015 年 6 月，正当原油期货进入上市前的最后准备期，股市的异常波动使原油期货被搁置。2018 年 3 月 26 日，原油期货作为中国推出的第一个国际化期货品种成功启航。正如中国证监会副主席方星海所说，"原油期货是非常重要的期货产品，涉及经济各个方面，在国际平台会

---

① 本章节原由周颖刚发表在《人民日报》《金融时报》和《经济参考报》等上，博士生贝泽赟对本文若干小节有贡献。

影响国外市场，准备时间较长，中国特色社会主义进入到新时代，现在推出恰逢其时。"①

建设原油期货市场必须基于国际原油现货贸易，而原油现货市场的特点是"一个国家内部主体相对较少，国际贸易相对自由"。长期以来，我国只有5家国营贸易原油进口企业和22家名存实亡的非国营贸易原油进口企业。2013年7月23日，《国务院办公厅关于促进进出口发展、稳增长、调结构的若干意见》赋予符合质量、环保、安全及能耗等标准的原油加工企业原油进口及使用资质，但文件的精神到2015年中华人民共和国国家发展和改革委员会（简称国家发改委）《关于进口原油使用管理有关问题的通知》和中华人民共和国商务部（简称商务部）《关于原油加工企业申请非国营贸易进口资格有关工作的通知》的两个文件出台才得以落实，原油现货市场改革取得突破进展。

同时，原油期货是中国首个对境外投资者"无特殊限制"交易的金融产品，遵循"国际平台、人民币计价、净价交易、保税交割"的基本战略，围绕如何引入境外投资者，完善相关配套政策，推动了以下几个方面的改革：在监管方面，中国证监会确定原油期货为我国境内特定品种，并发布《境外交易者和境外经纪机构从事境内特定品种期货交易管理暂行办法》；在财税方面，中华人民共和国财政部（简称财政部）、国家税务总局、证监会联合发布《关于支持原油等货物期货市场对外开放税收政策的通知》，对部分境外机构投资者原油期货交易暂不征收企业所得税，对境外个人投资者免征三年个税；在外汇方面，中国原油期货用人民币定价却接受美元作为保证金。境外交易者和经纪机构从境外汇入人民币或者美元参与原油期货交易，在境内实行专户存放和封闭管理，该账户不设置额度限制，可以无限制使用，也可以将资金和盈利汇往境外；在海关和检验方面，原油期货保税交割海关监管政策和保税原油的检验检疫政策也进行了改革和创新。

二、原油助力人民币国际化行稳致远

中国原油期货上市首周总成交额近1160亿元人民币，成交量超过27万手，日均5.4万手，合5400万桶原油，仅次于伦敦Brent原油期货日均2.5亿桶和美国WTI原油期货日均2亿桶，超过迪拜DME原油期货日均800万桶，跃居世界

---

① 孙铭蔚.原油期货来了 | 方星海：没经验的小的投资者先别忙着参与［N］.澎湃新闻，2018-03-26.

第三。应该指出的是，人民币原油期货的重点不是原油，而是人民币，这是继加入 SDR 之后人民币国际化的又一个里程碑，将会增强人民币的国际影响力。

一个货币的国际影响力首先体现在其国际使用水平上。中国人民大学国际货币研究所根据货币在国际贸易结算、投资、储备的数额估算，2016 年美元、欧元、英镑、日元、人民币的国际化指数分别为 54.02、24.57、5.50、4.26、2.26，除此之外，其他的研究也表明人民币的国际使用程度仍相对较低。2017 年，中国首次超过美国成为全球第一大原油进口国，原油对外依存度超过 68%，原油贸易以美元计价和结算。而以人民币计价和结算的原油期货将改变"我的原油、他的定价"的现状，为中国原油贸易提供定价基准和规避风险的工具，并推动石油人民币的形成，从而提高人民币在国际经济活动中的实际使用水平。如果今后中国进口的原油都用人民币结算，贸易总额将超过 1 万亿人民币，这将大大提升"一带一路"沿线的石油生产国对人民币的需求。而且，在石油人民币的基础上，人民币对农产品、矿石等大宗商品的计价结算功能也将加速发展，从而进一步提高人民币的国际使用水平。

一个货币的国际地位也可根据其是否成为区域内重要的锚货币来判断。石油是世界的主导性能源，全球原油贸易定价主要按照期货市场发现的价格作为基准。目前 WTI 和 Brent 原油期货分别是美洲和欧洲基准原油合约，主导着国际原油的定价权，这是美元能够作为原油贸易结算货币的根本。而亚洲还没有一个有影响、能充分反映该地区原油实际供求情况的定价基准，人民币原油期货的定位就是成为亚太地区原油贸易定价的基准，这无疑会提高人民币在亚洲货币区和"一带一路"沿线石油生产国的锚货币地位，进而补充和完善现有国际原油定价体系和国际货币体系。从首周的交易来看，人民币原油期货和其他原油期货之间的联动性良好，特别是迪拜 DME 原油期货，因为人民币原油期货交割油种以迪拜阿曼原油为主，阿曼的原油六成出口到中国。

一个货币的国际影响力还体现在其汇率变动对其他货币的影响程度。中国原油期货上市伊始，经过汇率折算后的价格就优于国际市场的原油期货价格，引发了境外投资者将美元兑换成离岸人民币进行套利的浪潮，拉升离岸人民币汇率，并带动在岸人民币汇率上升。厦门大学的人民币汇率国际影响力指数显示，人民币汇率对 G20 经济体和"一带一路"沿线经济体货币汇率的平均净影响力自中国原油期货上市后几天略有下降，这可能是因为境外套利活动使其他货币汇率对人民币汇率的影响大于人民币汇率对他们的影响。随着原油期货推进人民币国际化的进程，人民币汇率的变动对其他货币的影响将会不断增强。

人民币原油期货是中国推出的第一个国际化期货品种，这是落实党的十九大和全国两会精神进一步深化改革扩大开放的一个重大举措。中国原油期货成功上市后，中国铁矿石期货国际化也提上议事日程，这两大工业品原材料的下游产业链覆盖面很广，其人民币期货将使人民币计价和结算扩展至整个商品贸易体系，助力人民币国际化行稳致远。未来，人民币的国际影响力将进一步提升。

三、原油期货交易的（早期）中国特色

与国际两大原油期货分别经过约 3 年和 5 年的时间单边成交量超过 5 万手相比，中国原油期货在短短 3 个月时间内日均单边成交量超过 7 万手，6 月 21 日单日最高成交量超过 30 万手，增长可谓非常迅猛。美国科罗拉多大学（丹佛校区）摩根大通商品研究中心研究主任杨坚教授通过与同时期的其他主要原油期货市场所有每一笔（高频）交易来比较，深入分析所有中国原油期货的每一笔市场（高频）交易所隐含的中国特色的市场特征。

首先，中国原油期货交易量与持仓量的比率尤其高。3 月 26 日上市首日，交易量与持仓量的比率达 13.06，6 月 21 号交易量超过 30 万手时这一比率达 9.14，平均比率也超过 6。而其他主要国际原油期货市场除了德州原油主力合约外，交易量与持仓量的比率均小于 1，并且德州原油主力合约的数字还要考虑到美国页岩油生产特殊性的影响。一般认为，持仓量反映了市场中套期保值投资者的买入持有的投资行为，交易量和持仓量的差距则反映了市场中投机交易者的高频交易行为。这反映了中国原油期货市场（短线）投机交易者比例明显偏高，可能影响价格发现功能的发挥。

其次，与国际原油市场相比，中国原油期货市场交易量与持仓量过分高度集中在九月到期的主力合约，而且这个结构性问题并没有随交易量和持仓量迅速增加而减轻。3 月 26 日上市首日，主力合约的交易量占总交易量的 96%，持仓量占 87%；6 月 21 日，主力合约的交易量占比进一步上升至 99.9%，持仓量占比上升至 96%。其后果是难以形成合理的中国石油期货价格曲线，因此难以真正更好地服务实体经济的需要，因为涉及能源产品等大宗商品生产项目过程较长，有关投资决策都需要较为远期的价格预测。

最后，中国原油期货单笔交易合约数目明显大于其他主要原油期货市场，不管是早盘（上午 9：00 至 11：30）、午盘（下午 1：30 至 3：00），还是夜盘（晚上 9：00 至次日凌晨 2：30），都是如此。同时，夜盘的交易量大于白天的交易量；这可能是因为国内信息非常有限，投资者主要根据国际原油市场，特别

是有较多信息披露的美国原油市场来进行交易。

通过与其他主要原油期货市场来比较，可以看到中国原油期货市场交易的一些（至少是早期阶段的）中国特色的重要市场特征。这些中国特色将是进一步真正深入理解分析中国原油期货市场交易表现的一些关键之处，也是未来相关实证分析的重点。

四、原油期货的发展需要深度分析

上述研究发现的一些结构性问题和高投机风险不容忽视。正确合理的监管是中国原油期货不可回避的一个问题。如何避免过度投机的监管走向另一极端？一个值得总结和借鉴的经验教训是中国股指期货。在 2010 年 4 月推出的初期，中国股市刚好连续下跌，因此就有人将此归罪于股指期货。2015 年股灾时更有人认为暴跌元凶就是股指期货，因此不断加强对股指期货的监管，但过度投机的监管往往将投机交易过度地排除在市场外，以至于股指期货无法发挥正常的价格发现功能。

中国人民银行行长易纲在 2018 年中国金融论坛上曾指出："我们对于定量进行分析的时候，所发生的结果，有可能和我们的直觉、印象有所不同。所以，我认为深度的分析很重要。"在这方面，笔者和杨坚教授、中山大学杨子晖教授合作发表在国际期货权威刊物 *Journal of Futures Markets* 上的论文，从期货市场的一般性和中国股市的特殊性出发，深度分析了 2010 年 4—7 月中国股指期货及其现货市场之间的价格发现和波动性传导，发现中国股指期货的推出并不是导致当时中国股市连续下跌的原因（虽然很多人感觉如此）。[①] 该文被广为引用，充分说明了深度分析的重要性。所以对刚刚启航的中国原油期货来说，深度的分析尤为重要，我们要以科学的态度、研究方法和国际视野对交易数据进行仔细全面的分析比较，这样才可以有效地改进中国原油期货市场。

五、原油期货的首次交割平稳完成

2018 年 6 月 20 日，随着原油期货指定交割仓库——大连中石油国际储运有

---

① YANG J, Z YANG, Y ZHOU. Intraday Price Discovery and Volatility Transmission in Stock Index and Stock Index Futures Markets: Evidence from China [J]. Journal of Futures Markets, 2012, 32 (02): 99-121.

限公司保税油库迎来了首批期货原油入库，这标志着中国原油期货开始进入交割业务的实质性操作阶段。2018 年 9 月是中国原油期货发展的一个关键时点，因为 9 月到期的主力合约要进行实物交割，这是作为连接期货与现货市场的重要纽带，所以备受关注。9 月 7 日，人民币原油期货 SC1809 合约顺利交割完成，交割量共计 60.1 万桶原油，交割金额 2.93 亿元（单边），交割结算价 488.2 元/桶，这标志着我国原油期货业务走过一个完整的流程周期，原油期货逐渐走向成熟。

在首次交割前，人民币原油期货平均交易量与持仓量的比率达 7.2，而其他主要国际原油期货市场除了德州原油当月合约外，交易量与持仓量的比率均小于 1。同时，人民币原油期货市场交易量与持仓量过分高度集中在九月到期的主力合约，交易量占总交易量的 99.93%，持仓量占 97.28%。随着首次交割平稳顺利完成，各个期限到期的原油期货交易量突增，特别是次月合约和当季合约交易量出现大幅度增加，次月合约交易量从日均 102 手增加到日均 20.0 万手，当季合约交易量从日均 12 手增加到日均 6.0 万手。次月合约和当季合约的持仓量也大幅度增加并且超过接近当月合约，交易量和持仓量不再过度集中于主力合约，不同结构的投资者可以利用不同到期时间的期货合约满足其不同期限的套期保值和投机的需求：套期保值的投资者倾向于选择较远期到期的期货合约，避免当月合约可能出现的大幅度的波动，表现为次月和当季合约的持仓量高于当月合约；投机交易者较为青睐当月到期的期货合约，充分利用当月合约的大幅波动进行套利投机。人民币原油期货交易量和持仓量的结构性改善，有利于形成合理的原油期货期限结构曲线，改善原油期货服务实体企业决策以及预测的效果。

应该指出的是，与国际主要原油期货进行横向对比，人民币原油期货交易量与持仓量的比率虽大幅度下降，但是仍然远高于 WTI 和 Brent 原油期货。这说明相较于国际上成熟的原油期货，现在中国原油期货市场中的投机交易占比仍然过高，走向成熟之路仍任重道远。

六、原油期货服务实体经济 助力经济高质量发展

越来越多的能化产业企业把人民币原油期货运用到经营、贸易的各个环节，服务实体经济方面取得了不错的效果。例如，中国石油化工集团有限公司（简称"中石化"）联合石化与荷兰皇家壳牌集团（简称"壳牌公司"）已经签署了原油供应长约，规定从 2018 年 9 月开始，壳牌供应联合石化的中东原油将以

上海原油期货作为计价基准，并有联合石化等石油公司采用 INE 原油期货合约价格作为基准购买和销售原油，这些实货合约标志着中国原油期货真正"落地"。

众多炼化企业也纷纷通过中国原油期货交易对冲原油价格的波动，对冲成本变动的风险，以此达到锁定收益的目的。在理论上，利用人民币原油期货对 WTI 原油和 Brent 原油现货交易进行套期保值交易是有效的，本国投资者和外国投资者都可逐步通过中国原油期货替代国际原油期货进行套期保值交易来规避风险特别是在中国外汇严监管以及全球汇率波动剧烈的背景下，本国企业通过境外原油期货套期保值风险增大，一旦境外油市发生剧烈波动，企业将难以及时进行保证金的补充，而汇率的不确定性也增加了企业套期保值的成本。因此在这种环境下，以人民币结算的中国原油期货凸显了其独特的优势。未来国内外经济金融形势日益复杂多变，原油市场充满各种变数，人民币原油期货已逐渐成为相关能化企业从事生产经营和贸易的必备工具。

随着中国金融业扩大开放，原油期货市场也将加快开放的步伐，鼓励境内外原油贸易采用中国原油期货作为基准价并使用人民币结算和支付，鼓励境内外机构开发基于 INE 原油期货价格的基金产品，加深与境外交易所合作交流。据悉，上海期货交易所新加坡办事处已正式开业，上期能源也已完成香港自动化交易服务（ATS）注册和新加坡（RMO）注册。目前，上期能源已经完成了中国香港、新加坡、英国、韩国、日本等 52 家境外中介机构的备案，境外客户来自英国、澳大利亚、瑞士、新加坡、塞浦路斯、塞舌尔 6 个国家以及中国的香港和台湾地区。随着原油期货的稳步发展，预计境外投资者参与数量和程度会逐渐增加。

此外，上海期货交易所已于 2019 年 3 月 25 日正式对外发布原油期货价格指数，指数包括价格指数和超额收益指数，其中价格指数是基于原油期货主力合约的价格来计算，超额收益指数基于主力合约的收益率来计算。原油指数的发布，为指数化产品的推出提供了土壤。据悉，上期所马上将于 3 月 27 日举行原油期货交易型开放式指数基金（简称 ETF）授权评审，届时评审前两名的基金管理公司将获得原油期货 ETF 首批授权。由于指数以及指数基金基于市场大量公开交易形成的价格，具有信息公开、透明、连续传导的优点，因此可更好地满足国内外投资者进行资产配置的需求，发挥金融业有效配置资源的职能，并且有助于扩大中国金融业的开放，引入更多国内外机构投资者参与原油期货市场投资，优化原油期货市场投资者结构，增加原油期货市场的流动性，扩大原油期货在亚太地区乃至国际的价格影响力。

随着原油期货市场交易制度的不断完善，周边配套的金融资产逐步推出，原油期货也将紧随着中国金融业扩大开放的趋势阔步向前，助力金融供给侧结构性改革和金融体系结构调整优化，支持中国经济高质量发展。

七、中国原油期货的国际定价权

石油是世界的主导性能源，全球原油贸易定价主要按照期货市场发现的价格作为基准。美国德州轻质原油（WTI）和欧洲布伦特（Brent）原油期货长期主导着国际原油的定价权，而亚洲一直没有一个有影响、能充分反映该地区原油实际供求情况的定价基准。但自从人民币原油期货于2018年3月26日上市以来，截至2021年3月30日，人民币原油期货累计成交量1.13亿手（单边），累计成交金额44.1万亿元（单边），2020年日均成交17.11万手（单边）、日均持仓11.89万手（单边），成为亚洲及中东地区最大的原油期货市场。

人民币原油期货与国际两大原油期货（WTI和Brent）的价格走势如图4-1所示，可以看出其涨跌变化基本一致，特别在2018年9月人民币原油期货首次交割之后更为贴合。

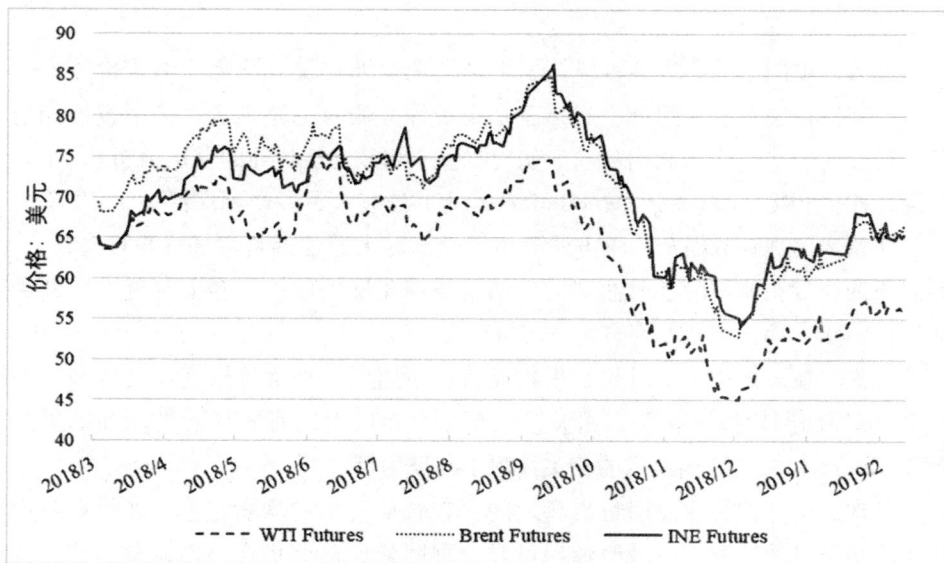

图4-1　三大原油期货价格趋势

图4-2以3个月的滚动窗口统计了人民币原油期货主力合约与WTI和Brent原油期货主力合约之间的相关系数走势。从中可以看出，首次交割后的相关系

数较交割前有明显和稳定的上升，说明人民币原油期货与国际主要原油期货的关系日益紧密。

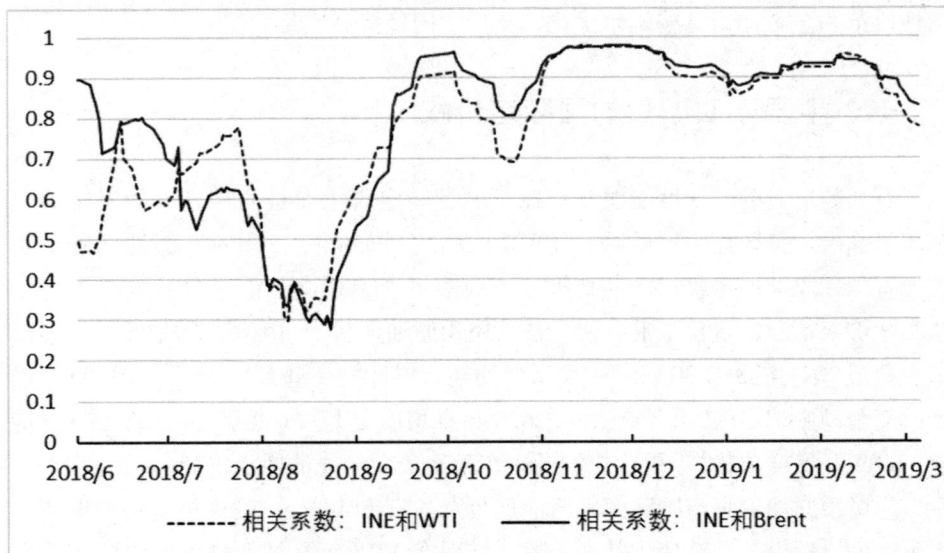

图 4-2　INE 主力合约价格与 WTI 和 Brent 主力合约价格相关系数

那么，中国原油期货是否填补了中国乃至亚洲在现有国际原油定价体系中的空白呢？在这个重要问题上，第一个系统深入研究的是笔者、杨坚教授和杨子晖教授的论文《中国和国际原油期货收益率和波动性传导的首次分析》，于国际期货权威刊物 *Journal of Futures Markets* 上在线发表，并受到广泛关注。

文章运用高频数据和科学方法分析了全球四大原油期货市场（WTI、Brent、中国原油期货和迪拜阿曼原油期货）的价格变化和波动性在多大程度上以及如何进行国际互动，主要发现有以下五方面。

首先，在短短的三个月里，平均而言，中国原油期货价格变动已经与 WTI 和 Brent 原油期货高度相关，相关系数至少 0.6 以上，而迪拜阿曼原油期货与 WTI、Brent 和中国原油期货的相关性很小甚至为负。

其次，全球四大原油期货市场之间存在长期稳定的均衡关系，如果短期内出现均衡偏离的情况，中国原油期货和迪拜阿曼原油期货会做出调整，重新回到它们和 WTI、Brent 的均衡状态。令人意外的是，中国原油期货价格变动已经一致地对两大国际原油期货的价格变化有显著影响作用，在短短的几个月里就有密切的互动且明显强于已经存在十多年的迪拜阿曼原油期货。这是中国原油期货初步运行成功并可能成为区域性定价基准的一个实证。

再从不同交易时间来看，中国原油期货的夜盘交易活跃程度高，日盘活跃度低，但其收益率正向拉升 WTI、Brent 两大国际原油期货的事件主要集中在日盘。也就是说，虽然夜盘绝对数值高，但相对影响力偏低，要发挥中国原油期货更大的定价权，重点要在日盘下功夫。

进一步从波动性上看，中国原油期货和两大国际原油期货存在双向溢出效应，市场之间的信息传递良好，说明中国原油期货在国际原油期货市场产生了显著的影响。同时，中国原油期货和两大国际原油期货一样，在价格下跌时波动性会变大（比同幅度的价格上升时更大），但这种波动性变化的不对称性在中国原油期货市场的日盘交易尤其明显，说明中国原油期货市场的波动性容易受负面消息的影响，其潜在风险比运行几十年非常成熟的两大国际原油期货市场大不少。

最后，两大国际原油期货和中国原油期货三个市场，无论哪两个市场双方价格都下跌，这两个市场价格相关程度都会变大（比价格都上升时更大），而且有关系数据表明幅度基本相当可比较。这进一步反映了中国原油期货市场已与两大国际原油期货市场高度融合，中国原油期货已具有一定的国际定价权。①

第四节　制造业融资占比下降的原因与金融支持
制造业发展的对策②

2006—2016 年的 10 年间，我国制造业的贷款比重从 25% 下降到 16.2%，2018 年更是降至 11.88% 的历史低点。同时，制造业的不良贷款率远高于总体水平，截至 2019 年第 1 季度末，商业银行的不良率为 1.8%，而制造业却有着 9% 的不良贷款率。制造业贷款占比的下降和不良贷款比率高企也引起了国家的关注。在 2019 年 12 月 10 日的中央经济工作会议上，习近平总书记就提出"增加制造业中长期融资，更好缓解民营企业融资难和贵的问题"的举措。③

---

① YANG J，Z YANG，Y ZHOU. Intraday Price Discovery and Volatility Transmission in Stock Index and Stock Index Futures Markets：Evidence from China［J］. Journal of Futures Markets，2012，32（02）：99–121.

② 本章节由周颖刚和厦大王亚南经济研究院博士生肖潇合作撰写。

③ 习近平. 在 2019 年中央经济工作会议上的讲话［R/OL］. 新华网，2019–12–12.

一、制造业融资占比下降的原因

多种因素的交织助推制造业贷款占比的下降。长期以来，我国制造业发展具有显著的"速度效益型"特征，经济增长一旦达到 10% 以上，所有产业、行业、企业都会取得利润；一旦经济增长低于 8%，又会出现全行业亏损的现象。随着我国经济发展进入新常态，增长速度从 10% 左右的高速增长转向 7% 左右的中高速增长，企业效益开始持续下滑，制造业显然也无法幸免。同时，无论是银行贷款、债券发行还是股票发行，这三种融资方式都具有典型的顺周期特征，在经济形势不好时，企业效益下滑，推升银行的不良贷款率，就会导致其惜贷行为。

这也是供给侧结构性改革的一个自然结果和难点问题。2008 年金融危机后，政府实行了 4 万亿投资，其负面效果在近年来逐渐凸显，特别是它带来了制造业的产能过剩。因此，国家近年来一直强调要进行"三去一补一降"的供给侧改革。显然，作为传统行业的制造业也受到了波及，银行等金融中介部门减少了对传统制造业的资金倾斜。应该指出的是，供给侧结构性改革的难点在于一些国有"僵尸企业"没有得到很好的处理，不仅自身没有造血能力，更会影响对其"供血"的金融机构，导致不良贷款比率高企、金融资源错配，使民营制造业企业融资难、融资贵的问题更加突出，其中的主要原因可以归结为风险、成本和责任三点。

首先，民营制造业企业大多处于产业链的下游，资产规模较小，治理结构不够完善，内部控制不够健全，财务管理也不够规范，抗风险能力较弱，对中小企业贷款面临较高的逾期风险。出于风险管理的考虑，商业银行对中小企业并不待见。其次，相较于大型企业，对中小型制造业企业的服务难以实现规模经济，综合服务成本明显较高。因而，商业银行更倾向于为大型企业提供贷款服务，存在"垒大户"的路径依赖问题。最后，相比于大型国有企业存在隐性的国家财政背书，大部分中小型制造业企业为私人企业，银行对它们的贷款往往只能根据这些企业的财务状况、发展前景和风险水平进行决策，并且对贷款的偿付几乎负有完全的责任，在这种情况下，银行会倾向于减少对中小型制造企业的贷款而转向大型国有企业。

二、应对制造业中长期融资下降的举措

针对制造业融资占比下降和不良贷款高企的问题，有必要采取一些措施予以解决。首先，要加快金融供给侧结构性改革，推动"僵尸企业"的清理和债务处置，加大对兼并重组的金融支持，鼓励金融机构在依法合规和风险可控的前提下提供发放并购贷款，支持符合条件的企业发行并购票据和引入并购基金。

其次，应对大中型国有企业和中小型企业进行区分对待。对大中型制造企业和国有企业的支持，要重点放在支持企业技术改造、技术创新、产品开发等，特别是核心竞争力提升方面，而不是一般技术和产品的开发、规模的扩大。同时，加大对民营和中小微制造企业的资金扶持力度，确保企业现金流的稳定，使其有更多的资金用于研发和创新，增强中小企业的创新意识和创新活力，特别要注重对新生的科技型制造业企业的扶持。

为了有效激励金融中介部门改善资金投放结构，国家市场监督管理总局可以考虑实施差别化的信贷政策和监管政策。比如，对符合要求的制造业企业提供优惠利率；在风险可控的基础上，适当提高对制造业贷款的不良率的容忍度；适当降低制造业贷款的风险权重。

需要注意的是，频繁的政策支持并不全然带来好处。一方面，政策的朝令夕改不利于市场主体形成稳定的预期，可能破坏政策的连贯性和实施效果，银行部门可能仅仅为了迎合政策要求而进行贷款发放，忽视对背后风险的审查。另一方面，频繁的政策支持可能会吸引不符合要求的企业通过包装伪装成标的企业，进行"骗贷"。

除了通过政策激励外，还需要拓宽制造业企业的融资渠道。特别是积极发展风险投资（VC）、私募股权基金（PE）等融资品种，探索应收账款质押贷款、投贷联动等服务模式，为制造业创新发展提供长期稳定的金融支持。此外，在传统融资方式中，我们还应考虑支持创新型企业在新三板上市，鼓励优质企业通过银行间债券市场进行债务融资。

三、如何增强金融对制造业中长期发展的支撑？

众所周知，中国自改革开放以来逐渐成长为制造业大国。当前，我国制造业规模已连续7年保持世界第一，但关键核心技术受制于人、缺乏世界知名品牌等问题仍十分突出，因而有必要以更大力度实施创新驱动发展战略，加快发

展先进制造业。因此，谈到金融支持制造业的长期发展，更加应当关注金融对先进制造业的支持。针对这一点，目前的金融体系尚存在一些不足，因而建立具有高度竞争力的现代金融体系是助推制造业中长期发展的关键举措。

传统金融服务模式与创新型企业的需求和特征不匹配。传统的金融服务模式，比如说银行放贷，主要关注借款企业的财务状况之类的"硬约束"，但是创新型企业往往并没有亮眼的业绩，它们拥有的是反映发展前景的核心技术，但银行缺乏评估这些技术的能力和人才。因此银行就会选择减少对这类企业的贷款。

这就要求金融企业推出适用于创新型企业的金融产品，比如知识产权抵押贷款、科技保险等。同时，银行部门也可以考虑招募一些技术类人才，或与科技公司进行合作，从而能更好地评估创新企业的发展前景和风险水平。

此外，还可以实行一些创新型的金融服务模式，比如产业链金融、融资租赁等与产业直接结合的金融服务。产业链金融是金融机构以产业链核心企业为依托，为产业链上所有企业提供综合解决方案的一种服务模式。与银行贷款相比，它服务性更强，更具针对性。而融资租赁集融资与融物于一体，减少了一次性资金支付的压力，为企业技术装备升级提供了一条有效途径。

除了创新金融服务模式外，对于其中的风险问题也应予以足够的关注。首先，要建立健全的、标准化的风险管理机制。一方面，建立贯穿企业授信前后全周期的风险管理方式；另一方面，在实际执行中将企业发展潜力等非财务指标与资产规模、盈利能力等财务指标并重，进行全方位的风险把控，同时对不同的产业、不同类型的企业实行不同的风险管理模式。其次，构建银行、政府和担保公司三方合作的模式，实现共同参与，风险共担。比如采取部分保证的方式，依据具体担保项目的不同以及银行过往推荐项目的风险及代偿情况，与商业银行约定不同的企业贷款代偿比率。最后，有必要增强金融科技在制造业企业融资服务中的应用。在对企业的审核、授信和后续监督中，可加强人工智能等技术手段与金融服务的结合，提升机构风险管理能力。

第五节　高房价的挤出效应与房地产市场长效机制[①]

2019年，人民日报、新华社等官媒接连发文，指出香港修例风波发展至今，

---

① 本章节原由周颖刚发表在FT中文网上的若干文章，其中一篇的合作者为蒙莉娜和彭鹭。

折射出的香港社会深层次矛盾亟待解决。"风波背后，住房问题已经成了影响香港发展的最突出、最迫切、最让人诟病的问题。"而香港高房价导致的一系列社会问题也是一面镜子，对中国大陆城市的转型发展和房地产市场的长效机制具有重要的警示意义。

一、香港高房价之镜鉴

"高房价"是香港的另一个代名词。图 4-3 显示了 2019 年全球 20 个核心城市的房价收入比，在排除统计口径及计价基础的差异，并按照住房使用面积进行修正后，香港的房价收入比位居世界前列。

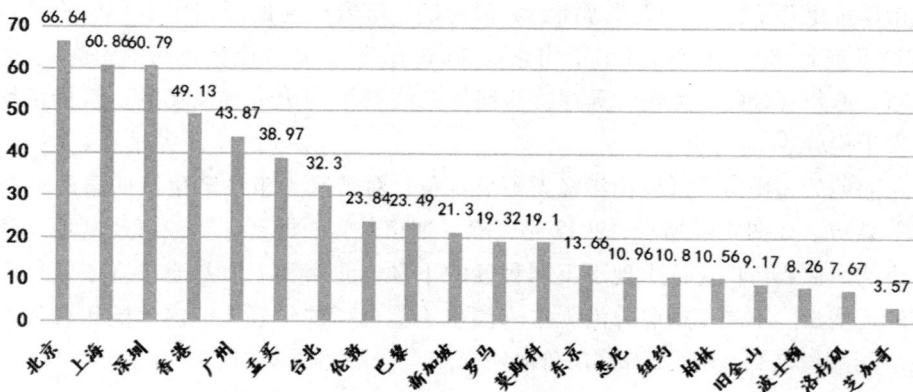

图 4-3　2019 年全球 20 大城市房价收入比①

这样高的房价对于很多香港年轻人来说是遥不可及的。香港前财政司司长梁锦松曾经算了一笔账：一个刚毕业的年轻人，月薪一万三四，除去每月交通、住宿、房租等，大概攒 30 年才能够付得起一套 40 平方米左右房子的首付，另外他还需要再还 30 年贷款，年轻人需要工作 60 年才能够在香港拥有一套 40 平方米的住宅。

笔者曾在香港教书，目睹了高房价下的众生相。有的学生从进大学之日起就开始申请香港公共屋邨（简称公屋），为获得满足排队住公屋的条件甚至自己要求减薪，因为住公屋相对蜗居在"五脏"的"劏房""笼屋"已经算是"人

---

① 朱振鑫，杨芹芹. 全球核心城市房价对比：天台上的京沪深港［EB/OL］. 如是金融研究院网站，2019-03-04.

生赢家"了。有的学生"创造性"地提出可以借鉴日本胶囊酒店的做法，把劏房、笼屋升级为胶囊屋（也称棺材屋），结果受到地产商的赞许，后来还真的有这样的房子推出来。

二、内地高房价对劳动力的挤出效应

如图 4-3 所示，2018 年上海、北京、深圳市的实际房价紧随香港之后，分别为 21760 美元/平方米、21554 美元/平方米和 18736 美元/平方米，已经远远超过了伦敦、新加坡和纽约的住房价格。内地的高房价现象不仅仅出现在北上广深这样的一线城市。根据彭博社（Bloomberg）最近的一个报道，中国的二线城市房价也并不便宜。以彭博社的数据为例，笔者所在的厦门市平均房价高达 52.8 万美元/套，已经逼近了平均总价 56.6 万美元/套的伦敦。而中国的杭州、南京、苏州、合肥、无锡、天津、济南等二线城市的房价放在英国，其价格均仅次于伦敦。①

内地的高房价，已经让年轻人不堪重负，对劳动力市场产生了明显的"挤出"效应。如图 4-4 所示，2017 年，除深圳市外，"北上广"三市及其他二线城市的常住人口增速都出现了不同程度的下降，北京和上海甚至出现了常住人口的负增长。不同于蜗居香港无法逃离也不愿逃离的年轻人，内地的年轻人可以"用脚投票"，选择离开高房价的城市。

笔者的一项研究（《经济研究》，2019 年第 9 期）验证了上面的猜想。我们使用住房收入比，即住房的不可负担性作为高房价的衡量指标，分析城市的高房价是否"挤出"了劳动力。不同于其他研究，我们使用"迁移意愿"作为劳动力流动的指示变量。与劳动力的真实流动相比，"迁移意愿"对高房价更为敏感，也会先于真实流动的反映。结果表明，城市的高房价确实增加了劳动力的"迁移意愿"。高房价的这种"挤出效应"在大城市表现得尤为明显。无房的劳动力家庭面临的住房收入比越高，意味着住房负担越大，也意味着未来在这个城市购房的希望越小，因此，这些劳动力家庭更愿意迁出高房价的城市。城市高房价的"挤出"效应对无房的制造业劳动力、高学历劳动力尤为显著。②

有人会认为，大量劳动力选择居住在"北上广深"等大城市是为了获取这

---

① BLOOMBERG. The Unlikely Chinese Cities Where House Prices Rival London [N]. Bloomberg，2019-09-04.

② 周颖刚，蒙莉娜，卢琪. 高房价挤出了谁？——基于中国流动人口的微观视角 [J]. 经济研究，2019，54（9）：106-122.

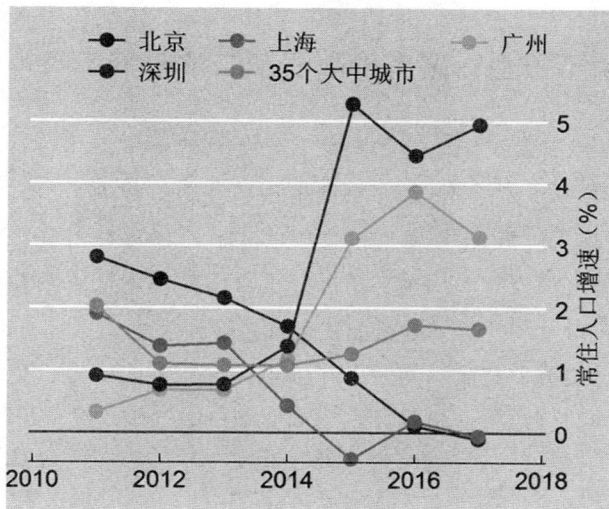

图4-4　大陆城市常住人口增速

些城市高质量的公共服务，如医疗服务、子女的基础教育服务等。我们的研究发现，城市高质量的公共服务确实是吸引劳动力继续居住在这个城市里面的原因之一。但是，高房价依然是劳动力居住决策的首要考虑因素。在可负担的住房价格水平下，高质量的公共服务水平才会吸引劳动力流入并长期居住。①

既然城市高房价"挤出"了劳动力，那么这些选择再流动的劳动力打算去向哪里呢？是打算返乡还是去另外一个城市居住工作？如果打算去另外一个城市，那么是流向什么等级的城市？是低房价的中小城市，还是高房价的大中城市？我们认为，高住房收入比对劳动力居住意愿的挤出效应，其本质上就是住房的可负担性问题。对于打算迁出居住地城市的劳动力来说，他们下一步的流动决策，也要考虑到目标城市住房的可负担性问题。同时，住房的财富效应也会显著影响劳动力的流向决策。具体地，劳动力倾向于流向已经购买房产的城市；劳动力拥有的房产数量越多，财富效应越大，则其流向高等级地区（村、乡镇、县级市、地级市、省会城市、直辖市）的概率就越大，返乡的概率则越小。②

---

①　周颖刚，蒙莉娜，卢琪. 高房价挤出了谁？——基于中国流动人口的微观视角 [J]. 经济研究，2019，54（9）：106-122.
②　周颖刚，蒙莉娜，卢琪. 高房价挤出了谁？——基于中国流动人口的微观视角 [J]. 经济研究，2019，54（9）：106-122.

三、想生不敢生：高房价削弱了二孩政策了吗？

根据世界银行数据，2016 年中国的总和生育率为 1.62，略低于高收入国家的平均水平 1.67，更是远远落后于全球平均的总和生育率 2.43。中国的生育率不仅低于维持代际人口均衡所需要的 2.1，而且从 1994 年开始，中国的生育率就已经低于高收入国家的平均水平了。低生育率使得中国老龄化的问题显得越发严重，依靠人口红利的经济增长模式也日益受到挑战。

中国政府已经意识到这一问题，并且正在为此做出努力。2011 年，中国各地全面实施双独二孩政策；2013 年，中国实施单独二孩政策；2015 年 12 月，人大常委会通过了《人口与计划生育法修正案》，宣布推行了 35 年的城镇人口独生子女政策正式终结，全面二孩时代正式来临。

但是全面二孩政策似乎并没有达到其理想的效果。中华人民共和国国家统计局（简称国家统计局）公布的数据显示：2016 年和 2017 年，中国出生人口分别为 1786 万人和 1723 万人；而中华人民共和国国家卫生健康委员会（简称国家卫健委）对此的估计却是，实施全面二孩政策后，预计新生儿在 2023 万—2195 万之间；中国社会科学院人口和劳动经济研究所的研究员王广州也表示，全面二孩政策并不足以实现总和生育率稳定在 1.8 左右的人口发展战略目标。

2018 年 8 月 6 日，《人民日报》（海外版）发文称："生娃，是家事也是国事""要让人们敢生愿生二孩"。[①] 而事实上，人们似乎并没有那么愿意生育二孩。根据恒大研究院今年所发起的 12 万人次的生育意愿调查结果显示：意愿生育水平仅为 1.73，[②] 80 后、90 后作为生育主力，房价过高是"想生而不敢生"的关键原因之一，有网友甚至调侃高房价是最好的避孕药。无独有偶，美国似乎也面临着类似的现象，虽然美国没有对生孩的数量有政策上的限制，但美国的房地产平台 Zillow 的报告指出，美国的房价和生育率之间存在着极强的负相关关系。[③]

那么高房价是否会挤出人们的生育意愿呢？一边是全面二孩政策的引导，一边是房价涨幅过快的现实，人们究竟想不想生育二孩，敢不敢生育二孩呢？

---

① 张一琪. 生娃是家事也是国事 [EB/OL]. 人民日报海外版，2018-08-06.

② 任泽平，熊柴，周哲. 渐行渐近的人口危机——中国生育报告 2019 [R]. 恒大研究院，2019-01-02.

③ JEFF TUCKER. Birth Rates Dropped Most in Counties Where Home Values Grew Most [R/OL]. Zillow Research，2018-06-06.

高房价是否削弱了中国大力推行的全面二孩政策呢？

　　研究发现二孩政策的放宽会使得人们更想生二孩，但是高房价却让人们不敢生二孩。具体而言，笔者将 2013 年从独生子女政策到单独二孩政策的转变作为切入点，并且把用房价收入比和住房支出收入的比例作为衡量高房价的指标，分析那些有计划在城市长期居住的流动人口是否有意愿生育二孩。结果发现，那些符合单独二孩生育资格的家庭，生育二孩的意愿显著高于不符合资格的家庭，说明二孩政策的放开的确提高生育的意愿；在符合单独二孩生育资格的家庭中，那些面临高房价的家庭生育二孩的意愿又显著小于面临低房价的家庭，即高房价挤出生育二孩的意愿。我们进一步分析高房价对不同人群生育意愿的影响，发现那些无房者、80 后、受过高等教育、生活在北上广深一线城市的夫妻更容易因为高房价而放弃生育二孩。

　　为什么高房价会挤出人们的生育意愿呢？我们分别从三个角度去解释。首先，高房价使居住成本高，从而削弱生育和抚养小孩的经济能力。据 21 世纪经济报道的计算，养二胎的花费在 68 万—230.5 万之间，如果已经面临着较高的住房负担，抚养第二个小孩会增加家庭的财务压力，无疑是雪上加霜，高房价也就会降低生育意愿。在大城市的抚养成本更高的情况下，高房价对生育意愿的负面作用更加明显，这也就是为什么我们发现在北上广深生活的夫妻们，所受到的挤出效应更明显。

　　其次，当夫妻已经面临着很高的住房负担，而第二个小孩的出生会分散他们的工作时间和精力，从而会对个人发展造成影响。买得起房子可能就养不了孩子，所以面临高房价的夫妻会降低他们的生育二孩的意愿，特别是受过高等教育的夫妻，更容易被高房价挤出生育意愿，这是因为他们为生育二孩所要放弃的时间成本更高。

　　最后，高房价不仅意味着住房的不可负担性，还有住房的财富效应。对于有房者，房价的上涨带来的财富增长，使得他们在做生育决策的时候，并不会因为高房价而降低生育意愿；而对于无房者，高房价使得他们买不起房，而二孩的生育又进一步增加了买房的必要性，会更他们带来更大的心理压力，因此高房价下会对二孩的生育意愿持更加消极的态度。

　　2019 年 6 月以来，湖北、山西、辽宁、新疆等地通过提高分娩补贴、增加妇幼机构供给、保障女性劳动权益等为全面二孩政策"加油助威"。鉴于高房价对于生育意愿的显著影响，文章建议，政府应制定合理的住房政策，将房价控制在合理的范围内，同时也要调节收入分配，提高居民收入水平；特别是要通过价格补贴、税收减免或住房保障等形式鼓励生二孩，包括针对二孩家庭购买第一套房子提供一定的政策优惠、对租房提供一定的住房补贴等。

在独生子女政策时期，中国人想生而不能生。如今，二孩政策放开了，但由于高房价，中国人却是想生能生不敢生。高房价在微观上挤出了家庭生育二孩的意愿，在宏观上削弱了国家的二孩政策。希望国家呼吁"生娃，是家事也是国事"的同时，也能对症下药，从住房的角度鼓励生育，让"房子，不再是天然的避孕药"。

四、"买不起"也"租不起"

高房价一直都是老百姓最为关心的焦点问题。近来，在一系列严厉的调控政策下，各地的房价趋于稳定，但是监管层没有想到的是，摁下葫芦起了瓢，房租接棒后房价大涨。2018 年 7 月的数据显示，北京、上海、深圳等一线城市的租金环比涨幅分别为 2.4%、2.1% 和 3.1%，同比涨幅分别为 21.89%、16.46% 和 29.68%，可能让那些"买不起房"的租房者也"租不起"了，背离了"房子是用来住的，不是用来炒的"的初衷，使建立房地产市场长效机制的目标渐行渐远。

传统的观点认为，房租是基本面，而房价是未来所有房租的折现，因而，房租决定房价而不是房价驱动房租。但是，房屋具有耐用消费品和投资品的双重属性，这使得房价和房租的跨市场关系不那么简单。衣食住行都是人们不可或缺的消费，其中最重要的一项耐用消费就是居住，不论是买房还是租房，消费者都要从中得到最大化效用，并和非耐用品的消费一起构成消费者生命周期中的最优化选择。

虽然房价和房租都是内生变量，但房屋作为一种资产，是一体化资本市场的一部分，比较容易受到外部因素的影响；相比之下，房屋的租赁市场则因房屋的地点和类型而细分并差异化，主要受当地因素的影响。大城市通常有很强的向心力（centripetal forces），不仅吸引大量的外来人口涌入，更会吸引许多外来的资金来买房，首先受影响的是房价，而房价的变化及不确定性会进而影响到房租。

表面看，近期房租暴涨是因为毕业季、就业季的到来，但深层次的原因是2018 年中国楼市调控政策不仅着眼于"坚决遏制房价上涨"，而且强调发展租赁市场特别是长期租赁，使炒房不成的人进入炒租行列，从而使房价上涨没有完成的"任务"由租金来完成。据悉，目前长租公寓和租房平台在大肆竞争收购出租房源，是导致租金上升的重要原因。因此，租金接棒房价更多的是炒房资本涌入租赁市场后新的炒作行为的"续集"。

高房价下，买不起房的人退而求其次选择租房，这相当于持有一种等待期权（waiting options），等待收入上升或房价下跌至某一水平才买房。虽然很多人可能等不到在城市买房的那一天，但至少他们以较低的期权价格（房租的一部分）获得等待的权力。但是，高房租使这种期权的价格暴涨，如果房租疯涨到超过平均工资的程度，则会使那些"买不起房"的租房者也"租不起"了，产生更严重的挤出效应。

五、如何才能建立房地产市场长效机制？

中央明确要加快建立租购并举的住房制度，完善促进房地产市场平稳健康发展的长效机制，这表明房地产长效机制已从理论层面进入实践层面。但是，各地房地产政策的一系列举措却使炒房转成炒租，"买不起"进而变成"租不起"，说明长效机制是什么还没有说清楚，还有待进一步思考和研究。

要理解中国的房地产市场，就需要理解中国的城市化进程。它大致可分成两个阶段：在第一阶段，特别是自1994年分税制改革之后，地方政府的财政负担日益加重，常常会面临资金不足的问题。于是地方政府逐步发展出一套以土地为信用的资本生成模式，通过土地财政为城市化融资。这个阶段，通常被称为是"土地城镇化"阶段，短缺的是资本，过剩的是劳动力，哪个城市能从土地财政中融得更多的资本，用于建设基础设施、发展产业经济和提供公共服务，哪个城市就能在竞争中胜出。但是，城市化不能一直这样外延式地发展，三四线城市的土地财政已经无法持续下去，一二线城市虽然还可以卖地，但不断累积的资本要投入再生产，获得真实、持续的现金流，否则就会造成房价飙升和各种城市病，挤出实体经济和劳动力，而决定现金流的主要因素是劳动力的生产和消费。因此，在城市化的第二阶段，城市竞争的是劳动力而不是资本，城乡间的人口流动让位于城市间的人口流动，劳动力净流出的城市终将输给劳动力净流入的城市，最重要的是一个能使流入劳动力真正居住下来的城市终将胜出。

处于城市化转型过程中的房地产是一个比股票市场更重要的资本市场，要使流入劳动力真正居住下来，就要让他们都有机会分享城市化进程中的资产升值，这是房地产的长效机制应该包括的一个核心内容。如果租购并举只是"以租代购"或者"只租不购"，则没有住房升值的财富效应；而如果是"先租后购"则可能做到，即按照居民可负担的数额，逐月收取租金，一定时间后（比如十年或十五年，以防在商品房市场套利），一次性补齐余款，获得完整产权分享住房升值的财富，其本质是将劳动力资本化，使之转化成真实、持续的现金流（租金）。

第六节　新冠肺炎疫情：突发疫情如何影响宏观经济和金融市场？①

　　今年的春节和往年不一样，疫情天降猛如虎，牵动惊联千万户，我们每个人都在关注新型冠状病毒传染的肺炎，这场突发疫情会如何影响宏观经济和金融市场呢？本文先从积极理性看待突发疫情入手，说明如何客观评估疫情对中国经济的影响，接着分析疫情对中国房地产和金融市场的影响和对策，再从全球经济和金融市场的角度讨论疫情的影响，最后是小结与展望。

一、积极理性看待突发疫情

　　首先要积极理性看待疫情，这是一场突如其来、猝不及防的疫情，短短十几天内，即由湖北武汉迅速扩展至全国所有省份。面对来势汹汹的疫情，全国上下掀起了疫情防控和稳定经济的战役，这是两个没有硝烟、与时间赛跑的战场。

　　本次疫情的进展速度要远远快于2003年的非典（SARS），二者同时发端于前一年的12月，但到了1月底新冠肺炎疫情的确诊人数就已超过同期非典感染人数，到了2月8日累计死亡人数也已超过非典时期的死亡总数。因此，"时间就是生命"！

　　相比于2003年非典，本次疫情具有如下几个特点。一是突发性，1月31日，世界卫生组织将此次疫情列为国际关注的突发公共卫生事件（PHEIC）。二是传染性，据统计，新冠肺炎疫情的基本传染数（R0）为1.5—3.5，比SARS高，且潜伏期更长，武汉是五省通衢的交通枢纽，再加上春运期间的巨大客流量，导致疫情迅速扩散。我们做一个简单的分析，发现2020年1月23日武汉封城前流出的人口可以很好地解释各地的确诊病例数，拟合程度高达93%，如图

　　①　本节由周颖刚所作同名讲座整理而成，得到高和荣、冯文晖、龚君、刘晔、蒙莉娜、肖潇、程欣、贝泽赞、张瑞阁、徐海峰等的支持与帮助，在此一并表示感谢。

4-5 示。

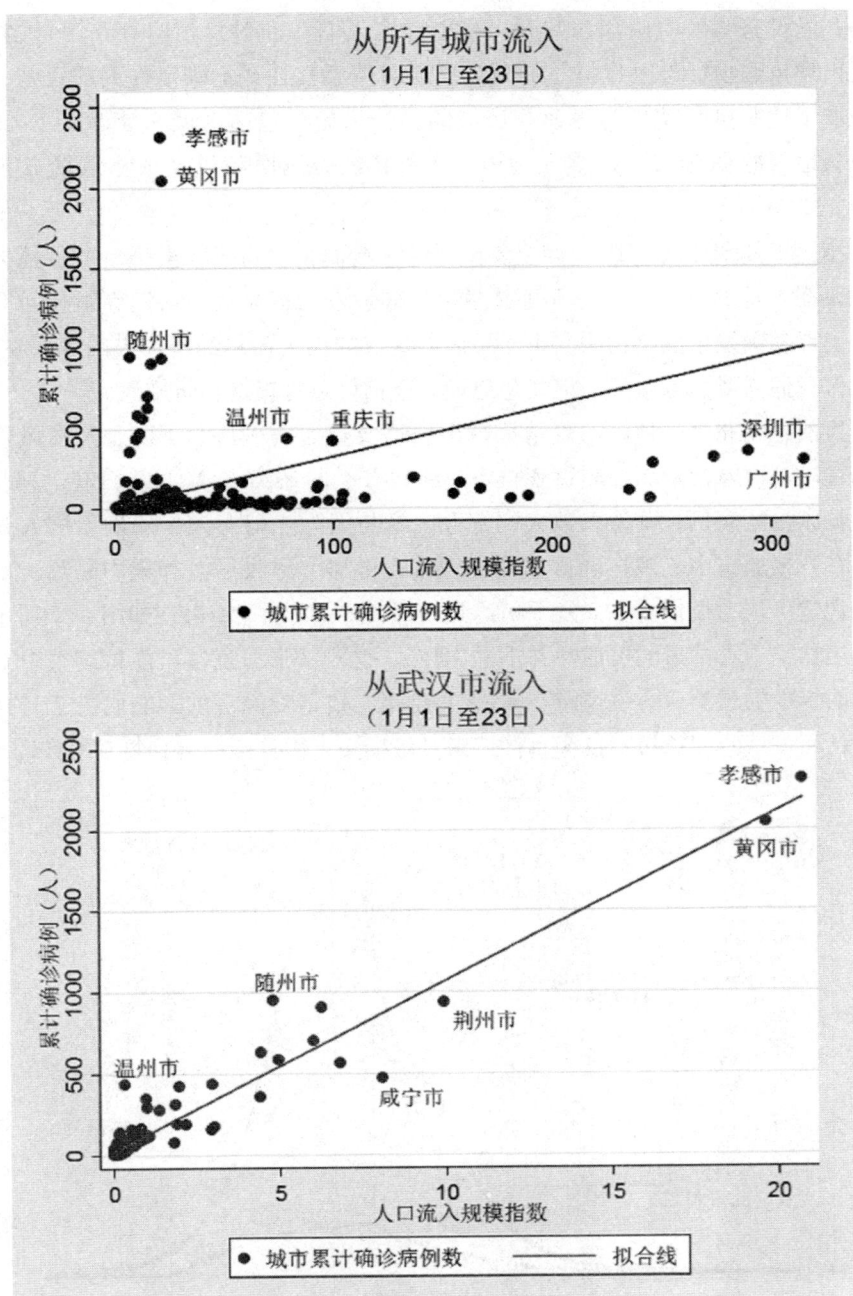

图 4-5 人口流动与疫情传播

　　更关键的是不确定性，目前对于新冠肺炎病毒的来源、传染方式和治疗方法等，尚没有明确的认知和判断，这也导致人们在面对疫情时存在恐慌情绪，甚至出现抢购物资与医疗挤兑的现象。面对传染性强、不确定性高的疫情，国家采取了比非典时期更为迅速和严厉的防控措施，包括封城、推迟复工复学、组织各地医疗队驰援、建立火神山、雷神山、方舱医院以及成立联防联控机制等。

　　相比于其余几次 PHEIC 和主要流行性疾病而言，新冠肺炎疫情的传播力和致死率都不是最高，关键是不确定性和由其带来的挤兑效应。世界银行研究显示，世界各国发生的疫情中，由于恐慌而造成的损失占总经济损失的九成左右。因此，我们需要高度重视，但切勿恐慌，坚信可以打赢这场防疫战。

　　目前，湖北之外地区的疫情呈现出新增及疑似病例持续下降、潜在风险人群仍在增长以及治愈增速超过死亡增速的特点。自 2020 年 2 月 12 日起，湖北加入了临床诊断病例，确诊人数大幅上升，这是因为之前有大量的确诊病人其实并不在数据通报中，现在确诊速度加快了，再加上尽收尽治和集中隔离，预计在乐观情形下，疫情将在 2 月下旬达到高峰，3 月底基本结束，如图 4-5 所示。

　　当然，乐观情形的可能性并不是 100%，悲观情形下疫情可能持续整个上半年，而折中的预测认为疫情将在 4—5 月结束。疫情对经济的影响取决于其持续时间，而疫情时间长短不仅会直接带来经济损失，而且会影响到复工复产。

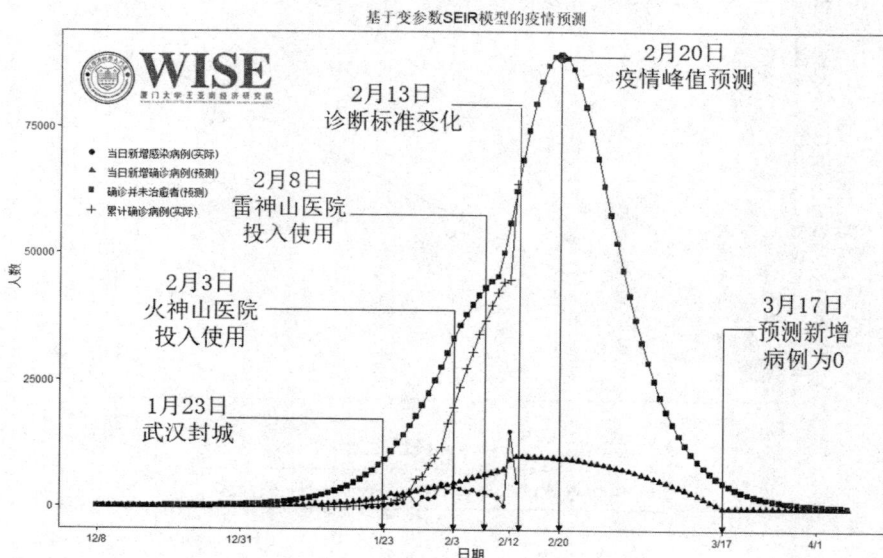

图 4-5　疫情预测

二、客观评估疫情对中国经济的影响

如何客观评估疫情对中国经济的影响呢？评估思路可以参考 2003 年非典对经济的影响，但也要注意到中国经济面临的新变化：一是中国经济总量翻了 7 倍多，如图 4-6 所示，从高速增长转向高质量增长。

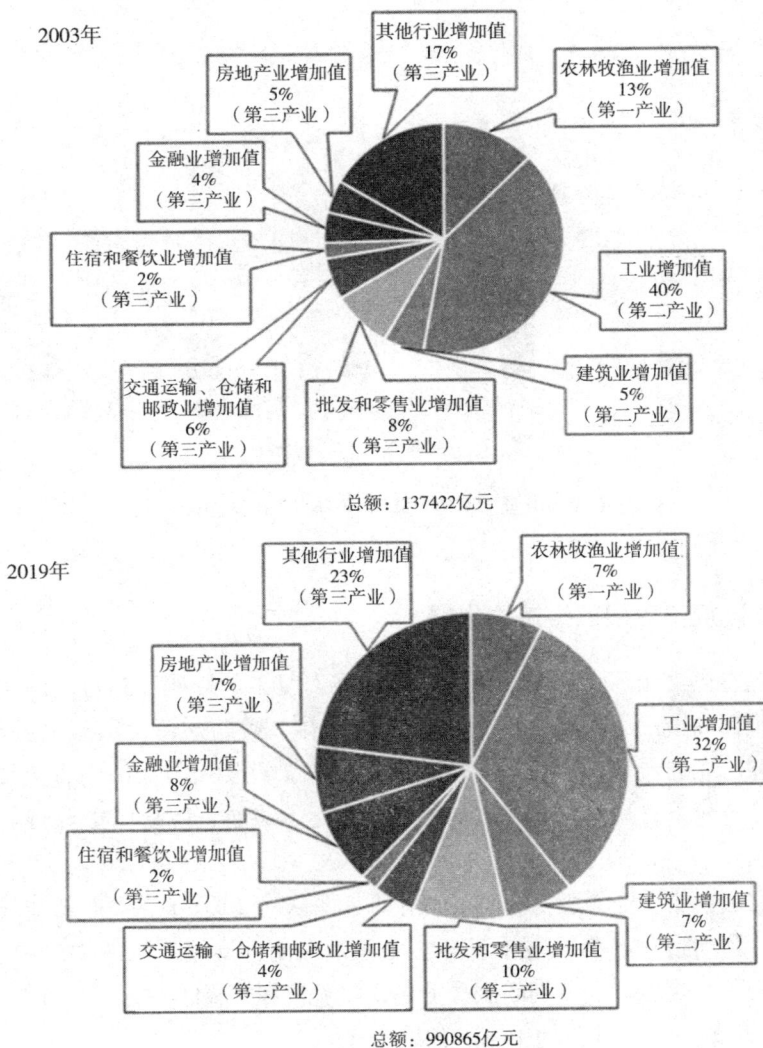

2003年

其他行业增加值
17%
（第三产业）

房地产业增加值
5%
（第三产业）

农林牧渔业增加值
13%
（第一产业）

金融业增加值
4%
（第三产业）

住宿和餐饮业增加值
2%
（第三产业）

工业增加值
40%
（第二产业）

交通运输、仓储和邮政业增加值
6%
（第三产业）

批发和零售业增加值
8%
（第三产业）

建筑业增加值
5%
（第二产业）

总额：137422亿元

2019年

其他行业增加值
23%
（第三产业）

农林牧渔业增加值
7%
（第一产业）

房地产业增加值
7%
（第三产业）

金融业增加值
8%
（第三产业）

工业增加值
32%
（第二产业）

住宿和餐饮业增加值
2%
（第三产业）

交通运输、仓储和邮政业增加值
4%
（第三产业）

批发和零售业增加值
10%
（第三产业）

建筑业增加值
7%
（第二产业）

总额：990865亿元

图 4-6　中国 2003 年与 2019 年产业结构对比

　　二是产业结构和需求结构出现变化，第三产业以及最终消费占比提高，2019 年第三产业增加值占 GDP 的 53.9%，超过第一、第二产业的总和（图 4-6），而在三大需求中，消费占比为 57.8%，超过投资和净出口的总和。

　　另一个新变化是当前正面临着防范和化解系统性金融风险的重大任务，如图 4-7 所示，2019 年社会各部门的杠杆率比 2002 年大幅提高，特别是非金融企业部门的杠杆率达 155.6%。因此，防疫同时更要防风险。

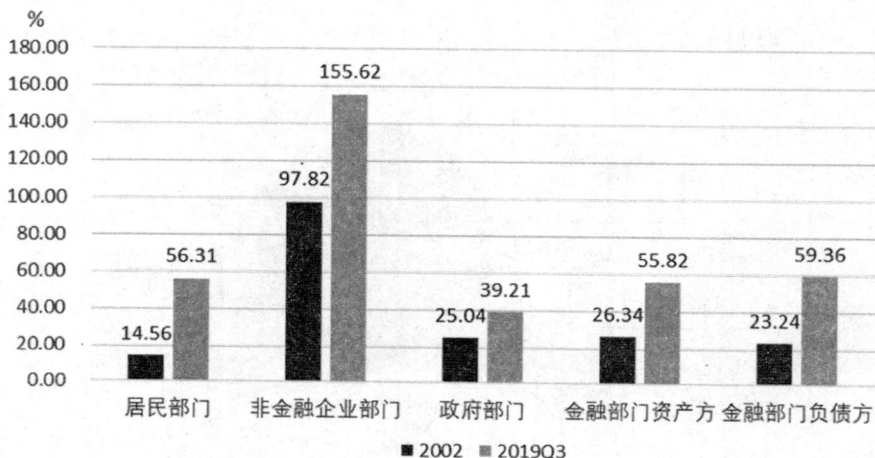

图 4-7　中国 2003 年和 2019 年各部门杠杆率对比

（一）疫情对中国经济的影响

　　首先看供给端。受封城、交通管制和推迟复工的影响，各行业的生产活动将受到负面冲击。第三产业因为行业特征和春节假期这两大因素的叠加影响，受到的冲击尤为严重。第三产业以服务业为主，需要人与人间的直接接触，在疫情防控背景下，显然会出现比如餐饮、交运、旅游、院线电影等行业不同程度的停滞。

　　根据国泰君安证券股份有限公司等研究团队对 2020 年三大产业增长率的影响估计，预期第三产业的增速下降幅度是最大的，持续受影响的时间也最长。如是金融研究院也对春节期间服务业的直接经济损失做了估计，预计为 3 万亿，占 2019 年第一季度 GDP 的 14%，如表 4-1。

表 4-1 疫情对经济的影响估计

对 2020 年经济增长率的影响估计				
	2019Q4（基准）	2020Q1（变动程度）	2020Q2（变动程度）	2020Q3（变动程度）
GDP	6.00%	−1.20%	−0.40%	0%
第一产业	3.40%	−0.10%	0%	−0.10%
第二产业	5.80%	0.20%	0.80%	0.70%
第三产业	6.60%	−1.20%	−1.20%	−0.60%

春节期间各行业收入损失估计		
	金额（亿元）	判断理由
零售餐饮业	−7000	春节聚餐几乎全部取消，大量商店餐厅停业，在疫情得到完全控制前零售餐饮业仍将受到持续影响
旅游业	−5000	春节旅游黄金周彻底被封杀，相比于 2019 年旅游收入的 5139 亿元，2020 年该部分收入基本没有
电影业	−70	疫情影响下观影需求基本清零，影片全部撤档，大型影院关闭
制造业	−8000	占全国 GDP 比重约90%的省市延迟 7 个工作日复工，湖北延迟 11 个工作日复工，其他省份延迟 2 个工作日复工
房地产业	−10000	线下售楼处关闭，返乡置业成泡影

数据来源：国泰君安证券，如是金融研究院。

制作：WISE 团队。

特别值得注意的是，中小微企业在本次疫情中面临特别的挑战，这些企业对经济的贡献度很大，如图 4-8 所示，但有先天脆弱性（形象地说具有"基础病症"），容易出现集中破产退出的风险。一方面，封城措施、复工时间推迟以及其他防疫工作的推进，直接影响企业的生产；另一方面，复工延迟导致的营收下降和防疫带来的营业外成本上升使不少企业面临现金流中断的风险。

从需求端的各分项来看，消费受到的冲击最大：首先，相比于 2003 年，消费在 GDP 的占比提高很多，对消费的冲击会给经济更大的不利影响；其次，损

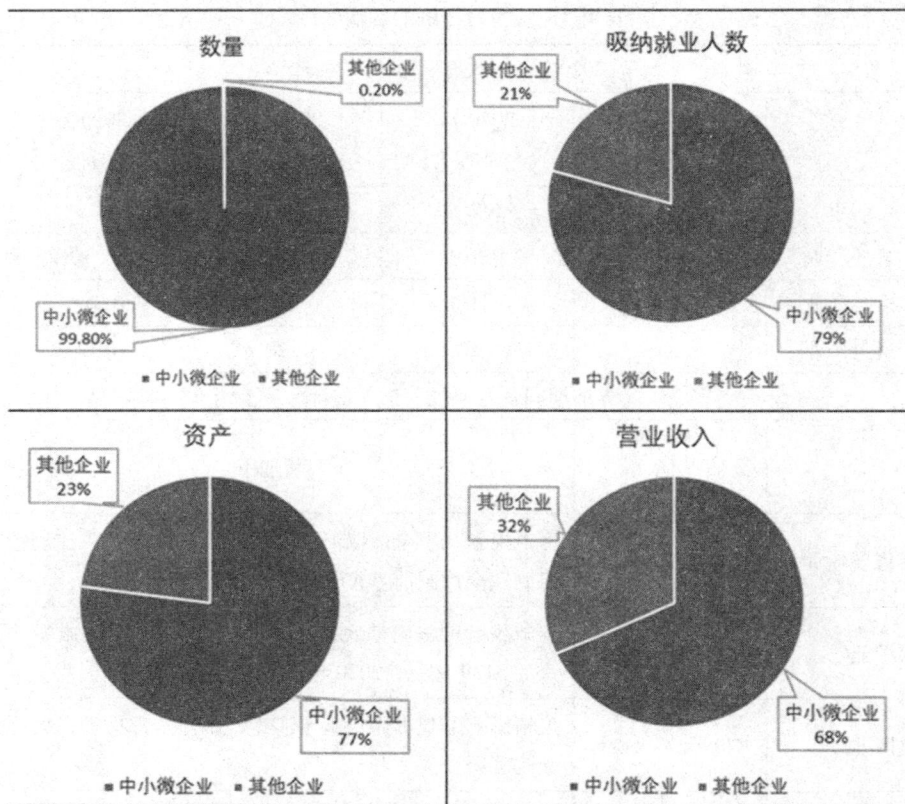

图 4-8　2018 年中小微企业态势

失发生在春节消费旺季，且很大部分是服务消费，无法在之后得到补偿；最后，疫情不确定性和恐慌造成的预防心态，可能导致计划消费的急剧下降。

投资方面，各地政府因为忙于应对疫情，可能造成基建投资大幅萎缩，要素不能正常流动，影响企业投资。因而我们预计第一季度投资有一定下降，但这是投资延迟，未来有予以补偿的可能。净出口方面，自本次疫情成为 PHEIC 后，目前已有十几个国家对中国停飞航班，估计这会对近期的进出口活动造成负面影响，可能创新低。

根据多家机构的研究，市场普遍认为，2020 年三大需求都将会有不同程度的下降，其中消费受到的影响是最大的，受影响的时间也会最长。

综合供给和需求端的分析，由于实际供需相比潜在水平萎缩，预计 GDP 增速进一步放缓，具体的估计要做到短期不低估，长期不高估。

本次疫情在短期内无疑会给中国经济造成冲击，主要集中体现在第一季度，

GDP 增速或下降约 2 个百分点。随着经济活动恢复常态、前期被抑制的需求得到释放以及可期的政策支持，经济增速有望在第二季度和第三季度反弹，具体可根据疫情的持续时间分成三种情形。就中长期而言，中国经济的增长趋势不会受疫情影响，随着中国经济再平衡、服务业占整体经济比重逐步上升以及科技升级等长期趋势的稳定，我们相信未来中国经济高质量发展的步伐将加快。

为了防控疫情，国家采取了封城等多项隔离措施，这对于抑制疫情传播起到了很大的作用，但也伴随着就业下降、物价上升和金融风险高企等经济社会成本。第一，预计 2020 年上半年全国城镇调查失业率高于 2019 年各月保持所在的 5.0%—5.3% 区间，对 5.5% 的控制线构成显著压力；第二，2020 年 1 月，CPI 同比上涨 5.4%，主因是春节效应，疫情会导致部分供应品紧缺，物流成本上升，这种影响较为滞后，会进一步体现在 2 月份，但不会持续时间太长；第三，在杠杆率高企（图 4-7）的背景下，人流、物流的阻断加剧了资金流中断的风险，使金融机构及债权人受损，导致抛售资产，价格下跌，进一步恶化企业和个人资产负债表，由此可能会触发系统性金融风险。因此，防控经济传染病和金融风险已刻不容缓。

（二）疫情对经济的影响也取决于经济应对

如图 4-9 所示，截至 2020 年 2 月 13 日，各级财政已安排疫情防控资金 805.5 亿元，其中中央财政支出 172.9 亿元，都已超过非典防治财政支出 136 亿元，而且还有进一步提升的空间。因为 805.5 亿元仅占 2019 年全国一般公共预算支出的 0.34%，比非典支出占 2003 年全国全部财政支出的 0.55% 小，而 172.9 亿元少于 2019 年的中央预备费（主要用于应对灾害等突发事件）500 亿元。

除了经费保障外，各级财政部门还要兜牢"三保"（保工资、保运转和保基本民生）底线，积极支持企业复工复产，加大对防疫保障企业和受疫情影响较大行业企业的财税支持力度。

从金融政策的应对来看，央行设立了 3000 亿元的专项再贷款，支持金融机构向疫情防控重点企业提供优惠贷款利率；同时开展了 1.7 万亿逆回购操作，维护银行体系流动性，还灵活调整住房按揭、信用卡还款安排等，防控资金链的断裂。

2 月 9 日，国务院印发《关于切实加强疫情科学防控有序做好企业复工复产工作的通知》，各地出台多项措施恢复人流和物流、帮扶中小企业、支持复工复产。如福建出台二十一条措施，要求在严格做好疫情防控的前提下，有序有力

非典防治财政资金支出136亿元
（占2003财政支出0.55%）

中央支出
（28亿）

地方支出
（108 亿元）

新冠防治财政安排805.5亿元（截止2020年2月13日）
（占2019年财政支出的0.34%）

中央支出
（170.9 亿…

地方支出
（496.5 亿元）

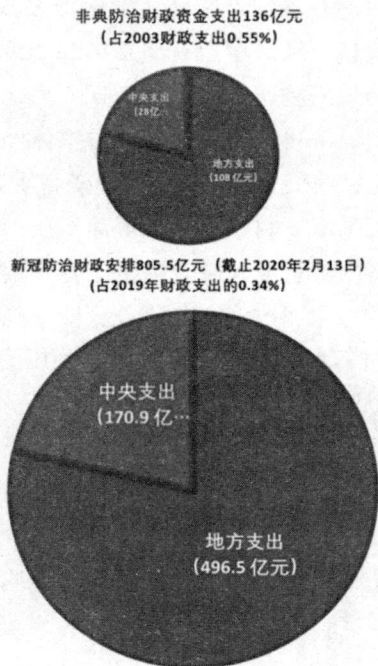

图 4-9　治理"非典"与"新冠"成本

有效地推进生产企业和重点项目复工复产，为稳定经济社会大局提供有力支撑。2 月 10 日起，全国多地开始迎来复工潮，在防疫阻击战的同时打响经济保卫战，两者如何平衡至关重要。

　　如何科学防控疫情和有序稳定经济两手抓、两手硬呢？首先，要避免防"疫"过度而导致民生失稳、出入失控、农业失时、工业失序，不同地区应该根据疫情轻重程度，分类组织生产复工。例如，福建省将以县域为单元，根据新冠肺炎病例迄今发生数量、涉及本地感染的聚集性疫情状况和地理传播风险，划分为无疫情区、零星散发疫情区、一般疫情区、较多病例疫情区四类，进行差异化防控。

　　其次，战"疫"同时稳就业，防范短期冲击带来的摩擦失业。对不裁员、少减员的企业，可以按一定比例返还其实际缴纳的失业保险费；可考虑推出工资补贴、线上培训补贴以及租金补贴等政策，保证就业稳定；加大线上招聘力度，保证"就业服务不打烊、网上招聘不停歇"。

　　最后，要鼓励企业创新生产模式，推动由线下向线上的转型。利用互联网、人工智能、大数据等技术，发展平台经济、共享经济；出台措施鼓励企业开展线上职业技能培训，一方面应对疫情的短期冲击，另一方面培育人力资本和线上产业。

祸兮福之所倚，福兮祸之所伏。经过防疫阻击战和经济保卫战，中国经济将长期稳定向好。一方面，生产、生活业态将朝着健康化、智能化、线上化发展，推动经济转型；另一方面，危机可能催生新的商业模式和产业形态，推动经济高质量发展；同时，倒逼政府加快结构性改革，社会治理将更透明，推动治理体系和治理能力现代化。

三、中国房地产市场的应对

中国最大的资本市场是房地产市场，2018 年其总市值为 65 万亿美元（图 4-10），远高于中国股市的 6 万亿市值，也高于美国、欧盟、日本房市总市值之和，而且在居民家庭财富中占比也高达 70%。因此，突发疫情对房地产市场的不利冲击无疑最受关注。

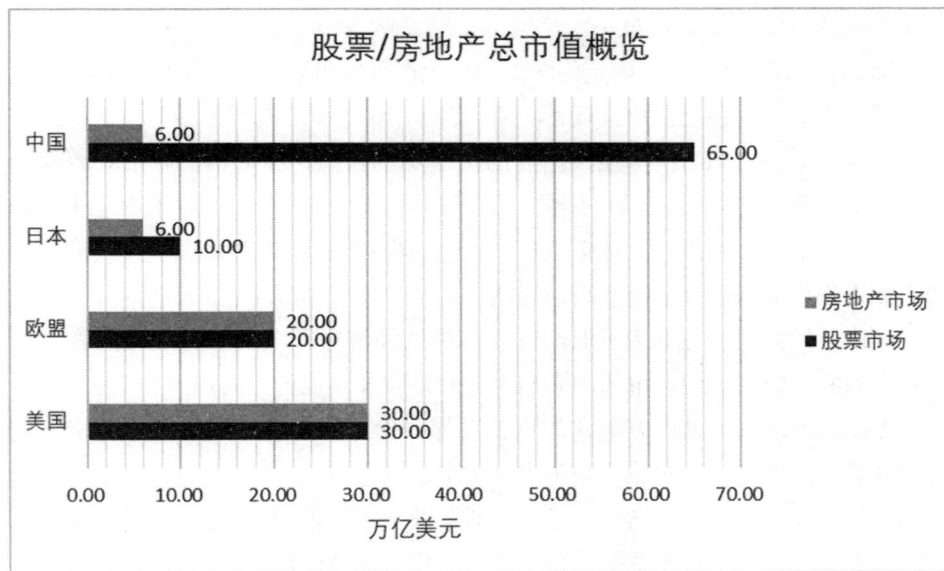

股票/房地产总市值概览

	房地产市场	股票市场
中国	6.00	65.00
日本	6.00	10.00
欧盟	20.00	20.00
美国	30.00	30.00

万亿美元

图 4-10　中国房地产市场规模

（一）疫情对房地产市场的影响

与 2003 年非典时期比较，当前房地产市场具有一些不同的特点：

（1）2003 年时中国商品房市场尚属高速发展期，潜力巨大，而当前市场已经历了十数年的发展，进入高位平台期。

（2）2003 年 8 月，国务院颁布《国务院关于促进房地产市场持续健康发展的通知》（18 号文件）将房地产业定位为国民经济的支柱产业，而当下房产行业的定位是重要产业，政策倾向也由积极支持转变为稳字当头。

（3）房地产行业总体负债率由 2003 年的 58.04% 上升至 2019 年前三季度的80.26%，呈现出较高的负债水平。

在这样的大背景下，房地产市场是受本次突发疫情影响最大的市场，其影响将大于非典时期。

在销售端，全国多省市下发了暂停销售活动的通知，多地成交量同比暴跌90% 以上，再加上房产商品的特殊性，其销售难以从线下转到线上，即使这部分延迟的购房需求有望在疫情过后迎来反弹，其对房地产销售的短期冲击也是不可低估的。

在开发端，房地产项目的拿地、开工等方面的指标均出现了下降，根据盛松成等人的估计，2020 年第一季度因土地交易中止而导致的房地产开发投资可能下降 29.12%，因新开工中止而导致的房地产开发投资则可能下降 3.64%，此外假期延长或导致在建项目投资下降 4.77%，合计下降 37.53%。[①]

在资金端，由于当前房地产企业的负债水平较高，如果销售暂停导致资金无法快速回笼，房企将"以价换量"，在价格上做出让利，2020 年 2 月 16 日，龙头房企中国恒大推出"全国七五折大促"。即使如此，有些高周转模式的房地产企业也很可能面临资金链断裂的问题，甚至带来中小型房企的倒闭潮。

在产业链方面，考虑到房地产行业与国民经济中几乎所有行业均存在紧密联系，因此疫情对房地产市场的影响也会间接波及其他行业的产出和就业。

考虑到土地收入是地方财政的重要支撑，房地产市场的低迷再加上防疫期间财政支出的增加，会对地方政府收入造成压力，如果处理不当，甚至可能导致地方债务风险的暴发。同时，各种房地产抵押贷款比土地财政的金额要大得多，在银行和影子银行体系中不断加杠杆累积系统性金融风险。

（二）房地产市场的对策

综上所述，中国房地产市场在国民经济和防范系统性金融风险的重要性不

---

① 盛松成，宋红卫，汪恒．新冠肺炎疫情对房地产市场的冲击与对策建议［EB/OL］．同策咨询研究部网站，2020-02-14.

言而喻。那么，该不该救楼市？怎么救楼市？

首先，政府必须施以援手，稳定楼市，防止短期冲击演变成趋势性变化，因为这次疫情不是正常经济波动，其突然暴发导致市场中断，波及家庭、企业、银行、财政等方方面面。各地方政府也纷纷出台相关政策，包括松动限购限贷政策，试图稳定房地产市场的需求。

其次，坚持"房子是用来住的，不是用来炒的"定位，稳定楼市不是将房地产作为短期刺激经济的"夜壶"。因为各方都急需现金流来支持负债，简单的刺激手段不断累加杠杆，助长楼市泡沫化，会加剧经济的脆弱性和系统性金融风险。

最后，按照"因城施策"的基本原则，加快建立房地产市场的长效机制。建议"先租后购"，按照居民可负担的数额，逐月收取租金，一定时间后一次性补齐余款，获得完整产权分享住房升值的财富，其本质是将劳动力资本化，使之转化成真实、持续的现金流（即租金）。同时，一线城市可以成立投资基金，在周边地区投资或购买"人才房"，并以"先租后购"的形式吸引在本地工作的外来劳动力，让他们都有机会分享资产升值，一线城市的投资基金也可以增值，同时有利于周边三四线城市去库存，并推进区域经济一体化。

长期来看，要改变以房地产为基础的资本生成和城市化模式。过去 40 年，各个地方的城市化大多是从房地产市场融资，用于建设基础设施、发展产业经济和提供公共服务，但并没有将公共服务的发展放在首位，此次突发疫情使以医疗为代表的公共服务迅速成为稀缺资源，GDP 至上的弊端暴露无遗。

公共服务是现代城市的基石，应该将公共服务当成核心资源的载体而不是配套，这要求各地政府从经济型转向服务型，地方政府之间的竞争也要从经济增长转向公共治理。而公共服务可持续发展需要财政"真金白银"的支持。一方面，未来财政税收体制改革要与公共服务发展相适应，特别是中央政府与地方政府在财政收入支出"四本账"中，即一般公共预算、政府性基金预算、国有资本经营预算和社会保险基金预算，要有明确的权力清单与责任清单，以人民为中心建立公共服务体系。另一方面，发行特种国债提供所需资金，实现国民经济债务大重组。此次突发疫情是整个"社会系统"的系统性公共风险事件，可以借鉴上两次发行特种国债化解系统性金融风险的做法和经验。第一次是在1998 年，财政部发行了 2700 亿元的长期特别国债，有效化解了当时国有企业的困境和银行潜在的债务危机。第二次是在 2003 年，政府成立了汇金公司，推动国有商业银行上市；2007 年财政部又发行了 15500 亿元特别国债，作为刚成立的中投公司的资本金。此次突发疫情对国民经济债务的影响深度和广度远远大于前两次，因此发行特种国债的规模也要大得多。

四、中国金融市场的应对

新冠肺炎疫情发生后，中国的各类金融市场均做出了一定反应。总的来看，短期内看疫情阻击战的成效，疫情利空股市和汇市，利好债市，特别是国债，但流动性的注入对市场走势有重要影响。中期要看经济保卫战的成效，也就是各类政策对生产活动和资金供应的保障，让经济正常运转起来。长期则是看实体经济走势决定了金融市场的基本面。

（一）股票市场的应对

2020年1月20日，钟南山院士首次确认新型冠状病毒存在人传人现象，这是疫情突发升级的转折点，如图4-11所示，几大股指数开始由升转跌；2月3日，鼠年开市第一天，因市场恐慌情绪的影响，股市指数跌幅更是创23年来的最高纪录，并出现了多市场上的千股下跌局面。

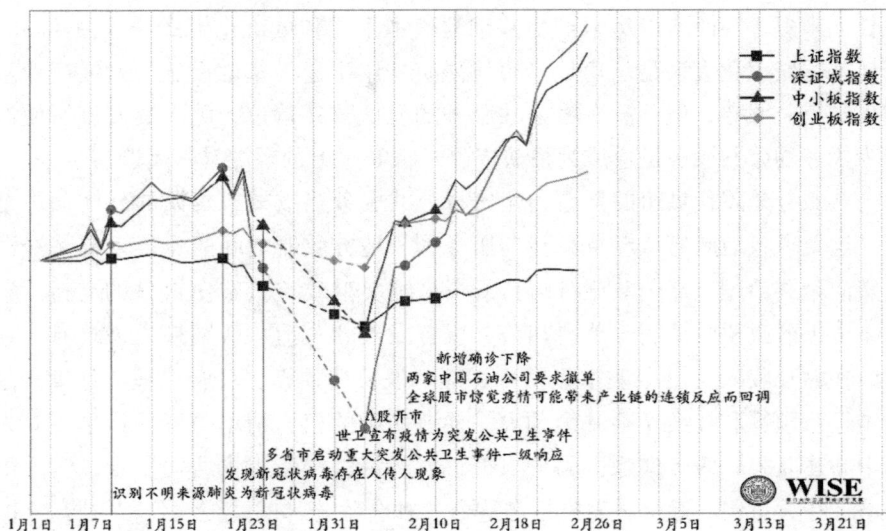

图4-11　疫情期间的中国股市

有意思的是，经过了短暂的恐慌后，市场接连出现了大幅反弹，远超年初的水平，如图 4-11 所示。在实体经济受到突发疫情严重影响的背景下，中国股市上涨的逻辑是什么呢？这主要受益于货币当局的流动性注入和预期引导。

据报道，中国人民银行（简称央行）已向全国调拨 6000 亿元新钞，这些高能货币所产生的广义货币可能上万亿，在前期已经设立 3000 亿元疫情防控专项再贷款的基础上，增加再贷款再贴现专用额度 5000 亿元，通过公开市场操作投放的流动性已高达 3 万亿，中期借贷便利（MFL）、贷款市场等利率纷纷下调，但资金不尽然都能进入实体经济，总有一部分会通过各种渠道流入股市。目前，很多企业开不了工，房地产又不景气，股市便成了不错的选择！

大量资金流入股市，可能起到短期救市目的，但如果没有上市公司业绩的相应提升，股票指数和企业市盈率的攀升，最终只会导致股市风险的累积和股灾的再一次暴发。值得注意的是，"科技疯牛"卷土重来，支持创业板猛烈上攻，云计算等科技概念题材异常火热。如图 4-12 所示，创业板指数引领几大主要股指的上涨，这也说明各股市和股票间的网络传染特征强，应该警惕系统性风险的发生。

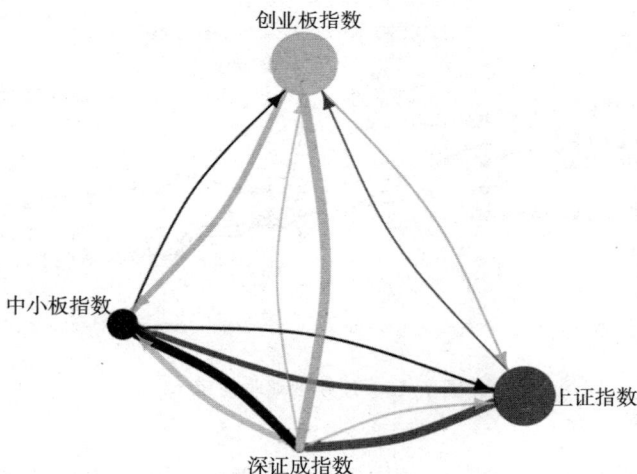

图 4-12　中国股指间的溢出网络

在疫情得到控制之后，生产恢复将成为经济工作的重中之重，疫情期间停滞的投资和出口活动将在这段时期重启，疫情期间被压制的消费也可能在短期内报复性反弹，面对扩张的需求，企业将需要更多资金投入到生产中。因此，股票市场应在这段时间内着力于生产资金的筹集与分配。从满足资金需求方面看，可借助证监会推出的"再融资新规"，适度有条件地推出"IPO 新规"，加快企业在一级市场 IPO 和再融资的审批速度；从资金供给方面看，应当积极拓展中长期资金来源，鼓励和支持社保、保险、养老金等中长期资金入市。

（二）债券市场的应对

如图 4-13 所示，受疫情带来的恐慌避险情绪和宽松货币政策的影响，国债、国开债收益率均创近三年新低，各种信用债的收益率也多在 2020 年 1 月 23 日后出现了明显下行。但应注意的是，地方政府债的利率在 2 月 3 日开市后不降反升，说明地方政府的融资成本比预期来得高。

债券到期收益率

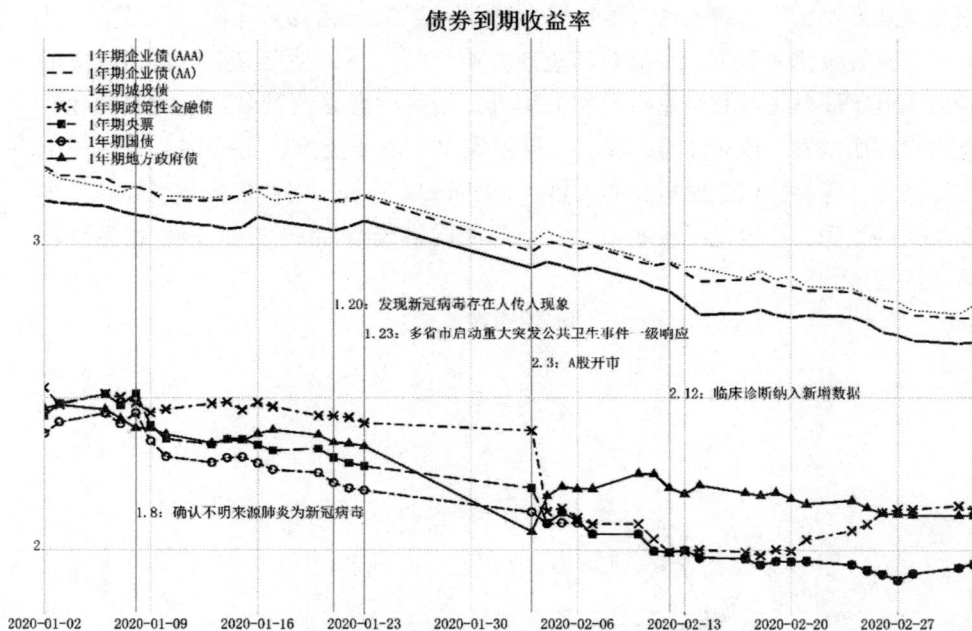

图 4-13　债权到期收益率

本次疫情对企业的短期偿债能力也是一个考验，因为 2020 上半年是偿债高峰期。各种债券（特别是私营企业债）的隐含违约率在 2 月 3 日开市后均有上升，要特别关注三类企业债务违约风险：先天脆弱的中小企业、依赖高周转的房地产企业和缺乏核心竞争力的出口企业。

同时，债券市场要在防控疫情和恢复经济、促进发展两方面下功夫。一方面为抗击疫情提供资金支持，如鼓励国家发行专项债券为防疫救治工作筹措资金；另一方面，也要保障停产停工企业的资金链，及时为之开辟外部融资渠道，比如证监会为疫情严重地区企业发行公司债开辟了"绿色通道"，截至 2020 年 2 月 14 日，已有多家湖北企业通过该渠道发行约 28 亿元债券。此外，可以考虑发行特别国债，实行国民经济债务大重组，减轻地方政府的债务负担和化解银行不良资产。

在发挥资本市场筹融资作用时，也有一些值得注意的问题。一方面是对融资企业的监管。要加强对于借助绿色通道融资的疫区企业的审查，在提升审批速度的同时，杜绝不合要求、财务不健康的企业瞒天过海，套取资金的现象。

另一方面注意防范系统性金融风险。和2003年相比，当时中国工商银行、中国农业银行、中国银行、中国建设银行（简称中国四大行）刚刚完成坏账剥离，资产负债表焕然一新，国内系统性金融风险得到良好处置。而如今，地方政府债务风险依然处于较高水平，房地产行业调控正处于关键期，防范系统性金融风险的任务仍迫在眉睫。因此既要防止因资金链断裂引致的风险"暴发"，也要防止过量的流动性注入带来的风险"累积"。

（三）汇率市场的应对

如图4-14所示，人民币兑美元汇率在2020年1月20日开始由升值转贬值，这一天是突发疫情升级的转折点，钟南山院士首次确认新型冠状病毒存在人传人现象。而当武汉于1月23日封城，全国打响疫情防控的阻击战时，人民币兑美元汇率明显走低。1月31日国际卫生组织简称WHO将新型冠状病毒引起的肺炎定义为国际公共卫生紧急事件（PHEIC），虽然WHO并不建议国际社会对中国采取旅行和贸易限制，但是这在客观上必然会对我国国际贸易和国际投资产生不利影响。2020年2月3日，央行调降人民币兑美元中间价，在岸和离岸人民币兑美元汇率均"破七"，人民币汇率指数也有明显下降。出于避险目的导致的人民币减持带来了一定的资本外流，再加上对贸易和经济增长的负面预期，引发投资者对人民币汇率短期走势的担忧。

随着疫情逐渐得到有效控制，市场情绪逐渐消化，人民币汇率开始回调，近期央行也连续调升人民币兑美元中间价，在岸和离岸人民币兑美元汇率均回到"七"以内，人民币汇率指数也有明显回升。

可以预计，人民币汇率将围绕基本面双向波动，幅度变大。一方面，疫情还没结束，货币政策也将更趋宽松；另一方面，金融市场开放加大、外资流入增加等积极因素仍在，其长期走势仍然取决于中国经济前景和人民币国际化的推进程度。

从政策应对来看，人民币过快的趋势性贬值可能会引发资本外流、引发系统性金融风险等严重问题。而防范系统性金融风险是三年攻坚战的首要任务，因此政府和央行将及时出手干预单边趋势性的人民币贬值。在2018年7月的中

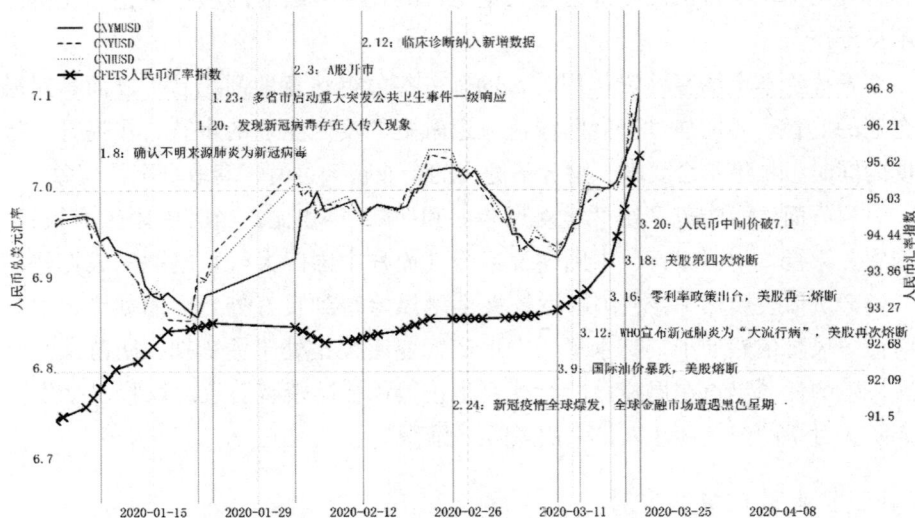

图4-14　汇率短期走势

国共产党中央政治局会议中，中央提出要做好"稳就业、稳金融、稳外贸、稳外资、稳投资、稳预期工作"。其中，"稳金融"和"稳预期"就包括稳定人民币汇率及其预期。稳定人民币汇率不是保持人民币不贬值，而是为避免汇率的大起大落（特别是单边趋势性贬值），使之在一个合理区间波动，其下限是不引发系统性金融风险，上限是有效舒缓强对外经济和贸易的压力。

五、对全球经济的影响和对策

（一）疫情对全球经济的影响

中国在全球经济中的地位今非昔比。SARS事件暴发的2003年，中国经济在世界排名跻身前10名不久，占全球经济产出只有4.3%。如今，中国经济体量已经跃升至世界第二，2018年中国占全球经济产出的比例为15.86%，如图4-15所示。2019年中国的占比预计超过16%，对世界经济的贡献率预计达到近30%。

更为重要的是，世界对中国经济的依赖度持续上升。据麦肯锡咨询公司的研究显示，2000—2017年间，世界对中国经济的综合依存度指数从0.4逐步增长到1.2；而中国对世界经济的依存度指数则在2007年达到最高点0.9，到2017年则下降到0.6。

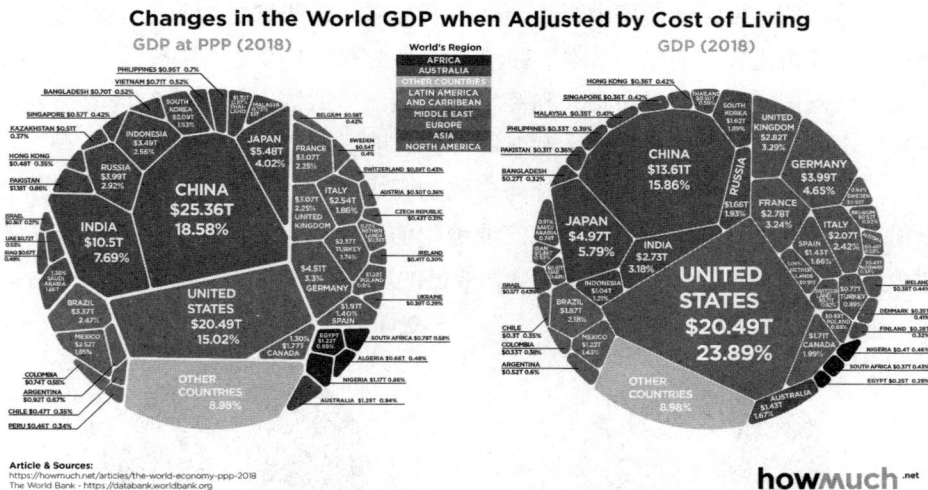

图 4-15　主要经济体在全球经济中占比

在中国影响力日趋增强的背景下，我们在分析任何发生在中国的事件时，都不能忽略其对全球经济的影响。

疫情发生前，世界银行（简称世行）和国际货币基金组织（简称 IMF）等国际机构对 2020 年全球经济增长率已经持有悲观预测，而突发疫情更是使得多家机构进一步调低对 2020 年全球经济增速的估计。在这样一个大背景下，我们预计，疫情会通过旅游、进出口、资本流动、大宗商品等途径传导至各国经济，使得那些对中国经济依存度高的国家受到更大的冲击。

首当其冲的是旅游业。如今，中国出境游人数已经是 2003 年的 8 倍，2018年达 1.5 亿人次，境外消费超过 1300 亿美元，2019 年春节期间出境游客 631 万人次，是全球最主要的游客来源地。春节期间是中国出境游的旺季，但疫情暴发降低了消费者的出行需求，而更为严格的入境管制也进一步减少出境游的可选地。因此，一些人气目的地国家和地区受到较大影响，如周边的日本、新加坡和东南亚国家等，澳大利亚、美国和意大利等发达国家经济也将受到中国游客减少的冲击。

其次，短期内将对全球的进出口贸易造成不利影响，甚至影响全球产业链。中国已经深入参与到全球产业分工中，成为全球最大出口国和第二大进口国（图 4-16），为全球市场生产了大量的中间产品，保证了上游产品的需求和下游产品的供给，因此疫情对中国的影响会波及全球的进出口贸易，直接影响产业链上下游的各国经济。

具体而言，疫情降低了中国生产和消费需求，造成部分国家对中国的出口下降，受冲击比较大的包括日本、韩国、东南亚等与中国经济联系紧密的区域，而部分欧洲国家，如德国和意大利等较为依赖出口的国家也面临经济增速下行风险，大宗商品出口国（如澳大利亚等）也会承压。

受疫情影响，部分国家或选择与中国加强中间产品的竞争，或使得部分上下游产品绕开中国。但中国在全球产业链中的地位具有较高的不可替代性，如果疫情能得到迅速控制，它对于全球产业链的发展和布局的影响相对有限。

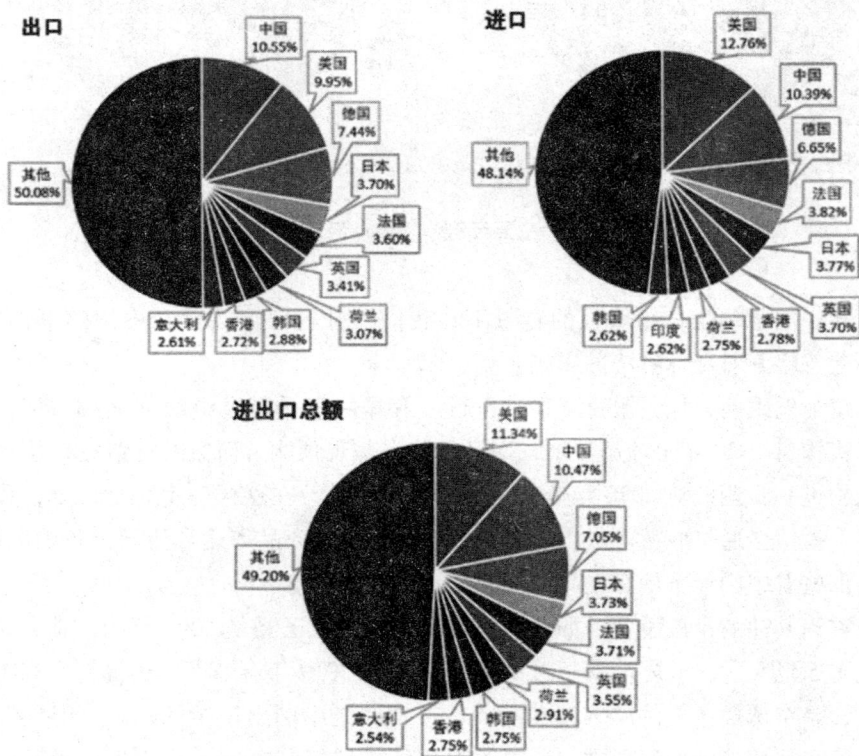

图 4-16 世界主要经济体对外贸易占比

数据来源：世界银行。

制作：WISE 团队。

疫情也会通过投资渠道影响中国的主要投资目的地国家。近年来中国的对外投资规模不断扩大（图 4-17），而此次突发疫情可能造成对外投资的减少甚至短暂停滞，进而影响目的地国家的生产活动。同时，SARS 事件暴发时中国尚没有牵头组建亚洲基础设施投资银行（简称亚投行，AIIB），更没有提出"一带一路"计划，如今依靠中国投资的沿线各国可能因中国政府注意力转移到防疫上而承受更大经济压力。

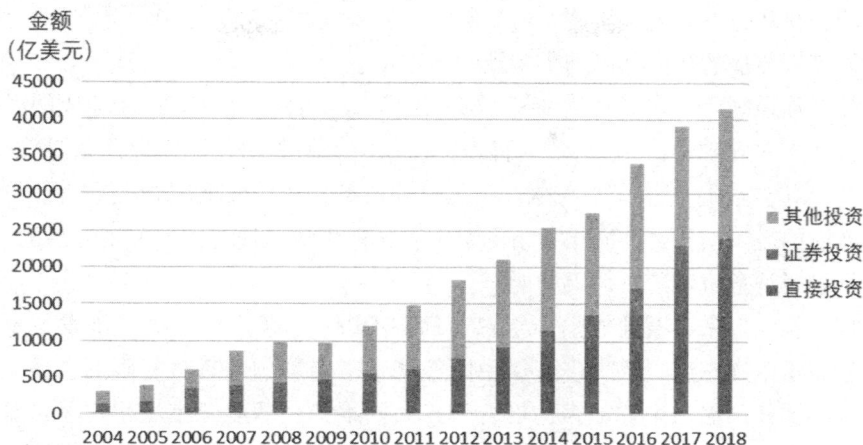

图 4-17　中国对外投资规模变化

数据来源：国家外汇管理局。

制作：WISE 团队。

（二）加强国际合作应对疫情及其经济冲击

面对这场威胁全球各国的疫情，有必要加强国家间的交流与合作。从历史上看，19 世纪之前，国家之间在抗击疫情时局限于国内治理，一旦检疫出现传染病疫情，最普及使用的传染病控制手段仍为隔离传染病患者，这种隔离措施有时会请求相邻国家的配合。随着鼠疫、霍乱等传染病的巨大影响，人们意识到对抗疫情需要进行国与国之间的合作，进而由单纯依靠检疫、隔离等防控手段转变为双边和多边合作的公共卫生系统。

20 世纪后，"全球治理"的理念开始萌芽，随着 1948 年世界卫生组织（WHO）的成立，国际社会开始寻求突破国家边界的公共问题处理途径。《国际卫生条例》历经多次修订，为预防和控制传染病国际传播的同时，对国际交通、经济贸易降低影响，2005 年修订了部分条款，其中就包括"国际关注的突发公共卫生事件"的程序和建议。

新冠肺炎疫情发生以来，WHO 召集 400 名各领域顶尖科学家、公共卫生机构、卫生部门和研究资助者，制定应对疫情的国际计划，旨在制定针对新型冠状病毒的全球研究议程，确定优先次序和框架，以指导首先开展哪些项目，帮助各国快速跟踪诊断病例，推进疫苗和药物的开发和评估。

与此同时，区域间政府组织的合作，各国政府组织、民间组织提供的援助，跨国药企在病毒的研究、病理、药品研发、临床以及疫苗等方面展开全球合作，对降低疫情传播的风险都起到了积极的作用。

除了加强国际合作应对疫情外，还应加强经济合作以应对疫情造成的经济影响，谨防"全球经济传染病"。首先，加强与贸易和伙伴国的经济信息交流，包括进口（需求端）、出口（供给端）、财政政策、货币政策和相关支持经济增长和就业的政策措施，共同维护市场稳定和长期供应，通过国家间的有效合作，增强抵御经济危机和应对风险的能力。

疫情发生以来，石油输出国组织（简称OPEC）普遍对中国经济发展中长期前景表示乐观态度，认为疫情给中国经济带来的影响是暂时有限的，强调欧佩克及其伙伴国愿与中方加强沟通合作，共同维护全球能源市场稳定。东盟是我国第二大贸易伙伴，2020年2月1日，东盟副秘书长康富表示此次疫情不会影响东盟与中国的合作进程，双方将继续加强在各领域合作，巩固双方的合作成果，相信中国与东盟各国强有力的经贸合作将继续向前发展。巴西也表示两国正常贸易不会受到疫情影响，也不会在贸易领域对华采取限制性措施，愿与中方加强合作交流并提供力所能及的帮助。

鉴于此次疫情对全球供应链产生的不良影响，国家应鼓励国内外企业对优质标的实施兼并购，在"引进来"的同时，也推动我国企业"走出去"，完善全球产业链，促进全球产业协调发展。从德勤对我国海外投资并购的报告来看，国有企业是"一带一路"建设主力军，民营企业和外资企业则更多投资于欧美发达国家。我国企业海外扩张，以合作促转型，并通过引进国外的先进科技和知识，提高国内的产能和产业质量，同时对全球供应链也产生积极影响。

同时，进一步加快我国对外开放和产业转型升级的步伐，一方面由于经济基本面是资本的评判标准，非典期间我国的外商投资对我国市场持续看好呈现净流入。当前我国中长期发展良好趋势并未改变，我国仍然具有较强的吸引力。随着我国对外开放力度不断加强，制造业、服务业吸引了大量外商直接投资，如特斯拉工厂落户上海、外商金融机构投资限制放宽等，"深港通""沪伦通""债券通"等一系列措施的推进进一步吸引大量外资流入中国。

另一方面，我国产业转型升级稳步推进，制造业从早期价值链"低端锁定"迈向中高端，一线城市已形成以第三产业为主导的产业结构。随着我国人口红利的消退，对人力成本敏感的劳动密集型的产业会进一步转移。此外，其他国家的优势不断上升，吸引供应链转移，如印度实施"印度制造"计划，苹果公司在印度销售市场井喷，配套企业受到政策、劳动力成本、市场等方面的吸引进而转移。

六、疫情对全球金融市场的影响

疫情发生后，全球金融市场也均出现了一定波动。影响全球金融市场波动的一个重要因素是市场情绪，但疫情如何影响全球金融市场，深度的分析很重要。

（一）全球金融市场对疫情的反应概览

桥水基金在一份研究报告中，构造了一种"病毒指数（virus index）"，它是由对病毒风险最敏感的一些资产组成的篮子的收益率，随后计算了在 2003 年 SARS 事件和 2019 年新冠肺炎疫情期间，多个国家的多种市场（股票、债券、外汇、商品等）的收益率对该指数的反应程度，如图 4-18 所示。

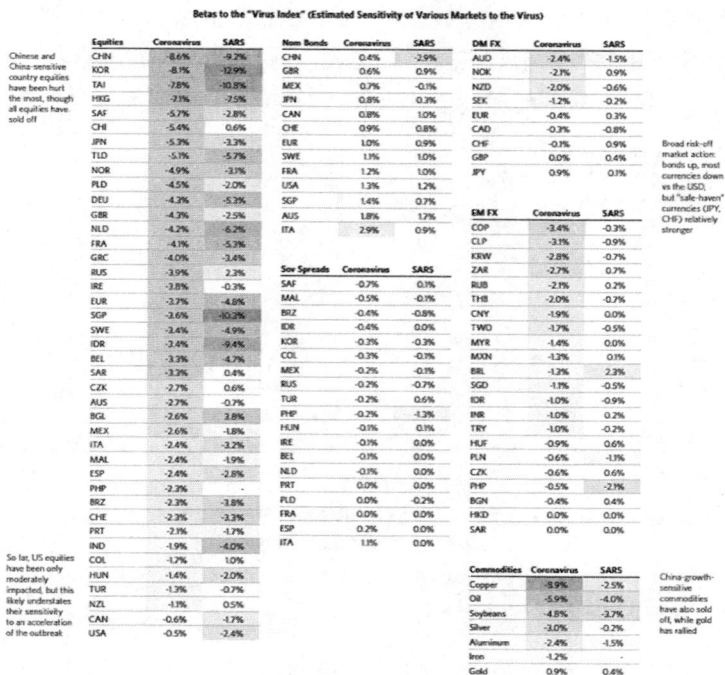

Betas to the "Virus Index" (Estimated Sensitivity of Various Markets to the Virus)

Chinese and China-sensitive country equities have been hurt the most, though all equities have been sold off

So far, US equities have been only moderately impacted, but this likely understates their sensitivity to an acceleration of the outbreak

Equities	Coronavirus	SARS
CHN	-8.6%	-9.7%
KOR	-8.1%	-12.9%
TAI	-7.8%	-10.8%
HKG	-7.1%	-7.5%
SAF	-5.7%	-2.8%
CHI	-5.4%	0.6%
JPN	-5.3%	-3.3%
TLD	-5.1%	-5.7%
NOR	-4.9%	-3.1%
PLD	-4.5%	-2.0%
DEU	-4.2%	-5.3%
GBR	-4.2%	-2.5%
NLD	-4.2%	-6.2%
FRA	-4.1%	-5.3%
GRC	-4.0%	-3.4%
RUS	-3.9%	2.3%
IRE	-3.8%	-0.3%
EUR	-3.7%	-4.8%
SGP	-3.6%	-10.2%
SWE	-3.4%	-4.9%
IDR	-2.4%	-9.4%
BEL	-3.3%	-4.7%
SAR	-3.3%	0.4%
CZK	-2.7%	0.6%
AUS	-2.7%	-0.7%
BGL	-2.6%	2.8%
MEX	-2.6%	-1.8%
ITA	-2.4%	-3.2%
MAL	-2.4%	-1.9%
ESP	-2.4%	-2.8%
PHP	-2.3%	-
BRZ	-2.3%	-3.8%
CHE	-2.3%	-3.3%
PRT	-2.1%	-1.7%
IND	-1.9%	-4.0%
COL	-1.7%	1.0%
HUN	-1.4%	-2.0%
TUR	-1.3%	-0.7%
NZL	-1.1%	0.5%
CAN	-0.6%	-1.7%
USA	-0.5%	-2.4%

Nom Bonds	Coronavirus	SARS
CHN	0.4%	-2.9%
GBR	0.6%	0.9%
MEX	0.7%	-0.1%
JPN	0.8%	0.3%
CAN	0.8%	1.0%
CHE	0.9%	0.8%
EUR	1.0%	0.9%
SWE	1.1%	1.0%
FRA	1.2%	1.0%
USA	1.3%	1.2%
SGP	1.4%	0.7%
AUS	1.8%	1.7%
ITA	2.9%	0.9%

Sov Spreads	Coronavirus	SARS
SAF	-0.7%	0.1%
MAL	-0.5%	-0.1%
BRZ	-0.4%	-0.8%
IDR	-0.4%	0.0%
KOR	-0.3%	-0.3%
COL	-0.3%	-0.1%
MEX	-0.2%	-0.1%
RUS	-0.2%	-0.7%
TUR	-0.2%	0.6%
PHP	-0.2%	-1.3%
HUN	-0.1%	0.1%
IRE	-0.1%	0.1%
BEL	-0.1%	0.0%
NLD	-0.1%	0.0%
PRT	0.0%	0.0%
PLD	0.0%	0.0%
FRA	0.0%	0.0%
ESP	0.0%	0.0%
ITA	1.1%	0.0%

DM FX	Coronavirus	SARS
AUD	-2.4%	-1.5%
NOK	-2.1%	0.9%
NZD	-2.0%	-0.6%
SEK	-1.2%	-0.2%
EUR	-0.4%	0.3%
CAD	-0.3%	-0.8%
CHF	-0.1%	0.9%
GBP	0.0%	0.4%
JPY	0.9%	0.1%

EM FX	Coronavirus	SARS
COP	-3.4%	-0.3%
CLP	-3.1%	-0.9%
KRW	-2.8%	-0.7%
ZAR	-2.7%	0.7%
RUB	-2.1%	0.2%
THB	-2.0%	-0.7%
CNY	-1.9%	0.0%
TWD	-1.7%	-0.5%
MYR	-1.4%	0.0%
MXN	-1.2%	0.1%
BRL	-1.2%	2.3%
SGD	-1.1%	-0.5%
IDR	-1.0%	-0.9%
INR	-1.0%	-0.2%
TRY	-1.0%	-0.2%
HUF	-0.9%	0.6%
PLN	-0.6%	-1.1%
CZK	-0.6%	0.6%
PHP	-0.5%	-2.1%
BGN	-0.4%	0.4%
HKD	0.0%	0.0%
SAR	0.0%	0.0%

Broad risk-off market action: bonds up, most currencies down vs the USD, but "safe-haven" currencies (JPY, CHF) relatively stronger

Commodities	Coronavirus	SARS
Copper	-8.9%	-2.5%
Oil	-5.9%	-4.0%
Soybeans	-4.8%	-3.7%
Silver	-3.0%	-0.2%
Aluminum	-2.4%	-1.5%
Iron	-1.2%	
Gold	0.9%	0.4%

China-growth-sensitive commodities have also sold off, while gold has rallied

图 4-18　疫情期间各市场收益率对"病毒指数"的反应

桥水基金的研究发现，突发疫情导致了多个市场的避险抛售行为，股市、外汇和大宗商品市场下跌，债市、黄金和避险货币反弹。新冠肺炎疫情对各类资产市场的影响要比 SARS 时期严重，中国股市及其他和中国具有紧密经济联系的股市反应最为敏感。

（二）疫情期间中国股票市场的全球溢出

笔者深入分析了疫情期间中国股票市场的全球溢出现象。首先从全球股票市场格局来看，中国股市的市值已居世界第二位。根据世界交易所联盟的数据，2018年末，沪深两市的市值达6.3万亿美元，仅次于美国的30.4万亿美元，如加上香港地区股市的3.8万亿美元，约达10万亿。

更为重要的是，中国股市开放的持续推进，使其国际影响力愈渐提升。2018年6月，我国A股正式纳入MSCI指数，2019年11月8日，MSCI将中国A股占其指数的权重提升至20%，完成了其之前计划的"通过三步把中国A股的纳入因子从5%增加至20%"。同时，2018年9月，富时罗素宣布将A股纳入其指数体系，计划分三步实施后，A股纳入比例将分别为可投资部分的5%、15%、25%。2020年2月21日，富时罗素公布，将中国A股的纳入因子提升至25%，由此将新增88只中国A股进入富时全球股票指数系列（富时GEIS）。

我们将全球主要股票指数进行网络建模，并计算风险溢出指数，从图4-19可以看出，中国股市对外的风险溢出在每一次疫情出现重大变动时都会做出相

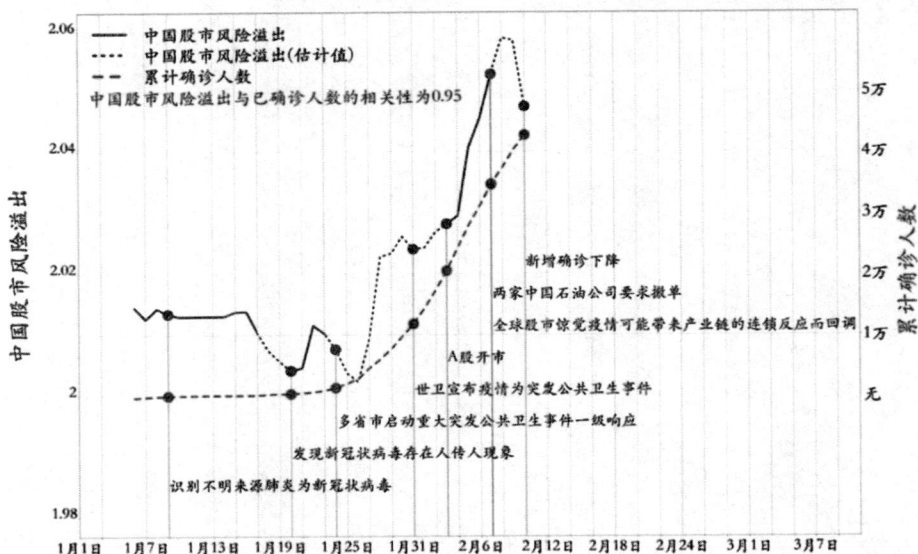

图4-19　中国股市的风险溢出

数据来源：新冠肺炎累计确认人数来源于国家卫健委；股指数据来源于 https://finance.yahoo.com/

指数计算及图片制作：厦门大学王亚南经济研究院

应调整，特别是 2020 年 2 月 3 日新年开市的溢出效应大幅跳升；而且，中国股市风险的全球溢出与境内累计确诊数高度相关，相关系数高达 0.95，说明突发疫情是中国股市影响全球股市的重要因素。

七、小结与展望

总的看来，新冠肺炎疫情的暴发已经引发了全国范围内的疫情阻击战和经济保卫战，疫情对中国经济的影响取决于其持续时间和社会复工复产情况，笔者认为其影响主要存在于短期，中长期不会改变中国经济走势，对中国经济影响的预测要短期不低估、长期不高估。

面对冲击，科学防控疫情和有序稳定经济两手抓、两手硬，如何平衡二者至关重要。中国金融市场一方面受疫情影响，防疫更要防金融风险，另一方面要在防控疫情和稳定经济上发挥金融市场的积极作用。突发疫情对全球经济和金融市场的影响也不可小觑，各国应加强合作防止疫情的进一步扩散以及由此引发的"全球经济传染病"。

对于我们每个人、每个单位来说，要积极理性看待新冠病毒，增强经济发展信心，坚信在以习近平总书记为核心的党中央领导下，众志成城，一定能打赢这场防控疫情和稳定经济的双线战役！迄今为止，中国疫情逐渐得到有效控制，但还没有结束，随着全球疫情愈演愈烈，3 月份以来全球股市和国际油价集体暴跌，可能发展成比 2008 年更严重的金融危机，需要时刻保持关注和深度的分析。

第七节 构建中小企业担保基金 深化两岸经济融合发展①

一、引言

作为国民经济的重要引擎,支持和服务好中小企业发展是我国经济发展中的重大命题。然而,融资难、融资贵问题却成了我国中小企业发展的瓶颈。中小企业的融资难题主要与其自身特点和商业银行的业务运作模式有关。首先,与大型企业相比,中小企业多处于产业链的下游,资产规模较小,治理结构不够完善,内部控制不够健全,财务管理也不够规范,抗风险能力较弱,对中小企业的贷款面临较高的逾期风险。出于对风险管理的考虑,商业银行对中小企业并不待见。其次,相较于大型企业,对中小企业的服务难以实现规模经济,综合服务成本明显较高。因而,商业银行更倾向于为大型企业提供贷款服务,存在"垒大户"的路径依赖问题。最后,商业银行的从业人员因害怕贷款逾期,发生呆账而被问责,对中小企业存在着"惧贷、惜贷"的现象。

在该融资困境下,企业担保成了中小企业重要的生存与发展工具,在融资活动中扮演着越来越重要的角色,但与之相伴的系统性风险也开始显现。实践中,企业间基于关联关系、地缘关系和日常经营往来,具有行业性质的互保、联保现象十分常见,并最终形成担保链,甚至是错综复杂的担保网络。需要指出的是,一方面,担保网络存在严重的逆向选择问题。担保网络往往错综复杂,相关金融机构和担保企业难以对被担保企业的风险进行有效评估,从而对其有效的风险管控提出了较大难度(Tassel,1999)。② 并且,来自担保网络中企业相互监督所带来的有利因素会与其中存在的"搭便车"效应相抵消(Columba 等,

① 本章节原由周颖刚发表在《财经智库》2020 年第 1 期上,合作者为陈亚建,感谢蔡荣俊、洪永淼、谢沛霖、连任、喻浩、郑政蓉、林小龙、董澍琦、游智彬以及 2019 两岸金融发展研讨会与会人员的宝贵意见和资料。

② TASSEL E V. Group Lending under Asymmetric Information [J]. Journal of Development Economics, 1999, 60 (01): 3-25.

2008)。① 因而加入担保网络的往往是一些资产负债表状况较差、经营风险和财务风险较高的企业（赵丙奇等，2016）。② 由此出现了风险越高的企业越有可能获得保证担保贷款的现象（张晓玫、宋卓霖，2016;③ 徐攀、于雪，2018④）。需要指出的是，企业互保将风险由银行转向担保企业，而银行恰恰是风险承受能力更强的一方，尤其是大型商业银行，这也构成了企业担保的成本之一（Stiglitz，1990）。⑤ 另一方面，担保网络下的企业存在道德风险问题，主要表现为存在的套贷、过度担保以及关联担保下控股股东对企业进行利益侵占等问题。现实中许多企业超出自身规模和担保能力进行担保活动。杠杆的顺周期性则加剧了过度担保问题（Riccetti 等，2013）。⑥ 另有研究发现，关联担保是集团内风险传染的重要途径（纳鹏杰等，2017）。⑦

尤其需要注意的是，担保网络具有风险传染效应。当所有企业处在同一个担保圈时，宏观经济冲击将会使部分企业破产，而受制于担保责任的内在关联，未破产企业将受到冲击（刘海明、曹廷求，2016）。⑧ 而传染途径包括诉讼风险和再融资能力（刘海明等，2016）。⑨ 因此企业资金担保链实际上组成了一个"线、环、网"系统的风险共享体系（张乐才，2011），⑩ 容易放大外部冲击的影响，从而形成区域性、行业性的金融风险（陈耷，2015），⑪ 加剧经济的周期

① COLUMBA F，G LEONARDO，M PAOLO EMILIO. Firms as Monitor of Other Firms：Mutual Guarantee Institutions and SME Finance ［R］. Working Paper，Bank of Ital，2008.

② 赵丙奇，郑旭，韩立栋. 基于最优连带责任的中小企业互联担保贷款风险防范分析 ［J］. 农业技术经济，2016（03）：16-23.

③ 张晓玫，宋卓霖. 保证担保、抵押担保与贷款风险缓释机制探究——来自非上市中小微企业的证据 ［J］. 金融研究，2016（01）：83-98.

④ 徐攀，于雪. 中小企业集群互助担保融资风险传染模型应用研究 ［J］. 会计研究，2018（01）：82-88.

⑤ STIGLITZ J E. Peer Monitoring and Credit Markets ［J］. World Bank Economic Review，1990，4（03）：351-366.

⑥ RICCETTI L，A RUSSO，M GALLEGATI. Leveraged Network-based Financial Accelerator ［J］. Journal of Economic Dynamics and Control，2013，37（08）：1626-1640.

⑦ 纳鹏杰，雨田木子，纳超洪. 企业集团风险传染效应研究——来自集团控股上市公司的经验证据 ［J］. 会计研究，2017（03）：53-60，95.

⑧ 刘海明，曹廷求. 基于微观主体内生互动视角的货币政策效应研究——来自上市公司担保圈的证据 ［J］. 经济研究，2016，51（05）：159-171.

⑨ 刘海明，王哲伟，曹廷求. 担保网络传染效应的实证研究 ［J］. 管理世界，2016（04）：81-96，188.

⑩ 张乐才. 企业资金担保链：风险消释、风险传染与风险共享——基于浙江的案例研究 ［J］. 经济理论与经济管理，2011（10）：57-65.

⑪ 陈耷. 信贷互保困境下的社会信任重构 ［J］. 管理世界，2015（01）：169-170.

性波动。

规范企业间担保行为，并进一步完善以服务中小企业为根本导向的融资担保体系，对于支持中小企业发展以及防范与企业间担保直接相关的系统性风险有着重大意义。2019 年 2 月 14 日，中国共产党中央委员会办公厅（简称中共中央办公厅）、中华人民共和国国务院办公厅（简称国办）印发的《关于加强服务民营企业的若干意见》指出，各地区各部门应建立健全长效机制，明确表示应发挥国家融资担保基金引领作用，推动各地政府性融资担保体系建设与合作，以提升中小企业融资效率。[①]

赴大陆投资的台资中小企业同样也面临着融资困境。以厦门市为例，目前厦门有 6000 多家台资企业，并且有相当比例是中小企业。这些台资中小企业也存在着融资难、融资贵的问题，台商们期盼能看到相关解决方案的出台。习近平总书记在参加十三届全国人大二次会议福建代表团的审议时再次提出了两岸要应通尽通。建立两岸融资担保合作机制就是海峡两岸融合发展新路的重要举措，可以进一步促进两岸实体经济协同发展，互利共赢，从而推动两岸关系和平发展。

本文将分析我国目前融资担保体系的主要问题，并借鉴台湾信保基金的实践经验，提出了在福建省构建两岸中小企业融资担保基金的相关构想，并率先落地中小创新台商企业信保基金，探索海峡两岸经济融合发展新思路。厦门市于 2020 年设立了中小微企业融资增信基金，不仅实践了本研究的有关设想，而且助力了中小微企业化解疫情下融资难题。

二、大陆担保体系建设：亮点与问题并存

为支持中小企业融资，目前我国已逐步建立起以政府性担保机构为主体，以商业性担保和民间互助性担保为两翼，全国、省、市、县分级组建融资担保机构"一体两翼四层次"的融资担保体系。在此基础上，国务院于 2018 年 4 月正式批准设立国家融资担保基金，进一步完善了我国融资担保体系。需要指出的是，在我国融资担保体系的建设与发展过程中，亮点与问题并存。

（一）大陆融资担保行业的总体概况

担保公司分为融资性担保公司和一般担保公司。融资性担保公司主要从事

---

① 中共中央办公厅，国务院办公厅．关于加强金融服务民营企业的若干意见［R/OL］．新华网，2019-02-14.

融资性担保业务，一般担保公司则主要从事短期借贷、资金过桥等。融资性担保公司又分为民营担保公司和国有担保公司。其中，国有担保公司一般默认为政策性担保公司。二者通过对中小企业授信，在一定程度上缓解了中小企业融资难、融资贵问题，但其在发展中所暴露出来的主要问题也不容忽视。

1. 民营担保公司存在偏离担保本源、内部控制薄弱、业务风险过高等问题

①目前，部分民营担保机构存在为与国家产业政策不相符合的企业提供担保的现象，或从事转贷、受托贷款等业务，偏离了支持"小微"和"三农"的业务本源。该现象不难理解：对中小企业等弱势群体的服务具有准公共产品的性质，市场会出现以供应不足为主要特征的市场失灵现象。因而，民营融资性担保公司更倾向于追求商业利益，而不是集中精力对风险较高的中小企业进行金融服务。②内部控制薄弱。首先，从人员来看，部分融资性担保公司岗位设置和人员配置与公司业务量、资金量不相匹配，且从业人员素质难以满足工作要求，内部管理、风险管理形同虚设。其次，存在融资性金融公司挪用客户保证金、将担保款项用于权益投资等不符合融资担保条件的领域，资金用途违规现象较明显，这也加剧了该类担保公司的经营风险。③业务风险过高，无法承接银行转嫁的贷款风险。向担保公司寻求业务支持的中小企业资质往往较低，本身就存在逆向选择问题，民营担保公司所收取的担保费往往无法覆盖其所承接的风险。叠加其自身亟待改善的内部控制问题以及客观存在的经营激进、过度担保问题，很多担保公司根本承担不起代偿的责任。这也造成了商业银行与融资性担保公司之间合作的根本障碍。如2015年部分银行全面清理了与民营担保公司的合作。

2. 政策性担保公司存在业主不清、政府干预过度、模式有待改善等问题

首先，政策性担保公司普遍存在主业不清的问题，许多政策性融资担保公司在实际业务操作中忽略了其政策性定位，以营利为目标，在为中小企业增信、降低其融资成本方面作用有限。并且，在实践中，由于较市场偏低的保费收益无法覆盖其较高的业务风险，为实现自身持续性发展的需要，该类担保公司普遍采用"以商补政"的方式，大力发展以债券融资担保为主的商业担保业务，使得直接支持中小企业融资的政策性融资担保业务逐年萎缩，在其业务结构中占比较低。其次，存在政府过度干预现象。部分地方政府过分强调融资担保机构的政策性定位，指定甚至强制融资担保机构承保特定项目以完成政府目标，干预了融资担保机构的正常运作。最后，"银担合作"模式有待改善。参与银担合作的担保机构准入门槛较高。在风险分担上，担保公司一般承担了大部分甚至是全部风险。但与之相对的是，政策性担保费率往往不到1.5%。银行普遍对中小企业收取风险溢价，风险与收益明显不匹配，这也在一定程度上削减了银行提升和发挥自身风险控制能力的内在激励。

3. 国家融资担保基金面临股东协调一致性、业务操作标准化等挑战

为进一步带动各方资金扶持小微企业、"三农"及创业创新企业发展，历时三年多的筹备，国家融资担保基金有限责任公司（以下简称国家融资担保基金）于2018年9月26日正式启动运营。国家担保融资基金主要由财政部与商业银行共同出资，为有限责任公司形式。财政部看重的是采取非营利的方式解决实体经济中的融资难问题。而作为营利机构，商业银行作为市场中的"理性人"，势必以追求利润为最终目标，如何建立合理的"银政"合作机制，使得商业银行确立与政府相协同的目标，解决基金的可持续性问题值得深思。国家担保融资基金主要业务模式是再担保和股权投资，以形成一个政府主导的担保体系。

合作机制上，基金不层层新设机构，充分与现有省市县各级融资担保机构开展业务。通过再担保和股权投资，间接为"小三创"企业融资提供政府信用。最终形成"国家融资担保基金（中央层面）—省级再担保公司（省级层面）—担保公司担保融资（基层）"这一政府主导、上下联动的担保体系（图4-20）。由于政策的传导和落实，主要是通过与省级再担保机构的合作来完成，后续的业务操作在各省层面必然存在差异，从而难以保证国家融资担保基金作用的发挥。在实践中，政策的传导，尤其是在基层中的传导，受各地方政府意志的影响，政策效果可能难以保证。因而，进一步出台具体的、具有统一标准的再担保和担保相关规范十分必要。国家融资担保基金是否能够做到对各省"镇得住、搞得定、摆得平"，是充分发挥基金对"小三创"企业支持效果的关键。

（二）福建省及其主要城市融资担保行业概况

1. 福建省融资担保格局逐渐转为政府性融资担保为主，三级政府性融资担保体系正在构建中

目前民营融资担保机构经营状况日渐式微，担保行业格局将逐渐转为由政府性融资担保机构为主的局面。福建省地方金融局已将政府性融资担保体系建设情况列为主要工作任务，定期通报全省各地市政府性融资担保机构设立、覆盖率、在保户数、在保余额等相关指标，以督促全省各地尽快搭建起政府性融资担保体系。根据福建银保监局数据，截至2019年3月末，福建省已设立政府

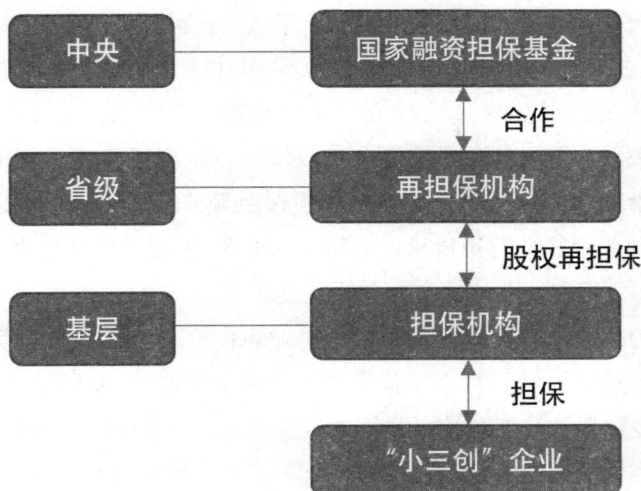

图 4-20　国家融资担保基金架构

性和民营融资担保机构共计 214 家，注册资本合计 297.9 亿元。其中，政府性融资担保机构达 83 家，县（市、区）覆盖率达 74.12%，注册资本达 159.08 亿元，在保中小微客户数达 1693 户，在保余额达 96 亿元。

2018 年 12 月 21 日，福建省中小企业信用再担保有限公司与国家融资担保基金在北京正式签署《再担保合作意向书》，就双方共同支持普惠金融领域缓解其融资难、融资贵问题，推进政策性融资担保体系建设达成合作意向。双方虽已签订框架合作协议，但由于福建省财政目前尚未出台风险补偿配套政策，故尚未进行实质性的再担保合作，预计相关政策近期将明确出台，2019 年下半年双方将就再担保业务开展实质性合作。同时福建省开始构建"国家融资担保基金—省再担保机构—市县（区）融资担保机构"三级政府性融资担保体系。由于目前三级政府性融资担保体系尚未广泛运行，各地政府性融资担保机构与各商业银行合作基本仍为原来的全额承担连带责任保证形式。但从向福建省再担保公司了解情况看，今后，市县（区）级政府性融资担保机构将不再全额承担连带担保责任，合作商业银行也须承担一定比例的风险（20%），省再担保公司将在市县（区）级政府性融资担保机构所须承担的担保责任范围内分担一定比例的风险（50%）。

2. 厦门市融资担保行业中国有融资担保机构占据主导地位，广大台资企业仍然面临融资困境

截至 2018 年年末，厦门市共有 21 家融资担保机构，包括法人机构 17 家

（国有控股法人机构 13 家，民营法人机构 4 家），分支机构 4 家（省内分支机构 3 家、省外融资担保公司在厦分支机构 1 家）。其中，国有融资担保机构占据主导地位，13 家国有控股担保公司融资性担保总额 102.45 亿元，占比 97.04%。从业务结构上来看，厦门市融资担保业务以银行贷款担保为主。全市融资担保公司融资担保余额 48.21 亿元，其中贷款担保余额 43.85 亿元，占比 90.95%。据统计，2018 年受保企业的销售累计总额为 611.62 亿元，受保企业当年税收总额为 34.67 亿元，担保行业的社会综合效益显著。

值得关注的是，在厦投资的台资中小企业也同样面临着融资困境。台企赴厦门投资可追溯到二十世纪八十年代末期。目前，从产业到环境，厦门优势已吸引了大批台企的关注。据统计，截至 2018 年年末，厦门共有 6900 余家台资企业，并且有相当比例为中小企业；从行业分布来看，传统行业与新兴行业并存，呈现出多样化的特点。对这些在厦的台资企业而言，"融资难、融资贵"已成为制约其发展的现实问题。一方面，与内资企业类似，中小台资企业受制于自身的资产规模、财务状况等问题，难以从商业银行取得信贷资金，甚至难以获得担保机构的担保增信服务，想要进一步发展壮大受阻。另一方面，许多台资企业目前正处于转型升级的节点，许多台商正在考虑引进智能化生产、投资高科技产业、优化产业结构等，但资金难题显然阻碍了这一关键性的进程。

3. 泉州开创了"定向普惠+信息服务+信用增进+动态管理"的增信模式

全市设立了总额度达 2.42 亿元的 5 项风险资金池，推进设立市县政策性融资担保公司，累计担保余额为 14.72 亿元。值得关注的是，目前泉州建立了大数据发展模式，有效整合了 19.74 万家中小企业的各类资源，建立了中小企业信用信息交换共享平台，实现跨部门、跨机构的企业信用信息的互联互通。然而，与厦门类似，泉州融资担保行业亦存在为"中小创"企业提供担保业务比例有待提高，"银担合作"模式有待改善等融资担保行业所存在的共性问题。

三、台湾信保基金经验借鉴

台湾中小企业信用保证基金（以下简称"信保基金"）成立于 1974 年，属于非营利性质的"财团法人"，与政府政策相配合，为具备发展前景，但在融资时面临担保品欠缺之障碍的中小企业提供信用保证，帮助其获得金融机构贷款，阶段性地帮助中小企业茁壮成长。截至 2018 年年末，台湾信保基金已累计协助 40.7 万家企业从金融机构取得 711.7 万件融资，总金额高达 179862 亿余元新台币。从近年来看，信保基金每年协助企业取得约新台币 13⁴ 亿元融资，稳定约 135 万个就业机会。许多取得融资的中小企业，不断发展壮大，在各领域表现卓越。据统计，受信保基金担保后进一步成长为上市上柜企业的就高达 897 家，如鸿海、宏碁、天仁茗茶等知名企业。信保基金具体运作模式如图 4-21 所示。

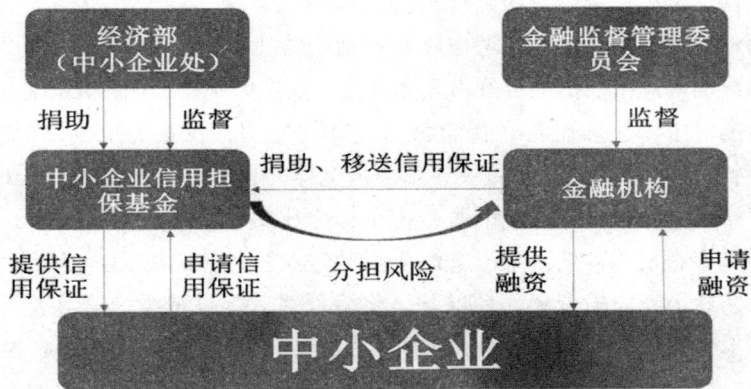

图 4-21 信保基金运作模式

（一）台湾信保基本可供借鉴的经验

1. 信保基金由政府主导，非营利运营

政府的主导地位主要体现于三方面。首先，政府是信保基金的发起人。信保基金成立阶段，政府主导了其章程制定和具体运营机制设计等，并推动了捐助人会议的召开、董事会和监事会的成立，这也从制度层面保证了基金助力中小企业的发展方向。其次，政府是信保基金的主要出资者，截至 2016 年年底，各级政府累计捐款占总捐款的 74.39%。再次，政府是基金的主要管理者。台湾"经济部"中小企业处负责信保基金的经营和管理，以确保信保基金所创设和提供的信用保证服务与政府政策相协调。除此之外，信保基金严格秉持"非营利"的经营原则，从低收取保费，只为符合条件的中小企业提供担保增信服务，切实围绕服务中小企业这一宗旨开展业务。"非营利"的机构性质有利于降低接受中小企业的融资成本，不偏离信保基金成立的初衷。

2. 充足而稳定的资金来源

台湾信保基金的资金主要由三部分组成，分别是政府出资、金融机构捐助和保费收入。其中，政府财政是其主要来源。政府每年编列捐助预算，对信保基金进行定期的资金补充。并且,当经济景气度较低时,政府会根据实际情况提高对信保基金的出资额,以加强信保基金对遭遇外部冲击的中小企业的服务能力。关于金融机构捐资,若签约金融机构捐助总额未达信保基金获捐总额(不含办理专案贷款之捐助金额)的35%,信保基金需报请信保基金主管机关邀请相关机构、组织等协商签约金融机构共同捐助金额。各金融机构的捐资比例由事先确定的计算公式确定,考虑因素包括受益比率(个别金融机构净代位清偿金额加逾期余额减已捐助金额占全体之比,权重为45%)、使用比率(个别金融机构年度对中小企业融资送保金额占全体之比率,权重为15%)、规模比率(个别金融机构年底账面净值加放款总额占全体之比率,本项权重为10%)、盈余比率(个别金融机构年度税前盈余占全体之比率,本项权重为10%)和风险比率(个别金融机构逾期率乘以逾期金额占全体之比率,本项权重为20%)。金融机构未依规定完成捐资者,信保基金将降低对其保证成数、额度、暂停其授权送保及承做部分保证项目。在按从低原则收取保费、降低中小企业融资成本的基础上,信保基金还采用了差异化的保费安排。信保基金基于企业信用状况、营业状况、财务状况、保证条件及无形资等对不同的企业确定不同的担保费率。目前年费率在0.5%—1.5%之间,平均约0.72%,差异化的保费设置提升了信保基金的市场化程度和风险应对能力,增强了信保基金经营过程中的风险覆盖。

3. 完善的公司治理和市场运作机制

一是参照现代企业制度,建立健全了包括董事会、监察人、总经理及下设的相关委员会在内的公司治理结构。其中,董事长一般由政府或相关事业单位人员担任,通过董事会会议选举产生;总经理主要负责公司业务经营和日常行政事务。台湾"经济部"则委派具备专业胜任能力的人员担任监察人,行使监督职能。二是建立了职能分离、相互监督的业务运作机制。基金设立了经营委员会、风控委员会、保证业务群、债权管理群和行政支援群等部门。各部门之间分工协作,相互监督。三是坚持市场化的业务运作方式。信保基金对服务的中小企业有着明确的标准,并严格执行,对于不符合要求的企业一概拒绝承保。在此基础上,一方面,信保基金还以中小企业在实践中的实际需求,创设和创新了一大批信保产品,并对不同种类的担保业务制定服务细则,多样化地满足资金市场的需要。另一方面,信保基金在低收取保费的同时,采取了灵活的定价方式,根据不同企业的风险状况等设定不同的担保费率,加强了信保基金的市场化运营能力。

4. 健全的风险管理机制

一是完善的信贷审查标准。信保基金在考量偿债能力、财务结构、获利能力和经营效能等财务指标的同时，重视产业前景、企业负责人诚信、能力、经营团队、研发情况、无形资产等非财务指标，并且将金融机构授信经理人的送保品质考量在内，对未达到风险评估要求的申请者，拒绝提供担保服务。二是全周期的信贷风险管理机制。信保基金不仅重视承保前的风险管理，承保后的相关管控也是其风险管理中的重要内容。三是灵活的风险管理方式。信保基金依不同的授信对象进行管控，依审查需要进行机动管控，并且对保证风险偏高的金融机构加强管理。据统计，目前新台币 500 万元以下、500 万—3000 万元以及 3000 万元以上的融资担保业务新发生逾期率低至 3.6%、3.1% 和 1.89%，最终收回率分别为 59.8%、35.32% 和 32.16%。

5. 科学的风险分担和激励机制

信保基金构建了科学的风险分担与激励机制。一是参与信保基金捐资的金融机构能够根据其在信保基金中的份额行使决策权与监督权，参与基金的日常经营与管理。而其在基金运作中所享有的权利相关的每年度的捐资金额，则与该金融机构在上一年度送保的件数、额度和坏账比例等直接挂钩，这是一种激励，也是对在提供信贷服务中疏于尽职调查和信贷风险管控的金融机构的一种惩戒。这增强了金融机构主动管理授信风险的意识，激励其完善审核和授信流程，提升自身的风险控制能力。二是采取部分保证方式。信保基金根据企业信用状况、经营状况、财务状况等确定了不同的保证融资额度上限和保证比例，目前保证比例介于 50%—95%。实践中信保基金平均承担 70% 以上的偿付责任。并且，依据上一年度金融机构送保案件的逾期比例、逾期金额、坏账金额和信保基金代偿情况等调整其最高担保比例。另外，信保基金会定期对在协助中小企业取得融资方面具有突出表现的金融机构和授信经理人进行鼓励和嘉奖。具体的，信保基金设置了信保伙伴奖和信保特别奖，分别表彰办理例行性中小企业信用保证融资业务绩优者和配合本基金办理特定信用保证业务成效绩优者，评比标准包括了协助取得融资金额（其权重以 60% 为原则）、送保案件之逾期及经基金代位清偿情形（其权重以 40% 为原则）等因子，对金融机构及授信经理人积极运用信用保证协助中小企业取得融资，及提升送保案件品质进行有效激励。

6. 多元化、灵活的中小企业认定与服务标准

一方面，信保基金根据行业类别、实收资本、营业额和员工人数等设置了多元的、灵活的中小企业认定标准，对申请信保基金保证的企业进行全方位的综合判定，避免了某些处于发展初期、有着强烈融资需求的企业仅由于某项特

定指标不满足要求而被从信保基金服务对象中排除的情况。另一方面，信保基金设置了合理的过渡期。对于借由信保基金的服务取得阶段性发展，而不再满足信保基金中小企业认定要求的企业，在其两年（因扩充而超过者）或三年（因合并而超过者）内，仍视为中小企业，允许其继续向信保基金申请融资担保服务，从而帮助这些企业实现由中小企业向大企业的平稳过渡。

7. 保证项目不断创新，以适应企业发展、经济发展的需要

信保基金秉持"满足企业各阶段之资金需求、扩大信保基金财源、配合政府政策方向、深化与银行之合作机制、兼具效益与风险"的创新理念，[①] 持续创新原有信保产品内涵、推出与不同阶段下企业的新诉求相契合的信保产品，如配合金融危机期间振兴经济的需要而发起的千金挺专案和促进就业融资保证专案等。尤其值得关注的是，台湾信保基金根据中小企业在不同的生命周期阶段所呈现出的企业特点和用资需求，创新和设计了一系列与之适应的信用保证产品，较好地满足了中小企业发展的需要。

8. 配套的中小企业辅导体系

一是建立中小企业联合辅导中心。针对未达到基金授信标准的申请担保的企业，中心会提供相关的咨询服务，帮助这些企业改善其经营、财务状况等，从而帮助其满足基金和金融机构的授信要求，帮助这些企业顺利借由信保基金完成融资。二是成立中小企业融资服务平台。该平台与专业的辅导机构开展合作，为中小企业提供包括经营管理、投融资安排和财务制度完善等在内的专业服务，帮助中小企业改善其内部控制、公司治理、生产经营能力等，与基金本身提供的保证增信、帮助融资服务相配套，从根本上帮助企业增强竞争力，实现企业成长。三是2005年7月成立了薪传学院和辅导基金，下设包括论坛、讲座课程在内的多个平台，一方面为中小企业提供经营管理等多方面的专业辅导，另一方面建立了信保基金所辅导企业实现资源对接、相互帮扶的重要平台，全面帮助中小企业成长。

（二）台州信保基金的实践

在我国担保体系的建设与实践中，台州信保基金尤其值得关注。2014年11月，台州市创建了全国首个小微企业信用保证基金，为小微企业融资提供政府信用保证服务，目前已成为浙江省最大的精准面向小微企业的融资担保机构。

---

① 詹益燿. 台湾中小企业信用保证基金的启示 [J]. 金融时代，2014（05）.

台州信保基金借鉴台湾信保基金成功的模式，按照"政府出资为主，银行捐资为辅"的原则设立。2018 年，其首期的 5 亿元资金已实现了 10 倍放大，高达全国平均担保放大倍数的 4.55 倍。截至 2018 年 11 月中旬，基金累计承保金额达 202 亿元，服务市场主体 11521 家，效果显著，受到国内各界的高度评价。

1. 台州信保基金成功的经验

台州信保基金的成功与其自身明确的定位、领先的信用建设和较为完善的风险控制制度有关。①坚持非营利性机构的定位，与 2%—3% 的市场水平相比，台州信保基金的担保费率明显更低，且没有第三方担保或动产、不动产抵押要求，不收取额外费用，有效缓解了中小企业融资难、融资贵的现实问题。②建立了小微企业信用信息共享平台，台州政府在央行征信的基础上，打通了 15 个相关部门，建立了涵盖企业股权、担保、缴税等信息的小微企业信用信息共享平台，并且还在开发大数据系统，加强对数据的整合和分析能力。该信息共享平台的建立，为信保基金和相关金融机构业务开展过程中的风险审核及后续的风险控制提供了必要的信息支撑，有效缓解了金融机构与中小企业间的信息不对称问题。③较为完善的风险控制制度。信保基金建立了"双随机"制度、"三奖惩"制度和四大风控机制，增强了信保基金的抗风险能力。

2. 待改善问题

台州基金仍然有很多需要改善的问题。①政府与银行的风险分担机制缺乏弹性，"银政合作"机制有待完善。信保基金为单户企业的最高保额为 800 万元，公司股东及个体经营户的最高保额则为 300 万。在代偿机制上针对捐资行推荐项目信保基金以保额的 80% 进行赔付，针对非捐资行则以 65% 赔付，即仅对捐资行与非捐资行实行 65% 和 80% 两档政府代偿比率，未根据银行在项目审核、项目风险控制中所发挥的作用进行有弹性的代偿比率确定，对银行提升自身风险管理能力的激励不足。②对产业链支持力度不足，信保基金杠杆放大倍数尚有提升空间。台州信保基金业务更多地集中于解决个别企业融资问题，对产业链的直接支持力度不足。其可借鉴台湾信保基金经验，与产业链中的核心企业合作，共同出资成立相关基金，扶持上游、下游企业发展，提高信保基金杠杆放大倍数。③保费定价弹性空间较小。台州信保基金将年化担保费率控制在 0.75% 左右，这不利于信保基金通过针对不同企业的个性化的担保费定价进行合理的风险覆盖，对信保基金的商业可持续性问题构成挑战。

（三）台湾信保基金模式在大陆推行的可行性

台州的成功实践，充分说明了台湾信保基金模式在大陆的推行并不存在法条和实际操作上的实质性障碍。然而，考虑到大陆各地区现实状况的差异，融资担保基金与目前政策性融资担保体系的兼容情况、各地社会征信系统和中小金融机构的发展水平等，都将对台湾信保基金模式在各地的落地和运作效果产生较大影响。

1. 与目前政策性融资担保体系的兼容性

从实践来看，大部分融资担保机构与银行合作采取全额本息担保的方式，因此，银行出于规避风险的考虑，更倾向于与该类融资担保机构合作，参与融资担保基金合作的动力可能不足。另外，政府对融资担保机构，尤其是政策性融资担保机构的资金补充和保费补贴在一定程度上对融资担保基金形成分流，造成资源分散。并且，政策性融资担保机构与融资担保基金虽然在功能设定上存在一定的重叠，但在实际运作过程中，政策性融资担保机构却存在主业不清、对中小微企业支持力度不足的问题，加剧了政府资源浪费。因此，如何进一步整合融资担保机构、改进各地融资担保体系是能否顺利推行融资担保基金的关键。值得关注的是，台湾、浙江台州政府将对中小企业的担保扶持政策、资源等统一至信保基金，由其统一执行，资源配置效率得以提高，从而取得了良好效果。该经验值得我们借鉴。

2. 社会征信系统完善程度

融资担保基金与参与合作的金融机构对目标服务企业的甄别和相应的风险管理，在很大程度上需要依赖于跨地区、跨行业和跨部门全面的征信数据，台湾信保基金和台州信保的成功与其较为完善的社会征信体系建设密不可分。然而，目前社会征信系统主要存在两个问题。一是许多重要的征信数据被有些部门以保密和加强管理为由作为"内部数据"，征信数据利用效率低下。二是征信信息没有实现互联互通，从而形成了所谓的"数据孤岛"。以上问题的存在，将使得融资担保基金和中小企业间严重的信息不对称问题难以得到有效缓解，从而影响融资担保基金在大陆各地的运作效果。

3. 中小金融机构的支持

出于风险控制的考虑，大型金融机构凭借其自身的规模优势和丰富资源，倾向于为成熟的大型企业提供服务。与之相对的，中小金融机构由于在竞争中相对于大型金融机构处于明显劣势，所以更青睐于服务中小企业，伴随中小企业成长。因而，大型金融机构在与中小企业融资担保基金的合作中存在动力不足的问题，中小金融机构则更愿意参与到中小企业融资担保基金的合作中来。从实践来看，台湾许多中小银行依托于台湾信保基金不断成长。这些中小银行也成了台湾信保基金的重要支持力量。而从台州信保基金的出资行来看，也是以当地中小银行为主。综上，融资担保基金的募资和最终落地离不开中小金融机构的支撑。然而，从现实情况来看，一些地区中小金融机构发展水平较低，缺乏足够的中小金融机构作为未来潜在的捐资行和合作行，可能会成为融资担保基金运作的主要障碍之一。

四、两岸中小企业信用保证基金的构想

促进中小企业融资、实现普惠性发展具有准公共品的特征。因而，以服务中小企业为目标的融资担保体系应由政府主导。具体的，笔者建议福建省的一些城市，如福州、厦门和泉州，试点成立两岸信用保证基金，在此基础上深化两岸金融合作，构建两岸中小企业融资担保体系，并率先落地中小创新台商企业信保基金。

（一）市政府与金融机构共同出资，按从低原则收取保费

两岸信用保证基金（以下简称"基金"）应由市级政府、金融机构（包含台资金融机构）共同出资（图4-22）。其中，政府应作为主要出资者，以保证在两岸信用保证基金中的话语权，保障相关融资担保政策的传导效果。在经济低景气度运行时，政府应增加对基金的财政划拨，以加强对中小企业的支持力度。

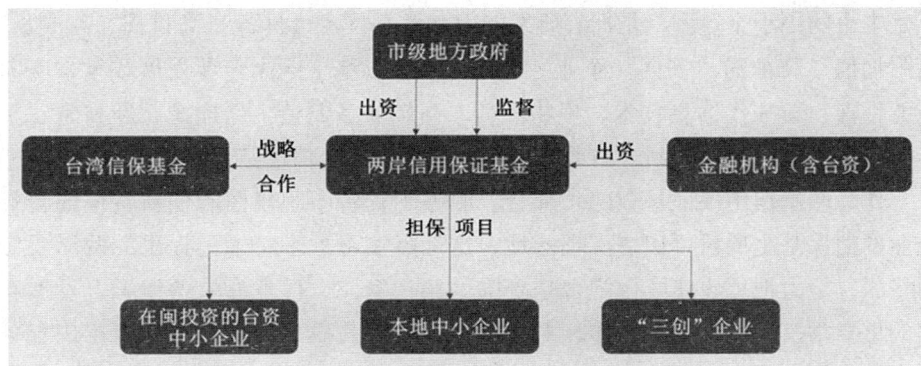

图 4-22 两岸信用保证基金架构

鼓励本地金融机构与台资金融机构共同捐资。为保障项目的稳步推进，可采取"以点带面"的形式，在项目初期选取部分本市的金融机构，由其作为首

期出资行参与到基金的业务合作中来，待其合作模式成熟后，再与其他金融机构开展业务合作。而与台资金融机构的合作也可采取类似形式。并且，政府可采取与出资银行优先合作的方式，并适当提高与捐资行合作中政府的贷款损失承担比例，以鼓励银行参与到基金的捐资中来。以上的激励方式，可有效地分担银行对中小企业的放贷风险，通过扩大服务规模实现规模经济、降低成本，更可通过直接对银行向中小企业授信所产生的坏账进行部分承担的方式，减少银行工作人员因害怕被问责而产生的"惧贷、惜贷"现象，从而有利于提高银行的业务参与度和对中小企业的贷款比例。在每一年度初，依据实际运营情况，基金可根据签约的商业银行上一年度的与基金合作的对中小企业贷款总额度、获利数额、贷款逾期比例和其自身的资产规模状况、盈利状况等确定签约的商业银行的捐资额，以对基金进行有效的资本补充。

基金应收取保费以保障其日常运营，提高其可持续运作能力。为降低中小企业的融资成本，保费的收取应严格执行"从低收取"原则。在此基础上，应根据不同项目所处的行业、生命周期、公司自身治理状况等，收取不同的担保费，最大限度地对风险进行覆盖，确保基金能够以保本微利的方式持续经营。

（二）构建两岸信用保证基金，并率先落地中小创新台资企业信保基金

市政府发挥出资"配杠杆"和监督的作用，由基金为符合条件的企业提供融资担保增信服务。具体的，可将以下三类企业作为市级融资担保基金的服务对象。一是在闽投资的台资中小企业，其中一定比例为在本市投资的台资企业。二是本市的中小企业。三是拥有研发能力和核心技术、具备"高科技、高成长、高附加值"特征的"三创"企业。企业的选取应基于国家产业发展政策，应向节能环保、新一代信息技术、生物医药、高端装备制造、新能源、新材料、新能源汽车等重点领域倾斜。由此形成相对独立的三个信保基金项目。

作为两岸信用保证基金的一部分，服务于具备中小规模和创新特征的台资企业的信保基金项目可加快实现落地，这是落实习近平总书记提出的两岸要应通尽通，努力把福建建成台胞台企登陆的第一家园，探索海峡两岸融合发展新路的重要举措。待该基金运作相对成熟后，可将其模式和经验进一步推广服务于本地中小企业和创新企业。

（三）建立完善的公司治理和市场化运行机制

建立和完善司治理结构，由市政府、出资的地方金融机构代表以及社会专业人士共同组成董事会和监事会。其中，需保证政府派出代表在此结构中占主

导地位，以发挥政府在基金中的主导作用。可以委托相应的市场主体作为管理人，建立现代化的公司管理机制，在充分落实融资担保政策目标的基础上，实行市场化的运营和管理。

基金工作人员考核体系的建立应综合考虑服务中小企业数量、支持就业人数、年度融资担保总额、担保资金放大倍数、逾期比率、年度合作银行的增加数量及其捐资数额等多个指标，并对"年度融资担保总额"这一指标赋予更大的权重，适当提高对中小企业贷款不良率的容忍度，引导基金工作人员紧密围绕在风险可控的前提下增强对中小企业金融供给这一服务目标，对中小企业"愿意担保、敢于担保"，避免工作人员由于担心因担保坏账被问责而不敢提供担保。

应建立中小企业多元化的受保渠道。第一，允许中小企业向商业银行提出申请，银行审核后再报送基金审核。第二，中小企业也可与基金合作，直接向基金提出申请，再转至银行进一步审核。

所服务的目标客户标准应区别于传统商业银行贷款所看重的严重单一的资产规模、偿债能力等，立足于经济结构转型、产业升级的需要，设立多元化的服务目标选取标准。

在此基础上，基金应根据我国经济发展的不同阶段和对应的差异化要求、政策导向，以及中小企业在不同发展阶段所表现出的个性化的需求，不断创新金融服务产品，对中小企业做到全产业链、全生命周期的创新性服务，以满足中小企业发展的需要。

（四）进一步完善社会征信系统建设

目前社会征信系统主要存在两个主要问题。一是许多重要的征信数据被有些部门以保密和加强管理为由作为"内部数据"，征信数据利用效率低下。二是征信信息没有实现互联互通，从而形成了所谓的"数据孤岛"。本文建议，可借鉴台州信保基金的相关经验，与中国人民银行分行合作，在央行征信的基础上，打通各层级的税务、工商、民政、公安、法院、社保、质检和环保等部门，实现行业间、部门间的信息共享，建立统一的数据平台。并且，市政府可加强与其他地方政府的征信数据互换和共享，增强征信数据在地区间的流动。对于台资企业的征信问题，政府可整合市台办、台商投资企业协会和在大陆的台资金融机构等各部门、组织、机构的资源，建立关于台资企业征信信息的统一的数据库，以缓解对台资中小企业授信的信息不对称问题。并且，市政府应允许基金及参与合作的金融机构接入该社会征信系统，充分享有相关征信数据的访问权和使用权，以加强其在业务开展过程中的风险管控能力。

（五）建立健全的、标准化的风险管理机制

参考台湾信保基金在风险管理方面的先进经验，一方面，建立贯穿企业授信前、授信后全周期的风险管理方式；另一方面，在实际执行中将企业发展潜力、公司治理、内部控制等非财务指标与资产规模、偿债能力、营运指标、盈利能力等财务指标并重，进行全方位的风险把控。在此基础上，实行灵活的风险管理方式，对不同的产业、不同类型的企业实行不同的风险管理模式，并对送保企业逾期比率较高的银行实行更严格的监控。

（六）建立科学、合理的"银政"风险分担机制

可借鉴台湾信保基金经验。一方面，采取部分保证的方式，依据具体担保项目的不同以及银行过往推荐项目的风险及代偿情况，与商业银行约定不同的企业贷款代偿比率；另一方面，鼓励商业银行参与基金的日常运营和管理。可根据商业银行的捐款比率、上一年度的送保金额、逾期比率及代偿金额确定不同金融机构在基金中的决策权。

（七）配套以完善的中小企业辅导体系

在基金中设立辅导中小企业的专门机构。一方面，针对申请融资担保的相关政策、流程等对中小企业进行培训，以帮助其达到融资担保基金对目标服务对象的要求，更好地接受融资担保基金的担保增信服务；另一方面，可通过培训课程、提供相关咨询服务等方式帮助企业完善自身财务体系、公司治理和内部控制等，改善其融资能力。除此之外，还可建立企业间的交流和互助平台，一是鼓励之前接受过辅导，在企业融资、发展方面已经取得一定成果的企业进行经验分享，二是促进企业在业务上的合作，实现互利共赢。

（八）加快数字金融发展

应增强金融科技在中小企业融资担保服务中的应用。在对中小企业的审核、授信和后续用款监督中，可加强互联网技术、人工智能等技术手段与融资担保金融服务的深度结合，提高金融服务效率，提升机构风险管理能力。

五、厦门市中小微企业融资增信基金的实践

2020 年 3 月，厦门市财政局和市金融局设立"中小微企业融资增信基金"（以下简称"增信基金"），为厦门市的中小微企业（包括台资企业）提供增信服务，缓解其疫情下的融资难、融资贵问题，助力本市中小微企业复工复产，并将在未来长期陪伴中小微企业成长，推动厦门市经济结构优化，实现高质量发展。

厦门市中小微企业融资增信基金正是上述研究的试点和实践成果。增信基金由市、区（管委会）、合作银行共同设立，厦门市融资担保有限公司提供管理服务，初始金额高达 16 亿元。增信基金具有以下三个主要特点：首先，坚持非营利性的运作定位。增信基金坚持低费率原则，试点首年增信服务费率减半，最低可至每年 0.5%。其次，覆盖面广。增信基金为注册地位于厦门市的中小微企业（含中小微企业主）、中小微台企、农户和个体工商户提供服务。最后，门槛低。增信基金所支持贷款以信用类贷款为主，且不要求贷款人提供反担保措施。

2020 年初暴发的新冠肺炎疫情对企业的生产和经营造成了较大影响，民营中小微企业所受冲击尤为严重。疫情影响下，企业的资产负债表状况严重恶化，出于控制坏账风险的考虑，商业银行可能将这些遭受疫情冲击的民营中小微企业拒之门外，使其面临生存难题。而增信基金的成立将大大改善这一困境，推动落实中共中央所提出的"六稳""六保"的政策要求。增信基金将为符合条件的中小微企业提供信用担保，为合作的商业银行分担风险，降低中小微企业获取商业银行信贷资金的门槛。并且，增信基金坚持从低收取保费的原则，也在一定程度上缓解了中小微企业融资贵的问题。根据有关数据统计，截至 2022 年 11 月末，增信基金已为全市超 4200 户中小微企业累计提供了超 140 亿元的信用融资增信，稳定就业超 14 万人，贷款平均利率约 4.6%，远低于 2022 年上半年全国新发放普惠型小微企业贷款利率 5.35%，有力支持了厦门市中小微企业的复工复产行动，对保就业、稳就业产生了积极作用。

第五章

新时代财税金融服务地方经济研究

第一节　福建省对台税收现存问题与政策建议[①]

一、福建省对台税收现存问题

（一）海峡两岸税收协调方面现存问题

海峡两岸现行税制在税制结构和税法具体规定上存在较大差异（如表5-1）。大陆以所得税及流转税为双主体，其次为资源税类、财产税类及行为税类。台湾地区则是以所得税为主，其次为流转税类、财产税类等。此外，两岸间不仅在税种名称上存在差异，在税率、征收方式和一些征税范围等具体规定上也存在较大差异。

———————

① 本文为国家税务总局福建省税务局委托课题"对台合作税收先行先试政策研究"研究报告中的部分内容，刘晔为课题负责人，本文由刘晔与其指导的硕士生孙炜婧、陈素莹共同完成。

表 5-1　两岸主要税种及税率比较

类别	中国台湾		中国大陆	
	税种	基本税率（%）	税种	基本税率（%）
所得税	综合所得税	5-40（五级累进）	个人所得税	3-45（七级累进）
	营利事业所得税	特定税率（低于25%）	企业所得税	25
流转税	加值型营业税	5	增值税	11、9、6
	非加值型营业税	特定税率		
	货物税	2-120	消费税	特定税率+定额
	烟酒税	特定税率		
财产及其他税	土地增值税	按涨价总数：40%、60%	土地增值税	30-60
	房屋税（自住；自营）	住家用房屋：1.2-2 自住房屋：1.2 非家用房屋：3-5	房产税（营业；出租；个人住房）	
	契税	2、4、6	契税	3-5
	遗产及赠与税	遗产：2-60 赠与：4-60		
	使用牌照税	定额	车船税	定额
	娱乐税	特定税率		

由于两岸税制差异以及税收管辖权方面的原因，目前海峡两岸在税收协调上主要存在如下问题：

1. 重复征税问题

海峡两岸基于相关历史及政治原因，都各自享有独立的税收管辖权。重复征税问题主要体现在所得税方面。在企业所得税方面，大陆与台湾均以属人原则与属地原则的双重税收管辖权征收；在个人所得税方面，大陆仍采用以属人原则与属地原则的双重税收管辖权征收，而台湾仅采用属地原则。由于台湾地区制定的《两岸人民关系条例》中明确，对台湾地区民众来源于大陆地区的所得，也应缴纳个人所得税。因此可能会导致某些纳税人具有双重居民纳税人身份，即在台湾被认定为居民纳税人，又在大陆被认定为居民纳税人，进而导致双重征税。2015 年，海峡两岸在福州签订了《海峡两岸避免双重课税及加强税务合作协议》，旨在消除双重征税，加强两岸经贸合作。根据该协议，大陆与台湾都采用限额抵免法，同时大陆还单向给予台湾间接抵免。但两岸税务交流特别是税收资料交流渠道不通，台湾税务部门很可能因无法清楚地了解和掌握台商在大陆投资经营所得和纳税情况从而不给予税收抵免或不给予全部抵免；同样，大陆税务机关也可能因难以清楚掌握台商和大陆人民来自台湾地区所得和纳税情况从而无法有效地给予税收抵免。故仅仅依靠这种抵免制度，两岸的双重征税问题还是无法完全解决。

2. 税收饶让问题

大陆早年为了吸引台资实行了较大力度的税收优惠政策，但台湾地区限制大陆资本在台湾地区投资，极少存在台湾地区给予大陆资本税收饶让的问题。大陆资本难以享受到台湾地区的税收优惠，大部分台商担心将投资利润汇回台湾后遭遇高额税收而选择将利润留存于大陆。两岸之间的资本流动仍为台湾地区至大陆地区的单向流动为主。而在《海峡两岸避免双重课税及加强税务合作协议》中也没有针对税收饶让的条款。

3. 对台税收协调机制不健全

由于税收管辖权、税制差异及政治环境影响等原因，两岸税收关系存在着税收协定、重复计征、税收饶让等问题。当前，闽台经贸往来缺乏一个涉税沟通平台以促进双方的税务交流；两岸涉税法律中的税种名称及征收规定存在差异，且针对外来投资的税收优惠政策公布有时存在滞后性，导致企业无法享受税收优惠；纳税人与税务机关之间的互动不理想，纳税人不了解税收政策，税务机关缺乏相应的辅导等一系列涉外税收制度的不完善，直接影响了税收职能的发挥。

（二）福建对台税收政策方面现存问题

1. 对台特殊税收优惠政策缺乏

福建与台湾一衣带水，血脉相连。在对台经贸合作交流上，福建具有独特的"五缘优势"，更是在推动祖国完全统一上具有重要的战略地位。近年来，福建省推出了多项惠台政策，但在全省范围内专门面向台胞台企的税收优惠政策尚属空白。而平潭综合试验区作为对台开放开发的唯一窗口，其对台特色税收优惠政策较为缺乏，仍需要进一步创新。

2. 税收产业调节功能不足

现行的税收优惠政策对产业结构的调节力度不够，具体主要体现在以下两方面：第一，现行税收优惠政策对闽台经贸往来的特色产业（农业、旅游业等）

倾斜力度不够。来闽投资农业的台资企业规模较小、农业产业化进程缓慢，而税收政策在涉农方面受惠范围小、力度轻，闽台经贸往来的特色产业未得到有力推进。第二，现行的税收优惠政策产业性质有待于加强，且主要通过降低所得税税负等较为直接的税收优惠，方法单一，成效不足，需要优先发展、重点发展的产业并无特别的鼓励措施，一定程度上弱化了税收优惠政策的结构性调节功能。

3. 吸引台湾人才的税收激励不足

虽然福建省对台具有独特的"五缘"优势，但当前福建省经济发展水平与北上广深等一线城市相比仍存在一定的差距，吸引人才的相关硬件环境处于劣势。同时，福建自贸试验区的税收优惠侧重于促进投资、消费方面，吸引台湾人才的税收激励力度和范围略显不足。

（三）台企在税收征缴便利性方面的现存问题

为进一步优化税收营商环境，全面提升为纳税人服务的质效，国家税务总局福建省税务局开发的网上办税平台——"中国电子税务局—福建"于 2018 年 6 月 1 日正式上线。

电子税务局是以大数据平台和云平台作为基础资源，包括纳税人端应用和税务端电子工作平台的智慧型税务生态系统。电子税务局的主要功能涉及申报纳税、发票领用、税收优惠、报告备案、信息查询等办税事项，旨在实现纳税人足不出户、随时随地办税，全面打造网上办税与实体办税"一体化服务"，提高纳税人的办税满意度。

通过实名办税机制、数字证书和"电子印章"技术以及电子档案系统等应用的支持，电子税务局可以实现"全方位覆盖、全流程电子化、全程无纸化"的互联网办税服务。同时，电子税务局还扩展多渠道自由式业务办理，增加记忆处理，做到多端协同，即在同一涉税事项办理过程中，多个终端可以协同互认，纳税人可以自由选择通过任何渠道办理所有涉税事项，并且能够在实体办税厅或者其他办税渠道上查看并继续办理。

然而，台胞台企使用电子税务局办理涉税事项的便利性仍存在改进空间。

1. 电子税务局实名认证功能不足

由于大陆使用的网上办税平台需要进行实名认证，而电子税务局的实名认证功能需要连接公安数据库进行数据比对，暂不支持台胞通过台胞证编码进行登陆并实名。因此，台胞在进行电子税务局的首次注册时，必须由本人到税务局进行实名登记后方可在网上进行涉税事项办理，这给台胞台企办理涉税事项造成不便。

2. 信息共享机制尚未建立

台胞、台企的信息共享机制尚未建立，与海关、公安机关、金融监管机构等相关行业主管部门的信息共享不足。

二、国内外相关税收政策经验借鉴

（一）国内外自贸区税收政策经验

自贸区，即自由贸易试验区，指的是主权国内的贸易自由化，具体指在某一国家或地区境内设立的小块特定区域内，实行优惠税收和特殊监管政策。自贸区意味着更优惠的政策，更大的开放度，其作为各国经济文化交流的重要交汇点，给全球经济的腾飞带来了至关重要的机遇。通过对国内外具有代表性的自贸区内税收政策的探索，分析其优劣势，能够为福建对台税收政策提供相应的经验借鉴。

1. 国内自贸区税收政策经验参考

自 2013 年国务院批复成立中国（上海）自由贸易试验区（简称上海自贸区）起，国务院又先后设立了广东、福建、辽宁等十二个自贸区。上海自贸区作为我国境内第一个自贸区，是当前我国经济改革新一轮的试验田，具有引领作用，强调经验的可复制性与推广性。广东自贸区旨在促进内地与港澳的经济融合发展，深入推进粤港澳大湾区的建设，并为全国深化改革和扩大开放提供参考经验。福建自贸区具有对台合作的"五缘"优势，成为深化两岸经济合作的先行先试示范区。而辽宁、浙江、河南、湖北、重庆、四川、陕西和海南自贸区也各具地方特色。

由于自贸区具有政策经验可复制推广的特点，当前大部分政策已复制到所有自贸区，甚至推广到全国。但由于各个自贸区的定位不同，其实际面临的环境存在差异，因此也存在一些特殊的税收优惠政策。本文综合考察这十二个自贸区的税收优惠政策，将其分为自贸区基本税收优惠政策及自贸区特殊优惠政策，并就各自贸区内的纳税服务便民举措进行分析。

（1）自贸区基本税收优惠政策

①所得税：注册在试验区内的企业或个人股东，因非货币性资产对外投资

等资产重组行为而产生的资产评估增值部分，可在不超过 5 年期限内，分期缴纳所得税。

②个人所得税：对试验区内企业以股份或出资比例等股权形式给予企业高端人才和紧缺人才的奖励，实行已在中关村等地区试点的股权激励个人所得税分期纳税政策。

③增值税及消费税：第一，对试验区内注册的国内租赁公司或租赁公司设立的项目子公司，经国家有关部门批准从境外购买空载重量在 25 吨以上并租赁给国内航空公司使用的飞机，享受相关进口环节增值税优惠政策。第二，对设在试验区内的企业生产、加工并经"二线"销往内地的货物照章征收进口环节增值税、消费税。

④关税：第一，根据企业申请，试行对该内销货物按其对应进口料件或按实际报验状态征收关税的政策。第二，对试验区内生产企业和生产性服务业企业进口所需的机器、设备等货物予以免税，但生活性服务业等企业进口的货物以及法律、行政法规和相关规定明确不予免税的货物除外。

（2）自贸区特殊性税收优惠政策

①企业所得税：第一，当前对设在广东珠海横琴新区、福建平潭综合试验区和广东深圳前海深港现代服务业合作区内的符合鼓励类产业优惠目录且主营业务占企业收入总额 70% 以上的企业，减按 15% 的税率征收企业所得税。其中结合各自贸区定位及区位地理特点，三个自贸片区的鼓励类优惠目录略有不同。横琴新区及前海新区都出台了相关产业认定指引，其中横琴新区划分为高新技术、医药卫生、科教研发、文化创意和商贸服务 5 大类，而前海新区划分为现代物流业、信息服务业、科技服务业、文化创意产业 4 大类。平潭综合实验区为推动平潭国际旅游岛建设，在《企业所得税优惠目录》增列有关旅游产业项目，将高技术产业、服务业、农业及海洋产业、生态环保业、公共设施管理业和旅游业技术产业 6 大类划分为鼓励类产业。第二，为了深入贯彻落实西部大开发战略，当前重庆、四川、陕西自贸区内针对《西部地区鼓励类产业目录》中规定的产业项目为主营业务，其主营业务收入占企业收入总额 70% 以上的企业，减按 15% 征收企业所得税（事实上，该项优惠不止针对重庆、四川、陕西自贸区，其包括通知内宣布的多个西部地区）。第三，在平潭综合试验区，当地放宽高新技术企业和科技型中小企业的认定标准，由当地（区级）科技管理部门认定的高新技术企业和科技型中小企业即可享受相应的税收优惠政策。

②个人所得税：最早平潭综合试验区就针对在岚任职、受雇、履约的台湾居民的个人所得税进行税负差额补贴，补贴额度为台湾居民在平潭实际申报缴

纳个人所得税的 20%，该补贴免征个人所得税。而后珠海横琴新区、深圳前海新区也出台相应政策，其中深圳前海新区通过薪酬、职务等市场化方式评定港澳高端人才和紧缺人才，对其缴纳个人所得税超过 15% 的部分进行补贴。珠海横琴新区通过政府补贴落实"港人港税、澳人澳税"政策，对在横琴工作的港澳居民实际缴纳的个人所得税税款与其个人所得按照港澳地区税法测算的应纳税款的差额给予全额补贴。随着粤港澳大湾区的建设，税负差额补贴政策如今已扩大到珠三角九市，同时覆盖横琴、前海两地的已有政策（废止广东横琴、深圳前海原有的两项个人所得税优惠政策文件），具体办法为：对在大湾区工作的境外高端人才和紧缺人才，其在珠三角九市缴纳的个人所得税已缴税额超过其按应纳税所得额的 15% 计算的税额部分，由珠三角九市人民政府给予财政补贴，该补贴免征个人所得税。

③增值税与消费税：为了进一步开放横琴新区与平潭综合试验区，两区内针对增值税及消费税出台了相应的利好政策。第一，内地销往横琴、平潭与生产有关的货物，视同出口，实行增值税和消费税退税政策；第二，横琴、平潭各自的区内企业之间销售其在本区内的货物，免征增值税和消费税。同时，平潭综合试验区由于其定位及区位因素，也存在一些特殊优惠政策，即平潭设立对台小额商品交易市场，对进入平潭对台小额商品交易市场的人员免税（包括关税、进口环节增值税、消费税），其中携带入境的台湾原产商品的总额为每人每日 6000 元人民币，免税商品范围包括粮油食品、土产畜产、纺织服装、工艺品、轻工业品和医药品六大类。这是福建省除大嶝岛外成立的第二个对台小商品免税交易市场。

（3）纳税服务便民举措

全国税务系统自 2014 年以来连续开展"便民办税春风行动"，旨在优化税收营商环境，提升纳税人和缴费人的满意度及获得感。2019 年的"便民办税春风行动"围绕减税降费政策落地、办税提速增效、改善"线上""线下"服务渠道、推动税收协同共治等方面出台多条便民办税服务举措，坚持问题导向，持续深化"放管服"改革，全力推进减税降费政策落实。为了响应"便民办税春风行动"，自贸区突出先试先行的特点，推出了一系列创新纳税服务举措。

①上海自由贸易区。上海自贸区从国家战略出发，在税收政策上更加注重纳税服务。这能够为福建省优化对台纳税服务，营造良好的税收营商环境提供一定程度上的经验参考。

上海自贸区于 2014 年率先出台"办税一网通"等 10 项创新税收服务举措，涵盖网上自动赋码、网上发票等方面，推动税收现代化建设。这在极大程度上给予纳税人便利，让纳税人足不出户就能完成一些纳税过程，提高了税务登记的便利性。由于"办税一网通"在上海自贸区的成功试点，同年11月，该项举措已推广到上海全市；于2015年推广至广东、天津、福建自贸区，并在此基础上再推出10项创新措施，形成"办税一网通10+10"格局。

②平潭综合试验区。平潭综合试验区作为两岸交流合作先行先试的示范区，也在实践中落实多项改革举措，优化对台涉税服务。

平潭税务局在办税大厅开通台商办税绿色通道，为台商提供纳税咨询、办税辅导、政策宣传、提醒等个性化服务，还通过业务流程再造和信息共享，让台商办税时间缩短40%。此外，平潭税务局还落实守信激励措施，与纳税信用A级的台资企业签订《税法遵从协议》，并推出台商、台资企业"套餐式"服务，实现台商、台资企业法定义务事项和首次领用发票相关事项一并办理。同时，平潭税务局还借助社会力量，一方面向社会公开招募"三师（税务师、会计师、注册会计师）志愿者"涉税服务团队，在办税服务厅和台企聚集地，为企业提供免费涉税辅导；另一方面鼓励辖区内涉税中介机构对台资企业减按50%的收费标准进行收费，进一步降低台资企业运营成本，增加台资企业在享受税收政策及办税服务方面的规范性和便利性。

③广东自贸区。广东自贸区位于粤港澳大湾区内，近年来在各个自贸片区推出多项纳税服务便民措施，推动粤港澳大湾区的建设。

南沙自贸片区率先提出并落实"先办理更优、后监管更严"理念，在"放管结合、风险可控"的前提下，积极推进税务行政审批制度改革，将审批事项最大限度缩减，将涉税办理流程最大程度简化，税收减免的办理速度和效率大大提高。横琴自贸片区，首创推出V-tax远程可视自助办税系统，在港纳税人可通过香港银行营业厅进驻的V-tax系统办理在粤涉税事宜，免除其跨境跑动成本，让岛外申请人以及港澳人士实现资料提交快速化、税局零跑动；并对辖区内大型跨境企业或重点跨境项目开展一对一精细化服务；针对"走出去"企业打开"绿色通道"，对可能遇到的税收歧视、双重征税风险和境外涉税争议，联合开通跨境税务纠纷诉求通道，帮助企业走得更快。

现如今，随着粤港澳大湾区的不断建设，为了提升港澳人士在粤的获得感，粤港澳大湾区广州琶洲政务服务中心于2019年4月正式挂牌，成为全省首家为粤港澳居民和企业提供服务的大湾区政务服务中心；同时在服务中心内设立"智税平台"，重点解决为纳税人提供服务贸易等项目对外支付税务备案、非居民企业及个人享受税收协定待遇备案等税费事项，为大湾区纳税人提供更精准的办税服务。

2. 国外自贸区税收政策经验参考

(1) 美国自由贸易区

美国是最早发展自由贸易区的国家之一，其鼓励在对外的自由贸易区内发展加工业，主要功能有贸易、保税仓储、简单的商业性加工、商品保税展销、混合加工和制造及货物转口贸易等。就纽约港自由贸易区的税收优惠政策来说，运进自贸区内的货物并不需要马上缴纳相关关税，只有当货物通过美国海关运入美国境内时才需要支付规定的关税；设定选择性关税制度，即在区内设置工厂的企业可以就原料的税率和成品的税率中较低的一项进行缴税，且可以在不支付任何关税的情况下合法地实现出口；另外，企业在美国的几个自贸区之间转移、转运货物也是免关税的，只有最终通过海关、进入美国境内的时候才需要支付相对应的关税；自贸区内的货物是免征地方税的，在自贸区内加工和制造的产品，其增值部分也可免去税负……这些优惠政策鼓励那些在美国自贸区内开展加工制造业的人们，也在很大程度上方便了其他国家向美国出口货物或者利用美国港口进行转口贸易（其他国家可以先把一部分需要进口的配额产品运往美国自贸区，等有了配额立即通关进入国内市场）。

(2) 巴拿马科隆自由贸易区

巴拿马的科隆自由贸易区主要发展转口贸易，为此配套了一些辅助设施和功能，如保税仓储功能、金融功能、物流服务功能等，该自由贸易区对进出商品的管控较少，豁免关税的范围较宽，除危险品、毒品等违禁商品外，一律可以自由进入区内，免征关税。自由贸易区内的所有公司均采用累进制的所得税，税率在 2.5%—8.5% 之间，并且两年内免利润所得税，若雇佣巴籍员工，则再给予减免在 0.5%—1.5% 之间的所得税优惠，比起巴拿马其他地区 30%—40% 的公司所得税税率，科隆自贸区的税率已经十分优惠。另外，科隆自贸区还对境外股权投资的股息、区内商品销售、投资税、地方市政税豁免征税。

(3) 韩国及日本自由贸易区

韩国与日本的自贸区与美国不同，他们更注重发展产业和带动当地就业。韩国将税收优惠放在特定行业，实施按不同阶段优惠的策略，如对物流业、观光业、IT 行业或生物科技产业投资，可享受法人税的"七免三减半"和减免租金的优惠；日本的冲绳自贸区则实行折旧免税、投资免税、固定资产减免税的税收优惠政策，对四大产业给予补助，包括制造业、尖端技术型产业、信息通信和国际航空运输，这些补助与当地就业联系起来——长期雇佣 3 名以上未满 35 岁本地人则给予企业 3 年 40 万—900 万日元的补助。

（二）外商投资企业的税收优惠政策

1.《中华人民共和国外商投资法》

2019年3月15日，十三届全国人大二次会议表决通过了《中华人民共和国外商投资法》，旨在保护外商投资合法权益，规范外商投资管理，推动形成全面开放新格局，促进社会主义市场经济健康发展。

截至2018年年底，累计设立外商投资企业约96万家，实际使用外资超过2.1万亿美元。《外商投资法》的制定和出台，既展现新时代中国积极的对外开放姿态，也是体现推动新一轮高水平对外开放，营造国际一流营商环境的要求，更能为新形势下积极有效利用外资提供更加有力的制度保障。

《外商投资法》确立的"准入前国民待遇+负面清单管理"制度，要求在企业设立阶段给予外国投资者及其投资不低于本国投资者及其投资的待遇，这有助于破除外商投资企业在设立阶段遇到的障碍与难题。同时，《外商投资法》在鼓励外商投资的基础上，强调外资与内资公平对待、同等保护，这也是《外商投资法》始终贯彻的基本原则。这些规定弱化了外商投资企业的特殊性，赋予外商投资企业与内资企业同等的发展权利。

2. 促进外资增长的税收优惠

《国务院关于促进外资增长若干措施的通知》（国发〔2017〕39号）提出须制定财税支持政策，以进一步提升我国外商投资环境法治化、国际化、便利化水平，促进外资增长，提高我国外资质量。

随着企业境外所得税抵免优惠政策的公布，国务院提出的三项促进外资增长税收优惠新政已全部落地。这三项税收优惠包括：

（1）鼓励境外投资者持续扩大在华投资。根据《关于扩大境外投资者以分配利润直接投资暂不征收预提所得税政策适用范围的通知》（财税〔2018〕102号），对境外投资者从中国境内居民企业分配的利润，用于境内直接投资暂不征收预提所得税政策的适用范围，由外商投资鼓励类项目扩大至所有非禁止外商投资的项目和领域。

（2）发挥外资对优化服务贸易结构的积极作用。根据《关于将服务贸易创新发展试点地区技术先进型服务企业所得税政策推广至全国实施的通知》（财税〔2018〕44号），自2018年1月1日起，对认定的技术先进型服务企业（服务贸易类），减按15%的税率征收企业所得税。这一举措的目的是，希望借此引导外资更多投向高技术、高附加值服务业，促进企业技术创新和技术服务能力的提升，增强我国服务业的综合竞争力。

（3）促进利用外资与对外投资相结合。根据《关于完善企业境外所得税收抵免政策问题的通知》（财税〔2017〕84号），企业可以选择按国（地区）别分别计算〔"分国（地区）不分项"〕，或者不按国（地区）别汇总计算〔"不分国（地区）不分项"〕其来源于境外的应纳税所得额；企业在境外取得的股息所得，在按规定计算该企业境外股息所得的可抵免所得税额和抵免限额时，由该企业直接或者间接持有20%以上股份的外国企业，限于按照125号文第六条规定的持股方式确定的五层外国企业。这一举措增加不分国（地区）别不分项的综合抵免方法，消除部分企业存在抵免不够充分的问题；同时适当扩大抵免层级，由三层扩大至五层，可以使得纳税人抵免更加充分，从而有效降低企业境外所得总体税收负担，进一步促进外资与对外投资相结合。

这三项税收优惠政策对于已在华开展投资并已在华产生利润的境外投资者、准备在华投资的境外投资者以及中国的走出去企业来讲，都是非常有利的。境内外的跨国企业应积极审视评估集团现行的投资战略并进行相应的调整，以充分利用这些优惠政策，同时也应密切关注这些优惠政策的地方执行口径，提前做好准备。

（三）福建省促进台企发展的曾有政策分析

为更好地发挥闽台"五缘"优势，支持台资企业转型升级、加快发展，福建省人民政府于2012年出台《关于进一步促进台资企业发展的若干意见》（闽政〔2012〕7号）（以下简称《意见》）。但根据《福建省人民政府关于宣布废止一批省政府文件的决定》（闽政〔2018〕24号），该《意见》已于2018年11月7日起停止执行。《意见》虽已废止，但其中所涉及的促进台企发展的财税政策意见，在今天仍具有一定的参考价值。

《意见》包括加大财政扶持、推动企业技术创新和技术改造、支持拓展大陆市场、优化劳动用工服务、加强金融支持、优化投资环境六部分，其中与财税政策相关的主要为以下几点：

第一，支持台商投资区、台商专业园区和台资企业加快发展。由五个相关单位每年各安排1000万元专项资金，统筹用于引进台资、扶持台资企业生产经营、台资企业技术改造、转型升级、科技创新以及台商投资区、台商专业园区基础设施建设等。

第二，鼓励台商来闽投资高新技术产业和新兴产业。台商在我省设立研发中心，经有关部门认定后，进口科技用品免征进口环节增值税、消费税；采购国产设备全额退还增值税。

第三，减免行政事业性收费。对入驻省级以上开发区的台资企业，免收工商行政管理行政性收费和企业注册登记费。

第四，依法减免部分现代服务业台资企业税收。经国家有关部门认定的动漫企业自主开发、生产动漫作品和动漫产品，可申请享受国家现行鼓励软件产业发展的增值税、所得税优惠政策。

第五，"十二五"规划期间，对年应纳税所得额低于6万元（含6万元）的小型微利企业，其所得减按50%计入应纳税所得，按20%税率缴纳企业所得税。

第六，鼓励台商在我省设立台资总部企业或总部营销中心。对入驻我省的台资总部企业，根据总部类别、企业类型、实际到位注册资本金划分不同档次，给予一定补助；对新设的台资总部企业按该企业在地方税收贡献额给予奖励。

第七，对我省新设立的研发机构、由台资企业建设并独立核算的省级以上科技创新平台以及落地的科技成果，按照一定的比例予以资助和奖励。

第八，台资企业节能降耗的投资，可按省有关规定申请专项资金和节能奖励，享受与内资企业同等的待遇和支持。

第九，对在我省设立批发、零售的台资企业简化审批手续，并在场地租金、税费缴纳等方面给予一定优惠。

第十，发挥出口信用保险对台资企业出口的支持功能，台资中小企业投保出口信用保险的，给予保费50%的补助。

三、福建对台税收政策建议

（一）关于税收政策的建议

1. 增值税方面

（1）建议我省进口台湾产品减免增值税。建议对原产于台湾地区的农渔产品设立目录清单，对在平潭口岸入境的台湾农渔产品实行零关税、零进口增值税。集散中心经营台湾进口目录清单内农渔产品的纳税人，可凭报关单和原产地证明开具收购发票（发票"销售方"栏填写台湾的实际销售方），依照现行规定抵扣增值税进项税额，或将其纳入农产品增值税进项税额核定扣除范围，解决购进免税农产品增值税抵扣问题。

提出该建议的理由主要有三方面：第一，两岸直航的实现。平潭是大陆距台湾本岛最近的地区，对台直航实现了至台北、台中、高雄航线的全覆盖。台湾特别是高雄等南部地区水果、冰鲜等农渔产品销往大陆市场规模日益增长，平潭市民可以享受到在家门口购买台湾农渔产品的福利。再者平潭目前已建成平潭台湾农渔产品交易市场，如果台湾农渔产品进口免税政策在平潭落地，将实现两岸货运航线常态化和农渔产品交易常态化，有力推动平潭成为两岸农渔产品的综合性交易中心，进一步吸引更多台湾农渔民到平潭开展生产经营和安居生活，真正把平潭打造成两岸同胞的"共同家园"。第二，同等待遇的落实。在两岸直航实现的背景下，台湾的农渔产品在大陆的市场规模不断增加，但由于台湾农渔产品在进口环节需缴纳进口关税和增值税，以台湾火龙果为例，在进口环节需缴纳 20% 关税和 10% 增值税，营业成本上升 30%，导致其在大陆的价格很高。而且，大陆农产品由于享受自产初级农产品免征增值税优惠，这使得大陆农渔产品较台湾有较强的市场竞争力，不便于打开台湾农渔产品在大陆的销路，给两岸在农渔产品方面的经贸合作造成了较大的障碍。另外，台湾也有类似大陆一样针对农民销售自产农渔产品的免税政策，如果对台湾农渔产品进口环节征收增值税，也会导致台胞不愿意来闽进行农渔产品的贸易。平潭综合试验区作为全国唯一对台开放开发的窗口，在落实同等待遇的理念下，可以考虑以平潭为试点，让台湾同胞也享受这一惠农帮农税收待遇，显示祖国对台湾农渔民的关爱，推动祖国的统一大业。第三，特色产业的倾斜。农业为两岸经贸往来的特色产业，而当前税收政策在涉农方面受惠范围小、力度轻，不能推动两岸农业的进一步交流合作。推行该政策将大大降低台湾农渔产品的入闽成本，农业合作将进一步升级扩大。

（2）建议退还我省台资企业的增值税期末留抵税额，对在闽台资企业的增值税留抵税额实行按年度清算退还。

对于这个建议，本文提供两种办法以供考虑选择：第一，针对全行业设置统一退还比例。在闽台资企业的增值税留抵税额实行按年度清算全额退还。其中退还期末留抵税额纳税人的条件是纳税信用等级为 A 级或 B 级。第二，具有一定的行业倾斜。在闽符合《中国制造 2025》明确的 10 个重点领域，以及高新技术企业、技术先进型服务企业和科技型中小企业的台资企业的增值税留抵税额实行按年度清算全额退还。其他不符合上述条件的台资企业可以申请退还增量留抵税额，计算方法为：允许退还的增量留抵税额=增量留抵税额×进项构成比例×60%。退还期末留抵税额纳税人的条件均是纳税信用等级为 A 级或 B 级。

提出该建议的理由主要有两方面：第一，基于大陆当前减税降费的大背景。增值税的征税模式是将销项税额减去进项税额差额作为应纳税额。但当企业的销售与采购不同步时，企业将承担较重的实际税负。例如，投入周期较长的企业，在前期资本投入过大，支付的进项税额很高，但由于转化为产品的周期长，造成销项税额很小，无法有足够多的销项税额来抵扣，造成可抵扣的进项税额被沉淀，形成较大的留抵税额，加重企业负担。2018 年，我国就针对部分行业的纳税信用等级为 A 级或 B 级的企业退还增值税留抵税额，计算方法为：可退还的期末留抵税额＝纳税人申请退税上期的期末留抵税额×退还比例。2019 年，我国发布《关于深化增值税改革有关政策的公告》（以下简称《公告》），明确自 2019 年 4 月 1 日起，在全行业试行增值税期末留抵税额退税制度，不再受行业限制。企业如果出现沉淀进项，可以向主管税务机关，申请退还增量留抵税额，计算方法为：允许退还的增量留抵税额＝增量留抵税额×进项构成比例×60%。留抵税额若不退税，不符合增值税消除重复征税的原理。对台资企业实行留抵退税制度，能够有效缓解台资企业在大陆的资金压力，助力台资企业在闽发展。第二，税收优惠的落实。考虑到我国财政的承压能力，当前针对全行业的留抵税额退税制度还较为保守：一是仅针对增量的留抵税额；二是需要企业进行申请而非自行申报；三是允许退税的仅是部分，而非全部；四是可以申请的企业的门槛较高，须同时满足 5 个条件。在打造福建对台先行区的契机下，可以考虑在闽加大对台资企业留抵退税制度的优惠力度，降低申请留抵退税制度台资企业的门槛，体现我国对台企的政策照顾，给台胞台企在闽更多的获得感，为实现祖国完全统一打下一定的基础。

（3）建议对在福建省设立研发中心的台资企业，经有关部门认定后，进口科技用品免征进口环节增值税、消费税；采购国产设备全额退还增值税。

提出该建议的理由主要有两方面：第一，相关政策的借鉴。2016 年 1 月 1 日至 2018 年 12 月 31 日，针对内资研发机构和外资研发中心采购国产设备全额退还增值税。现如今，该项政策已经不再适用。为了贯彻落实打造对台合作先行区的要求，在引进台湾先进技术、促进科学进步的理念下，可以考虑针对台资企业实行该优惠政策。第二，促进台商来闽投资。由于台资研发中心是大陆吸引台商来闽投资，利用台湾先进技术的一个重要平台，有利于完善我省的产业结构和台资结构，同时为我省的大学生提供更多的就业机会。

2. 个人所得税方面

（1）建议对在闽工作的台湾居民按不超过内地与台湾地区个人所得税税负差额给予补贴，该补贴免征个人所得税。

由于当前政策尚处于探索阶段，综合考虑后，本文提供三种办法以供考虑选择：第一，自贸区政策的复制推广。直接将平潭综合试验区原有的税负差额补贴政策推广到全省，即对在闽任职、受雇、履约的台湾居民的个人所得税进行税负差额补贴，补贴额度为台湾居民在闽实际申报缴纳个人所得税的 20%，该补贴免征个人所得税。第二，稍微降低优惠力度。考虑到我国的财政压力，在全省内实行对在闽任职、受雇、履约的台湾居民，以财政返还的形式，对大陆与台湾个人所得税的差额给予 15% 的比例补贴，该补贴免征个人所得税。第三，具有一定的人才倾斜。针对在闽工作的台湾高端人才和紧缺人才，进行税负差额补贴，补贴额度为台湾居民在闽实际申报缴纳个人所得税的 20%；其他台湾居民享受在闽实际申报缴纳个人所得税的 10%。

提出该建议的理由主要有三方面。第一，解决税负冲突的要求。大陆与台湾地区横跨两个关税区和行政区，法律环境不一致。台湾很早就实现了个人所得税的综合征收制度，而大陆才刚刚实现分类征收向分类与综合征收相结合的跨越。与大陆相比，台湾的个人所得税制更为成熟，更能体现税收公平。且大陆地区在税率级次以及最高边际税率设置两方面都比台湾地区高。总之，大陆与台湾相比，个人所得税负更重。这样的两岸税负冲突可能会让准备跨海工作的台胞望而却步。因此，在先行先试的理念下，可以就福建省内的台胞给予一定的税负差额补贴，以减缓两岸税负冲突。第二，粤港澳大湾区的建设经验借鉴。当前，随着粤港澳大湾区的不断建设，原来仅在珠海横琴新区和深圳前海新区的对港澳同胞的税负差额补贴优惠政策扩大到珠三角九市，是自贸区试点的正确政策推广。具体内容为：对在大湾区工作的境外（含港澳台）高端人才和紧缺人才，其在珠三角九市缴纳的个人所得税已缴税额超过其按应纳税所得额的 15% 计算的税额部分以财政形式返还。该项利好政策的发布，降低了吸引高端紧缺人才的税收门槛，为人才的集聚形成强有力的引导和推动作用，也有利于形成内地和港澳的合作以及高质量发展的"生活圈"。第三，我省自贸区的政策试点推广。平潭综合试验区作为全国对台先试先行的唯一窗口，针对在岚任职、受雇、履约的台湾居民的个人所得税进行税负差额补贴，补贴额度为台湾居民在平潭实际申报缴纳个人所得税的 20%，该补贴免征个人所得税。在打造福建省对台合作先行区的契机下，将平潭综合试验区的税负差额政策推广到全省合情合理。

（2）建议对平潭综合试验区的台湾居民落实"台人台税"政策。

建议对在平潭工作的台湾居民实际缴纳的个人所得税税款与其个人所得按照台湾地区税法测算的应纳税款的差额给予全额补贴。

我们提出这一建议的原因是早期珠海横琴自贸区也针对港澳台同胞实施

"港人港税、澳人澳税"政策，取得了一定的效果。平潭综合试验区为全国唯一的对台湾交流合作开发的窗口，在落实对台税收优惠政策上，应大胆先行先试，创新实施"台人台税"政策，完全消除两岸税负差异，实现"零税负差"，营造趋同的税制环境，以此不断增进台湾同胞福祉，推动两岸共同家园建设。

（3）建议福建省内企业的台湾高层次人才、高端人才和紧缺人才，可享受股权奖励个人所得税分期缴税优惠政策。

建议对福建省内企业以股份或出资比例等股权形式给予台湾高层次人才、高端人才和紧缺人才的奖励，实行股权奖励个人所得税分期纳税政策。获得奖励人员在获得股权时，按照"工资薪金所得"项目，参照有关规定计算确定应纳税额；对于获得奖励人员一次性申报缴纳税款有困难的，可分期缴纳个人所得税，但最长不得超过5年。

提出该建议的理由主要有两方面：第一，自贸区经验借鉴。该项政策是自贸区内的一项基本税收优惠政策，历经多年考验，在福建省打造对台先行先试的政策下，可以考虑在全省推行这项优惠政策。第二，吸引人才入闽。一般来说，企业人员拿到股权奖励后，需要一次性缴纳高额个税，往往令企业和个人望而却步，影响了台湾高端人才入闽的步伐。通过股权奖励延期纳税政策能够吸引台湾人才入闽，鼓励相关人才把更大的热情投入到工作中去，提高工作效率和工作质量。

（4）扩大福建省内台湾创投企业个人合伙人和天使投资人投资初创科技型企业享受抵扣优惠的范围。

笔者建议放宽初创科技型企业（被投资企业）的标准，将"具有大学本科以上学历的从业人数不低于30%"调整为"具有大学本科以上学历的从业人数不低于20%"；将"接受投资当年及下一纳税年度，研发费用总额占成本费用支出的比例不低于20%"调整为"接受投资当年及下一纳税年度，研发费用总额占成本费用支出的比例不低于15%"。

提出该建议的理由主要有两方面：第一，基于减税降费的大背景。初创科技型企业（被投资企业）的标准共有五条。2018年，财政部和税务总局发布《关于创业投资企业和天使投资个人有关税收政策的通知》（财税〔2018〕55号），其中明确要求降低创投企业和天使投资人投资的初创科技型企业的"门槛"。将"从业人数不超过200人"调整为"从业人数不超过300人"，"资产总额和年销售收入均不超过3000万元"调整为"资产总额和年销售收入均不超过5000万元"。在福建省打造对台合作先行区的契机下，可以考虑面向台湾创投企业个人合伙人和天使投资人进一步降低初创科技型企业（被投资企业）在其他方面的"门槛"。第二，助力台资发展。创新是引领发展的第一动力。创业投资和天使投资被称为是促进科技创新成果转化的助推器，是落实新发展理念、推进供给侧结构性改革的新动能。在闽的台湾创投企业及天使投资人占比较少，为鼓励这些台胞台企，可以考虑推行这一政策。

（5）建议对福建省内企业的台湾高管人员和台湾专业人员给予一定的财政补助。

笔者建议针对在闽年缴纳个人所得税总额5万元及以上的企业的台湾高管人员和台湾专业人员，以个人缴纳税收完税凭证为准，前两年按每年缴纳个人所得税地方级分成部分的70%，后三年按60%给予企业高管人员和专业人员贡献奖励，用于其个人购房补助和租房补贴。

提出该建议的理由主要有两方面：第一，自贸区经验借鉴。平潭综合试验区为了扶持总部经济发展，大力培育和发展金融服务、现代物流、国际会展等服务业总部企业，针对区内总部企业中符合条件的高管人员和专业人员给予财政补助。第二，吸引人才入闽。当前的财税政策对台湾优秀人才的引进效应不足，实行该项补贴政策，能够大大激励台湾优秀人才来闽就业，增加台胞在闽的获得感与幸福感。

3. 企业所得税方面

（1）建议对在闽从事人民币与新台币直接清算业务的台湾企业给予企业所得税优惠。

笔者建议对福建省内从事人民币与新台币直接清算业务的台湾企业的该部分收入免征或减半征收企业所得税。随着两岸经贸交流的不断深入，金融合作势在必行。长期以来，人民币和台币之间不能直接兑换，只能通过第三方进行兑换。这种"瓶颈"现象不仅造成商业成本增加和人员往来的不便，还在汇价差异的利益推动下衍生了猖獗的货币黑市。当前，我国平潭综合试验区内已经允许各金融机构试点人民币新台币直接清算，这给两岸金融及经济的合作发展带来许多好处。在税收领域，应大力鼓励与支持福建省内从事人民币与新台币直接清算业务的台湾企业的发展，推动两岸经贸合作的进一步深入。

（2）建议延长平潭综合实验区企业所得税优惠政策执行时间。

笔者建议将平潭综合实验区企业所得税优惠政策执行时间延长到2025年。

这一建议主要基于以下考虑：2014年我国发布《财政部、国家税务总局关于广东横琴新区、福建平潭综合实验区、深圳前海深港现代化服务业合作区企业所得税优惠政策及优惠目录的通知》，执行期为2014年1月1日起至2020年

12 月 21 日。当前该项政策对平潭综合试验区吸引台企、优化产业结构等起到了相当大的作用。因此建议将该项优惠政策延长的 2025 年。

（3）建议将平潭综合实验区企业所得税优惠范围扩大到全省。

笔者建议针对福建省内符合鼓励类产业的台资企业，且主营业务收入占总收入的 70% 以上的企业减按 15% 征税企业所得税，其中鼓励类优惠目录参照平潭综合试验区。

提出该建议的理由主要有两方面：第一，我省自贸区试点政策推广。平潭综合试验区作为对台先试先行的窗口，于 2014 年曾与珠海横琴新区、深圳前海深港现代化服务业合作区同时针对区内部分鼓励型产业减按 15% 征收企业所得税。目前，在建设福建省对台合作先行区的契机下，可以考虑将这一优惠标准扩大到福建省台资企业。第二，发挥税收产业调节功能。当前福建省对台经贸合作的税收优惠政策的产业结构调节功能不足，在全省范围内实行鼓励类产业的优惠政策，有助于改善全省内台资企业的产业结构，给予一些重点产业、特殊产业发展的机遇。

（4）建议放宽福建省内台企符合高新技术企业及科技型中小企业的认定标准。

笔者建议将福建省内台企的高新技术企业与科技型中小企业的认定下放到市一级把握，即取得市科技局的相关认定，即可享受当前高新技术企业与科技型中小企业的税收优惠。

提出该建议的理由主要有两方面：第一，自贸区经验借鉴。在平潭综合试验区，当地就放宽高新技术企业和科技型中小企业的认定标准，由当地（区级）科技管理部门认定。第二，助力科技型台企发展。当前福建省内的科技型台企无论在数量还是规模上的发展都呈现疲态，大多数都台企无法达到省级高新技术企业及科技型中小企业的认定。在福建省打造对台先行区的契机下，可以针对台企适当降低"门槛"，将认定下放到市一级把握，由当地政府根据实际情况出台认定标准，助力科技型台企在闽发展。

4. 其他税种

笔者建议对在闽台资企业中增值税小规模纳税人按 50% 的税额幅度减征资源税、城市维护建设税、房产税、城镇土地使用税、印花税（不含证券交易印花税）、耕地占用税和教育费附加、地方教育附加。

在减税降费的大背景下，国家针对小微企业颁布了一系列普惠性税收减免政策，其中有一条表明：由省、自治区、直辖市人民政府根据本地区实际情况，以及宏观调控需要确定，对增值税小规模纳税人可以在50%的税额幅度内减征资源税、城市维护建设税、房产税、城镇土地使用税、印花税（不含证券交易印花税）、耕地占用税和教育费附加、地方教育附加。当前，全国多省已经落实这一优惠政策。我省正在积极推进打造对台合作先行区，在落实同等待遇的要求下，我省应对台企积极推行这一利好政策，以减轻台企负担，助力台企在闽发展，增加台企在闽的获得感与幸福感。

5. 出口退税

笔者建议对一类、二类生产性台资企业出口退税实行先退后审。

提出该建议的理由主要有两方面：第一，相关经验借鉴。2016年年初，税务总局在全国推行出口退（免）税管理工作规范1.1版，进一步下放审批权限，除情况较为复杂的外贸企业外，将管理难度小、便于征退税衔接的生产企业退税全部下放到所在县（区）国税局审批，停止执行市、县局两级审批，对于纳税信用好的企业直接实行先退后审。第二，助力台资企业发展。直接为一类、二类生产型台资企业实行出口退税先退后审，能够为相关台资企业提供最大便利，有效降低了退税审批"门槛"，提高了退税业务办理效率，减少了企业资金占用，推动了企业发展。

（二）关于优化纳税服务的建议

1. 政务服务中心

笔者建议在福建省建立对台合作先行区政务服务中心，为台胞台企提供纳税服务。提出该建议的理由主要有两方面。第一，粤港澳大湾区的建设经验借鉴。粤港澳大湾区广州琶洲政务服务中心于2019年4月正式挂牌，成为广东全省首家为粤港澳居民和企业提供服务的大湾区政务服务中心。该中心既具大湾区元素又有海珠特色，集企业服务、涉税业务、人才服务、自助服务和通关贸易等功能于一体的"一站式"政务服务综合体，为海珠"一区一谷一湾"建设和融入粤港澳大湾区建设发展做出新的更大贡献。第二，促进两岸经贸融合发展。在全力打造福建省对台合作先行区的要求下，优化对台政务服务，营造一流的营商环境是十分重要的。通过建立对台合作先行区政务服务中心，使台胞台企在中心享受"一门式""一窗式"高效审批服务，增加台胞台企在闽的获得感，进一步吸引港澳企业和居民来闽创新创业和投资发展，促进两岸经贸融合发展。

2. 远程可视自助办税系统

笔者建议在平潭综合试验区内引入远程可视自助办税系统。

提出该建议的理由主要是，依据珠海横琴新区首创推出 V-tax 远程可视自助办税系统，在港纳税人可通过香港银行营业厅进驻的 V-tax 系统办理在粤涉税事宜，免除其跨境跑动成本，让岛外申请人以及港澳人士实现资料提交快速化、税局零跑动。由此可以借鉴横琴新区的做法，引入远程可视自助办税系统，以便台胞因特殊原因回台时也能办理相关涉税事宜，免除其跨境跑动成本。

3. 电子税务局实名认证功能

笔者建议由省税务局牵头，协调省公安厅等部门以及开发公司，使得电子税务局的实名认证功能支持通过台胞证编码进行登陆并实名。

落实台胞台企同等待遇，使得台胞能够比照大陆居民，持台胞证即可登录电子税务局进行首次注册。目前平潭税务局推出的微信自然人开票系统可以支持台胞使用 18 位台胞证登录使用。

4. 信息共享机制

笔者建议由海关、税务机关、公安部门和金融监管机构等相关部门协同共管，建立健全台胞、台企信息共享机制。

畅通信息渠道，实现信息共享，有利于为台胞台企来大陆生活、工作、创新创业提供更加有利的条件，共享大陆发展机遇。搭建台胞台企涉税信息共享平台，一方面有利于提高涉税信息质量和使用率，提高涉税信息共享机制的运行效率和信息传递，减少各相关部门获取台胞台企信息的时间和成本；另一方面，借助"互联网+税务"的模式，还有利于进一步发挥信用等级体系的惩戒激励作用，提高台胞台企纳税遵从度。

5. 信用激励制度

笔者建议建立台资企业比照享受纳税信用 A 级服务优惠待遇机制，对于地方政府招商引资项目的落地重点台资企业以及实际生产经营期不满三年的台资企业，可比照享受纳税信用 A 级企业服务优惠待遇方法。

税务机关按照守信激励、失信惩戒的原则，对不同信用级别的纳税人实施分类服务和管理。A 级纳税人可享受诸多税收激励措施，但实际生产经营期不满 3 年的不得认定为 A 级。本条建议措施参考平潭综合实验区的做法，对于纳税信用年度评价指标得分 90 分以上但实际生产经营期不满三年的中小型台资企业予以税收守信激励，有利于中小型台资企业发展壮大。

6. 税收遵从协议

笔者建议税务部门主动与福建省内的台企签订《税收遵从协议》，在《中华人民共和国税收征收管理法》（简称税收征管法）规定的基本权利和义务框架内，建立有效的征纳互信机制。对于签订协议的台企，享有更加便利的办税手段和方式，更及时的涉税风险推送，更宽松的税收风险应对机制。

这一建议是参考平潭综合实验区的做法。税收遵从协议是根据相关税收法规而建立起来的平等、互信、透明、合作、和谐的新型税企关系服务模式，是针对企业特点提供的规范化、个性化涉税服务。协议规定了税企双方的权利和义务，明确税务机关对企业涉税诉求给予更明确的答复、积极帮助企业完善内控制度防范税务风险、分享税务风险评估信息等；要求企业依法履行纳税义务、建立税务风险管理机制、提前报告重大涉税变更事项等。签订税收遵从协议是税务部门对企业的信任和尊重，也是企业对税务部门做出依法纳税的郑重承诺。本条建议基于创新服务和管理的角度，由税务部门主动与相关台企签订协议，协助企业税务管理从"被动管理"转向"自主管理、自我约束"，从而提高台企的税收遵从度，为台企的发展创造良好的营商环境。

第二节　厦门自贸区境外股权投资及离岸金融业务税收政策研究[①]

一、引言

目前，上海自由贸易试验区改革试验期即将满三年，天津、福建、广东第二批三家自由贸易区也已挂牌满一年。四个自由贸易区在促进贸易便利、刺激经济增长、倒逼政府转变职能等方面都逐步形成了一些可复制、可推广的经验。国务院在四个自贸区的建设方案中都提到"在符合税制改革方向和国际惯例，且不导致利润转移和税基侵蚀的前提下，积极研究完善适应境外股权投资和离

---

① 本文为厦门市社科调研课题"创新厦门自贸区税收制度研究"【厦社科联（2016）C21】研究报告中的部分内容，刘晔为课题负责人，本文由刘晔与其指导的硕士生夏欣郁、黄弘毅共同完成。

岸业务发展的税收政策"。① 在全球经济一体化进程中,自由贸易区"海关特殊管辖区域"的独特天然优势为发展境外股权投资和离岸金融业务、为全球范围内资源的低成本高速度流动提供了便利条件。而境外股权投资和离岸金融业务也对自贸区实现区域功能定位和产业结构升级、参与国际竞争、提升我国在全球金融贸易领域的话语权具有积极作用。

境外股权投资是指投资者通过持有境外企业股份,成为其股东,并且凭借持股比例享有收益、承担风险的投资行为。境外股权投资对在全球范围内进行优化产业布局、整合技术资源、完善产业链具有积极推动作用,也对自贸区的金融业发展至关重要。我国在鼓励个人及企业从事境外股权投资的同时,也致力于打造专业的境外股权投资机构(如私募股权投资 PE、风险投资 VC、合格境内机构投资者 QDII 等)。境外股权投资税制较复杂,不仅包括转让或持有境外股权投资股息、红利的企业所得税、个人所得税,以动产、不动产或无形资产作价投资入股的增值税、消费税、土地增值税等,还涉及避免双重征税的国际税收协定或磋商问题。针对国内现有境外股权投资税收政策,许静(2014)提出了完善税收抵免和税收饶让相关政策、采用延迟纳税及 CFC 法规、建立损失准备金制度以及建立亏损结转追补机制四点建议,以期形成不会导致利润转移和税基侵蚀的促进境外投资的税收政策。②

离岸金融业务是指银行吸收非居民(在境外的自然人、法人,含在境外注册的中国境外投资企业)、政府机构、国际组织及其他经济组织(包括中资金融机构的海外分支机构)的资金,服务于非居民的外汇存贷款、同业外汇拆借、国际结算、发行大额可转让存款证、外汇担保等金融活动。我国离岸金融业务自 1989 年以来,在经历了 1998 年东南亚金融危机的全面叫停后,直至 2012 年才得以恢复。目前,我国境内也仅有招商银行、深圳发展银行、交通银行、浦东发展银行等银行开展离岸业务。2015 年 10 月,人行会同商务部、银监会、证监会、保监会、国家外汇管理局和上海市人民政府,联合印发《进一步推进中国(上海)自由贸易试验区金融开放创新试点,加快上海国际金融中心建设方

---

① 国务院. 国务院关于印发中国(上海)自由贸易试验区总体方案的通知: 国发〔2013〕38 号 [R/OL]. 中国政府网, 2013-09-27. 国务院. 国务院关于印发中国(广东)自由贸易试验区总体方案的通知: 国发〔2015〕18 号 [R/OL]. 中国政府网, 2015a-04-20. 国务院. 国务院关于印发中国(天津)自由贸易试验区总体方案的通知: 国发〔2015〕19 号 [R/OL]. 中国政府网, 2015b-04-20. 国务院. 国务院关于印发中国(福建)自由贸易试验区总体方案的通知: 国发〔2015〕20 号 [R/OL]. 中国政府网, 2015c-04-20.

② 许静. 上海自由贸易区促进投资的税收政策研究 [D]. 成都: 西南财经大学, 2014.

案》（"金改40条"），以自由贸易账户（FT账户）为切入点，就率先实现人民币资本项目可兑换、启动合格境内个人投资者境外投资试点、扩大人民币跨境使用、不断完善金融风险监管防控机制等上海自由贸易实验区金融改革中的热点难点问题予以回应，也为厦门片区进一步推进金融体制改革，打造两岸区域性金融服务中心提供了新思路。国内现有离岸金融业务税收政策研究主要集中于对上海自由贸易试验区的经验总结及发达国家自由贸易区及国际离岸业务中心发展模式的比较借鉴，过度强调税收优惠，尤其是企业所得税优惠，而忽略我国现阶段深化改革同时进行的税制改革现状；并没有对于境外股权投资和离岸金融业务进行税收经济分析，也没有专门针对福建省自由贸易区厦门片区打造两岸区域性的金融中心的研究分析。贺伟跃、陈虎（2014）主张我国在选择内外分离且有限渗透的模式的同时，通过签署避免双重课税的税收协定，确保非居民真正享受税收优惠政策；① 余茜文（2014）认为宜采用内外分离型的离岸业务模式，在不开放资本项目的前提下，促进本货币资本项目的开放。② 辛浩、王韬（2007）认为应促进自由贸易区税收立法，统一国内各自由贸易区的离岸业务税收政策，试点推行免除股息税及利息税。③

《自贸区整体建设方案》反复强调，自贸区不是"政策洼地"而是制度"创新高地"，因此税收制度创新探索要避免形成"税收洼地""政策围栏"，而要形成可复制、可推广的制度创新经验。我国的税制改革也一直致力于从区域优惠向产业优惠升级，促进发展方式转变和产业结构升级。厦门片区作为福建省自贸区的最大片区，是基于厦门区域经济，面向海峡西岸经济区发展的内在需要而设立的自贸区，其定位是建成两岸区域性的金融中心、两岸服务中心、东南航运中心。本文拟从厦门自贸片区境外股权投资、离岸金融业务现状分析入手，通过借鉴国外自贸区境外股权投资、离岸金融业务税制建设经验，根据我国具体的税收征管实践来提出厦门自贸区境外股权投资和离岸金融业务相应税制，形成与国际通行做法一致且具有较强竞争优势的税收制度体系。

① 贺伟跃，陈虎. 上海自贸区离岸金融业务税收政策初探 [J]. 税务研究，2014（09）：70-73.

② 余茜文. 上海自贸区离岸金融市场税收政策研究 [J]. 中国市场，2014（18）：119-120.

③ 辛浩，王韬，冯鹏熙. 商业银行税制影响的国际比较和实证研究 [J]. 国际金融研究，2007（12）：37-44.

二、厦门自贸片区境外股权投资、离岸金融业务现状及其税收政策分析

（一）厦门自贸片区境外股权投资、离岸金融业务发展现状

根据《中国（福建）自由贸易试验区总体方案》（以下简称《方案》）对厦门自贸片区的发展目标，在构建促进对外投资的体系上，要"改革境外投资管理方式，将自贸试验区建设成为企业'走出去'的窗口和综合服务平台"，以及"确立企业及个人对外投资主体地位，支持企业在境外设立股权投资企业和专业从事境外股权投资的项目公司，支持设立从事境外投资的股权投资母基金"。境外股权投资和离岸金融业务作为自贸区跨境金融中"走出去"的主要组成部分，如何在自贸区探索出一套带动高端跨境金融业发展和创新的方案，是厦门作为两岸区域性金融服务中心和海上丝绸之路核心城市的战略规划上的重大历史发展机遇。

2015 年 5 月厦门开圆自贸区股权投资基金有限公司在厦门片区注册成立，标志着厦门片区的境外股权投资和离岸金融业务正式进入实质性的发展阶段。截至 2016 年 6 月，根据中国银行保险监督管理委员会统计数据，厦门市银行业非居民离岸账户（OSA）自然人客户有两位，法人客户 3779 家（其中境外企业 3760 家，国内企业投资的境外公司 19 家），各项贷款余额总计 316883 万元（其中一般贷款余额 168312.73 万元，进出口贸易融资余额 148570.27），国际结算业务量达到 7502989.8 万元（其中信用证 912750.84 万元，托收 251615.78 万元，汇款 4489665.22 万元，其他业务 1848957.96 万元）；境外机构境内外汇账户（NRA）法人客户 5119 家（其中境外企业 4999 家，境外银行 25 家，国内企业投资的境外公司 91 家，国内金融机构境外分支机构 1 家，其他法人 3 家），各项贷款余额总计 3510032.37 万元（其中一般贷款余额 3464922.94 万元，进出口贸易融资余额 45109.43 万元），国际结算业务量达到 2140085.09 万元（其中信用证 340879.92 万元，托收 107569.56 万元，汇款 1635984.42 万元，其他业务 59034.20 万元）。[①]

（二）厦门自贸片区境外股权投资、离岸金融业务发展特点

虽然厦门片区成立及区内境外股权投资和离岸金融业务开展时间仅有一年多，但厦门片区境外股权投资和离岸金融业务的开展已初步显露出几个具有厦

---

① 陈静．打造自贸区离岸金融中心［J］．金融博览，2014（03）：46-47．

门特色的特点：

第一，凸显对台战略意义，推动两岸金融合作。2016 年 5 月，建行、农行和平安银行在厦门片区成立了"对台人民币清算中心"，以跨海峡人民币清算为突破口建立了跨海峡人民币代理清算账户群，是厦门片区发展离岸金融的创新之举。《方案》中提出，"在框架协议下，允许自贸试验区内大陆的商业银行从事代客境外理财业务时，可以投资符合条件的台湾金融产品。"① 这是厦门作为两岸区域性金融服务中心推动两岸金融交流的重要举措。代客境外理财业务的开展是进行境外投资的一个积极探索，也是与台湾金融业对接合作的重要一环，改变了以往两岸投资合作中从只将注重台资吸引到大陆产业的局面，逐步转为大陆资本也能投向投资者认为值得投资的台湾产业。投资资本从单向流动到双向互通不仅有利于形成一种平等互利双赢的两岸金融投资合作关系，同时也为大陆投资者提供了更为丰富的投资的选择，促进了我国开放型经济构建。

第二，既注重创造业务自由化开展的条件，又强调创新跨境金融监管的模式。自贸区作为金融业试验区的最大特色金融自由化，如利率市场化和汇率自由汇兑等试点。对于境外股权投资和离岸金融业务，金融自由化的特征也很鲜明。《方案》提到的"自贸试验区内试行资本项目限额内可兑换，符合条件的自贸试验区内机构在限额内自主开展直接投资、并购、债务工具、金融类投资等交易"以及"支持自贸试验区内企业和个人使用自有金融资产进行对外直接投资、自由承揽项目"② 等都在为境外股权投资和离岸金融业务开展自由化创造灵活宽松的条件。另外，《方案》也不乏"加强境外投资事后管理和服务，完善境外资产和人员安全风险预警和应急保障体系"关于加强跨境金融监管和风险控制的规定。③ 境外股权投资和离岸金融业务的自由化和风控监管是厦门片区金融创新的一体两面，也是建立两岸区域性金融中心来促进国内金融业向国际金融逐渐接轨的必经之路。

第三，简化行政审批，鼓励业务创新。与自贸区其他业务的行政审批简化一样，对于境外股权投资和离岸金融业务也注重办事流程的便捷。《方案》中提到"建立对外投资合作'一站式'服务平台"和"推动开展跨境人民币业务创

---

① 国务院. 国务院关于印发中国（福建）自由贸易试验区总体方案的通知：国发〔2015〕20 号［R/OL］. 中国政府网，2015c-04-20.

② 国务院. 国务院关于印发中国（福建）自由贸易试验区总体方案的通知：国发〔2015〕20 号［R/OL］. 中国政府网，2015c-04-20.

③ 国务院. 国务院关于印发中国（福建）自由贸易试验区总体方案的通知：国发〔2015〕20 号［R/OL］. 中国政府网，2015c-04-20.

新，推进自贸试验区内企业和个人跨境贸易与投资人民币结算业务。对一般境外投资项目和设立企业实行备案制，属省级管理权限的，由自贸试验区负责备案管理"。① 这意味着自由宽松的外部环境和简洁便利的行政流程都为境外股权投资和离岸金融业务的开展减轻约束，但厦门片区金融业竞争力的提升归根结底最终还是要来源于业务创新。《方案》也对境外股权投资和离岸金融业务创新进行了鼓励，"支持自贸试验区内设立多币种的产业投资基金，研究设立多币种的土地信托基金等"和"在完善相关管理办法、加强有效监管前提下，允许自贸试验区内符合条件的中资银行试点开办外币离岸业务"。②

第四，强化政策的产业导向，明确行业的财政支持。随着全球经济下行压力增大，中小企业融资难的问题日益突出，而股权投资行业通过资本市场融资，将存量资本引向具有潜力的国内外中小企业将是大势所趋。2015 年 7 月，针对股权投资类企业，厦门市政府在《关于印发促进金融业加快发展意见的通知》和《关于印发促进股权投资类企业发展若干规定的通知》两个文件的基础之上，出台了《中国（福建）自由贸易试验区厦门片区股权投资类企业发展办法》，明确了对在厦门片区的注册的内、外资股权投资企业和股权投资管理企业的金额最高达到 2000 万人民币的五类奖励和支持措施（包括开办奖励、投资奖励、经营奖励、风险补助和总部奖励等）。这份文件从对厦门片区中注册股权投资类企业在投资经营几乎全程给予了巨大的直接财政支持，目的在于通过对金融业中股权投资进行产业扶持进而达到产业导向的作用，后续效应不仅在于推动金融业发展以解决中小企业融资问题，也是鼓励我国金融机构"走出去"开拓境外股权投资和离岸金融业务的信号。

（三）厦门自贸片区境外股权投资和离岸金融业务税收政策

境外股权投资和离岸金融业务与税收制度的关系密不可分。一方面，自贸区境外股权投资和离岸金融业务的税赋直接体现为各方面的成本，具体税制设计对跨境金融业的发展活力有着产业导向的作用；另一方面，境外股权投资和离岸金融业务涉国际税收、法律和管辖权的问题，对我国跨境金融涉税处理和税收征管手段提出了更高的要求。

在《中国（福建）自贸区总体方案》中规定，"在符合税制改革方向和国

---

① 国务院. 国务院关于印发中国（福建）自由贸易试验区总体方案的通知：国发〔2015〕20 号 [R/OL]. 中国政府网，2015c-04-20.

② 国务院. 国务院关于印发中国（福建）自由贸易试验区总体方案的通知：国发〔2015〕20 号 [R/OL]. 中国政府网，2015c-04-20.

际惯例，以及在不导致利润转移和税基侵蚀前提下，积极研究完善适应境外股权投资和离岸业务发展的税收政策"。① 在我的上海自贸区、广东自贸区和天津自贸区的总体方案中，对于自贸区境外股权投资和离岸金融业务税收政策与《方案》基本一致。这一表述说明了几个问题：首先，针对境外股权投资和离岸金融业务的税收政策应与我国当前的税制改革方向一致；其次，对境外股权投资和离岸金融业务制定的税收政策要符合国际税法惯例，涉税处理要尽量与国际通行做法接轨；再次，既要通过税收政策支持境外股权投资和离岸金融业务的发展，就不能因为对其税收监管过于宽松而松懈出现利润转移和税基侵蚀的问题；最后，也指出了正是因为上述问题的复杂性，当前在各个自贸区境外股权投资和离岸金融业务的具体税收政策仍处于讨论阶段，尚无明确的境外股权投资和离岸金融业务税收政策试验方案。

对此，本文将在第三部分对其他国家和地区自贸区境外股权投资和离岸金融业务的税制创新进行介绍和比较借鉴，以加深对境外股权投资和离岸金融业务国际税收处理的认识；在第四部分分析我国当前对境外股权投资和离岸金融业务的税收政策，并根据相应的税收经济分析提出厦门片区境外股权投资和离岸金融业务税制创新的设想。

三、其他国家和地区自贸区境外股权投资、离岸金融业务现状比较分析

世界各国自由贸易区普遍采取具有国际竞争力的税收政策，以吸引各类投资主体，实现产业集聚和规模效应。财税政策也从最初致力于吸引外商直接投资（FDI, foreign direct investment）转向发展境外股权投资和离岸金融业务，为区内企业提供有力的金融服务支持。而境外股权投资和离岸金融业务的发展，除依靠天然的地域优势外，主要是以宽松的外汇管制和优惠的财税政策吸引全球投资者。大多数国家近年来不断推进以降低税率、减轻纳税人负担为导向的税制改革，经济合作与发展组织（OECD, Organization for Economic Co-operation and Development）38 个成员，在 2008—2012 年期间就有 13 个国家和地区采取降低企业所得税率的政策。

---

① 国务院 . 国务院关于印发中国（福建）自由贸易试验区总体方案的通知：国发〔2015〕20 号 [R/OL]. 中国政府网，2015c-04-20.

（一）其他国家和地区自贸区境外股权投资税收现状比较分析

二十世纪九十年代以来，区域一体化组织给予投资自由化更多关注并进行相应的制度安排，北美自由贸易区（NAFTA, North American Free Trade Agreement）要求在投资、设立、经营管理等方面给予投资者准入前国民待遇；亚太经济合作组织（APEC, Asia-Pacific Economic Cooperation）提出《非约束性投资原则》涵盖国民待遇、外国投资者的进入与滞留、利润汇回等促进投资自由化的关键问题。对于我国而言，对增加境外投资对转移国内过剩产能，倒逼产业结构升级同样具有积极作用。国际上也普遍遵循境外投资自由化政策以鼓励本国（地区）企业积极拓展海外市场，提升资本获利水平。在取消外汇管制和境外投资限制的同时，加强事后监控与风险防范，如美国、日本、德国等先后设立专门的境外投资保险机构为境外投资保驾护航。各国在境外股权投资税制方面的探索也主要集中在包括降低税率、税收抵免、设立亏损准备金等税收政策支持以提高企业预期收益，降低投资成本。

（1）美国：奉行适度宽松的货币政策，美国联邦储备系统（简称美联储）主要通过公开市场操作控制货币供给调节汇率。除通过国家进出口银行（非营利性）和美国海外私人投资公司（营利性）两大机构为从事海外投资的美国企业和个人提供资金支持和金融服务外，在税收优惠方面，所得税综合运用税收减免、抵免、延付等多种方式，关税则采取附加值征税原则。美国与多国签订双边避免重复征税和加强税收合作的协定，海外投资税率较境内投资税率低15%—20%。企业所得税资本利得可冲抵同项下亏损，境外亏损也可冲抵境内盈利；个人所得税将资本利得视为一般所得，长期资本利得最高税率仅为28%，并可冲抵亏损。对境外股权投资中，未汇回国内的收入不予征税，同时规定受控外国公司（CFC , Controlled Foreign Company）条款，避免以避税为目的将利润保留在外国企业不分配或减少分配。

（2）英国：企业所得税视资本利得为一般所得，并可冲抵同项下亏损；个人所得税采取有35000英镑的免征额的三级超额累进税率。此外，由于其简捷的企业注册流程和境外投资经营所得无须交利得税，英属维尔京群岛（BVI）成为全球企业注册量最大的"三大避税天堂"之一。

（3）德国：为资本利得税单独设立税率为25%的税目，低于企业所得税税率29.8%，个人所得税税率最高达42%。

（4）法国：企业从事境外投资可以在不超过对外投资总额限度内提取亏损风险准备金，准予所得税税前扣除。

（5）日本：1960 年、1971 年、1974 年、1980 年先后实施资源开发、特定海外工程合同、大规模经济合作事业的境外投资亏损风险准备金制度、境外收入税收抵免制。对未汇回国内的股息、红利所得不征税，同时辅以 CFC 规定反避税。

（6）韩国：企业所得税将资本利得视为一般所得，个人所得税采用 10%、20%、30% 三档税率对不同公司规模的持股人进行征税。

（7）新加坡：企业所得税和个人所得税对资本利得均不征税。自由贸易区内，无论是居民还是非居民，源于海外的一切所得均无须在新加坡缴纳个人所得税，在发展中国家从事境外投资可享受税收饶让的双重减免优惠。

（8）巴拿马：世界第二大自由贸易区——科隆自贸区对源于境外的股息免税，投资税、地方市政税豁免。

（9）中国香港地区：实行属地原则，仅对来源于香港的资本利得征税，对一切来源于境外的资本利得免税。

（二）自贸区离岸金融业务税收现状比较分析

自 20 世纪 50 年代末以来，离岸金融业务发展至今已近 60 年的历史。融资模式由旧有的单一信贷业务发展到目前股票、债券，各类金融衍生品种类也日趋多样化。形成三类离岸金融业务中心，分别是以伦敦为代表的完全开放的外汇政策下的自由离岸金融市场，以纽约为代表的存在一定外汇管制的内外分离的离岸金融市场，以避税为主要目的离岸金融市场。

（1）美国：1981 年 12 月，美国允许境内金融机构利用现有的场所和设施为非居民提供非居民信贷业务，即政府主导下的内外严格分离型离岸金融业务，称为国际银行设施（IBFs，International Banking Facilities）。这一举措在巩固纽约国际金融中心地位同时，也打破了原有的必须在货币发行国境外开展离岸金融业务的固有模式。

（2）英国：自 1979 年取消全部外汇管制后，伦敦凭借其独特的地理优势和宽松的金融政策，成为全球最重要外汇交易中心，自然形成境内外一体型的离岸金融市场。伦敦作为老牌的国际金融中心，其基础设施、人才储备和技术支持都处于国际领先地位，没有严格的离岸业务审批程序，无论是居民还是非居民都可以自由参加离岸金融市场。

（3）新加坡：离岸金融市场形成于 20 世纪 70 年代，实行开放、自由、宽松的外汇管理体制和金融制度，通过废除银行股双轨制、提高离岸银行贷款业务上限、调低银行为投资者处理最小交易额等一系列改革举措，实现了从境内外严格分离市场向一体型市场的成功转型。1968 年、1972 年、1976 年先后废止非居民利息所得预扣税、亚元离岸贷款合同、大额可转让存单的印花税、非居民持有离岸债券的利息所得税等，1983 年对国际银行贷款及债券发行收入给予免税。上述一系列税收政策有力推进了新加坡国际金融中心的建立。与此同时，健全的法律体系和高效的金融监管使离岸资金得到了有效的监督，并未过度流入房地产市场和非生产性领域，避免了对国内资本投资市场的扰动。

自由贸易区不仅对大部分金融服务免征消费税（GST, GOODS And SERVICES TAX，与我国的增值税类似），而且对金融服务出口企业，出口创造的营业利润减征 90% 的所得税，减征期一般为 5—10 年，之后还可以享受 10%—15% 的所得税减免。

（4）日本：1986 年，日本仿照美国 IBFs 开设日本离岸金融市场（Japanese Offshore Market, JOM），当时就有 181 家银行（其中外资银行 69 家）获批从事离岸金融业务。解禁远期利率协议（Forward Rate Agreement, FRA）、外汇掉期交易和利率掉期交易（Swap）以来，截至 1994 年年底，离岸市场余额已达到了 7262 亿美元。日本外汇省严格规定了 JOM 资产、负债业务的限额，防止"入超"（规定每日、每月由离岸账户转入境内账户的限额）现象，避免离岸市场资金对境内资本市场的冲击。

（5）中国香港地区：自 20 世纪 70 年代以来，香港通过逐步放松外汇管制、取消对外资银行的准入限制等措施，确立了境内外业务一体化的全球离岸金融中心地位。获准经营的金融机构、从事离岸金融业务的货币币种不受限制。证券投资取得的收益，如通过双重保险商对的离岸风险的再保险业务，免税或减按 8.25% 的优惠税率征收。根据《证券及期货条例》，凡注册或获发牌的法人财团和财务机构在香港从事证券、外汇合约、期货合约等离岸基金业务所获取的利润免税。

（6）印度：就外国银行海外机构（OBUs）而言，出口加工区的相关规定允许外国银行在区内设立海外银行并享受一定的税收优惠，不仅前 5 年 100% 免除所得税，且在随后的 2 年减半征收所得税。

（7）加勒比海地区：其于 20 世纪 70 年代，凭借其稳定政局、良好环境、优惠政策和银行保密条款吸引大量离岸资金，形成以巴拿马、开曼群岛和巴哈马等地区为代表的典型的避税港式离岸金融市场。

从上述离岸金融中心的发展经验来看，各个国家（地区）普遍以较低的所得税税率（其中欧盟对离岸金融业务实行零税率）和较多的费用扣除项目对离岸金融业务给予税收支持。

四、我国对境外股权投资和离岸金融业务的税收经济分析

境外股权投资和离岸金融业务都是跨境金融的重要组成部分，但根据本文第一部分对二者定义的分析，进行境外股权投资和离岸金融业务的目的不同，前者是一国的公司为了追求他国更高的投资收益率而将本国资本以设立、收购和兼并等方式注入国外公司来获取股权并通过一定的退出机制获取资本增值收益，后者则是通过在境外为非居民提供金融服务达到规避金融管制和获取税收优惠的目的。对此，有必要对两种行为从国际税收角度分别进行分析，前者主要避免国际重复征税，后者主要注重税收优惠和反国际逃避税。

（一）境外股权投资的税收经济分析

1. 我国现行税法下境外股权投资的涉税处理

境外股权投资是对外直接投资（Outward Foreign Direct Investment，OFDI）中的一种形式。根据我国税法，我国在税收管辖权上同时行使居民管辖权和收入来源地管辖权。当境内公司在境外股权投资获得资本增值并通过一定退出机制得到投资回报时，在假设没有签订国际税收协定的情况下，境内公司所涉及的主要税种有企业所得税和个人所得税。对来源于境外的所得，我国采用抵免法避免重复征税。具体来说，根据个人所得税采用分国分项的抵免方式，企业所得税采用分国不分项的方式；对于有与资本流入国签订税收协定或税收饶让的，一般按照具体协定内容通过预提所得税和饶让抵免等方式避免重复征税。①

2. 境外股权投资的所得税的税收经济分析

为了从经济学角度分析境外股权投资所得国际重复征税的效应，首先将从宏观经济的角度分析境外股权投资的所得税的税收经济效应，为了简化分析，对境外股权投资的个人投资者和法人机构投资者及相应的个人所得税或企业所得税不做区分，统一视为法人机构投资者。

假设一个生产要素只有资本和劳动力的开放经济环境中，只有一个资本流出国 X 和一个资本流入国 Y，资本流通形式为股权投资。如图 5-1 中，记 I_X 为资本流出国的投资曲线（表示资本需求），S_X 表示资本流出国的国民储蓄曲线（表示资本供给），相应地，I_Y 为资本流出国的投资曲线，S_Y 表示资本流出国的

---

① 户晗. 关于我国（上海）贸区税收政策的探究 [J]. 新经济，2015（Z1）：35-36.

国民储蓄曲线。当国际资本自由流通且只要股权投资所得只需要向被投资国家缴纳所得税，而不用向股权投资公司所在国缴纳所得税的情况下，X 国股权投资企业发现 Y 国的税后收益率大于本国的税后收益率 $r_{Y0}>r_{X0}$，趋于利益 X 国股权投资企业就会对 Y 国的项目境外股权投资，国际资本净流动会变成从 X 国流向 Y 国。根据一价定律，X 国流向 Y 国的国际资本流通在两国税后利率 $r_{X1}=r_{Y1}$ 相等时达到均衡状态，此时 X 国的境外股权投资额为（$S_{X1}-I_{X1}$），Y 国的接受来自 X 国的股权投资额为（$I_{Y1}-S_{Y1}$）。

若资本流出国 X 对其税收管辖权内的股权投资企业的境外所得没有任何豁免或抵免，意味着 X 国的境外股权投资企业还面临着一项来自本国课征税率为 t 的所得税。在 X 国，对资本所得征税导致 X 国股权投资企业的境外资本流出减少导致资本要素的价格下降至 r_{X2}；在 Y 国，由于来自 X 国股权投资减少导致资本要素的价格上升至 r_{Y2}。由于资本所得税，X 国的国内储蓄减少至 S_{X2}，境内投资增加至 I_{X2}，对 Y 的境外股权投资额减少为（$S_{X1}-I_{X1}$）；而 X 国的国民储蓄增加至 S_{Y2}，境内投资减少至 I_{Y2}，Y 国的接受来自 X 国的股权投资额减少为（$I_{Y2}-S_{Y2}$）。

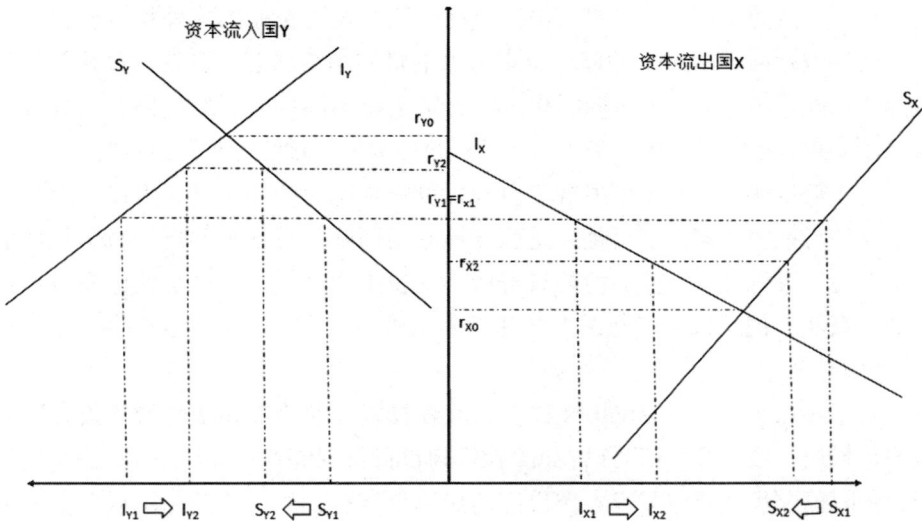

图 5-1 境外股权投资所得税国际重复征税的经济分析

3. 境外股权投资的所得税避免国际重复征税分析

对税收的经济效率的关注点在于税收中性，即使税收尽可能不扭曲资源配置。在国际资本流动中，就表现为所得税应尽可能不扭曲国际资本的配置，使存量资本能够自由流动到收益率高的地区。从图 5-1 的分析可以看出，相较于没有税收的情况下，资本流出国对境内企业来源于境外的股权投资收益课征资本所得税会导致境外股权投资额的减少。对资本流出国的股权投资企业而言，他们进行境外股权投资的成本增加，税收的存在使得原本较高收益相对减少，减弱了他们对外进行投资的驱动力；对资本流入国而言，就面临着来源国外的投资额减少的问题。因此，对境外股权投资的所得的国际重复征税破坏了资本流动的中性，对国际资本的配置确实存在扭曲的影响。

消除这种资源配置扭曲，即避免国际重复征税的方法不外乎有两种对立的方式，一是资本流入国对来源其本国的投资所得征税让步，二是资本流出国对其居民公司来源于国外的投资所得征税让步。从 OECD 和联合国关于避免国际重复征税的范本中所强调的以及世界上大多数实行居民税收管辖权的国家的通行做法来看，一般是承认收入来源国具有优先征税的地位。因此当前各国的税收协定和资本流出国通常采用免税法、扣除法、低税法和抵免法四种方法来减少国际重复征税的弊端。不过，这四种方法的经济效应也各不相同。

对于免税法，若资本流入国对来源于外国的投资所得征税时没有国民待遇和最惠国待遇的条件下，资本流出国对境内股权投资企业的境外投资所得实行免税法其实就回到图 5-1 的国际资本流通的最初均衡状态，也就不存在税收对国际资本配置的扭曲。但这同时也意味着资本流出国放弃了对境内股权投资企业的境外投资所得的征收，资本流出国就将面临较严重的税基侵蚀问题。

对于低税法，资本流出国对境内股权投资企业的境外投资所得以一个较低的税率进行征收，实际上只是一定程度地减弱国际重复征税问题，减弱程度取决于对境内股权投资企业的境外投资所得的税率的高低。低税法使国际资本流动的均衡状态的结果介于在图 5-1 中无重复征税与存在完全重复征税两个均衡状态之间。

对于扣除法，资本流出国允许境内股权投资企业将其在境外缴纳投资所得税当作费用，该部分费用可以在缴纳本国所得税时扣除。扣除法的本质其实和低税法相同，优先考虑了资本流出国的居民管辖权，但只是部分承认了资本流入国的收入来源地管辖权，因而境外股权投资的国际重复征税问题也只是在一定程度得到减弱。

对于抵免法，既考虑了资本流入国的收入来源地管辖权，也考虑了资本流出国的居民管辖权。当资本流入国的税率高于资本流出国的税率时，实际上和免税法的结果相同，境外股权投资企业只需向资本流入国缴纳所得税，而这部分税收可以在资本流出国得到完全抵免。当资本流入国的税率不高于资本流出国的税率时,境外股权投资企业向资本流入国缴纳所得税后,由于本国的税率较高,这部分国外缴纳的税收抵免完之后还要按税率差额向本国缴交一笔所得税,境外股权投资企业的最终税负与在本国经营的结果相同。

从上述的分析可以看出,资本流出国要使本国福利最大化的同时又要减轻国际重复征税,应采用扣除法或抵免法,既防止了对境内企业进行境外股权投资时的利润转移和税基侵蚀,又减轻了重复征税对本国股权投资企业的不利影响。

4. 厦门自贸片区境外股权投资税收政策设计原则

根据上述对境外股权投资的税收经济分析,厦门片区境外股权投资税收政策设计原则体现在两方面:

一是鼓励积极参与境外股权投资,发挥税收政策的产业投资导向作用。针对厦门片区对台的战略意义,要从政策上鼓励投资者积极参加境外股权投资,特别是参与台湾地区的股权投资。通过对各个实业领域的股权投资来促进两岸不仅仅是在金融业,而且要在更为广泛的实体经济产业实现对接合作。对于大陆产业在资源或技术上需求较大的产业,通过对境外产业的股权投资快速获得知识产权或技术资源来实现对大陆的资源整合和产业升级,并以税收优惠的方式进行产业的投资导向,可以考虑试点对片区内投资机构或个人投资者涉及特定领域和产业的境外股权投资所得在避免国际重复征税的基础上进一步予以如免税法等方式的所得税税收优惠。

二是规避滥用税收政策,打击国际逃避税款的行为,维护税收主权。对于厦门片区内境外股权投资的特定税收优惠政策,并不意味着对税收居民管辖权的忽视,而要更注意防止通过境外股权投资的形式滥用税收优惠来进行国际逃税避税活动,着重监督和防范境外股权投资以受控外国企业(CFC)的方式转移境内利润和侵蚀税基。

(二) 离岸金融业务的税收经济分析

1. 我国现行税法下离岸金融业务的涉税处理

由于我国对离岸金融业务的开展持较为保守的态度,根据我国现行税法,我国的离岸金融业务的税收政策与在岸金融业务的税收政策一致,所涉及的税种主要包括的增值税、企业所得税和印花税。[1]

相比于境外股权投资，在自贸区内探索离岸金融业务的税收政策的目的就在于寻找一种既与国际离岸金融中心税收制度相接轨，又能防止利用离岸金融进行国际逃税避税的税收政策方案。

2. 对离岸金融业务进行税收优惠的经济分析

如本文所介绍的其他国家和地区对离岸金融的税收处理方式，一般都给予离岸金融业务大量税收优惠来营造较为宽松的税收环境。相比于其他国家和地区，我国离岸金融业务的税负较重，主要体现在多余的流转税和较高的所得税。

2016年5月1日"营改增"试点全面铺开后，金融业营业税改征增值税，离岸金融业务的流转税项目也相应地改为增值税。然而即使是推行"营改增"后，离岸金融业务的流转税项目在名义税率上也由5%（营业税）变为6%（增值税一般纳税人的销项税）。这样便造成了两个问题：第一，世界上大多数实行增值税的国家一般对金融业免征增值税，而国内仍按照一个相对较高的税率对金融业征收增值税，对于离岸金融这种面临强大国际竞争的业务，对发展离岸金融业务无疑是一个较大的税收负担；第二，相比出口商品时的增值税出口退税，离岸金融业务为非居民提供境外金融服务时也尚未有相应增值税出口退税规定，这从增值税抵扣链条上来也是不合理的。[2]

对于离岸金融业务的所得税税率，本文第三部分所介绍的其他国家和地区对离岸金融的企业所得税税率一般在15%左右甚至更低，远低于现行的25%。较高的税收负担必然会影响我国离岸金融业务的国际竞争力。

因此，对于在自贸区内完善离岸金融业务的税收政策首要任务就是试点对离岸金融业务的税收优惠。具体来说：第一，根据国际增值税开征国家的通行做法和增值税的税收中性特征，应对离岸金融业务的服务收入免征增值税或者实行增值税零税率；第二，基于纳税便利原则，对离岸金融业务的印花税也可以考虑免征；第三，出于对离岸金融业务的支持，对离岸金融企业的所得税应予以税率上的税收优惠，以增强其业务在国际范围开展的竞争力。

图5-2分析了对离岸金融业务进行税收优惠的经济效应。在未实行税收优惠的情况下，离岸金融企业的供给曲线为S_1，均衡状态下的服务量为Q_1，均衡

---

① 中国人民银行. 关于印发《离岸银行业务管理办法》的通知：银发〔1997〕438号〔R/OL〕. 中国人民银行网站，1997-10-23. 国家外汇管理局. 关于发布《离岸银行业务管理办法实施细则》的通知：汇管发〔1998〕9号〔R/OL〕. 外汇管理局网站，1998-05-13.

② 贺伟跃，刘芳雄. 促进上海自贸区离岸金融业务发展的税收优惠政策刍议〔J〕. 税务研究，2015（08）：69-74.

价格为 P_1。当对离岸金融业的流转税和所得税予以税收优惠时，离岸金融企业的税收负担减少，对离岸金融服务的供给增多，推动供给曲线右移至 S_2，在新的均衡状态下，离岸金融业服务量增加至 Q_2，均衡价格降低为 P_2。从直观的分析可以看出，对离岸金融业务适当的税收优惠会激活行业活力，促使离岸金融企业提供更多价廉的离岸金融服务。因此，不管从税收原则的角度，或是国际通行做法的角度，还是从产业支持的角度，都有必要对自贸区的离岸金融业试行税收优惠政策。

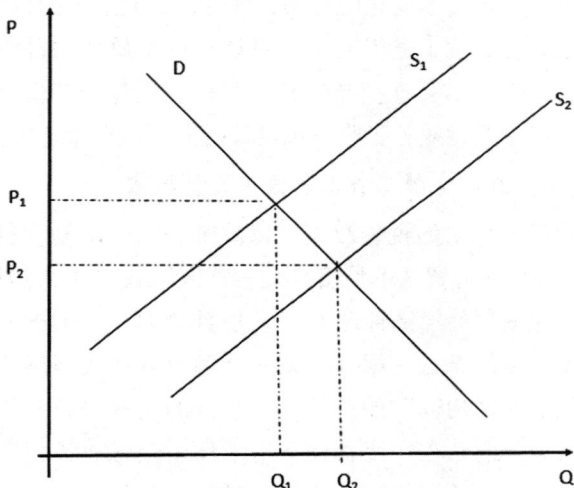

图 5-2　对离岸金融业务进行税收优惠的经济效应

3. 对离岸金融业务进行反国际避税的分析

在国际上，离岸金融业务的作用并不局限于跨境金融业的开展，在簿记型的离岸金融中心，跨国集团更是广泛地将其运用于国际避税活动。

离岸公司借助离岸金融业务的国际避税的方式与在岸金融公司一样，主要是通过滥用税收优惠、转让定价和资本弱化等手段，不同的是，离岸公司在所离岸金融中心受的金融监管的程度远小于在岸公司，同时还能享受到大量的税收优惠政策。

如果对离岸金融公司的税收优惠政策的施行不够规范的话，离岸金融公司有机会以各种手段营造符合税收优惠的条件来滥用税收优惠政策，最大限度地规避税收。

离岸公司利用转让定价进行国际避税的手段是通过集团内的关联企业，以偏离的市场价格的定价进行关联企业间的内部交易，让所得税率高的关联公司处于亏损状态，而将大量利润转移到税率较低的离岸金融公司，从而在集团整体层面减少应纳税所得额。

离岸公司利用资本弱化进行国际避税的手段是通过关联企业向离岸公司的借债，使其资本结构上表现出债务资本大于权益资本的账面情况，来增加债务资本应还的利息，这部分利息可以作为财务费用在应纳税所得额中准予扣除，而另一方面，离岸金融公司的利息收入却享受着较低的所得税率。因此，关联企业通过向离岸公司实现资本弱化的方法，就可以达到避税的目的。

若对离岸金融业务的过于宽松的金融设计和过于放任的税收优惠导致金融监督和税收监管的缺失，将会直接导致利润转移和税基侵蚀便得不偿失，这是厦门自贸片区进行离岸金融业务税收政策设计时需要重点考虑的。

4. 厦门自贸片区离岸金融业务税收政策设计原则

一是试点税收优惠为主的税收政策，以政策创新带动制度创新。李克强总理在《求是》中提到："自贸区不是搞'政策特区'或'税收洼地'，而是要推进政府职能转变，探索创新经济管理模式。"[1] 建立自贸区的核心任务和根本目的就是在于对制度创新的试验。第一，离岸金融业务在我国属于新兴的金融服务业，在当前我国产业结构调整的背景下，新兴的金融服务业的发展需要政策扶持，创新需要政策导向，在一定条件下给予离岸金融业务特定的税收优惠政策，就是在探索创新经济管理模式。第二，税收制度本身也是社会经济制度中重要的一部分，在厦门片区内对离岸金融业务试点税收优惠也是一种税制上的创新。如果将税收优惠对象限定在特定亟须发展的业务范围，也就不存在税收优惠政策被滥用的"政策特区"问题或"税收洼地"问题。第三，在通过税收政策对自贸区内离岸金融业务进行税收激励时，要注重结合厦门片区的对台的战略意义，服务对象涉及台湾企业和台湾同胞的离岸金融业务可以在订立两岸税收协议的基础上，进一步给予台胞在企业所得税和个人所得税的税收优惠，以增进两岸关系和和平发展和促进两岸产业对接合作。

二是完善和发展反避税手段，规避有害国际税收竞争。对片区内离岸金融业务的税收优惠是必要的，但并不意味着放任其成为"政策特区"或"税收洼地"。一方面，在税收优惠政策设计上要使得对离岸金融业的税收优惠可控和可监控，通过对税收优惠设定限制和仅对特定离岸业务实施税收优惠来把握税收优惠力度和范围的可控，通过对离岸业务单独设置税务登记号等方式对离岸金

---

① 李克强. 关于深化经济体制改革的若干问题 [J]. 求是，2014（09）：3-10.

融业税款缴纳单独监控。在税收优惠政策的给予上要规范运作，这同时也要求我国税务系统人员要不断提高税收征管水平。另一方面，对离岸金融业税收上的监管还可以从双方或多方的税收协定或谈判方式上进行创新，加强与协定签订方进行税收情报交换，对离岸公司进行预约定价等多种方式防止关联交易。

五、政策建议

厦门片区应在转变政府职能、培养技术人才、完善配套服务的同时，积极构建与对外投资相匹配的税收制度，尤其是针对新兴的境外股权投资和离岸金融业务，使离岸金融业务整体税负率低于国内同类在岸业务，在坚持我国税收征管改革方向的前提下，依照惯例给予相应的具有国际竞争力的税收支持，打造具有国际竞争力的金融营商环境。

（一）促进立法、完善税制

1. 加快自贸区立法建设

世界发达国家一般都是先立法后设区，部分发展中国家也有制定自由贸易区专门法案，如美国国会 1943 年通过《对外贸易区法案》、欧盟 1994 年实施《欧共体海关法典》、新加坡 1969 年通过《自由贸易园区法案》，印度 2005 年通过《经济特区法案》。而我国自由贸易区立法基本处于空白状态，只有国务院印发的总体建设方案。自由贸易区的立法，有助于保障自由贸易园区各项政策的稳定性，维护投资者的理性预期，于境外股权投资和离岸金融业务这类对政策变化高度敏感的产业而言后者尤为重要，所以自贸区立法迫在眉睫。

2. 形成与国际通行一致，具有较强竞争优势的税制

笔者从厦门国税局了解到，自 2016 年 5 月 1 日全面实施"营改增"以来，除金融业外，几乎所有行业税负都只减不增。银行在贷款利息支出不可进项抵扣的情况下，金融服务业的税率从营业税的 5% 提升到增值税的 6%，新增不动产较少、进项抵扣额不足等都是造成税负小幅度上升的原因。参照国际经验，建议离岸金融业务服务参考我国对离岸服务外包的支持政策，免征增值税以及离岸投资业务采取 15% 的企业所得税率，从而形成与国际通行做法保持一致且

具有较强竞争优势的税收制度体系。①

3. 降低间接抵免的持股要求

我国现行企业所得税抵免限额计算采取分国不分项，而个人所得税抵免限额计算采取分国又分项，这一征管方式在当时境外股权投资业务量少，探索征管模式的情况下具有制度合理性和必然性。然而时至今日，仅2015年我国累计实现对外投资7350.8亿元人民币，同比增长14.7%，涉及全球155个国家/地区的6532家境外企业，这一堪称庞大的经济体量要求我们必须尽快与国际接轨，完善税收抵免制度以应对境外投资逐年增长，特别是从事多国家投资的专门机构的兴起对降低间接抵免的持股比例要求。各国允许抵免的最低持股比例分别为：德国10%，西班牙5%，美国10%，并特别规定美国国内母公司对境外子公司持股比例最少为5%即可。与此相比，我国允许抵免的最低持股比例为20%，远远高于其他国家，所以应适当降低间接抵免的持股要求，减轻企业总体税负，形成国内总部经济发展优势。

4. 充分利用海峡税收协议

2015年8月25日签订的《海峡两岸避免双重课税及加强税务合作协议》第五部分第一款第三条规定"一方居民（居住者）公司从另一方取得利润或所得，其所给付的股息（股利）或其未分配利润（未分配盈余），即使全部或部分来自另一方的利润或所得，另一方不得对该给付的股息（股利）或未分配利润（未分配盈余）课税。"②尽管此规定目前还在台湾地区立法机构审议中，但《协议》的生效必将为厦门片区更好对接台湾自由经济示范区，促进两岸优势互补、共同合作、互利共赢，奠定两岸和平发展的坚实基础。

（二）税收优惠、产业导向

为了鼓励和扶持境外股权投资和离岸金融业务，增强我国金融服务业在国际上的竞争力，仍需发挥税收优惠政策的产业导向作用，具体来说：

（1）对于离岸金融业务，根据国际上对金融业免征增值税的惯例，在"营改增"的背景下，对厦门自贸片区内的离岸金融业务进行免征增值税或者以零税率征收离岸金融的增值税；对于印花税，出于自贸区简政放权的改革初衷，

---

① 财政部，国家税务总局，商务部．关于示范城市离岸服务外包业务免征营业税的通知：财税〔2010〕64号〔R/OL〕．中国政府网，2010-07-28.

② 海峡两岸关系协会，海峡交流基金会．海峡两岸避免双重课税及加强税务合作协议〔R/OL〕．税务总局网站，2018-08-25.

地方政府和地方税务系统也可以酌情对离岸金融业务凭证的印花税免征；对于离岸金融公司的所得税，出于增强国际竞争力和厦门自贸片区对台战略意义，可以对来自特定业务或者特定客户（如对台）的收入予以税率上的优惠，或者对开展特定业务或者特定客户（如对台）发生的成本在计算所得税应纳税所得额时予以一定程度的加计扣除。

（2）对于境外股权投资业务，在配合"一带一路"产生的机遇下的"走出去"战略，可以在厦门自贸片区内对境外股权投资的境外所得进行单一地域管辖权，以消除国际重复征税对境外股权投资"走出去"的阻力。按不同形式的境外股权投资者，对于境外股权投资中的个人投资者，境外股权转让产生的资本利得已经被课征预提所得税，因此可以考虑对个人投资者的境外股权转资本利得免征个人所得税；对于机构投资者，可以考虑从平潭片区和横琴片区复制对部分鼓励类产业给予所得税 15% 的优惠税率，对境外股权投资纳入鼓励类产业予以税率优惠；对于境外私募股权投资基金，实质是个人或机构投资者通过基金管理公司的渠道进行境外股权投资，可以考虑对基金管理公司的境外股权投资所收取的管理费予以税收优惠，对通过基金公司的个人或机构投资者仍比照境内投资征收所得税。

（三）加强服务、助力发展

上海自贸试验区在"金改 40 条"的支持下，2015 年境外投资备案项目数为636 项，中方投资额 229 亿美元，同比增长 6.2 倍。近期，深圳前海金融控股发行海外人民币债券 10 亿元，获得逾 130 亿元认购，超额认购达 12 倍，创近年离岸人民币债券市场超购倍数最高纪录。相较前两者而言，厦门片区的境外股权投资和离岸金融业务刚刚起步，要在现有的伦敦、纽约、新加坡、中国香港等诸多发达国际金融中心的情况下，占一席之地，除充分依靠自贸区的地域优势和产业政策支持外，拓展离岸金融业务范畴，创新离岸金融业务模式，积极探索离岸再保险、离岸账户资金托管、离岸杠杆融资等离岸金融业务也是必不可少的。

（1）自贸区内支持设立专门从事境外股权投资的项目公司，支持符合条件的投资者设立境外股权投资基金。同时以电子数据交接平台（EDI, Electronic Data Interchange）为基础，搭建智能的金融风险指标监控体系，进行金融审慎管理，推进境外股权投资备案制。推行合格境内机构投资者（QDII）制度，即允许符合条件的境内机构投资于境外证券市场。这将对拓宽居民投资渠道、缓解外汇储备增长压力、培养证券经营机构的国际化投资管理能力起到积极作用。

在明确规定受控外国公司（Controlled Foreign Company，CFC）条款，只对汇回国内的收益征税，同时允许企业设立海外投资风险准备金，为企业走出去保驾护航。

（2）加强对境外股权投资和离岸金融业务的税收监管，采取预约定价安排机制调整关联交易的转让定价，遵循国际税收情报交换制度，建立国际税收征管磋商机制。在要求从事离岸业务者必须设立离岸账户（OSA，Offshore Account）的基础上，明晰离岸与在岸业务的分界，采取不同的征管模式。

（3）通过税务网站、纳税人学堂、12366、自贸区国、地税联合微信公众号等形式为"走出去"的企业提供7×24小时的涉税问题解答与建议；在企业遭遇境外投资涉税争议时，帮助企业申请启动税收协定相互协商程序；培养一支素质过硬、业务精通、服务卓越的税务干部队伍，将其打造成为企业进行境外投资的税收方面的强大"专家"智库。

第三节　创新厦门自贸区税收制度研究①

一、引言

（一）厦门自贸区发展概述

作为中国（福建）自由贸易试验区的重要组成部分，福建自贸区厦门片区（下文简称厦门自贸区）于2015年3月挂牌成立。成立并发展厦门自贸区是在新形势下推进改革开放和深化两岸经济合作的重要举措，对于全面深化改革和扩大开放探索新途径、积累新经验具有重要意义。自贸区作为改革开放和制度创新的新高地，其要点在于通过制度创新来促进贸易、投资和金融领域的开放开发与长足发展，拉动自贸区及其周边国家地区的经济发展，同时形成可复制可借鉴的模式和方法，为我国改革开放事业的深入发展提供经验。挂牌两年多以来，截至2017年6月，厦门自贸区已形成一批具有厦门特色可复制可推广的

---

① 本文为厦门市社科调研课题"创新厦门自贸区税收制度研究"【厦社科联（2016）C21】研究报告中的部分内容，刘晔为课题负责人，本文由刘晔与其指导的硕士生黄弘毅、夏欣郁共同完成。

模式，累计共推出 292 项政策措施，而在福建自贸区通报的 255 项创新举措中厦门占 120 项，其中属于全国首创的有 42 项。目前已经引进企业 2.75 万家，注册资本 4600 多亿元。

（二）厦门自贸区税收制度创新问题

自贸区建设作为改革开放和制度创新的新高地，其要点在于通过制度创新来促进贸易、投资和金融领域的开放发展。税收制度创新是自贸区政府制度创新中的重要一环，形成具有国际竞争力的，助推贸易、投资、金融发展的税收制度，是我国自贸区发展的当务之急。厦门自贸区自成立以来，虽然已经先后推出七批创新举措，但税收制度创新举措寥寥可数。

从目前来看，厦门自贸区税收制度创新所面临的问题主要体现在：①对创新税收制度的探索严重滞后。目前，厦门自贸区在法制、管制和税制三方面政府制度创新中，税收制度创新最为滞后，同时与上海及深圳等自贸区税制创新相比也显得滞后。②税收制度创新举措过于单一，未能形成体系。目前税制创新单纯集中在税收便利化制度创新方面，而在税式支出制度、税收区域协调制度等方面的创新严重缺失。③现有税收制度创新不能体现厦门自贸区的功能定位和对台特色。在税收政策方面既没有体现出《中国（福建）自由贸易试验区总体方案》（下文简称《方案》）对厦门自贸区"东南航运中心、两岸金融中心"的功能定位，也没能做出协调两岸税制和对接台湾自经区的创新举措。①

上述问题已经严重制约厦门自贸区体制机制创新和功能优势的发挥。因此，积极探索符合厦门自贸区功能定位、对台特色的税收制度创新，无疑具有重要的现实意义。对此，本研究将从厦门自贸区税收管理制度创新、税收优惠制度创新和两岸税收协调制度创新这三个角度对厦门自贸区税收制度进行分析，并提出相应的政策建议。

（三）国内外研究综述

从 20 世纪 80 年代开始，国内学者如沈世顺（1984）、② 郭信昌（1987）、③ 李力（1996）④ 就开始对自贸区政策进行研究，但这些研究都只是对自贸区税

---

① 国务院.国务院关于印发中国（福建）自由贸易试验区总体方案的通知：国发〔2015〕20 号［R/OL］.中国政府网，2015-04-20.

② 沈世顺.世界自由港和自由贸易区［J］.国际问题研究，1984（03）：50-61.

③ 郭信昌.世界自由港和自由贸易区概论［M］.北京：北京航空学院出版社，1987.

④ 李力.世界自由贸易区研究［M］.北京：改革出版社，1996.

收制度和政策的零散介绍。自上海自贸区设立以来，自贸区各项政策的制度创新就引人关注。蒋硕亮（2015）系统研究了上海自贸区制度创新，包含着对税制创新探索的内容；① 上海财大自贸区研究院和上海发展研究院（2015）分析了世界主要国家自贸区税收政策及启示。② 但这些并不是对自贸区税收制度创新的专门性研究，特别是针对中国自贸区在促进投资、贸易和金融开放发展的税收制度创新，尚缺乏前瞻性探索。

上海自贸区运营后，创新实践催生出对自贸区税制创新的专门研究论文。胡怡建（2014）提出要从自贸区定位、自贸区功能和自贸区创新来探索自贸区税收政策；③ 户晗（2015）基于上海自贸区实践，从税收优惠形式、管理机构、自贸区功能三方面提出税收政策创新的对策建议。④ 此外，也产生了专门针对上海自贸区离岸金融业务税收政策（余茜文，2014；⑤ 贺伟跃、陈虎，2014⑥）和境外股权投资税收优惠政策的专项研究（唐亚琦等，2014）。⑦ 税收制度创新实践之所以滞后，这与观念上没能正确理解税收制度创新与税收政策优惠关系有关。谭志伟（2015）从制度创新方面阐述了自贸区税收优惠政策的必要性与核心。⑧ 贺伟跃和陈虎（2014）从自贸区税收优惠与税收有害竞争、税收优惠与税基侵蚀关系角度对此做了辨析。⑨

随着自贸区的扩围，对自贸区税收制度创新或税收政策完善的研究也日益增加。陈伟仕和王晓云（2014）针对深圳前海自贸区定位提出其税制创新设

---

① 蒋硕亮. 中国（上海）自贸试验区制度创新与政府职能实现方式转变［J］. 哈尔滨工业大学学报（社会科学版），2015，17（04）：7-12.

② 上海财经大学自由贸易区研究院，上海发展研究院. 全球自贸区发展研究及借鉴［M］. 上海：格致出版社，2015：93-103.

③ 胡怡建. 上海自贸区税收政策：创新·探索［J］. 中国税务，2014（03）：40-42.

④ 户晗. 关于我国（上海）自贸区税收政策的探究［J］. 新经济，2015（Z1）：35-36.

⑤ 余茜文. 上海自贸区离岸金融市场税收政策研究［J］. 中国市场，2014（18）：119-120.

⑥ 贺伟跃，陈虎. 上海自贸区离岸金融业务税收政策初探［J］. 税务研究，2014（09）：70-73.

⑦ 唐亚琦，高翔，王晶晶. 上海自贸区税收政策新解［J］. 财会通讯，2014（28）：99-101.

⑧ 谭志伟. 自贸区税收优惠政策的定位与完善——从中国自贸区定位说起［J］. 现代经济信息，2015（16）：159-160.

⑨ 贺伟跃，陈虎. 上海自贸区离岸金融业务税收政策初探［J］. 税务研究，2014（09）：70-73.

想；① 于学深（2015）研究了具有天津自贸区特色的符合税制改革方向和国际贸易要求的税收政策的创新突破；② 广西国税局课题组（2015）比较了沪、粤、闽、津四大自贸区税收政策的异同并详细说明了税收政策差异的原因。③ 此外，厦门地税局课题组（2015）在分析我国自贸区发展现状基础上，提出了适应我国自贸区发展要求的税收政策创新。④

在现有研究中，从上海或从全国层面进行研究的居多，涉及福建自贸区的研究少，而专门研究厦门自贸区税制创新的研究探索则更尚属空白。本文则在前人研究基础上，立足于厦门自贸区实际情况，以厦门自贸区为对象对自贸区税制创新进行了研究。

二、多维视角下厦门自贸区税收制度创新体系研究

（一）自贸区制度创新的目的与税制创新

1. 自贸区制度创新的目的

十八届四中全会要求，全面深化市场改革，充分发挥市场的决定性作用，重点是行政管理改革以及金融创新改革。

建立自贸试验区的战略意义就于以"试验田"的形式引领中国体制创新，先行先试构建符合国际化和法治化的开放型经济新体系。自贸区制度上的创新既触及了全面深化改革中最核心和最艰难的问题，又涵盖了具有国际前沿视野的创新议程。在厦门设立自贸区以制度创新助推投资、贸易和金融自由化和便利化，将有力改善我国东南沿海的市场营商环境，为构建更加开放的经济新体制创造"制度高地"，实现以开放倒逼改革的战略目的。

2. 自贸区制度创新的目的与税制创新

（1）构建公平、合理、确定的税收制度是自贸区制度创新的重要环节。目前我国在金融税制上仍存在税负偏重的问题，主要原因是重复征税、税收歧视

① 陈伟仕，王晓云．完善前海深港自贸区税收政策体系的探索［J］．税务研究，2014（09）：74-76.

② 于学深．关于天津自贸区税收政策的思考与探索［J］．天津经济，2015（06）：64-67.

③ 广西国税局课题组．从税收政策差异看自贸区发展对广西的影响与启示［J］．经济研究参考，2015（41）：36-41.

④ 厦门市地税局课题组．我国自贸区发展策略选择与税收政策构想——兼论福建自贸区发展策略［J］．福建论坛（人文社会科学版），2015（01）：126-131.

以及税制建设滞后。为解决这些问题，具体的改革措施应聚焦于厦门自贸试验区对税制上关于公平、合理、确定的改革和创新。

（2）打造具有国际竞争力的税收制度是自贸区制度创新的必然要求。如果仍局限在现行金融税制的框架下，厦门自贸区实际上就会成为国际"税收高地"。为防止税基被侵蚀就必须为当前金融税制赋予国际竞争力，在厦门自贸区试验一种维护本国税基税源的税制，不仅是对境外投资和离岸金融业务实行特殊税收政策的合理性解释，也是扭转现行税制下国际"税收高地"不利局面的政策起点。

（3）积极接轨国际税收惯例是自贸区制度创新的推动因素。厦门自贸区探索如何与国际税收惯例接轨，就是以税收制度创新来助推投资、贸易和金融的自由化和便利化，通过严格执行税收协定，解决税收歧视和国际重复征税问题，促进我国投资环境的改善和跨国投资的发展。

（二）厦门自贸区功能定位与税制创新

自贸区制度创新与其功能定位密不可分，厦门自贸区的建立围绕于国家，战略目标是建设成"两岸新兴产业和现代服务业合作示范区""东南国际航运中心""两岸区域性金融服务中心"和"对台贸易中心"。①

1. 两岸新兴产业和现代服务业合作示范区的战略定位与自贸区税制创新

《厦门经济特区两岸新兴产业和现代服务业合作示范区条例》将厦门自贸区定位为"建设立足两岸、面向国际的两岸交流合作的先行区、体制机制的创新区、两岸新兴产业和现代服务业深度合作的集聚区、低碳环保的生态新城区。"

厦门目前正处于产业转型升级和结构调整提升阶段，新兴产业和现代服务业具备良好的基础。微电子、生物科技、光电显示及高端保健这几个新兴产业在厦门已具备广阔的发展空间。"合作示范区"要成为厦门自贸区中的首要定位，通过税收政策为推动新兴产业和现代服务业发展，强有力的税收征管措施和税收优惠必不可少。

2. 东南国际航运中心的战略定位与自贸区税制创新

《厦门市深化两岸交流合作综合配套改革试验总体方案》中鼓励厦门发展建设东南国际航运中心。厦门自贸区的东南国际航运中心定位则是："以厦门港为基础，努力建成具有参与全球资源配置能力的国际集装箱枢纽港和国际知名的

---

① 国务院. 国务院关于印发中国（福建）自由贸易试验区总体方案的通知：国发〔2015〕20号［R/OL］. 中国政府网，2015-04-20.

邮轮母港。"①

建设东南国际航运中心核心在于吸引更多高端航运服务企业入驻，以及鼓励当地的航运企业更好地开展航运服务。在厦门自贸区加大对高端航运服务企业和项目的财税政策扶持也将是必然。厦门自贸区税收优惠政策吸引国内外知名的金融保险机构入驻，带动厦门航运金融的发展；另外，如果能在厦门自贸区对国际船舶注册登记给予较大税收优惠制度以吸引中资方便旗船舶回国落户，将有利于东南国际航运中心的形成。

3. 两岸区域性金融服务中心的战略定位与自贸区税制创新

《关于支持福建省加快建设海峡西岸经济区的若干意见》明确支持厦门建立两岸区域性金融服务中心。建立两岸区域性金融服务中心后，如何发展和利用对台离岸金融市场，并实现从大陆将资金投向台湾资本市场以及从台湾地区筹集海西经济区的建设资金，是厦门自贸区区域性金融服务中心战略定位迫切需要解决的问题。厦门自贸区对于探索境外股权投资和离岸金融业务，在市场拓展和业务开展上有巨大空间。

4. 对台贸易中心的战略定位与自贸区税制创新

地处台海前沿是厦门独一无二的优势，同时厦门还是"一带一路"核心发展战略的核心区域城市。正因为厦门在对台贸易中具有不可代替的地位和作用，厦门自贸区也就得承担起特定的战略定位。因此，对台贸易中心要求厦门自贸区在税收制度上进行探索和创新，比如，如何通过合理的税收政策促进两岸经贸互通往来，如何通过税收协议协调两岸税收管辖权关系，如何加强两岸税收信息交流等。

三、厦门自贸区税收制度创新实践及其不足

（一）厦门自贸区税收征管制度创新实践及不足

1. 厦门自贸区税收征管制度创新实践

从厦门自贸区税收征管制度创新的实践历程来看，可以分成三个阶段：一是复制上海自贸区的税收征管制度创新；二是参照福建自贸区及平潭片区的税收征管制度创新；三是厦门自贸区根据自身特色在全国首推的一系列税收征管

---

① 林锦星. 厦门建设东南国际航运中心 [N/OL]. 东南网，2018-08-03.

创新实践。

（1）推广和复制上海自由贸易区税收征管制度阶段。在厦门自贸区挂牌之初，厦门自贸区税收管理制度的创新实践主要来自对上海自贸区的推广和复制，《厦门市推广中国（上海）自由贸易试验区可复制改革试点经验工作方案》公开了厦门市推广上海自贸区可复制改革试点经验的具体做法，如表 5-1 所示。

表 5-1　在厦门自贸区推广的上海经验

领域	复制推广的改革事项
投资管理领域	外商投资广告企业项目备案制、涉税事项网上审批备案、税务登记号码网上自动赋码、网上自主办税、纳税信用管理的网上信用评级、组织机构代码实时赋码、企业标准备案管理制度创新、取消生产许可证委托加工备案、企业设立实行"单一窗口"等
贸易便利化领域	全球维修产业检验检疫监管、中转货物产地来源管理、检验检疫通关无纸化、第三方检验结果采信、出入境生物材料制品风险管理等
金融领域	个人其他经常项下的人民币结算业务、外商投资企业外汇资本金意愿结汇、银行办理大宗商品衍生品柜台交易涉及的结售汇业务、直接投资项下外汇登记及变更登记下放银行办理等
服务业开放领域	允许融资租赁公司兼营与主营业务有关的商业保理业务、允许设立外商投资资信调查公司、允许设立股份制外资投资性公司、融资租赁公司设立子公司不设最低注册资本限制、允许内外资企业从事游戏游艺设备生产和销售等
事中事后监管措施	社会信用体系、信息共享和综合执法制度、企业年度报告公示和经营异常名录制度、社会力量参与市场监管制度，以及各部门的专业监管制度
海关监管制度创新	期货保税交割海关监管制度、境内外维修海关监管制度、融资租赁海关监管制度等措施
检验检疫制度创新	进口货物预检验、分线监督管理制度、动植物及其产品检疫审批负面清单管理等措施

资料来源：厦府〔2015〕45 号。①

---

① 厦门市人民政府. 厦门市人民政府关于推广中国（上海）自由贸易试验区可复制改革试点经验工作方案的通知：厦府〔2015〕45 号 [R/OL]. 厦门市人民政府网站，2015-02-16.

（2）参照的福建自贸区、平潭自贸片区税收管理创新阶段。厦门自贸区也参照了福建自贸区、平潭片区的税收管理创新举措，表5-2报告了具体参照的福建自贸区、平潭自贸片区税收管理创新举措。

表5-2　福建自贸区税收管理创新举措

征管创新实践	内容
多元化日常涉税业务的预约办理和缴税方式	纳税人可以通过互联网、手机APP、微信等多种渠道，向税务机关预约办理日常涉税业务。而税务机关也与银行合作，为纳税人提供POS机刷卡、互联网、移动支付等多元化缴税方式
银税互动——税易贷	在福建自贸区与银行建立税银征信信息共享机制，税务机关对银行信用级别高的纳税人给予办税便利，推动银行对纳税信用A级纳税人给予融资便利
一窗联办	国、地税局在办税服务厅互设窗口，在自贸区政务中心设立联合办税窗口，建立信息共享机制，联合办理涉税业务。纳税人在办理税务登记、纳税申报等涉税业务时只需向一个窗口提出申请，由国、地税局工作人员内部流转办结后一窗出件
办税一网通10+10	在复制支持上海自贸试验区发展"办税一网通"10项措施的基础上，增加国地办税一窗化、自助业务一厅化、培训辅导点单位、缴税方式多元化、出口退税无纸化、业务预约自主化、税银征信互动化、税收遵从合作化、预先约定明确化、风险提示国别化
推行"税收风险管理信息系统"	为防范自贸试验区简化审批管理可能带来的税收风险，福建省国税局自行开发和推行"税收风险管理信息系统"，应用大数据加强自贸试验区片区税收风险管理，利用数据采集分析、风险提醒评估等风险防控功能，将企业涉税风险控制在底线之内
无纸化申报试点	平潭片区推行出口货物劳务退（免）税无纸化申报管理试点，对纳税遵从度高、信誉好的一类企业实行"先退后审"，简化管理手续，实行无纸化退税，退税审批时间缩短至2个工作日以内，并提供专人联系、当期审核当期退税的"绿灯"服务

资料来源：根据福建自贸区官网公开信息整理。

（3）厦门自贸区主导税收管理创新阶段。在借鉴和推行了上海、福州和平潭自贸区相关的税收管理创新实践基础上，厦门自贸区根据自身特点和业务经验，组建了厦门国税自贸试验区税收改革创新研发团队，并开始在全国范围内首推一系列税收管理创新举措，详见表5-3。

表5-3　厦门自贸区首推的税收管理创新举措

征管创新实践	内容
"三证合一"登记制度	在厦门自贸区试行由"依次申请，分别由工商行政管理部门核发工商营业执照、质量技术监督部门核发组织机构代码证、税务部门核发税务登记证"，改为"一次申请、由工商行政管理部门核发一个加载法人和其他组织统一社会信用代码营业执照"的登记制度
自助填单服务	对原自助办税终端进行了硬件改造和软件升级，对办税服务厅所有涉税事项及其表证单书进行了全面梳理，选取了常用表单推行"免填单"服务，推出首台"免填单自助服务终端"
"税控发票网上申领""手机领票"和"自助取件"	在厦门自贸区内的企业领购发票，只要点开厦门国税App或微信服务号，选择"发票申领"，24小时内EMS就能包邮送上门

资料来源：根据厦门自贸区管委会官网公开信息整理。

总的来看，当前厦门自贸区在税收征管创新上取得的成果有：

①响应国家"互联网+"行动计划，税管信息化水平不断提升；

②多渠道推行征管创新举措，多部门联合推动创新服务实施；

③征管配套硬件设施完善，服务手段人性贴心；

④税银征信日益互动化合作；

⑤税收信用评定等级化；

⑥对台服务特色突出；

2. 厦门自贸区收管理制度创新实践中的不足

（1）目前厦门与台湾之间的官方合作和交流不足，难以根据台商的实际需求提出最合适的税收管理政策措施及其纳税服务，因此许多对台特色的税收管理政策未能真正落实。

（2）在与外部机构的信息合作方面，税务机关与海关、工商、国库、银行等部门的信息共享机制仍不完善；协办、共办涉税事项和服务的力度不足，使厦门自贸区不能实现更好的税收管理。

（3）厦门自贸区离岸银行业务税收监管制度仍相对滞后，监管效率较低。厦门自贸区所采取的创新举措并不具有针对性，难以满足提升离岸银行业务发展对税收监管制度的要求。

（4）信息技术创新权限不足。目前，信息技术创新的权限多数集中在福建省税务局，在一定程度上影响了税收管理优化的进程。

（二）厦门自贸区税收优惠政策创新实践及不足

1. 厦门自贸区税收优惠政策实践

在自由贸易区中实施的诸多政策改革和制度创新中，最引人瞩目的当属税收优惠政策。当前厦门自贸区现行的税收优惠政策全部来自于之前税收优惠政策的延续，集中在促进投资方面、促进自由贸易方面、在支持鼓励类产业发展和企业自主创新方面和引进台湾和境外人才方面等的税收优惠。

2. 当前厦门自贸区税收优惠政策的不足之处

厦门自贸区税收优惠政策在吸收外资、促进投资、吸引人才及扶持相关行业方面发挥了重大的作用，但同时也存在着不足，与自贸区税收优惠政策的定位是相背离的。

表5-4　厦门自贸区税收优惠政策实践

税收优惠政策类型	具体税收优惠政策	文件
促进投资的税收优惠政策	对注册在厦门自贸区内的企业或个人股东，因非货币性资产对外投资等资产重组行为而产生的资产评估增值部分，可在不超过5年期限内，分期缴纳所得税	《关于非货币性资产投资企业所得税政策问题的通知》（财税〔2014〕116号）、《关于个人非货币性资产投资有关个人所得税政策的通知》（财税〔2015〕41号）
促进自由贸易的税收优惠政策	1. 与生产有关的货物进入区内视同出口，按规定实行退税。区内企业之间货物交易不征收增值税和消费税。此项政策的执行范围限定在国家批准的特殊区域内，厦门已获批的出口加工区、保税物流园区、保税港区等特殊区域已执行上述政策	《关于出口货物劳务增值税和消费税政策的通知》（财税〔2012〕39号）

续表

税收优惠政策类型	具体税收优惠政策	文件
促进自由贸易的税收优惠政策	2. 将试验区内注册的融资租赁企业或金融租赁公司在试验区内设立的项目子公司纳入融资租赁出口退税试点范围	《关于在全国开展融资租赁货物出口退税政策试点的通知》（财税〔2014〕62号）
	3. 在严格执行货物进口税收政策的前提下，允许在特定区域设立保税展示交易平台	《关于中国（福建）自由贸易试验区有关进口税收政策的通知》（财关税〔2015〕22号）
支持鼓励类产业发展和企业自主创新的税收政策	1. 对厦门自贸区内航运物流、商务服务、旅游会展、金融服务、信息服务、科技研发、文化创意和高新技术等鼓励发展的产业减按15%的税率征收企业所得税；对区内从事离岸业务为主的企业按15%的税率征收企业所得税。如上述企业符合国家规定的高新企业或技术先进型企业标准，即可减按15%的税率征收企业所得税	《关于完善技术先进型服务企业有关企业所得税政策问题的通知》（财税〔2014〕59号）
	2. 对注册在厦门自贸区内的企业从事离岸服务外包业务取得的收入，免征营业税。此项政策已在全国执行	《关于将铁路运输和邮政业纳入营业税改征增值税试点的通知》（财税〔2013〕106号）
	3. 对新办的符合条件的高新技术企业实行"两免三减半"的企业所得税优惠政策	《关于扩大厦门经济特区范围的批复》（国函〔2010〕52号）
	4. 对技术先进型服务企业发生的职工教育经费支出，不超过工资薪金总额8%的部分准予税前扣除，超过部分，允许在以后年度结转扣除	《关于完善技术先进型服务企业有关企业所得税政策问题的通知》（财税〔2014〕59号）

税收优惠政策类型	具体税收优惠政策	文件
对于引进台湾和境外人才的个人所得税税收优惠	地方财政对台湾和境外高端人才和紧缺人才，其在厦门的工资薪金所得缴纳的个人所得税已纳税额超过工资薪金应纳税所得额 15% 的部分给予的补贴	《厦门市台湾特聘专家制度暂行办法》（厦委办〔2013〕10 号）、《厦门市"海纳百川"人才计划优惠政策暂行办法》（厦委办〔2013〕10 号）

资料来源：根据现有文件整理。

（1）立法层次低，易引起恶性税收竞争。厦门自贸区当前的税收优惠政策多以暂行条例形式出现，这些暂行条例及草案立法层次较低，容易使税收优惠政策在政策稳定性和权威性上受到质疑，可能同基本法律产生冲突。同时，由于各个自贸区定位略有差异，要求实施不同税收优惠政策，这对于自贸区政策的可复制性要求也是一个挑战。

（2）忽视税收中性容易造成市场扭曲。现行自贸区的税收优惠政策在设计上存在诸多违反公平和效率之处：如对企业按照所在行业及注册区域给予所得税减免的税收优惠模式在深圳自贸区中依然普遍，若不予以规制，则必将加深恶性税收竞争。其次，纵观世界其他国家的自贸区，多选择具有普遍调节作用且不容易改变财富分配比例的增值税、关税等税收优惠政策，在提供税收优惠的同时给市场带来更小的扭曲作用，而目前我国在自贸区中的税收优惠政策多以所得税优惠为调节手段，这就使得企业有可能扎堆投入到某几个行业之中引发产业失衡，有悖于设置自贸区的初衷。

（3）系统性不足容易导致遵从成本上升。自贸区内虽然税收优惠政策颇多，但是既有国家全面推行的税收优惠，各地区又对各自自贸区争取到不同税收优惠，同时由于采用"境内关内"的监管模式，企业出口退税仍需接受严格的海关监管，这些都增加了纳税的遵从成本。

3. 厦门自贸区定位与其税收优惠政策定位的思考

厦门自贸区对税收政策的创新主要集中在税收管理上，在税收优惠上并不多。原因在于自贸区被认定为一个改革"高地"，而不是一个政策"洼地"，其目的是解决如何处理政府与市场、发展与开放的关系问题。然而笔者认为，合理合法的税收优惠是厦门自贸区制度创新的重要组成环节，不能单纯地从简单的税收竞争角度出发，没有正确理清厦门自贸区定位与其税收优惠政策定位的关系就因噎废食，而应探索出一种促进新兴产业发展的、同国际税收惯例接轨的税收优惠政策。

一方面，厦门自贸区不是"经济特区"而是"自由贸易试验区"。改革开放经济特区的成就有目共睹，然而特区更强调"特"字，实施的政策往往同该区域的发展程度相适应，不能大范围推广适用；而自贸区的重点在于"试验"二字，即通过在自贸区试点政策和制度的改革创新并为新政策新制度的复制推广开辟道路，因此政策和制度的改革创新试验进而复制推广才是自贸区政策的本质要求。这说明自贸区的设立初衷并不是"税收洼地"，而是希望通过探索尚未开放的领域和控制潜在的风险，创建一个同国家战略相吻合、同国际惯例相接轨的管理体制，这才是自贸区试验的最核心定位。

另一方面，制度创新是自贸区税收优惠政策的核心定位。回顾我国的改革开放历程，设置税收优惠政策的方式通常是鼓励使用低端的生产要素和扩大规模的方式获得税收利益和竞争中的优势地位。但这种依靠税收优惠政策的激励方式无疑是让政府代替市场发挥资源配置的功能，在赋予特定优惠的同时也会造成市场扭曲。自贸区更多是作为"试验田"而存在，虽然在自贸区内试行包括税收优惠政策在内的政策创新，但其目的并不是要划出税收优惠特权的隔离区，而是探索对法制、税制及管制的改革和创新，来促进贸易和金融领域的开放以及政府职能的转变，进而推动全面深化改革的进程。因此，在自贸区内使用税收优惠政策，同样不在于降低实际税负来吸引外资流入和增加对外贸易额，而在于促进国内产业结构升级，提升国际竞争力进而带动国内产业和资金走出去。

（三）厦门自贸区两岸税收协调制度创新的展望

1. 海峡两岸税收协调的实践

自中国大陆与台湾签订《海峡两岸经济合作框架协议》以来，海峡两岸经贸往来蓬勃发展。然而，由于历史原因和两岸税收制度的差异及税制协调的滞后，导致两岸在消除重复征税、落实税收优惠政策、避税方面都存在较多问题。两岸税收协调严重滞后于两岸经贸关系的发展，既有政策方面的人为障碍，也与两岸长期缺乏税务合作的实践与经验因素有关。

对于重复课税的现状，海峡两岸必须正确面对。海峡两岸税收协调的实践始于1998年，厦门国税在没有任何先例的情况下首创"协定式"的预约定价协议范本，加强区域经济税收政策的合作与协调，为海峡两岸经济纵深合作创造良好和谐的税收环境，已经成为海峡两岸经济合作框架协议愿景能否顺利推进的一个重要实践。而自厦门自贸区挂牌成立以来，各项税收政策和征管机制的先行先试，为积极探索两岸共同建设、共同管理中的税制协调问题提供了契机。

2. 厦门自贸区主导建立避免重复征税的税收协调机制

重复征税问题的产生主要源自两岸税收管辖权的交叉重复。台湾自 2010 年起实行属地和属人同时实施的混合税收管辖原则，加之政治历史原因而长期未曾缔结双边税收安排协议，使得重复征税问题凸显。此次，在厦门自贸区实行避免重复征税的两岸税收协调试点工作，将为这一问题的解决奠定基础。

（1）利用税收抵免等措施建立单边的避免重复征税的税收协调措施。目前，我国与台湾税制均已建立了所得税的限额抵免制度以避免国际重复征税。但由于台湾在税收原则上一直将大陆视为境内所得来源地，所以对于台湾纳税人的大陆来源所得在税收抵免规定上并不全面，这就需要通过协商使台湾地区在未来进一步明确大陆来源所得的税法地位，并承认在厦门自贸区投资的台商所享有的特别税收优惠，以保证税收协调试点工作的顺利进行。

（2）积极推进与台湾税收协议的签订进程，建立双边的避免重复征税的税收协调措施。由于两岸没有签署双边税收协定，使台商在大陆的投资即使享受了税收减免优惠，也由于税收饶让原则并未确立而不能实质上获得这种减免优惠所得，这一结果必将导致当前厦门开发中的种种税收优惠安排大打折扣。因此，应当考虑在厦门自贸区率先建立两岸税收饶让机制。通过积极推进与台湾税收饶让协议的签订进程，互相承认对方给予各自纳税人的税收优惠，使双方的经营投资者能够享受到税收优惠政策为其带来的利益。

3. 厦门自贸区积极推动建立两岸共同反避税机制

（1）运用预约定价等方式对避税行为进行防范。两岸应在交流与合作的基础上，尽快地进行反避税立法，完善对避税行为的税务处理程序，引入实质征税原则，约束各种避税行为。

（2）加强反避税调查，加大对避税行为的处罚力度。对各种台资企业分门别类地实行基础调查工作，针对其经营特点，研究其可能实施的避税方法和手段；同时加大对避税行为的处罚力度，以期对避税行为起到一定的震慑作用。

4. 建立两岸税务信息交流与协调管理机制

（1）加强两岸税务部门之间的信息交流和情报交换。在两岸共同的税收协调工作中，应积极引入双方的信息交换机制，由相关的人员进行税收情报和相关经济信息的收集与交换，以利于双方根据相关的信息资料开展消除双重征税、防止逃避税等方面的税收协调工作，促进两岸税收协作的顺利进行。

（2）在厦门自贸区设立处理两岸税收问题的专门机构。税收协调是一项长期、复杂且敏感的工作，靠短期的探讨与合作绝对无法完成，因此最好成立一个专门的机构来处理两岸间的税收问题，长期在两岸间从事税收信息收集、税收情报交换、税务执法协助、税收争端解决等工作，并对相关的税收协调制度进行进一步的协商与修正。

四、促进厦门自贸区投资贸易和金融开放发展的具体税收制度创新研究

（一）厦门自贸片区境外股权投资、离岸金融业务发展概述

根据《方案》对厦门自贸区的发展目标，要"改革境外投资管理方式"以及"支持企业在境外设立股权投资企业和专业从事境外股权投资的项目公司，支持设立从事境外投资的股权投资母基金"。[①] 境外股权投资和离岸金融业务作为自贸区跨境金融中"走出去"的主要组成部分，如何在自贸区探索出一套带动高端跨境金融业发展和创新的方案，是厦门作为两岸区域性金融服务中心的重大历史机遇。

（二）厦门自贸片区境外股权投资和离岸金融业务税收政策

由于我国对离岸金融业务的开展持较为保守的态度，根据我国现行税法，我国的离岸金融业务的税收政策与在岸金融业务的税收政策一致，所涉及的税种主要包括增值税、企业所得税和印花税。

境外股权投资和离岸金融业务与税收制度的关系密不可分。一方面，自贸区境外股权投资和离岸金融业务的税赋直接体现为各方面的成本，具体税制设计对跨境金融业的发展活力有着产业导向的作用；另一方面，境外股权投资和离岸金融业务涉国际税收和管辖权的问题，对我国跨境金融涉税处理和税收征管手段提出了更高的要求。

在《方案》中，"境外股权投资和离岸金融业务对于在符合税制改革方向和国际惯例，以及在不导致利润转移和税基侵蚀前提下，积极研究完善适应境外

---

① 国务院．国务院关于印发中国（福建）自由贸易试验区总体方案的通知：国发〔2015〕20 号［R/OL］．中国政府网，2015-04-20.

股权投资和离岸业务发展的税收政策。"① 这一表述说明了几个问题：首先，针对境外股权投资和离岸金融业务的税收政策，应与我国当前的税制改革方向一致；其次，对境外股权投资和离岸金融业务制定的税收政策，要符合国际税法惯例；最后，注意创新税收政策可能带来的利润转移和税基侵蚀问题。

（三）促进厦门自贸区投资贸易和金融开放发展税收政策设计原则

相比于其他国家和地区，我国境外股权投资和离岸金融业务的税负较重，主要体现在多余的流转税和较高的所得税。

在"营改增"试点全面铺开后，金融业营业税改征增值税，境外股权投资和离岸金融业务的流转税项目也相应地改为增值税。然而即使是"营改增"后，离岸金融业务的流转税项目在名义税率上也由 5% 变为 6%。这样便造成了两个问题：首先，国际通行做法一般对金融业免征增值税，而国内仍旧征收对发展离岸金融无疑是较大的税收负担；另外，相比出口商品时的增值税出口退税，离岸金融为非居民提供境外金融服务时未有相应增值税出口退税规定，这从增值税抵扣链条上看是不合理的。对于境外股权投资和离岸金融的所得税税率，其他国家和地区对离岸金融的企业所得税税率一般在 15% 左右，远低于 25%。因此，对于在自贸区内完善境外股权投资和离岸金融的税收政策，首要任务就是试点税收优惠。具体来说：第一，根据国际通行做法和增值税的税收中性特征，应对离岸金融业务收入免征增值税或零税率；第二，基于纳税便利原则，对离岸金融业务的印花税也可考虑免征；第三，出于对离岸金融业务的支持，对离岸金融企业所得税也应予以税收优惠。

对于厦门自贸区离岸金融业务，应试点税收优惠为主的税收政策，以政策创新带动制度创新。第一，新兴的金融服务业的发展需要政策扶持，给予离岸金融业务特定的税收优惠政策，就是在探索创新经济管理模式。第二，在厦门片区内对离岸金融试点税收优惠也是一种税制上的创新，将税收优惠对象限定在特定亟须发展的业务范围，也就可以规避"税收洼地"问题。第三，在通过税收政策对自贸区内离岸金融业务进行税收激励时，要注重结合厦门片区的对台的战略意义。

---

① 国务院. 国务院关于印发中国（福建）自由贸易试验区总体方案的通知：国发〔2015〕20 号［R/OL］. 中国政府网，2015-04-20.

五、全球自贸区税收制度创新与政策安排的比较借鉴与启示

（一）全球自贸区税收优惠政策创新实践及政策安排

国际自由贸易园区通常采用有竞争力的特殊税收制度，主要体现在实行较低税率、对重点领域实施税收优惠以及税种设置相对简单等方面，大多数国家近年来不断推进以降低税率、减轻纳税人负担为导向的税制改革。

1. 美国：自由贸易区内企业增值税率仅为 3%。对外贸易区对区内货物免征地方税，区内加工制造产品增值部分不纳税，并推行主要包括关税豁免、"倒置关税"减免、储存期免税、存储配额无限制、行政费用减免、免关税转移六方面的税收优惠政策。

2. 日本：《税制改革大纲》引入一项针对地区总部的税收政策，规定外国公司在日本新设地区总部或研发机构的后 5 年中，可以享受减免 20% 应税收入的优惠等，自由贸易区内企业新购、生产或建设设备及厂房，均可享受法人税的投资额税收抵免。

3. 韩国：增值税实行 10% 单一税率制。自由贸易区内企业享受收购、登记产权和土地税的减免。公司所得税率是四级超额累进制，1000 万韩元以下是8%，4000 万韩元以下超过部分 17%，8000 万韩元超出部分 26%，8000 万以上超出部分 35%；公司所得税款获利年度起 3 年全免，3 年后两年 50%。

4. 新加坡：征收税率为 7% 的商品和服务税（采取进销相抵，具有增值税性质）。实行较低的企业所得税，目前为 17%，同时还有针对航运企业、总部、国际贸易商、海事金融领域专门的税收优惠，对资本利得不征税。

5. 中国香港地区：实行属地原则，不征收商品和服务销售税或增值税，仅对来源于香港的资本利得征税，对一切来源于境外的资本利得免税。企业所得税一般为 16.5%，不征收资本增值税、股息税、利息税、销售税等，同时还有金融税收优惠、航运税收优惠、离岸业务税收优惠，对自由贸易区内消费免除消费税。

（二）全球自贸区税收制度创新与政策安排的借鉴与启示

1. 加快立法，完善自贸区税制

中华人民共和国宪法中只有一条涉及税收的条款，除此之外，没有税收基

本法或税法通则。目前税法领域的法律只有四部，尤其是对自贸区而言的专门立法更是一片空白，现有各项优惠政策均以规章形式或文件出现，比照国际惯例或有违法之嫌，厦门自贸区立法迫在眉睫。

2. 先试先行，实现税收政策突围

当下各国在自由贸易区税制创新主要表现在减少税种和降低税率两方面，值得我们借鉴。一方面，我国当前税种设计过于繁杂，重复征税现象突出，建议停止一些税种的征收，并在自贸区先试先行。另一方面，可考虑推出离岸贸易、金融的特殊税收优惠政策。

3. 立足培养，打造专业化管理团队

自贸区发展使得税收国际化、复杂化、时效化程度大幅提升，因此，在未来自贸区建设中，税务管理队伍素质建设应与税收管理制度探索并重，才能切实为建立国际高水平的投资和贸易服务体系营造良好税制环境。

六、厦门自贸区税收制度创新具体政策建议

（一）对厦门自贸区税收征管方面的政策建议

1. 进一步放宽税务事前审批和税务登记便利化

重点在于推动贸易、投资和金融自由化的税收管理和纳税服务。推行转钻也好集中审批，实行"先批后审、批核分离"的审批制度，简化审批程序。

2. 创新税收服务

针对金融、贸易等业务，建议设立税务专门机构进行专业化管理，完善税收征收信息服务系统，建立包括税务、金融、工商、公安等多个部门的税收协助制度，加强相关部门共同参与和密切协作。

（二）对厦门自贸区税收优惠方面的政策建议

1. 鉴于对自贸区"创新高地而不是税收洼地"的定位，应该把税收优惠政策思路由税率减免等直接优惠形式，转变为中性化的、以间接优惠为主要手段的税收优惠形式。

2. 发挥对台战略作用，用足、用好地方税收立法权。建议坚持行业发展导向和企业需求导向，切实找准税收优惠政策实施的着力点。

3. 从厦门自贸区"现代服务业合作示范区"① 的功能定位出发，建议着重落实、复制和探索促进服务贸易，如融资租赁、生产性服务业、医疗服务及其他适合厦门特点和两岸对接的服务业的税收政策。

4. 从厦门自贸区"东南国际航运中心"② 的功能定位出发，建议对国际船舶注册登记给予较大税收优惠制度，特别是要调整现行税收政策以吸引中资方便其船舶回国落户。

（三）对厦门自贸区两岸税收协调方面的政策建议

1. 先行先试避免双重征税协调机制

为解决两岸经贸发展中的税收实际问题，建议由厦门自贸区先行先试避免两岸双重征税的税收政策，参照《内地和香港特别行政区关于对所得避免双重征税的安排》，对税收饶让等相关税收事项做出安排。

2. 建立两岸共同反避税机制

在实行税收优惠和避免双重征税的基础上，加强两岸的反避税合作。建议在厦门自贸区加强两岸税务部门的信息沟通和税务管理合作，建立两岸税收情报中心。两岸间可以通过及时交换跨境工作人员的收入信息，保护双方的税收利益。

3. 设立处理两岸税收协调问题的专门机构

尊重海峡两岸关系现有格局，尊重海峡两岸现有的税收管辖权，建议在厦门自贸区成立一个专门机构来处理两岸间的税收协调问题。

（四）对促进厦门自贸区投资贸易和金融开放发展的具体税收制度政策建议

对于离岸金融业务，根据国际上对金融业免征增值税的惯例，试点对厦门自贸区内的离岸金融业务免征增值税或者以零税率征收离岸金融的增值税；对于印花税，可以酌情对离岸金融业务凭证的印花税免征；对于离岸金融公司的所得税，可以对来自特定业务或客户的收入予以税率上的优惠，或者对开展特定业务或客户发生的成本在计算应纳税所得额时予以一定程度的加计扣除。

---

① 国务院. 国务院关于印发中国（福建）自由贸易试验区总体方案的通知：国发〔2015〕20 号［R/OL］. 中国政府网，2015-04-20.

② 国务院. 国务院关于印发中国（福建）自由贸易试验区总体方案的通知：国发〔2015〕20 号［R/OL］. 中国政府网，2015-04-20.

对于境外股权投资业务，可以在厦门自贸区内对境外股权投资的境外所得试点单一地域管辖权，以消除国际重复征税对境外股权投资"走出去"的阻力。

在厦门自贸区内支持设立专门从事境外股权投资的项目公司，支持符合条件的投资者设立境外股权投资基金。推行合格境内机构投资者制度，培养证券经营机构的国际化投资管理能力。明确规定受控外国公司条款，只对汇回国内的收益征税，同时允许企业设立海外投资风险准备金。

第四节　厦门完善政府购买公共服务机制研究①

一、厦门市政府购买公共服务实践进展与成效

（一）厦门市政府购买公共服务实践进展

1. 项目总体情况及具体分布

长期以来，厦门市对政府购买服务工作高度重视，在社会管理各相关领域积极开展政府购买服务工作，将适合社会力量承担的公共服务事项都以购买服务为主的方式实施。厦门市于 2014 年开展市本级政府购买服务试点工作，2015—2017 年厦门市实施和统计的政府向社会力量购买公共服务的范围和项目，主要集中在一般公共服务、公共安全、教育、文化体育与传媒、社会保障和就业、医疗卫生与计划生育、城乡社区等领域。

研究发现，厦门市政府购买服务项目金额逐年增大，2015 年为 43357 万元，2016 年为 86108 万元，2017 年为 100685 万元，这三年资金分布较大的三个领域为：城乡社区领域、一般公共服务领域和教育领域，其中城乡社区领域 2015 年投入 16859 万元，资金占比 38.88%；2016 年投入 27120 万元，资金占比 31.50%；2017 年投入 28991 万元，资金占比 28.79%，这三年皆排在第一位。

2. 制度建设

为建立健全政府购买服务制度，2014 年，厦门市政府办公厅转发了厦门市

① 本文为厦门市社科规划重点项目"厦门完善政府购买公共服务机制研究"【厦社科研（2018）B09 号】研究报告中的部分内容，刘晔为课题负责人，本文由刘晔与其指导的硕士生魏天寿、林陈聃共同完成。

财政局制定的《关于推进政府购买服务工作实施意见》（厦府办〔2014〕67号），明确了厦门市政府购买服务的基本原则、购买主体和承接主体、购买内容、资金和绩效管理、相关程序以及工作推进机制。厦门市财政局会同市民政局、市市场监督管理局转发《政府购买服务管理办法（暂行）》（财综〔2014〕96号），以规范厦门市政府购买服务工作，并结合厦门市实际从服务事项、服务项目、购买主体、购买程序等八方面进行细化要求，使文件更具操作性。此外，厦门市财政局配合业务主管部门出台《厦门市政府购买和资助社会工作服务实施办法（试行）》（厦民〔2013〕22号）、《厦门市政府购买社区矫正服务实施方案（试行）》（厦司〔2015〕74号）等专项文件，指导专项购买服务工作。针对社区工作繁杂、社区公共服务需求较大的情况，厦门市财政局配合制定了厦门市《关于转变政府职能创新社区服务的实施意见》（厦委办发〔2016〕3号），厦门市民政局会同厦门市财政局草拟并经厦门市政府批准出台《厦门市人民政府办公厅关于印发政府购买社会工作服务试点工作实施意见的通知》（厦府〔2015〕3号）文件，推动政府购买社会工作服务的规范化和常态化。同时，按照厦府〔2015〕3号精神，厦门市民政局会同厦门市财政局制定出台《厦门市政府购买社会工作服务项目操作流程》《厦门市社会工作专业服务指导标准》和《厦门市公益性社会组织社会工作者薪酬待遇指导标准》等社会工作服务指南，对社会工作服务的操作流程、社会工作专业服务标准、社会工作者的薪酬待遇等做出了规范。2017年2月，厦门市财政局会同厦门市民政局修订了《关于政府购买社会工作服务的实施意见》（厦民〔2017〕25号）和《关于印发厦门市政府购买社会工作服务评估实施办法的通知》（厦民〔2017〕26号），进一步完善了厦门市政府购买社工服务制度，规范了单位购买社工服务，指导单位对社工服务效果开展评估。同年12月，厦门市民政局印发《厦门市政府购买社会工作服务操作规程》，对项目立项流程、项目实施要求、监督评估程序、项目延续与结项等方面做出规范。

表5-5 厦门市政府购买服务项目资金统计表 （单位：万元）

领域	2015年	2016年	2017年
一般公共服务	11103	18581	19370
公共安全	1183	12871	18779
教育	5461	13271	14616
科学技术	17	126	481
文化体育与传媒	1779	2212	2106

领域	2015 年	2016 年	2017 年
社会保障和就业	5247	7681	6065
医疗卫生与计划生育	1505	3330	3811
节能环保	–	164	3659
城乡社区	16859	27120	28991
农林水	158	592	735
交通运输	14	71	567
资源勘探信息等	31	87	630
商业服务业等	–	–	109
国土海洋气象等	–	–	86
住房保障	–	–	155
其他	–	2	525
合计	43357	86108	100685

数据来源：厦门市财政局。

3. 购买服务范围

按照"先易后难、积极稳妥"的原则，厦门市财政局出台《市级政府购买服务指导目录（2018 年修订版）》（厦财综〔2018〕14 号）（以下称《指导目录》），指导各部门、各单位开展政府购买服务工作和编制政府购买服务预算，《指导目录》并向社会公开。《指导目录》共包括基本公共服务事项、社会管理服务事项、行业管理与协调事项、技术服务事项、政府履职所需辅助性事项及其他政府向社会购买公共服务事项 6 项一级目录、60 项二级目录、285 项三级目录。

4. 预算管理情况

厦门市明确规定，市级购买主体应当在编制年度预算时，在部门预算管理系统中按要求填报《政府购买服务预算表》，与部门预算编报、批复、执行直接关联。政府购买服务项目所需资金在既有财政预算中统筹安排。同时，对预算已安排资金，但尚未明确通过购买方式提供的服务项目，也可转为通过政府购买服务方式实施。政府购买服务要坚持先有预算，后有购买服务的原则，在能保障年度预算的前提下，可以签订不超过三年履行期限的政府购买服务合同。

5. 项目监督与绩效评估情况

目前厦门市政府购买服务的绩效评价工作主要按照《政府购买服务管理办法（暂行）》（财综〔2014〕96 号）中相关要求开展，由购买主体牵头组织实施，按照过程评价与结果评价、短期效果评价与长期效果评价相结合的原则，对购买服务项目数量、质量和资金使用绩效进行考核评价。2015 年，厦门市财政局印发《关于全面推进预算绩效管理的通知》（厦财预〔2015〕39 号），并附《项目支出绩效目标申报表》《绩效目标申报参考指标》《项目评审报告范本》《绩效评价报告》等文件，深化预算管理改革，加强预算绩效管理，提高资金使用效益。2016 年，厦门市财政局印发《厦门市委托第三方机构参与预算绩效管理暂行办法》（厦财预〔2016〕30 号），并附《预算绩效管理业务委托协议书》及《第三方机构参与厦门市预算绩效管理工作情况考评表》，规范预算绩效管理工作委托第三方机构实施的行为，确保第三方机构客观、公正地开展预算绩效管理。各购买主体可根据文件要求，对服务项目开展预绩效管理工作。

6. 承接主体培育情况

近年来，厦门市在社会组织的扶持培育力度上持续加大，除了建成厦门海峡两岸社会组织服务中心，思明区、湖里区和海沧区也分别成立了区级社会组织孵化园区。厦门海峡两岸社会组织服务中心建筑面积约 650 平方米，于 2015 年上半年建成并投入使用，目前已有 12 家符合条件的社会组织入驻中心。中心通过"进驻—培育—评估—出壳"的工作模式，向入驻的社会组织免费提供办公、活动场所、办公所需的基础服务设备以及政策咨询、资源中介、人员培训、能力建设、交流展示等系列配套服务，协助入驻社会组织进行项目申报、项目策划、活动举办、财务托管等。

（二）厦门市政府购买公共服务实践成效

1. 优化了公共服务提供

面对大众对公共服务越来越多元化的需求，厦门市通过政府购买服务，将部分适宜社会力量承担的服务事项交由社会力量提供，服务质量明显提高。例如，厦门市集美区民政局委托厦门市爱欣乐龄社工服务中心、厦门市和欣社工服务中心进行六个社区的居家养老服务。服务对象主要是社区内 60 岁以上的长者及家庭，目标人群分为高龄、空巢或独居、残疾或失能老人；健康但有情感、健康、关系调整、社会资源网络等需求的老人；户口和自身在本社区的老人。项目实施时间为 2016 年 5 月至 2017 年 4 月，投入经费 72 万元。截至 2017 年 5

月月底，项目所涉各项工作均按时完成。此类举措推动了厦门市养老服务业发展，一定程度上解决了社区居家养老服务站运营难、社会组织培育难的问题，优化社区公共服务的提供。

2. 推动了政府职能转变

厦门市政府各部门出台各类专项指导性政策文件，把主要精力放在公共服务政策的制定和监督方面，将公共服务生产交给社会，实现了具有相关优势的社会组织生产各自优势公共服务产品。例如，2015 年思明区政府购买社工服务项目管理培训班，由厦门市思明区民政局牵头举办，60 多名来自街道、社区和职能部门的领导以及工作人员参加了此次管理培训，培训人员引导专业社会组织以及社会工作服务机构深入街道、社区开展服务，推动厦港、鹭江、嘉莲、中华、莲前 5 个街道家庭综合服务中心以及演武、四里、镇海、官任、深田等社区十多个购买服务特色项目的建设。

3. 促进了社会组织发展

明确社会组织在公共服务供给中的重要地位，吸纳社会组织共同参与政府购买服务，有利于社会组织的培育与发展。厦门市民政局等部门制定厦门市《关于培育发展社区社会组织的实施意见》（厦委办发〔2016〕6 号），围绕分类登记管理原则，建立健全直接登记与双重管理相结合的社会组织登记制度，完善社会组织直接登记的程序，进一步降低个别类型社会组织登记准入门槛，对社区社会组织适当放宽登记注册资金量和会员最低要求量。截至 2017 年年底，经申报、审核和公示，确定了四批具备承接政府职能转移和购买服务资质的市级社会组织共 135 家，作为选择承接政府职能转移和购买服务主体的重要依据。

4. 改善了民生和社会事业

厦门市积极推进政府购买服务工作，有效促进了民生和社会事业的发展。比如，在社工服务购买方面，2015—2016 年厦门市财政局连续两年安排 700 多万元支持厦门市民政局向社会组织购买八个社会工作服务项目，服务对象主要是寄养孤儿、流浪未成年人、离异家庭子女、空巢老人、失独长者等特殊群体。此外，厦门市各区基层政府，更是积极购买社会工作服务，如湖里区购买社工服务的资金，每年超过 1500 万元，向 8 家民办社工机构购买了近 70 个社工服务项目，对象涵盖了单亲妈妈、残疾人、外来员工等群体，服务网络已覆盖了全区 52 个社区；思明区在辖内各街道成立家庭综合服务中心，根据街道实际情况设计不同服务项目，为社区居民提供健康、娱乐、日常照料、心理咨询等各项服务。这些举措提高了居民生活质量，促进了家庭和睦、社区和谐、社会稳定，切实改善了民生和社会事业。

二、厦门市政府购买公共服务现存问题与原因

（一）厦门市政府购买公共服务现存问题

1. 项目执行范围相对狭隘

根据 2015—2017 年间厦门市政府购买公共服务项目资金统计表，不难发现，政府购买公共服务的项目主要集中于城乡社区、一般公共服务、公共安全、教育等领域，其中社区工作服务是政府购买公共服务中项目最多、投入最大、制度最成熟的。其次则是一般公共服务、公共安全、教育等公共服务的购买，而在与民生关系更为密切的医疗、文化、社会保障等领域，政府购买的公共服务规模较小、投资不足。虽然厦门市在制定政府购买公共服务目录时已经意识到公共服务的购买必须涵盖多个领域，但是在具体实施执行过程中还是出现了执行范围较为狭隘的问题。

2. 服务定价机制不够规范

目前，厦门市政府购买公共服务领域内还无法形成标准的公共服务定价机制，厦门市政府各个部门在进行公共服务项目定价时，通常借鉴其他部门或外地类似购买服务项目价格，或根据主观判断粗略定价，这种定价方法缺乏规范性、科学性及对自身所购买项目的针对性。不规范的服务定价机制，不仅无法保证政府高效、及时地提供公共服务，降低财政资金的使用效率，而且会对后期的资金监管、项目监督造成困难，影响政府对公共服务项目的绩效评价，导致政府对于项目的监管流于形式。

3. 承接主体力量较为薄弱

一是目前厦门市专业的社会组织仍然较少。截至 2017 年年底，厦门市具备承接政府职能转移和购买服务资质的市级社会组织仅有 135 家，许多政府购买服务项目仍须通过引入外地社会组织作为承接主体，本地社会组织仍需要一定时间进行培育，许多服务事项难以找到合适的承接主体。二是缺乏统一、完善的社会组织资质评定标准系统。在厦门市有关政府购买公共服务的政策文件中，尚未涵盖社会组织资质认定的制度安排，也并未涉及公共服务从业人员的能力审核，这不仅无法确保社会组织的品质，还将导致公共服务的质量无法保证。三是长期以来，政府虽然对事业单位扶持，但是部分全额事业单位掌握大量的

专业人员和资源，却不能成为承接主体。

4. 相关配套机制不够健全

政府购买公共服务涉及很多程序、环节和部门，需要相关改革配套措施，包括政府机构改革和职能转换、事业单位改革等。目前政府部门机构及其工作人员对公共服务购买以及政府职能转变的认识不够到位，许多部门机构及其工作人员还未完全弄清"全能型政府向有限职能型政府的转变"理念，导致其并未明确自身所处的角色定位以及行为要求，"全能型政府"思维定式的存在使得许多公共服务仍通过政府直接生产提供。另外，部分政府扶持的全额事业单位掌握着大量提供公共服务的专业人士和资源，却无法成为公共服务的被购买方，政府需要花钱从其他机构在购买公共服务，出现一边通过财政经费设机构养人办事、一边花钱购买服务的"两头占"现象。

（二）厦门市政府购买公共服务现存问题的原因分析

1. 单位认识不到位

部分单位受制于自身经验的不足以及公共服务应由政府直接提供的传统思维的束缚，购买服务意识相对薄弱。一方面，许多单位仍习惯于政府直接提供服务，推行政府购买服务的积极性不高，主动性不强；另一方面，对于一些实际上是向社会力量购买的服务项目，特别是金额较小的项目，有些单位为减少相关预算编制、信息公开、绩效评价等工作，并未按照《政府购买服务管理办法（暂行）》要求开展。

2. 监督和评估机制不够完善

目前，厦门市政府购买服务的绩效评价工作主要按照《政府购买服务管理办法（暂行）》（财综〔2014〕96号）中相关要求开展，相关的监督和评估机制仍有待改进。厦门市政府部门在利用采购方式提供服务时，所受到的监督较少甚至存在监督盲点，这是此项工作的一个潜在风险。此外，项目评估机制除了社工服务民政局有一个比较系统的实施办法（厦民〔2014〕172号）外，其他项目的绩效评估特别是第三方评估还亟待完善。

3. 承接主体培育相对不足

首先是政府对社会组织的资金扶持力度有限，大多数社会组织的资金来源是政府财政支持，其他收入来源较少，对政府资金依赖过度。资金来源单一及金额的有限制约了社会组织的进一步发展，阻碍了社会组织专业化程度的提升，对公共服务的承接工作造成不利影响。其次是从政策供给的层面来看，厦门市乃至福建省仍未建立一套完整的政策支持体系，承接主体的培育工作总体上缺乏系统规划和制度机制，有关承接主体培育的工作机制的实施意见未能得到细化，造成作为承接主体的社会组织发展相对滞后。

4. 部门联动机制不够健全

政府购买公共服务是涉及多部门运作的系统性工作，需要相关部门协调配合开展工作。如政府职能转移的相关事项需要经过财政部门和机构编制部门审核明确，社会组织的培育工作主要由民政部门负责，另外承接主体的市场行为监督和管理需要工商部门的配合，购买过程中涉及的资金使用还离不开审计部门、监察部门的监督。如果缺乏行之有效的部门联动机制，那么将不能更好地整合各方的人力、财力和物力，不利于节约行政成本，政府购买公共服务工作成效也会大打折扣。目前，厦门市政府购买公共服务的部门联动机制还有待完善，财政、民政、工商、审计、监察以及行业主管部门的信息资源共享机制还有待改进，工作合力还有待增强。

5. 法律制度不健全

总体而言，我国在政府购买公共服务领域还没有一部专门的成型的法律详细规范政府购买公共服务行为，所以各地方政府开展政府购买公共服务的实践过程中缺乏全国性的法律依据，更多只能依靠地方出台的规范性文件开展工作。目前，厦门市政府购买公共服务立法滞后，唯一正式法律依据是《政府采购法》（2002 年制定，2014 年修订），但其只是原则性的法律规定，而在具体操作层面目前都是依据厦门市府办、财政局、民政局、市场监督管理局等部门出台的规章和文件。虽然这些规范性文件一定程度上促进了厦门市政府购买公共服务的发展，使相关工作的开展具有一定政策支持和制度约束，但是这些规范性文件缺乏系统性、统一性、权威性和规范性，并且其覆盖的范围有限，无法兼顾到政府购买公共服务中的各环节，所以在项目实施的过程中，有些操作可能处于法律灰色地带。

三、完善厦门市政府购买公共服务机制的政策建议

(一) 明确购买主体角色定位

1. 强化政府购买服务意识

第一，政府部门机构及其工作人员要明确自身在购买公共服务中的角色、主导地位以及应承担的职责。第二，政府部门机构及其工作人员应清晰政府购买公共服务的定义、形式以及购买公共服务的范围，从理论上将这些关键问题明确，争取在实践中将其执行到位。第三，政府部门机构及其工作人员要对购买服务的价格、购买的具体数额以及绩效评价和监管等方面强化认识，从而提升政府购买公共服务的效能。

2. 加大政策支持力度

第一，加大政府对公共服务购买的资金投入力度，扩大政府购买公共服务的比例和范围，提升政府购买公共服务的质量，保证公共服务的供给与人民群众的需求不脱节。第二，均衡政府在公共服务购买方面的资金，政府财政资金有限，需要优先考虑一些与保障和改善民生紧密相关的公共服务，把财政资金用到广大人民群众最为关心和需要的公共服务中去。第三，面对社会组织面临发展缓慢、规模小、承接能力不足的局面，应将培育和孵化社会组织的任务放在突出位置，有针对性、有重点地培育和发展各类专业社会组织，主动向社会组织转移职能、购买服务，促进其成长壮大，增强其提供公共服务的能力。

3. 完善各项综合配套政策

第一，厦门市政府应依据本市具体情况，制定《政府采购法》的综合配套政策，使得政府购买公共服务更加规范合法。第二，建立扶持公共服务购买的地方财政规定和税收优惠，可将政府购买公共服务的内容纳入财政预算的范围之内，运用税收优惠的方式扶持一些新兴的社会组织，并及时公开相关信息。第三，完善社会组织法律法规及综合监管体系，制定和完善相关配套法规，强化发起人责任，将社会组织参与购买服务工作情况纳入社会信用体系，建立完善社会组织的登记管理信息和信用档案，从而发挥行业监督作用。

4. 加强部门间协调配合

第一，明确厦门市财政局、审计局、民政局等部门职责，以减少或克服部门之间的推诿扯皮的现象，从而发挥系统的规模效应。第二，通过联席会议等

方式，强化市财政局、审计局、市场监督管理局、民政局等部门间工作协同的常态化，加强市人大对政府购买服务监督工作，确保资金规范管理。第三，通过将合作部门的绩效与本部门的行政考核相结合，从而促进部门之间的相互合作，共同实现政策目标。

（二）加强制度环境建设

1. 完善相关法律法规

第一，应当在时机成熟时，由市人大根据经济特区地方立法权予以规范立法，将政府购买公共服务纳入人大的法律监督范围，立法中既要把已有成熟做法以规范形式制度化，也要前瞻性地为未来改革探索和制度创新预留空间。第二，修订完善厦门市为促进政府购买公共服务的一系列政策法规，明确购买公共服务过程中政府和社会力量的角色定位及权利义务，并对购买的范围、流程、资金保障等方面做出相关规定，用法律保障政府购买公共服务。第三，完善行业法规和操作规程，可在信息公开、监督管理、社会组织的资质考核等方面制定标准化的可操作规定，并加强地方立法，完善人大对财政预算的监督职能。

2. 营造政府购买服务市场环境

第一，明确公共服务的购买主体和承接主体，政府作为公共服务的购买主体，应将自身角色从公共服务的直接生产者和提供者转变为公共服务的提供者和购买者，而作为承接主体的社会组织也应意识到自身所需承担的责任，摆脱对政府的过度依赖。第二，构建良好规范的政策环境，政府的扶持有利于社会组织形成与发展，拥有良好的法律保障、政策环境及财政支持可以使社会组织的力量更加壮大，从而有利于社会组织更加高效完成承接目标。第三，充分运用厦门市自贸区的政策优势，一些改革可以在厦门市范围内采取"先试后推"的办法，鉴于厦门市拥有"多区叠加"的政策优势，建议把一些拟推广的购买项目或购买机制放在自贸区内先行先试。

（三）完善规范购买流程

1. 合理确定购买目录

第一，结合厦门市具体情况，合理确定政府购买服务指导性目录，明确政府购买服务的种类、性质与内容，将适合社会力量承担的公共服务事项以购买服务为主的方式实施，而不属于政府职能范围的服务事项，应该由政府直接提供、不适合社会力量承担的服务事项，则禁止购买。第二，针对适合社会力量承担的服务事项，应在对厦门市政府购买公共服务已有改革效果进行评估基础上，从与民生相关的公共服务领域着手，根据公共服务供需缺口的预测，前瞻性地有序实现购买服务范围的扩围，由目前的社工服务、市政市容、技术服务、劳动就业服务等渐进扩围到与民生关系更为密切、缺口更大的教育、医疗卫生、养老、文化等基本公共服务上，以满足社会公众日益增长的公共服务需求。

2. 积极研究定价机制

第一，从项目成本测算、工作量统计着手，合理测算项目成本，明确核算标准，细化政府购买服务的项目价格结构。第二，完善购买服务定价参与机制，加强与作为承接主体的社会组织的沟通，建立服务购买方和提供方的协商机制，增强服务定价的合理性、可行性和科学性。第三，提升购买方式竞争性，可选择若干项目引入异地甚至境外（如台湾）承接主体，通过购买方式竞争性程度的提高，在此基础上形成这些服务项目竞争性市场化的定价机制。

3. 完善监督和评估机制

第一，建立健全厦门市政府购买公共服务财政保障机制，要和绩效预算改革相衔接，设计科学的财政投入和支出绩效评价的指标体系，注重资金效率、行政效率以及政策效率，对项目资金使用、项目数量及质量进行绩效监督与评估。第二，针对各区级政府部门为购买主体的公共服务，应与市级政府对区专项转移支付安排相配套，以同时发挥市级政府对区资金的监督与评价，提高资金的绩效水平。第三，建立第三方评估的资信管理，完善由购买主体、服务对象以及第三方构成的多元化监督评估体系，在尽量扩大第三方评估基础上，积极发挥居民在评估中的作用，可以先从目前社区服务入手，建立居民直接参与公共服务评估的机制。除此之外，还可考虑引进相关领域的专家进行监督与评估，发挥专家们在相关领域的专业特长，及时发现问题，制定解决方案。

4. 积极培育承接主体

第一，建立新型政社合作关系，多渠道多形式培育社会组织，加强对社会组织的资金支持和政策倾斜，对民间组织积极落实公益慈善类组织的捐赠税前扣除等相关税收优惠政策。第二，加快事业单位改革，完善人事制度，由市编办根据购买主体的购买服务情况相应调整其人员编制。第三，鼓励和引导社会组织通过项目合作方式跨区域承接政府购买服务项目，形成以政府为主导、多种社会主体共同参与的公共服务供给格局。第四，加快社会组织专业人才队伍建设，通过专业培训班、经验交流会、座谈研讨会和专家讲座等方式，提高相关工作人员的业务能力与专业素养。第五，建立健全社会组织综合监管体系，加强对社会组织综合监管，促进社会组织的有序运行，提高社会组织的规范化运作水平，为承接工作提供保障。

5. 借鉴国内外先进经验

在推进政府购买公共服务实践的过程中，根据厦门市的实际情况，吸收借鉴国内外代表性城市的先进经验和成功做法，以人民群众需求为导向，逐步完善政府购买公共服务机制建设，规范购买流程，为社会公众提供更优质高效的公共服务。

第五节　厦门建立企业类国有资产管理评价体系研究①

一、选题背景

在新时代中国特色社会主义市场经济体制下，国有资产归全民所有，政府是国有资产的管理者，各级政府所管理和占有的国有资产需要向人民报告并接受人民监督。为贯彻落实党的十八届三中全会"要加强人大国有资产监督职能"② 以及党的十九大"要完善各类国有资产管理体制"的精神，③ 中共厦门市委于 2018 年出台了文件《关于建立政府向市人大常委会报告国有资产管理情况制度的意见》。同时，厦门市人大常委会为进一步健全和完善国有资产管理报告和监督机制，出台《厦门市人大常委会贯彻实施中共厦门市委〈关于建立政府向市人大常委会报告国有资产管理情况制度的意见〉的若干意见》。2018 年起，厦门市政府开始向市人大常委会分别报告包括企业类国有资产在内的四类国有资产管理情况。其中，企业类国有资产总额最大，因此笔者在厦门市人大财经委、厦门市国资委配合下，首先对企业类国有资产管理评价体系进行了调研并

---

① 本文为厦门市社科规划重点项目"厦门科学建立四类国有资产管理评价体系研究"【厦社科研（2020）B11】研究报告中的部分内容，刘晔为课题负责人，本文由刘晔与其指导的硕士生苏才立共同完成。
② 中共第十八届中央委员会. 中共中央关于全面深化改革若干重大问题的决定［R/OL］. 新华网，2013-11-15.
③ 习近平. 决胜全面建成小康社会，夺取新时代中国特色社会主义伟大胜利——在中国共产党第十九次全国代表大会上的报告［R/OL］. 新华网，2017-10-27.

展开研究。

二、国内外研究现状述评

每个国家的公共财政规模对于一个国家经济体量而言都是不容小觑的，各个国家都十分重视公共财政的管理与运行。国内外有诸多学者针对公共财政的管理评价体系做了研究与分析。

多数西方政府的经济体制为资本主义市场经济，资本主义私有制下的西方政府只作为社会的管理者，当社会存在市场失灵时，公共部门为社会提供公共服务和公共产品，其收支形成了非经营性的公共财政。Shafritz、Russell 等人（1997）认为各级政府及公共部门都应该实行合理的绩效管理模式，绩效管理是非经营性公共财政管理工作的重点。[1] Stone、Cutcher（2003）认为在公共组织和非经营性政府组织的项目中，有效的绩效管理模式应该包含设定目标、指标设计、评价打分、确定权重等一系列工作。[2] 除了企业效益考核指标之外，Koppell（2007）认为由于国有企业的特殊地位，国有企业要同时兼顾社会评价，找到二者的平衡点。[3] 大多数研究者认为良好的公共财政管理绩效有助于提高公共部门的产品质量和服务质量，应对国有企业实行合理、完善的管理评价体系。

我国学术界对于企业国有资产（不含金融企业国有资产）、金融企业国有资产这两类经营性国有资产管理和评价的研究，起步最早也最为丰富。刘亚莉（2003）从一般竞争性国有企业的绩效评价体系出发，提出建立利益相关者导向的综合绩效评价体系，引入了市场价值增值率评价指标，并以电力企业为例检验了该指标的可行性和实践意义。[4] 张晓明、何莹（2003）提出了"超额利润增长率"的新绩效评价方法，这种评价方法是以企业的财务状况、市场占有率、

---

① SHAFRITZ J，E W RUSSELL，C BORICK，et al. Introducing Public Administration ［M］. New York：Routledge，2016：25.

② STONE M M，S CUTCHER-GERSHENFELD. Challenges of Measuring Performance in Nonprofit Organizations ［M］// FLYNN P，V A HODGKINSON. Measuring the Impact of the Nonprofit Sector. New York：Springer US，2002：33-57.

③ KOPPELL J G S. Political Control for China's State-Owned Enterprises：Lessons from America's Experience with Hybrid Organizations ［J］. Governance，2007，20（02）：255-278.

④ 刘亚莉. 自然垄断企业利益相关者导向的综合绩效评价研究 ［J］. 管理评论，2003（12）：31-36.

内部经营的管理机制、创新与发展能力四方面对企业经营成果进行全面评价。[①]
孙世敏、赵希男（2005）提出了企业绩效社会评价的想法，他们认为企业的价
值还应该包括企业的社会评价，结合企业绩效和社会评价才能对一家企业进行
完整的评价。[②]　大多数国内学者关于国有资产的研究，都不同程度地反映科学建
立国有资产管理评价体系有利于国有资产做强做优做大。

综合国内外的研究来看，科学建立国有资产管理评价体系及完善其配套机
制势在必行。本文基于前人的研究，立足厦门市实际情况，对企业类国有资产
管理评价体系进行研究，力求为建立相对科学、系统、全面和细致的企业类国
有资产管理评价体系提供研究思路和方向。

三、厦门企业类国有资产管理现状

根据《厦门市人民政府关于 2018 年度国有资产管理情况的综合报告》显
示，截至 2018 年年底，全市国有企业资产总额 11910.1 亿元，比上年增加
1276.1 亿元，增长 12.0%；负债总额 7738.1 亿元，比上年增加 843.9 亿元，增
长 12.2%；所有者权益 4172.0 亿元，比上年增加 432.0 亿元，增长 11.6%。从
主要指标看：

（1）全市国有企业资产负债率为 65.0%，与上年基本持平，与全国国有企
业平均资产负债率水平基本持平。

（2）从行业分布比例来看，社会服务业、房地产业、批发零售业、交通运
输业分别占全市国有企业资产总额的 30.5%、29.5%、15.5%、8.1%，行业分
布与上年基本一致。

（3）全市国有企业实现营业收入 9571.1 亿元，比上年增加 1536.9 亿元，
增长 19.1%。主要是 JF、GM、象屿集团因供应链贸易业务、房地产业务快速发
展，带动营业收入较快增长。其中：JF 集团营业收入 2826.2 亿元，比上年增加
623.7 亿元，增长 28.3%；GM 控股集团营业收入 2741.0 亿元，比上年增加
517.2 亿元，增长 23.3%；象屿集团营业收入 2414.6 亿元，比上年增加 273.8
亿元，增长 12.8%。三家企业集团营收合计 7981.8 亿元，增加 1414.7 亿元，占

---

①　张晓明，何莹.略探企业"超额利润增长率"绩效评价方法［J］.财会月刊，2003
（04）：30-31.

②　孙世敏，赵希男.企业绩效的社会评价与政策建议［J］.当代财经，2005（07）：64-
66.

全市增量的 92.0%。

（4）全市国有企业归属母公司净利润 134.8 亿元，比上年增加 38.7 亿元，增长 40.3%。主要是 JF 集团、象屿集团大力发展"供应链+"模式，企业效益持续提升。其中：JF 集团和象屿集团两家企业归属母公司净利润合计 54.9 亿元，增加 24.4 亿元，占全市增量的 63.0%。

（5）全市国有企业上缴国有资本经营收益 18.9 亿元，比上年增加 6.2 亿元，增长 49.0%。主要因为归属母公司净利润增长 40.3%，以及国有资本经营收益缴交比例提高了 2 个百分点。

（6）全市国有企业负责人平均薪酬 45.5 万元，是上年全市国有企业职工平均薪酬的 5.2 倍，符合市委关于市级企业负责人薪酬不超过上年度市级国有企业在岗职工平均工资 10.4 倍的要求。

四、厦门市科学建立企业类国有资产管理评价体系研究

当前，厦门市市属一级国有企业共 37 户，根据我市部门职责划分，其中：市国资委出资、监管企业 19 户；其他市级国有企业 18 户。为了科学分析厦门市国有资产管理是否促进企业国有资产做强做优做大，本研究拟参考 2006 年国务院颁布的《中央企业综合绩效评价实施细则》与 2019 年国务院颁布的《企业绩效评价标准值》，对厦门市国资委出资、监管的三大类共九家企业进行分类研究。其中商业一类企业有：JF 集团有限公司、GM 集团有限公司、JJ 集团有限公司；商业二类企业有：GW 集团有限公司、LQ 集团有限公司、XS 集团有限公司；公益类企业有：GJ 集团有限公司、CBL 集团有限公司、AJ 集团有限公司。

（一）厦门市九家国有企业管理评价体系

依据《中央企业综合绩效评价实施细则》，国有企业管理评价体系由反映企业盈利能力状况、资产质量状况、债务风险状况和经营增长状况四方面的八个基本指标构成，用于综合评价企业财务会计报表所反映的管理状况。其中，企业盈利能力状况以净资产收益率、总资产报酬率两个基本指标进行评价，要反映企业经营期间一定的投入产出水平和盈利质量。企业资产质量状况以总资产周转率、应收账款周转率两个基本指标进行评价，主要反映企业所占用经济资源的利用效率、资产管理水平与资产的安全性。企业债务风险状况以资产负债率、已获利息倍数两个基本指标进行评价，主要反映企业的债务负担水平、偿债能力及其面临的债务风险。企业经营增长状况以销售（营业）增长率、资本

保值增值率两个基本指标进行评价，主要反映企业的经营增长水平、资本增值状况及发展后劲。① 计算公式如表5-6所示：

表5-6 管理评价体系基本指标计算公式

管理评价体系	基本指标	计算公式
盈利能力状况	净资产收益率	净资产收益率=净利润/平均净资产×100% 平均净资产=（年初所有者权益+年末所有者权益）/2
	总资产报酬率	总资产报酬率=（利润总额+利息支出）/平均资产总额×100% 平均资产总额=（年初资产总额+年末资产总额）/2
资产质量状况	总资产周转率	总资产周转率（次）=主营业务收入净额/平均资产总额
	应收账款周转率	应收账款周转率（次）=主营业务收入净额/应收账款平均余额 应收账款平均余额=（年初应收账款余额+年末应收账款余额）/2 应收账款余额=应收账款净额+应收账款坏账准备
债务风险状况	资产负债率	资产负债率=负债总额/资产总额×100%
	已获利息倍数	已获利息倍数=（利润总额+利息支出）/利息支出
经营增长状况	销售（营业）增长率	销售（营业）增长率=（本年营业务收入总额−上年营业务收入总额）/上年营业务收入总额×100%
	资本保值增值率	资本保值增值率=扣除客观增减因素的年末国有资本及权益/年初国有资本及权益×100%

本研究从Wind及厦门市国资委获取九家国有企业近四年的企业绩效进行计算和分析，绩效具体数值见表5-7。

---

① 国务院国有资产监督管理委员会. 关于印发《中央企业综合绩效评价实施细则》的通知：国资发评价〔2006〕157号［R/OL］. 国务院国有资产监督管理委员会网站，2006-09-12.

表5-7　厦门市九家国有企业绩效原始数据

商业一类企业	JF集团有限公司				GM集团有限公司				JJ集团有限公司			
指标名称	2016	2017	2018	2019	2016	2017	2018	2019	2016	2017	2018	2019
净资产收益率（%）	14.06	14.76	18.26	16.00	8.95	9.93	9.42	9.57	14.86	12.85	1.12	6.09
总资产报酬率（%）	4.96	5.20	6.22	4.63	5.10	5.92	6.18	5.23	6.28	4.15	2.19	4.44
总资产周转率（次）	1.29	1.45	1.43	1.32	2.09	2.61	2.80	2.64	0.29	0.22	0.14	0.18
应收账款周转率（次）	47.85	67.33	56.08	49.20	34.37	50.26	59.82	62.13	43.35	32.83	18.30	30.55
资产负债率（%）	74.19	75.05	74.98	77.62	67.29	63.58	65.81	69.27	76.66	71.90	79.92	78.57
已获利息倍数	3.74	2.87	2.77	2.88	4.24	3.92	3.56	3.98	4.33	4.02	1.25	2.02
销售增长率（%）	13.66	50.15	28.26	20.28	52.72	67.88	25.48	5.54	118.21	-19.68	-34.49	52.20
资产保值增值率（%）	122.35	134.04	124.42	121.48	198.78	145.12	99.91	105.83	105.43	123.30	80.60	116.77

商业二类企业	GW集团有限公司				LQ集团有限公司				XS集团有限公司			
指标名称	2016	2017	2018	2019	2016	2017	2018	2019	2016	2017	2018	2019
净资产收益率（%）	7.70	4.13	0.94	2.81	1.87	1.70	2.08	2.13	10.16	8.80	10.94	10.35
总资产报酬率（%）	6.77	3.96	3.49	4.34	1.30	0.80	1.60	1.53	5.66	3.66	5.85	5.87
总资产周转率（次）	1.43	1.77	1.61	1.55	0.38	0.47	0.63	0.69	0.89	0.87	0.85	0.83
应收账款周转率（次）	11.73	17.05	18.01	19.03	13.88	15.30	17.62	18.00	26.03	26.61	30.01	116.27
资产负债率（%）	56.29	56.33	57.84	54.53	69.59	69.52	66.46	69.70	73.15	73.10	72.12	71.83
已获利息倍数	14.5	5.90	2.47	3.44	2.56	3.13	2.37	2.28	4.12	2.72	3.17	2.96

续表

商业一类企业

商业一类企业	JF 集团有限公司				GM 集团有限公司				JJ 集团有限公司			
	2016	2017	2018	2019	2016	2017	2018	2019	2016	2017	2018	2019
销售增长率（%）	23.84	52.50	-2.35	5.70	27.71	28.27	41.09	23.47	8.14	9.26	5.65	4.09
资产保值增值率（%）	105.73	109.28	102.15	123.19	102.64	101.44	120.36	104.46	109.41	110.10	110.97	108.16

公益类企业

公益类企业 指标名称	GJ 集团有限公司				CBL 集团有限公司				AJ 集团有限公司			
	2016	2017	2018	2019	2016	2017	2018	2019	2016	2017	2018	2019
净资产收益率（%）	0.87	-1.30	-1.84	-1.42	1.16	1.26	1.31	1.49	0.25	0.51	0.98	1.74
总资产报酬率（%）	1.48	0.98	0.14	0.21	2.84	0.72	2.73	2.82	0.23	0.59	1.27	2.01
总资产周转率（次）	0.52	0.52	0.48	0.42	0.36	0.29	0.31	0.29	0.02	0.02	0.08	0.08
应收账款周转率（次）	19.75	21.24	23.27	33.08	26.75	17.20	17.71	41.91	7.76	4.76	18.80	22.60
资产负债率（%）	60.77	61.76	66.46	66.71	57.84	58.35	55.69	54.20	0.56	0.81	11.80	18.96
已获利息倍数	0.00	29.97	4.19	1.68	1.31	1.36	1.41	1.45	384.33	4678.11	0.00	37.20
销售增长率（%）	6.53	5.82	0.72	-4.17	31.66	-16.92	9.68	-5.60	15.20	72.51	479.15	4.49
资产保值增值率（%）	110.21	105.26	96.85	109.17	101.62	101.97	109.52	102.64	763.91	138.13	100.89	87.44

数据来源：Wind 及厦门国资委。

（二）各行业企业绩效评价标准值

依据《企业绩效评价标准值》，将企业管理绩效评价划分为优秀（A）、良好（B）、平均（C）、较低（D）、较差（E）五个档次。对应五档评价标准的标准系数分别为1.0、0.8、0.6、0.4、0.2，差（E）以下为0。标准系数是评价标准的水平参数，反映了评价指标对应评价标准所达到的水平档次。

企业管理绩效定量评价标准值的选用，一般根据企业的主营业务领域对照企业综合绩效评价行业基本分类，采用该主业所在行业的标准值。参考各企业主营业务，将JF集团有限公司、GM集团有限公司、GW集团有限公司、XS集团有限公司对应的行业归类为地方批发和零售贸易行业；JJ集团有限公司、AJ集团有限公司对应的种类归类为地方房地产业；LQ集团有限公司回应的种类分类为地方建筑业；GJ集团有限公司、CBL集团有限公司对应的行业归类为地方交通运输仓储及邮政业。各行业企业绩效评价标准值如表5-8所示。

表5-8 各行业企业绩效评价标准值

行业	地方批发和零售贸易行业					地方建筑业				
基本指标	优秀	良好	平均	较低	较差	优秀	良好	平均	较低	较差
净资产收益率(%)	16.8	10.7	5.8	-0.8	-7.7	9.5	3.3	0.9	-4.2	-11.1
总资产报酬率(%)	7	5.3	3.4	-0.9	-7	2.9	1.2	0.4	-0.9	-4.5
总资产周转率(次)	4.5	2.9	1.5	0.9	0.3	0.9	0.5	0.4	0.3	0.2
应收账款周转(次)	24.3	15.7	8.8	4.6	0.7	6.3	3.5	2.6	1.2	0.7
资产负债率(%)	54.2	59.2	64	74.2	89.2	51.2	63.3	72.2	84.7	90.6
已获利息倍数	5.7	3.2	1.8	0.2	-3.3	5	3	1.9	1	-0.1
销售增长率(%)	18.2	12.6	5.2	-6.1	-12.5	19.7	10.9	9.8	-11.6	-29.6
资产保值增值率(%)	115.6	109.6	104.8	98.2	91.3	110.2	105.9	102.5	99.8	95.5
行业	地方房地产业					地方交通运输仓储及邮政业				
基本指标	优秀	良好	平均	较低	较差	优秀	良好	平均	较低	较差
净资产收益率(%)	9.1	5	2.8	-1.3	-3.3	8.9	6.4	3	-1.5	-8
总资产报酬率(%)	5.2	2.5	1.5	-0.8	-2.6	8.2	5.4	2.8	1	-1.2
总资产周转率(次)	1.2	0.8	0.5	0.4	0.3	1.5	1	0.6	0.4	0.3
应收账款周转(次)	12.3	7.7	5	3.9	3.7	21.4	12.8	6.5	2.7	1
资产负债率(%)	49.2	59.2	69	79.2	89.2	54.2	59.2	64	74.2	89.2

续表

行业	地方批发和零售贸易行业					地方建筑业				
已获利息倍数	4.5	2.9	1.9	0.3	-2.4	3.6	2.5	1.8	0.4	-0.7
销售增长率(%)	14.5	9	3.8	-2.8	-5.3	14.1	8.6	3.3	-5.3	-15.4
资产保值增值率(%)	108.1	103.9	101.8	97.8	95.7	107.8	105.3	101.9	97.5	91

数据来源:国务院国资委考核分配局《企业绩效评价标准值2019》。①

(三) 管理评价体系计分方法

管理评价基本指标计分是按照功效系数法计分原理,将评价指标实际值对照行业评价标准值,按照以下计分公式计算各项基本指标得分。

基本指标总得分=∑单项基本指标得分

单项基本指标得分=本档基础分+调整分

本档基础分=指标权数×本档标准系数

调整分=功效系数×（上档基础分-本档基础分）

上档基础分=指标权数×上档标准系数

功效系数=（实际值-本档标准值）/（上档标准值-本档标准值）

本档标准值是指上下两档标准值居于较低等级一档。

管理评价指标及指标权数如表5-9所示。

表5-9 管理评价指标及指标权数

管理评价体系及权数（%）		管理评价指标及指标权数（%）	
		基本指标	权数
盈利能力状况	34	净资产收益率	20
		总资产报酬率	14
资产质量状况	22	总资产周转率	10
		应收账款周转率	12
债务风险状况	22	资产负债率	12
		已获利息倍数	10

---

① 国务院国资委考核分配局 . 企业绩效评价标准值 2019 [M].北京:经济科学出版社,2019:355-362.

管理评价体系及权数（％）		管理评价指标及指标权数（％）	
		基本指标	权数
经营增长状况	22	销售（营业）增长率	12
		资本保值增值率	10

通过上述方法，得出的综合评价结果可以划分为五个档次：85分（含）以上为优秀水平，70（含）—85分为良好水平，50（含）—70分为中等水平，40（含）—50分为较低水平，40分以下为较差水平。在得出综合评价结果以后，计算年度之间的绩效改进度，以反映企业年度之间管理情况的变化状况。计算公式为：绩效改进度＝本期绩效评价分数/基期绩效评价分数。绩效改进度大于1，说明管理情况改善；绩效改进度小于1，说明管理情况下滑。

由此，企业可以知道自己的行业定位、经营强势和短板问题，并由此进一步改进完善，发展壮大。

（四）厦门市九家国有企业管理评价得分情况

根据企业类国有资产管理评价方法，计算九家国有企业管理评价得分情况如表5-10所示。

（五）厦门市九家国有企业管理评价得分分析

1. 商业一类企业

商业一类企业为竞争类企业，具有以市场化为导向，以企业价值最大化为目标，兼顾社会效益和服务区域战略的特性。综合商业一类企业管理评价得分情况来看，公司盈利能力状况得分较高，而债务风险状况得分较低，其余得分指标因行业性质不同略有差异。

JF集团有限公司的管理评价得分稳中求进，四年均保持在80分左右，维持在良好水平以上接近优秀水平。其中表现较为突出的是JF的盈利能力状况约为30分，以及经营增长状况约为20分，得分均接近满分。通过查阅企业年报，公司主营业务为供应链业务，近些年业务的利润及营业收入呈逐年递增的态势。但在债务管理方面约为12分，得分较低的原因主要是企业拥有较高的资产负债率约为75%，其债务风险处于较高水平。JF的资产质量状况约为18分，表现良好。JF旗下拥有两家房地产企业，这两家房产企业营业收入占集团营业收入的

表5-10　厦门市九家国有企业管理评价得分情况

商业一类企业	JF集团有限公司				GM集团有限公司				JJ集团有限公司			
评分情况	2016	2017	2018	2019	2016	2017	2018	2019	2016	2017	2018	2019
盈利能力状况（/34）	28.89	29.72	32.71	29.68	25.48	27.59	27.61	26.18	34.00	32.91	20.69	30.28
资产质量状况（/22）	17.30	17.83	17.76	17.38	18.84	19.59	19.86	19.62	12.00	12.00	12.00	12.00
债务风险状况（/22）	13.23	12.20	12.06	11.79	15.26	15.99	15.06	14.58	15.19	15.92	9.81	11.19
经营增长状况（/22）	20.06	22.00	22.00	22.00	22.00	22.00	16.52	13.74	20.73	10.00	0.00	22.00
管理评价得分（/100）	79.48	81.74	84.53	80.86	81.58	85.16	79.05	74.12	81.92	70.83	42.51	75.46
绩效改进程度		1.03	1.03	0.96		1.04	0.93	0.94		0.86	0.60	1.78

商业二类企业	GW集团有限公司				LQ集团有限公司				XS集团有限公司			
评分情况	2016	2017	2018	2019	2016	2017	2018	2019	2016	2017	2018	2019
盈利能力状况（/34）	27.17	20.22	17.59	19.97	24.98	23.13	25.83	25.79	27.35	23.23	28.26	27.85
资产质量状况（/22）	13.99	16.37	16.40	16.59	17.60	19.40	20.65	20.95	15.97	15.90	15.83	15.77
债务风险状况（/22）	21.00	20.98	17.21	20.03	15.10	16.05	15.60	14.57	13.78	12.37	13.25	13.01
经营增长状况（/22）	18.39	19.87	10.79	17.36	18.08	17.22	22.00	19.15	16.07	16.69	15.80	14.36
管理评价得分（/100）	80.55	77.43	61.99	73.96	75.77	75.80	84.08	80.46	73.18	68.19	73.14	71.00
绩效改进程度		0.96	0.80	1.19		1.00	1.11	0.96		0.93	1.07	0.97

续表

公益类企业评分情况	GJ集团有限公司				CBL集团有限公司				AJ集团有限公司			
	2016	2017	2018	2019	2016	2017	2018	2019	2016	2017	2018	2019
盈利能力状况（/34）	16.45	13.75	12.30	12.67	18.81	15.69	18.79	19.08	16.37	17.05	18.34	20.79
资产质量状况（/22）	17.62	18.04	17.60	16.40	15.20	10.83	13.17	12.00	9.63	6.68	12.00	12.00
债务风险状况（/22）	12.09	18.32	16.62	12.39	15.55	15.38	16.73	17.50	22.00	22.00	15.78	22.00
经营增长状况（/22）	18.66	16.32	10.28	15.11	17.87	6.04	20.07	11.17	22.00	22.00	17.55	7.52
管理评价得分（/100）	64.82	66.42	56.80	56.57	67.43	47.94	68.76	59.74	70.00	67.73	63.67	62.31
绩效改进程度		1.02	0.86	1.00		0.71	1.43	0.87		0.97	0.94	0.98

15%，而房地产企业以高杠杆低周转为行业特点，可能导致 JF 集团的资产负债率较高。通过绩效改进程度，可以发现 JF 的绩效 2017 与 2018 年度均有 3% 的增长，2019 年有 4% 的下滑，所以 JF 的财务状况总体来看稳中求进，虽有升有落，但幅度都不大。

GM 集团有限公司近几年管理评价得分呈现下滑趋势，从 2017 年优秀行列得分为 85.16 分降至 2019 年良好行列得分为 74.12 分。从指标来看，盈利能力、资产质量、债务风险的得分没有较大波动，但是经营增长状况连续两年下降。GM 处于较为稳定的成熟期，成长性略差，与相似定位的 JF 相比，2017 年 GM 和 JF 的业务增长情况较为相似，GM 营业收入同比增长 67.88%，JF 同比增长 50.15%，但近两年 GM 的增长势头远不如 JF 强劲，2018 年 JF 净利润同比增长 58.15%，而 GM 同比增长 10.86%；2019 年 JF 营业收入同比增长 20.28%，净利润同比增长 4.34%，而 GM 同比增长 5.54%，净利润同比增长 1%。对此，可能的解释是 JF 和 GM 都是供应链为主的企业，JF 相对来说转型更早，并且在 2019 年"LIFT 供应链服务"品牌战略逐步落地，取得一定成就，GM 更多是以产业链投资带动供应链转型升级，对外开放度不如 JF 更多，因此在供应链业务的增长势头较弱。从这个角度看，指标体系一定程度上反映出了问题。从绩效改进度来看，GM 在 2018、2019 两个年头的绩效下滑幅度均超过 5%。

JJ 集团有限公司管理评价得分呈现深 V 字形，波动较大，2016 年管理评价得分 81.92 分处于良好水平，而在 2018 年时管理评价得分降至 42.51 分处于较低水平。与此同时，绩效改进程度的变化波动也较大，2018 年下滑 40%，在 2019 年则上升了 78%，呈现急上急下的特征。2018 年是房地产政策出台最为密集的一年，在调控的重压下，厦门新建商品住宅成交量持续走低，存量持续扩容，商品住宅市场呈现供过于求态势。2018 年 JJ 集团净资产收益率仅为 1.12%、总资产报酬率为 2.19%、应收账款周转率为 18.3 次、营业收入下滑 34.49%，由此导致了盈利能力状况、资产质量状况、债务风险状况和经营增长状况得分都处于较低的水平，特别是对经营增长状况影响最大，得分仅为 0 分。在其余年份，JJ 集团的盈利能力状况都保持在一个较高的水平，得分约为 32 分，资产质量状况、账务风险状况和大多数房地产企业相似，保持在中等水平，得分约为 12 分。

2. 商业二类企业

商业二类企业为非充分竞争类企业，此类企业不完全以盈利为主要目的。综合商业二类企业管理评价得分来看，这一类企业的盈利能力状况得分相对于商业一类企业略有下降。

GW 集团有限公司的管理评价得分呈现 V 字型，波动较大，主要是由于外界宏观经济对企业的港口发展影响较大。在国民经济和全球经济具有周期性波动的特点下，港口行业同样也具有周期性的特点。通过调查相关资料发现，2017 年，全球政治不确定性下降、发达经济体增长回暖、国际市场大宗商品价格上涨等多重影响之下，全球经济逐步企稳，全球各地港口行业也开始走出萧条走向复苏。这使得 GW 集团的管理评价得分较好，位于优秀水平行列。2018 年世界经济延续复苏态势，但总体增长动能有所减弱，包括美国、欧盟在内的主要经济体经济增长有所放缓。这一年，受中美贸易摩擦、对台业务限制、能源结构调整等因素影响，公司管理评价得分大幅下滑，其中主要是盈利能力状况和经营增长状况下滑。2019 年，全球经济增速再度放缓，外部环境总体趋紧，国内经济增速下行压力加大，但企业盈利能力状况恢复较高位水平，通过查看 GW 集团 2019 年年报可知，2019 年的增加的收入更多是由于投资收益和资产评估增值导致，港口物流主业收入并无明显上升。引起注意的是，根据 2019 年年报披露，GW 集团 2019 年吞吐量有所提升，对应的成本有所上升，然而该业务的收入却有所下降，合理推测为有了港口业务的竞争后（如鼓浪屿号，由星旅远洋邮轮公司运营，为招商引进企业），可能产生了低价揽客的现象。无论是 2018 年的−20%还是 2019 年的+19%，GW 的绩效变化幅度都较大，且从上述分析中可知，GW 的主营业务近两年并无明显起色，也非企业增长的动力来源，因而导致财务绩效不稳定，如过山车似的大起大落。

LQ 集团有限公司的管理评价得分呈现稳步上升的态势，在 2018 年达到了最高值。2016 年管理评价得分为 75.77 分处于良好水平，2018 管理评价得分为84.08 分接近优秀水平。近四年，LQ 集团净资产收益率约为 2%、资产收益率约为 1.3%、应收账款周转率约为 16 次、资产负债率约为 69%、销售增长率约为30%、资产保值增值率约为 107%，由此得到的盈利能力状况约为 25 分，资产质量状况约为 20 分，债务风险状况约为 15 分，表现均较为平稳。企业经营增长状况态势良好，销售增长率都在 23%以上，其中 2018 年销售增长率达到

41.09%，2016 年经营增长状态为 18.08 分，2018 年则为 22 分，变化幅度较大，对综合管理评价得分的贡献也较大。这几年企业发展稳步上升与企业业务的不断扩张有着密不可分地关系，公司在 2017 年 1 月收购漳州宝达四家公司资产全面进军漳州市场，2018 年 3 月成立厦门 LQ 体育产业集团，同时翔安机场高速公路、厦门市新体育中心工程也已开始施工建设。

XS 集团有限公司的管理评价得分基本保持在良好水平，四年平均得分约为 71 分。企业拥有较高的净资产收益率约为 10%、总资产报报酬率约为 5%，盈利能力状况约为 27 分；总资产周转率约为 0.86 次、应收账款周转率为 26 次以上处于优秀水平，资产质量状况约为 16 分；资产负债率约为 73%、已获利息倍数约为 3 倍，债务风险状况仅约为 13 分；销售增长率与资产保值增值率均处于中等水平，经营增长状况约为 16 分。四类管理评价得分均无较大变化波动情况，可见 XS 集团作为保障"米袋子""菜篮子"的主力军，表现较为优秀。

3. 公益类企业

公益类企业以保障民生、提供公共交通、提供公共社会服务、提供公共产品、确保城市正常运行为主要目标。综合公益类企业来看，盈利能力状况得分在三类企业中相对最低，而债务风险状况则表现较好。

GJ 集团有限公司近四年的管理评价得分稳定处于中等水平，得分最高值为 2017 年 66.42 分，最低值为 2019 年 56.57 分。GJ 集团净资产收益率约为 -1%、总资产报酬率约为 0.7%，企业盈利能力状况仅约为 13 分处于较低的水平；总资产周转率约为 0.5 次处于较低水平，应收账款周转率约为 24.34 次处于优秀水平，资产质量状况评分约为 17 分处于中等水平；债务风险状况波动较大，2017 年得分为 18.32 分，2016 年得分仅为 12.09 分；经营增长状况评分呈现 V 字形，在 2018 年达到最低值 10.28 分，主要是受到本年的销售增长率及资产保值增值率较低的影响。

CBL 集团有限公司近四年的管理评价得分围绕中等水平上下起伏，2017 年达到管理评价得分最低点，得分 47.94 分处较低水平，2016 年、2018 年、2019 年则都高于 50 分处中等水平，其中 2018 年达到综合绩效评分的最高点 68.76 分接近良好水平。2017 年综合绩效评分较低的原因是本年度营业收入出现较大幅度的回撤，总资产报酬率较低导致盈利能力状况及经营增长状况得分较低。另外，企业近四年的整体盈利能力状况得分较低，主要原因是企业净资产收益率与总资产报酬率较低。企业资产负债率均处于优秀水平，但是已获利息倍数仅为中等水平，故债务风险水平一直保持在中等水平。

AJ 集团有限公司近四年的管理评价得分处于中等水平，但呈现逐年递减的态势，从 2016 年的 70 分逐年降低至 2019 年的 62.31 分。分析其基本指标发现，2016 年、2017 年 AJ 集团已获利息倍数、销售增长率、资产保值增值率较高，都处于行业的优秀值以上，企业债务风险状况、经营增长状况评分都为满分，所以综合绩效评分较高。2018 年虽然盈利能力状况与资产质量状况评分虽然得到了一定程度提升，但是债务风险状况、经营增长状况出现了下降，所以 2018 年整体上，综合绩效评价还是有所降低。2019 年销售增长率出现了大幅下降，综合绩效评价继续走低。另外，AJ 集团的净资产收益率和总资产报酬率也都处于较低的水平。

五、厦门市建立企业类国有资产管理评价体系政策建议

（一）企业类国有资产应坚持分类评价原则，并设置不同评价指标和评价体系

目前，厦门市国资委将市属出资国有企业为商业类（一类、二类）和公益类等三类，不同分类的企业其经营目标不同，在建立管理评价体系时，应该考虑设置不同内容的评价指标和评价体系。

商业一类企业为竞争类企业，例如，JF 集团有限公司、JJ 集团有限公司等企业，此类企业具有以市场化为导向，以企业价值最大化为目标，兼顾社会效益和服务区域战略的特性，建立管理评价体系应重点考核其市场竞争力、经营财务绩效和资产做强做优做大能力。商业二类企业为非充分竞争类企业，例如，LQ 集团有限公司、XS 集团有限公司，此类企业不完全以盈利为主要目的，应适当减少盈利能力状况的考核，在考核中要兼顾政府宏观调控政策、国民经济平稳运行、国家安全保障以及完成某些特殊任务的考核。公益类企业为非竞争类企业，如 GJ 集团有限公司、CBL 集团有限公司等企业，此类企业以保障民生、提供公共交通、提供公共社会服务、提供公共产品、确保城市正常运行为主要目标，因此其管理评价体系应加大对成本利润率、资产质量状况、运营经济效率和民生保障能力的考核。

（二）应关注集团型企业多业态的特点，并提高评价结果的准确性

当前，厦门市大部分国有企业为集团型企业，具有多业态的特点，并且不同集团的业态分布情况往往不尽相同。对于多业态的集团型企业，在建立管理评价体系过程中容易带来两方面的问题。

一是多业态的集团型企业的行业标准值难以准确计算。目前，本文的行业标准值来源于国务院公布的国有企业绩效标准值，而这些行业标准值又来源于企业的基础信息估算。有关部门每年在进行基础财务指标数据统计采集过程中，这些多业态集团型企业通常选择其主业作为其所属行业，并以此应用于行业标准值的测算，进而会使得行业标准值受到影响，不能真正体现这一行业的实际对照标准值。

二是多业态的集团型企业会提高管理评价成本。企业管理绩效定量评价标准值的选用，一般根据企业的主营业务领域对照企业综合绩效评价行业基本分类，采用该主业所在行业的标准值。对于多业态的集团型企业，行业标准值的推荐算法有三种：①根据下属行业分类，采用可以覆盖其多种经营业务的上一层次的评价指标；②根据下属行业分别计算管理评价得分，再根据资产总额占集团型企业的比例，计算多业态集团型企业的管理评价总得分；③下属行业分别选取具体行业标准值，根据资产总额占集团型企业的比例赋权，计算多业态集团型企业的行业标准值。不论采取哪一种算法，都会提高管理评价成本。如JF集团作为综合性集团，因其涉足房地产行业，对其负债情况的评价若仅以地方批发和零售贸易行业的负债标准为依据，可能有失偏颇，可能需要两个行业的标准以一定比例加权得出一个新的标准。但是这样就涉及评价成本偏高的问题，若对每一个类似JF的多业态集团型企业都构建一个新的标准，则难免会提高评价成本，所以在评价成本和评价收益之间需要有一定的权衡。

（三）构建企业类国有资产评价体系，应区分行业来设置差异化的权重

科学建立管理评价体系还需要区分行业，不同行业的管理评级体系指标权重应不尽相同。区分行业设置差异化的权重可以在已有的权重评价基础上，依据行业特点和社会责任进行调整完善。例如，对于房地产行业而言，其主要目的是获得高额营业利润，但是针对其高杠杆地运转的特点，在国家去杠杆去库存的大背景下，可以适当降低经营增长状况的指标权重，增加其资产质量状况的指标权重，以此鼓励企业改善资产负债的情况，防化债务风险。

对于公益类企业，例如，GD 集团有限公司及 GJ 集团有限公司，由于目前我国大部分公交和地铁等服务暂未实行市场化运作，运营票价多通过政府听证会调控。由于此类公司并不以盈利为主要目的，其主要目的为保障民生、服务社会，所以对这类行业要适当降低盈利能力状况和经营增长状况的评价权重，适当增加资产质量状况和债务风险状况的评价权重。科学建立管理评价体系过程中区分行业，有利于企业发挥主要社会功能作用，引导企业向其功能定位方向经营和发展。

（四）管理评价考核既要包含财务绩效指标，还要包含非财务的管理类指标

目前，本文的管理评价体系中的基本指标都为财务绩效，暂未包括非财务的管理类指标。这样的管理评价体系，可能会误导企业过分注重利润的实现，而忽视了企业其他方面的管理决策。为避免个别企业片面追求高净资产增长率与高总资产报酬率等财务数据，而出现企业结构性懈怠管理降低服务质量所带来的经营风险。在科学建立管理评价指标的过程当中，可以适当加入包括战略管理、发展创新、经营决策、风险控制、基础管理、人力资源、行业影响、社会贡献等方面在内的管理类指标。根据不同分类、不同行业、不同业态的企业，设置合理的财务类指标与非财务类指标的比例，更好地引导企业持续、健康、稳定的发展。

第六节　金砖之厦　机遇之门[①]

第七届金砖国家峰会于 2017 年 9 月 3—5 日在中国厦门举行，这场国际盛事吸引了全球目光聚焦到厦门。为什么是厦门呢？有人说，空气好、颜值高、会展经验丰富、城市建设完善。也有人说，深化两岸交流合作的综合配套改革试验区、"一带一路"建设的重要节点城市、自贸试验区等重大战略同时惠及厦门，这在全国是少有的，金砖峰会在厦门举行会晤，对中国发展模式获得了感性的体验。还有人说，厦门是典型的外向型城市，具有浓烈的对外开放与合作的情怀与优势，和"开放、包容、合作、共赢"的金砖精神不谋而合。这些说

[①]　本章节由周颖刚撰写的若干文章合并，发表在第一财经、央广网等。

法都从不同的角度提到了厦门的城市竞争力。

一、"小而精"，如何看待厦门的比较优势与竞争优势？

美国哈佛大学的波特（Michael Porter）教授提出国家竞争优势理论，并明确指出其分析框架完全适用于对地区、州和城市等级别的分析，他说："比较优势理论一般认为，一国的竞争力主要来源于劳动力、自然资源、金融资本等物质禀赋的投入，而我则认为这些投入要素在全球化快速发展的今天其作用日趋减少。一国的竞争力不可能由其国土的大小和军队的强弱来决定，因为这些因素与生产率大小没有直接的关系。取而代之的是，国家应该创造一个良好的经营环境和支持性制度，以确保投入要素能够高效地使用和升级换代。"①

正是从波特开始，竞争力理论进入了系统化研究时期，也涌现了一批城市竞争力理论。大多数理论都侧重经济结构因素，即城市地理、基础设施、产业企业和矿产资源等硬实力，这些因素对城市的影响显而易见，也易于量化和测度。但是，越来越多的研究表明，制度、环境、生态、文化、教育、规划等因素日益成为解释竞争力的重要因素甚至核心因素，软实力在城市的持续发展中发挥越来越重要的作用。从城市竞争力理论及其最新进展来审视厦门，它强调的不仅是城市的硬实力，而且将软实力作为提升城市竞争力的核心。

东南沿海重要港口，紧临亚洲四小龙之一，最早设立的四个经济特区之一，五个计划单列市之一，十五个副省级城市之一……这些光环可以同时形容深圳和厦门。然而，与火箭般上升的深圳经济相比，厦门的经济增长如同这座城市的性格，温文尔雅，不紧不慢。究其原因，一些客观条件限制了厦门过去的发展空间，如厦门岛三面环山，可供开发土地不足，与内陆交通不便，腹地辐射狭窄，地理劣势和台海局势使得厦门很难获得大型国企和国家主导项目的青睐，等等。于是，厦门走了一条精细化发展之路，2014 年厦门 GDP 只有深圳的20%，但是城市单位面积的 GDP 是深圳的70%，其中工业"小而精"，去产能负担小，结构调整快，形成了以电子设备和高端装备制造为主的工业体系。2015年，厦门全市规模以上工业总产值突破 5000 亿元，其中高新技术产业产值占到65.9%，高耗能行业的份额进一步缩小，工业经济转型发展进程取得明显成效，

---

① 迈克尔·波特. 国家竞争优势 [M]. 李明轩，邱如美，译. 北京：华夏出版社，2002：13.

工业总产值和增加值的增长率分别为 8.1% 和 7.9%，在 15 个副省级城市中名列前茅，每万元地区生产总值能耗 0.437 吨标准煤，是全国平均水平的 60% 左右，尽管在全国处于较低水平。

同时，厦门市产业结构进一步优化，三次产业比例由 1981 年的 26.5：51.6：21.9 调整至 2015 年的 0.7：43.5：55.8，产业结构向高级化推进，第三产业占比以及对经济增长的贡献都已超过第二产业。现代服务业蓬勃发展，各个子行业占比均衡，在商务部对现代服务业综合试点城市的复评中名列全国第一。其中，生产性服务业发展迅速，航运物流、软件和信息服务、文化创意等产业链都即将突破千亿，加速第二、第三产业融合，推进产业高端化发展。

"十三五"期间，厦门产业转型升级的主要任务是着力振兴实体经济，聚焦发展电子信息、旅游文化、现代物流等三大主导产业，培育发展生物与新医药、新材料、海洋高新等战略性新兴产业，着力打造十余条千亿资产产业链，加快构建以现代服务业为主、战略性新兴产业引领、先进制造业为支撑的新型产业体系，全面增强产业的核心竞争力和国际竞争力。

联合国 MAB 计划（人合生物圈计划）最早从生态学的角度来研究城市问题，并提出生态城市规划的五项原则，即"生态保护战略、生态基础设施、居民的生活标准、文化历史保护、将自然融入城市"。在这方面，厦门绝对是一个标杆城市，多次荣获国家森林城市、国家环境保护模范城市、全国文明城市、全国十大低碳城市、国际花园城市、联合国人居奖等诸多荣誉称号，环境保护和生态建设不断加强，形成了独特的"城在海上、海在城中"的大山海城市。据最新中国社科院《中国城市竞争力报告》，厦门名列 2015 年中国宜居城市的第二名。

二、开放、包容是厦门发展的软实力

1821 年 2 月 18 日，第一艘中国帆船从厦门抵航新加坡，从此移民大潮兴起。作为一个城市，厦门一直以来都有移民加入，以前主要是在海外打拼的华侨同胞，1862—1970 年从厦门流入的侨汇占全国的 15.4%，可以说开放、包容是厦门与生俱来的基因。

1980 年厦门设立经济特区，成为大陆最早实行对外开放政策的城市之一，以侨引台、以侨引外是厦门的特色，外商投资企业在厦门工业中一直是主角。2010 年，经济特区扩大到厦门岛内外，2015 年厦门自贸区获批，对台、对外交流合作继续扩展。2016 年 2 月，国务院批复《厦门市城市总体规划》指出，"逐步把厦门市建设成经济繁荣、和谐宜居、生态良好、富有活力、特色鲜明的现代化城市，在促进两岸共同发展、建设 21 世纪海上丝绸之路中发挥门户作用"。① 2016 年，厦门落实国家"一带一路"倡议，生成一批互联互通、经贸合作项目，合同利用外资增长 81.8%，新批境外投资额增长 1.5 倍，中欧（厦门）班列开行超过百列，并通过海铁联运延伸至台湾地区。2016 年，厦门建成区绿化覆盖率为 42.93%，全年空气质量优良天数 362 天，生态建设的成绩有目共睹。2017 年，厦门市借金砖峰会的契机启动碳中和项目，计划通过种植红树林，在未来 20 年完全吸收金砖国家领导人厦门会晤产生的二氧化碳排放，这在金砖国家领导人会晤史上尚属首次，更是厦门市加快生态文明建设的一个重要创新实践。

开放的体制、有利的机制和良好的生态环境吸引了各路文化、科技、商贾精英，其净流入人口占总人口比重超过 30%，厦门的开放性和包容性独步东部沿海，甚至超过了上海和杭州等经济和人口重镇。现在厦门的常住人口中有一半是新移民，无论是洋博士还是打工仔，他们都在为厦门做贡献，都深谙厦门小吃（如沙茶面、土笋冻）和中秋博饼的真谛，慢慢变成了厦门人。联合国人居署在《世界城市报告》中提出了"包容性城市（Inclusive Cities）"的概念，强调城市对来自不同地域和背景人群的接纳程度，强调城市不同主体发展权利的同质均等性。未来一个阶段，随着城市移民阶层规模的不断扩大，高水平医疗、教育等社会服务资源的广覆盖与均衡配置，将成为"包容性城市"社会平衡发展的基础性保证，这对于一个城市的长远发展尤为重要。在这方面，具有开放、包容传统的厦门无疑最具竞争优势。

厦门市率先在全国建立城乡一体、内外一致的"全民社保"、义务教育资源配置和社会保障体系，充分体现以人为本的发展理念和城镇化思路，不断提升开放、包容的城市竞争力。厦门市已基本建成"全民社保城市"，实现养老、医疗、失业、工伤、生育保险"应保尽保"，创造了全国社保的"厦门模式"。目前，厦门市义务教育阶段在校生总数中，小学在校生有 55.5% 为外来务工人员随迁子女，初中在校生有 52.3% 为外来务工人员随迁子女。应该指出的是，厦门的房价直追深圳、上海、北京，位居全国第四，许多来厦创新创业的新市民，

---

① 国务院. 国务院关于厦门市城市总体规划的批复：国函〔2016〕35 号 [R/OL]. 中国政府网，2016-02-22.

难免"望房兴叹",这已经成为普遍关注的问题。

三、厦门的房价能留住人吗

如何正确认识厦门的高房价呢?首先,房价上升在经济发展和城市化转型时期具有其现实基础,其升值主要来源于分享城市的公共服务和社会保障,如前所述,厦门市是一个值得作为家的城市,其城市公共服务和保障体系在福建省各市中是最好的,其宜居、开放、包容的特质在全国也颇负盛名,因此对周边地区乃至全国都有很大的吸引力,在旺盛的需求之下,价格自然不断走高。在合理水平的高房价所带来的土地收益不仅为提高公共服务和社会保障筹集到了充足的资金,而且对地方经济发展也作出了贡献,从免税、减税,到政府直接融资、优惠,地方政府对产业的支持在一定程度上依靠土地收益,这种土地信用制度对城市化的正面作用不能全盘否定,其正效应在城市化的初期阶段尤为明显。

但是,过高的地价和房价又可能超出其基本面(如人口流入、城市公共服务好等),在全国流动性过剩又缺乏投资渠道的大背景下,厦门很难独善其身;而且,厦门这几年的住宅土地供应一直偏紧,也是房价上涨的重要因素。尽管厦门的高房价有种种客观的原因,但如果地价和房价脱离基本面不断上升,就会影响到城市的产业结构,不利于人才的流入和产业经济的发展。更为重要的是,处于城市化转型过程中的房地产是一个比股票市场更重要的资本市场,如果住房(即资本)的分配越不均,即有人可以买许多套房、有人连一套房也买不起,那么经济增长的好处和社会财富的分配就会越发集中在少数人手中,无法实现包容性增长。

作为一个包容性的城市,厦门已初步建立有保障性租赁房、公共租赁住房和保障性商品房组成的"广覆盖、分层次"的保障性住房体系,出台了全国首部有关住房保障的地方性法规和 30 多个配套文件,成为全国范本,不断满足城乡居民和城镇稳定就业的外来务工人员的住房需求,逐步实现住有所居。2016年,厦门推出面向本市户籍中等收入、中等偏上收入"夹心层"及稳定就业新市民等更广泛群体的公共租赁住房,着力为其提供更为稳定的居所;2017 年将新增公共租赁住房项目约 2 万套,租金便宜 20%;2018—2020 年公共租赁住房项目预选址工作也已启动,预计至 2020 年,全市新开工公共租赁住房项目可提供房源约 8 万套。2017 年 3 月,厦门重启保障性商品房供应,比市价优惠 55%,

优惠程度比深圳等城市高，在保障对象方面，厦门市将无住房、无户籍的高层次人才也一并纳入。2017 年 8 月，厦门成为全国第一批开展集体建设用地建设租赁住房的试点城市之一，构建购租并举的住房体系，建立健全房地产平稳健康发展长效机制。

厦门开放、包容的美好气质使新市民和外来人才慕名而来，立体式、多渠道的住房保障网又力争使老百姓居住安心，这无疑将成为厦门可持续发展的软实力。更重要的是，劳动力和各类人才将是城市化（urbanization）迈向都市化（metropolisization）的根本，要站在这个理论和认识的高度才能主动进行制度创新，特别是土地信用制度的创新，尽可能地实现"居者有其屋"，让新市民都有机会分享城市化进程中的资产升值。

四、厦门的城市化与都市化

在城市化（也称城镇化，urbanization）的阶段，常常会面临资金不足的问题，所以关键是能不能获得融资。我国逐步发展出一套以土地为信用的资本生成模式，地方政府通过土地财政成功地把公共服务未来收益资本化。在这个阶段，短缺的是资本，过剩的是劳动力，哪个城市能从土地财政中融得更多的资本，用于建设基础设施和发展产业经济，这个城市就能在竞争中胜出。但是，城市化不能一直这样外延式地发展，三四线城市的土地财政已经无法持续下去，一二线城市虽然还可以卖地，但不断累积的资本要投入再生产，获得真实、持续的现金流，否则就会造成房价飙升和各种城市病，挤出实体经济和劳动力，而决定现金流的主要因素是劳动力的生产和消费。在城市化阶段，城乡间的人口流动让位于城市间的人口流动，城市竞争的是劳动力而不是资本，劳动力净流出的城市终将输给劳动力净流入的城市，而一个有劳动力净流入的城市也不是随随便便就能变成大城市，而都市化取决于有没有一个好的发展战略，组织利用好劳动力的生产和消费，使之转化成真实、持续的现金流。

根据以上的观点来审视厦门的城市化进程，一些客观条件限制了厦门过去的发展空间，如厦门岛三面环山，可供开发土地不足，与内陆交通不便，腹地辐射狭窄，地理劣势和台海局势使得厦门很难获得大型国企和国家主导项目的青睐等等。2002 年，习近平总书记要求厦门"跨岛发展，拓展岛外"。2003 年左右，厦门市提出海湾城市发展战略，通过行政区划调整（岛内多区合并、岛外撤县设区），为城市的跨越式发展奠定了基础，而陆续通车的多条跨海大桥，特别是 2010 年的翔安隧道通车和经济特区扩大到厦门岛内外，标志着跨海发展条件的成熟。如今的厦门城市化水平不断提升，岛内外规划、基础设施建设（如翔安机场、地铁 6 条线）、基本公共服务一体化进程加快。为什么厦门的城市化能取得这么快的进展呢？应该说，土地信用制度功不可没，不仅为基础设施的完善和公共服务的提升筹集到了充足的资金，而且为地方政府通过免税、减税、融资、优惠等政策和手段促进产业的转型升级提供了有利条件。

随着城市空间的扩展，厦门市的产业结构也不断优化，三种产业比例由1981 年的 26.5：51.6：21.9 调整至 2016 年的 0.7：41.4：57.9，产业结构向高级化推进，第三产业占比以及对经济增长的贡献都已超过第二产业，平板显示、金融服务、旅游会展、航运物流、软件信息 5 条产业链产值均突破千亿。2016年，厦门市高新技术企业达 1225 家，全国首个科技领军人才创新创业基地落户厦门，引进各类双创团队 3700 多个，3.6 万余人。同安、翔安高新技术产业基地建设进展顺利，火炬（翔安）产业区等平台集聚效应增强，启动了一批智能制造试点示范工程，电子、机械两大支柱产业稳步增长，生物医药、海洋高新、新材料、节能环保等战略性新兴产业快速成长，规上工业企业利润总额增长36.7%。由于现代服务业快速发展，厦门市被确立为国家四大国际航运中心之一，获批国家现代物流创新发展城市和智慧物流城市试点，获评最具创新力国际会展城市和国家旅游休闲示范城市，会展业总体经济效益增长 14.8%，接待国内外游客 6760 万人次，总收入 965 亿元，分别增长 12% 和 16%。

厦门的城市化取得了不小的成绩，下一步应该如何发展才能都市化呢？如上所述，劳动力和各类人才是城市化迈向都市化的根本，而且要有一个好的发展战略，组织利用好劳动力的生产和消费，使之转化成真实、持续的现金流。为了吸引外来劳动力和各类人才，保障房资格要与户籍脱钩（以避免福利化），而与就业（五险一金和个人所得税）挂钩，目的是补贴实体经济。更为重要的是，要主动进行制度创新，住房不仅要帮助居民住，还要帮助新市民完成原始资本积累，这是租赁物业无法实现的。目前至少有两种办法：一是"先租后售"，即按照居民可负担的数额，逐月收取租金，一定时间后（比如十年或十五年，以防在商品房市场套利），一次性补齐余款，获得完整产权，其本质是将劳动力资本化，使之转化成真实、持续的现金流（即租金）；二是共有产权，居民政府共同投资住房，留住各类人才并让他们有机会分享城市化进程中的资产升值。这些将劳动力资本化的办法应该尽可能地广覆盖，每人一生享受一次，每套面积有所限制。

同时,可以将劳动力资本化和区域经济整合结合起来,厦漳一海之隔,厦门市思明区的房价 4 万—5 万元/平方米,漳州新城才约 1 万元/平方米,如果将"先租后售"推广到漳州,可以让在厦门工作的各类人才在周边地区"居者有其屋"。有人说,没有基础设施(如海底隧道等)和公共服务(如学校、医疗等)的配套,没人愿意到漳州去买房居住。其实,海底隧道等基础设施的建设并不复杂,之所以还没有列入规划是担心厦门房价因此下跌、漳州的房价因此上升,这是经济学上的外部性(externality)问题,一个解决的方法是将其内部化(internalize),即同城化和区域经济整合。

同城化和区域经济整合是厦门都市化的必然要求。厦门总面积 1565 平方千米,2015 年 GDP 达 3466.03 亿元。而同期,浦东新区 532.75 平方千米,GDP 达 7898.35 亿元;深圳 1953 平方千米,GDP 达 17502.86 亿元;同 647 平方千米的新加坡(2015 年 2927.39 亿美元),1100 平方千米的香港(2015 年 2.4 万亿港元)比,厦门空间面积对应的经济潜力差距更大,差距的主要原因在于腹地(赵燕菁,2012)。所谓腹地,乃是区域内大城市垂直分工覆盖的范围,大城市为周边提供服务,周边对大城市创造需求,腹地的经济规模和水平,决定了区域发展的规模和水平。[①] 目前,厦门作为中心城市的作用有所增强,已完成 22 个厦漳泉龙区域同城化项目,福厦、龙厦、厦深铁路和厦漳跨海大桥、厦安高速等重大工程建成通车,轨道交通、翔安机场、城市快速路网等交通体系加快推进,厦漳港口完成一体化整合,集装箱吞吐量居全球第 16 位,空港开通国内外航线 212 条,跻身全球百强机场。但是,厦门离作为国家中心城市尚有不小的距离,都市化的进程才刚刚开始。

五、金砖峰会为厦门的都市化提供了大好机遇

G20 峰会让杭州惊艳全世界,也为杭州走向世界开启了一扇机遇之门。同样地,厦门应如何抓住金砖峰会这一千载难逢的机遇,借好势,用好势,开启城市发展的新征程呢?

首先,厦门的都市化战略必须放到世界中来思考,正所谓"不谋全局者,不足谋一域"。回顾历史,厦门在明清时期曾是当时东西方全球化贸易的桥头堡

---

① 赵燕菁. 大棋局:厦门空间战略的区域视角 [J]. 城市规划学刊,2012(05):1-10.

之一。如今，在美英主导的全球化退潮之际，金砖国家已成为新全球化的发动机，形成了全方位、多层次、宽领域的合作治理机制，此次金砖峰会的主题是"深化金砖伙伴关系，开辟更加光明未来"。在此重大机遇面前，厦门的战略定位应该是深化对外合作、发挥门户作用的国家中心城市，特别是探索"金砖+"的拓展模式，并结合"一带一路"国际合作的战略规划，以基础设施互联互通为先导，构筑以航空港、港口、铁路枢纽、信息和物流园区为主的人流、货流、资金流、信息流集散中心和门户枢纽，发挥华侨的人缘优势，利用侨商、侨资，以侨促投、以侨促贸，进而实现国内外政策沟通、贸易畅通、资金融通、民心相通，增强厦门中心城市对内对外的引领、辐射和带动作用。

其次，要以更加开放、包容的胸怀吸引人才，大力营造厚爱人才、广纳贤才的制度和机制（如进一步完善保障性住房体系、建立健全购租并举的住房体系、探索通过住房将劳动力资本化的制度创新），加快实施本土人才走出去学习交流的国际化人才战略，为厦门国际都市化建设提供强有力的人才保证。同时，要积极引导国际精英人才汇聚厦门，特别是金砖国家和"一带一路"沿线国家的外国友人和侨商、侨胞，为厦门深化对外合作、发挥门户作用献策出力。金砖峰会期间，新华社刊发了一篇文章，讲述俄罗斯姑娘安娜辞去工作，不远千里，来到厦门大学王亚南经济研究院（简称 WISE）继续深造的故事。安娜说，她热爱中国，中国是可以实现梦想的地方，据悉已有厦门的单位去应聘安娜。[①] 其实，安娜仅仅是 WISE 近年来培养的百余名国际留学生中的一员，目前共有来自亚洲、非洲、大洋洲、欧洲、美洲地区的各国学生294 人在 WISE 就读。

第三，要加快同城化和区域经济整合进程。从历史的角度看，明清时期的大厦门湾西部有漳州月港之盛，东边有泉州安海港之兴，两港的兴盛造就了大厦门湾坚实的两翼。从空间战略的角度看，只有厦漳泉才具有国家级的重要性，只有整合才有足够的腹地，厦门和漳州的资源要素可以互补，因此厦门必先合漳州，方能举两地之力，上联龙岩，东叩泉州，南控金门，前出台海（赵燕菁，2012）。而要整合漳州和泉州，最好是通过行政合并，但在条件不成熟的时候，可先运用经济手段，如设立基础设施投资基金，通过政府和社会资本合作（又称 PPP 模式）等方式创新投资方式参与跨区域基础设施建设；参与在漳泉等周

---

① 康淼，付敏，徐泽宇. 固金砖之厦，拓合作之门——金砖合作的福建故事［N］. 新华社，2017-08-04.

边城市片区开发和房产投资，对厦门人才采取先租后售方式；积极推进科技研发创新，新兴产业发展，助力泉州传统制造产业的升级转型（如智能穿戴）。

第四，要提升产业国际竞争力和城市国际化水平。就目前的情况来看，厦门的国际化水平和国际影响力还不高，在谈到对外开放时通常还是指吸引和利用外资上。其实，中国改革开放前40年以"请进来"为主，今后40年乃至更长时期，"走出去"将成为潮流和趋势。在全球经济一体化的形势下，大陆企业对外投资已经进入加速发展阶段，但厦门作为"走出去"的门户作用并不明显。有意思的是，率先"走出去"的是厦门大学，这背后有着深厚的历史渊源。正如厦门大学原校长朱崇实所说，"厦门大学是由爱国侨领陈嘉庚于1921年创办的。1992年之后，厦大回到嘉庚先生成长的马来西亚创办分校，这是历史的回馈。"

又以一直以来作为厦门名片的旅游业为例，2016年厦门接待国内外游客已达6760万人次，伴随金砖峰会的召开，来厦旅游的人数增幅显著，2019年接待国内外游客超过1亿人次。如何才能更上一层楼、而不是人满为患呢？笔者认为要发挥"旅游+"的强大渗透力，推动旅游与相关产业的跨界融合，培育或延伸产业链条，例如，伴随着中国私人财富持续快速增长，离岸财富管理需求日益强劲，厦门可以利用其自贸区先行先试的政策优势和两岸三地紧密合作的区位优势积极探索"金融旅游"，即以跨境投资和财富管理为主题的新型旅游服务，升级转型厦门现有的金融业和旅游业，打造厦门的新品牌、新名片，将其城市竞争力进一步拓展成为国际竞争力。

第七节　从金砖峰会到金砖创新基地：厦门的机遇与挑战①

2020年11月17日，金砖国家领导人第十二次会晤以视频方式举行，以"有利于全球稳定、共同安全和创新增长的金砖国家伙伴关系"主题，聚焦全球抗疫和金砖国家各领域务实合作，就重大紧迫的全球问题共同发出金砖声音，为维护国际和平安全、提振世界经济贡献金砖力量。习近平总书记在会上强调，中方愿同各方一道加快建设金砖国家新工业革命伙伴关系，"我们将在福建省厦门市建立金砖国家新工业革命伙伴关系创新基地，开展政策协调、人才培养、

---

①　本章节由周颖刚撰写，得到石曜丞的支持和帮助，在此表示感谢！

项目开发等领域合作。"2020 年 12 月 8 日，厦门市政府与中华人民共和国工业和信息化部（简称：工信部）共同主办金砖国家新工业革命伙伴关系论坛，正式启动金砖创新基地建设。

一、为什么金砖创新基地会落户厦门？

首先想到的是 2017 年 9 月 3—5 日在中国厦门举行的金砖国家峰会，其主题是"深化金砖伙伴关系，开辟更加光明未来"，可以说在厦门市建立金砖国家新工业革命伙伴关系创新基地，是对金砖峰会精神和习近平总书记"办好一次会、搞活一座城"的重要指示精神的贯彻落实。2019 年以来，厦门市主动对接工信部、外交部、金砖国家工商理事会等，参与伙伴关系重点建设任务，开展金砖创新基地建设前期调研，以及金砖未来创新园、金砖新工业产业基金、金砖工业创新研究院、金砖国家工业能力提升培训基地等重点项目前期筹划工作，为厦门市建设金砖创新基地奠定了坚实基础。

更重要的是，厦门是否具备承接创新基地的各种条件？首先，作为经济特区的厦门，是中国改革开放的"窗口"和"试验田"，40 年来已经实现了从海防前线到国际化城市的转变；随着"海丝"核心区、自贸试验区等一系列国家战略相继落地，厦门从更高层面探索多层次、全方位、综合性经济开放格局。目前，超过 100 个国家和地区的外商已在厦门投资创业，外资企业贡献了约70% 的工业产值、60% 的经济增长和 40% 的进出口额。其改革基因和政策的优势，探索推进保税区、保税物流园区、保税港区到自由贸易试验区的迭代升级，为打造面向金砖国家的更高水平开放型经济新体制试验区奠定基础；

从区位优势来看，厦门在明清时期曾是当时东西方全球化贸易的桥头堡之一。如今，厦门具有"海丝"与"陆丝"连接点的区位交通优势，海陆空交通通达五洲，实现了与金砖国家的互联互通，为打造面向金砖及"金砖+"国家的经贸和投资合作战略高地奠定基础。但面对两岸形势新变化和全球化衰退新风险，以外贸外资为主的厦门经济特区面临巨大发展压力，厦门乃至福建要在长三角一体化、粤港澳大湾区两大区域发展战略间"突围"，亟须放到全球化的大视野中来思考，正所谓"不谋全局者，不足谋一域"。在美英主导的全球化退潮之际，金砖国家已成为新全球化的发动机，形成全方位、多层次、宽领域的合作治理机制，在厦门市建立金砖国家新工业革命伙伴关系创新基地是坚持在全国一盘棋中更好发挥经济特区辐射带动作用，为全国发展作出贡献，加快建设金砖国家新工业革命伙伴关系，探索一条"开放、包容、合作、共赢"的全球化之路。

从产业优势来看，改革开放之初，电子、机械、轻工曾是厦门的支柱产业。在转型中，厦门主动放弃粗放型产业，重塑产业格局。截至 2020 年 7 月，落户厦门的国家级高新技术企业有 1928 家，占福建省 40% 左右，培育形成平板显示、软件信息、航运物流等 8 条规模超过千亿元的产业链。但与新一线城市中的第一梯队相比，厦门的创新类企业和创业公司仍存在着特色创业领域不够突出冒尖、特色产业优势集聚趋势不够明确等问题；受限于战略认识、数字技能、资金储备，信息化和专业化程度低等多方面因素影响，有些中小微企业仍面临"转型找死、不转等死"的两难困境；此外，激烈的竞争环境以及厦门所处的梯队的竞争态势，进一步放大了厦门产业布局较为分散、上下游产业链有待完善的困局。这些弱项和瓶颈离新工业革命的要求还有些距离。

二、什么是新工业革命

2015 年 10 月 14 日，李克强总理在国务院常务会议上指出，"互联网+双创+中国制造 2025"，彼此结合起来进行工业创新，将会催生一场"新工业革命"。德国学者森德勒在《无边界的新工业革命》一书中指出，"无边界"不仅是指地理上的贯通——不论在中国、美国、德国，还是全球各地，工业 4.0 的概念与实践都在开花结果；同时，与工业 4.0 相交织碰撞的不只是工业制造，产品数字化和生产数字化也影响着社会生活的诸多领域，由此掀起的新一轮工业革命对我们的经济和社会，乃至人们的日常工作和生活，都即将甚至已经产生了巨大且深远的改变。[①]

当前第四次工业革命正加快推进，数字化是新工业革命的主线，也是金砖国家实现高质量工业化、促进包容增长和经济转型的重要内容。金砖国家近年来高度重视数字经济，企业和政府层面的合作日益提速，呈现出广阔发展潜力。新型技术持续突破与融合创新为新旧动能转换和世界经济复苏注入了强劲动力。工业互联网作为第四次工业革命的重要基石，在支撑实体经济数字化、网络化、智能化转型，培育壮大新动能等方面发挥着日益重要的作用。因此，推进工业

---

① 乌尔里希·森德勒. 无边界的新工业革命——德国工业 4.0 与"中国制造 2025"[M]. 吴欢欢，译. 北京：中信出版集团，2018：211-283.

互联网发展，抢占工业革命先机至关重要。

自 2018 年以来，数字经济发展战略上升为国家战略，国家、省、市各级层面积极推动政策制定。党的十九届四中全会提出"健全劳动、资本、土地、知识、技术、管理、数据等生产要素由市场评价贡献、按贡献决定报酬的机制"，首次明确"数据"可作为生产要素之一，参与分配，将数字经济的作用推广到经济社会各领域。① 过去十年，中国数字经济发展迅速，数字经济产值从 9.5 万亿增长至 35.8 万亿，占 GDP 比重也从 20.3% 上升到了 36.2%。

随着中国互联网新增用户数见底，人均移动互联网时长增长停滞，中国互联网消费市场规模封顶，数字消费由增量竞争转化为存量竞争。凭借发展迅猛的通信技术、巨量的人口规模、坚实的制造业基础，面临转型期的中国数字经济必将在数字化消费、数字化生产网链、数字全球化等多个领域内全面发力，展示更加强劲的发展动能。

20 年前，时任福建省省长习近平在数字福建项目建议书上批示，着眼于抢占信息化战略制高点，增创福建发展新优势，高瞻远瞩地做出建设数字福建的战略决策，拉开了福建大规模推进信息化建设的大幕，在国内率先开启了探索省域信息化的征程。20 年来，省委省政府按照习近平总书记擘画的数字福建建设宏伟蓝图，把数字福建作为一项重大战略工程持续推进，成效显著。2019 年，全省数字经济总量 1.73 万亿元，占 GDP 比重超过 40%，增长速度居全国第 2 位；数字政府服务指数居全国第 1 位。以信息化培育新动能，用新动能推动新发展，以新发展创造新辉煌，福建省应加快打造国家数字经济发展高地、数字中国建设样板区和示范区，为全方位推动高质量发展超越赋能。②

2020 年 3 月，党中央提出了推动新基建发展的重大战略。所谓"新基建"，包括绿色环保防灾公共卫生服务效能体系建设、5G—互联网—云计算—区块链—物联网基础设施建设、人工智能大数据中心基础设施建设、以大健康产业为中心的产业网基础设施建设、新型城镇化基础设施建设、高新技术产业孵化升级基础设施建设等。福建省应紧紧围绕新时代数字福建建设，站上新基建建设的新风口，全力超前布局数字化、智能化、集约化、绿色化的新型基础设施。首先是加强"新基建"政策引导，加快网络全覆盖。目前，

---

① 中共第十九届中央委员会. 中共中央关于坚持和完善中国特色社会主义制度，推进国家治理体系和治理能力现代化若干重大问题的决定［R/OL］. 新华网，2019-11-05.

② 吴孝武，段金柱，王永珍等. 勇立潮头，建设"数字福建"——习近平总书记在福建的探索与实践·信息化篇［N］. 福建日报，2017-08-27.

福建省已出台实施了关于加快 5G 产业发展实施意见、支持 5G 网络建设和产业发展、加快线上经济发展等一系列政策文件，并率先在重点区域、重点园区、重点行业等主要应用场景打造资源集约、运行高效的 5G 网络。截至 2020年 6 月底，福建省共建成 5G 基站超 1 万个，5G 用户数超 200 万。其次是统筹推进云计算和空间信息基础设施建设，大力发展工业互联网。福建省将启动北斗数据分中心建设，建成海丝卫星数据服务中心，接入中国资源卫星应用中心的高分、资源、环境、实践系列等卫星遥感数据，成立卫星数据人工智能实验室、卫星遥感应用研究院等。最后是提升技术基础设施建设水平，全力打造创新基础设施。福建省物联网产业产值已超千亿元，未来将围绕数字经济产业链中高端发展需求，推动创新资源进一步集聚，着力突破一批自主可控的关键核心技术，加快推进产学研用深度合作，有力支撑"新基建"建设。同时推进面向车联网、无人驾驶等新技术新装备的专用试验场地建设，促进相关技术产品的试验验证和成果应用。

三、厦门的机遇与挑战

厦门市建设金砖创新基地对厦门经济社会发展将产生重大的影响。首先是定位，当前两岸形势突变，为厦台进一步融合带来不确定性，对台吸附示范能力偏弱；同时，区域协同发展有待加强。在长三角和珠三角之间的南中国沿海地带，厦漳泉正好位于"腰部"，但厦漳泉 GDP 加起来刚过 2 万亿元，还不如深圳一地，且厦漳泉之间互信不强，泉州经济体量大，漳州体量也直追厦门，厦门成为区域领头羊的实力和魄力不够。近年福建省提出的闽西南协同发展区进展缓慢，整合三者需要超越地方本位思想，难度很大。

金砖创新基地将为厦门开启一扇机遇之门，那就是在以国内大循环为主体、国内国际双循环相互促进的新发展格局下担负起更加重要的历史使命，成为百年未有之大变局下，中国引领新型全球化和建设金砖国家新工业革命伙伴关系的重要门户和中心城市。2008 年国际金融危机后，全球市场收缩，世界经济陷入持续低迷，国际经济大循环动能弱化。近年来，西方主要国家民粹主义盛行，贸易保护主义抬头，经济全球化遭遇逆流。自 2020 年年初新冠肺炎疫情暴发以来，逆全球化趋势更加明显，全球产业链、供应链面临重大冲击，风险加大。面对外部环境变化带来的新矛盾新挑战，必须顺势而为调整经济发展路径，在努力打通国际循环的同时，进一步畅通国内大循环，提升经济发展的自主性、可持续性，增强韧性，保持我国经济平稳健康发展。

构建双循环新发展格局，首先在于实现经济循环流转和产业关联畅通。根本要求是提升供给体系的创新力和关联性。推动更高水平的对外开放，更深度地融入全球经济。要进一步扩大市场准入，创造更加公平的市场环境，在更高水平上引进外资。要加快推进贸易创新发展，提升出口质量，扩大进口，促进经常项目和国际收支基本平衡。推进共建"一带一路"高质量发展，实现高质量引进来和高水平走出去。"海丝"核心区、自由贸易试验区、首个国家生态文明试验区，以及金砖创新基地等一系列"国家任务书"相继落地福建，在此重大机遇面前，厦门应抓住开放发展良机，多区叠加，聚合赋能，以改革为使命，以开放为动力，主动融入国家发展大局，在关键节点抢抓机遇谋划战略格局，加快实现深化对外合作、发挥门户作用的国家中心城市的战略定位。

11月15日，东盟十国以及韩国、日本、澳大利亚、新西兰、中国正式签署"区域全面经济伙伴关系协定"（RCEP）。RCEP是一项综合性协议，涵盖了货物贸易、服务贸易、投资等市场准入，以及贸易便利化、知识产权、电子商务、竞争政策、政府采购等大量规则内容。RCEP的签订将有利于中国不断与国际高标准贸易投资规则接轨，构建更高水平的开放型经济新体制。区域全面经济伙伴关系的构建，对增强整个东亚地区的经济竞争力，提高区域经济一体化程度，对港口航运产业长期需求形成支撑，对港口航运公司具有直接正面的影响。作为全国第七、全球第十四大集装箱强港，2019年厦门港集装箱吞吐量已达1110万标箱。厦门市应开展"金砖伙伴关系"的政策协调，并结合"一带一路"国际合作的战略规划，将努力全面建成国际航运中心平台，使厦门港成为具有航运资源配置能力、对福建乃至周边区域经济带动力强的国际航运中心，国际集装箱枢纽港，大陆具有龙头引领作用的国际邮轮母港，同时以互联互通为先导，构筑以航空港、港口、铁路枢纽、信息和物流园区为主的人流、货流、资金流、信息流集散中心和门户枢纽。

其次是人才培养。目前，厦门甚至福建省内只有唯一一所985、211高校——厦门大学，与新工业革命相关的应用型人才的培养规模仍然相对有限，骨干技术人才的稳定就业和职业成长环境仍有较大提升空间。同时，要积极引导国际精英人才汇聚厦门，特别是金砖国家和"一带一路"沿线国家的外国友人和侨商、侨胞，为厦门深化对外合作、发挥门户作用献策出力。

新加坡三达国际集团创始人、新加坡中国科技交流与促进协会常务副会长蓝伟光，就是一个从出身于厦门的科技人才。他积极推动中新两国间的科技与经贸交流。同时，他在新中两国的知名大学任职，每年都有不少新中两国的博士毕业生申请到他的实验室深造与工作，他所创办和领导的新加坡三达国际集团下属膜与水处理业务是第一家在上海科创板上市的中国侨资企业。其实，蓝伟光的事迹仅仅是近年来从厦门走出华侨同胞的缩影。厦门市应发挥华侨的人缘优势，利用侨商、侨资，以侨促投、以侨促贸，增强厦门创新基地对内对外的引领、辐射和带动作用。

再次，厦门市应切实增强厦门作为"新工业革命伙伴关系创新基地"建设在实际中的可操作性。①依托厦门已有的供应链龙头企业，建立面向金砖国家的跨境电商和贸易公共服务平台，促进贸易额快速提升。应充分利用厦门航空公司的独特优势，大力加强厦航实力，提升其行业定位，开通金砖国家直飞航线，将厦门机场打造成"海上丝路航空枢纽"，更好辐射"区域全面经济伙伴关系协定"（RCEP）的各个国家。②发挥厦门服务两岸、辐射RCEP、面向全球的重要区域性金融中心地位，在厦门建设金砖国家综合金融示范中心，筹建金砖产业投资基金，为重点项目落户厦门提供全生命周期的综合金融服务。推进外资管理制度开放创新，为金砖国家提供一站式服务，争取将厦门金砖创新基地打造成面向金砖国家和 RECP 的产能融合中心、科技创新中心、人才交流中心、国际结算中心、国际贸易中心。③在工业和信息化部的指导下，紧盯产业链和价值链高端，在全域建设金砖国家新工业革命创新基地，升级现有高新技术产业园区，构建金砖国家产业创新合作网络，打造金砖合作产学研要素资源汇聚区、高端产业示范区、国际创客中心、工业互联网应用中心等。④深化金砖和 RCEP 国家各方面交流，培养合作人才，促进民心相通。应鼓励金砖国家在厦门设立领事馆，提供更加便利的签证服务。进一步推动厦门与更多金砖国家重点城市结为友好城市，让伙伴关系的理念扎根人民心中。

最后，要加快同城化和区域经济整合进程，推动福建自贸区进一步升级扩容。作为发展不平衡不充分问题、深化山海协作、推动城乡统筹的"福建方案"，闽西南协同发展区建设应稳步推进，从"点轴模式"向"网络化模式"提升，构建以厦漳泉都市区为主体、厦漳泉同城化区域为突破口，泉州湾区、厦门湾区、东山湾区为引领，沿海城镇发展带、山区绿色发展带为支撑，厦漳龙、厦泉三发展轴为纽带，其他中小城市为节点的"一核三湾两带两轴"的协同发展新格局。在区域经济整合的基础上，厦门市和福建省应发挥与台港澳和东南亚之间"政策沟通、设施联通、贸易畅通、资金融通、民心相通""五通"俱全的优势,推动福建省自贸区进一步升级扩容。通过有效整合侨务资源,实施更加积极主动的开放战略,以海外福建人为纽带促进社会和人文的深度融合,深化两岸及 RCEP 经济合作,带动中国东南沿海区域经济发展。